教育部人文社科重点研究基地重大项目“语言接触与汉译佛典语法比较研究——以梵汉对勘为基础”（05JJD740177）研究成果

汉译佛典语法研究论集

蒋绍愚　胡敕瑞　主编

商务印书馆
创于1897 The Commercial Press
2013年·北京

图书在版编目（CIP）数据

汉译佛典语法研究论集/蒋绍愚，胡敕瑞主编．—北京：商务印书馆，2013
ISBN 978－7－100－09023－0

Ⅰ．①汉…　Ⅱ．①蒋…②胡…　Ⅲ．①佛经—语法—文集②汉语—语法—文集　Ⅳ．①B94-53②H14-53

中国版本图书馆CIP数据核字（2012）第052649号

汉译佛典语法研究论集
蒋绍愚　胡敕瑞　主编

商　务　印　书　馆　出　版
（北京王府井大街36号　邮政编码100710）
商　务　印　书　馆　发　行
北京市艺辉印刷厂印刷
ISBN 978－7－100－09023－0

2013年1月第1版　　开本 787×960　1/16
2013年1月北京第1次印刷　　印张 38 ¾

定价：79.00元

目　录

汉译佛典语法研究述要*

朱冠明

自20世纪80年代以来，汉译佛典作为一种有着较高的语言研究价值的文献，在学术界受到越来越多的关注和重视。① 有关汉译佛典语法特点的研究，以及利用汉译佛典语言材料而进行的汉语历史语法的研究，在研究范围以及深度上都有了很大的进展。近些年梵汉对勘这种佛典语言研究方法得到更多的应用，语言接触理论也被有意识地运用到对佛经翻译带来的印欧语影响汉语的研究之中，出现了一系列有价值的研究成果，进一步促进了佛典语法研究的发展。本文拟对汉译佛典语法研究的整体情况做一个简单的回顾和介绍，重点从以下几方面的问题展开：佛典语言的性质及其在语言研究方面的价值；佛典特殊语法现象研究；梵汉对勘与佛典语法研究；语言接触理论与佛典语法研究。

---

* 本文是教育部人文社科重点研究基地北京大学汉语语言学研究中心2005年度重大项目"语言接触与汉译佛典语法比较研究——以梵汉对勘为基础"（项目批准号：05JJD40177）的一部分。本文从提纲拟定到材料的组织以及细节调整，都是在蒋绍愚先生的指导下完成的，谨致谢忱。吴娟博士也为本文的修改提供了很好的意见。文中错误和不当之处由作者负责。

① 20世纪80年代以前，也有一些研究佛典语法和利用佛典材料研究汉语历史语法的成果，但总体上看，从语言学的角度对佛典的研究非常有限。详参朱庆之、朱冠明(2006)。

一　佛典语言的性质及其在语言研究方面的价值

佛典语言的性质与佛典语言的特点密切相关。早在1920年，梁启超在《翻译文学与佛典》一文中，便指出佛典与中土文献在“语法及文体”方面迥然殊异最显著者共十条，如第一条“普通文章中所用‘之乎者也矣焉哉’等字，佛典一概不用（除支谦流之译本）”，第三条“倒装句法极多”，等等。（梁启超，1920/1989）梁文是从文学的角度、基本上凭语感来对佛典语言特点进行的概括，应该说还是比较准确的，不过他并没有对这些特点进行具体分析，更没有由此进一步来探讨佛典语言的性质。

真正从语言学角度论及佛典语言特点及其性质的是许理和（Zürcher，1977/1987），他明确提出分析东汉佛经译文的语言时，应该考虑到这样一些因素：1）佛经译文的语言必然受到传统文言的影响；2）佛经的印度原文对佛经译文的语言会有干扰；3）译经者往往喜欢用四字格式；4）有些佛经译文可能是很糟糕的中文，有时甚至是西域混杂语。这四点相当准确地概括了佛典语言的特点，后来的研究大体上没有超出这个框架。在综合考虑这些因素之后，许指出：“印度语对佛经译文的干扰看来并不大”；“东汉佛经译文的语言尽管有某种程度的程式化，还是比较真实地反映当时洛阳地区的口语的”。可见，许尽管认识到佛经译文中可能混杂着印度语或西域语的成分，但他大体上是将佛典语言视为当时洛阳地区的口语的，这当是他对东汉佛典语言性质的看法。

但许文的主要目的并不是讨论佛典语言的特点及其性质，而是强调它的口语性来“引起语言学家对东汉佛经的注意”。朱庆之（2001）是第一篇深入探讨佛典语言性质的文章，此文中朱全面论述了“佛教混合汉语”这一名称的理论内涵，引起很大的反响，使学界更多地关注到佛典语言的特殊性。下面我们从“佛教混合汉语”这一名目及对它的相关讨论谈起。

1.1 “佛教混合汉语”及相关讨论

朱庆之(1992:15)提出“佛教混合汉语”这一名称;①朱庆之(2001)对这一名称的内涵做了具体的论述:“佛教混合汉语与其他中土文献语言有明显的差别,是一种非自然产生的独特变体。这主要表现在两种混合上,一是汉语与大量原典语言成分的混合,二是文言文与大量口语俗语和不规范成分的混合。”朱分别从词汇和语法两个方面举例证明了佛典语言的这两种混合。正因为有原典语言成分的混合,朱特别强调了梵汉对勘方法对佛典语言研究的独特作用。

最早对“佛教混合汉语”这一名称提出异议的是台湾学者万金川。他(2002)②认为这一名称显然是受到爱哲顿(F. Edgerton)所使用的“佛教混合梵语(Buddhist Hybrid Sanskrit)”的启发。但是爱哲顿所谓的“佛教混合梵语”是一种受到标准梵语深度影响的中古印度方言,在音韵、形态及语法上都有其特殊性,是基于地缘关系的语言接触而产生的一种混合语。而朱所谓的“佛教混合汉语”,既没有基于地缘关系的语言接触,也没有深度的语言影响,充其量只是语码混杂,还达不到语言学中所谓的“混合语”的程度。不过万也认为作为一种修辞策略,用“佛教混合汉语”来概括佛典语言的一些风格特点,是可以接受的,也是有正面意义的,即提醒我们汉译佛典既不是纯粹的中土文献,也不是原典的复刻或拓本。

遇笑容(2008)分别从梵汉对勘、同经异译和中古译经中的特殊语言现象几个方面,对汉译佛经的语言性质进行了讨论。因为这三方面都显示汉

---

① 在朱庆之(2001)一文的注释①中,朱指出“它(佛教混合汉语)的英文名称 Buddhist Hybrid Chinese 却是西方汉学界早已有之的说法,也有国外学者用 Buddhist Hybrid Sinitic,缩略 BHSi(Mair,1994/2009)”。笔者见到何莫邪(Harbsmeier,1989)用 Buddhist Hybrid Chinese 来指称《百喻经》这种受到梵文严重影响(heavily Sanskrit-inspired)的口语文献;又,梅维恒(Mair,1994/2009)用 Buddhist Hybrid Sinitic 来指称佛典语言,主要是强调它是一种掺杂了很多口语成分的书面语,而未提及它与原典语言的关系。

② 万金川(2002)主要针对的是朱庆之(1992)所提出的“佛教混合汉语”这一名称,因为从行文中可知他当时并未见到朱庆之(2001)这篇文章。

语在佛经翻译中受到的梵文影响相当有限，所以佛经汉语“基本上是一种中介语，是西域僧人学习汉语过程中不同阶段的记录。其中出现的特殊语言现象，是他们学习中出现的母语干扰”。这个结论否定了该文开头引述的“有人认为（译经语言）是一种洋泾浜汉语，是梵汉混合语”的观点。

正是因为学界存在着对“佛教混合汉语”这一名称的不同看法，朱庆之、朱冠明（2006）在注释②中做出说明：“Hybrid 这个词在（国外）语言学里通常指由不同语言中的词组合成的合璧词，或者与形态有关的混合，因此有学者不同意这个说法。为了避免不必要的误解，现在我们更多地是用‘佛教汉语（Buddhist Chinese）’这个词。”

“佛教混合汉语”这一名称的提出是着眼于它与中土文献语言的差别，但名称本身会使人认为佛典语言已经具有了“混合语”的地位。这方面的讨论有助于我们加深对于佛典语言性质的认识。抛开这一名称本身不谈，朱庆之（2001）对佛典语言的特点即“两种混合”的概括，是相当准确和深刻的；正是这两种混合，决定了汉译佛典在语言学上重要的研究价值。

1.2 关于佛典语言的口语性

汉语学界对汉译佛典的重视，是因为认识到佛典语言极强的口语性。太田辰夫（1958/2003:375）指出在唐以前“译经应该进一步大量使用”；许理和（Zürcher，1977/1987）也说“和同时期的非宗教性文献比较，东汉佛经译文中的口语成分要多得多”；周祖谟（1979/2001:12）、吕叔湘（1980:81）都指出佛经“接近口语”或“包含较多的口语成分”。正因为佛典语言口语性强，且数量庞大，而同期（东汉至隋唐）口语性强的中土文献十分有限，这使得佛典对汉语史研究弥足珍贵。如方一新（1999）所言，较早的研究往往只注意中土文献，而近年“有关的论著中征引佛典语料已成为通例”。

对佛典语言的口语性进行研究和介绍的文献，除前文及注释中提到的朱庆之（2001）和梅维恒（Mair，1994/2009）外，还有俞理明（1993:5—9）和许理和（Zürcher，1996/2008）等。俞对不同性质的佛典分别讨论，指出律藏是“佛经中生活气息最浓的部分”，而本缘部的经文则“故事性最强”。许理和在讨论佛典语言的口语性方面更为细致和深入。同许理和(Zürcher, 1977/1987)相比，他(Zürcher, 1996/2008)扩大了所讨论的佛典口语的范围，不再限于东汉而是扩展到5世纪初。之所以将下限定于5世纪初，是因为他认为鸠摩罗什以后的译经基本上已经程式化，不再吸收活语言成分。他分六个步骤逐步剔除那些不符合口语特征的佛典，即以六种语言现象为标准，凡是具有这些语言现象的佛典都不是真正的口语文献。这六种语言现象包括纯文言、文言化、翻译腔、列举性、诗律化、四字格等，它们都会扭曲真实的口语。经过这样严格的筛选，他得到一个包含最佳源材料(即高度口语化)的语料库，计有佛典86部，230卷。这个语料库完全可以作为汉语史(尤其是中古汉语)研究的首选语料，而一些包含较多口语成分却被排除在外的佛典(如《六度集经》、《生经》等)，则可作为第二梯队的语料。①

另一个相关的问题是，在利用佛典语料时，佛典口语性常常会被无限夸大。朱庆之(2001)已经指出了这一问题：“那些不经见的语言成分和现象往往都被认为是口语和俗语的成分，进而希望在更早的文献中寻找来源；相反，佛典语料的特殊价值被忽视了……佛教混合汉语同时又是研究佛教对汉语及汉文化影响的第一手资料的价值未能得到重视。”朱文证明，那些不经见的语言现象往往可能是来自原典语的影响，或是对汉语的误用。

我们认为，笼统地说，佛典语言的口语性强，这是和同期的中土文献相对比而言，无疑是正确的；但应该认识到的是，具体到某一部佛典，则它们的口语性是有程度上的差别的。从时代上看，鸠摩罗什之前的佛典口语性高于其后的；从佛典的类型上看，律藏及经藏本缘部口语性要高于其他类型；从不同译师的不同风格来看，有些译师如支谦、康僧会等的译经文言化程度更高一些。有时同一译者的不同译经，口语化程度也不一样，如同为

① 详参朱冠明(2008a：243—246)为许理和(Zürcher, 1996/2008)一文写的“译者后记”。

竺法护译的《生经》和《正法华经》,前者口语性明显高于后者。甚至同一部佛经内不同部分,其口语性也会有显著的差别,如许理和(Zürcher,1996/2008)所举无罗叉译《放光般若经》,整体上看这是一部冗长的列举性的佛经,但是它的最后两品,却与其他不同,完全是叙述性的。所以许理和说:"最终的最佳材料的语料库,其构成不是一部部的译经,而是这样的篇章和片断。"

1.3　关于佛典中的原典语影响

早年的研究基本上是将佛典当作与中土文献性质相同的语料来使用,而忽略了它是翻译作品这一根本特性,从而忽略了佛典语言中原典语言成分的存在。近年的研究表明,佛典语言是夹杂着原典语言成分的,既包括词汇性成分,如佛典中大量的音译词或仿译词;也包括一些语法成分。朱庆之(1993;2001)、辛嶋静志(1997)、万金川(2002b)等都特别强调了佛典的翻译属性。如朱庆之(1993)写道:"汉译佛典语文除了包含有极其丰富的、确实在相当程度上反映了当时汉语实际的语料外,其中也还含有大量的原典语文成分。这些外来成分披着汉语的外衣与汉语固有的成分混在一起,如果不加以甄别,很可能导致错误的研究结果(例如将某些外来语成分当作汉语固有的东西),甚至影响佛典语料的广泛利用和深入研究。"相对而言,遇笑容(2008)则持更为保守和谨慎的态度,她一方面承认佛典语言"可以看到梵文的影响",但同时指出这种影响非常有限,在语法方面,目前大家提出的总共不超过20项。

我们认为,同口语性一样,不同佛典其语言中的原典语影响也有程度的差别。最极端的例子,如隋代笈多所译《金刚经》①:

(1) evam ukta āyuṣmān subhūtir bhagavantam etad avocat
　　如此 说　长老　须菩提　　世尊　　此　说

① 参见朱庆之(2006)、遇笑容(2008)有关笈多译《金刚经》语言性质的分析。

ko nāmāyaṃ bhagavan dharmaparyāyaḥ kathaṃ cainaṃ dhārayāmi①

何 名 此 世尊 法 门 如何 和它 记

今译:(世尊)这样说的时候,长老须菩提问:"世尊啊!这法门叫做什么?我如何记住它呢?"

如是语已,命者善实世尊边如是言:"何名此,世尊!法本?云何及如此持我?"(笈多译《金刚能断般若波罗蜜经》,8/768b)

尔时须菩提白佛言:"世尊!当何名此经?我等云何奉持?"(鸠摩罗什译《金刚般若波罗蜜经》,8/750a)

可以看到,笈多的译本不仅是逐字硬译,在语序上和梵文完全一致,而且还有意识地用"边"和"我"将梵文的形态成分硬译出来:原典中 bhagavantam 是宾格形式,作动词 avocat 的宾语,笈多用"边"来对译其宾格形式;②dhārayāmi 则是第一人称单数致使式主动语态,笈多用"我"来对译表示一人称单数的词尾-mi。笈多这种翻译,正是许理和(Zürcher,1996/2008)所谓的"翻译腔","在那些译经中汉语被彻底地扭曲,目的在于试图尽可能地接近其非汉语原典,最极端(绝非罕见)情况下——至少对现代学者而言——假如手边没有印度原本,根本看不懂。"相比之下,鸠摩罗什的译本则汉化程度高得多,基本是规范的汉语的用法。

再如竺法护与鸠摩罗什所译《法华经》的对比:

(2) āścaryabhūtaḥ sugatāna ghoṣaḥ kāṅkṣāṃ ca śokaṃ ca jahāti prāṇināṃ

奇特的 诸佛的 声音 疑惑 和 痛苦 和 消除 众生的

kṣīṇiāsravasya mama yaś ca śoko vigato asti sarva śruṇiyāna ghoṣaṃ③

诸漏消除的 我的 凡 和 痛苦 离开 是 一切 听见 声音

今译:诸佛的声音是多么奇特啊,它消除众生的疑虑和痛苦;(尽管)我的烦恼已尽,在听到那个声音之后,所有痛苦也都消失了。

假使有人,能造行者,闻安住音,以为奇雅;诸尘劳垢,鄙已蠲尽,音声之信,亦

① 梵文见许洋主(1995:227)。

② 关于译师常用"边"来标示原典语的宾格(accusative),Watters(1889:381)已经指出过这一点。

③ 梵文见蒋忠新(1988:60)。

悉永除。(竺法护译《正法华经》,9/73b)

佛音甚希有,能除众生恼;我已得漏尽,闻亦除忧恼。(鸠摩罗什译《妙法莲华经》,9/10c)

护译基本还是在逐字对译,虽然语序进行了一定的调整,而什译完全符合汉语的习惯,这样读起来也比护译好懂得多。因此从译文所受到的原典影响来看,笈多是最极端的,鸠摩罗什是受影响最小的,而竺法护介于二者之间。

不管怎样,佛典是翻译作品,其语言多多少少受到原典语的影响,这一点是可以肯定的。哪怕像鸠摩罗什这样以译文通达著称的译师,其所译《妙法莲华经》仍然"有天然西域之语趣"(赞宁《宋高僧传》,50/724b),可见他的译文也摆脱不了母语的影响。至于目前所发现的受原典影响的语法形式并不多,则很可能是因为我们的研究还不够深入,因为相对词汇而言,语法的影响要隐晦得多。我们相信,随着研究的进展,对佛典语法受外来影响的发现会越来越多。

1.4 佛典的语言研究价值

如上所述,佛典语言一方面含有丰富的口语成分,一方面也包含着诸多原典语言成分,这是佛典语言最突出的两个特点,也决定了它在语言研究上无与伦比的价值。

中古时期口语性强的本土文献并不多,而佛典不仅口语性强,而且数量庞大、反映社会生活面广,且翻译年代多数可考,这使它在汉语历史词汇语法研究方面具有很高的价值。① 正如曹广顺(2006)所说:"在剥离了梵汉对照的部分之后,我们相信中古译经的语言基本上是一种相对接近当时口语的语言,对中古汉语研究有重要价值,能够帮助我们解决许多仅凭本土文献无法解决的问题。"据朱庆之(1992:38)统计,中古汉文佛典传世的

① 此外,佛典中有大量的音译词,因此对汉语音韵研究也有极高的价值。参见朱庆之(2000)的相关介绍。

大约有960部,2990卷,2400万字;即以许理和(Zürcher,1996/2008)所精选的"最佳语料库"而言,也有86部,230卷,近200万字,这是一个相当可观的数目。另外,佛典尤其是律藏部分所反映的社会生活面之广,也是中土文献无法比拟的。朱冠明(2008a:3、9)谈到了这一点:"(《僧祇律》)记载的大量的制戒缘由故事所反映的社会生活尤其是日常生活面之广,举凡衣食住行、婚丧嫁娶、市井买卖、詈骂殴斗等无不包括,是一般正统文献无法比肩的。""对日常琐事如此细致的描述,不要说崇尚典雅的中土文献,就连佛典经部文献中也不多见。这正是律部文献的独特价值所在。"

佛典作为翻译作品,是由佛经翻译带来的汉语与以梵语为代表的印欧语语言接触的产物,这又使它成为研究语言接触及其给汉语造成的影响的绝好材料。从东汉至宋代持续长达千年的大规模的佛经翻译,以及佛典的宗教性质,使佛典中的一些非汉语成分能够在大众中发挥持久而深入人心的影响,从而融入汉语而成为汉语的一部分,这已为现有的研究成果所证明。过去的研究不太关注汉语发展史上所受到的外来影响,而当前学界越来越认识到语言接触是语言发展变化的一个重要动因,汉语也不例外。语言接触及对汉语的影响已成为当前研究的一个热点,佛典语言可以说是研究汉语在中古时期所受外来影响的最佳也是唯一的材料。朱庆之(1993、1995、2000b、2001)、遇笑容(2004、2006、2008a、2008b)等已经做出了极有价值的研究,其中遇笑容置于语言接触理论之下的研究,更突显了佛典在语言接触研究上的价值。这些方面我们后文还会详细介绍。

二　佛典特殊语法现象研究

2.0　佛典语法研究概况

汉译佛典语法研究,以及利用佛典材料进行的汉语历史语法研究,自

20世纪80年代中期以后,逐渐成为学界关注的热点,不仅成果越来越丰富,而且研究的领域更广,方法也更多样化,在很多问题上都取得了长足的进步。

从研究成果的数量上看,据朱庆之、朱冠明(2006),20世纪80年代以前佛典语法研究的相关著述屈指可数,其中海外学者的研究又占了多数,国内学者的佛典语法研究只是零星出现过几例;而20世纪80年代以后,仅据朱庆之、朱冠明(2006)文后所列参考文献,有关佛典语法研究的论著即有不下200种,而这还未包括为数不少的未发表的硕士和博士学位论文。

从研究领域上看,几乎所有汉语历史语法所关注的问题,在佛典语法研究中都有不同程度的涉及。如功能词方面,人称代词"他"、"自己",指示代词"这"、"那",疑问代词"那",各类助动词,形成中的助词"了"、"着"、"底"以及与它们的形成密切相关的"已"、"所、许",语气词"那"、"为"、"不"、"来",还有众多的副词、介词、连词等等,都得到了进一步的研究。句法方面,判断句、动补结构、处置式、被动式、选择/反复问句、比拟式、受事主语句等一些语法史上备受关注的问题,也成为佛典语法研究的中心问题。除此之外,还不乏佛典语法自身特点的研究,如"四字格"及其对佛典语法的影响、佛典惯用句型(如开场白"与……俱")的发展和定型、从语法角度对佛典翻译年代及译者的考辨等等。

研究方法上,除了传统历史语法研究的基本方法外,还针对翻译佛典的特性,采用了"同经异译对勘"、"梵汉对勘"等有效的研究方法,使佛典语法的研究别开生面。

以上所述有关内容的研究情况,朱庆之、朱冠明(2006)都有较详细的介绍,可参看。本文重点介绍佛典中一些特殊的、近年来讨论相对较多的语法现象的研究。所谓特殊,是与同期中土文献相比较而言,佛典有而中土文献没有、或者在出现频率上佛典远远超过中土文献的那些语法现象。

2.1 衬音词“于”的研究

佛典中有大量的主要用于及物动词和宾语之间的“于”，这个“于”没有任何意义，多数情况下只是为凑成四字格而增加一个音节，故称之为“衬音词”。据许理和（Zürcher，1991/2001）、俞理明（1993：29）等研究，四字格从东汉末开始大量使用，成为佛典的主导句式。为构成四字格，译师们采用了多种手段，其中便包括使用这个“于”，如：

（3）奉养老母/供养于母；欲入海去/遂入于海；来迎之者/来迎于我；受大快乐/受于快乐。（吉迦夜共昙曜译《杂宝藏经》，4/450c－451b）

这是《杂宝藏经》卷一“慈童女缘”这则故事中连续出现的几组四字格例句，可以看出用“于”与否完全取决于音节增减的需要。早在20世纪40年代，周一良（1944、1947—1948）就注意到这一现象，认为“‘于’在先秦两汉的书里，没有用在他动词与宾语之间的”；“六朝译经中才有这种用法……大约最先是在韵文中凑字数，逐渐在散文里也流行起来”。此后自许理和（Zürcher，1977/1987）开始，又有十数篇文章先后对佛典中“于”的使用提出己见。除指出佛典中这一特殊语言现象外，还就以下几方面展开讨论：

1）是否最早出现在译经中。梁晓虹（1985）认为“于”用于及物动词和受事宾语之间，“似乎是上无来者（上古汉语没有这种用法）”。刘瑞明（1988）针对梁文，指出先秦文献中已多见动宾之间用“于”字的例句，并举有40余例。不过刘也承认这类“于”在佛经中使用得更为广泛：“正因为上古早有这种用法，译经的西域僧人便推而广之，大量地用在译文中求得四字句或双音节停顿的整齐和易读。”刘的观察是有意义的，①表明“于”的这种用法渊源有自。但应该指出的是，刘文所举这些例句中的宾语，大多并

① 杨伯峻（1982）已指出古汉语中“于”的这种用法。

非典型的受事宾语,这一点董秀芳(2006)已做了明确的说明。而佛经中“于”后常常是典型的受事宾语,这表明佛经中“于”的用法与上古汉语还是有所区别的。

2)是否只用于及物动词与宾语之间。佛典中这类“于”除主要用在动宾之间外,还有更广泛的使用。朱庆之(1992:229)首先注意到这个“于”并不限于用在动词和宾语间;魏培泉(1993)举到了“于”用于系词“是”和“及”、“为”、“以”等介词后的用例,并分析“于”可以用来凑音节的原因与它的介词功能的丧失有关。颜洽茂(1997:205)还举出了“于”用于连词后的用例,董志翘(2000:348)也举出了“于”用于表被动的“被”字后的用例。

3)是否用来凑音节。关于“于”的性质和功能,如上所述,多数学者认为是译师为构成四字格而用来凑音节的。许理和(Zürcher,1977/1987)认为它是把直接宾语介绍给主要动词的“宾语助词”,并认为“它很可能是3世纪口语的一个特点”。但后来的研究表明这种“于”在3世纪以后的佛典中有更多的使用,且多用来凑成四字格,而同期中土文献则不多见,所以很难说是口语的反映。

最近姜南(2008a)对“于”的性质提出新的看法,她通过梵汉对勘的材料,提出“译经中动名间‘于’的真实身份是引进包含受事在内的语义格标记”,认为“‘音节衬字’说难于立足,充其量可以算作‘于’的附属功能”。姜用《法华经》的梵汉对勘材料,说明汉译中用“于”的地方,其原典梵文都有相应的名词格尾变化,所以“于”的“格标记性质显著”。姜通过梵汉对勘来探求“于”的性质和功能,是一个有益的尝试;不过她的论证还有值得商榷的地方。首先,梵文形态高度发达,进入梵文句子的任何一个名词都有格尾变化,因此汉译中任何位置上的汉语名词所对应的原典梵文一定都有格尾变化,按姜的逻辑则任何一个靠近名词的词(如各类介词)其“格标记性质”都会很显著。其次,姜的对勘材料显示,处于动名之间的“于”对应的梵文名词可以是体格(Nominative)、业格(Accusative)、从格(Ablative)、属格(Genitive)、依格(Locative),表明它几乎无所不能,那么它作为一个格标记的意义何在？如果仅仅是为了指示其原典梵文名词是有格尾变化这一点，那又无法解释为何更多的同样有格尾变化的梵文名词在汉译中并不用"于"来指示呢？第三，假定汉译佛典中这类"于"可以分析成××标记，也是一个非强制使用的标记，可有可无；而大多数用例显示，它出现的条件就是看是否有凑音节的需要。从这个角度来看，不管这个"于"的语法性质如何，在语用上都可将它称为音节衬字或衬音词。

2.2 "V(O)已"的研究

佛典中大量出现的"V(O)已"结构，因为与近代汉语动态助词"了"的产生有密切关系，所以引起了研究者们极大的兴趣。相关研究中，以下几个问题是最受关注的：

1)佛典中"已"的用法是否受到梵文影响？多数学者对这一问题持肯定意见。张洪年(Cheung,1977)最早提出"了、已、讫"用在句末来表示完成貌是受了梵文的影响；朱庆之(1993)、辛嶋静志(1998、2000)、蒋绍愚(2001)、龙国富(2002、2007)等也都持此观点，其中尤以蒋的分析最为细致和深入。但也有学者持否定意见，如梅祖麟(1999)明确表示"一直有人猜想这种句式是受了梵文的影响而产生。但现在知道这种想法不确。理由很简单：佛教东传以前，《史记》、《汉书》、《战国策纵横家书》等文献里已有'动+宾+已，下句'这种句式。以后一脉相承，一直流传到晚唐五代"。何莫邪(Harbsmeier,1989)一方面推测"已"的用法可能受到梵文影响，但同时又说在汉以前的文献中"已"就有这种用法。冯春田(1992)用《百喻经》的材料分析了"动+(宾)+完成动词"句式，也认为这一句式并非由梵文影响而产生，但因为在译经中使用得比较充分，所以可能受到译者母语习惯的影响。

梅祖麟(1999)是在梅祖麟(1981)基础上的进一步探讨。梅(1981)最早把"了"的来源与南北朝的完成动词"毕、讫、已、竟"联系起来，认为这些动词是"了"的前身，因为"动+宾+完成动词"结构是南北朝时就广泛存在的。梅(1999)又进一步追溯"动+宾+完成动词"的来源,从南北朝一直上溯到战国时期。"动+宾+完成动词"这一结构是"了"语法化最初的句法环境,梅的讨论弄清了这一结构的来源,对认识"了"的来历十分重要。梅在分析中注意到了这一结构在南北朝和东汉时期佛典中大量的用例,但他(也包括何莫邪、冯春田等)并没有仔细辨析此结构内不同完成动词在用法上的差异。

蒋绍愚(2001)在对比了"已、竟、讫、毕"在佛典与中土文献中的使用情况后,发现"V+(O)+X"格式中"已"与"竟、讫、毕"有着很大的不同,其中最重要的差异在于,"已"前面的动词既可以是持续动词,也可以是不可持续的瞬间动词或状态动词,而"竟"等前面必须是持续动词。这表明"已"与"竟、讫、毕"有着性质上的差异。故蒋认为,用于持续动词后的"$已_1$"可以是先秦以来汉语中"已"的固有用法的延续,而用于瞬间动词后的"$已_2$"是佛典中新出现的现象,是对梵文"绝对分词"的对译,表示动作的完成或实现(而非"$已_1$"所表示的完结),这种功能是汉语中新产生的。这与后来的完成貌词尾"了"的功能相当。因此蒋先生进一步提出,"了"的前身只是"已",而不是通常所说的"已、讫、竟、毕"。显然蒋先生在这一问题上的观察更为细致,分析也更为深入。

帅志嵩(2006:96、106)对东汉至南北朝时期的文献在更大的范围内做了调查:77万字的佛经语料,有820例用于瞬间动词后的"已";而148万字的中土文献中,用于瞬间动词后的"已"连1例也没有。这种数量上的巨大差异,更充分说明"$已_2$"的用法是受梵文影响的结果。

2)"$已_2$"是梵文动词什么形态的对译?张洪年(Cheung,1977)认为"了、已、讫"等用在句末表示完成貌是受梵文动形词(gerundial verb)的影响;朱庆之(1993)认为这种"时态助词'已'"的大量使用与原典有直接关系,梵语的过去分词常常被译成汉语的"V已";辛嶋静志(1998、2000)不同意朱的说法,认为梵语的过去分词译成"……已"的例子很少,而和"V已"常常相对应的是梵语的绝对分词(或叫独立式;Absolutive, Gerund),其所举为《正法华经》的梵汉对勘例。王继红(2004:66、75)在对《阿毗达磨俱舍论·分别界品》进行梵汉对勘后指出，真谛的汉译本中，过去被动分词常常被译作“V……已”；独立式也可译作“V……已”，但数量不多。龙国富(2007)、姜南(2008b:50—51)在对《妙法莲华经》进行梵汉对勘后发现，“VP已”既对应梵文独立式，也对应过去被动分词，还对应其他动词形态，但对应独立式的用例要多得多。从这些调查可见，梵文的过去分词和独立式都有可能译成“V已”，不同译师的处理也不尽相同，所以朱庆之、朱冠明(2006)说：“现在看来二人(指朱庆之、辛嶋静志)都只说对了一半，根据新的梵汉对勘，‘已’既用在绝对分词的翻译中，也用在过去分词的翻译中。”

3)“$已_2$”是如何影响到“了”的产生的？这实际上是遇笑容、曹广顺(2007)提出的一个问题：早期佛经里瞬间动词后面出现了“已”，以后汉语里“了”开始替换“已”，于是译经中又出现“死了”的用例，“一个显而易见的事实是：同期的本土文献中既没有‘死已’，也没有‘死了’。我们看到的、对勘证明的，都只是佛经翻译中的特殊现象，是一种受到母语影响的语法错误。对勘只是告诉我们它的来源是什么，而对这些特殊现象是否进入了汉语，如何进入汉语，何时进入汉语，仅靠对勘就无能为力了。”这是一个对汉语史研究而言十分重要的问题，但以往的研究尚未深入到这一步。继蒋绍愚(2001)指出“$已_2$”的特殊用法及其来源之后，蒋绍愚(2008)进一步探讨“$已_2$”是否从译经扩展到口语、扩展到全民，以及“$已_2$”和代之而起的“$了_2$”是什么关系，很好地回答了遇、曹提出的这个问题。

蒋详细分析了从隋到晚唐五代间九部文献中“V(O)已”和“V(O)了”的使用情况，发现隋代阇那崛多和唐初义净译经中“$已_2$”与梵文绝对分词不同的用法，证明译师的语言中已经有了“$已_2$”并将它的用法扩大了，“$已_2$”正是通过译师以及惠能这样阅读/听佛经的僧人传播到全民语言中。但“$已_2$”并未在全民语言中扩展和持续下去，在晚唐五代已经明显衰微了。而“了”本身有自己的从主要动词到“$了_1$”再到“$了_2$”的语法化过程，即便没有语言接触，汉语也会有这些体貌标记的发展；不过当“了”还处在“$了_1$(食了)”的发展阶段时，僧人接触到的佛经中的“已”同时有“$已_1$(食已)”和“$已_2$(闻已)”的用法，这样僧人会类推出“$了_2$(闻了)”的说法，并推广到全民之中。“$已_2$”的存在可能加速了“$了_2$”的出现。蒋先生还由此探讨了一个语言接触的理论问题，认为从汉语的案例看(除“$已_2$”外，蒋先生还举了“咱们”这个例子)，“由语言接触而产生的形式，大体上都是因为与汉语固有的形式相近，或者符合汉语自身发展的趋势，所以才在汉语中保留下来。”

蒋先生的研究告诉我们，研究佛教汉语，最终目标要落实到对汉语的影响以及如何影响上来，如果仅仅找出佛典语言中的特殊语法现象并说明其梵文来源，那研究还只做了一半，尽管这一半的研究也十分重要。

2.3 佛典特殊判断句研究

中古佛典中有一种特殊的“S，N 是(也)”型判断句，即将系词“是”置于表语 N 之后。这种判断句因为在语序上与汉语典型的“是”字判断句不同，而且在近代汉语中又重新出现，故而引起了研究者的关注，重点集中在对其来源的探讨上。

袁宾(1989、1992:219)首先指出这类判断句在魏晋以来的汉译佛经里常可以见到，并认为盛行于先秦汉代的“主语+者，表语+也”判断句是其前身，它在魏晋之后脱离口语，译师觉得添加系词“是”构成“主语+者，表语+是也”才能显示出是判断句。江蓝生(2003)最早提出这类判断句可能受到梵文影响，因为佛典中的“N_1 者，N_2 是”不符合古汉语判断句的省略原则，却与梵文在表示强调说明时判断句 be 动词后置一致，而佛典中的用例都是在强调事实真相时的解释说明，所以“汉译佛经中‘是’结尾的特殊判断句很可能是译者受梵文影响而产生的句式”。陈秀兰(2004:26)推测判断词“是”置于句末的用法“或许是受梵文语法影响而出现的现象”。朱冠明(2005:19)、龙国富(2005)赞同受梵文影响的看法，并举《法华经》的对勘材料作为证据。张美兰(2003:65)则认为既与佛经语言判断句的表达方式有关,同时汉语自身有的类似的表达方式也为它的存在提供了基础。解植永(2006)提出佛经中的"A,B是"句的来源是汉语本身,但佛经翻译对它的发展和流传起到了推动作用。向德珍(2007)也认为这种特殊判断句与上古判断句有继承关系,不过她认为是中古表判断的"是"替代了上古表判断的"也";同时她还认为这类判断句之所以较多地出现在佛经中,是受到了梵文的影响。

姜南(2008b:95—101)全面调查了《正法华经》和《妙法莲华经》中这类特殊判断句的使用情况,并利用对勘材料指出,汉译佛经中"S是N"判断句主要对应原文中形式简单的同格判断句,而"S,N是"则主要用来对译原文结构复杂的繁琐句型,与梵文句末是否出现be动词没有直接关系。如:[①]

(4) tvam eva so tādṛśako bhaviṣyati
你 即 他 那样的 将是
彼即是汝身。(鸠摩罗什《妙法莲华经》,9/12a)

(5) anyaḥ sa tena kālena tena samayena rāja-abhūt
其他 他 此 时 此 时 国王 是
na khalu punar evaṃ draṣṭavyaṃ/ tat kasya hetoḥ
不 然而 如此 应被见的 这 什么 原因
ahaṃ sa tena kālena tena samayena rājā 'bhūvaṃ
我 他 此 时 此 时 国王 是

今译:此时的那位国王是其他人,然而所见不应如此,为什么呢?我是此时的那位国王。

时国王,则吾身也。(竺法护译《正法华经》,9/105b,宋、元、明、宫本作"时国王者,则吾身是也。")

尔时王者,则我身是。(鸠摩罗什译《妙法莲华经》,9/34c)

例(4)梵文句末有be动词,是个简单的判断句,鸠摩罗什译成"S是N";例(5)梵文是个繁琐的复杂判断句,即先说国王是其他人,再否定,然

---

① 例(4)、(5)转引自姜南(2008b)。

后再说我是国王，这样反反复复，来达到强调“我是国王”的目的，罗什译成“S，N是”。佛典中的特殊判断句大多出现在像例(5)这种确定身份从而进行强调的场合。姜的发现是很有价值的，不仅说明了两种语序判断句在与原典对应上的区别，厘清了以前一些似是而非的认识，更重要的是告诉我们梵汉对勘不能仅依靠一两个例句简单比附，而要尽量全面地掌握对勘材料。不过姜认为“S，N是”中的“是”还是指示代词，这个句式就是沿用上古汉语中存在的类似句式（如《孟子》：“水由地中行，江、淮、河、汉是也。”），则尚可商榷，详下。

蒋绍愚（2009）对这一问题进行了深入的探讨。蒋首先证明“NP_1，NP_2+是也/是”中“是”的性质不是指示代词，而是后置的系词，原因是，在同一段文字中，“NP_1，NP_2+是也/是”可以和汉语正常判断句“N_1者，N_2也”、“NP_1，NP_2也”和“NP_1是NP_2”并用（如《六度集经》“理家者，吾身是也”也可说成“理家者，是吾身也”），说明前者也是判断句；而且如果有副词“即”、“则”，一般都是“NP_1，即/则+NP_2+是也/是”，但也可以是“NP_1，NP_2+即/则+是也/是”（如《大庄严论经》“一切施者，我身即是”），后者清楚地说明“是”是系词；再者“非”、“是”拆开用（《大庄严论经》“称伽拔吒非我身是”）、重复使用两个“是”（《正法华经》“则是今现莲华首菩萨是”）也说明“是”是系词。

接下来蒋讨论“NP_1，NP_2+是也/是”的来源。先秦中的这类句式，NP_1表示一个类，NP_2是NP_1中的一个，二者非同指，不能颠倒；“是”是指示代词。这与佛经中的情况很不一样。但是到了《史记》、《论衡》、《三国志》等文献中，便出现了“NP_1”与“NP_2”同指的用例，如：

(6)行见其友，其友识之，曰：“汝非豫让邪？”曰：“我是也。”（《史记·刺客列传》）

(7)单父吕公善相，见高祖状貌，奇之，因以其女妻高祖，吕后是也。（《论衡·骨相》）

这样，“是”从指示代词演变为表示两个同指成分的等同关系的系词，整个结构也从先秦的“NP_1（话题），NP_2（主语）＋是（指示代词，名词性谓语）也”重新分析为“NP_1（话题），NP_2（主语）＋是（系词）也”。佛典中的“NP_1，NP_2＋是也”是对西汉起便在口语中存在的这类句式的仿用或直接继承。

随后蒋分析了“NP_1，NP_2＋是也/是”大量出现在佛典中的原因。据姜南（2008b），这类句式主要用来对译原典的繁琐句型，来表示对前世今生身份确定的强调；为何要用这类句式来对译原文的繁琐句型，是因为从信息表达上说，“NP_1，NP_2＋是也/是”中 NP_2 既是新信息，又放在系词前面，能起到强调的作用，所以特别适合表达梵文原典强调 NP_2 的语义。

蒋文论证了“NP_1，NP_2＋是也”是中土已有句型的沿用而非受梵文影响产生，还分析了这类判断句大量使用在佛典确认身份场合中的原因，都是很有说服力的。不过在讨论“NP_1，NP_2＋是”的来源时，我们认为还有值得商榷的地方。

蒋文注意到“NP_1，NP_2＋是也”与“NP_1，NP_2＋是”使用上的区别，即后者只出现在佛典中，中土文献中没有，并把这两个句型分开单独讨论各自的来源，这是蒋文的细致之处；此前的研究大多是将二者混同起来的。但蒋认为“NP_1，NP_2＋是”产生于“NP_1，NP_2＋是也”，是它的变体，因为在汉译佛典“NP_1，NP_2＋是也”中，“是”已是系词，构成判断句时主要靠“是”，“也”可有可无，去掉“也”后“NP_1，NP_2＋是”还与汉语“NP_1＋是＋NP_2”更接近。对此我们有不同的看法。

首先，“NP_1，NP_2＋是”在佛典中的使用可能还要早于“NP_1，NP_2＋是也”，而不是如蒋文说的前者晚于后者。我们在《道行般若经》中便发现了“NP_1，NP_2＋是”的用例：

（8）舍利弗白佛言：“……天中天！萨芸若者，即般若波罗蜜是。天中天！般若波罗蜜者，是菩萨摩诃萨母。……”（支谶译《道行般若经》，8/440b）

（9）须菩提白佛言：“摩诃波罗蜜者，天中天！即般若波罗蜜是。”佛语须菩提：“云何知摩诃波罗蜜因般若波罗蜜是？”（支谶译《道行般若经》，8/441a）

以上2例中NP_1与NP_2显然是同指,是典型的"NP_1,NP_2+是"判断句。《道行般若经》中仅有1例"NP_1,NP_2+是也":

(10)若有菩萨有信乐、有定行、有精进,欲逮阿耨多罗三耶三菩,不得深般若波罗蜜,不学沤和拘舍罗,知是菩萨中道厌,便亡失名珍宝,更弃大珍宝去。何所为大珍宝?佛是也。(支谶译《道行般若经》,8/452a)

例(10)是个比喻的说法,将佛比作大珍宝,二者在同指性上显然还不如例(8)、(9),且二者不能颠倒。此后要晚至《中本起经》中才有"NP_1,NP_2+是也"句式出现。这样从时间上看,"NP_1,NP_2+是"早于"NP_1,NP_2+是也",则前者不大可能是产生于后者。另外,据向德珍(2007)统计,东汉至隋的十部佛经中,"NP_1,NP_2+是"有332例,而"NP_1,NP_2+是也"则只有200例,前者频率远远高于后者,也很难说前者是后者的变体。

其次,中土文献中的使用情况是,六朝以前"NP_1,NP_2+是也"已不罕见,六朝时期用例更多;而"NP_1,NP_2+是"在六朝以前见不到用例,六朝时期也只在《三国志裴注》、《水经注》、《齐民要术》中出现过零星几例。既然至中古"也"已经是可有可无,为何绝大多数"也"的省略只出现在佛典中呢?很可能的是,在本土人的语感中,"也"还并不是可有可无的,中土文献中零星出现的几例,反而有可能是受佛经的影响。唐五代时期的文献如《六祖坛经》、《祖堂集》、《入唐求法巡礼行记》以及唐人笔记还能见到大量的"NP_1,NP_2+是也",而"NP_1,NP_2+是"罕见,这也说明"NP_1,NP_2+是"在本土人群中接受度很低。这样看来,佛典中"NP_1,NP_2+是"来自梵文影响的可能性还是很大的。

反过来再看看蒋文不赞成"NP_1,NP_2+是"来自梵文的理由:一是从同经异译看,同一句话可以译为"NP_1,NP_2+是",也可以译为通常的"NP_1,NP_2也"判断句。二是从梵汉对勘看,《妙法莲华经》中是用"NP_1+是+NP_2"还是用"NP_1,NP_2+是",并不与梵文的语序对应。梵文语序为"表语+系词+主语"的,有的反而译为"NP_1+NP_2+是";梵文语序为"表语+主语+系词"的,有的反而译为"NP_1+是+NP_2";梵文不用系词的,有的也译为“NP_1+NP_2+是”。但这两条理由都只能说明汉译佛典中的“NP_1,NP_2+是”与梵文中的“表语+主语+系词”不是一一对应的，而说明不了“NP_1,NP_2+是”的来源问题。有了“NP_1,NP_2+是”后，译师在翻译梵文的判断句时只是多了一种选择，并不要求梵文每个“表语+主语+系词”判断句都用“NP_1,NP_2+是”来翻译，同样也不是说梵文的非“表语+主语+系词”判断句就不能用“NP_1,NP_2+是”来翻译。正如前文谈到的“已$_2$”来自梵文独立式的对译，但并非所有独立式都要译成“V 已”，汉译中的“V 已”也并非都来自独立式。问题是在汉语的规则并不允许省略“NP_1,NP_2+是也”中的“也”的情况下，译师们是如何突发奇想，创造出“NP_1,NP_2+是”这一句式来的呢？答案只能就是受梵文的影响。

综上，有关佛典中特殊判断句的来历，我们的意见是，“NP_1,NP_2+是也”与“NP_1,NP_2+是”有不同的来历。前者即如蒋先生所论证的，是对西汉以后汉语自身兴起的“NP_1,NP_2+是也”判断句的直接继承；而后者则如江蓝生先生所言，“很可能是译者受梵文影响而产生的句式”。

2.4 佛典处置式研究

佛典语料给处置式研究带来了很大的进展。早期的处置式研究都没有利用佛典材料，研究的目光集中在先秦汉代与唐以后，或者注意到唐代产生的“将/把”字句，或者将它们的源头追溯到先秦汉代的“以”字句，而中古时期处置式的状况则是一段空白。另一方面，早期研究仅注意到“以”、“把”、“将”可以虚化为处置介词，而主要出现在佛典中的“持”字句和“取”字句便被忽略了，这也使得在处置式产生机制的探讨上受到很大局限。佛典语言事实的发现和利用，给这两方面都带来了很大的改观。

许理和（Zürcher，1977/1987）最早注意到东汉佛经中的“持”有指明前置宾语的作用，和现代汉语的“把”相似。太田辰夫（1988/1991：41）、梅祖麟（1990）也发现了佛典中“持”字句的用例。朱冠明（2002）还专门研究了中古汉译佛典中的“持”字句。中古还有另一种常用的处置式“取”字句，太田辰夫(1988/1991:41)、李维琦(1999:72)等注意到佛典中“取”可以用作表处置的介词。曹广顺、遇笑容(2000)对“取”字句进行了深入的讨论。另外董琨(1985)、叶友文(1988)等在佛典中发现不少“将”字句的用例,也将“将”字句的时代提前到中古。这些研究一方面补足了中古时期处置式的空白,另一方面对更多的处置介词的发现以及它们虚化过程的研究,也为讨论处置式产生的机制提供了更多的依据。

处置式产生的机制是近年讨论的热点,大多数学者认同处置式来源于连动式中第一动词的虚化这一观点。曹广顺、龙国富(2005)明确地描述了处置式形成过程:连动式“$V_1+O_1+V_2+O_2$”中,V_1(“以/持/取/把/将”等)虚化为处置介词,$O_1 \neq O_2$,则发展成广义处置式;$O_1=O_2$,则删除O_2,发展成狭义处置式。问题是,根据汉语连动式删除宾语的规则,只能删除O_1成“V_1V_2O”,可是在狭义处置式中为什么能删除O_2而成“V_1OV_2”呢?

曹广顺、遇笑容(2000)对这一问题进行了解释。曹、遇意在全面调查中古译经中处置式的使用情况,但主要着力点在对“取”字处置式的类型及来源的探讨上。他们注意到佛经中存在大量的“取 OV”式狭义处置式,它来自省略了复指代词“之”的“取 OV 之”格式,但这种省略不符合汉语的语法规则。是什么原因使译师们选用了“取 OV”格式呢?曹、遇推断是译师受了母语的影响而致。译师的母语主要是梵文、巴利文等,这些语言的宾语常常是放在动词前面的,在母语的驱使下,译师有时会选择“取 OV”这种宾语在动词前面的省略方式。曹、遇(2000)是最早通过梵汉对勘、并从语言接触的角度来解释汉语历史句法的文献之一,他们的观察和论证是很有启发意义的,提示我们在面对佛典这种特殊文体时,对其中特殊的(不合汉语习惯)因素要特别注意,极有可能存在外来的影响。曹、遇观点的合理性在于,“取 OV”只见于佛经,不见于同期中土文献,这大大增加了它来自梵语影响的可能性;再者,译经中确实存在一些不合汉语习惯的“OV”结构,就是源自译师在翻译中照搬了梵文的语序,如:

(11) caturhayair yuktarathāṃś ca kecit savedikān puṣpadhvajair alaṃkṛtān

有四马的　由…驾的车 又 有人　栏楯　花幢　装饰的

savaijayantān ratanāmayāni dadanti dānāni tathaiva kecit①

带着旗帜的　珠宝做的　布施　施舍物　同样　有人

或有菩萨，驷马宝车，栏楯华盖，轩饰布施。（鸠摩罗什译《妙法莲华经》，9/3a）

今译：有人布施套着四匹马的、栏杆上装饰着鲜花和旗帜的车；还有人布施用珍宝做成的东西。

例（11）梵文是两个分句，但鸠摩罗什只译了前一分句。dadanti 是主要动词，宾语yuktarathāṃ及其修饰成分都在 dadanti 的前面，罗什照搬了这个语序，将“驷马宝车，栏楯华盖，轩饰”放在动词“布施”的前面。对勘证明译师的确有可能受梵文影响而采用一个不合汉语习惯的语序。

但是曹、遇的观点也受到挑战。蒋绍愚（2005：220）不赞成删除 O_2 是受梵文的影响，因为历史上“取”、“持”、“将”、“把”、“捉”等处置式都是各自经过相同的语法化途径而先后形成的，如果说佛典中的“取”字句受梵文影响也许有可能，但后来的“将/把”字句是在人民大众的语言交际中形成的，不可能有梵文的影响，但同样是采取了删除 O_2 的方式。可见汉语自身的规则完全能够出现这种删除。为什么可以这么删除，现在还没有合理的解释，“但解释还要在汉语自身规则中去找，而不能简单地归结为梵文的影响”。

朱冠明（2005：27）便试图从汉语自身的规则来寻求解释。朱认为连动式“$V_1 + O_1 + V_2 + O_2$”之所以能删除 O_2，与两个因素有关：一是连动式的发展，一是代词“之”的衰落。朱文发现了佛典中这样的例句：

(12)（阿群）奉命携剑，逢人辄杀。（康僧会译《六度集经》，3/23b）|欲得鹿王肉食。（竺法护译《生经》，3/102a）|时五夜叉，各自持器，来承血饮。（慧觉《贤愚经》，4/360c）

这些都是 $O_1 = O_2$ 而删除 O_2 的例子，说明在中古连动式已经发展出

① 梵文见蒋忠新（1988）第 9 页倒 2 行，第 10 页 1、2 行。

“V_1OV_2”的格式。这个格式又是怎么来的呢？朱文认为与代词“之”在中古的急剧衰落有关。魏培泉（1990：58）对东汉以降佛经中代词“之”的统计表明，其使用频率呈急剧下降趋势。“之”不仅仅在连动式中 O_2 的位置上变成零形式，在一系列相关的句法结构中都呈现出零形式化的迹象，如居于句末的及物动词不带宾语、受事主语句动词谓语后不用“之”复指受事、使令结构中使役词不带宾语等等。① 既然“之”整体趋于零形式化，那么在“取 OV 之”中零形式化而导致“取 OV”出现，也就不难理解了。这一观点的长处在于能将处置式的发展演变与其他语言现象的变化联系起来综合考虑，但是仍然有无法解决的困难：据曹、遇（2000）调查，几种“取”字句中出现频率最高的就是“取 V 之”，这与“之”急剧衰落的趋势相矛盾；而新发展出的“V_1OV_2”连动式只出现在佛典中，中土文献目前未见，也降低了这一观点的说服力。

赵长才（2007）也对这一问题进行了研究，他发现在西汉时期的简帛文献中，汉语连动式出现了一类“$Vt_1O，Vt_2$”（或进一步紧缩为“Vt_1OVt_2”）格式：

（13）取雷矢三颗，冶，以猪煎膏和之。（《马王堆汉墓帛书·五十二病方》）
（14）取丘引之矢，烝，以熨之。（《同上·杂疗方》）

至中古佛经中有这样的例句：

（15）太子作书，以授与乌。乌口衔书，飞到本国，以书置王前。王披书读，知太子消息，甚大欢喜。（法盛译《菩萨投身饴饿虎起塔因缘经》，3/426a）

赵的发现非常重要，如果汉语在汉代就发展出“Vt_1OVt_2”格式，那狭义处置式的产生就是顺理成章的事情了，自然不必要受梵文的影响。但是他所举的例子局限性太大，一是只见于简帛文献，而同时期乃至中古的传世文献却找不到用例；二是简帛文献中 Vt_1 仅限于“取”这一个动词，如果是

① 参见朱冠明（2007b）。

连动式在当时有了这样的发展，为何别的动词不能进入这一格式呢？三是赵只是找出了一些例句，还是没有解释西汉以及中古佛典中出现这类连动式的原因。

看来这个问题还远远没有解决。

2.5 佛典受事主语句研究

汉语受事主语句的研究目前还不是很充分，现有的研究多是对上古和近代汉语受事主语句的描写，①而对中古阶段则缺乏必要的关注。孙锡信（1992:333—334）指出汉语有“钱财他人用”这一类受事主语句，先秦时需要在动词后用“之”来复指受事主语，如“巧言，佞色，足恭，左丘明耻之，丘亦耻之”（《论语·公冶长》）；而不用“之”复指的这类受事主语句，“直至汉魏时也不多见”，孙给出了《史记》中的3例，不过都是否定句。孙认为从汉语史材料看，此类句式“普遍运用是在唐五代”，如“其妻容貌众皆知”（《变文·难陁出家缘起》）、“世上好物人皆爱”（《降魔变文》）。

蒋绍愚（2004）考察了“话题—评论”式受事主语句从《论语》到《世说新语》再到《敦煌变文集》的变化，发现《世说新语》比《论语》多了一类（即孙所谓的“钱财他人用”类），如：

（16）王丞相拜扬州，宾客数百人并加沾接，人人有说色。（政事）

并指出：“这类句子虽然数量不多，但是，在《论语》中是没有的，这类句子的出现是汉语受事主语句的重要发展。下面将会看到，《敦煌变文集》中，这类句子大大增加了。”②蒋还分析了这类受事主语句出现的原因，“可能和汉语中及物动词的发展有关”：在先秦除否定句和“反宾为主”句外，及物动词是要带宾语的；但是后来这一规则松动，即便不是这两类句子，及物动词

---

① 如姚振武（1999）、刁晏斌（1999）、张赪（2005）等。

② 蒋绍愚（2005:254）在讨论这一问题时，又给出了《史记》中的几个例句，指出“从《史记》开始，直到《世说新语》，逐渐出现一些，但数量不多”。

也可以不带宾语。

正如蒋(2004)着力论证的,这类受事主语句还是近代汉语"教/给"从表使役向表被动转化的基础,所以它的出现及原因是一个需要解决的重要问题。包括孙、蒋在内的以往的研究,都没有关注中古佛典中的情况,导致对事实的观察不够全面。① 朱冠明(2005:87—90、2009)发现佛典中这类受事主语句大量出现,举有20余例:

(17)我子宝称,足迹趣此,瞿昙宁见?(昙果共康孟详译《中本起经》,4/149b)

(18)诸佛之法,有十八事,如是之谊,我已永失。(竺法护译《正法华经》,9/73c)

(19)昔波斯匿王有一女,名曰善光,聪明端正,父母怜愍,举宫爱敬。(吉迦夜共昙曜译《杂宝藏经》,4/458a)

(20)我妙梵声聪慧之子,汝今将向何处掷来?(阇那崛多译《佛本行集经》,3/736b)

这与同期中土文献这类受事主语句少见形成鲜明对比,故朱冠明提出,这类受事主语句在中古的发展,一方面是汉语自身的因素所致,如及物动词的发展和代词"之"的急剧衰落,另一方面,更重要的则是因为受到了梵文的影响。梵文受事宾语常常是放在动词的前面,译师照搬了梵文的语序。梵文因为有严格的格标记,所以名词不管放在哪个位置,它的宾语身份是清楚的,但是译成汉语后,一旦放在动词前面,往往就变成了受事主语或者话题,如:

(21)闻佛所说,悉当信乐受持奉行。(竺法护《正法华经》,9/69a)
闻佛所说,则能敬信。(鸠摩罗什《妙法莲华经》,9/6c)
ye bhāgavataḥ bhāṣtaṃ śraddhāsyanti pattīyiṣyanti udgrahīṣyanti
他们 佛 (所)说 (将)相信 (将)珍视 (将)接受

---

① 我们只见到刁晏斌(1999)引用了《太子墓魄经》中的一个例子。又,吴月梅(2004)曾讨论了中古佛经中的两种受事主语句,惜未能见到此文。

梵文例中 ye 是关系代词，代指上文提到的“众生”；bhāgavataḥ 为单数属格(genitive)，作bhāṣṭaṃ的定语；bhāṣṭaṃ是动词√bhāṣ的过去被动分词的宾格(accusative)形式，义为“所说的话”，句中作宾语；后面三个动词都是三人称复数将来时。此例梵文是 OV 结构，竺法护和罗什都采用了与梵文一致的语序来翻译，结果就造成受事成分“佛所说”放在了动词的前面，在汉语中则只能被看作受事主语句。

还有一种情况是，梵文动词可以变成分词后出现在句中，作为某一个名词性成分的修饰语；但汉语的动词并没有分词形式，如果译师以动词来翻译该分词，则动词只能被看作谓语成分，也容易造成受事成分前置于动词谓语，如：

(22)讲说经典，自然之谊，显示众庶，此正法华。(竺法护《正法华经》，9/67a)

诸法实相义，已为汝等说。(鸠摩罗什《妙法莲华经》，9/5a)

prakāśitā　me　iya dharmanetrī / ācakṣito dharmasvabhāva yādṛśaḥ①

已显示的 我的 此　法则　　已说的　法之本性　　如此的

梵文直译为“这是已由我所昭示了的法则，这是已经被宣说过了的法性”。其中prakāśitā是动词pra-√kāś的致使式过去被动分词，ācakṣitaḥ是动词 ā-√cakṣ的致使式过去被动分词。竺法护以 VO 语序来译，鸠摩罗什则根据意义将两个形容词性质的分词译成了动词“说”，且将梵文中分词所修饰的名词性成分放在“说”之前，这样在汉语中便成了受事主语句。

这类受事主语句在中古佛典中大量存，而中土文献少见，与原典梵文的这两个特点应该有着直接的关系。另外，据前人研究中所举例子以及笔者的初步调查，这类受事主语句在唐五代还是主要出现在敦煌变文和《祖堂集》等与佛典有关的文献中，这也从另一方面体现了它所受佛经翻译的影响。

---

① 上例及此例的梵文分别见于蒋忠新(1988)第 35 页 19 行、第 22 页 29 行。

对佛典中的受事主语句受到梵文影响这一点,朱庆之(2006)、遇笑容(2008)都持肯定态度,不过他们并没有展开论述。

三　梵汉对勘与佛典语法研究

3.1　梵汉对勘的必要性和可行性

梵汉对勘这一研究方法对于佛典语言研究的重要性,是由佛典作为翻译作品的性质决定的。由于以梵文为代表的原典语言和译者母语与汉语存在巨大差异,加之译者汉语水平参差不齐,以及出于对原典的尊崇等诸方面原因,①佛典语言无论在词汇上,还是在语法上,都势必会混杂着外来的、非汉语成分,或者说原典语言在词汇、语法上异于汉语的成分被披上汉语的外衣移植到佛典中来。要将这些外来成分从佛教汉语中剥离出来,唯一有效的办法便是进行梵汉对勘。

梵汉对勘在佛学研究中早就成为基本的方法,相关成果也可资利用。②早年也有学者从语言学角度提出要进行对勘研究,如周达甫(1957)提出"研究的方法最好是精密地对读原本和译本,编制一个词一个词的索引",并特别强调"一个助词也不忽略"。金克木(1980)以复合词和"如是我闻"的翻译为例,说明在进行语法对比研究时"梵藏和梵汉的翻译可以作为大量研究材料"。近年来朱庆之(1992:225—243、2001),遇笑容(2004、2006),遇笑容、曹广顺(2007),万金川(2002b)以及日本学者辛嶋静志(1997、1998、2004)等,都从汉语史的角度大力倡导梵汉对勘研究,并发表了一系列颇有影响的研究成果。

具体到佛典语法研究上,从以下几个方面的研究实践可以看出,梵汉

① 详见朱庆之(2001)的分析。

② 相关情况可参看朱冠明(2005:39—41)。

对勘这一研究方法实在不可或缺:①

1)不通过对勘,就不能准确地了解佛典中某些虚词的意义。如朱庆之(1991)考证语气副词“将无”的确诂;朱庆之(1998)说明频率副词“时/时时”在佛典中常常是“几乎不”之义;辛嶋静志(1997)指出“载”在佛典中用作数量单位,意为“极多”,又指出“孚”是个意为“赶紧、赶快”的副词。这些虚词要么不容易理解,要么与汉语中的常规用法有差异,只有通过梵汉对勘才能准确地解释它们在佛典中的意思。

2)不通过对勘,就不能正确地分析某些句子或短语的层次关系而导致误解。陈寅恪(1933)分析“有心无心”的读法时,根据其对应的梵文 cittam acittam 指出当读为“有心/无心”而非“有/心无//心”,而后一种读法正是晋代清谈之士“殆误会译文,失其正读,以为‘有“心无”心’,遂演绎其旨,而立心无之义与?”又如佛典开场白“与大比丘众××人俱”中的“大比丘众”,历来多解为“杰出的比丘们”,即按“大//比丘/众”来理解;万金川(2002b)指出,这种理解是错误的,根据其对应的原典 mahatā bhikṣu-saṅghene,这里“大”在原典中仅指比丘那个僧团(众)大,而与比丘是否伟大杰出无关,故应读为“大/比丘//众”。再如遇笑容、曹广顺(2007)举到“VO 已讫”的例子,通过《撰集百缘经》梵汉对勘,指出“已讫”对译的是独立式后缀,同样的后缀也译作“已/讫已”,因此“已讫”不可能是有人认为的“副词+动词”的关系,而是两个功能相同的完成动词的重叠使用。

3)不通过对勘,就不能弄清佛典中某些虚词特殊用法或者某些特殊句式的真实来源。如遇笑容(2003)指出古汉语中常用的疑问词“云何”在佛典中有不表疑问的用法,例如“云何须菩提！其福宁多不?”(支谶译《道行般若经》,8/439b)“云何”这种特殊的用法的来历是,译师用“云何”来对译

① 龙国富(2007b)从以下几个方面论述了梵汉对勘在佛典语法研究中的价值:(一)为合理的理论推测提供重要的事实依据;(二)能够正确分析汉译佛经中特殊语法现象;(三)为正在争论的语法问题提供新的研究方法;(四)为汉译佛经中新的语法现象找到真正来源;(五)为汉译佛经中新产生的语法意义或语法现象找到理据;(六)为汉译佛经中一些语法现象找出语法化的动因。

梵文中常用的疑问词 kim，但 kim 还有“标记疑问句”的用法，即类似于英语“do hunters roam about in this wood?”中 do 的用法，译师则把这一用法强加给了“云何”。又如上文举到的“$V_{瞬间动词}$（O）已”、“NP_1，NP_2 是”等句式结构的来源，都与梵文原典的影响有关。这种影响，不通过梵汉对勘是无从发现，也无从论证的。

尽管梵汉对勘这一方法十分重要，多年的研究成果也证明了这一点，但是学术界偶尔还是能听到一些质疑的声音，其中最主要的质疑是，佛经原典语言复杂，传播情况也很复杂，早期佛经有可能不是译自梵文。如果不能确定用作对勘的汉文本就是译自梵文本，这种梵汉对勘的可靠性还有多少呢？对这一问题，我们是这样看待的：

首先，出土资料和近年的相关研究显示，很多佛经都是有梵文写本的。据苏慧澄（1978）介绍，中亚，我国的新疆、西藏地区，尼泊尔等地发现数百部的佛经梵文写本。这个数量随着新出土发现的出现，还在不断增大。又据阇那崛多共笈多《添品妙法莲华经序》记载：“昔敦煌沙门竺法护于晋武之世译《正法华》。后秦姚兴，更请罗什译《妙法莲华》。考验二译，定非一本：护似多罗之叶，什似龟兹之文。余捡经藏，备见二本，多罗则与《正法》符会，龟兹则共《妙法》允同。”（9/134c）从这段记载可以看出两点：一、阇那崛多和笈多当时就有《法华经》的梵文写本；二、竺法护的《正法华经》即是据梵文本所译。

其次，根据我们的对勘实践，一些有梵文本存世的佛经，如《遗日摩尼宝经》、《道行般若经》、《法华经》、《金刚经》、《维摩诘经》等，其汉译本与梵文本的契合程度是很高的，有些译本甚至几乎是逐字逐句的对译；可见不管汉译本的原本情况如何，它与现存梵文本有共同的母本（包括口头的）这一点是毋庸置疑的。也许各自在流传中都有讹误和改动，但总体来看绝不至于到面目全非的程度，何况“保真”是宗教人士对圣典的必然态度。梅维恒（Mair，1993/2005）对《贤愚经》的原典情况进行深入研究后指出：“虽然《贤》是由中国僧人以在于阗听得的、发音上带有于阗腔的材料编纂而成，但它从本质上看仍然是一种印度的文献。由此看来，Jan Nattier 的论文认为6世纪初期以前，中亚地区佛教文学的传播，无一例外用的是印度语言，这一观点仍然成立。”显然这便进一步排除了大多数6世纪以前的汉译佛经受到中亚语言高度干扰的可能性，①尽管它们可能大多是途经中亚传播过来的。

第三，即使由于流传的年代久远，而使我们现在所见到的汉译本和梵文本之间存在一定的差舛，这也丝毫不影响梵汉对勘的科学性和可靠性。我们并不需要对汉译本的每一个词、每一句话都找到它的一一对应的梵文原文，只是对一些重要的词句如需从它的原文着手，才要求它们有对应得比较好的梵文。流传中的讹误的确会在一定程度上影响研究的准确性和可靠性，但这不是我们弃用这一方法的理由。就汉语本身来讲，先秦至今近三千年的时间，流传下来的文献基本都是太田辰夫先生所谓的“后时资料”，能完全“保真”的只有屈指可数的几种出土文献。拿传世文献与出土文献进行对比，其文字上的差异大得令人惊讶。即使这样，汉语史的研究也还是主要依靠这些传世文献，没有人会从方法论上彻底否定对传世文献的使用。

总之，正如遇笑容、曹广顺(2007)所言，对勘是中古译经语言研究行之有效的方法之一，也是近年来中古译经语言研究中较为常见的方法。当然，这种研究方法也有它的局限性，并非所有的问题都能通过对勘来解决，这一点我们下文还要谈到。

3.2 梵汉对勘的相关成果

在佛典语法以及汉语历史语法研究中，利用梵汉对勘这一研究方法，主要是近二十年来的事，成果也集中体现在这一阶段。朱庆之、朱冠明(2006)在谈到原典语法对佛典语法的影响时，举有不同学者的研究成果共

---

① 而“汉译佛经受到中亚语言干扰”正是对梵汉对勘持质疑态度的人的看法。

10项，分别是：a. 复数；b. 呼格；c. 被动；d. 表完成态的"已"；e."S，N是"判断句；f."取OV"式狭义处置式；g. 语气副词"将无"；h."云何"的特殊用法；i. 用于分句末的表原因的"故"；j. 用作领属语的"自"。这些研究的结论都依赖于梵汉对勘材料的支持。

除去这10项外，最近这两年又出现了一些新的研究成果：

1）汉语"除舍"排他标记的来源。胡敕瑞（2008）指出，上古汉语只有表示正面的排他标记"唯、独、繄、但"等，表示负面的排他标记"除"、"舍"等在佛典中最早出现。《道行般若经》对勘材料显示，"除"、"舍"表排除是梵文词 sthāpayitvā 和 muktvā 的直译。因为 sthāpayitvā 和 muktvā 既有表排除的介词用法，又有"除去"、"舍弃"义的动词用法，所以译师在翻译其介词用法时，会选用汉语中同样具有"除去"、"舍弃"义的动词"除"、"舍"。

2）话题转移的标记"复次"。朱冠明（2005：105—107、2008b）指出，佛典中常见的用于句首或小句首表示转移话题的"复次"，来源与梵文原典有关。《阿弥陀经》对勘材料显示，"复次"对应的梵文词是 punar-apara，punar 和 apara 都是"又"的意思。中古最常用的表示重复义的副词是"复"和"又"，译师为何选用"次"而不选"又"呢？因为 apara 和"次"都既有"次要、低级的"这一义项，也都可以用作连词。正因为这种双重对应，所以译师们更愿意选择"次"和"复"一起构成"复次"来充当话题转移标记。

姜南（2007）也用《法华经》对勘材料证明，"复次/次复"、"尔时"、"今（者/日）"、"（复）有"等显性的话题转移标记，是译师在碰到梵文原典语篇转移话题时，有意识地添加的，借以开启新话题，以使句子间的界限更明显，不管原典中有没有直接对应词。

3）反身代词"自己"的来源。朱冠明（2007a）指出"自己"最早出现在佛典中，且主要用于领属语位置，是因为"自"在中古后获得了领属语的用法，从而和"己"有了共现的机会。而"自"的领属语用法的来源，则是受梵文反身代词 sva 的影响。对勘材料显示，佛典中绝大多数的名词短语"自N"中的"自"对应的梵文原词都是 sva。因为 sva 既是反身代词，又常常作定语，所以译师也把作定语（即领属语）的用法强加给了“自”。

4）时间疑问词“久如”的来源。吴娟（2009）指出，据《维摩诘经》的梵汉对勘材料以及相关注疏音义材料，“久如”是“久近如何”的双音节缩略形式，而“久近如何”则是梵语 kiyat ciram 或同类结构的仿译形式。

5）“若A若B”结构的来源。太田辰夫（1988/1991:56）注意到表示并列关系时，上古汉语以一个“若”放在第二个体词之前（即“A若B”）的格式为一般用法，而至中古则以把“若”分别放在各个体词之前（即“若A若B”）为普遍。朱冠明（2005:44、2008c）、龙国富（2008）都根据对勘材料证明，“若”的这种特殊用法是受梵文并列连词 ca 或选择连词 vā 的影响而产生的，梵文这两个词在使用时最常见的用法就是放在两个并列项之后构成“A ca B ca”或“A vā B vā”。

6）疑问代词“何”表任指用法的来源。据吴娟（2008），疑问代词在中古佛典中出现了大量表任指的用例，如“欲求何事，皆满所愿”（吉迦夜共昙曜译《杂宝藏经》，4/455b）。而这种用法在中古及以前的中土文献中极为罕见。对勘材料显示，“何”的这种用法是对梵文疑问代词兼关系代词 yad 任指功能的复制。

7）“与……”的特殊用法。据朱冠明（2008b），佛典的开场白一般是“一是佛在……，与……俱”，但有时候“俱”这个词不出现，如“闻如是：一时佛游那难国波和奈树间，与大比丘众比丘五百人。尔时和利长者……”（竺法护译《生经》，3/83b）汉语中“与”是表伴随的介词，介词短语“与……”后面一定还要有动词，或者将“与……”移到主语“佛”和动词“游”之间，否则句子的表达便不符合汉语习惯。对勘材料显示，这种“与……”是译师直接用来对译梵文表伴随的具格名词，却按梵文的语序放在了动词短语的后面。

8）并列成分后置。据胡敕瑞（2009），汉译佛典中有一种将并列成分后置的特殊句式，如“所以者何？佛母般泥洹，并五百比丘尼”（白法祖译《大爱道般泥洹经》，2/868a）。按汉语规则，“并五百比丘尼”作为并列成分应置于“佛母”之后;但由于译师照搬了梵文原典并列成分的语序,从而形成汉译佛典中这种并列成分后置的特殊句式。

3.3 梵汉对勘方法的讨论

关于梵汉对勘的方法,在具体的操作手段上,朱庆之(2001)提出可以有间接和直接两种方式,间接方式就是利用前人的研究成果,主要指有对勘资料的词典和索引;直接方式就是拿汉译和原典做第一手对勘。朱还讨论了这两种方法的优缺点。遇笑容(2006)也提出了两种方法:一是将梵汉文本逐句对比,看梵文句子对应成什么汉文;有哪些翻译出来的句子所使用的结构是同期汉语所没有的,反映出哪些句子带有哪些外来影响。二是把汉译佛经中不同于同时期本土文献语法现象的句子挑出,看梵文同一语义用什么语法手段表达,看看汉译佛经中特殊语法格式对应的梵文语法是什么样子。遇认为相比之下,第一种方法可能更为可靠。针对梵汉文直接对勘及在此基础上进行的佛教汉语研究,王继红(2006)还详细地列出了七个步骤。

遇笑容、曹广顺(2007)除论述梵汉对勘的重要性和有效性外,还指出了它的一些局限性,概括起来有这样几方面:一是译师不是完全对译,会在翻译中做变通处理,这种变通会造成语法关系的不对称,从而使对勘失去意义,如《撰集百缘经》中有的梵文原文是肯定句,可是汉译却用了疑问句。二是对勘只能发现、证明佛经中的特殊现象可能来自梵文,但对这些特殊现象是否已进入以及何时、如何进入汉语,就无能为力了。三是梵汉语法系统差别很大,如汉语有是非问和反复问的区别,而梵文没有这种区别。碰到这样的问题时,试图用梵文来证明汉语性质,是毫无意义的。

遇、曹指出的梵汉对勘的这些局限性是十分有见地的,值得在通过对勘研究佛典语法的时候认真考虑。除此之外,我们觉得在对勘研究的时候,还应该注意以下几个方面:

1)对勘中语义和语法关系要区别对待。翻译的基本原则是“信”,即原文和译文的意义要对等，在此前提下，语言中的同义表达方式都是可供选择的翻译手段。以英汉翻译为例，Are you coming? 既可译为“你来吗？”也可译为“你来不来？”又 What's your name? 译成汉语是“你叫什么/什么名字？”原文的定语 your 译成了汉语的主语，原文的主语 what 则译成了汉语的宾语或宾语短语中的定语，汉译与原文在语法关系上大相径庭。因此在考察汉译中某个词的词义时，只要能找到原典中对应的词，据之来解释词义一般而言是可靠的；但是如果来说明语法关系，就需要特别谨慎。如前文举到的例(26)，原文中的作名词定语的过去分词，在汉译中成了谓语，而原文中作表语的名词则成了汉译中的受事主语。再如著名的“如是我闻”，原文 evaṃ mayā śrutaṃ(这样被我听到了)，mayā 是工具格，表示动作的发出者，相当于英语被动句中的 by me，可是在汉译中成了主语。

2)汉译佛典中某个词的功能，只能依据汉语的语法系统给它定位，而不能把梵汉搅在一起，说汉译佛典中的某个词，其功能是它所对应的梵文词在梵文中的功能。比如前面举到的“V(O)$已_2$”中的“$已_2$”，我们只能说它是 V 的动相补语，而不能说它是独立式标记，因为汉语根本没有“独立式”这种语法范畴。尽管“$已_2$”是来自梵文独立式的对译，但是到了汉语中就只能分析成动相补语。又如将衬音词“于”分析成格标记，也是把两种语言的语法系统搅在一起了，汉语的语法系统中根本不存在像梵文那样基于形态变化的格范畴。

3)对勘可以让我们发现汉译中的某个特殊语法形式其来源是受梵文的影响，如“N_1，N_2 是”是受梵文强式判断句影响产生的，但这并不表示汉译中的每一个“N_1，N_2 是”都必须对应一个原文中的强式判断句。这其实很好理解，比如汉语外来词“拜拜”是译自英语的 bye-bye，但一旦“拜拜”这个词进入汉语以后，就既可以用来对译 bye-bye，也可以用来译 good bye，see you later 等。反过来，一个语法形式是来源于汉语本身，但通过对勘发现译师总是拿这个语法形式去对译梵文中的某个语法形式，导致它在佛典中的使用频率极大提高，这种情况也可以说它的用法受到梵文的影响。如“N_1，

N_2 是也"在佛典中的使用。

4)对梵文词语法信息的注解要十分谨慎,切不可想当然,否则会出一些硬伤,影响论证的严谨和结论的可靠。如向德珍(2007)在分析 yathā hy ekena cakrena rathasya na gatir bhavet 这个句子时说:"系词 bhavet(是,成分)后置,表语 gatir(行走,前进)前置。"其实这里 gatir 是主格,作句子的主语。又如张幼军(2006)说:"罗什译为'无定'的那个词,梵本作 niyato,是过去受动分词的双数体格形式,意思是'确定,必定'。"按,这里 niyato 不是双数体格,而是单数体格niyataḥ处于浊辅音或元音 a 前的音变形式。

四 语言接触理论与佛典语法研究

尽管对接触给佛典语言带来的影响的大小有各自不同的看法,但学者们大都承认汉译佛典是语言接触的产物,也把自己的研究置于这一背景之下。不过真正有意识地用语言接触理论来分析佛典语言现象,或者从佛典语言事实来探讨和总结语言接触的相关理论和规律,这样的研究还刚刚起步。目前所见,只有遇笑容(2004、2008a、2008b)以及遇笑容、曹广顺(2007)在大力从事这方面的研究,发表了一系列文章。此外还有王继红(2006)、蒋绍愚(2008a)、朱冠明(2008c、2009)等几位学者在讨论具体的佛典语言现象时,探讨了有关语言接触的理论问题。

遇笑容(2004)以汉语史上几个语言接触导致语法变化的现象(包括佛典中的"取 OV"处置式以及"云何"特殊疑问句)为例,讨论变化产生的方式和途径,包括照搬、新旧融合和在自身发展中接受影响几种;并提出"新格式最容易出现在汉语与其他语言差异大的语法点上"、"当汉语面临在两种格式中淘汰与保留的选择时,只要引进的新的格式没有与汉语固有格式融合、改造,汉语一般会保留固有的,淘汰引进的"等观点;还说明了不同的历史文化背景下的语言接触对汉语会产生不同的影响。

遇笑容(2008b)是目前所见以语言接触理论来探讨中古译经语法研究的最全面、深入的一篇文献。遇笑容(2008a)和遇笑容、曹广顺(2007)中有关语言接触部分的观点,基本上在这篇文章中都有体现,故我们重点介绍一下遇(2008b)。文章讨论了以下几个问题:

一是从佛经传入和翻译的历史来分析早期西域僧人译经的特征,包括:1)中古译经是在汉语对话条件下出现的,主要是操其他语言的人学习汉语的结果;2)中古译经是以汉语为目的语的第二语言习得的结果,出现的梵文、巴利文影响,是在不完全第二语言习得中的母语干扰;3)中古译经是一种中介语,是母语和汉语之间的一种变体,作为语言学习者运用第二语言进行交际的工具。

二是分析语言接触造成语法改变的两种方式,即干扰和借入两类,在佛经翻译中分别给佛典语言造成哪些影响。目前研究所发现的影响有的属于外借,指译者无法摆脱母语影响而把汉语完全没有的用法带入汉语;有的属于干扰,指用梵文的成分改变了汉语固有的东西,或者改变汉语语法成分的发展方向。

三是探讨中古译经造成的大范围语言接触,是否给汉语造成影响以及影响如何形成。文章强调译经作为中介语的性质,译经中的特殊语言现象,只是第二语言习得中的语言错误;只有中介语(中古译经)中的语言错误被汉语接受而融入汉语,才是真正意义上的梵文通过语言接触造成对汉语的影响。所有外借成分,都未能融入汉语。有些受干扰而出现的成分,如"已"和"取"等最终进入的汉语,其过程是先在佛经中发生词汇的结构关系的改变,进而被更多的人在译经中使用,再逐渐渗入汉语;进入汉语之后,它们一般都会按照汉语自身的演变规律,继续其演化过程。

遇文基于语言接触理论的佛典语法研究,弥补了这方面研究的不足,使佛典语法研究有了更明确的理论取向和理论定位。除个别观点(如"新格式最容易出现在汉语与其他语言差异大的语法点上")容有商榷外,其他都是对研究极具启发性的见解。

王继红(2006)也是从宏观的角度探讨语言接触与佛教汉语研究的相关问题,指出佛教汉语是经由佛经翻译所导致的语言接触的产物,属于间接语言接触,指在不同的空间通过书面语言特别是文献翻译产生的语言间的相互接触。还分析这种语言接触大体可分为三个阶段:1)佛经从梵语译成汉语;2)汉地人民熟悉佛经语言;3)佛经语言借助佛教成为日常生活的组成部分,其影响被汉语真正接受。

蒋绍愚(2008a)在讨论"已$_2$"融入汉语时,提出一个语言接触的理论问题:AB 两种语言接触后,A 语言的哪些语言形式可以进入 B 语言?是否必须是与 B 语言固有的形式相近的成分才能进入,还是与 B 语言差距越大的成分越容易进入?这是一个非常重要的问题,涉及语言接触对语言影响的程度的根本看法。蒋先生认为是前者,他以"已$_2$"和包括式人称代词"咱们"融入汉语的情况为例,证明就汉语而言,"由语言接触而产生的形式,大体上都是因为与汉语固有的形式相近,或者符合汉语自身发展的趋势,所以才在汉语中保留下来"。很显然,蒋的观点与上文遇的观点正好相反。我们觉得,这个问题需要针对具体情况做区分。佛经翻译和元蒙时期的语言接触正好属于不同的类型,一个是间接接触,一个是直接接触,两种不同类型的接触对语言的影响还不太一样。除开直接接触影响可能是双向的、间接接触影响只能是单向的这一点之外,间接接触的主要媒介翻译文献面对的读者对源头语没有任何知识,所以翻译文献中即便有源头语的影响,也不可能太离奇,否则就会像笈多译《金刚经》一样无法被读者理解和接受。这也是佛典中并没有太多的、太严重的原典影响的原因。而直接接触则不一样,源头语和目标语的使用者有现实生活中充分的交流和沟通,这种语言间的互相浸染之下,只要时间足够长,源头语的任何成分都可能被借入目标语并生根立足,乃至导致目标语的类型发生改变。① 如意西微萨·阿错(2004)所研究的倒话,就属于这一种类型。元蒙时期汉语与蒙古

① 参见 Heine & Kuteva (2005:1、108),Thomason(2001:63),吴福祥(2007)。

语的接触，也是属于这个类型，所以我们在元代汉语文献里，看到了比佛典中多得多的外语影响，无论是语序还是形态都有。[①] 这些影响之所以没有太多能在汉语中保留下来，只是因为时间不够长，两种语言就失去了接触的条件。

朱冠明(2008c)分析了佛经翻译影响汉语词汇(包括实词的词义和虚词的用法)的一种方式——"移植"，与语言接触理论中所谓的"义借"(Weinreich,1963:48)或"语法复制"(Heine & Kuteva,2005)比较接近。所谓"移植"，是指佛经翻译过程中存在的这样一种现象：假定某个梵文词 S 有两个义项 S_a、S_b，汉语词 C 有义项 C_a，且 $S_a = C_a$，那么译师在翻译中由于类推心理机制的作用，可能会把 S_b 强加给汉语词 C，导致 C 产生一个新的义项 $C_b(=S_b)$；C_b 与 C_a 之间不一定有引申关系，且 C_b 在译经中有较多的用例，这个过程我们便认为发生了语义或用法的移植。这种影响模式在佛典中也普遍存在，仅就虚词而言，上文提到的"自"的领属语用法、"何"的任指用法、"云何"不表疑问的用法、"除"的排他用法等，其来源都属于这一类型。

朱冠明(2009)讨论佛典受事主语句有可能受到梵文影响之后，指出佛经翻译带来的语言接触给汉语造成的影响，多数属于 Heine & Kuteva (2005:40)提出的"从次要使用模式到主要使用模式"的改变，即"从小到大"而非"从无到有"的改变。这种改变会给汉语原有的一个次要使用模式带来这样的变化：1)大大地提高使用频率；2)扩大其使用范围；3)促使它产生新的更固定的语法意义。前文介绍的一些佛典中受原典影响的语言现象，除极个别是"从无到有"外(如"自"的领属语用法)，其他都可算作是"从小到大"的变化。

---

① 参见祖生利(2005)。

参 考 文 献

曹广顺 2006 《中古译经与中古汉语语法史研究》,《21 世纪的中国语言学》(二),商务印书馆。

曹广顺 龙国富 2005 《再谈中古汉语处置式》,《中国语文》第 4 期。

曹广顺 遇笑容 2000 《中古译经中的处置式》,《中国语文》第 6 期。

陈秀兰 2004 《魏晋南北朝文与汉文佛典语言比较研究》,(首尔)新星出版社。

陈寅恪 1933 《支愍度学说考》,《中研院历史语言研究所集刊》外编第一种《庆祝蔡元培先生六十五岁论文集》;又见于《陈寅恪集 · 金明馆丛稿初编》,三联书店 2001 年。

刁晏斌 1999 《论近代汉语受事主语句》,《辽宁师范大学学报》第 5 期。

董 琨 1985 《汉魏六朝佛经所见若干新兴语法成分》,《研究生论文选集 · 语言文字分册(一)》,江苏古籍出版社。

董秀芳 2006 《古汉语中动名之间"于/於"的功能再认识》,《古汉语研究》第 2 期。

董志翘 2000 《中古文献语言论集》,巴蜀书社。

方一新 1999 《关于中古汉语词汇研究的几个问题》,《汉语现状与历史的研究》(江蓝生、侯精一主编),中国社会科学出版社。

冯春田 1992 《魏晋南北朝时期某些语法问题探究》,《魏晋南北朝汉语研究》(程湘清主编),山东教育出版社。

胡敕瑞 2008 《汉语负面排他标记的来源及其发展》,《语言科学》第 6 期。

胡敕瑞 2009 《汉译佛典中的一类特殊句式:并列成分后置》,汉译佛典语法研究国际学术研讨会暨第四届汉文佛典语言国际研讨会(宁波)。

江蓝生 2003 《语言接触与元明时期的特殊判断句》,《语言学论丛》第二十八辑。

姜 南 2008a 《汉译佛经音节衬字辩说》,《语言研究》第 4 期。

姜 南 2008b 《基于梵汉对勘的〈法华经〉语法研究》,北京大学博士研究生学位论文。

蒋绍愚 2001 《〈世说新语〉、〈齐民要术〉、〈洛阳伽蓝记〉、〈贤愚经〉、〈百喻经〉中的"已"、"竟"、"讫"、"毕"》,《语言研究》第 1 期。

蒋绍愚 2004 《受事主语句的发展与使役句到被动句的演变》, in Ken-ichi Takashima & Jiang Shaoyu eds. *Meaning and Form: Essays in Pre-Modern Chinese Grammar*, Muenchen: LINCOM GmbH《意义与形式——古代汉语语法论文集》(高岛谦一、蒋绍愚主编)。

蒋绍愚 2005 《近代汉语研究概要》,北京大学出版社。

蒋绍愚 2008 《语言接触的一个案例——再谈"V(O)已"》,《语言学论丛》第三十六辑。

蒋绍愚 2009 《也谈汉译佛典中的“NP_1，NP_2＋是也/是”》，《中国语言学集刊》第三卷第二期，中华书局。

蒋忠新 1988 《民族文化宫馆藏〈妙法莲华经〉写本》，中国社会科学出版社。

解植永 2006 《中古汉语“是”字后置式判断句的来源》，《汉语史研究集刊》第九辑，巴蜀书社。

金克木 1980 《谈谈汉译佛教文献》，《江淮论坛》第五期；又见于《印度文化论集》，中国社会科学出版社 1983 年。

李维琦 1999 《佛经续释词》，岳麓书社。

梁启超 1920/1989 《翻译文学与佛典》，《佛学研究十八篇》，中华书局。

梁晓虹 1985 《佛经中“於”的一种特殊用法》，《九江师专学报》第 1、2 期合刊。

刘瑞明 1988 《“於”的一种助词用法——〈佛经中“於”的一种特殊用法〉辨误》，《九江师专学报（哲学社会科学版）》第 3 期。

龙国富 2002 《〈阿含经〉“V＋（O）＋CV”格式中的“已”》，《云梦学刊》第 1 期。

龙国富 2005 《从梵汉对勘看中古汉译佛经中的特殊判断句》，首届汉语史中的语言接触专题研讨会（北京）。

龙国富 2007a 《汉语完成貌句式和佛经翻译》，《民族语文》第 1 期。

龙国富 2007b 《梵汉对勘在汉译佛经语法研究中的价值》，第六届国际古汉语语法研讨会暨第五届海峡两岸汉语语法史研讨会（西安）。

龙国富 2008 《从语言接触看汉译佛经中连接词“若”的特殊用法》，《汉语史学报》第七辑，上海教育出版社。

吕叔湘 1980 《语文常谈》，三联书店。

梅祖麟 1981 《现代汉语完成貌句式和词尾的来源》，《语言研究》创刊号；又见于《梅祖麟语言学论文集》，商务印书馆 2000 年。

梅祖麟 1990 《唐宋处置式的来源》，《中国语文》第 3 期；又见于《梅祖麟语言学论文集》，商务印书馆 2000 年。

梅祖麟 1999 《先秦两汉的一种完成貌句式——兼论现代汉语完成貌句式的来源》，《汉语现状与历史的研究》（江蓝生、侯精一主编），中国社会科学出版社。

帅志嵩 2006 《中古汉语[＋完成]语义研究》，北京大学博士学位论文。

苏慧澄 1978 《关于尼泊尔梵本佛经的发现》，载张曼涛编“现代佛教学术丛刊”之《佛典译述及著录考略》，（台北）大象文化出版社。

孙锡信 1992 《汉语历史语法要略》，复旦大学出版社。

太田辰夫 1958/2003 《中国语历史文法》（修订译本，蒋绍愚、徐昌华译），北京大学出版社。

太田辰夫 1988/1991 《汉语史通考》（江蓝生、白维国译），重庆出版社。

万金川　2002a　《从"佛教混合汉语"的名目谈汉译佛典的语言研究》,《圆光佛学学报》第七期;又见于《佛典研究的语言学转向:佛经语言学论集》(万金川著),正观出版社 2005 年。

万金川　2002b　《佛经译词的文化二重奏》,第一届汉文佛典语言学国际学术研讨会(台北);又见于《佛典研究的语言学转向:佛金语言学论集》(万金川著),正观出版社 2005 年。

王继红　2004　《基于梵汉对勘的佛教汉语语法研究——以〈阿毗达磨俱舍论·分别界品〉为例》,北京大学博士研究生学位论文。

王继红　2006　《语言接触与佛教汉语研究》,《安阳工学院学报》第 3 期。

魏培泉　1990　《汉魏六朝称代词研究》,台湾大学中国文学研究所博士论文。

魏培泉　1993　《古汉语介词"於"的演变略史》,《中研院历史语言研究所集刊》第六十二本第四分。

吴福祥　2007　《关于语言接触引发的演变》,《民族语文》第 2 期。

吴　娟　2008　《汉译佛典中疑问代词"何"的任指用法》,未刊。

吴　娟　2009　《"久如"探源》,《汉语史学报》第八辑,上海教育出版社。

吴月梅　2004　《中古佛经中的两种受事主语句》,第十二届国际中国语言学会年会论文(天津)。

向德珍　2007　《中古汉语系词"是"后置的特殊判断句》,载《语言接触与语言比较》(薛才德主编),学林出版社。

辛嶋静志　1997　《汉译佛典的语言研究》,《俗语言研究》第四期。

辛嶋静志　1998　《汉译佛典的语言研究(二)》,《俗语言研究》第五期。

辛嶋静志　2000　《汉译佛典的语言研究》,《文化的馈赠——汉学研究国际会议论文集》,北京大学出版社。

辛嶋静志　2004　《〈佛典汉语词典〉之编辑》,《佛教图书馆馆讯》第 35/36 期。

许洋主　1995　《新译梵文佛典金刚般若波罗蜜经》(二),(台北)如实出版社。

颜洽茂　1997　《佛教语言阐释——中古佛经词汇研究》,杭州大学出版社。

杨伯峻　1982　《上古汉语中之罕见的语法现象》,《中国语文》第 6 期。

姚振武　1999　《先秦汉语受事主语句系统》,《中国语文》第 1 期。

叶友文　1988　《隋唐处置式内在渊源分析》,*Journal of Chinese Linguistics*,16(1)。

意西微萨·阿错　2004　《倒话研究》,民族出版社。

俞理明　1993　《佛经文献语言》,巴蜀书社。

遇笑容　2004　《汉语语法史中的语言接触与语法变化》,《汉语史学报》第四辑,上海教育出版社。

遇笑容　2006　《梵汉对勘与中古译经语法研究》,《汉语史学报》第六辑,上海教育出版社。

遇笑容 2008a 《试说汉译佛经的语言性质》,《历史语言学研究》第一辑,商务印书馆。
遇笑容 2008b 《理论与事实:语言接触视角下的中古译经语法研究》,《汉语史学报》第七辑,上海教育出版社。
遇笑容 曹广顺 2007 《再谈中古译经与汉语语法史研究》,《汉藏语学报》第1期,商务印书馆。
袁宾 1989 《敦煌变文语法札记》,《天津师大学报》第5期。
袁宾 1992 《近代汉语概论》,上海教育出版社。
张赪 2005 《晚唐五代的受事前置句》,《语言科学》第2期。
张美兰 2003 《〈祖堂集〉语法研究》,商务印书馆。
张幼军 2006 《论佛经训诂方法》,《古汉语研究》第2期。
赵长才 2007 《也谈中古译经中"取"字处置式的来源》(提纲),第二届汉语史中的语言接触专题研讨会(北京)。
周达甫 1957 《怎样研究梵汉翻译和对音》,《中国语文》第4期。
周一良 1944 《中国的梵文研究》,《思想与时代》第35期;又见于《魏晋南北朝史论集》,中华书局1963年。
周一良 1947—1948 《论佛典翻译文学》,《申报·文史副刊》第3—5期;又见于《魏晋南北朝史论集》,中华书局1963年。
周祖谟 1979/2001 《汉语发展的历史》,《周祖谟语言学论文集》,商务印书馆2001年。
朱冠明 2002 《中古译经中的"持"字处置式》,《汉语史学报》第二辑,上海教育出版社。
朱冠明 2005 《中古汉译佛典语法专题研究》,北京大学博士后出站报告。
朱冠明 2007a 《从中古佛典看"自己"的形成》,《中国语文》第5期。
朱冠明 2007b 《"之"的衰落及其对句法的影响》,第六届国际古汉语语法研讨会暨第五届海峡两岸汉语语法史研讨会(西安)。
朱冠明 2008a 《〈摩诃僧祇律〉情态动词研究》,中国戏剧出版社。
朱冠明 2008b 《梵汉本〈阿弥陀经〉语法札记》,《历史语言学研究》第一辑,商务印书馆。
朱冠明 2008c 《移植:佛经翻译影响汉语词汇的一种方式》,《语言学论丛》第三十七辑。
朱冠明 2009 《中古佛典与汉语受事主语句的发展——兼谈佛经翻译影响汉语语法的模式》,汉译佛典语法研究国际学术研讨会暨第四届汉文佛典语言国际研讨会(宁波);又见于《中国语文》2011年第2期。
朱庆之 1991 《"将无"考》,《季羡林教授八十华诞纪念论文集》(上),江西人民出版社。
朱庆之　1992　《佛典与中古汉语词汇研究》,(台北)文津出版社。
朱庆之　1993　《汉译佛典语文中的原典影响初探》,《中国语文》第5期。
朱庆之　1995　《汉译佛典中的"所V"式被动句及其来源》,《古汉语研究》第1期。
朱庆之　1998　《佛教汉语的"时"和"时时"》,《汉语史研究集刊》第一辑,巴蜀书社。
朱庆之　2000　《佛典与汉语音韵研究》,《汉语史研究集刊》第二辑,巴蜀书社。
朱庆之　2000b　《佛经翻译中的仿译及其对汉语词汇的影响》,《中古近代汉语研究》第一辑,上海教育出版社。
朱庆之　2001　《佛教混合汉语初论》,《语言学论丛》第二十四辑。
朱庆之　2006　《略论笈多译〈金刚经〉的性质及其研究价值》,《普门学报》第三十六期。
朱庆之　朱冠明　2006《佛典与汉语语法研究——20世纪国内佛教汉语研究回顾之二》,《汉语史研究集刊》第九辑,巴蜀书社。
祖生利　2005　《试论元代的"汉儿言语"》,首届汉语史中的语言接触专题研讨会(北京)。
Cheung, Samuel Hung-nin(张洪年)1977 Perfective Particles in the Bian Wen Language, *Journal of Chinese Linguistics*, 5(1).
Harbsmeier, C.(何莫邪)　1989 The Classical Chinese Modal Particle Yi 已,《中研院第二届国际汉学传言论文集·语言与文字组》,(台北)中研院。
Heine, B. & Kuteva, T. 2005 *Language Contact and Grammatical Change*, Cambridge: Cambridge University Press.
Mair, V.(梅维恒)　1993/2005 The Linguistic and Textual Antecedents of The Sūtra of the Wise and the Foolish, *Sino-Platonic Papers*, No. 38. 汉译《〈贤愚经〉的原典语言》(朱冠明译),《汉语史研究集刊》第九集,巴蜀书社2005年。
Mair, V.(梅维恒)　1994/2009 Buddhism and the Rise of the Written Vernacular in East Asia: The Making of National Languages, *The Journal of Asian Studies* 53, No. 3. 汉译《佛教与东亚白话文的兴起:国语的产生》(王继红、顾满林译),《佛教汉语研究》(朱庆之编),中华书局2009年。
Thomason, S. G. 2001 *Language Contact: An Introduction*, Edinburgh: Edinburgh University Press.
Watters, T. 1889 *Essays on the Chinese Language*, Shanghai: Presbyterian Mission Press.
Zürcher, Erik(许理和)1977/1987 Late Han Vernacular Elements in the Earliest Buddhist Translations, *Journal of the Chinese Language Teachers Association*, Vol. 12, No. 3. 汉译《最早的佛经译文中的东汉口语成分》(蒋绍愚译),《语言学论丛》第十四辑,商务印书馆1987年。

Zürcher, Erik(许理和)1991/2001 A New Look at the Earliest Chinese Buddhist Texts, in Koichi Shinohara and Gregory Schopen ed. *From Benares to Beijing: Essays on Buddhism and Chinese Religion*, Oakville-New York-London: Mosaic Press. 汉译《关于初期汉译佛经的新思考》(顾满林译),《汉语史研究集刊》第四辑,巴蜀书社 2001 年。

Zürcher, Erik(许理和)1996/2008 Vernacular Elements in Early Buddhist Texts: An attempt to define the optimal source materials, *Sino-Platonic Papers*, No. 71. 汉译《早期佛经中的口语成分——确定最佳源材料的尝试》(朱冠明译),载朱冠明(2008a)。

再谈中古译经与汉语语法史研究

遇笑容　曹广顺

提要　中古译经是汉语历史文献中特殊的一类，其中出现的特殊语言现象为研究汉语语法史中的语言接触提供了资料。在共时的平面上，它再现了语言接触引发的特殊语言现象，并可以藉此探讨这些现象产生的原因、机制；在历时系统中，可以通过历史比较研究探索语言接触对汉语语法历史发展造成的影响和语言接触与语言发展之间的关系。文献语言的特殊性使对勘和同经异译成为研究中古译经的重要手段。

关键词　中古译经　汉语语法史　语言接触

曹广顺《中古译经与中古汉语语法史研究》①一文，主要是从译经与本土文献的一致性着眼，论述其作为后汉到隋唐之间接近当时口语的、数量巨大的重要文献，它的存在补充了中古本土文献的不足，使我们得以更全面、深入地了解中古汉语语法系统，可以帮助我们解决许多仅凭本土文献无法解决的问题。与此同时，译经文献也有其特殊性。就像《中古译经与中古汉语语法史研究》一文所指出的：中古译经语法研究又是中古语法史研究中一个新的课题。佛教的传入对中国的历史文化产生了巨大的影响，翻译佛经也是汉语历史上一次有文献记载的大规模的语言接触。在数百年的时间里，西域僧人学习汉语，中国僧人学习梵文、巴利文，把数以千万字计的佛经翻译成汉语，再广为宣讲、传播，直接的成果，是佛教成为中国

---

① 《21世纪的中国语言学》(二)，商务印书馆，2006年。

传播最广泛、最深入人心的宗教。与此同时佛经的语言，在翻译过程中不可避免地会带上原来梵文、巴利文的痕迹，这些痕迹可能在传播的过程中逐渐进入汉语，被汉语所接受，从而影响到汉语的历史发展。因此，中古译经在庞大的汉语历史文献中又是特殊的一类，其特殊性，来源于它的翻译文体，来源于佛经原典语言的影响。由此出发，中古译经语法研究也就具有了一些特殊性：一些特殊的研究方向和研究方法。本文将讨论中古译经的特殊性引发的这些特殊的研究方向和方法。

一　中古译经语法研究的特殊方向

目前语法史研究中中古译经语法研究的特殊方向主要有三个：一、中古译经中的特殊语法现象；二、语言接触与中古译经中的特殊语法现象；三、语言接触与中古汉语语法的历史发展。以下我们分别加以讨论。

（一）中古译经中的特殊语法现象

对于任何一个阅读佛经的语言学者来说，佛经语言给人的直观反应是它含有一些不同于汉语本土文献的语言现象，从语言学家开始关注佛经语言起，佛经中的特殊语言现象，就是大家最容易注意的问题，也是中古译经语法研究中开展最早、最广泛的一个特殊方向。经过多年的努力，大家已经发现的特殊现象主要有①：

1. 复数。汉语没有数的变化，但梵文的名词（包括形容词和代词）有单、双、复数之别。表示人称代词复数的“等”、“曹”的大量使用，与原典有关。

2. 呼格。梵文名词有八个格，第八格是“呼格”，如“世尊告曰：‘止，族

① 本节内容参考了朱冠明（2005）；遇笑容（2004）。

姓子！仁等无乃建发是计……’(竺法护《正法华经》,9/110b)”,这种“族姓子”作为插入语的用法在汉语中罕见,是原文呼格的对译。

3. 被动。汉译佛典中多用被动句,且有不少“所V”式被动句。这可能是原典语言的反映,“所V”用来对译原典的被动态或被动分词。

4. 表完成态的“已”。佛经中有大量的“V(O)已”,“V(O)已”中V在佛典中可以是瞬间动词,这种瞬间动词后的“已”是受梵文影响而产生,且是动态助词“了”的前身。

5. “S,N是”式判断句。如“佛告诸沙门:‘尔时象王者,我身是也。’(《六度集经》,3/17b)”,这种判断句式可能是受梵文影响而产生,是梵文语序的反映。

6. 语气副词“将无”。表示“但愿不……”、“该不是……”意思的语气副词“将无”的产生与原典有关,是mā的对译。

7. “云何”的特殊用法。佛典中“云何”有不表疑问的用法,可能是受梵文影响所致,因为“云何”对译的kim在梵文中有不表疑问的用法。

8. 用于分句末的表原因的“故”。中土文献一般是“……,故……”式,而佛典中多有“……故,……”或“……,……故”式。这种用法的“故”不是汉语固有成分,是在翻译中受原典影响而产生的。

9. 用作属格标记的“所/许”。这种用法的“所/许”可能是用来对译梵文名词属格(genitive)的。

10. “使/令V”。这种形式在中古以前要说成“使/令OV”,省略O的形式不多见,中古佛典中用量激增,其大量使用很可能与梵文常用动词的致使式(causative)有关。

11. 受事主语句。佛典中的受事主语句使用频率远高于中土文献,可能与梵文中宾语常放在动词前面有关。

12. 后置定语及定语从句。中土文献罕见有这种句式,当是在翻译中直接对译梵文的语序所致。

13. “若A若B”。“若”的这种表示并列关系的用法可能是受梵文影响所致:梵文中表示平等的并列关系即用两个小词 ca 构成"A ca B ca"式。

14. 处置式"取 OV"。格式的产生可能受到梵文语序的影响。

对中古译经特殊语言现象的描写是中古译经语法研究的第一步,也是进一步深入研究的基础。上述这些语言现象虽然都"特殊",都与当时的汉语本土文献语言有差别,但是实质上它们的性质还是不一样的。简而言之,在共时的比较上是"多少"和"有无"的差别;在历时的发展上也有对汉语语法发展是否存在影响的差别。属"多少"的问题如:1. 复数,2. 呼格,3. 被动,6. 语气副词"将无",10."使/令 V",11. 受事主语句,12. 后置定语及定语从句。这些词语或格式在当时的汉语中少用或极少用,而佛经中出现较多,佛经原典语言的影响,至少是这些现象在佛经中大量出现的原因之一。换言之,语言接触造成了这些语言现象使用的增加。属"有无"的问题如:4. 表完成态的"已",5."S,N 是"式判断句,7."云何"的特殊用法,8. 用于分句末的表原因的"故",9. 用作属格标记的"所/许",13."若 A 若 B",14. 处置式"取 OV"。这些现象都是汉语中过去没有的,在佛经中出现了,也就是说语言接触导致了它们的出现,使汉语中出现了新的现象。随之而来的,是这些语言现象是否对汉语造成了影响?如果造成了影响的话,这是一种什么样的影响?我们说汉语中出现了新的语言现象,是一种非常宽泛的说法。译经是随佛教而来的一种特殊文献,是一种宗教文书,只见于佛经的特殊语言现象,很可能还没有经由佛经思想的传播而被汉语接受,否则就无所谓"特殊"了。排除使用多少这种量的差别,在"有无"这一类中,就目前的研究,可能只有 4. 表完成态的"已"和 14. 处置式"取 OV"两种,真正对汉语造成了影响,使以后的汉语发展出了新的表达方式和新的结构类型。

了解中古译经中存在哪些特殊语言现象是中古译经与中古汉语语法史研究中重要的一环,没有这个环节就没有以后研究的基础。同时,同样应该引起我们注意的是,如果没有后续的研究,只局限于描写中古译经的"特殊",其功用只是告诉我们存在这样的事实,这并不是中古译经研究真正的价值。

（二）语言接触与中古译经中的特殊语法现象

中古译经来源于对梵文、巴利文佛典的翻译，东汉以后，佛典的大规模翻译活动，是一次宗教思想的传播，同时也是一次大规模的语言接触。这次语言接触的特征在于，它不是伴随着民族、操不同语言的人群的接触而发生的，造成这次接触的，是少数僧人和大量的翻译文献，及随之而来的广泛深入的文献传播。译经僧人大体上可以分为三类：西域僧人，他们来到中国以后，学习汉语，并在其他人帮助下译经；在中国生活的西域人的后裔，其父祖辈迁移到中国，他们在移民环境中生活，可能是早期的双语人，信仰佛教以后，出家译经；汉人，出家后学习梵文，翻译佛经①。在他们的翻译作品中，不同程度地受到佛经原典语言的影响，产生了我们所见到的中古译经中的特殊语法现象。当我们从语言接触的视角下考察这些问题的时候，我们需要了解这些特殊现象在梵文中的来源是什么；这些现象产生背后的机制是什么；语言接触造成了这些改变之后，译经语言的性质是什么。

译经特殊现象在梵文中的来源是最早引起大家注意的问题，近年来研究成果也不断出现。像用于分句末的表原因的“故”，中土文献一般是“……，故……”，而佛经用“……故，……”或“……，……故”，许理和（1977）就提出佛典中的特殊用法可能是梵文表原因的离格（causative ablative）的对译；高崎直道（1993）认为是梵文从格（即离格）或 iti 的对译；王继红（2004）则认为“故”对译的梵文可能是表原因的从格、具格或不变词 hi，也可能是表目的的名词 artha。再如表完成态的“已”，佛经中大量的“V（O）已”，朱庆之、辛嶋静志等都认为与梵文原典有关，辛嶋认为是梵文绝对分词（独立式）的对译。蒋绍愚则认为“V（O）已”中 V 在佛典

① 参阅遇笑容（2005）。

中可以是瞬间动词,这种瞬间动词后的“已”是受梵文影响而产生,且是动态助词“了”的前身。另外龙国富等也就这个问题提出过自己的看法。

对这些特殊语言现象产生的机制,目前关注还不够。我们知道,对译经而言影响主要来源于第二语言习得,是第二语言习得的过程中出现的偏差。具体而言,情况就很复杂了。例如,佛经里用于分句末的表原因的“故”,在不同时期的译经中都有出现,仔细观察后,如遇笑容(2004)所指出的,在不同译者笔下的“故”产生于不同的机制。像《俱舍论》有真谛本和玄奘本两种译本,他们也都用这种特殊的“故”:

阴中除无为,义不相应故。(《真谛本》)
蕴不摄无为,义不相应故。(《玄奘本》)

虽然两个“故”完全一样,但从产生机制上说,真谛是在学习使用汉语的过程中,受到母语的干扰;玄奘则是在学习梵文的过程中,受到目的语的干扰。不同的机制,造成了相同的错误形式。由于早期译经主要是西域僧人从事翻译活动,母语干扰是佛经里特殊语言现象出现的基本机制。佛经里特殊语言现象出现的形式主要表现为外借和干扰。所谓外借是一种语言从别的语言中借入语法格式或范畴;干扰则是指由于一种语言的影响,干扰了另外一种语言的发展方式或过程。像上文提到的“故”是一种外借,把梵文中表示格的成分在翻译时直接加在了没有格范畴的汉语里。“已”是一种干扰,汉语里本来就有用在持续动词后面的完成动词“已”的用法,但是它不能用在瞬间动词后面。而在译者的母语中,完成是一个完整的范畴,不存在这种限制,这使得译者在翻译时模糊了汉语这一语意制约,出现了“瞬间动词+已”的用法:

彼人死已,皮转厚重。(《中阿含经》)
于是死已,堕大地狱,受苦长久。(《贤愚经》)

这种用法的出现扩大了“已”的表达范围,最后也就干扰了汉语表达完成的方式,进而影响了汉语完成态的发展过程。

对通过语言接触佛经文献影响汉语的机制和方式，现有的研究还是很初步的，而且这些研究也常常还是比较片面、零碎的。这方面的研究涉及多领域的知识，难度比较大，随着对佛经语言、佛经原典语言和语言接触理论研究的深入，相信会逐渐取得进展。

语言接触造成了这些特殊语言现象之后，译经语言的性质是什么？这同样是一个逐渐引起大家关注的问题，目前这方面的探讨还很少见。

通过语言接触造成语言性质的改变，语言学界经常会提到：混合语（mixed language）、皮钦语（pidgin）、克里奥尔语（creole）等概念，那么佛经语言是否已经具备了上述这些概念所包含的内容，已经在语言性质上脱离了汉语呢？我们在上面的论述中已经罗列了佛经中出现的主要特殊语言现象，如我们所指出的，除去使用多和少的区别之后，佛经中出现的汉语中没有的现象数量很少。同时，这些少数语言现象也只是同一语义的表达手段之一，在当时的汉语中既有“……故，……”或“……，……故”，也有“……，故……”；既有“VO 已”，也有“已 VO”。使用这些特殊的句式和语法格式，只是选择之一，就比例说可能还是较少的一种选择。而混合语、皮钦语、克里奥尔语都有严格的定义，没有两种语言词汇和语法的成规律混合，就不能说是混合语，更不用说皮钦语和克里奥尔语了。相对而言，中介语（interlanguage）似乎是一个比较宽泛的概念，它包含着两种不同的意义。对社会语言学来说，在两种或多种语言接触的环境中，人与人之间的交流，既没有共通的语言，也没有足够的双语人，这时就会创造一种临时的语言作为交际手段。这种临时的交际语言就是中介语。对第二语言习得而言，中介语是指学习者在习得的某一阶段所建立起来的目的语知识系统，既包含母语的特征，也包含目的语特征。它不稳固，正在逐渐变化，在不断的重组之中接近目的语。两种中介语的差别在于，前者是两种语言交流出现障碍时双方妥协的产物，是两种语言的混合；后者是使用一种语言的人学习另一种语言的过程中，在没有完全掌握目的语时，使用的包含母语影响下出现的错误的目的语。比较而言，后者可能更接近佛经汉语的情况。翻译佛经的过程主要是一个西域僧人学习汉语的过程(汉人译经较晚才出现),他们的目的是传播佛教思想,因此要把佛经用正确的汉语表达出来。整个翻译过程,使用一套复杂的程序,他们要做的是准确地表达佛经思想,使用一种简单的手段来交流,从来不是他们的目的。但是这毕竟是一个复杂的翻译工程,时间的紧迫、内容的艰深、优秀语言人才的缺少,使得他们不可能达到完美的程度。他们努力使翻译作品"信"而且"达、雅",但少数的"缺陷",还是不可避免。这些"缺陷",就是我们上面举出的十几种特殊语言现象。而所谓的佛经汉语,实际上只是包含这些个别翻译错误的中古汉语。

(三)语言接触与中古汉语语法的历史发展

对中古译经特殊语言现象及这些现象产生的机制、方式的研究,建立了一个翻译佛经的语言面貌,并部分地解释了造成这样一种面貌的原因。而对语言研究而言,可能大家更感兴趣的是探索这些通过语言接触产生的特殊语言现象,对汉语语法以后的历史发展有过什么影响。

以上我们的分析说明,这些特殊语言现象实际上大部分仍是游离于汉语之外的东西,只是西域僧人翻译佛经时的语言错误,那么这些语言错误是如何固定下来,被汉语所接受,并最终影响汉语的历史发展的呢?

揭示这些特殊语言现象被汉语接受的过程,是一个很困难的课题。这需要在大量的历史文献中恰好记录了这个过程,而我们又恰好在浩繁的文献里发现了这些记录。遇笑容(2006)提供了一个特殊语言现象进入汉语的不成功案例。文章指出:

从"故"的出现和消失,或许可以一窥佛经中的特殊语言现象进入汉语的过程。句末"故"从汉代起就在译经中使用,成为佛经翻译者使用的固定格式。佛经的翻译在隋唐以后,出现了中国译者,他们在翻译过程继续使用这种"外来"的"故",甚至开始脱离译本,更多地使用。在《俱舍论》真谛本和玄奘本的对比中,我们就看到,这种"故"玄奘有时比真谛使用的还

多,如:

(真)各数简择苦等圣谛名择。即智圣因。此所得已利名为择灭。具足应言择所得灭。

(玄)择谓简择即慧差别。各别简择四圣谛故。择力所得灭名为择灭。

这个句子里,玄奘用了"故",真谛没有用,而且,从梵文本看,这里并没有 iti/hi/artha 等需要对译的词语出现。(资料见王继红,2004)

从翻译佛经到本土佛教著作,唐五代以后"故"出现在《祖堂集》、《景德传灯录》等禅宗语录里,如:

知阿难兄有欲漏故,未及众圣,不得入会。(《祖堂集》)
众僧曰:"遮莫是和尚亲近故,不礼拜又不吃棒?"(《景德传灯录》)

以上发展过程可以归纳为:

西域译经→本土译经→在本土译经中扩大使用→本土佛教文献

本土佛教文献是"故"发展的终结点,此后它没有出现在佛教文献之外的汉语本土文献中,最终也没有真正进入汉语。所以"故"实际上是一个在语言接触条件下,外来语影响汉语的不成功案例。

译经中的特殊语言现象被汉语接受,并影响汉语语法历史发展的例子很少,目前的研究中可以举出的(虽然也不无异议)可能只有两个。

表示完成的"已"①

"已"是中古汉语"$VOV_{完}$"格式中的常见动词之一。这种表示完成的动词"已"与汉语完成态助词"了"有密切关系。在对"已"早期使用的研究中,张洪年(Cheung, 1977)、何莫邪(Harbsmeier, 1989)、朱庆之(1993)、辛嶋静志(1998、2000)都指出,其在译经中的出现受到梵文原典影响,辛嶋更明确提出"已"是对梵文"绝对分词"的翻译。在此基础上蒋

① 参阅蒋绍愚(2001)、遇笑容(2006)和梅祖麟(1999)。梅先生 2009 年来信指正本文关于瞬间动词"VO 已"的出现受到译经影响的说法,认为他 1999 年的文章证明这种用法先秦已经出现了。

绍愚(2001)对比了“已”和同样出现在“$VOV_{完}$”格式中的动词“竟、讫、毕”在佛典和中土文献中的使用情况,发现“$VOV_{完}$”格式中“已”与“竟、讫、毕”的使用有很大的不同:使用频率上,“已”在佛典中多用,在中土文献中少用;“竟”等在中土文献中使用较多。用法上,“已”前不能加时间副词,“竟”等可以加;“已”只能用于句中或小句之末,不能用于句末,而“竟”等可以用在句末。“已”前面的动词既可以是持续动词,也可以是不可持续的瞬间动词或状态动词,而“竟”等前面必须是持续动词。因此文章认为:用于持续动词后的“已”是先秦以来汉语中“已”固有用法的延续,而用于瞬间动词后的“已”是佛典中新出现的,是对梵文“绝对分词”的对译,表示动作的完成或实现(而非先秦以来的“完结”)。据此蒋先生把“已”分为“$已_1$”和“$已_2$”,“从性质来说,‘$已_1$’是动词(完成动词),‘$已_2$’已高度虚化,只起语法作用,已经不能看作动词。从作用来说,‘$已_1$’表示动作的完结;‘$已_2$’本是梵文的‘绝对分词’的翻译,表示做了一事再做另一事,或某一情况出现后再出现另一情况,进入汉语后,也可以表示动作的完成。”

到目前为止,我们还不知道瞬间动词后面的“已”是如何被汉语接受的。已有的研究证明:

先秦完成动词“已”已经出现个别例子,西汉仍然偶见,出现结构为“VO 已”,V 为持续动词,“已”是完成动词。

东汉到隋唐,见于持续动词后面的“VO 已”本土文献仍然少见,瞬间动词后面没有出现(如:《三国志》、《汉书》、《后汉书》、《世说新语》、《齐民要术》、《洛阳伽蓝记》)。译经中“VO 已”大量出现,V 除持续动词外,也有瞬间动词;这些“已”来自梵文的独立式后缀 tvā、ya,和由字根加后缀 ta(阴性 tā)、na 构成的过去分词。梵语的独立式表示一种先于主句所表达的主要行为的行为,或与主句行为者同时的行为。过去分词,表示完成。这种先于行为的行为和完成,在梵文里是用词缀表达的,而汉语中显然没有相应的语法范畴。在译者母语态的范畴在汉语中没有相应的形式,译者又未能正确理解汉语完成动词“已”的使用限制的情况下，译经中出现和使用了包含瞬间动词的“VO 已”格式。同期本土文献中没有瞬间动词类“VO 已”出现，说明这一格式可能还没有被汉语所接受。参照“故”进入汉语的过程，在出现于译经之后，还有本土译经、本土佛教文献等多个阶段，才能够最终进入汉语。这个过程是在唐代以后完成的。

唐代起，“VO 已”中持续、瞬间动词均可使用，在《祖堂集》里，持续和瞬间动词后面都可以加上“已”，例子已经不少见了。同时“已”开始部分被“了”替换，从中古的“彼人死已，皮转厚重。”(《中阿含经》)变成了“一人死了，何时再生？”(《敦煌变文集·庐山远公话》)

尽管我们对过程还没有一个完整的了解，但“已”的发展还是为我们提供了一个在语言接触条件下，汉语语法受到影响而产生变化的例子。从这个例子里我们可以看到，变化是通过模糊规则引发的，之后在其干扰下，导致了汉语自身的一系列变化，包括：“已”出现在瞬间动词之后，完成动词向“已”归并，“了”取代“已”，“了”从完成动词向动态助词演变。干扰造成的是一个变化的起点，在“滚雪球效应”之后，虽然在汉语动态助词“了”的演变过程中已经不是语言接触的直接结果，但是探寻其根源，其中仍包含语言接触的影响。

译经处置式“取 OV”①

对汉语处置式的来源，贝罗贝(A. Peyraube)(1989)曾经指出②，“把＋宾＋动”格式是通过“把＋宾$_1$＋动＋宾$_2$”格式省略“宾$_2$”变来的，省略的条件是“宾$_1$”＝“宾$_2$”。早期“把＋宾＋动＋宾”和“把＋宾＋动”中“把”都是动词，“把＋宾＋动”格式中，“把”通过语法化过程，变成了介词。曹广顺、遇笑容(2000)注意到中古译经中还出现过“取”字句的狭义处置式“取 OV”，格式来自“取 OV 之”，“之”因复指 O 而被省略。同时进一步注意到这种省略方式与中古汉语习惯不合：中古汉语连动式在包含

① 参阅曹广顺、遇笑容(2000)。

② 参阅贝罗贝(1989)。

两个同指宾语的情况下，习惯上是省略前面的宾语，从而构成“取 V 之”式。“取 OV”在中古汉语中是一个特殊形式，类似格式基本上不见于其他动词组成的连动式，包括以“将/持”等动词构成的所谓广义处置式。这一特殊格式在中古汉语中，仅见于汉译佛经，当时的本土文献中未见使用。对这种特殊格式产生的原因，文章提出可能是受了译经者母语的影响。这些译经者基本上都是来自西域的僧人，其母语主要是梵文、巴利文等。佛经的原文，也主要是梵文、巴利文。在这些语言里，宾语的位置是在动词的前面，如：

Salim khadati
Sali　-　m　-khada　-　ti
饭（单）－形尾　－吃　－形尾（第三人称、单、现在）
他吃饭

这使得译经者选择了一个符合其母语习惯但不合汉语规则的省略方式“取 OV”。

处置“取”前后，在隋之前，出现了处置“将”，也可见类似的“将 OV（C）”格式：

> 菩萨便持威神之力，随其人数，以化人补其处，将人持去，其人得脱，大欢大喜。（《佛说伅真陀罗所问如来三昧经》）

到唐代又出现了像“莫把杭州刺史欺”（白居易诗）这样的处置“把”。

与“VO 已”不同，“取 OV”对汉语而言是一种外借。它是由于译经者母语的影响，在其翻译的过程中改变了汉语的语序，产生了一个新的语法格式。母语干扰是语言学习者不可避免的错误，在学习的初期尤为严重。他们会不自觉地把母语的语法成分带进目的语，造成各种病句。在产生的初期，“取 OV”也是一个语法错误，是一个不为汉语接受的成分，在相当长的时间里，我们在本土文献中没有看到它的出现（在本土文献中没有发现“取”的例子，“将”也少且晚）。佛经中的语法错误会影响汉语，依赖于佛教在中国的传播。随着佛教思想深入中国的社会生活,大量的人参与宗教活动,僧人的经典变成大众熟悉的东西,甚至变成通俗的文学形式,佛经语言也就进入了一般人的视野。正是由于这样一个宗教文化的载体,才使佛经这种翻译文献带来了语言接触的结果(比照近代《圣经》的翻译,可以更清楚地看到这一点),才使少数西域僧人翻译中的语法错误,局部地影响了中古汉语的发展。

如上所述,这里所说的影响,仍然是指译经的错误触发了一个演变的基点。处置式的广泛使用是唐代开始的,早期"取 OV"的出现,并不意味着汉语中处置式已经广泛使用,但是不可否认的,是在这个基础上,"将"字句开始出现,并沿用了相关的格式,最后又出现了"把"字句,并最终成为一个汉语中常用的句式。对汉语而言,我们说语言接触是语言发展的动因之一,外来影响是语法改变的机制之一,很大程度上是说它们引发了汉语的某种变化,而不是直接从其他语言借入了什么。在变化的基点借入之后,它会融入汉语,在汉语内部,依靠语言发展的自身规律发展变化,包括出现词汇的兴替。以后每一个新的词语,又会有它自己的语法化过程。我们考察"把"字句产生的时候,可以观察到它从动词到介词发展的全过程,但这并不妨碍它延续了"将"字句处置式在汉语语法系统中的位置。同样,"将"字句处置式的发展已经可以在佛经和稍晚的本土文献中看到,但从在语法系统中的作用及相关格式的产生来看,它仍然与早期译经有密切关联,仍然带着语言接触的痕迹。

如果说"已"的发展还可以说出它在梵文中的来源和大致的发展轮廓,"取"的研究则连这一步都还没有达到。我们还没有在梵汉对勘中发现"取 VO"在佛经原典中的原形,也还不能清楚的描述"取"被"将"取代,从佛经到本土文献的过程。对"取"的研究,只是从汉语里出现的例外出发,考察特殊的历史条件,对照汉语和梵文的差异,来推测这种例外发生的原因,从而给发展(为什么会省略 O_2)提供一种解释。

这两个例子是中古译经影响汉语语法变化的两个类型:干扰和外借;

也是汉语语法历史发展可能受到过外来影响的具体例证。从中可以证明,语言虽然有自身严谨的发展规律,但是它是在复杂的社会生活中实现的,这样就不可避免地会受到外来的影响。汉语史的优势在我们有大量的历史文献,从中我们可以揭示共时比较可能掩盖的历史真相,而语言接触与语法发展的关系,是其中重要的一部分。

二 中古译经语法研究的特殊方法

中古译经文体的特殊性也造成了研究方法上的特殊性,随着中古译经研究的深入,在研究方法上的特殊性,正在逐渐显现出来,这主要表现在梵汉对勘和同经异译对比两个方面。

(一)梵汉对勘研究

中古译经来源于梵文原典的翻译,而中古译经中的特殊语言现象,是翻译过程中原文语言影响的结果,这就决定了,不通过梵汉对勘就无法确定佛经中的特殊语言现象是如何产生的,也无法进一步探索这些现象产生的原因和机制。如我们以上已经指出过的:佛经中的“故”的使用和汉语不同,而这种不同来源于佛经中的“故”对译的是梵文的格助词;“云何”在汉语中是疑问句中表达疑问的成分,而译经中有的疑问句(主要是是非问和选择问句)中,“云何”从汉语看是一个冗余成分,有没有它疑问均可成立,究其原因,是因为它对译的是梵文的疑问助词或代词,在梵文中它的出现是需要的;“S,N是”式判断句的语序显然不符合汉语的规则,从对勘中我们可以看到,在梵文中它是正常现象。对勘使我们对这些特殊现象有了一个清楚的认识,并对其出现的原因给出明确的解释(当然这些解释并非完全没有争议)。

对勘的另一个功用是可以帮助界定一些结构关系和句型。一些结构关系和句型产生的初期，由于没有明显的功能意义变化，研究者难以做出明确的判断，而运用对勘可以看到在梵文原典中相对应的成分，这对了解这些难以确定的结构和句式会有很大的帮助。例如：

"已讫"是中古以后在佛经中常见的一个成分，常被看作是由副词"已"和动词"讫"构成的，有时候会用它来证明"VO 已讫"还不是"$VOV_{完}$"结构，因为"讫"之前还有副词"已"出现：

长者将己仆从。供给饮食。种种甘馔。见世尊食已讫。行清净水。（《增壹阿含经》）

饭食已讫，持种种花，散佛顶上。（《撰集百缘经》）

这种看法当然不对，因为：A. 中古译经中同义近义词连用是常见现象；B. 译经中不仅有"已讫"，还有"讫已"，两个位置可以互换的成分，不会是"副词＋动词"的关系。但证明"已讫"内部关系不是副词修饰动词，简单而直接办法，可能还是梵汉对勘。上面《撰集百缘经》的例子在梵文本中做：

atha(Adv，尔时) yaśomatī(Sg，1，名称) dārikā(Sg，1，善女子) sukhopaniṣaṇṇaṃ(Sg，2，乐会众，舒适地坐) bhddhapramukhaṃ(Sg，2，以佛为首) bhikṣusaṅghaṃ(Sg，2，比丘僧伽) viditvā(Abs，见) śatarasena(Sg，3，百味)-ahāreṇa(Sg，3，珍馐) svahastaṃ(Sg，2，自手) saṃtarpya(Abs，周给) puṣpāṇi(Pl，2，花) bhagavati(Sg，7，佛) kṣeptum(Infin，投，散) ārabdhā(P，Sg，1，开始) |

饭食已讫，持种种花，散佛顶上。

动词 saṃtarpya(Abs，周给)后面加的是后缀 ya。梵语的独立式后缀表示一种先于主句所表达的主要行为的行为，或与主句行为者同时的行为。"已讫"对译的就是这个后缀，而且同样的后缀也译作"已/讫已"等。显然从对勘看，"已讫"不可能是"副词＋动词"的关系，它只是两个功能相同的完成动词的重叠使用。

对勘是中古译经语言研究行之有效的方法之一，也是近年来中古译经语言研究中较为常见的方法。在有效的同时,也应该注意到的是这种方法的局限性。对此遇笑容(2006)已经有专文讨论,我们在这里只做简单的概述和补充。

对勘的先决条件是梵汉文本有直接的“亲属关系”,汉文本译自所见的梵文本。但是现有的汉文本上至东汉下至隋唐,从公元2世纪起到9世纪止,而梵文本除个别新近年发现者外,基本上是10世纪前后的。母本晚而译本早,何以证明译本源于母本?

早期译经多是西域僧人口授,辗转口耳相传,即使是同一部经典,传授之中也难免有误。不同僧人或许会有不同传承,内容多寡、句式不一在所难免,现在对比的梵汉文句是同一部佛经,但真的是来源于同样的内容和句子吗?

除个别情况之外(如遇笑容(2006a)所举笈多本《金刚经》),翻译都不会是完全的对译,译者会根据自己对译文的理解和对所译语言的了解做变通处理。这种变通造成语法关系的不对称,有时会使得对勘失去意义。对此我们可以举一个简单的例子。与本土文献相比,中古译经中使用了较多的疑问句,下面是《撰集百缘经》中的两句和相应的梵文句子:

汝今见此名称女人供养我不。(2)

paśyasy(Pres,Sg,II,汝今见)-ānanda(Sg,8,阿难)-anayā(Pron,Sg,3,此)yaśomatyā(Sg,3,名称)dārikayā(Sg,3,女人)mama(Sg,2,我)-evaṃvidhaṃ(Sg,2,如是)satkāraṃ(Sg,2,供养)kṛtam(P,Sg,2,做)‖

汝今见此守园人不。(7)

paśyasi(Pres,Sg,II,看见)tvam(Pron,Sg,1,你)ānanda(Sg,8,阿难)-anena(Pron,Sg,3,此)ārāmikena(Sg,3,守园人)prasādajātena(Sg,3,产生敬信)mama(Sg,2,我)-evaṃvidhāṃ(Sg,2,如是)pūjāṃ(Sg,2,供养)kṛtām(P,Sg,2,做)‖

上面两个句子在梵文本中都不是疑问句,译者为更好地表达自己对经文的理解,变更了原来的梵文句式,采用了汉语疑问句的形式来翻译。

还可以看到更多类似的例子，如《阿毗达磨俱舍论·分别界品》①中：

若法由尘碍有碍，亦由障碍有碍不？（《真谛本》）
若法境界有对，亦障碍有对耶？（《玄奘本》）

原文为：

ye dharmā visaya-pratighātena sapratighā āvaraṇa-pratighātena api

若法由尘碍有碍，亦由缘缘碍有碍不？（《真谛本》）
若法境界有对，亦所缘有对耶？（《玄奘本》）

原文为：

ye dharmā visaya-pratighātena sapratighā ālambana-pratighātena api ta iti

梵文和汉语具有不同的语法系统，通过不同的语法手段来实现表达功能。早期译者主要是西域僧人，他们或者粗通汉语，或者通过他人辗转传译，其汉语水平还不足以用规范的汉语正确地翻译佛经（实际上，即使他们有很好的汉语水平，也无法保证其翻译成果完全没有原文的影响，对这一点，只要看看今天的翻译作品就可以了解了），这就使得我们在译经中看到的、对勘中发现的，可能并不是我们想象中的汉语语法成分，或者说，佛经汉语并不是当时真正的汉语。像上文曾多次提到的完成动词"已"，"已"在中古译经中表示完结和完成的功能来源于梵文后缀，在梵文里"完成、完结"是一个统一的范畴，没有动作持续和瞬间的差别。汉语中存在这种差别，但译经者的汉语程度还不足以认识这种差别，这就导致了早期佛经里瞬间动词后面出现了"已"，以后汉语里"了"开始替换"已"，于是译经中又出现了：

其人白王："父已死了，我终不用此婆罗门以为父也。"（《贤愚经·檀腻鞨品第四十六》）

① 以下材料使用了王继红博士论文《基于梵汉对勘的佛教汉语语法研究》中对《阿毗达磨俱舍论·分别界品》所做的梵汉对勘。

一个显而易见的事实是：同期的本土文献中既没有“死已”，也没有“死了”。我们看到的、对勘证明的，都只是佛经翻译中的特殊现象，是一种受到母语影响的语法错误。对勘只是告诉我们它的来源是什么，而对这些特殊现象是否进入了汉语，如何进入汉语，何时进入汉语，仅靠对勘就无能为力了。①

上面我们列举的《阿毗达磨俱舍论·分别界品》真谛和玄奘本的句子，也有类似的问题。两个句子真谛用“VP 不”，玄奘用“VP 耶”，它们是同一个句子的译文，二人的时代相差也不远。“VP 不”中的“不”是否虚化以及虚化的时代、标准，是汉语语法史中反复讨论而悬而未决的问题。可否用对勘判定“不”是否已经虚化了，无疑是一个极具吸引力的方法。我们注意到，佛经中大量使用疑问句，“（宁/颇/可）VP（不/耶/乎）”等互见。对勘表明，这些句子有译自疑问句的，也有译自肯定句的。真谛自己也是“不/耶”互用，真玄二人更是在对同一句的翻译上互用，既然“不/耶”互见，似乎“不”虚化的可能性很大。要证明这一点，现在缺乏的环节是梵汉疑问的表达方式是否相同？汉语有是非问与反复问之别，梵文有没有？如果梵文没有这种差别，在翻译中他们如何区别使用？对此我们没有专门的研究，但是我们注意到梵文疑问构成主要靠疑问代词和疑问副词，现有的对勘资料没有显示出什么样的梵文疑问句一定要用汉语反复问句形式翻译，这也就意味着译经者有可能无法区分“VP 不”和“VP 耶”的不同，从而混用了汉语中这两个疑问句型。这样就导致了两个结果：译经中“VP 不”的大量使用（混用）加速了“不”的虚化过程；用对勘考察“VP 不”中的“不”是否已经虚化可能是没有意义的。

简言之，梵汉对勘对中古译经语法研究是一种重要的研究手段，对勘的广泛使用将把研究推进到一个更深入的阶段。同时，由于各种条件的限

① 参阅遇笑容(2006)。

制，对勘也有其局限和不足，对此没有足够的认识也会给研究带来不必要的损失。

（二）同经异译对比研究

翻译佛经的活动始于东汉，其后历代都没有停止过。一部佛经翻译之后，或是因为前人所译不完整，或是因为译文被认为有缺陷，后人还会再次、甚至多次重译，像"小品般若"汉译至少有6种：

1. 东汉·支娄迦谶译《道行般若经》
2. 吴·支谦译《大明度经》
3. 前秦·昙摩蜱共竺佛念译《摩诃般若钞经》
4. 后秦·鸠摩罗什译《小品般若波罗蜜经》
5. 唐·玄奘译《大般若波罗蜜多经》
6. 宋·施护译《佛说佛母出生三法藏般若波罗蜜多经》

这6种译本从东汉始，迄于宋代，时间涵盖了整个中古和近代前期。有的佛经在同一时期之内有多个译本，像广为流传的《心经》前后有8个译本，其中唐代就有6个：

1. 后秦·鸠摩罗什译《摩诃般若波罗蜜大明咒经》
2. 唐·玄奘译《般若波罗蜜多心经》
3. 唐·法月译《普遍智藏般若波罗蜜多心经》
4. 唐·般若共利言译《般若波罗蜜多心经》
5. 唐·智慧轮译《般若波罗蜜多心经》
6. 唐·法成译《般若波罗蜜多心经》
7. 唐梵翻对字音本《般若波罗蜜多心经》
8. 宋·施护译《圣佛母般若波罗蜜多经》

有时同一佛经在相近的时代里，会出现西域僧人和本土和尚的不同译本，如《阿毗达磨俱舍论》就有真谛和玄奘两种译本。

这种同经异译现象为研究译经语言提供了极大的方便，也造成了一种具有佛经语言特色的研究方法。

历时的异译比较,为研究语言的历时变化提供了有利条件。不同时代的译本,不仅内容上有所改进,使译本更接近原本所要表达的思想(至少译者是这样希望的),在语言上也会有所改动,使之在一定程度上符合当时的语言习惯。这些不同时代的译本贯穿起来,不同时代的语言特色及其差异,再现了汉语的历时发展变化。胡敕瑞(2004)对"小品般若"6种汉译本词汇做了考察,通过对比发现了一些这个时期语言变化时代特征。如:

"若/乃/尔"和"汝"

佛言:"我故问若,拘翼,自恣说。"(《支谶本》)

佛言:"憍尸迦,我还问汝,随意答我。"(《鸠摩罗什本》)

佛言:"善哉,善哉! 拘翼,乃作是问。"(《支谶本》)

佛言:"善哉,善哉! 憍尸迦,汝能问佛是义。"(《鸠摩罗什本》)

尔见我得空不乎?(《支谶本》)

汝见有法行般若波罗蜜不?(《鸠摩罗什本》)

支谶本中"若/乃/尔"在鸠摩罗什本中均被译为"汝","若/乃/尔"是上古常用的第二人称代词,"汝"是中古新兴的,异译反映出"若/乃/尔"东汉后开始呈现被"汝"替代的趋势。

"皆/悉"和"都"

皆是伎乐供养,云何拘翼,其功德福佑宁多不?(《支谶本》)

都是欲界中诸伎乐花香缯盖皆具如上,所说其福德益多不?(《支谦本》)

云何须菩提阎浮利人民及四面蜎飞蠕动,悉令作人?(《支谶本》)

云何四天下群生,都获为人?(《支谦本》)

支谶本中的"皆/悉"在支谦本中换作"都",东汉到三国的时间差异造成的词汇使用差异,说明这个时期可能是汉语范围副词"都"产生,并逐渐替代旧范围副词"皆/悉"等的时候。

即使是在时代相近的异译作品的语言对比中,也可以发现许多有趣的东西。如我们反复提及的《阿毗达磨俱舍论》真谛和玄奘两种译本。真谛(499—569)和玄奘(600—664)二人同属四大翻译家之列(另外还有鸠摩罗什和义净),时代相差约100年,通过两种译本(《阿毗达磨俱舍论·分别界品》)的语法对比可以看到:

"V出O"与"VO出"

一切种智灭诸冥,拔出众生生死泥。(《真谛本》)

诸一切种诸冥灭,拔众生出生死泥。(《玄奘本》)

由如理教从生死泥拔济众生,不由通慧施恩威德等。(《真谛本》)

能方便说如理正教,从生死泥拔众生出,不由威力与愿神通。(《玄奘本》)

"VO已"与"已VO"

说有流法已。(《真谛本》)

已辩有漏。(《玄奘本》)

说诸界善等性已。(《真谛本》)

已说善等。(《玄奘本》)

两组例子都和补语有关。"出"的一组出现3次,真谛只有"V出O",玄奘则只说"VO出"。已有的研究表明,在先秦两汉多个及物动词连用并带宾语时,宾语在所有的动词之后,当动词有及物和不及物之别时,及物动词在宾语的前面,不及物动词在宾语的后面。汉代以后,有些及物动词出现不及物化的倾向,这些不及物化的动词,也出现在宾语的后面。

广所居郡闻有虎,尝自射之。及居右北平射虎,虎腾伤广,广亦竟射杀之。(《史记·李将军列传》)

右贤王以为汉兵不能至,饮酒醉。(《史记·匈奴列传》)

(弓高侯)乃出诏书为王读之。读之讫,曰:王其自图。(《史记·吴王濞列传》)

尔时提婆达兜炽火洞然,即以手打比丘尼杀。(《增壹阿含经·十七》)

时人谓:笑杀卫玠。(《世说新语·容止》)

东汉以后,结果补语出现,不及物动词开始用于动词之后,宾语之前。《阿毗达磨俱舍论·分别界品》中"拔出"在原文中用的是复合词,隋朝汉语结果补语已经出现了，真谛以汉语中新出现的结果补语的格式对译梵文的复合动词，意义与结构都很接近。玄奘采用的仍是两汉文献中常见结构，“出”用作不及物动词，出现在动宾之后。类似的用法，我们在稍早的本土文献中也可以见到，如：

歆坏户发壁，牵后出。（《三国志·魏书》）
瑾便引船出。（《三国志·吴书》）

“VO 已”和“已 VO”的例子与“出”相似，虽然《史记》中已经出现了“VO 讫”的用法，但是这种“VO”加完成动词的用法，在早期并不多见，真谛在表示完成、完结时，“VO 已”和“已 VO”并用，“VO 已”多一些；玄奘则只用“已 VO”，不用“VO 已”。对比显示，真谛可能更接受新的、可能较为口语的东西，玄奘则保持着比较保守的状态，语言更“文雅”一些。或者说，有些地方，真谛可能比玄奘更接近当时的实际口语。

梵汉对勘和同经异译对比研究都开展不久，虽然最近已经有一些研究者投入这方面的研究，但是相对而言，可以列举的成果还是没有多少，随着研究的深入，这方面一定会有新的成果出现。

三 简短的结语

综上所述，中古译经语言研究无疑是中古汉语语言研究的一个重要组成部分，从同的一面看，它为研究补充了大量重要的资料，填补了这个时期研究资料的缺乏。从异的一面看，中古译经语言的特殊性使之成为研究历史语言接触的重要资料，可以看到汉语历史上第一次有文献记载的大范围语言接触，在当时给汉语造成了那些改变，它们是如何融入汉语或从汉语中消失的，这些改变在汉语历史发展的过程中起过什么样的作用，在它们产生和发展中什么样的机制在起作用，呈现过什么样的规律。

所有这些，都是刚刚开始、甚至还没有开始研究的课题，都有广阔的研究前景。

参考文献

贝罗贝 1989 《早期“把”字句的几个问题》，《语文研究》第1期。

曹广顺、遇笑容 2000 《中古译经中的处置式》，《中国语文》第6期。

董 琨 2002 《“同经异译”与佛经语言特点管窥》，《中国语文》第6期。

方一新 2002 《早期佛经翻译年代的语言学考察——以〈兴起行经〉、〈分别功德论〉为例》，第一届汉文佛典语言学国际学术研讨会论文（台北）。

高崎直道 1993 《〈大乘起信论〉的语法：有关“依”“以”“故”等之用法》，《谛观》第七十二期。

胡敕瑞 2004 《略论汉文佛典异译在汉语词汇研究上的价值——以“小品般若”汉文异译为例》，《古汉语研究》第3期。

蒋绍愚 1994 《近代汉语研究概况》，北京大学出版社。

蒋绍愚 2001 《〈世说新语〉、〈齐民要术〉、〈洛阳伽蓝记〉、〈贤愚经〉、〈百喻经〉中的“已”、“竟”、“讫”、“毕”》，《语言研究》第1期。

龙国富 2004 《姚秦译经助词研究》，湖南师范大学出版社。

王继红 2004 《基于梵汉对勘的佛教汉语语法研究——以〈阿毗达磨俱舍论·分别界品〉为例》，北京大学博士研究生学位论文。

辛嶋静志 1998 《汉译佛典的语言研究（二）》，《俗语言研究》第五期。

辛嶋静志 2000 《汉译佛典的语言研究》，《文化的馈赠——汉学研究国际会议论文集》，北京大学出版社。

辛嶋静志 2002 《〈道行般若经〉和“异译”的对比研究——〈道行般若经〉中的难词》，《汉语史研究集刊》第五辑，巴蜀书社。

许理和著、蒋绍愚译 1987 《最早的佛经译文中的东汉口语成分》，《语言学论丛》第十四辑，商务印书馆。

遇笑容 2001 《〈贤愚经〉中的第三人称代词“他”》，（日本）《开篇》，总20期。

遇笑容 2004a 《汉语语法史中的语言接触与语法变化》，《汉语史学报》第四辑，上海教育出版社。

遇笑容 2004b 《语言接触与汉译佛经的语言性质——从〈撰集百缘经〉谈起》，“第五届国际古汉语语法研讨会”暨“第四届海峡两岸语法史研讨会”论文集（Ⅱ）。

遇笑容 2005 《理论与事实：汉语语法史中的语言接触》，第一届“语言接触与汉语语法史研究国际讨论会”论文(北京)。

遇笑容 2006a 《梵汉对勘与中古译经语法研究》,《汉语史学报》第六辑,上海教育出版社。

遇笑容 2006b 《浅谈“其人白王,父已死了”》,“汉语体标记国际研讨会”论文(巴黎)。

朱庆之 1993 《汉译佛典语文中的原典影响初探》,《中国语文》第5期。

朱庆之 2001 《佛教混合汉语初论》,《语言学论丛》第二十四辑,商务印书馆。

Cheung, Samuel Hung-nin 1977 Perfective Particles in the Bian Wen Language, *Journal of Chinese Linguistics*, 5(1).

Harbsmeier, C. 1989 The Classical Chinese Modal Particle Yi 已,《中研院第二届国际汉学传言论文集·语言与文字组》,(台北)中研院。

(原刊于《汉藏语学报》第一辑,商务印书馆,2007年。这次收入论文集略有修改)

简论义净所译佛教律典中的句法处理*

——以出土梵本与汉译本的对勘为依据

陈　明

提要　义净是中国佛经翻译史上的“四大译师”之一，他的重要功绩之一是译出了根本说一切有部的系列律文。本文以《药事》和《破僧事》为例，对义净在翻译佛教戒律文献时对句法（也包括部分词法）的处理方式进行了简略的梳理与归纳，并分别举例说明。作者认为，义净所译律典的句子形式是多种多样的，不仅对韵文（偈颂）和散体（长行）的处理具有不少的差异，而且对同样的散体句子也采用了多种很有弹性的译法。其句法处理方式分为两大类型：其一，句子的性质发生了变化，即改变了梵文原本中的句型或句式。其二，句子的性质没有发生变化，在维持梵文原本中的句型情况下，对句子内部的一些成分进行了不同的调整或处置。

关键词　药事　破僧事　佛经翻译　句法

一　梵语史料的来源说明

唐代是中印佛教交流频繁的时代，赴五天竺求法的高僧不绝于途，最

* 本文受到教育部人文社会科学重点研究基地基金资助，为北京大学汉语语言研究中心基地重大项目“语言接触与汉译佛典语法比较研究——以梵汉对勘为基础”（项目批准号 05JJD740177）的成果之一。本文初稿在“汉译佛典语法研究学术研讨会暨第四届汉文佛典语言学学术研讨会”（2009 年 8 月 2—4 日，浙江宁波）上宣读，感谢胡敕瑞、尉迟治平、高列过、龙国富等先生提出的宝贵建议。

著名者自然是玄奘与义净。在中国佛经翻译史上,这两位高僧也名列于“四大译师”。然而,与玄奘赴天竺求法的目的不同,义净侧重于求取佛教律典,因此,回国后,他“虽遍翻三藏而偏功律部”①,他译经工作的重点之一就是译出了根本说一切有部的系列律文,包括《根本说一切有部毗奈耶药事》(梵名全称为 *Mūlasarvāstivāda Vinaya Bhaiṣajyavastu*,以下简称《药事》)、《根本说一切有部毗奈耶破僧事》和《根本说一切有部毗奈耶皮革事》等等。这三部律文的翻译时间,据唐代圆照撰《贞元新定释教目录》记载,大约在“大周证圣元年(695)至大唐景云二年(711)”之间②。《药事》译本原为二十卷,现存通行本为十八卷。义净所译佛典甚多,但据唐代智升撰《开元释教录》卷九指出:“又出说一切有部跋窣堵即诸律中揵度、跋渠之类也,梵音有楚夏耳,约七、八十卷。但出其本,未遑删缀,遽入泥洹,其文遂寝。”③根据与梵本的对勘,可见现存的《药事》汉译本尚未结束,并不是义净没有译完,而是所译后两卷早已佚散。这与智升所谓“未遑删缀……其文遂寝”是相符的。

1931 年 5 月,在印度迦湿弥罗的吉尔吉特(Gilgit)地区的一座古塔遗址内出土了一批梵文佛典④,恰好中间有根本说一切有部的数种律事(vinaya-vastu),例如,《药事》(*Bhaiṣajyavastu*)、《破僧事》(*Saṃghabhedavastu*)、《卧具事》(*Śayanāsanavastu*)、《遮布萨事》(*Poṣadhasthāpanavastu*)、《别住事》(*Pārivāsikavastu*)、《羯磨事》(*Karmavastu*)、《衣事》(*Cīvaravastu*)和《皮革事》(*Carmavastu*)等。这些写卷不仅为研究佛教史提供了绝佳的素材,而且对方兴未艾的汉译佛经语言研究也是难得的资料。在吉尔吉特写本中,有《药事》的三种梵语抄本。第一种篇幅最长,除中间缺漏了四处外,其余

---

① 高楠顺次郎、渡边海旭编《大正新修大藏经》(共 100 册),第 55 册,日本大正一切经刊行会,1924—1934 年,第 569 页上栏。

② 《大正新修大藏经》第 55 册,第 869 页上栏。

③ 《大正新修大藏经》第 55 册,第 569 页上栏。

④ 有关吉尔吉特写本的出土情况,参见蔡耀明《吉尔吉特(Gilgit)梵文佛典写本的出土与佛教研究》(《正观杂志》第十三期专刊),正观杂志社,2000 年。

可分别对应义净汉译本的卷一、卷九至卷十四、卷十六至卷十七、卷十八等。该梵本已经由 Sitansusekhar Bagchi 转写和简要校订出版①。第二种和第三种的篇幅很短，仅仅数页而已。梵本《破僧事》则由 Raniero Gnoli 校订出版，共 2 册②。

早在 20 世纪 50 年代，季羡林先生就简明扼要地指出了根本说一切有部律梵文原本对研究义净译本的价值③。尽管《药事》的梵本不很完整，但它仍不失为一份可以与汉译本进行比较研究的珍贵资料，而且由于该批写卷的抄写年代略早于义净，因此，这样的梵汉文本比较是可行的，也是可以采信的。就目前中古汉语史的研究状况而言，义净作品（含译著、专著及注释文字）的语料价值已经得到认同，不少学者在这方面已经做出了较好的研究成果④，那么，就更应该利用这样的梵语佛典材料，在吸收已有研究成果的基础上，将梵语史料与汉译文本进行比较，以响应季先生多年前的呼吁，或许还可促进义净译经语言研究的深入⑤。

---

① Sitansusekhar Bagchi, ed., *Mūlasarvāstivādavinayavastu*, 2 vols., Buddhist Sanskrit Text No. 16, Darbhanga: The Mithila Institute of Post-graduate Studies and Research in Sanskrit Learning, 1967. Cf. vol. 1, pp. 1 – 172.

② Raniero Gnoli ed., *The Gilgit Manuscript of the Saṅghabhedavastu, Being the 17th and Last Section of the Vinaya of the Mūlasarvāstivādin*, 2 vols, Roma: Istituto Italiano per il Medio ed Estremo Oriente, 1977—1978.

③ 季羡林《记"根本说一切有部律"梵文原本的发现》，载季羡林《中印文化关系史论丛》，人民出版社，1957 年。该文收入《季羡林文集》第三卷《印度古代语言》，江西教育出版社，1998 年，第 396—399 页。季先生的这篇短文，日后受到曹仕邦的武断批评，成为当年海峡两岸学术交流不畅的一则公案。曹仕邦《评季羡林〈记根本说一切有部律梵文原本的发现〉》，收入氏著《中国佛教译经史论集》，东初出版社，1990 年，第 167—172 页。

④ 略举几例：王绍峰《初唐佛典词汇研究》，安徽教育出版社，2004 年。栗学英《试论义净译著在汉语词汇史上的语料价值》，《南京审计学院学报》2005 年第 2 期，第 87—90 页。谭代龙《义净译经身体运动概念场词汇系统及其演变研究》，语文出版社，2008 年。

⑤ 笔者目前正在搜集与义净译经所对应的梵语佛教写卷史料（绝大部分是出土的），像《金光明最胜王经》不仅有多种不同时代和地域的梵语抄本，也有西域其他语言（如于阗语、回鹘语等）的译本。鉴于目前的进度，本文仅涉及《药事》和《破僧事》的部分内容。欲全面讨论义净译经的句法，还有待他日。

二　义净所译《药事》和《破僧事》的句法处理方式

义净所译《药事》和《破僧事》的句子形式是多种多样的，且不说其对韵文（偈颂）和散体（长行）的处理具有不少的差异，就是同样的散体句子也是很有弹性的、类似色彩纷呈的局面。在初步比较梵汉文本的基础上，笔者将义净所译两部律典的句子处理方式，分为两大类型：其一，句子的性质发生了变化，即改变了梵文原本中的句型或句式。其二，句子的性质没有发生变化，在维持梵文原本中的句型情况下，对句子内部的一些成分进行了不同的调整或处置。后一种情况又以对梵文原本中的完全相同（或相近）句子的翻译最为典型。这两种类型的处理方式，又可细分出若干不同的小类，分别举例说明如下：

（一）汉译本对梵本的句式转换或句型改译

1. 一般陈述句译为疑问句

例子1：

［梵］tatra kālikāni maṇḍaḥ ādanaṃ kulmāṣaḥ māsamapūpāś-ca yāmikāmaṣṭau pānāni//cocapānaṃ mocapānaṃ kolapānam-aśvatthapānam-udumbarapānaṃ pāruṣikapānaṃmṛdvīka- pānaṃ kharjūrapānaṃ ca // ①

［汉］言时药者：一麸、二饼、三麦豆饼、四肉、五饭。此并时中合食，故名时药。言更药者，谓八种浆。云何为八？一招者浆、二毛者浆、三孤洛迦浆、四阿说他果、五乌昙跋罗、六钵鲁洒、七篾栗坠浆、八渴树罗浆②。

---

① 本文所依据的《药事》梵本为前引 Sitansusekhar Bagchi, ed., *Mūlasarvāstivādavinayavastu*, vol. 1, pp. 1－172.

② 《大正新修大藏经》第24册，第1页上至中栏。

按:这两句的直译为:“诸时药[是] 麨、饼、麦豆饼、肉和饭;更药[是]八种浆。[即] 招者浆、毛者浆、孤洛迦浆、阿说他果、乌昙跋罗、钵鲁洒、篾栗坠浆和渴树罗浆。”梵本中是一般陈述句,而义净的汉译本却有“云何为八?”这个疑问句。由于在梵本中并无对应的部分,这说明“云何为八?”是义净的增译,也可看作是将原来的陈述句改译的结果。另外,例子1中的“此并时中合食,故名时药”也不见于梵本,可能是义净的注释,后窜入了正文;也可能是义净的增译文字。同样的情形还有例子1中的那些序数词也是为了理解的方便而添加上去的。

例子2:

[梵]tatra mūla-bhaiṣajyaṃ mustaṃ vaco haridrārdrakāmativiṣā iti //

[汉]云何根药?谓香附子、菖蒲、黄姜、生姜、白附子①。

按:梵句是一个陈述句,意即“此根药就是香附子、菖蒲、黄姜、生姜、白附子”。义净的汉译本中却有“云何根药?”这个疑问句。显然,原来的陈述句被改译成了一问一答式的疑问句式。

梵汉本《根本说一切有部毗奈耶破僧事》中,也有改变句型的例子:

例子3:

[梵]bhadrā rūpājīvinī saṃlakṣayati: adya vārāṇaseyā manuṣyā vastrālaṅkāravibhūṣitā svakasvakābhiḥ strībhiḥ sārdhaṃ paricārayiṣyanti; sundaro māṇavakaḥ mayā sārdhaṃ paricārayiṣyati. (vol. i, p. 207)

[汉]时彼淫女作是思惟:今此节日,城中诸有妇人,皆着衣服璎珞,各共其夫于自家中作诸欢乐。若摩纳婆今来相就,不亦乐乎?②

按:sundaro māṇavakaḥ mayā sārdhaṃ paricārayiṣyati意为“容貌端正的摩纳婆将与我作诸欢乐(即“今来相就”)”,句中的动词 paricārayiṣyati(原形pari-√car-)是将来时的形态,可见汉译本中,将一个动词为将来时形式的

① 《大正新修大藏经》第24册,第1页中栏。

② 《大正新修大藏经》第24册,第146页中栏。

陈述句改为了反问句,增添了“不亦乐乎?”部分。

例子4:

[梵]rājā kathayati:bhavantaḥ sa evāsāv ekacorikaḥ; na śobhanaṃ kṛtaṃ yan na gṛhītāḥ; sarvathā tiṣṭhata yūyaṃ; aham evainaṃ gṛhṇāmi iti; (vol. ii, p. 34—35)

[汉]王曰:“彼是狗贼,云何不捉? 甚为不善。汝等宜止,我自捉取。”①

按:“云何不捉?”(前后文为“如何不捉?”)属于反意疑问句,其中的“云何”是“为什么”的意思。该句对应的是 na śobhanaṃ kṛtaṃ yan na gṛhītāḥ,意思是“此人没有被捉住,甚为不善”。其中的 yan 是 yat 在 na 前的变化形式,因为梵语句内连声法的规则,辅音 t 作尾音时,在鼻音前变成相应的鼻音,所以,yat na 就变成了 yan na。yat 就是关系代词 yad 的中性、主格、单数形式,此处它相当于从句的引导词 who。因此,义净用了一个反意疑问句“云何不捉?”来翻译,以加强语气,并突出该故事下文所记叙的国王的亲自行动。

2. 一般疑问句译为陈述句

《药事》卷一中涉及了梵语句型的改译,出现了疑问句改为陈述句的现象:

例子5:

[梵]pañca kṣārāḥ katame // yava-kṣāraḥ yāvaśū-kṣāraḥ sarji-kṣāras-tila-kṣāro vāsakā- kṣāraś ca //

[汉]五种灰者,谓麸麦灰、油麻灰、麸麦麸灰、牛膝草灰、婆奢树叶灰②。

例子6:

[梵] pañca lavaṇāni katamāni / saindhavaṃ viḍaṃ sauvarcalaṃ

① 《大正新修大藏经》第24册,第160页上栏。

② 《大正新修大藏经》第24册,第1页中栏。

romakaṃsāmūdrakaṃ//

［汉］五种盐者，谓乌盐、赤盐、白石盐、种生盐、海盐①。

例子7：

［梵］pañca kaṣāyāḥ katame //āmra-kaṣāyo nimba-kaṣāyo jambu-kaṣāyaḥ［śirīṣa-kaṣāyaḥ］kośamba-kaṣāyaś ca //

［汉］云何五种涩药？谓阿摩罗木、楝木、赡部木、尸利沙木、高苫薄迦木②。

按：例子5中的"pañca kṣārāḥ katame"意即"云何五种灰？"、例子6中的"pañca lavaṇāni katamāni"意即"云何五种盐？"均是一般疑问句。义净的汉译本分别译为"五种灰者"和"五种盐者"。这就是将一般疑问句改译成了陈述句，因为梵句中的katama-就是一个疑问代词，多译为"何、云何"等。然而，在同一段落中，义净并不是全将这类的陈述句改译，比如例子7，"pañca kaṣāyāḥ katame"就直接译成了"云何五种涩药？"这种交错的译法使中译本的句型有所变化，而不至于单调划一。

《破僧事》中引用了不少的本生故事，在故事的结尾处，佛陀需要对说明故事中的角色（人物或动物）的前世今生，往往出现这样的句子：

例子8：

［梵］bhagavān āha：kiṃ manyadhve bhikṣavo？（vol. ii，p. 270）

［汉］世尊告曰："汝诸比丘，勿生异念。"③

按：kiṃ manyadhve bhikṣavo实际上意为"汝诸比丘，于意云何？"，这是一个疑问句。类似的句子有："汝诸比丘，于意云何？善闲三藏习定比丘坏医罗叶者，岂异人乎？今此龙是。"④例子8不用"于意云何？"，而用"勿生

---

① 《大正新修大藏经》第24册，第1页中栏。

② 《大正新修大藏经》第24册，第1页中栏。

③ 《大正新修大藏经》第24册，第153页上栏。《破僧事》卷十中类似的则有："世尊告曰：'汝诸比丘，勿生余念。"（《大正新修大藏经》第24册，第151页中栏）

④ 《大正新修大藏经》第24册，第304页下栏。

异念”，这是将原来的疑问句改译成了陈述句。

在《破僧事》卷十二的“大贼”故事中，也有将疑问句改译的情形（例子9—13）。

例子9：

［梵］sa ekacoraḥ saṃlakṣayati：na nāma mayā mātulaṃ kaṇṭhe gṛhītvā roditavyam；（vol. ii，p. 34）

［汉］彼贼外甥便思念云：“我今不应直抱舅尸，恐众人识我。”

按：引号内的直接引语是一个否定句，画线的 na 就是否定词。在本段故事中，作为多个句子中出现的同样的结构 na nāma mayā…，却译成了以下（例子10—13）不同的句型：

例子10：

［梵］sa ekacorikaḥ saṃlakṣayati：na nāma mayā mātulasya śmaśāne pitṛkāryaṃ kṛtam iti；（vol. ii，p. 34）

［汉］尔时彼贼复作是念：“我今要须于葬舅尸之处，设诸祭祀。”

按：na nāma mayā 被译成了“我今要须”，由表否定的“我今不应”变成了表肯定的“我今要须”。而且，此直接引语是将反意疑问句改为了肯定陈述句。为何说它是反意疑问句呢？因为类似的句子在“大贼”故事中的对译情况如下：

例子11：

［梵］ekacorakaḥ saṃlakṣayati：na nāma mayā mātulaḥ satkārayitavyaḥ？iti；（vol. ii，p. 34）

［汉］尔时彼贼复作是念：“我今如何不葬我舅？我必须葬。”

按：na nāma mayā 被译成了“我今如何不”。na nāma mayā mātulaḥ satkārayitavyaḥ？（“我今如何不葬舅舅？”）就是一个表肯定语气的反意疑问句。译者为了加强肯定语气，还在句末增译了“我必须葬”。

例子 12：

［梵］ekacorikaḥ saṃlakṣayati：na nāma mayā mātulasyāsthīni gaṅgāyāṃ prakṣeptavyāni？iti；（vol. ii，p. 34）

［汉］尔时彼贼复作是念："我今要将舅骨投于弶伽河中。"

例子 13：

［梵］ekacorakaḥ saṃlakṣayati：na nāma mayā rājaduhitryā sārdhaṃ paricārayitavyaṃ？iti ；（vol. ii，p. 35）

［汉］尔时狗贼复作是念："今王与女游戏河中，应要与彼女相共嬉戏。"①

按：na nāma mayā 在例子 12、13 中分别译成了"我今要"和"应要"，实际上，这两句中的直接引语都是反意疑问句，译者改为了肯定陈述句。例子 10 的情况与此相同。

3. 一般举例性的解释句译为判断句

例子 1：

［梵］tatra kālikāni maṇḍaḥ ādanaṃ kulmāṣaḥ māsamapūpāś-ca yāmikāmaṣṭ au pānāni // cocapānaṃ mocapānaṃ kolapānam-aśvatthapānam-udumbarapānaṃ pāruṣikapānaṃ mṛdvīkapānaṃ kharjūrapānaṃ ca //

［汉］言时药者：一麨、二饼、三麦豆饼、四肉、五饭。此并时中合食，故名时药。言更药者，谓八种浆。云何为八？一招者浆、二毛者浆、三孤洛迦浆、四阿说他果、五乌昙跋罗、六钵鲁洒、七篾栗坠浆、八渴树罗浆②。

例子 14：

［梵］sāptāhikaṃ sarpistathā tailaṃ phāṇitaṃ madhu śarkarā //

［汉］七日药者，酥、油、糖、蜜、石蜜③。

---

① 《大正新修大藏经》第 24 册，第 160 页上至中栏。

② 《大正新修大藏经》第 24 册，第 1 页中栏。

③ 《大正新修大藏经》第 24 册，第 1 页中栏。

例子15：

［梵］yāvat-jīvikaṃ mūla-bhaiṣajyaṃ gaṇḍa-bhaiṣajyaṃ ［patra-bhaiṣajyaṃ］ puṣpa- bhaiṣajyaṃ phala-bhaiṣajyaṃ pañca jatūni pañca kṣārāḥ pañca lavaṇāni pañca kaṣāyāḥ //

［汉］尽寿药者，谓根、茎、叶、花、果。复有五种胶药、五种灰药、五种盐药、五种涩药①。

例子16：

［梵］gaṇḍa-bhaiṣajyaṃ / candanaṃ cavikā padmakā devadāru guḍūcī dāruharidrā iti //

［汉］茎药者，栴檀香药、葛柏木、天木香、不死藤、小柏②。

例子17：

［梵］patra-bhaiṣajyaṃ /paṭola- patraṃ vāśika- patraṃ kośātakī- patraṃ sapta-parṇa- patram-iti //

［汉］叶药者，三叶，谓酸菜婆奢迦叶此方无、纴婆楝木是也、高奢得枳此方无③。

例子18：

［梵］puṣpa-bhaiṣajyaṃ / pañca puṣpāṇi / vāśika-puṣpaṃ nimba-puṣpaṃ dhātukī-puṣpaṃ śaṭi-puṣpaṃ padma-keśaram-iti //

［汉］花药者，谓婆舍迦花、纴婆花、陀得鸡花、龙花、莲花④。

例子19：

［梵］phala-bhaiṣajyaṃ / harītakīm-āmalakaṃ vibhītakaṃ maricaṃ pippalī iti //

［汉］果药者，谓诃黎勒果、庵摩勒果、鞞醯得枳果、胡椒、荜茇⑤。

---

① 《大正新修大藏经》第24册，第1页中栏。

② 《大正新修大藏经》第24册，第1页中栏。

③ 《大正新修大藏经》第24册，第1页中栏。此句中的“三叶”是译者所加，起归纳的作用。

④ 《大正新修大藏经》第24册，第1页中栏。

⑤ 《大正新修大藏经》第24册，第1页中栏。

例子 20：

［梵］pañca jatūni / hiṅguḥ takastakakaṇīm tadāgataśca / tatra hiṅguḥ hiṅguvṛkṣasya niyāṃsaḥ（niryāsaḥ）//

［汉］五种粘药者，所谓阿魏、乌糠、紫矿、黄蜡、安悉香。阿魏药者，谓阿魏树上出胶。乌糠者，谓娑罗树出胶。紫矿者，树枝上出汁。黄蜡者，谓蜜中残出也。安悉香者，树胶也①。

按：在上列的 8 个例子（1、14—20）中，基本上都是解释性的、词语并列的陈述句。在汉译时，出现了这样的几种格式，即："言……者"、"言……者，谓……"、"……者"、"……者，谓……"、"……者，……也"，这是汉语中的常见判断句的表现形式。例子 20 中的后部分（"阿魏药者，……树胶也"）基本上是译者所加，使用了汉语最常见的"……者，……也"句型。这说明这些判断句式基本上不是梵本所固有，而更多是使用汉语句型的结果。

除《药事》中的这几个句子外，在《破僧事》卷二中还有类似的情况：

例子 21：

［梵］śuddhodanasya dvau putrau，bhagavān，āyuṣmāṃś ca nandaḥ；（vol. i，p. 31）

［汉］净饭王有二子。其最大太子，即我薄伽梵是。其第二者，即具寿难陀是②。

按：例子 21 直译即："净饭王的两个儿子：薄伽梵和具寿难陀。"原文本是用两个并列词语作宾语的一个陈述句，汉译本者将其改译成了两个并列的判断句。与前面所列的"言……者，谓……"一样，此处的"……，即……

① 《大正新修大藏经》第 24 册，第 1 页中栏。

② 《大正新修大藏经》第 24 册，第 105 页上栏。

是”和“……者,即……是”,这样的判断句式在中古的译经多有①,常大量出现于佛本生故事的结尾部分。

与例子 21 类似的译法还见于《破僧事》卷十、卷六等处。《破僧事》卷十中的句子:

例子 22:

［梵］tasya rājñaḥ purohitasya dvau putrau jyeṣṭho kanīyāṃś ca;(vol. ii,p. 267)

［汉］其王有一知国大臣,便生二子,大名出喜,小名众爱②。

又,《破僧事》卷六中的句子:

例子 23:

［梵］aśrauṣur vārāṇasyāṃ dvitīya agrakulikaputras tṛtīyaś caturthaḥ pañcama agrakulikaputraḥ, pūrṇo, vimalo, gavāṃpatiḥ, su < bāhuś ca ... (vol. i,p. 146)

atha dvitīyo'grakulikaputras < tṛtīyaś ca > turthaḥ pañcamo'grakulikaputraḥ pūrṇo, vimalo, gavāṃpatis, subāhur, vārāṇasyāṃ niṣkramya yena bhagavāṃs tenopasaṅkrāntāḥ; (vol. i,p. 147)

［汉］其第二长者子,名曰富楼那。其第三长者子,名曰无垢。第四长者子,名曰骄梵拔提。第五长者子,名曰妙肩。闻耶舍出家,咸作是念③。

汉译时增加了表示判断标记的句子还有:

例子 24:

［梵］yo'asu yantrakalācāryaḥ aham eva sa tena kālena tena samayena; yo'asu tasyāntevāsī eṣa eva sa devadattas tena kālena tena samayena. (vol. ii, p. 270)

---

① 另见《破僧事》卷十一,“佛告诸比丘:勿生异念。摩纳婆者,即我身是。”(《大正新修大藏经》第 24 册,第 158 页下栏)又,《破僧事》卷十七:“今诃骂者,是我父也,云何损害?今且令付后宫囚闭。”(《大正新修大藏经》第 24 册,第 189 页下栏)后者有“……者,是……也”这样的判断句搭配形式。

② 《大正新修大藏经》第 24 册,第 152 页上栏。

③ 《大正新修大藏经》第 24 册,第 129 页下栏。

［汉］往时机关师者，即我身是。其弟子者，即提婆达多是①。

上述多个例子的汉译句子所加的“者”、“也”标记，与上古汉语中的训诂释文方式是一致的。在东汉以来的本生经翻译中，就出现了“……者，……是”这类的判断句型，且形式多有变化②，到了唐初，译者已经能比较熟练地运用汉语固有的训诂释文方式了。

此外，例子21中，还增译了代词成分，即“我薄伽梵”中的“我”。所以，此处的译法颇值得注意，不仅仅是改译了句型，而且还增译了代词成分。

4. 从词法到句法与从句法到词法的改动

4.1　所谓从词法到句法的改动，是指将梵本的原句中的词语扩张为句子。梵语佛经中的句子相当复杂，一个成分可以由具有同样语法功能的多个复合词来表示，汉译时常将这些作为修饰语的复合词分译成独立的小句。朱冠明《梵本〈阿弥陀经〉语法札记》一文就现象进行了讨论③。这可视为对原句的扩张，将并列的词组分译为并列的长句，形成从词法到句法的改动。

例子21就是一个对梵本原句扩张的例子，将一个句子译成了三句。类似这种把作为句中同一成分的并列式词语，分别译成并列的句子（或类似句子的形式），还见于《药事》卷十四：

例子25：

［梵］uktaṃ ca pañcame rātryāmalpaṃ svapanti bahu jāgrati / katame pañca / puruṣāḥ striyamapekṣamāṇāḥ / pratibaddhacittaḥ strīpuruṣaḥ / utkruśapraṇī / caurasenāpatiḥ / bhikṣuścālabdhavīrya iti //

［汉］我闻昼中五种之人，于夜省睡。/ 云何为五？/ 一者丈夫思妇、妇思丈

---

① 《大正新修大藏经》第24册，第153页上栏。

② 对佛经判断句的研究概述，参见胡敕瑞《汉译佛经中的判断句研究》，《南昌航空大学学报》2009年第2期，第1—13页。

③ 朱冠明《梵本〈阿弥陀经〉语法札记》，《历史语言学研究》第一辑，商务印书馆，2008年，第108—119页。

夫;/ 二者妇被夫瞋责;/ 三者作贼之人;/ 四者军将;/ 五者比丘精勤苦行时①。

按:例子 25 的梵本在问句"katame pañca"("云何为五?")之后,用复合词的形式列举了五种情况,即思妇的丈夫(puruṣāḥ striyam-apekṣamāṇāḥ)、心贪念丈夫的妇人(pratibaddhacittaḥ strī-puruṣaḥ)、被瞋责的妇人(utkruśapraṇī)、贼(caura-)、军将(senāpati-)、精勤苦行的比丘(bhikṣuścālabdhavīrya)。汉译本除加上常见的序数词从"一者"到"五者"来排列外,还出现了结构比较齐全的句子,如"丈夫思妇、妇思丈夫"、"妇被夫瞋责",这种译法可视为从词法到句法的改动。不过,"作贼之人"和"军将"依然保持了原句中的样式。类似例子 25 的句子还有不少,就不一一列举了②。

《破僧事》卷第一中列举了释迦族人等的谱系,在列举人名时,原句多用带格尾的词语来表示所属关系,而汉译时全部译成了句子,其形式有两种,即"……息,名……"和"……有息,名……"。在汉语语法中,前者是一个句子,而后者可视为两个句子。这是比较典型的将梵本的词语扩展为句子的情况:

例子 26:

[梵]iti hi gautamā mahāsaṃmatasya rājño rocaḥ putraḥ,
[汉]此大同意王息,名意乐。
rocasya kalyāṇaḥ,
意乐王息,名善德。

---

① 《大正新修大藏经》第 24 册,第 63 页中栏。

② 例如,《破僧事》卷三:[梵]yadā bodhisattvaḥ sarvaśikṣāsu śikṣitaḥ, pañcasu sthāneṣu kṛtāvī saṃvṛttaḥ, dūravedhe, śabdavedhe, marmavedhe, akṣūṇavedhe, dṛḍhaprahāritāyāṃ ca. (vol. i, p. 58)[汉]菩萨当日习得五种弓法:一者射诸远物。二者彼处有声,菩萨不见,随其所念,皆即射得。三者所欲射处,无有不着。四者前人身上知有要穴,随其所念,若死不死,即射其穴,悉皆随意。五者不问远近,射之极当。(《大正新修大藏经》第 24 册,第 110 页下栏)

kalyāṇasya varakalyāṇaḥ,

善德王息,名最胜。

varakalyāṇasya upoṣadhaḥ,

最胜王息,名长净。

upoṣadhasya māndhātā,

长净王息,名持养。

māndhātuś cāruḥ,

持养王息,名端严。

cāror upacāruḥ,

端严王息,名近端严。

upacāroś cārumān,

近端严王息,名有端严。

cārumata upacārumān,

有端严王息,名极端严。

ruciḥ, suruciḥ,

极端严王息,名爱乐。爱乐王息,名善乐。

mucir mucilindaḥ,

善乐王息,名能舍。能舍王息,名为极舍。

aṅga angīratho bhṛṅgo bhagīrathaḥ,

极舍王息,名为支车。支车王息,名为严车。

sagaraḥ sāgaro, mahāsagaraḥ,

严车王息,名为小海。小海王有息,名为中海。中海王有息,名为大海。

śakunir mahāśakuniḥ,

大海王有息,名为瑞鸟。瑞鸟王息,名为大瑞鸟。

kuśa upakuśo mahākuśaḥ,

大瑞鸟王有息,名香草。香草王有息,名为近香草。近香草王有息,名为大香草。

sudarśano mahāśudarśanaḥ,

大香草有息,名为善见。善见有息,名为大善见。

parṇayo mahāpraṇayaḥ,

大善见有息,名为极爱。极爱有息,名为大爱。

praṇādo mahāpraṇādaḥ,

大爱有息,名为妙声。妙声有息,名为大妙声。

prabhaṅkaraḥ pratāpavān,

大妙声有息,名为作光。作光有息,名为有威。

merur merumān merumantaḥ,

有威有息,名为广大。广大有息,名为大弥楼。大弥楼有息,名为有弥楼。

arcir arciṣmān arciṣmantaḥ;

有弥楼有息,名为广慧。广慧有息,名为艳光。艳光有息,名为有艳。

arciṣmantasya gautamā rājñaḥ putraprapautṛkayā naptṛpranaptṛkayā potalake nagare ekaśatarājaśatam abhūt |

有艳有息,名为有大艳。有大艳王,其有大艳王息孙、曾孙、玄孙等,于富多罗城子孙更生,至于百代①。

4.2 所谓从句法到词法的改动,是指将梵本中包含了多个词语的复杂句子缩译为一个词。译本中常见的词语概括就是指翻译时用一个词语去概括多个词的意思,或许也可称之为"缩译"。这种缩译不同于通常所说的省略(包括承前或者探下两种省略)形式。比如《药事》卷十"儞罗步提缘"中的"漏蹄"和卷十三"尾施缚多罗缘"中的"游喜"两个词,具体如下:

例子 27:

[梵] yāvad-uttarāpathāt sārthavāhaḥ pañcāśvaśatāni paṇyamādāya vairaṃbhyam-anuprāpataḥ sa saṃlakṣayati / yad-idānīṃ gamiṣyāmi aśvānāṃ khuraḥ 蹄 kledam 泥-āpatsyate 损 / aparṇā bhaviṣyanti ihaiva tiṣṭhamīti (G. M. 29)

[汉] 时有商主,从北方来,将五百匹马,至此城中。作如是念:"今属雨时,若我前进,恐(泥)(损)马者,多有漏(蹄)。"于三月中,即便住此②。

按:例子 27 的原句"yad-idānīṃ gamiṣyāmi aśvānāṃ khuraḥ kledam-āpatsyate"意即:"如果我在目前(雨季)前进,[那么恐怕],马蹄(khuraḥ)因泥泞(kledam)而损害(āpatsyate)。"显然,"漏蹄"一词并不是直接对译梵本中的某个词语,而是描述马蹄会遇到泥泞而有所损失的状态或结果。因此,可以说,"漏蹄"就是对aśvānāṃ khuraḥ kledam-āpatsyate 的概括性缩译。如果此处还不明显的话,那么不妨参看义净译《根本说一切有部毗奈耶》卷

① 《大正新修大藏经》第 24 册,第 101 页上至中栏。

② 《大正新修大藏经》第 24 册,第 45 页下栏。

三十二中的一段内容相近的记载:"渐次南行,至中国境,到一聚落,名曰恭侍。即于此处,时逢夏雨。商主便念:我若去者,马尽漏蹄,因此患生,多有损失,我今宜可于此居停。"①此处没有了"恐泥损马",仅保留了"马尽漏蹄",这说明"漏蹄"并不是对译某一个梵语词,而是从一句话的意义加以概括而成的。

再看一下"游喜":

例子28:

[梵] tataḥ sudhanaḥ kumāro manoharayā sārdhamupari prāsādatalagataḥ krīḍati ramate paricārayati (G. M. 137)②

[汉] 即将悦意,于宫楼阁,共为游喜③。

按:王绍峰在《初唐佛典词汇研究》一书中,考释"游戏"一词有"性爱"的意思,并认为该词又可作"游喜",所举亦即此例,其义也是指"性爱"④。此说未尽谛。从汉译本来看,此处"游喜"指"性爱",似乎不误。然而,对勘梵本,不难发现,"游喜"所对应的是三个动词:krīdati ramate paricārayati。其义分别为krīḍati(游戏、娱乐)、ramate(居住、享乐、游乐)、paricārayati(漫步、游弋、作乐)。梵本中实际上有三个同义词并列,这是梵本常见的三个或三个以上的同义词(或近义词)并列的现象⑤。三义并列的现象并非外来,古汉语中有之,似乎汉语文献中运用不多。其原因在于古代印度文本多由口口相传,故梵语文献追求繁复,对一物一事极力宣扬,而汉语书面文献多尚简明,少事渲染。

例子28中的paricārayati来源于动词pari-√car-,在"娱乐、运动、漫步"

---

① 《大正新修大藏经》第23册,第802页中栏。

② Sitansusekhar Bagchi, ed., *Mūlasarvāstivādavinayavastu*, vol. 1, p. 84, line 14—15.

③ 《大正新修大藏经》,第24册,第61页中栏。

④ 王绍峰《初唐佛典词汇研究》,安徽教育出版社,2004年,第161—162页。

⑤ 朱冠明《移植:佛经翻译影响汉语词汇的一种方式》,《语言学论丛》第三十七辑,2008年,第169—182页。

之外,还有"性爱"的含义。同样的句式见于《破僧事》卷四:

例子 29:

[梵] ①tena sadṛśāt kulāt kalatram ānītam;
②sa tayā sārdhaṃ krīḍati ramate paricārayati; tasya krīḍato ramamāṇasya paricārayataḥ putro jataḥ,
③evaṃ yāvad daśaputrā jātāḥ. (vol. i, p. 92)

[汉] ①时彼居士。于其同类种族中取女为妻。
②既得为妇,共相娱乐,俗礼和合,因生一子;
③如是乃至生于十子①。

《破僧事》卷四中有一个同源词 paricārita,译法如下:

例子 30:

[梵] tena yaśodharayā sārdhaṃ paricāritam; yaśodharā āpannasattvā saṃvṛttā. (vol. i, p. 81)

[汉] 我今当与耶输陀罗共为娱乐,其耶输陀罗因即有娠②。

此例中的 paricāritam 虽译为"娱乐",但从"因即有娠"来看,此处必指"性爱"无疑。可见,"游喜"不是单指"性爱",而是包含了"游乐、性爱、漫步/散步"三个动词的意涵。译本中用"游"来概括"游玩、漫步";用"喜"来概括"性爱"。义净用"娱乐"、"游喜"来暗指性爱含义,是追求用词典雅的一种表现。

krīdato、ramamāṇasya和paricārayataḥ三个来源于动词的词语并列出现的时候,《破僧事》卷十六中还有更为简略的译法:

例子 31:

[梵] so 'pareṇa samayena devyā sārdhaṃ krīḍati, ramate, paricārayati; tasya krīḍato ramamāṇasya paricārayataḥ kālāntareṇa patnī āpannasattvā

① 《大正新修大藏经》第 24 册,第 117 页下栏至 118 页上栏。
② 《大正新修大藏经》第 24 册,第 115 页上栏。

saṃvṛttā; sā aṣṭānāṃ vā navānāṃ vā māsānām atyayāt prasūtā. (vol. ii, p. 119)

［汉］后于异时，妃诞一子①。

［英］One time, the king enjoyed and sported with the queen, and his sport and amorous play eventually came to fruition with the pregnancy of his wife. After eight or nine months, his wife bore a child②.

此例中只用了一个“诞”字，就将前后文所有的含义暗示在内了，表现了作者对“简约而丰赡”的语言的追求。

5. 对梵本原句详略的颠倒现象

5.1 对较详的原句进行简化或承前略译。承前略译是根据上下文的语意将梵本中的详细描述的长句作大幅度的省略。律典中作为段落标记(或者故事开端标志)的“缘处同前”，就明确指出了这是根据前文而译出的省略。

例子32：

［梵］śrāvastyāṃ nidānaṃ/

［汉］缘在室罗伐城③。

例子33：

［梵］Bhagavān śrāvastyāṃ viharati jetavane anāthapiṇḍadasyārame /

［汉］缘处同前④。

例子34：

［梵］Buddho Bhagavān ślāvastyāṃ viharati jetavane anāthapiṇḍadasyārāme /

---

① 《大正新修大藏经》第24册，第181页上栏。

② Timothy Lenz, *A New Version of the Gāndhārī Dharmapada and a Collection of Previous-Birth Stories*, Gandhāran Buddhist Texts 3, Seattle and London: University of Washington Press, 2002, p. 226.

③ 《大正新修大藏经》第24册，第1页下栏。

④ 《大正新修大藏经》第24册，第2页上栏。

［汉］尔时薄伽梵在室罗伐城逝多林给孤独园①。

按:例子 33 来自《药事》卷一②,故事情节恰好在例子 34 之前。例子 33 的故事开头就用了“缘处同前”。单从汉译文本来看,虽然可以看出这是承前略译,但并不清楚所略译的真实情况。所谓“同前”属于汉译本用一些指示代词来回指上文的情况。在汉语中,代词的最大作用之一就是回指上文(如“如前”、“如上”、“同前”等)。

例子 32 中的“缘”对应梵语词为nidānaṃ③。例子 33 中的“缘处”在梵本原句中并无对应,其原句意为“薄伽梵在室罗伐城逝多林给孤独园”,这与《药事》卷一开头的句子(即例子 34)基本一致。从梵本前后关系来看,例子 32 可视为是例子 33 的简化,而例子 33 与例子 34 大致相同,可视为一种呼应。因此,例子 33 所略译的部分实际比例子 32 的原句还长得多,并不是后者的简单略译。

《破僧事》中的省译句子还有卷七的“如是三白,……如是三答”(对应梵本 vol. i, p. 154)和卷八的“十号具足”(对应梵本 vol. i, p. 162)等不同的形式。

5.2　对简略的原句进行补充,特别是对梵语省略句式的补足。这种情形与前引例子 26 铺排人名的情况是不同的,因为例子 26 的梵语句式并不是省略句式④。

例子 35:

① 《大正新修大藏经》第 24 册,第 1 页上栏。

② 《药事》卷一中有两处同样的“缘在室罗伐城”,例子 32 是指第一处。

③ 《药事》卷一中有与例子 32 类似的句子,如“缘在王舍城”(《大正新修大藏经》第 24 册,第 2 页下栏),对应的梵句为“Rājagṛhe nidānam”。

④ 《破僧事》卷三中类似的句子还有:［梵］dharmatā khalu śākyamunir bodhisattvaḥ pañcaśataparivāraḥ kṛmivarmaṇo lipyācāryasya lipiṃ śikṣaṇāyopanyastaḥ(vol. i, p. 58)［汉］菩萨生时,有常法式。若欲入学,以五百侍从童子令随。菩萨学习书业时,有博士名彩光甲,明解五百种书。时净饭王,将菩萨及诸童子,诣彩光处令遣受业。(《大正新修大藏经》第 24 册,第 110 页中栏)

[梵] bhagavān-āha / pañca kaṣāyāḥ / āmra-kaṣāyāḥ pūrvavat //

[汉] 佛言:"有五种涩药:一者庵没罗、二者纴婆、三者赡部、四者夜合、五者俱奢摩。"①

按:这种情况与上述对梵语句子的略译有些相反。例子35可直译:"佛言:有五种涩药:如前所说的,庵没罗药[等]。"梵语原句中用了"pūrvavat"一词,即"如前所说的",显然是一种省略句式。但汉译本中将"庵没罗"后的另外四种涩药都一一补充齐全。这样的译文如果不借助于梵本,是很难知道它补足了原句的省略成分。而之所以补充完整,乃是为了让一般的读者对不常见的概念(如"涩药")内涵有明确的认识。这也是义净受过丰富的印度文化长期熏陶的见证。

出于初期口头传播的需要,梵本的句子多重复,而有时为了行文的简洁,梵本的句子在列举多种类似的情形时,不免采用语义承前的省略方式。而相应的汉译本中,有时却不厌其繁,将被省略的部分补充完整。

《破僧事》卷三中有一组句子:

例子36:

[梵]① kṛmivarmaṇā lipyācāryeṇa bodhisattvasya lipir likhitvā dattā;

② Bodhisattvaḥ kathayati jānāmy aham enām iti;

③ tatas tena dvitīyā tṛtīyā;

④ evaṃ yāvat pañcalipiśatāni likhitvā dattāni; bodhisattvaḥ kathayati etām apy ahaṃ jāne anyāṃ kathayeti; (vol. i, p. 58)

[汉]① 尔时彩光博士,作一种书,示彼菩萨,令遣学之。

② 菩萨答曰:"此一种书,我先已解。"

③ 次与第二般书,而示菩萨,令遣学之。菩萨答曰:"此一般书,我先已解。"次与第三般书,而遣学之。菩萨答曰:"此一般书,我先已解。"

④ 其彩光先生乃至示五百般书,亦复如是,我已解之②。

① 《大正新修大藏经》第24册,第1页上栏。

② 《大正新修大藏经》第24册,第110页中至下栏。

按:此例中的③ tatas tena dvitīyā tṛtīyā,意为“第二、第三般书亦如此”,而汉译时,依照“第一种书”的描述方式,将使用了简略形式的原句,全部补充完整。

例子 37:

［梵］① devadattena padabandhaṃ kṛtvā nārācaḥ kṣiptaḥ; ekas tālo bhinnaḥ;
② nandena dvau;
③ Bodhisattvena nārācaḥ kṣiptaḥ; sapta tālā bherī sūrī ca bhinnāḥ; (vol. i, p. 60)

［汉］① 天授童子射过一多罗树、一鼓、一猪,其箭便住。
② 难陀童子射过二多罗树、二鼓、二猪,其箭便住。
③ 菩萨尔时放其一箭,其箭直穿七树、七鼓、七猪。①

按:此例中的②nandena dvau(“二被难陀”)非常简略,显然梵句中省略了动词等许多成分,而汉译本将所省略的内容一一补足,形成类似排比的句式。

(二)汉译时不改变句型而对句子内部的成分加以调整

1. 同句异译

所谓同句异译是指汉译时将基本上相同或者类似的同一个梵语句子,对译为不同的汉语句子,但不改变原句的句型。在《药事》卷一中有如下的五个句子:

例子 38:

［梵］yadvā punaranyadapi mūla-bhaiṣajya-arthāya spharati nāmiṣārthāya //

［汉］若更有余物,是此体例,堪为药者,随意当用②。

例子 39:

---

① 《大正新修大藏经》第 24 册,第 111 页中栏。
② 《大正新修大藏经》第 24 册,第 1 页中栏。

［梵］yadvā punar-anyad-api guṇḍa-bhaiṣajya-arthāya spharati nāmiṣārthāya //
［汉］若余体例，准前应用①。

例子 40：

［梵］yadvā punar-anyad-api patra-bhaiṣajya-arthāya spharati nāmiṣārthāya //
［汉］及以余类，准前应用②。

例子 41：

［梵］yadvā punar-anyad-api［puṣpa-］bhaiṣajya-arthāya spharati nāmiṣārthāya//
［汉］更有余类，应随所用③。

例子 42：

［梵］yadvā punar-anyad-api phala-bhaisajya-arthāya spharati nāmiṣārthāya //
［汉］若有余类，准前应用④。

按：从例子 38 到例子 42 这五个梵语句子中，仅仅替换了一个词，分别为 mūla-bhaiṣajya（根药）、guṇḍa-bhaiṣajya（茎药）、patra-bhaiṣajya（叶药）、puṣpa-bhaiṣajya（花药）、phala-bhaiṣajya（果药）。整个句子意译为"如果还有别的东西，也是这样的体例，作为根药（茎药、叶药、花药、果药）的，不为利养故，可随意使用"。只有例子 38 汉译最完整，其他四个句子大致相同，但与前者存在较大的差异。这样的翻译与前述的"承前省略"方式不无相似之处，但性质不同，这是对同一句子的处理，不仅是内容上的关联，而且句子的形式上几乎全同。这就提醒我们，在阅读汉译文本和对勘的时候，要特别注意。汉译句子的有些词不是根据梵本而来的，比如例子 39、40 和 42 中的"准前"，就是用汉语中的指代性词语。正由于雷同句子的多次出

① 《大正新修大藏经》第 24 册，第 1 页中栏。
② 《大正新修大藏经》第 24 册，第 1 页中栏。
③ 《大正新修大藏经》第 24 册，第 1 页中栏。
④ 《大正新修大藏经》第 24 册，第 1 页中栏。

现，形成了一个固定的格式，所以才出现了这样的省略译法。这与胡敕瑞在《代用与省略》一文中讨论的“背景与凸现”现象是相关联的①。

除了上述完全相同或相近的句子外，还有一种情况，即几个句子中包含一个完全一样的短语，这样的翻译也可归纳到此小类中，比如，《药事》卷一对含有“痿黄”和“憔悴”一句的翻译，情况如下：

例子 43：

［梵］tena khalu samayena bhikṣavaḥ śāradakena rogeṇa bādhyante / te śāradakena rogeṇa bādhyamānā utpāṇḍūtpāṇḍukā bhavanti kṛpālukā durbalakā mlānā aprāptakāyāḥ //

［汉］时，诸比丘秋时染疾，身体痿黄，羸瘦憔悴，困苦无力。

例子 44：

［梵］kasmād-ānanda etarhi bhiksavah utpāṇḍūtpāṇḍukāḥ krsālukā durbalakā mlānā aprāptakayā iti //

［汉］“何故诸比丘身体痿黄、羸瘦无力？”

例子 45：

［梵］etarhi bhadanta bhikṣavaḥ śāradakena rogeṇa bādhyante / etarhi śāradakena rogeṇa bādhyamānā utpāṇḍūtpāṇḍukā bhavanti kṛṣālukā durbalakā mlānā aprākāyāḥ /

［汉］诸比丘等既侵秋节，遂染诸病，身体痿黄，羸瘦无力。

例子 46：

［梵］te bhavanti utpāṇḍūtpāṇḍukāḥ kṛṣālukā durbalakā mlānā aprāptakāyam /

［汉］身体尚衰，羸瘦无力。

例子 47：

---

① 胡敕瑞《代用与省略——论历史句法中的缩约方式》，《古汉语研究》2006 年第 4 期，第 28—35 页。

［梵］atha ca punar-bhikṣavaḥ utpāṇḍūtpāṇḍukāḥ kṛpālukā durbalakā mlānā aprāptakāyāḥ //

［汉］然此比丘犹故羸瘦?

例子48:

［梵］tena-utpāṇḍūtpāṇḍukāḥ kṛṣālukā durbalakā mlānā aprāptakāyāḥ /

［汉］所以身体痿黄,羸瘦无力①。

按:这六个梵语句子中,均用了utpāṇḍūtpāṇḍukā、kṛpālukā、durbalakā、mlānā 和aprāptakāyāḥ五个并列词来描绘比丘秋时生病的身体表现。这五个词语意思分别为:utpāṇḍūtpāṇḍukāḥ(痿黄)、kṛṣālukā(困苦)、durbalakā(无力)、mlānā(憔悴)、aprāptakayā(衰弱/羸瘦)。"身体痿黄"对应的梵语词为utpāṇḍūtpāṇḍukā(巴利文为uppaṇḍupapaṇuka)。utpāṇḍūtpāṇḍukā为同义重复的并列复合词,是主格、复数形式,可以分拆为utpāṇḍu-utpāṇḍukā。utpāṇḍu-,"黄色的"。utpāṇḍuka-,"苍白的"。均指身体痿黄,但汉译本的"身体"是根据上下文意而增补的。辽代燕京崇仁寺沙门希麟集《续一切经音义》卷八对此处的"痿黄"做出了解释,即"痿黄:痿,于佳反。《考声》:湿病也。《集训》云:足不及也。《释名》云:痿,萎也,如草木叶萎死于地也。从疒,委声。下,胡光反。《尔雅》云:玄黄,病也。《郭注》云:虺隤、玄黄,皆人病之通名,而说者便为马病,失其义也。"②

例子46中的"身体尚衰"可能是utpāṇḍūtpāṇḍukā的又一种意译。虽然从例子43到48的梵语句式中的这些并列词语基本一致,但汉译的六个句子有明显的详略之分。例子43最详细地对译出了五个词,后文则省略了其中的一个到四个词不等。例子47最简略,仅有"羸瘦"一词。这种情况

---

①　以上六个句子均见《大正新修大藏经》第24册,第1页上栏。

②　《大正新修大藏经》第54册,第967页上栏。另见徐时仪校注《一切经音义三种校本合刊》(下册),上海古籍出版社,2009年,第2305页。

与前文的“承前省略”也有相似之处，唯有对照梵本才可以看出所省略的情形。因为梵本有强烈的口头流传的色彩，而义净笔下这样的省略还有不少，这是汉译本尚简的表现之一。

又，例子43到48中还有“憔悴”一词，写作“顦顇”①。希麟《续一切经音义》卷八对此词的解释为：“顦顇：上，齐遥反；下，情遂反。《考声》云：顦顇，瘦恶。《仓颉篇》作憔悴，云愁忧也。《毛诗》：从言作谯谇。《班固》：从疒作瘷瘁。汉武帝《李夫人赋》：从女作嫶悴。《左传》：从草作蕉萃。诸书无定一体，今经文多作顦顇。”②而前列六个对应句子中，仅有例子43译出了“憔悴”，其余均被省略。其梵语原词为mlānā，即身体疲惫不堪。此词源自动词√mlā-（“疲劳”）。

上述两小类的句子中，内容有密切的关系，即各句中均含有相同的语句。除此之外，还有一种情况，即内容不同（没有相同词语）但形式完全一致的句子，义净对此又是怎样处理的呢？不妨以《破僧事》中的一个句子与前引例子21的比较来考察，如下：

例子21：

［梵］śuddhodanasya dvau putrau, bhagavān, āyuṣmāṃś ca nandaḥ;

［汉］净饭王有二子。其最大太子，即我薄伽梵是。其第二者，即具寿难陀是③。

例子49：

［梵］amṛtodanasya dvau putrau, āyuṣmān ānando devadattaś ca.

［汉］甘露饭王有二子：一名庆喜、二名天授④。

---

① 在《药事》卷十一，该词也写作“顦顇”。如：“见一丈夫，发白面皱，年几朽迈，羸弱顦顇（憔瘁），诸根不明，倚杖而行。”（《大正新修大藏经》第24册，第51页上栏）

② 《大正新修大藏经》第54册，第967页上栏。另见徐时仪校注《一切经音义三种校本合刊》（下册），第2305页。

③ 《大正新修大藏经》第24册，第105页上栏。

④ 《大正新修大藏经》第24册，第105页上栏。

按:例子49可直译为:"甘露饭王的两个儿子:具寿阿难陀和天授。"例子21意即"净饭王的两个儿子:薄伽梵和具寿难陀"。两个句子形式完全一样,但在翻译这两个陈述句子时,义净的选择是完全不一样的。例子21使用了汉语中的标准判断句("是"),而例子49仍然是一个句子,而且使用了准判断句的形式(即人名前分别添加的"一名"和"二名")。义净对同样形式的梵语句子的不同翻译,说明这样的选择应该是基于汉语句式的影响。

除上述的"同句异译"的现象外,《破僧事》卷三中还有相反的"异句同译"现象。汉译本中的"此象谁许"所对应的梵本句子就有三种:

[梵] pṛcchati kasyāyaṃ hastināga iti / (vol. i, p. 59)
[梵] bhavantaḥ śobhano ayaṃ hastī / (vol. i, p. 59)
[梵] kuto ayaṃ hastī? (vol. i, p. 59)

这种现象的成因还有待细考。

2. 句子内部(或两个与多个句子之间)的添加或增译

这种情况比较普遍,所添加的句子内部成分不止一种,除常见的代词等词语外,有时候还添加作为话题转移的标记或者短语①,作为行文之间的衔接,使句子的意思更为清晰。

例子50:

[梵] Bgagavato rāhulaḥ putra iti
[汉] 我薄伽梵有子,名曰罗怙罗②。

按:例子50的原句意为"薄伽梵的儿子,名曰罗怙罗"。所谓"我薄伽梵"中的"我"就是添加的代词,增强了叙述者第一人称的意味③。之所以

① 姜南《汉译佛经中增译的话题转移标记——以〈妙法莲华经〉的梵汉对勘为基础》,《中国语文》2007年第3期,第223—230页。

② 《大正新修大藏经》第24册,第105页上栏。

③ 佛经翻译时对人称代词的处理方式及其影响,参见龙国富《从梵汉对勘看早期翻译对译经人称代词数的影响》,《外语教学与研究》2008年第3期,第218—223页。

加上“我”字，与汉语的主观化倾向有关。此外，义净译经中“有”字的出现也很值得注意。

类似的例句还见于《破僧事》卷十九：

例子 51：

［梵］① bhūtapūrvam bhikṣavo'navatapte mahāsarasi dhṛtarāṣtro nāma haṃsādhipatir babhūva;

② tasya dvau putrau pūrṇaś ca pūrṇamukhaś ca;

③ pūrṇo jyeṣṭhag pūrṇamukhaḥ kanīyān. (vol. ii, p. 192)

［汉］① 于过往昔，阿那婆达多河边，有一鹅王，名曰提头赖吒。

② 有二子，一名满，二名满面。

③ 满者大儿，满面者小儿①。

汉译时也常常在连续的两个（或多个）句子（特别是问答句）中间，补充相应的环节，比如《药事》卷一的一段话，由下列三个句子组成：

例子 52：

［梵］① pṛcchati buddho bhagavān āyuṣmantam-ānandam // uktaṃ mayā bhikṣubhir-bhaiṣajyaṃ sevitavyam iti // atha ca punar-bhikṣavaḥ utpāṇḍūtpāṇḍukāḥ kṛpālukā durbalakā mlānā aprāptakāyāḥ //

② uktaṃ bhadanta bhagavatā bhikṣabhir-bhaiṣajyaṃ pratisevitavyam iti // ta [te] ete kāla-bhojinovauam iti kāle sevante kālatikrāntaṃ na sevante // tenotpāṇḍūtpāṇḍukāḥ krsālukā durbalakā mlānā aprāptakāyāḥ //

③ tasmāt-tarhayānandā anujānāmi bhikṣubhiś- caturvidhāni bhaiṣajyānti pratisevitavyāni //

［汉］① 尔时，世尊知而故问阿难陀曰：“我已听诸比丘服食诸药，然此比丘犹故羸瘦？”

② 阿难陀白佛言：“世尊听诸比丘服食诸药。此诸比丘并于时服，非时不服，所以身体痿黄，羸瘦无力。”

③ 尔时佛告阿难陀：“我今为诸比丘开四种药。”②

---

① 《大正新修大藏经》第 24 册，第 199 页上栏。

② 《大正新修大藏经》第 24 册，第 1 页上栏。

按:此例子 52 的汉译文中,句子①的“尔时”是增译的,原文无。另将 pṛcchati(“问”)增译成了“知而故问”,以表现世尊的高明和未卜先知。句子② 的“阿难陀白佛言”是增译的,原文无。句子③的“尔时佛告阿难陀”中,“佛告”是增译的,而“阿难陀”在原句中的语法状态是作为“呼格”使用,类似于汉语中的插入语,此处变成了“佛告”的宾格。这样的增译也可视为改变了原句的形态。单独阅读一个句子恐怕不能发现问题,若将此段译文综合对照来看,就看得很清楚了,句子②与句子③的前面都添加了相应的成分,使汉语的行文更清楚一些。

类似的段落还见于《药事》卷九,如下:

例子 53:

[梵] ① tatra bhagavān kauntīnāgarān brāhmaṇagṛhapatīnāmantrayate / śrutaṃ vo brāhmaṇagṛhapatayaḥ /
② śrutaṃ bhagavan /
③ kathaṃ vo atrabhavati /
④ kariṣyāmo bhagavan /

[汉] ① 尔时世尊告婆罗门居士:“汝等闻此女药叉语不?”
② 诸人答言:“世尊,我今已闻。”
③ 佛言:“汝等云何?”
④ 诸人白言:“世尊,我等必为造寺。”①

按:在描述对话的段落中,除第一句交代说话人之外,后面的句子就用直接引语。这样的现象在上古汉语中就颇为常见。此段的梵语句群也是如此。这或许反映了梵语与上古汉语在对话场景描述上的一致性。在例子 53 这一句群中,梵本只有句子①列出了所问者及其对象,然后就是纯粹的问答内容,再无其他成分。因此,汉译句子②的“诸人答言”、句子③的“佛言”和句子④的“诸人白言”都是增译的。

① 《大正新修大藏经》第 24 册,第 41 页中栏。

3. 语序调整

这种情况主要是指在两个句子之间的语序调整，而不是讨论一个句子内部的调整，因为汉译时不可能按照梵语句子的原词序一一对应译出。两个句子间的调整还是可以进行考察的，比如《破僧事》卷二：

例子 54：

［梵］① dṛḍhadhanuṣo gautamā dvau putrau siṃhahanuḥ siṃhanādī ca;
② yāvantaḥ khalu gautamā jambūdvīpe dhanurdharāḥ siṃhahanus teṣām agra akhyātaḥ;(vol. i. ,p. 31)

［汉］① 复次，诸仁，其坚弓王而有二子：一名师子颊，二名师子吼。
② 此赡部洲所有一切善射之者，师子颊王最为上首①。

按：例子 54 的两个句子中，yāvantaḥ khalu（复次）原本在句子①和②之间，义净调整了原文的次序，将yāvantaḥ khalu 提到句子①之前，作为这段话的叙述标记。另外，作为第二人称复数称呼的“诸仁”也是添译的。“诸仁”的添译是经典口语化的表现，旨在说经时增强听众的注意力。

4. 同词异译

对不同句子的同一个梵语原词，往往会有不同的译法，产生这种异译的原因有多种。通过考察“成立/长成”、“开许/听/开”和“命过/崩/命终”这三组词的翻译，我们或许能从中悟到某些原因。

例子 55：

［梵］sa yadā mahān saṃvṛttas-tadā tenāsau yūthapatiḥ svayūthātpracyāvitaḥ /
［汉］既成立已，即于众内，驱逐群头②。

例子 56：

［梵］sa nunīto vardhito mahān saṃvṛttaḥ

① 《大正新修大藏经》第 24 册，第 105 页上栏。
② 《大正新修大藏经》第 24 册，第 42 页上栏。

［汉］如法长养，渐至成立①。

例子57：

［梵］ pūrvavadyāvadunnīto vardhito mahānsaṃvṛttaḥ /

［汉］广如余说，子既长成②。

例子58：

［梵］ te unnītā vardhitā mahāntaḥ saṃvṛttāḥ;

［汉］其四王子年渐长大③。

按：例子55、56中的"成立"④与例子57的"长成"、例子58的"长大"均对应梵语词 mahān-saṃvṛtta-，即"长大，成长"的意思。虽然所对应的原词相同，但在中古汉语中，"成立"与"长成"在语义上还是有较大区别的。类似的译法还有"成人"，如《根本说一切有部毗奈耶杂事》卷七中的"如法长养，渐至成人。"⑤

例子59：

［梵］ Bhaiṣajyam-anujñātaṃ vasā kacchuśca añjanaṃ /
unmattakaḥ pilindaśca revataḥ sauvīrakeṇa ca //

［汉］开许用诸药　　膏油治疥病
眼药及风痫　　毕邻婆蹉等⑥

例子60：

---

① 《大正新修大藏经》第24册，第152页下栏。

② 《大正新修大藏经》第24册，第55页上栏。

③ 《大正新修大藏经》第24册，第180页上栏。

④ "成立"另见《根本说一切有部毗奈耶杂事》卷四中的"养育随情，渐至成立。"（《大正新修大藏经》第24册，第221页上栏）

⑤ 《大正新修大藏经》第24册，第234页上栏。

⑥ 《大正新修大藏经》第24册，第1页上栏。

［梵］tasmād-ānanda anujānāmi bhikṣubhir bhaiṣajyaṃ sevitavyam iti //
［汉］佛告阿难陀："由是病苦，我今听诸比丘服食杂药。"①

例子61：

［梵］tasmāt-taharya-ānanda anujānāmi bikṣubhiś-catur-vidhāni bhaiṣjyāni prati-sevitavyāni
［汉］尔时，佛告阿难陀："我今为诸比丘开四种药。"②

按：例子59中的anujñāta对应"开许"；例子60中的anujānāmi对应"我（今）听"；例子61中的anujānāmi对应"我（今）开"。其动词原形为anu-√jñā-，意为"允许、许可"。宋代钱塘月轮山居讲经论赐紫沙门释道诚集《释氏要览》卷中的"持盖"条指出，"律云：跋难陀比丘持大盖行似今凉伞也，诸居士遥见，谓是官人，皆避道。及近，元是比丘，乃讥谦之。佛乃制戒：不应持大盖。若天雨，即听字平声，即开许也。"③道诚此处指出了"听：字平声，即开许"。也就是说，动词"听"和"开"均有一个意项是"开许、允许"的意思。

例子62：

［梵］kumara pita te kālagataḥ /
［汉］王便命过④。

例子63：

［梵］yadi mama pita kālagataḥ kim tatra gacchāmīti viditvā tatraivācasthitaḥ
［汉］顶生作念："父王既崩，我何须去。"⑤

例子64：

① 《大正新修大藏经》第24册，第1页上栏。
② 《大正新修大藏经》第24册，第1页上栏。
③ 《大正新修大藏经》第54册，第280页中栏。
④ 《大正新修大藏经》第24册，第52页上栏。
⑤ 《大正新修大藏经》第24册，第52页上栏。

［梵］so'py aputraḥ kālagataḥ; ulkāmukho rājyaiśvaryādhipatye pratiṣṭhāpitaḥ; so'py aputraḥ kālagataḥ; karakarṇī rājā saṃvṛttaḥ; so'py aputraḥ kālagataḥ.

［汉］子息便死，炬面无子，后便命终。复册大耳以为国主。大耳无子，复便命终①。

例子65：

［梵］yāvad apareṇa samayena purohitaḥ kālagataḥ

［汉］后于异时，其父大臣掩随他世②。

例子66：

［梵］pitā cāsya kālagataḥ

［汉］其父不久遂尔身亡③。

按：例子62—63出自《药事》，例子64—66出自《破僧事》。例子62中的"命过"、例子63中的"崩"、例子64中的两处"命终"、例子65中的"掩随他世"、例子66中的"身亡"，均对译kālagata-，即"去世、死去"的意思。在汉语的语境中，虽然"命过"、"崩"、"命终"、"掩随他世"的语意相同，但是使用的范畴有差别。众所周知，"崩"仅仅用于帝王之身，大小官员与平头百姓均不可以使用此词。因此，同样是对原词的异译，"成立/长成/长大/成人"一组是近义词、"开许/听/开"一组是同义词，而"命过/崩/命终"一组却是使用范畴有巨大差异的同义词。换言之，"命过/崩/命终/掩随他世/身亡"一组的译法不是梵语影响的结果，而是中土汉文化的产物，因为在古代印度（天竺）kālagata-一词的使用并不存在身份的差异。此外，若从四字格的角度去考虑，"既崩"或许就是出于四字句的格式需要。

① 《大正新修大藏经》第24册，第104页下栏。

② 《大正新修大藏经》第24册，第152页上栏。又，kāla-gata，还被译为"背丧"。参见辛嶋静志《妙法莲华经词典》，日本创价大学国际佛教学高等研究所，2001年，第16页。

③ 《大正新修大藏经》第24册，第152页下栏。

5. 词义下移或者模仿前词

所谓“词义下移”是指在汉译一个句子时，将前一个词的部分义项转移并增译到后一个原本不相干的词语之中。

例子 67：

［梵］Siṃhahanor gautamā catvāraḥ putrāḥ, śuddhodanaḥ, śuklodanaḥ, droṇodanaḥ, amṛtodanaḥ; Śuddhā, śuklā, droṇā, amṛtikā ceti duhitaraḥ. (vol. i., p. 31)

［汉］其师子颊王而有四子：一名净饭、二名白饭、三名斛饭、四名甘露饭。师子颊王复有四女：一名清净、二名纯白、三名纯斛、四名甘露①。

按：例子 67 可直译为：“师子颊王的四个儿子：净饭、白饭、斛饭、甘露饭。［他的］女儿们即净、白、斛和甘露。”其女儿的名字分别对译Śuddhā（清净），Śuklā（纯白）、Droṇā（纯斛）、Amṛtikā（甘露）。“纯斛”一名令人感到迷惑，因为droṇā中仅有“斛”而没有“纯”的意思。对比śuklā（纯白）一词，我们发现“纯斛”中的“纯”来自前者“纯白”中的意项。这就是汉译时出现的前一个词的词义粘连、下移到后一个词语之中，因为droṇā与śuklā这两个原词之间，不存在相因生义的条件②，所以，此译法不能算作相因生义，而是根据前面的成分而同化添加的。

在并列词语的翻译中，有时候前面的词语的译语选择也受到后面词语的影响。《破僧事》卷十六中的例句：

例子 68：

［梵］tasya krīḍato ramamāṇasya paricārayataḥ kramaśaś catvāraḥ putrā jātāḥ, śākhaḥ, praśākhaḥ, anuśākhaḥ, viśākhaś ca; (vol. ii., p. 115)

［汉］王有四子：一名大枝；二名副枝；三名随枝；四名小枝③。

按：例子 68 中的长子人名śākha（枝），前面并没有前缀 mahā-（大），之所

---

① 《大正新修大藏经》第 24 册，第 105 页上栏。

② 参见周俊勋、吴娟《相因生义的条件》，《南京社会科学》2008 年第 6 期，第 138—145 页。

③ 《大正新修大藏经》第 24 册，第 180 页上栏。

以将śakhaḥ译作"大枝"，这是为了与后面并列的三个儿子的名字对称的缘故，由于有"副枝"（praśākhaḥ）、"随枝"（anuśākhaḥ）和"小枝"（viśākhaś），所以，在śākhaḥ前面添加了"大"字，以便对称。又，"随枝"对应的anuśākha-，其中的 anu-被译为"随"，如同"随喜"（anu-modanā）一样，属于"仿译"①。

还有一种模仿前词的现象，即前后两个词不发生意义上的关联，纯粹是后者对前者形式上的模仿。在义净译经中，出现了"子子"和"婢婢"②这样的重叠词现象，前者如下：

例子 69：

［梵］sā ūrdhvabāhuḥ putra putreti bhagavantaṃ pariṣvaḍktumārabdhā /

［汉］即便举手，欲抱世尊，唱言："子子。"③

按：例子 69 的"子子"对译"putra putra"，即"儿子，儿子！"显然，在梵本中原来就有两个重叠的 putra。

例子 70：

［梵］anubaddhāṃ hā tāta hā bhrātaḥ hā pitaḥ hā svāminniti ca samantādārodanāśabdaṃ śrutvā ca punaramātyānāmāṃtrayate /

［汉］唱言："父父、兄兄、主主"，而作大声④。

按：例子 70 的原句中所唱言的内容"hā tāta hā bhrātaḥ hā pitaḥ hā svāminn-iti"，即"啊，父亲！啊，兄长！啊，父亲！啊，主人！"显然，"父父"对译了两个词（但不是重叠词）tāta 和pitaḥ，而"兄兄"和"主主"仅仅分别对译一个词bhrātaḥ和 svāmin-，这说明"兄兄"和"主主"就是模仿"父父"的形式而来的，并不是梵本中原有的现象。为什么"兄兄"和"主主"要模仿"父

① 朱庆之《佛经翻译中的仿译及其对汉语词汇的影响》，《中古近代汉语研究》第一辑，上海教育出版社，2000 年，第 247—262 页。

② 《药事》卷十："迦叶佛时，骂辱式叉有学苾刍尼及无学比丘尼，云'婢婢'。由此业故，今为婢身。"（《大正新修大藏经》第 24 册，第 44 页下栏）

③ 《大正新修大藏经》第 24 册，第 44 页中栏。

④ 《大正新修大藏经》第 24 册，第 51 页中栏。

父”的形式呢？必须注意到梵句中原有数个感叹词(hā)。而汉译时没有出现一个感叹词,其感叹的意涵通过重叠词来表示。感叹语气有强调的作用,中古汉语中的重叠词用于表示感叹。所以,与“父父”的形式一样,“兄兄”和“主主”还要用来表示感叹,因此就使用了重叠词。

6. 替换现象

所谓替换现象是指在翻译的过程中,将梵语(或胡语)佛教原典中的词汇,用意思不相干的中土词汇去替换掉。如果仅仅依赖汉译文本的话,就会误以为原典就是如此,然后以用来替换的语汇作为某一研究的依据,所得出关于原典的结论很可能导致“南辕北辙”的后果。早期汉译佛经中,对名词术语的这种替换常被称作“格义”。

例子 71：

［梵］cocapānaṃ mocapānaṃ kolapānam-aśvatthapānam-udumbarapānaṃ pāruṣika-pānaṃ mṛdvīkapānaṃ kharjūrapānaṃ ca //

［汉］……六钵鲁洒其果状如蘡薁子,味亦相似……①

例子 72：

［梵］antaroddānam/cocaṃ mocaṃ ca kolaṃ ca aśvatthodumbareṇa ca pāruṣikaṃ ca mṛddīkā kharjūraṃ cāṣṭamaṃ mataṃ //

［汉］内摄颂曰：

椰子芭蕉及酸枣　　阿说他果乌跋罗
蘡薁蒲萄渴树罗　　是谓八种浆应识②

按：在例子 71 中,“钵鲁洒”是梵语pāruṣika的音译。而“其果状如蘡薁子,味亦相似”属于义净的注文。“蘡薁子”仅仅是对“钵鲁洒”的解释,不是对某个梵语词的翻译。同样的注文见于尊者胜友集、义净译《根本萨婆

① 《大正新修大藏经》第 24 册,第 1 页中栏。
② 《大正新修大藏经》第 24 册,第 1 页中栏。

多部律摄》卷八:"六钵鲁洒浆其果状如蘡薁子"①和义净译《根本说一切有部百一羯磨》卷五:"六钵噜洒浆其果状如蘡薁子。"②希麟《续一切经音义》卷八也对此处的"蘡薁"一词进行了解释:"蘡薁:上,益盈反;下,于六反。《考声》云:草名,可食,似葡萄而小,其子黑色。《说文》云:二字并从草,婴、奥俱声也。"③但希麟并没有解释该词与"钵鲁洒"之间的关系。在例子72中,义净又将pāruṣikaṃ译成了"蘡薁",其原因可能是由于诗句字数的限制,所以用双音节词"蘡薁"替换了三音节词"钵鲁洒"。有着长期而丰富天竺生活经验的义净自然很清楚"钵鲁洒"与"蘡薁"二者所指代的并不是同一种植物。但是他的《药事》译本还是出现了用"椰子"(nārikela)④替代"招者"(coca)这一类的现象⑤。与在诗句中用"蘡薁"替换"钵鲁洒"不同,义净用"椰子"替代了"招者",不是出于诗句字数的要求,而是另有原因。笔者猜测,可能是义净为了用本土熟悉的语汇去表达域外陌生的意象,这就像佛经中用"葶苈"对译"芥子"等情形一样⑥。

综上,我们以《药事》和《破僧事》中的若干例子,对义净在翻译佛教戒律文献时对句法(也包括部分词法)的处理方式进行了简略的梳理与归纳。当然,由于缺乏对义净译经中的相关现象的完整统计,这种归纳还是比较粗浅的,不过,希望拙文能为日后在梵汉对勘的基础上,全面讨论义净译经的词汇和语法特征积累经验。

---

① 《大正新修大藏经》第24册,第569页下栏。

② 《大正新修大藏经》第24册,第478页上。

③ 《大正新修大藏经》第54册,第967页上栏。另见徐时仪校注《一切经音义三种校本合刊》(下册),第2305页。

④ "椰子"(nārikela),见《破僧事》卷十二,《大正新修大藏经》第24册,第161页下栏(对应梵本vol. ii, p.40)。

⑤ 陈明《〈根本说一切有部毗奈耶药事〉词汇选释》,《敦煌吐鲁番研究》第11卷,2009年,第391—405页。

⑥ 参见笔者对*Buddhist Manuscripts from Central Asia: The British Library Sanskrit Fragments*一书所撰书评,刊《敦煌吐鲁番研究》第十卷,上海古籍出版社,2007年,第425—426页。

玄奘译经的语言学考察*

——以《阿毗达磨俱舍论》梵汉对勘为例

王继红

提要 本文将《阿毗达磨俱舍论》原典与玄奘译本对勘,考察玄奘译经与原典语言之间的对应关系,指出玄奘译经中由于受原典语言影响所产生的异于中土文献的语言现象,并分析玄奘跨越梵汉两种语言类型差异的翻译策略。玄奘运用仿译的方法来翻译梵语原典中的语态范畴,"能V"是主动语态标记,"所V"和"可V"是被动语态标记。梵语与汉语的小句联结方式存在类型差异,玄奘将原典中的五类语法现象译为复句,从而准确再现原典中谨严的逻辑关系。玄奘为了使译经易于了解,添加了"颂曰"、"论曰"、"……言"、"……者"和"言……者"等语言标志。

关键词 玄奘 译经 梵汉对勘 阿毗达磨俱舍论

一 引 言

玄奘位列中国四大译经师之首①,是佛经"新译"的创始人。玄奘大师既不赞成鸠摩罗什"不严于务利原文,而在取意"的意译文风,也反对佶屈聱牙的直译文体。他的翻译不但要求文和义切合原作,并且要求文从字

* 本项研究得到教育部人文社科青年基金资助,项目批准号05JC740036。本文的写作得到朱庆之、段晴教授的悉心指导,谨此致以诚挚的谢意。

① 其余三位译师为鸠摩罗什、真谛和义净。

顺，目的是既不有损原意，又便于读者了解，最终形成了一种独创的“精严凝重”的翻译文体。对玄奘译经的考察是佛经翻译史、翻译理论史的重要研究内容。

汉译佛经语言是佛经翻译的产物，源头语言是梵语等古印度语言，以及其他一些中亚古代语言，目的语言是汉语，涉及原典语言与汉语之间的转换。因此，汉译佛经中存在着汉语与原典语言的混合。这种性质要求在译经研究中运用梵汉对勘方法。季羡林(1951)认为，“因为中文同梵文文法构造非常不同，所以最初翻译的时候，当然感到很大的困难。由于实际的需要，许多译经大师都谈到翻译的标准和理论。这些理论有的非常深刻周密，一直到今天还令人叹服。但假如真想了解这些，最好的办法，就是把译文同原文对一下。……我们应该尽可能地把现存的原本拿来同译文对校。最少我们也应该把中国翻译史上几个大师像鸠摩罗什、真谛、玄奘、义净的译文用这个方法来仔细研究。”

玄奘译经的语言学考察，指运用梵汉对勘方法，将玄奘译经与原典逐词逐句对勘，并且对玄奘译经语言与原典的语言进行对比分析，考察玄奘译经与原典语言之间的对应关系，发现玄奘译经中由于受到原典语言影响所产生的异于中土文献的语言现象，分析玄奘运用哪些语言策略来跨越梵汉两种语言之间巨大的类型差异，总结玄奘译经的方法与理论。本文将《阿毗达磨俱舍论》(下文简称《俱舍论》)原典与玄奘译本对勘①，分析玄奘译经中对梵语语态范畴的仿译现象，描写玄奘译经中复句与梵语原典的对应关系，考察玄奘译经中以解经为目的的增译现象。

---

① 选取《俱舍论》作为考察对象的原因在于：(1)《俱舍论》由印度世亲用规范的古典梵文写成，写作时间可证，版本翔实可考，可以保证梵汉对勘研究成果的可靠性。(2)《俱舍论》在佛教史上地位重要，为大乘佛教和小乘佛教所共依。在汉地影响深远，流传南北两地，很有可能成为语言接触的渠道。(3)《俱舍论》属于论说文体，重视逻辑推理，语法谨严，翻译难度较大，是研究玄奘如何翻译古典梵语语法、章法现象比较理想的语料。

二　梵语原典中语态范畴的翻译方法

2.1　梵语与汉语语态范畴的类型差异

梵语的语态范畴包括主动态、中间态、被动态和致使态等四种。梵语动词的语态是由动词的人称语尾构成的①。例如，动词√bhū(是，成为)的现在时语干是 bhava，如果加上语尾 ti，就成为主动语态第三人称形式 bhavati；如果加上语尾 te，就成为中间语态第三人称形式 bhavate；如果加上被动语态标记 ya，其后再加上语尾 te，便成了被动语态第三人称形式 bhavayate；如果加上致使语态标记 aya，这个动词便具有了致使意义。汉语的动词没有屈折变化，只能使用分析性手段来翻译梵语中带有语态语尾的动词。

2.2　主动语态标记"能"

2.2.1　"能"是先秦便已出现的情态动词，春秋战国时期已经被普遍使用。情态动词"能"与动词的语态并不存在一一对应的关系。因此，如果不进行梵汉对勘，玄奘译本中的"能"很容易被认为只有情态动词的用法。但是经过梵汉对勘，我们发现，玄奘译本中的"能 V"常常对译原典中的主动语态动词，表示句子主语具有完成某一动作行为的可能性。这是因为梵语动词的语态有语尾的差异，而汉语里却没有类似的屈折变化，玄奘为了力求完整地翻译原典中动词的词汇意义与语法意义，用"V"对译原典中动词的词汇意义，用"能"仿译原典中动词的主动语态语尾。此时，"能"成为一种主动语态标记。例如：

---

①　梵语动词的人称语尾可以同时表示人称、数、语态等语法意义。

(1)是故佛说,若能造作有漏有为,名行取蕴。

(现代汉语翻译:因此,佛陀说:"因果能够作用于有为法,所以叫作行取蕴。")

atas eva uktam bhagavatā "saṃskskṛtam abhisaṃs/tasmāt saṃskārā upādāna-skandhaḥ iti ucyate" iti/14－7、8①

玄奘译本中"造作"对译的是原典中动词 abhi-sam-√kṛ(发挥作用)的词汇意义。动词 abhi-sam-√kṛ 的语干带有主动语态第三人称单数语尾,其中主动语态的语法意义是用"能"字表现的。

2.2.2　在梵语中,具格名词可以充当被动语态动词的逻辑主语,指出动作行为的发出者。在这种情况下,梵语被动语态动词转而表现主动语态的语法意义。梵语原典中被动语态动词的词汇意义由汉译本中的动词承担,而原典中由具格赋予被动语态动词的主动意义由主动语态标记"能"体现。如果没有"能",汉译本中的及物动词也可以蕴涵主动意义,但有了"能"作为标记,可以突显梵语中具格与被动态的语法关系。例如:

(2)谁能变坏?谓手触故即便变坏,乃至广说。

kena rūpyate/pāṇi-sparśena spṛṣṭo rūpyate iti vistaraḥ/13－8、9

(现代汉语翻译:什么能够产生障碍呢?手触等可以产生障碍。经中是这样解释。)

玄奘译本中的"变坏"对译原典中的动词√rūp(产生障碍)的词汇意义。动词√rūp 的语干带有被动语态第三人称单数语尾。kena 是疑问代词 kim(谁)的阳性单数具格格尾,充当被动语态动词 rūpyate 的逻辑主语,即"变坏"的行为者。kena 在玄奘译本中被译为"谁"。由于有逻辑主语在句中同现,所以被动语态动词 rūpyate 具有了主动意义,这种语法意义在汉译本中是由主动语态标记"能"来表现的。

2.2.3　梵语的词缀用法丰富,可以表达各种词汇意义和语法意义。

---

① "14－7、8"表示此句为《俱舍论》原典第14颂第7、8句。下文体例同此。

通过词缀可以生成不同的词语。在《俱舍论·分别界品》的汉译本中,带有主动语态后缀的词语都被译为"能 V",意在用"能"提示读者这个词语所具有的主动意义。例如:

(3)有说,能荷重担义是蕴义,由此世间说肩名蕴,物所聚故。

kārya-bhāra-udvahana-arthah skandha-artha iti apare/19–52

(现代汉语翻译:其他的论师说:"蕴是能够负重的意思。")

玄奘译本中的"荷"对译原典中词语 udvahana(承担)的词汇意义。udvahana 所带的表示主动意义的后缀是由主动语态标记"能"来表现的。

2.3 被动语态标记"所"

朱庆之(1995)认为,在汉译佛典中大量存在而在中土文献中少见的"所V"式被动句,并非上古汉语中"为……所 V"式被动句的缩略形式,而是一种汉外混合成分。也就是说,"'所 V'就是原文被动态谓语动词"完整"的汉译,其中'所'这个字就是原文被动记号的汉译"。通过对《俱舍论》的梵汉对勘,我们发现,"所 V"是对被动语态的翻译。其中,"V"对译动词的词汇意义,"所"是对被动语态语尾的仿译。也就是说,"所"在汉译本中充当被动语态标记。此外,"可"也可以充当被动语态标记。①

2.3.1　在梵语中,具有被动语态变化的既有定式动词,又有不定式动词,如过去被动分词、未来被动分词等。它们的被动语态意义在汉译本中通过被动语态标记"所"表现。"所 V"可以对译被动语态动词,例如:

(4)此有为法亦名世路,已行正行当行性故,或为无常所吞食故。

ta eva saskrtā gata-gaccht-gamisyad-bhāvāt adhvānah adyante anityataya iti vā/7–2

(现代汉语翻译:因为有为法具有在过去、现在和将来通行的性质,或者因为有为法是无常的,所以叫作无常。)

---

① 在《俱舍论》汉译本中,"所"、"可"也可以充当完成体标记,参见王继红(2004)。

玄奘译本中的"吞食"对译原典中动词√ad(吃)的词汇意义。"所"对译的是动词√ad语干所带的被动语态第三人称单数语尾,充当被动语态标记。

2.3.2 "所V"可以对译过去被动分词。这是"所V"在《俱舍论》译本中的主要用法,数量很多。例如:

(5)论曰,余契经中诸蕴处界,随应摄在前所说中。如此论中所说蕴等应审观彼一一自相。

ye api anye skandha-āyatana-dhātavah sgūtra-antare su uktās te api esu eva yathā uktesu skandha-ādiuu pratipādyāh svam svam laksanam esām yathā vihitam asmin śāstre sampradhārya/27-2

(现代汉语翻译:在其他的经中,其他的蕴、处和界已经被说过了,在此论中按照它们以往被讲时的顺序,对它们的特征逐一考察。)

在梵语原典中,uktesu是动词√vac(说)的过去被动分词形式,vihitam是动词vi-√dhā(论述)的过去被动分词形式,它们都被译为"所说"。其中,"说"对译动词√vac(说)和vi-√dhā(论述)的词汇意义,"所"对译过去被动分词的被动语态意义。

2.3.3 "所V"也可以对译将来被动分词。例如:

(6)择谓简择即慧差别,各别简择四圣谛故。择力所得灭名为择灭。

duhkha-ādīnām ārya-satyānā/praty sa/khyānam pratisamkhyā prajñā-viśesas tena prāpyo nirodhah pratisamkhyā-nirodhah/5-4

(现代汉语翻译:择是分别对苦等圣谛的简择,择是特殊的智慧,通过这种智慧所得到的灭是择灭。)

在梵语原典中,prāpyo是动词pra-√āp(得到)的将来必要分词形式,它被译为"所得"。"得"对译动词pra-āp(得到)的词汇意义,"所"对译将来被动分词的被动语态意义。

2.4　被动语态标记"可"

在玄奘的汉译本中,"可V"可以对译被动语态动词。"V"对译动词的词汇意义，“可”对译动词的被动语态语尾，充当被动语态标记。例如：

(7)彼界衣服别不可称，聚则可称。

yadi api tatra vastrāni ekaśah na tulyante samcitāni punas tulyante/10－16

（现代汉语翻译：在那里，作为个体的衣服不能被称量，但是聚集在一起的衣服就可以被称量了。）

玄奘译本中的“称”对译的是原典中动词√tul（称，量）的词汇意义。动词√tul 的语干带有被动语态第三人称复数语尾，表示衣服被称量是可能实现的。这种语法意义在汉译本中是通过被动语态标记“可”实现的。又如：

(8)非离明暗窍隙可取。故说空界明暗为体，应知此体不离昼夜。

na hi chidram āloka-tamobhyām anyat grhyate/tasmāt kila ākāśa-dhātuh āloka-tamah sva-bhāvah rātrim diva-svabhāvo veditavyah/27－21、22

（现代汉语翻译：没有明和暗的话，窍隙就不能被看见。因此应当了解，据说空界的自性是明和暗，是昼和夜。）

玄奘译本中的“取”对译梵文原典中动词 grah（抓，握，逮）的词汇意义。动词 grah 的语干带有被动语态第三人称单数语尾。这个被动语尾被译为被动语态标记“可”。

三　玄奘译本中复句与原典的对应关系

3.1　梵语属于印欧语系，是典型的屈折型语言，用屈折变化而不是用词序来表示语法关系，词缀是词的有机组成部分。汉语属于汉藏语系，是典型的分析型语言，用语序和虚词表示语法关系。此外，梵语与汉语的小句衔接与语篇连贯方式也存在巨大的类型差异。佛经翻译处理的不是一个个孤立的词句，而是由相互关联和制约的词语和句子有机组合在一起的语篇。因此，为了保证译文的语篇连贯，玄奘将原典中的五类梵语语法现象译为汉语中的复句。

3.1.1　梵语的词法发达，复合词的外延大于汉语复合词。一个完整的句子可以被压缩在一个复合词内。梵语复合词的长度在理论上可以是无限的。“各类复合词可以组合在一起构成一个很长的复合词，有时可以长到一个词就是一个故事，一个词可以占满整整一页纸”（段晴，2001）。当一个含有格位关系的复合词被译为汉语时，深谙波你尼语法的译师会将这个复合词拆分开来，还原为独立的句子。在这种情况下，原本含有复合词的梵语句子必须译为汉语的复句。

3.1.2　梵语有分词、独立式等不定式动词。有时，一个梵语句子中可以有多个不定式动词。例如：smātvā bhutvā pītvā vrajati（他洗过了澡，吃过了饭，喝过了水，然后上路了）。在梵语句子中，只有“vrajati（上路）”是独立动词，而“smātvā（洗完澡）”、“bhutvā（吃完饭）”和“pītvā（喝完水）”都是动词的独立式，表示动作已经完成或结束（段晴，2002）。汉语没有不定式动词，独立的动词是判断小句（分句）成立与否的重要标准。在翻译佛经时，因为梵语中的不定式动词只能译为汉语中的独立动词，所以形成了许多复句。

3.1.3　梵语的词缀十分丰富，“梵语是一门富有词缀的语言，词缀分为前置词缀、直接后缀、派生后缀等，这些词缀最初皆有一定的意义。按照它们代表的意义以及组合方式可以生出不同的名词……”；例如，“在位于第二格的 vyākaranzam（语法）一词之后可以加 an 构成一个具有同样意义的词，变为 vaiyākaranah，‘一个学习语法，或通晓语法的人’”（段晴，2002）。通过加词缀的方法，也可以把一个动词变为一个名词。在译经时，为了准确表意，译师们常常将这种动词性的名词译为独立动词形式。这样的话，对应的汉语句子中就会出现不止一个动词，此时只能将其译为复句。

3.1.4　梵语的名词格尾和动词语尾都具有语法意义。在一句话里，事物之间的关系可以通过格尾与语尾之间的逻辑关系得到体现，因此，即

使梵语的句子很长,也丝毫不影响理解。例如:

tvam	ca	api	ratnam	nārīnām	naresu	ca	nalah	varah
你			宝石	女人	男人		那罗	最优秀者
体格			体格	属格	依格	ind	体格	体格

你(是)女中之宝,而那罗(是)男人中的佼佼者。

由于格尾已经很好地显示了句中词语之间的逻辑关系,所以,asti(是、有)和 bhavati(是、成为)等判断动词都可以省略(段晴,2002)。在翻译佛经时,如果一个梵语长句中的格尾与语尾的逻辑关系过于复杂,译师就常常将其拆分为几个互相联系的小句。这是一种常见的佛经翻译技巧。

3.1.5　梵语中有许多表示逻辑关系的不变词,如 hi、ca、tu、api 等。为了体现它们所负载的逻辑关系,译师们常常将它们译为汉语中的关联词语。

3.2　通过对《俱舍论》的梵汉对勘,我们发现,上述五种手法在原典中经常综合运用。当把它们逐一译为汉语时,这些语法现象的共同作用便造成了玄奘译本中复句大量存在的情况。例如:

(9)阙余缘故,后识不生。

anya-kārana-vaikalyāt tu na uttara-vijñāna-sambhūtih//17－10

(现代汉语翻译:因为不具备其他的因缘,所以后面的识不会产生。)

原典中的句子被译为汉语因果关系复句的原因在于:

1)原典中的 anya-kārana-vaikalya(其他的—因缘—缺少)是依主释复合词①,玄奘将其译为表示原因的分句"阙余缘"。原典中的 uttara-vijñāna-sambhūti(后—识—产生)是依主释复合词,玄奘译为表示结果的分句"后识……生"。

2)依主释复合词 anya-kārana-vaikalya(其他的—因缘—缺少)带有表示

① 梵语复合词的结构类型包括相违释、依主释、多财释和不变状复合词等。参见段晴(2001)。

原因的从格格尾-at,这个格尾在玄奘译本中被译为句末的因果复句关联词语"故"。

3)依主释复合词 anya-kārana-vaikalya(其他的—因缘—缺少)中的 vaikalya(缺少),在玄奘译本中被译为动词"阙"。依主释复合词 uttara-vijñāna-sambhūti(后—识—产生)中的 sambhūti(产生)被玄奘译为动词"生"。原典中表示否定的不变词 na,在玄奘译本中被译作否定副词"不",对动词"生"进行否定。因此,当这句梵语被译为汉语时,汉译本中便存在两个独立的动词,分别充当两个分句的动词谓语。又如:

(10)若说世俗阿毗达磨,即能得此诸慧及论。
sāmketikas tu tad-prāptaye yas api ca yas ca śāstram/1 – 28
(现代汉语翻译:如果说世间通俗意义的阿毗达磨的话,它指能得到慧与论。)

原典中的这句话在汉译本中被译为假设关系复句的原因在于:

1)原典中的不变词 tu 表示假设关系,在玄奘译本中被译为关联词语"若说"。sāmketikas tu 被译为表示假设前提的分句。

2)在依主释复合词 tad-prāpta(它—得到)中,前半部分的代词 tad(它)指代 abhidharma(阿毗达磨);后半部分的过去被动分词 prāpta(得到)被玄奘译为"能得",充当谓语,支配"慧"与"论"。tad-prāptaye yas api ca yas caś-āstram 被译为表示结果的分句。

四　玄奘译本中以解经为目的的增译现象

4.1　《俱舍论》属于论藏,是典型的经论体,是解说和论证佛经义理的一种体裁

《俱舍论》"谈玄微穷于奥极,述事象略而周遍。显成圣旨,备摧异说,

立不可窥，破无能拟，义兼数论而深广愈之。"①正是因其篇幅巨大，论证繁复，所以令人倍觉艰深。玄奘为了使经文更加易于理解，在翻译佛经时添加了一些语言标志，提示读者注意。

4.2　本颂与释论的区别标记"颂曰……"、"论曰……"

《俱舍论》由本颂与散文形式的释论两部分组成。在《俱舍论》的梵文原典中，本颂与释论是交替进行的，世亲先是列出本颂中的一偈，然后采取名相分析与理论阐述的方法，以散文的形式对本颂中的句子或词语作出解释。玄奘为了避免本颂与释论部分的混淆，用文字标记进行区别，以期引起读者注意。"颂曰"表示其后是本颂部分的内容，"论曰"说明其后是对本颂的注释与解说。"颂曰"与"论曰"是汉译本中独有的，在原典中并没有对应的成分。例如：

(11) 颂曰：摄彼胜义依彼故，此立对法俱舍名。论曰：由彼对法论中胜义入此摄故，此得藏名。

tasya arthatas asmin samanupraveśāt sa ca āśrayas asya iti abhidharma-kośam //2－1

sa hi śāstra-samjñākah abhidharmah etasmin arthatah yathā-pradhānam antarbhūtagh iti etadśāstram tasya kośa-sthānīyam bhavati/2－2

（现代汉语翻译：这个有经论术语的阿毗达磨，它的主要意义为论所涵盖，因此，这部论取得了藏的地位。）

"tasya arthatas asmin samanupraveśāt sa ca āśrayas asya iti abhidharma-kośam（摄彼胜义依彼故，此立对法俱舍名）"是原典中本颂部分的内容，在汉译中用"颂曰"标注。"sa hi … bhavati（由彼对法论中胜义入此摄故，此得藏名）"是对本颂中"tasya arthatas … abhidharma-kośam"的解说，在汉译本中用"论曰"标注。又如：

---

① 参见慧恺《〈阿毗达磨俱舍释论〉序》，《大正新修大藏经》卷29，第161页。

(12)颂曰,净慧随行名对法,及能得此诸慧论。论曰,慧谓择法。

prajñā a-malā sā anucarā abhidharmah tatra prajñā dharma-pravicayah/1－23

(现代汉语翻译:对法是干净的慧,带着它的眷属。慧指择法。)

"prajñā a-malā sā anucarā abhidharmah(净慧随行名对法,及能得此诸慧论)"是本颂的内容,在汉译本中用"颂曰"标明。"tatra prajñā dharma-pravicayah"是对本颂"prajñā a-malā sā anucarā abhidharmah"的解说,在汉译本中用"论曰"标注,以此方便信众阅读。

4.3 词、句注释标记"……言"、"……者"、"言……者"

在玄奘汉译本的释论部分,对本颂中的词、句进行解释时,常见的对被解释成分的标记形式有"……言"、"……者"和"言……者"等。这些词在原典中大多没有对应的成分。

4.3.1 "……言"

在玄奘译本中,"……言"表示对本颂中某个词语或句子所做的注释,位于"言"字之前的是被注释的对象。"……言"的意思是"……这个词"或"……这句话"。例如:

(13)如理师言显利他德,能方便说如理正教,从生死泥拔众生出,不由威力与愿神通。

anena para-hita-pratipatty-upāyam asya āviskaroti/yathā-bhūta-śāsanāt śāstā bhavan asau samsāra-pankāt jagad ujjahāra na tu rddhi-varapradāna-prabhāvena iti/1－17、18

(现代汉语翻译:"如理师"这个词显示,如理师能完成利他,并且有利他方法。如理师通过如实施教,可以从生死泥中拔出众生,而不是通过威力、苦行和神通等。)

此句对《俱舍论》第一颂"敬礼如是如理师"一句中"如理师"一词作进一步的注释,说明向如理师敬礼的理由。"如理师言"意为"'如理师'这个词"。

有时,在对释论部分的某个词语或句子进一步阐述时,可以用"言"字作为引语标记，例如：

(14) 无表依止大种转时，如影依树光依宝。眼等五识依等时则不如是，唯能为作助生缘故。此影依树光依宝言，且非符顺毗婆沙义。

avijñaptir hi chāyā iva vrksam/prabhā iva manim bhūtāny āśritya varttante caksur-vijñānādīni kevalam tu utpatti-nimitta-mātram tāni tesām bhavanti iti/ idam tāvad avaibhāsikīyam vrksam āśritya chāyā varttate manim ca āśritya prabhā iti/13－28、29、30

（现代汉语翻译：无表依附于大种而产生，就同影依附树而生，光依附宝而生一样。但眼等五识的所依却不如此，眼识的所依只是眼识产生的助生缘。这种影依附树而生，光依附宝而生的看法与毗婆沙派的观点并不一致。）

在“影依树光依宝言”一句中，“影依树光依宝”是对本段第一句“影依树光依宝”的引用，意为“‘影依树光依宝’这句话”。

4.3.2 “……者”

在玄奘译本的释论部分，“……者”表示对本颂中某个词语或句子所做的注释。位于“者”字之前的是被注释的对象。“……者”的意思是“……这个词”或“……这句话”。例如：

(15) 颂曰：乱心无心等，随流净不净。大种所造性，由此说无表。论曰，乱心者，谓此余心。无心者，谓入无想及灭尽定。

seyam ucyate viksipta-acittakasya api yah anubandhah śubha-aśubhah/ mahābhūtāny upādāya sa hi a-vijñaptir ucyate// viksipta-cittakasya iti tad-anya-cittasya api// a-cittakasya api iti asamjñi-nirodha-samāpatti-samāpannasya api/11－1、2、3、4

（现代汉语翻译：那个以四大为因的乱心和无心，以及善与不善的相续，它就是无教。“乱心”指与此相异之心。“无心”指进入无想定和灭定的状态。）

原典本颂中的复合词“viksipta-acittaka”（乱心无心）是复合词 viksipta-cittaka（乱心）和 a-cittaka（无心）的缩略形式。在玄奘的译本中，“乱心者，谓此余心”是对 viksipta-cittaka 的解释，“乱心者”意为“乱心（这个词）”；

"无心者,谓入无想及灭尽定"是对 a-cittaka 的解释,"无心者"意为"无心(这个词)"。

4.3.3 "言……者"

在玄奘的译本中,"言……者"表示对本颂中的词语做注释,意为"所说的……这个词"。例如:

(16)颂曰:色者唯五根、五境及无表。论曰,言五根者,所谓眼耳鼻舌身根。言五境者,即是眼等五根境界。

rūpam pañca-indriyāni arthāh pañca-avijñaptir eva ca/pañca-indriyāni caksuh-śrotra-ghrāna-jihvā-kāya-indriyāni/pañca-arthās tesām eva caksur-ādīnām indriyānām/yathā-svam ye pañca-visayāh rūpa-śabda-gandha-rasa-sprastavya-ākhyāh/8－8、9、10

(现代汉语翻译:上文已经讲过色等五蕴。其中色蕴指五根、五境,以及五种无表。五根指眼根、耳根、鼻根、舌根和身根。五境指眼根的境、耳根的境、鼻根的境、舌根的境和身根的境,即色、声、香、味和触。无表指无表色。)

释论中的"言五根者"意为"(本颂)所说的五根这个词",对本颂"色者唯五根,五境及无表"中"五根"进行解释。"言五境者"意为"(本颂)所说的五境这个词",对本颂"色者唯五根,五境及无表"中"五境"进行解释。又如:

(17)颂曰,色二。论曰:言色二者,一显二形。

tatra tāvat rupam dvidhā varnah samsthānam ca/9－11

(现代汉语翻译:本颂说:色有两种。论曰:所说的"色有两种",一指显色,二指形色。)

释论中的"言色二者"意在提醒读者注意,将要对本颂中的"色二"进行解说了。

五　结　论

5.1　汉译佛经是汉语历史文献语言的非自然的独特变体，是经由佛经翻译所导致的梵语与汉语相互接触的产物。

汉译佛经的性质要求梵汉对勘方法的使用。国外佛学界，特别是日本佛学界学者，如南条文雄、荻原云来、平川彰、辛嶋静志等，一直在使用梵汉对勘方法进行佛教文献学的研究。但是由于他们的成果属于佛教文献学领域，未能提供详细的词汇、语法、篇章信息，难以直接用作佛经翻译研究的材料。“如果打算更深入更具体的吸收古代的翻译经验，那么对勘梵汉经典的工作，无论如何非做不可。如果不做这项工作，始终好像站在大门外讲大门里的话，说了半天，也难免是捉风捕影。这个工作当然是艰巨的，而且收不到速效，但是为了中国翻译事业的百年大计着想，却也不该躲避这个麻烦”（张建木，1951）。

5.2　通过对《俱舍论》的梵汉对勘，我们考察了玄奘跨越梵语与汉语的类型差异翻译佛经的几项语言策略。

（1）玄奘在翻译梵语中的语法范畴时，使用了仿译的方法，保留梵语内部形式不变，采用汉语的材料，不但译出了词汇意义，而且译出了语法意义。在玄奘的译经中，“能 V”对译原典中的主动语态动词，“所 V”、“可 V”对译被动语态动词。“能”、“所”和“可”充当语态标记，对译梵语动词语态语尾的语法意义。

（2）梵语与汉语的小句衔接与语篇连贯方式存在巨大类型差异。玄奘为了准确表现原典谨严的逻辑结构，在译经中调整了原典语言的线性顺序，使译经与原典语言单位的层级呈现出不对等性。原典中的一些语法现象经常被玄奘译为汉语中的复句。

（3）《俱舍论》是典型的经论体，采用名相分析与理论阐述方法对本颂中的句子或词语作注释。玄奘为了引起读者注意，用“颂曰”、“论曰”、“……言”、“……者”和“言……者”等作为标记。这些标记是汉译本中所独有的，在原典中并没有对应，都是玄奘为了解经的需要而增译的内容。

参 考 文 献

段　晴　2001　《波你尼语法入门》，北京大学出版社。

段　晴　2002　《梵语以及梵语的启示》，载于维雅编《东方语言文字与文化》，北京大学出版社。

季羡林　1951　《“五四”谈翻译》，《翻译通报》第5期。

王继红　2004　《基于梵汉对勘的佛教汉语语法研究》，北京大学博士学位论文。

张建木　1951　《论吸收古代的翻译经验》，《翻译通报》第5期。

朱庆之　1995　《汉译佛典中的“所V”式被动句及其来源》，《古汉语研究》第1期。

朱庆之　2000　《佛经翻译中的仿译及其对汉语词汇的影响》，《中古近代汉语研究》，上海教育出版社。

朱庆之　2001　《佛教混合汉语初论》，载《语言学论丛》第二十四辑，商务印书馆。

Pradhan, P. 1967 *Abhidharmakośabhāṣya of Vasubandhu.* Patna: K. P. Jayaswal Research Institute.

Williams, M. 1988 *A Sanskrit-English Dictionary.* Oxford: Oxford University Press.

（原刊于《外语教学与研究》2006年第1期）

论部汉译佛典篇章标示成分考察*

—— 一项关于《阿毗达磨俱舍论》的个案研究

王继红

提要 佛教经典分为经藏、律藏与论藏等三大部类。论部佛典是一种极其重视逻辑推理的论说文体。本文在篇章语法的理论框架下,运用梵汉对勘的方法,考察论部佛典代表作《俱舍论》梵语原典以及真谛、玄奘两种汉译本中的篇章标示成分。根据篇章标示成分所处的篇章结构层级的不同,可以将其分为三种类型,分别是(1)论题转换标示成分、(2)话题导入标示成分、(3)同一话题内部的事理逻辑标示成分。处于篇章结构不同层级上的篇章标示成分互相并不混同使用。《俱舍论》梵文原典与汉译本的篇章标示成分保持了较强的一致性。与中土文献相比,《俱舍论》汉译本中篇章标示成分使用频率更高,数量更大,用法更加复杂,并且出现了一些中土文献未见或少见的形式。

关键词 篇章标示成分 梵汉对勘 论部 佛经 《俱舍论》

一 前 言

佛教经典分为经藏、律藏与论藏等三大部类,所以佛典又可总称三藏。经藏(梵语 sūtrāta-piṭaka),指佛陀所传述的经典,是有关佛陀教说的要义。

* 本项研究得到国家社科基金项目"基于梵汉对勘的《阿毗达磨俱舍论》语法研究"(06CYY010)的资助。

律藏（梵语 vinaya-piṭaka），指佛陀所制定的律仪，是佛教修行者的教团生活规则。论藏（梵语 abhidharma-piṭaka），又称论部，指对佛陀所说要义化精简为详明的论议；也可以指在佛陀的教说进一步发展之后，论师为其所做的组织化、系统化的分别、整理与解释。[①] 佛教传入中国以后，大量由梵语及其他古代中亚语言写成的佛教原典先后被译为汉语。佛教经录《开元录》曾经对中国汉地翻译的大、小乘经律论三藏进行了详细的分类。

汉译佛经语言是汉语历史文献语言的一个非自然的独特变体，与中土文献语言同中存异。在汉译佛经中，论部佛典的篇章风格也有着异于经部与律部佛典的特征，比如说，对名相事理的辨析，条分缕析的论说结构，因明三支作法的运用等，这些都使汉译论部佛典表现出谨严而富于思辨的独特风格。因为论部佛典把通过论议问答进行辩理作为特定的写作目的，所以在这种极其重视逻辑推理的论说文体中，使用了大量的篇章标示成分。篇章标示成分，指说明语句结构的词、短语，甚至也包括句子，是对文章的内容进行分析、推理、判断和综合概括的一种有效手段。通过篇章标示成分，可以帮助读者识别命题与命题之间的关系，有效预知后续内容，并且可以推导在阅读过程中较难把握的作者态度、观点之类的隐藏信息。因此，篇章标示成分是体现逻辑思维的句与句之间连接手段，不但能够表达句子的上下文含义，而且可以将句与句之间的逻辑联系明确表示出来，使篇章成为一个统一的语义整体。

由于翻译是将一种语言（源头语）的篇章材料替换为另一种语言（目的语）的篇章材料的过程，篇章才是有效交际的最终单位。所以，本文在篇章语法的理论框架中，运用梵汉对勘方法，考察论部佛典代表作《阿毗达磨俱舍论》[②]（Abhidharma-kośa）中的篇章标示成分，分析论部佛典的篇章结构，即作论者与译论者采用哪些语法手段将语篇中的各级语言单位组织起来，如何实现篇章中各种语言形式或语言成分之间的联系，如何实现篇章中所

① 参见《佛光大词典》。
② 下文简称《俱舍论》。

表达的概念或命题之间的联系，并如何最终完成语篇生产者（作论者与译论者）向语篇接收者（读者）的信息传递，达到解经、作论和布道的目的。

《俱舍论》是印度世亲约公元5世纪所作的佛教论部经典，在佛教史上地位重要，为大乘佛教和小乘佛教所共依。据传，世亲为众人释讲《毗婆沙论》时，每日讲完一段，便概括其中要义作一个颂。这样当他讲完《毗婆沙论》时，共作成六百颂，宣布于世，这就是《俱舍论本颂》①。《俱舍论本颂》行文极其简明扼要，使得有部的重要宗义能够在短短的六百个颂文里概括无遗。与以前同类撰述的表现方法比较而言，《俱舍论本颂》更为善巧，因而获得“聪明论”的称号。但是，由于颂文过于概略，文义幽深，晦涩难解，世亲后作长行②论文逐颂解之，并在释论当中牒举本颂，这部释论就是《俱舍论》。

南朝陈天嘉五年（564），真谛译出《阿毗达磨俱舍释论》③二十二卷；唐永徽五年（654），玄奘重新译出《阿毗达磨俱舍论》④三十卷。《俱舍论》解说有部的重要宗义，是典型的论部佛典，在篇章类型上属于议论文体，重视逻辑推理，其中充满复杂的逻辑结构与谨严的章法、语法体系，因而要求具有同样严密章法、句法结构的译文与之对应，是研究古典梵语词法、句法及篇章结构对汉语影响的理想语料。此外，《阿毗达磨俱舍论》由世亲用规范的古典梵文写成，写作时间可证，版本翔实可考，前人已经做过大量校勘工作，可以保证梵汉对勘研究成果的可靠性。⑤

因为严格对译《俱舍论》原典中处处可见的篇章标示成分，所以《俱舍

---

① 《俱舍论本颂》由玄奘译为汉语，见《大正新修大藏经》，卷29，第310—325页。

② 在佛典中，长行是与韵文（偈颂）相对的文体，指不限制字数的散文。

③ 《大正新修大藏经》，卷29，第161—310页。

④ 《大正新修大藏经》，卷29，第1—159页。

⑤ 本文的梵汉对勘工作主要依据Pradhan校勘本（*Abhidharmakośabhāṣya of Vasubandhu*, Tibetan Sanskrit Works Series, vol. VIII, K. P. Jayaswal Research Institute, Patna, 1967），参校Swāmi Kwārikādās śastri的合刊本（*Abhidharmakośa & bhāṣya of Ācārya Vasubandhu with Sphutārthā commentary of Ācārya Yaśomittra*, Bauddha Bharati, P. B. 49 Varanasi - India - I [India], 1987）。

论》原典与汉译本的篇章标示成分保持了较强的一致性。《俱舍论》中的篇章标示成分通常是一些过渡性(transitional)的语言单位,是一些能够指示人的思路即思维方向的词语,如表示时间关系、空间关系、列举和例证、比较和对照,以及推论和总结等等逻辑思维模式。

虽然汉语自古便已产生并使用篇章标示成分,如表示提起的"夫"、"且"、"至"、"如"、"若",表示并列的"既"、"终"、"已(以)"等,表示假设的"如"、"若"、"苟"等等,但与中土文献相比,真谛与玄奘的《俱舍论》汉译本中篇章标示成分使用频率更高,数量更大,用法更加复杂,并且出现了一些中土文献未见或少见的形式。根据标示成分所处的篇章结构层级的不同,以及标示成分语义特征的差别,《俱舍论》原典与汉译本中的篇章标示成分可以分为三种类型,分别是论题转换标示成分、话题导入标示成分和事理逻辑标示成分。

二　论题转换标示成分

《俱舍论》的篇章结构包括"篇章主题——论题(——小论题)——话题"等不同层级。首先,根据篇章主旨的差异,《俱舍论》分为八品,每品有一个篇章主题。例如,第一品为分别界品,其主题为辨析基本概念,阐述四谛法的自体,第一品中的四十八颂都围绕着这个主题展开。其次,每一品又根据该品中本颂的内容分为不同的语篇,每一个偈颂与紧随其后的阐释性散文构成一个相对独立的小语篇。例如,第一品"分别界品"包括四十八颂,所以可以自然而然地分为四十八个小语篇。每一个偈颂即为该语篇的论题。因为本颂概括性极强,所以完整的一颂是一个大论题,而每个论题内部又由若干个小论题有机组合而成,有时一个小论题与一句颂文相应,有时一个小论题只是一句颂文中的一部分,有时甚至本颂中的一个字就是一个小论题。再次,每一个小论题由一个或若干个话题组成。

在《俱舍论》中，论题转换标示成分是用来指示本颂之间逻辑关系的显性标志，可以用来帮助读者把握论典的结构脉络。《俱舍论》中的论题转换标示成分大多是由时间连接成分承担的。在叙述性文体中，时间连接成分一般为读者指引事件或动作行为之间的时间关系，这样读者就可以明确知道什么时间发生了什么情况。而在论说性文体中，时间连接成分已经发生了虚化，从人类认知中的时间域投射到了事理域。由于时间连接成分可以标记事件的起点和终点，所以可以用来突出表示上文已经议论过的论题与下文引进的新论题之间的逻辑承继关系。时间连接成分包括先时、现时和后时等三类，与此相对应，论题转换标示成分也可以分为三类。

2.1　先时类论题转换标示成分

先时连接成分标记作为曾经经历的过去事件，可以为语篇提供背景信息。《俱舍论》梵文原典中，先时连接成分一般是由动词过去被动分词和独立式承担的。由于梵汉语言的类型差异，汉译本中的先时连接是通过词汇手段实现，经常用来对译梵语过去被动分词和独立式的先时标示成分有“……已”和“已……”。① 例如：

(1) …… uktaḥ pratisaṃkhyā-nirodhaḥ/ ‖ ②utpāda-atyanta-vighnaḥ anyaḥ nirodhoaḥ a-ratisaṃkhyayā // anāgatānāṃ dharmāṇām utpādasya atyanta-vighna-bhūtaḥ visaṃyogāt yaḥ anyaḥ nirodhaḥ saḥ apratisaṃkhyā-nirodhaḥ/ ……

真：…… 说择灭已。‖ 偈曰③：“恒遮欲生生，别有非择灭。”释曰：能永遮未来诸法生，异于择灭有别灭，说名非择灭。……

玄：……已说择灭。‖“毕竟碍当生，别得非择灭。”永碍当生得非择灭，谓能永碍未来法生，得灭异前名非择灭。……

---

① 参见王继红（2004）。

② “/”和“//”是梵文文献中的标点符号形式。“‖”为本文作者添加的论题转换标记。下文的“|”为本文作者添加的话题转换标记。

③ 在梵文原典中，偈颂是通过音步来表现韵律，从而与散文区分开来，所以不需要使用显性标记。在汉译本中，使用词汇手段，增译了“偈曰”、“颂曰”、“释曰”和“论曰”等来区分偈颂与散文。参见王继红（2006b）。

（2）… uktaṃ rūpa-āyatanam // ‖ śabdas tu aṣṭavidhaḥ upātta - anupātta-mahābhūta-hetukaḥ sattvā-asattvā-ākhyaś ca iti caturvidhaḥ/…

真：……说色入已。‖ 偈曰："声尘有八种。"释曰：有执依非执依四大为因，有众生名非众生名，是名四声。……

玄：……已说色处，当说声处。‖（颂曰："声唯有八种"。）声唯八种，谓有执受，或无执受大种为因，及有情名非有情名差别为四。……

在例（1）和例（2）中，梵语原典中的过去被动分词 ukta 表示上一个偈颂宣讲内容的结束，即上一个论题的完成。紧随其后的偈颂标记着一个新论题的展开，从而实现了两个论题之间的转换。而在汉译本中，两位译师都采用了分析性手段来表现过去被动分词的语法意义。具体地说，主要是借助"已"来对译过去被动分词 ukta 的语法意义（即行为或状态在过去时间发生），用动词"说"来对译 ukta 的词汇意义（言说、宣讲）。

2.2 现时类论题转换标示成分

现时连接成分标记可以为语篇提供新信息。在《俱舍论》中，现时连接成分并不表示正在发生的事件，而是表示与过去相对的情况，从而强调过去以及在其后发生事件的逻辑承继关系。《俱舍论》原典中现时连接成分数量很少，最常见的是不变词 idānīṃ。这个词在汉译本中经常被对译为副词"今"。例如：

（3）… uktāḥ pañca-indriya-arthāḥ yathā ca teṣāṃ grahaṇam / a-vijñaptir idānīṃ vaktavyā / ‖ seyam ucyate vikṣipta-acittakasya api yaḥ anubandhaḥ śubha-aśubhaḥ/mahābhūtāny upādāya sa hi a-vijñaptir ucyate // vikṣipta-cittakasya iti tad-anya-cittasya api/…

真：……如此说五根五尘及如取尘已，今当说无教色。‖ 偈曰："乱心无心耶，随流净不净，依止于四大，何无教色说？"释曰：异缘名乱心。……

玄：……已说根境及取境相，无表色相今次当说。‖ 颂曰："乱心无心等，随流净不净，大种所造性，由此说无表。"论曰：乱心者，谓此余心。……

2.3 后时类论题转换标示成分

后时连接成分标示尚未发生但将要发生的事件，为语篇提供新信息。在《俱舍论》梵文原典中，后时连接成分主要由动词必要分词（即将来被动分词）形式承担。由于祈使蕴涵着动作尚未实现之义，所以有时祈愿语气动词也可以用来表示将来时间，充当后时连接成分。不变词 punar 也可以成为后时连接成分。汉译本中与梵语原典相对应的常见后时连接成分主要是“次”、“当”、“次当”、“邻次”等。各种时间状态的标示成分经常一起使用，相互照应。例如：

（4）… nirdiṣṭāni pañca-indriyāṇi /arthāḥ pañca nirdeśyāḥ/ ‖ tatra tāvat rupaṃ dvidhā varṇaḥ saṃsthānaṃ ca/…

真：……说五根已，次应说五尘。‖此中偈曰：“色二。”释曰：一显色，二形色。……

玄：……已说五根，次说五境。‖颂曰：“色二。”论曰：言色二者。一显二形。……

在例（4）中，nirdiṣṭa 是动词 nir-√diś（说，宣讲）的过去被动分词，“说”对译动词 nir-√diś的词汇意义，“已”对译过去被动分词的语法意义。nirdeśya 是动词 nir-√diś的必要分词形式，“次（应）”对译必要分词的语法意义。

（5）… uktaḥ rūpa-skandhas tasya ca āyatana-vyavasthānam/vedanādayo vaktavyāḥ/ ‖ tatra vedanāḥ anubhavaḥ trividhaḥ anubhavaḥ vedanā-skandhaḥ /…

真：……说色阴及安立入界已，次当说受等诸阴。‖此中偈曰：“受阴领随触。”释曰：有三种领随触，说名受阴。……

玄：……已说色蕴并立处界，当说受等三蕴处界。‖（颂曰：“受领纳随触。”）论曰：受蕴谓三领纳随触。……

（6）… uktāḥ skandha-āyatana-dhātavaḥ /idaṃ tu vaktavyam kaḥ skandha-āyatana-dhātu-artha iti / rāśyāyaḥ dvāra-gotra-arthāḥ skandha-āyatana-dhātavaḥ / ‖ yad kiñcid rūpam atīta-anāgata-pratyutpannam …

真：…… 说阴入界已，应说此义。阴入界其义云何？‖偈曰：“聚来门性义，阴入界三名。”释曰，随所有色，若过去未来现在，……

玄：……已说诸蕴及处界摄，当说其义。此蕴处界别义云何？‖颂曰："聚生门种族，是蕴处界义。"论曰：诸有为法和合聚义是蕴义，如契经言。诸所有色，若过去若未来若现在，……

在例(5)和例(6)中，ukta是动词√vac(说)的过去被动分词，"说"对译√vac的词汇意义，"已"对译过去被动分词的语法意义。vaktavya是动词√vac的必要分词形式，"(次)当"、"当"、"应"对译必要分词的语法意义。

三 话题导入标示成分

话题导入功能，就是运用一定的句法手段为语篇提供一个话题，即语篇将要议论的对象。《俱舍论》中，每一个论题都是围绕一个本颂进行的，也就是说，本颂中涉及几项内容，一般在相应的长行中就会有几个小论题。当需要在同一个(小)论题内转移话题时，一般采用三种手段突显话题间的变换，分别是话题导入标示成分、名词回指照应和无疑有问的疑问句。这三种手段是彼此兼容，而不是互相排斥的，可以共同使用。

3.1 通过话题转换标示成分，实现话题转移

世亲在《俱舍论》梵文原典中频繁使用各种话题标示成分，常见的有"atha vā"、"vā"、"ca"、"api ca"、"eva"、"punar"等。在汉译本中，与此类梵语标示成分对应的话题标记有"又"、"复"、"复次"、"亦"、"或"等。话题转换标示成分只在句子与句子之间起到关联作用，与句子内部成分没有句法关系。不同的译师对这些词语的使用有不同的倾向性，玄奘更多地使用"又"，而真谛使用"复次"的情况更常见。例如：

(7) yathā gamyeta praty-ekam eṣāṃ daśānām āyatanatvaṃ viṣaya-viṣayitvena vyavasthānaṃ na samastānām iti /cakṣur-ādibhiś ca viśeṣitair yad na cakṣur-ādi-saṃjñakaṃ rūpaṃ ca tad rūpa-āyatanaṃ jñāsya ta iti asya nāma-antaraṃ

na ucyate /｜atha vā① rūpa-āyatanasya prādhānyāt / tad hi sapratighatvāt ca / pāṇi-ādi-saṃsparśaiḥ spṛṣṭaṃ rūpyate /｜ sanidarśanatvāt ca②/ idam iha amutra iti nirūpaṇāt ｜loke api ca③ tad rūpam iti pratītaṃ na anyāni / ｜viśeṣaṇa-artham eva ca④ ekaṃ dharma-āyatanam uktaṃ na sarvāṇi /｜ api ca ⑤ atra bahūnāṃ dharmāṇāṃ saṃgraho vedanā-ādīnām /ataḥ sāmānyena abhidhānaṃ kriyate dharma-śabdena /｜ agrasya ca⑥ nirvāṇa-dharmasya atra saṃgraho na anyeṣu iti /

真：是色不得眼等名，亦是色性，应知是色入故，不立此别名。｜复次①色入于中胜故。何以故？有碍强故。若手等物触，即便变坏。｜复次②体相显现于此彼处，易指示故，有似影故。｜复次③世间同知说此入为色，非知余入。[④]①为简别故，说一入名法入，不说余入。｜复次⑤于法入中摄受等多法，为说多法故，立通名。｜又⑥涅槃是最胜法入此中摄，非于余入，故偏受法名。

玄：而体是色立名色处，此为眼等名所简别，虽标总称而即别名。｜又①诸色中色处最胜，故立通名。由有对故，手等触时即便变坏。｜及②有见故，可示在此在彼差别。｜又③诸世间唯于此处同说为色，非于眼等。｜又④为差别立一法处，非于一切，如色应知。｜又⑤于此中摄受想等众多法故，应立通名。｜又⑥增上法，所谓涅槃，此中摄故，独立为法。

在例(7)中，梵文原典中使用了不变词"ca"与不变词组合"atha vā"、"api ca"、"eva ca"等充当话题转换标示成分，玄奘译本中使用"复次"、"又"等充当话题转换标示成分，真谛译本中使用副词"又"、"及"等充当话题转换标示成分。又如：

(8) mahattvam eṣāṃ sarva-anya-rūpa-āśrayatvena udārikatvāt /｜atha vā tad-udbhūta-vṛttiṣu pṛthivy-ap-tejo-vāyu-skandheṣu eṣāṃ mahā-saṃniveśatvāt/

真：一切余色依止故，于彼成麁故，故名为大。｜复次极遍满起，地水火风聚中形量大故。

玄：一切余色所依性故，体宽广故。｜或于地等增盛聚中，形相大故。

在例(8)中，梵文原典中的话题转换标示成分"atha vā"，在真谛译本被译为

① 玄奘译经此处没有对译原典中的话题标记 eva ca。

话题标记"复次",在玄奘译本中被译为话题标记"或"。又如:

(9) vṛkṣa-pracalane cchāyā-pracalanavat / na avikārāt /| vijñapti-nivṛttau ca avijñapti-nivṛttiḥ syād vṛkṣa-abhāve cchāyā abhāvavat /

玄:此释不然,无变碍故。|又表灭时,无表应灭,如树灭时,影必随灭。

在例(9)中,梵文原典中的话题标示成分"ca",在玄奘译本中被译为话题标记"又"。又如:

(10) ataḥ sa eva asya abhidharmaḥ kośaiti etad śāstram abhidharma-kośam /| kim arthaṃ punar abhidharma-upadeśaḥ…/

真:彼于此论亦受藏名。以是义故,此论名为阿毗达磨俱舍。|复次此法其用云何?

在例(10)中,梵文原典中的话题标示成分"punar",在真谛译本中被译为话题标记"复次"。

有时,《俱舍论》原典中的话题转换非常明显,比如,在直接引语之后进入下一个话题时,或者引用他人之言进行论证时,虽然原典中没有使用"atha vā"、"ca"、"api ca"、"eva"、"punar"等话题标示词语,但真谛和玄奘两位译师一般也会在汉译本中会添加上话题标记。例如:

(11) yathā uktaṃ bhagavatā cakṣur bhikṣo ādhyātmikam-āyatanaṃ catvāri mahābhūtāny upādāya rūpa-prasāda iti vistaraḥ /| yāni etāni cakṣurādīni uktāni tad-vijñāna-āśrayā rūpa-prasādāś cakṣurādayaḥ /

真:……如佛世尊言:"比丘,眼是内入,合四大成,是净色性类。如此广说。"|复次前已说眼等五根,此识依净色说名眼等根。

玄:…… 如世尊说:"苾刍当知,眼谓内处,四大所造净色为性。如是广说。"|或复彼者谓前所说眼等五根,识即眼耳鼻舌身识,彼识所依五种净色名眼等根。

(12) caturbhir mahābhūtair ekena ca ślakṣṇatvādinā /| sarvair ekādaśabhir iti apare /

真:……谓四大触,诸触中滑等随一。有师作如此执。|复有余师说,具足十一触生身识。

玄：……谓四大种滑等随一。｜有说，极多总缘一切十一触起。

3.2　通过疑问句的篇章功能，实现话题转移

疑问句的典型运用环境是会话。可是，在论部佛典《俱舍论》中，疑问句也使用得非常频繁。在会话中疑问句总是有发问对象，而在篇章中却没有具体、明确的发问对象。因此，《俱舍论》中的发问是虚设的，无疑有问，作论者只是借助问的方式来为释解教义服务，主要功能不再是传疑，而是传递信息。

《俱舍论》原典中的疑问句是由 kim、katham、katame、katara、ka 等疑问词引导的。在汉译本中，特殊疑问句数量最多，其中常用的特殊疑问词有“何”、“何以”、“何者”、“云何”、“如何”、“谁”；选择疑问句经常由“为……，为……”引导；反意疑问句经常由“为”、“岂”引导，一般疑问句经常以疑问语气词“耶”收尾。疑问语气词“耶”可以出现在上述各种疑问句中。在《俱舍论》中，疑问句可以充当话题导入标示成分，即运用疑问的形式引出下文的新话题，把意义上互相联系的篇章单位连接起来，形成一个连贯的语义整体。① 例如：

（13）… śeṣaṃ tu ghrāṇa-jihvā-kāyākhyam/trayamanyathā // prāpta-viṣayam iti arthaḥ/ ｜ ghrāṇaṃ kathaṃ prāpta-viṣayam①/nirucchvāsasya gandhā-grahaṇ-āt/ ｜ keyaṃ prāptirnām ②/ nirantara-utpattiḥ / ｜ kiṃ punaḥ paramāṇavaḥ spṛśantyanyonyam āho svit na③/na spṛśantīti kāśmīrakāḥ/ ｜ kiṃ kāraṇaṃ ④/ yadi tāvat sarvātmanā spṛśeyur miśrībhaveyur dravyāṇi / athaikadeśena sāvayavāḥ prasajyeran/niravayavāś ca paramāṇavaḥ/ ｜ kathaṃ tarhi śabdābhiniṣpattir bhavati ⑤/ ataḥ eva yadi hi spṛśeyur hasto haste abhyāhataḥ sajyetopalaścopale/ ｜ kathaṃ citaṃ pratyāhataṃ na viśīryate⑥/ vāyu-dhātu-saṃdhāritatvāt / kaścid vāyu-dhātur vikiraṇāya pravṛtto yathā saṃvarttanyām kaścid saṃdhāraṇāya yathā vivarttanyām iti/ ｜ kathaṃ idānīm

① 参见王继红（2006b）。

niruttaraprāptyā prāpta-visayam trayamucyate⑦/ tad eva eṣāṃ niruttaratvaṃ yanmadhye na asti kiṃcit /…

玄:……所余鼻等三有色根与上相违唯取至境。|如何知鼻唯取至香?①由断息时不嗅香故。|云何名至?②谓无间生。|又诸极微为相触不?③迦湿弥罗国毘婆沙师说不相触。|所以者何?④若诸极微遍体相触,即有实物体相杂过。若触一分成有分失,然诸极微更无细分。|若尔何故相击发声?⑤但由极微无间生故。|若许相触击石拊手体应相糅,不相触者聚色相击云何不散?⑥风界摄持故令不散。或有风界能有坏散,如劫坏时。或有风界能有成摄,如劫成时。|云何三根由无间生名取至境?⑦即由无间名取至境。谓于中间都无片物。……

在某些情况下,疑问句不但可以充当话题导入标示成分,而且可以用作论题转换标示成分。例如:

(14)… yathā-bhūta-śāsanāt śāstā bhavan asau saṃsāra-paṅkāt jagad ujjahāra na tu ṛddhi-varapradāna-prabhāveṇa iti /| tasmai namaskrtya kim karisyāmi① iti āha śāstrampravakṣyāmi / śiṣya-śāsanāt śāstram /| katama śāstram② iti āha abhidharma-kośam /| kas ayam abhidharmas nāma③ / prajñā a-malā sā anucarā abhidharmaḥ…/

真:……由如理教从生死泥拔济众生,不由通慧施恩威德等。|顶礼如理教师已,欲何所作?①偈曰:"对法俱舍我当说。"释曰:此法通名灭济教。|别名云何?②阿毗达磨俱舍。|何法名阿毗达磨?③偈曰:"净智助伴名对法。"……

玄:……能方便说如理正教,从生死泥拔众生出,不由威力与愿神通。|礼如理师欲何所作?①对法藏论我当说者,教诫学徒,故称为论。|其论者何?②谓对法藏。|何谓对法?③颂曰:"净慧随行名对法。"……

在例(14)中,梵文原典和汉译本中的疑问句①、②是话题导入标示成分,疑问句③是论题转换标示成分。

3.3 通过在散文中重复偈颂中的关键词语,实现话题转移

重复(repetition)指某一个或某几个词项在同一个语篇或语段中两次或

多次出现，条件是指代对象不变。① 在《俱舍论》中，通过在散文中重复偈颂中的词语，即同一个语言单位出现在不同的句子里，构成跨句衔接，从而实现话题转移功能。例如：

(15) prajñā① amalā② sā anucarā③ abhidharmaḥ tatra prajñā① dharma-pravicayaḥ ∕ | a-malā② iti an-āsravā ∕ | sā anucarā③ iti saparivārā ∕…

真：偈曰："净①智②助伴③名对法。"释曰：智①谓择法。| 净②谓无垢。| 即无流智助伴③。……

玄：颂曰："净①慧②随行③名对法，及能得此诸慧论。"论曰：慧①谓择法。| 净②谓无漏。| 净慧眷属名曰随行③。……

在例(15)中，"prajñā amalā sā anucarā abhidharmaḥ"是一句偈颂，是对接下来一段语篇的主旨的概括，此句以下的散文"tatra prajñā dharma-pravicayaḥ∕a-malā iti an-āsravā∕sā anucarā iti saparivārā∕…"围绕该句偈颂的内容逐层逐项展开论述。散文中的名词 prajñā(汉译为"智")、amalā(汉译为"净")和 anucarā(汉译为"助伴∕随行")，分别实现了对偈颂中相应名词的回指，从而实现语篇的结构衔接与语义连贯。

四 事理逻辑标示成分

《俱舍论》中的事理逻辑标示成分，可以帮助读者理解作论者的思想线索。事理逻辑标示成分的外延很广，并列、连贯、递进、选择、因果、推断、假设、条件、目的、让步、转折、顺承、列举、例证等许多语义关系都可以通过事理逻辑标示成分而得到凸显。限于篇幅，本文考察其中的次第、列举和例证等三类篇章标示成分。

① 参见朱永生等(2001)。

4.1　表示次第先后的标示成分

根据佛教教义,一切有为法并非同时发生作用的,而是有着前后顺序,这就是所谓的次第(anukrama)。因此,佛教经典,特别论部著作,非常重视描写事理之间的次第逻辑关系。表示事理次第逻辑关系的标示成分也可以分为三类,即次第在前,次第在后,以及同时伴随。

4.1.1　表示次第在前的标示成分

在《俱舍论》梵文原典中,主要由不变词 pūrvakaṃ, prathamataḥ 表示次第在前。在汉译本中,主要使用"先"表示次第在前。例如:

(16) śāstraṃ praṇetu-kāmaḥ svasya śāstur māhātmy-ajñāpana-arthaṃ guṇa-ākhyāna-pūrvakam tasmai namaskāram ārabhate /

真:释曰:若人欲正造论,当令他知大师不共功德,故说众德为先,后顶礼大师。

玄:论曰:今欲造论,为显自师其体尊高超诸圣众,故先赞德,方申敬礼。

(17) kim arthaṃ punar abhidharma-upadeśaḥ kena ca ayaṃ prathamataḥ upadiṣṭo yatas ācāryaḥ abhidharmakośaṃ vaktuṃ ādriyata iti //

真:复次此法其用云何?何人先说此法而法师恭敬欲解说之?

玄:何因说彼阿毗达磨?谁复先说阿毗达磨而今造论恭敬解释?

4.1.2　表示次第在后的标示成分

在《俱舍论》梵文原典中,主要由不变词 paścād 表示次第在后。在汉译本中,主要由副词"后"表示次第在后。例如:

(18) yathā atra na anuśerate tad paścād anuśaya-nirdeśa eva jñāpayiṣyāmaḥ /

真:是不眠义后分别惑品中当广说。

玄:不随增义随眠品中自当显说。

(19) spraṣṭavyam ekādaśa-dravya-sva-bhāvam / catvāri mahābhūtāni ślakṣṇatvaṃ karkaśatvaṃ gurutvaṃ laghutvaṃ śītaṃ jighatsā pipāsā ca iti / tatra bhūtāni paścāt vakṣyāmaḥ /

真:释曰:触有十一种应知,谓四大滑涩重轻冷饥渴。此中四大后当说。

玄:触有十一,谓四大种滑性涩性重性轻性及冷饥渴。此中大种后当广说。

4.1.3 表示同时(伴随)发生的标示成分

在《俱舍论》原典中,表示同时(伴随)发生的标示成分是不变词 yadā。例如:

(20) yad etad bahu-vidhaṃ rūpam uktaṃ tatra kadācid ekena dravyeṇa cakṣur-vijñānas utpadyate yadā tat-prakāra-vyavacchedo bhavati / kadācid bahubhir yadā na vyavacchedaḥ /

真:前已说色有多种。此中有时由一物眼识得生,若是时中分别一类。有时由多物眼识得生,若是时中无所分别。

玄:此中已说多种色处。有时眼识缘一事生,谓于尔时各别了别。有时眼识缘多事生,谓于尔时不别了别。

但是,在更多的情况下,梵语原典中的这种同时语义关系是无标记现象,仅仅通过名词格位关系表现,其中又以依格居多。在汉译本中,表示同时伴随的标示成分有"时"、"是时"、"尔时"等。例如:

(21) vijñapti-nivṛttau ca avijñapti-nivṛttiḥ syād vṛkṣa-abhāve cchāyā abhāvavat /

真:若尔有教谢灭,无教亦应谢灭,如树灭影灭。

玄:又表灭时,无表应灭,如树灭时,影必随灭。

4.2 列举标示成分

在梵文原典中,当各个列举项使用序数词充当标示成分时,汉译本中的标示成分一般也相应地是序数词。例如:

(22) ye dharmā viṣaya-pratighātena sapratighā āvaraṇa-pratighātena api ta iti catuṣ-koṭikaḥ / prathamā koṭiḥ sapta citta-dhātavo dharma-dhātu-pradeśaś ca yaḥ samprayuktaḥ / dvitīyā pañca viṣayāḥ / tṛtīyā pañca-indriyāṇi / caturthī dharma-dhātu-pradeśaḥ saṃprayuktaka-varjyaḥ /

真:若法由尘碍有碍,亦由障碍有碍不?有四句:第一句谓七心界及法界一分相应心法,第二句谓五尘,第三句谓五根,第四句谓法界一分心不相应法。

玄：若法境界有对。亦障碍有对耶？应作四句：谓七心界法界一分诸相应法是第一句，色等五境是第二句，眼等五根是第三句，法界一分非相应法是第四句。

(23) yaś cakṣur-dhātunā samanvāgataś cakṣur-vijñāna-dhātunāḥ api saḥ/catuṣ-koṭikaḥ/prathamā koṭir dvitīyādiṣu dhyāneṣu upapannaś cakṣur-vijñāna-asammukhī-kurvāṇaḥ/dvitīyā kāma-dhātāu alabdha-vihīna-cakṣuḥ / tṛtīyā kāma-dhātau labdha-avihīna-cakṣuḥ prathama-dhyāna-upapannaḥ ca dvitīyādi-dhyāna-upapannaś ca paśayan / caturthī etān ākārān sthāpayitvā/

真：若人与眼界相应，为与眼识界相应不？有四句：第一句者，若人于第二定等中已受生不引眼识令现前。第二句者，若人于欲界未得眼根及已失眼根。第三句者，若人于欲界，已得眼根不失，或生初定二定等中正见色。第四句者，除前三句。

玄：等谓若有成就眼界亦眼识耶？应作四句。第一句者，谓生二三四静虑地眼识不起。第二句者，谓生欲界未得眼根及得已失。第三句者，谓生欲界得眼不失，及生梵世若生二三四静虑地正见色时。第四句者，谓除前相。

在《俱舍论》梵文原典中，有时被列举的各项是无标记成分，只是通过同格关系表示。这些列举项在汉译本中，或者使用数词作为标示成分，或者使用“有”、“或”、“亦”等作为标示成分，或者相应地译为无标记形式。例如：

(24) tatra tāvat rupaṃ dvidhā varṇaḥ saṃsthānaṃ ca/9 – 11

真：此中偈曰：“色二。”释曰：一显色，二形色。

玄：颂曰：“色二。”论曰，言色二者，一显二形。

(25) dve vivāda-mūle/kāma-adhyavasānam dṛṣṭi-adhyavasānaṃ ca /21 – 3

真：释曰：争根有二，一贪着欲尘，二贪着诸见。

玄：论曰：诤根有二，谓着诸欲及着诸见，此二受想。

(26) asti rūpa-āyatanaṃ varṇato vidyate na saṃsthānataḥ/nīla-pīta-lohita-avadāta-chāya-ātapa-āloka-andhakāra-ākhyam / asti saṃsthānato na varṇataḥ/dīrgha-ādīnām pradeśaḥ kāya-vijñapti-svabhāvaḥ/asti ubhayathā / pariśiṣṭaṃ rūpa-āyatanam/

真：有色入有显无形，谓青黄赤白影光明暗。有色入有形无显，谓有长等一分，即有教身业为相。有色入有显有形，谓所余诸色。

玄：或有色处有显无形，谓青黄赤白影光明暗。或有色处有形无显，谓长等一分身表业性。或有色处有显有形，谓所余色。

4.3　例证标示成分

在《俱舍论》梵文原典中，用来充当例证标示成分的一般是不变词 iva 与 yathā，以及-vat 词缀。这些成分在汉译本中被译为"如"、"譬如"等。例如：

(27) jihvāyāḥ ca tayor āśutara-vṛttitvāt ghrāṇam pūrvam uktam aprāptasya iva jihvā bhojyasya gandha-grahaṇāt/

真：鼻事急故前说。如饮食未到舌，鼻已知香故。

玄：先说鼻者，由速明故。如对香美诸饮食时，鼻先嗅香舌后味。

(28) tatra āvaraṇa-pratighātaḥ svadeśe parasya utpatti-pratibandhaḥ/yathā haste pratihanyate upale vā/

真：此中障碍者于自处对障他生，如手于手自相对障。

玄：障碍有对谓十色界，自于他处被碍不生，如手碍手或石碍石。

(29) tad-jātīyatvād an-āgateṣu avirodha dugdha-indhanavat/

真：所生故是彼种类故，于未来无妨，譬如独陀。

玄：是彼类故，未来无妨，如乳如薪。

例(27)梵文原典里的例证标示成分是不变词 iva，例(28)梵文原典里的例证标示成分是不变词 yathā，例(29)梵文原典里的例证标示成分是词缀-vat，它们在汉译本中被译为"(譬)如"。

五　余　论

以往的佛教汉语研究，在语料的选择上，或是选择口语色彩浓厚的汉译佛经，或是选择中古早期的汉译佛经，或是以时代作为选择标准，或是以某一译者的译经作为研究对象。但是,都较少区别经部、律部与论部汉译佛经的文体特征,这样自然会给汉译佛经语言研究带来一些影响。在以后的佛教汉语研究中,特别对于汉译佛经的篇章语法研究,更是要将佛经的文体特质纳入考虑之中。

经过对论部佛典篇章语法的分析,我们可以知道,论部汉译佛经与中土文献的行文方式不同,这不仅是由汉译佛经的词法、句法特征所导致的,更有着篇章语法方面的影响。由于论部梵文原典非常重视篇章连贯衔接方式,所以译师在论部汉译佛典中运用了远远多于中土文献的篇章衔接显性手段,所以才使得《俱舍论》等论典具有独特的浓郁思辨色彩。

经由佛经翻译所导致的语言接触大体分为三个阶段:①

(1)佛教传入中国后,为了弘法传教的需要,大量印欧语系语言写成的佛经被译为汉语。译经工作先后经历了东汉到西晋的"古译"阶段、东晋南北朝的"旧译"阶段和唐代以玄奘为代表的"新译"阶段。译经者需要尽量摆脱印度佛教文化与中土传统文化巨大差异、译经者汉语水平的局限和翻译技巧等方面的束缚,更要尽其所能来克服源头语与目的语在语言类型上的差异给翻译所带来的巨大困难。也正是由于存在上述几种困难,所以,汉译佛经中不可避免地有着大量没有汉语对应方式的、受到原典语言影响而产生的现象,这使得汉译佛经语言成为"一种与当时的书面语和口语都有一定距离,并令当时的读者有些陌生和不习惯的语言"。②

(2)在宗教热情的驱动之下,汉地人民在了解佛教的同时,也熟悉了汉译佛经的语言,有些人甚至模仿这种语言来进行创作,例如中土人士的佛教撰述和佛教文学作品。此时,在与不同语言类型的语言的接触中,某一群体语言的结构特征或成分会向另一种语言扩散或渗透,这种扩散或渗透

① 参见王继红(2006c)。
② 参见朱庆之(2001)。

可能使被渗透的语言得到丰富、发展。这是梵语等印欧语言对汉语产生影响的第二步。

(3)汉译佛经语言是以汉语为基础,吸收其他语言的成分与汉语成分混合。这种混合语言多用于与佛教有关的交际之中。当这种混合语言借助佛教,已经成为日常生活的组成部分,并且长久保留在目的语语言系统中时,才说明源头语的影响真正被接受了。魏晋南北朝时期,佛教徒道安、慧远和僧肇等人的文章,不但表现出熟练的汉语表达技巧,而且吸收了佛典的议论笔法。唐宋时期,文人们的议政论学讲道之作,既有先秦诸子与汉代政论文的文风,而且也与佛典辨析名相、注重逻辑推演的写作方式有关。由于佛典通过这种潜移默化的影响,论部佛典的篇章特点有可能对汉语产生影响。

引用文献

大正新修大藏经　高楠顺次郎编,大正一切经刊行会,东京。

Abhidharmakośa & bhāṣya of Ācārya Vasubandhu with Sphutārthā commentary of Ācārya Yaśomittra. Bauddha Bharati. P. B. 49 Varanasi-India-I (India), 1987.

Abhidharmakośabhāṣya of Vasubandhu. Edited by Prof. P. Pradhan Tibetan Sanskrit Works Series, vol. VIII, K. P. Jayaswal Research Institute, Patna, 1967.

参考文献

慈　怡　1994　《佛光大辞典》,书目文献出版社。

段　晴　2001　《波你尼语法入门》,北京大学出版社。

段　晴　2002　《梵语以及梵语的启示》,《东方语言文字与文化》(于维雅编),北京大学出版社。

王继红　2004　《基于梵汉对勘的佛教汉语语法研究》,北京大学博士学位论文。

王继红　2006a　《论部佛典疑问句的类型及其篇章功能》,第五届中国社会语言国际研讨会(北京)。

王继红　2006b　《玄奘译经的语言学考察》,《外语教学与研究》第 1 期 。
王继红　2006c　《语言接触与佛教汉语研究》,《安阳工学院学报》第 4 期。
许余龙　2002　《对比语言学》,上海外语教育出版社。
杨　梅　2006　《篇章信号词与阅读理解》,《淮北煤炭师范学院学报(哲社版)》第 2 期。
朱庆之　2001　《佛教混合汉语初论》,《语言学论丛》第二十四辑,商务印书馆。
朱永生　郑立信　苗兴伟　2001　《英汉语篇衔接手段对比研究》,上海外语教育出版社。
Monier, Williams　1988 *A Sanskrit-English Dictionary*, Oxford: Oxford University Press.

汉译佛经中增译的话题转移标记

——以《妙法莲华经》的梵汉对勘为基础

姜　南

提要　本文通过对《妙法莲华经》进行梵汉对勘和异译比较，发现汉译佛经话题结构的一个特点，即不管梵文原典中有没有直接对应词，只要遇到话题转换，在译文的句首话题位置经常会添加诸如"尔时"、"今(者/日)"、"复次/次复"、"(复)有"等显性标记词，借以开启新话题，使得句子或子句之间原本隐含的界限更加明晰，因此为佛经翻译者所青睐，越来越成为一种有意识的自觉行为。而汉语作为话题优先语言，在遣词造句、布局谋篇时有使话题突出的内在要求。所以译经有意添加话题转移标记的倾向并未违反汉语自身结构的组织原则，反而突显了汉语的类型特征，加速了汉语句子话题化的进程，即向话语概念结构化语言迈进。

关键词　梵汉对勘　话题转移标记　类型对应

一

梵汉两种语言的结构类型存在巨大差异。梵语的形态变化极其丰富，不仅在一个句子内，主谓之间通过性、数、格的一致变化来实现主语对谓语的管辖，而且句子或子句间的话题转换也能够凭借词语性、数、格、人称等范畴的屈折变化表达出来。而汉语历来缺乏形态变化，句法标记极少，其结果就是句子或子句经常可以不带有任何明晰的界限就组织在一起，话题和述题之间主要依靠语义上的"有关性"(abountness)相互关联。于是作为典型的翻译产品,汉语史上大量留存的汉译佛经文献常常表现出与同期中土文献不尽相同的语言特点,句首频繁使用话题转移标记就是其一。

本文以《妙法莲华经》①的梵汉对勘和异译比较为基础,展示此一倾向所蕴涵的深层类型对应。该经现存有三个完整的汉译本,按时代先后分别为:

西晋·竺法护译《正法华经》10 卷 27 品,286 年译出。收录于 T9,No. 263。

姚秦·鸠摩罗什译《妙法莲华经》7 卷 28 品,406 年译出。收录于 T9,No. 262。

隋·阇那崛多共笈多译《添品妙法莲华经》8 卷 27 品,601 年译出。收录于 T9,No. 264。

其中《添品妙法莲华经》是对什译的重新校定,除了结构有所变动,略微增加了一些内容之外,跟《妙法莲华经》没有太大不同。所以学者更多关注 3 世纪译出的法护本和 5 世纪译出的罗什本。法护和罗什都是中国译经史上举足轻重的翻译大师,他们的译作极具普及性和影响力,至少可以如实反映当时佛教汉语的语言面貌。而且两个译本相隔一百余年,可以让我们比较直观地看清楚其间语言发展演变的轨迹。

首先,无论是在较早的法护译本还是后出的罗什译本里,于句首话题转换处使用显性标记的情况都相当频繁。有时原文中有表话题转换的小品词,如"atha khalu"、"punar api"、"tatra"等,或时间词,相应被译成"尔时"、"于是"、"复次"等位于句首的时间词、连词、副词等。如(梵文逐词对译主要依据荻原云来《梵和大辞典》并做了简化处理):

---

① 本文选用精校梵本:荻原云来(U. Wogihara)、土田胜弥(C. Tsuchida)编订《改订梵文法华经》(*Saddharmapundarīka-sutra, Romanized and Revised Text of the Bibliotheca Buddhica Publication by Consulting a Sanskrit Ms. and Tibetan and Chinese Translations*),山喜房佛书林,东京,1934—1935 年。汉译本方面,选用目前校刊最好的日本《大正新修大藏经》本,高楠顺次郎、渡边海旭主编,东京,1924—1934 年。"护"表竺法护译《正法华经》,T9,No. 263。"什"表鸠摩罗什译《妙法莲华经》,T9,No. 262。

(1) anusmarāmy　ahaṃ　kula-putrā　atīte 'dhvany　asaṃkhyeyaiḥ
　想起　我　善男子们啊　在过去世　无数
kalpair　asaṃkhyeyatarair　vipulair　aprameyair　acintyair　aparimitair
劫中　无数　无量　无边　不可思议　无量
apramāṇais　tataḥ　pareṇa　parataraṃ　yad' āsīt　tena kālena tena samayena
无量　此　后　当　有　此时
candrasūryapradīpo　nāma　tathāgato　'rhan　samyak-saṃbuddho　loka
日月灯　名为　如来　应供　正等正觉　世界上
udapādi　vidyā-caraṇa-saṃpannaḥ　sugato　loka-vid　anuttaraḥ
出现了　明行足　善逝　世间解　无上
puruṣa-damyasārathiḥ　śāstā　devānāṃ　ca　manuṣyāṇāṃ　ca　buddho
调御丈夫　师　天神的　和　人们的　和　佛
bhagavān.　(《序品第一》)
世尊

护:又念往故无央数劫不可思议无能度量。时有如来。号日月灯明至真等正觉明行成为善逝世间解无上士道法御天人师为佛世尊。

什:诸善男子。如过去无量无边不可思议阿僧祇劫。尔时有佛。号日月灯明如来应供正遍知明行足善逝世间解无上士调御丈夫天人师佛世尊。

画线部分为梵汉对应词。护译本的句首时间词“时”和什译本中句首时间词的“尔时”直接对应原文中的 tena kālena tena samayena(时间词的单数具格)。

(2) te　ca　deva-putrās　tasyāṃ velāyām　imā　gāthā　abhāṣanta.
这些　又　天子　此时　这　偈颂　宣说了
(《譬喻品第三》)

护:时诸天子赞颂曰。

什:尔时诸天子欲重宣此义,而说偈言。

护译本的句首时间词“时”和什译本中句首时间词的“尔时”直接对应原文的 tasyāṃ velāyām(时间词的单数位格)。

(3) atha khalv　āyuṣmāñ　śāriputro　bhagavantam　etad　avocat.
于是　长者　舍利弗　对世尊　这　讲了
(《譬喻品第三》)

护:于是舍利弗白世尊曰。

什：尔时舍利弗白佛言。

护译本的句首连词“于是”和什译本的句首时间词“尔时”直接对应原文的 atha khalv（有话题转换功能的小品词）。

（4） tasya　khalu punaḥ　kula-putrāś　candrasūryapradīpasya
这　复次　善男子们啊　日月灯
tathāgatasyārhataḥ　samyak-saṃbuddhasya　pareṇa paratarạm
如来　应供　正等正觉　此后
candrasūryapradīpa　eva　nāmnā　tathāgato　'rhan
日月灯　就　以名　如来　应供
samyak-saṃbuddho　loka　udapādi.　（《序品第一》）
正等正觉　世界上　出现了

护：又族姓子。其日月灯明如来灭度之后。次复有佛。亦号日月灯明。

什：次复有佛。亦名日月灯明。次复有佛。亦名日月灯明。

护译本的句首副词“又/次复”和什译本的句首副词“次复”直接对应原文的 khalu punaḥ 和 pareṇa paratarạm（有话题转换功能的小品词）。

但很多时候原文中并无直接对应词，而是由词语性、数、格中某一范畴的形态变化表现出话题的转移。这种情况译成汉语，虽然依赖可靠的语篇或语义信息也能分辨句子或子句间的界限，但对以外国僧人为主的中古译经团体来说并非易事。加之译者直接接触原文，最易受到原文话题转换处必有显性标志（时间词、小品词、或词语自身屈折变化）的影响和启发，译者基于对篇章语义的整体把握，依照汉语中那些有话题标记的句子为参照合理类推，在可用也可不用显性话题标记的语境中，多选择使用标记词，从而达到两种语言之间更为深层的对应。如：

（5）（*m. sg. G.* →）①　atha　khalu　maitreyasya　bodhisattvasya
于是　弥勒　菩萨
mahāsattvasya　etad　abhūt　|　mahā-nimittaṃ　prātihāryaṃ　bata
大士　这　有　大瑞相　神通　呜呼

① 例句中所用缩略语及符号见“附录”。

idaṃ (*m. sg. I.* →) tathāgatena kṛtam. (《序品第一》)
这 由如来 所为

护:于是弥勒菩萨心自念言。|今者世尊如来至真等正觉。……现大感变。

什:尔时弥勒菩萨作是念。|今者世尊现神变相。

时间词"今者"原文中无直接对应词。原文前句的主题是 maitreyasya bodhisattvasya mahāsattvasya(阳性、单数、属格),后句的主题是 tathāgatena(阳性、单数、具格),二者"格"不相同,因而翻译时译者人为添加时间词"今者"作为标记开启新话题,同时兼有话题转移功能。

(6)(*pers.* 1. *sg. N.* →) yan nv ahaṃ mañjuśriyaṃ kumāra-bhūtam etam
因此 今 我 文殊师利 童子 这
arthaṃ paripṛccheyaṃ|
意义 要问
(*f. pl. G.* →) tāsāṃ catasṛṇāṃ parṣadāṃ bhikṣu-bhikṣuny-upāsakopāsikānāṃ
这 四 部众 比丘 比丘尼 清信士 清信女们
bahūnāṃ ca deva-nāga-yakṣa-gandharvāsura-garuḍa-kiṃnara-mahoraga-
众多 和 天 龙 夜叉 揵闼婆 阿须伦 迦楼罗 真陀罗 摩休罗
manuṣyāmanuṣyāṇām imam evaṃ-rūpaṃ bhagavato mahā-nimittaṃ
人 这 如是相 世尊 大瑞相
prātihāryāvabhāsaṃ dṛṣṭv' āścarya-prāptānām adbhuta-prāptānāṃ
神通光明 看见后 得未曾有 得未曾有
kautūhala-prāptānām etad abhavat. (《序品第一》)
心存犹豫 这 有

护:欲请问之。|时四部众比丘比丘尼清信士清信女。诸天龙神揵沓恕阿须伦迦留罗真陀罗摩休勒。志怀犹豫得未曾有。见斯大圣无极威曜神足变化。各各发意欲问世尊决散疑网。

什:我今当问。|尔时比丘比丘尼优婆塞优婆夷。及诸天龙鬼神等。咸作此念。是佛光明神通之相。今当问谁?

时间词"时"、"尔时"原文亦无直接对应词,而是译者根据前后两句主题"人称"、"数"、"格"的不同而有意加入的。

其次,通过异译比较还清楚呈现,后出的什译本比护译本更自觉地使用话题转移标记来标示新话题。如《序品第一》开篇处的大段铺叙:

(7) evaṃ maya śrutam ekasmin samaye | (*m. sg. I.* →) bhagavān

如是 由我 所闻 一 时 世尊

rājagṛhe viharati sma gṛdhakūṭe parvate mahatā bhikṣu-saṃghena

王舍城中 游 灵鹫 山中 大 比丘 众

sārdhaṃ ‖ (*n. pl. I.* →) dvādaśabhir bhikṣu-śataiḥ sarvair arhadbhiḥ

一起 十二 比丘 百 全部 应供

… ‖ (*n. du. I.* →) anyābhyām ca dvābhyām bhikṣusahasrābhyām

其他的 又 二 比丘 千

śaikṣāśaikṣābhyām ‖ (*n. pl. I.* →) mahāprajāpatī-pramukhaiś ca ṣaḍbhir

学无学 以摩诃波阇波提为首的又 六

bhikṣuṇīsahasraiḥ ‖ (*f. sg. I.* →) yaśodharayā ca bhikṣuṇyā rāhula-mātrā

比丘尼 千 耶输陀罗 又 比丘尼 罗睺罗的母亲

saparivārayā ‖ (*n. pl. I.* →) aśītyā ca bodhisattva-sahasraiḥ sārdhaṃ

与眷属 八 又 菩萨 千 一起

sarvair avaivartikair eka-jāti-pratibaddhair yad utānuttarāyāṃ

全部 不退转 一生相续 所谓 于无上

samyak-saṃbodhau… ‖ (*m. sg. I.* →) śakreṇa ca devānām indreṇa

正等正觉 释 又 天神的 帝王

sārdhaṃ viṃśati-devaputra-sahasra-parivāreṇa ‖ (*m. sg. I.* →) tadyathā

一起 二十 天子 千 随行 譬如

candreṇa ca devaputreṇa sūryeṇa ca devaputreṇa samatagandhena

月 又 天子 日 又 天子 普香

ca devaputreṇa ratnaprabheṇa ca devaputreṇāvabhāsaprabheṇa ca

又 天子 宝光 又 天子 光耀 又

devaputreṇa evaṃ pramukhair viṃśatyā ca devaputrasahasraiḥ ‖

天子 如是 上首 二十 又 天子 千

(*m. pl. I.* →) caturbhiś ca mahā-rājaiḥ sārdham triṃśad-devaputra-sah-

四 又 大王 一起 三 天子 千

asra-parivāraiḥ (名号略)… ‖ (*m. sg. I.* →) īśvareṇa ca devaputreṇa

随行 自在 又 天子

maheśvareṇa ca devaputreṇa triṃśad-devaputrasahasra-parivārābhyāṃ ‖

大自在 又 天子 三 天子 千 随行

(*m. sg. I.* →) brahmaṇā ca sahām-patinā sārdham dvādaśa-brahmakāyi-

梵天 又 娑婆界主 一起 十二 梵众

ka-devaputra-sahasra-parivāreṇa ‖ (*m. sg. I.* →) tadyathā śikhinā ca

天子 千 随行 譬如 尸弃 又

brahmaṇā jyotiṣprabheṇa ca brahmaṇā evaṃ pramukhair
梵天 光明 又 梵天 如是 上首
dvādaśabhiś ca brahmakāyika-devaputra-sahasraiḥ ‖ (*m. pl. I.* →) aṣṭābhiś
十二 又 梵众 天子 千 八
ca nāga-rājaiḥ sārdhaṃ bahu-nāga-koṭī-śata-sahasra-parivāraiḥ … ‖ (*m. pl. I.* →) caturbhiś ca kiṃnara-rājaiḥ sārdhaṃ
又 龙王 一起 无量 龙 亿 百 千 随行
四 又 真陀罗王 一起
bahu-kimnara-koṭī-śata-sahasra-parivāraiḥ … ‖ (*m. pl. I.* →) caturbhiś ca
无量 真陀罗 亿 百 千 随行 四 又
gandharva-kāyika-devaputraiḥ sārdhaṃ bahu-gandharva-śata-sahasra-
香身天子 一起 无量 乾闼婆 百 千
parivāraiḥ … ‖ (*m. pl. I.* →) caturbhiś cāsurendraiḥ sārdhaṃ
随行 四 又 阿须伦 一起
bahv-asura-koṭī-śata-sahasra-parivāraiḥ … ‖ (*m. pl. I.* →) caturbhiś ca
无量 阿须伦亿 百 千 随行 四 又
garuḍendraiḥ sārdhaṃ bahu-garuḍa-koṭī-śata-sahasra-parivāraiḥ … ‖ (*m. sg. I.* →) rājñā cājātaśatruṇā māgadhena vaidehī-putreṇa sārdhaṃ ‖
迦楼罗 一起 无量 阿须伦 亿 百 千 随行
王 又 阿阇世 摩陀 韦提希子 一起

护:一时|佛游王舍城灵鹫山。‖与大比丘众俱。‖比丘千二百。一切无着。……‖(缺译)‖菩萨八万皆不退转。坚住无上正真之道。……‖尔时天帝释与二万天子俱。‖日天子与无数眷属俱。月天子以宝光明普有所照。宝光天子光耀天子俱。‖四大天王与万天子俱。‖焱明大梵自在天子与三万天子俱。‖梵忍迹天子与三万二千天子俱。‖饰干大梵与无数天子。又梵名焱光。与无数大众俱。来诣佛所稽首毕退坐一面。‖有八龙王。与无央数千诸龙眷属俱。‖四真陀罗王(名号略)。各与营从来诣佛所。稽首毕退住一面。‖净身四天子(名号略)。俱来诣佛所。前稽首毕退坐一面。‖四阿须伦王(名号略)。与无央数百千阿须伦人民俱。来诣佛所。前稽首毕。退坐一面。‖四金翅鸟王(名号略)。俱来诣佛所。稽首毕退住一面。‖摩竭国王阿阇世。与十子并诸营从。来诣佛所。稽首毕退坐一面。诸天龙神世人。莫不归命奉敬侍坐。‖

什:一时|佛住王舍城耆阇崛山中。‖与大比丘众万二千人俱。皆是阿

罗汉。……‖复有学无学二千人。‖摩诃波阇波提比丘尼。与眷属六千人俱。‖罗睺罗母耶输陀罗比丘尼。亦与眷属俱。‖菩萨摩诃萨八万人。皆于阿耨多罗三藐三菩提不退转。……‖尔时释提桓因。与其眷属二万天子俱。‖复有名月天子。普香天子。宝光天子。‖四大天王。与其眷属万天子俱。‖自在天子。大自在天子。与其眷属三万天子俱。‖娑婆世界主梵天王(名号略)。与其眷属万二千天子俱。‖尸弃大梵光明大梵等。‖有八龙王(名号略)。各与若干百千眷属俱。‖有四紧那罗王(名号略)。各与若干百千眷属俱。‖有四阿修罗王(名号略)。各与若干百千眷属俱。‖有四迦楼罗王(名号略)。各与若干百千眷属俱。‖韦提希子阿阇世王。与若干百千眷属俱。各礼佛足退坐一面。‖

原文是一个带有很长具格修饰语的主谓句,具格修饰语内部数次变更主题:比丘众 > 学无学 > 摩诃波阇波提比丘尼 > ……,但每次变换主题都伴有“数”(单、双、复数)的形态变化,一目了然。同理,画双线的“尔时”“(复)有”等是译者人为添加在话题转换处的标记词。可以看到,翻译同样一段内容,罗什使用话题标记的次数明显高于法护。又如:

(8)(*n. pl. N.* →) tasya aṣṭau śatāni ante-vāsinām abhūvan. |(*m. sg. N.* →)
他 八 百 近住弟子 有
sa ca bhagavāṃs tataḥ samādher vyutthāya. (《序品第一》)
这 又 世尊 从这 三昧中 起来后
护:侍者十八人。|佛三昧正受。从三昧起。
什:有八百弟子。|是时日月灯明佛从三昧起。

原文前后两句的话题转换表现为“性”和“数”的不同,什译本便自觉在新话题前添加“是时”作为标记。

(9)(*pers.* 1. *sg. N.* →) tena evaṃ prajānāmi mahā-dharma-śravaṇa-sāṃkathyaṃ
因此 如是 我知 宣说乐闻大法
|(*m. sg. N.* →) tathāgataḥ kartu-kāmo mahā-dharma-śravaṇaṃ
如来 欲行 乐闻大法
śrāvayitu-kāmo yathedam evaṃ-rūpaṃ pūrva-nimittaṃ
欲令闻 犹如这 如是相 宿世之相

prāduṣkṛtavān.（《序品第一》）

曾现

护：识察知讲大法。｜诸如来至真等正觉。欲令众生听无极典。故现斯应。

什：是故当知。｜今佛现光亦复如是。欲令众生咸得闻知一切世间难信之法。故现斯瑞。

原文前后两句的话题转换表现为"人称"的不同，什译本便自觉在新话题前添加"今"作为标记。

这在某种程度上也说明，越是高水平的翻译，越能更大程度地明确传达出源头语和目的语的语言类型差异，呈现出的对应就越成系统有规律，体现了更为深层的类型对应，即梵语等语言的屈折形态往往对应于汉语线性序列上的词汇形式或功能成分。

同样为叙述文体的《维摩诘经》①也表现出类似的倾向。略举两例如下：

（10）（*m. sg. N.* →）evaṃ mayā śrutam ekasmin samaye bhagavān

如是 为我 所闻 一 时 世尊

vaiśālyāṃ viharati sma …｜

维耶离中 游

（*n. pl. N.* →） dvādaśa ca śakrasahasrāṇy anyānyobhyaś

十二 又 帝释 千 从各各

catumahādvīpakebhyo bhyāgatāni tatraiva parṣadi sannipatitāny

四大洲 来 这 即 会中 安坐

abhūvan.（《佛国品第一》）

支：闻如是，一时佛游于维耶离奈氏树园……｜彼天帝万二千释从四方来。

---

① 引例取自《梵藏汉对照〈维摩经〉》（*Vimalakīrtinirdeśa, Transliterated Sanskrit Text Collated with Tibetan and Chinese Translations*），大正大学综合佛教研究所梵语佛典研究会编订，2005 年。"支"表支谦译《佛说维摩诘经》，T14，No. 474。"什"表鸠摩罗什译《维摩译所说经》，T14，No. 475。"玄"表玄奘译《说无垢称经》，T14，No. 476。

什:如是我闻,一时佛在毘耶离庵罗树园……｜复有万二千天帝。亦从余四天下来在会坐。

玄:如是我闻,一时薄伽梵住广严城庵卫林……｜复有万二千天帝。各从余方四大洲界。亦为瞻礼供养世尊及听法故。来在会坐。

画单线部分为梵汉对应词。原文前后两句的话题转换表现为"性"和"数"的不同,罗什和玄奘的译本都在新话题前添加"复有"作为标记。

(11)(*pers.* 1. *sg. N* →) aprasannānāṃ　ca　kula-putrāṇāṃ　prasādam
诸未净信者的　又　诸善男子的　信受
utpādayisyāmi　prasannānām　ca…｜　evam　ukte (*m. sg. N.* →)
我将至　诸净信者的　又　如是　所言
bhagavāṃc　chakraṃ　devānām　indram　etad　avocat.　sādhu　sādhu
世尊　释　天神的　帝王　这　说　好啊　好啊
(《法供养品第十三》)

支:吾……共诣其所。｜佛言。善哉善哉。

什:我……共到其所。｜佛言。善哉善哉。

玄:我……共诣其所。｜尔时世尊告天帝释。善哉善哉。

原文前后两句的话题转换表现为"人称"的不同,玄奘的译本在新话题前添加"尔时"作为标记。

二

周一良先生很早提到"复次"频繁用于句首是汉译佛经的特色,"自来士大夫作古文"不用。的确,"复次"、"尔时"是伴随译经产生的新词,但在语篇功能上它们跟其他居于句首的话题标记一样,都用来开启新话题,同时兼有话题转移的功能,这在佛经翻译之前的中土文献中早已普遍流行。

从上古开始,时间词"时"、"是时"、"今"等就常常用于句首话题位置。如:

是时孔子当厄，主司城贞子，为陈侯周臣。（《孟子·万章上》）｜时吴政峻急，莫敢宣也。（《搜神记》八）｜尔时吴兴沈充为县令，当送客过浙江。（《世说新语·雅量》）｜今商王受，弗敬上天，降灾下民。（《尚书·泰誓》）｜今王与百姓同乐，则王矣。（《孟子·梁惠王上》）｜今夫性恶之人，使与性善者同类乎？（《论衡·命义篇》）

蒲立本（1995）认为居于句首话题位置的“今”常常是一个引介性的小品词，并不涉及特定的时间因素。我十分赞同他的观点，并由此断定居于句首话题位置的“时”、“是时”、“尔时”等也具有相同的性质。

“有”字起首的无主句同样也是汉语历代沿用的固有句式，如：

有女怀春，吉士诱之。（《诗经·召南·野有死麕》）｜有鳏在下，曰虞舜。（《尚书·尧典》）｜子贡曰：有美玉于斯，韫椟而藏诸，求善贾而沽诸？（《论语·子罕》）｜我明告子：有楚大夫于此，欲其子之齐语也。（《孟子·滕文公下》）｜有鸟止于南方之阜，三年不动不飞不鸣，是何鸟也？（《吕氏春秋·重言》）｜有人从长安来，元帝问洛下消息，潸然流涕。（《世说新语·夙惠》）｜礼还，复有诏责数诸葛瑾、步骘、朱然、吕岱等。（《三国志裴注·吴书》）｜须臾，复有一婢来，问曰：……（《世说新语·文学》）｜有痴婿，妇翁死，妇教以行吊礼。（《古小说钩沉·笑林》）｜有一类人家儿子，不行孝养，……（《敦煌变文集·父母恩重经讲经文》）｜有个胡须将军，匹马单鞭，要见元帅。（《水浒传》64 回）｜有一个没理的村牛打我来。（《朴通事》）

罗杰瑞（1995）称之为“无主语型”存在句，曹逢甫（1990）称之为引介句，李佐丰（1994）从上古文献的分布情况看，此类句以置于篇章或段落之首为常，认定“有”具有介绍作用。即为篇章引入一个新话题。

此外，古汉语里还有很多用以凸显话题的标记手段。常见者有冠于话题前的引介性小品词“夫”、“若夫”、“且夫”、“唯（惟、维、隹）”等，如：

夫战，勇气也。（《左传·庄公十年》）｜若夫豪杰之士，虽无文王犹兴。（《孟子·尽心上》）｜且夫暴国之君，将谁与至哉？（《荀子·宥坐》）｜夫八万人奔散，非八千人所能缚。（《三国志裴注·魏书》）｜夫陵者，高大之象也。（《搜神记》6）｜夫无者，诚万物之所资。（《世说新语·文学》）｜维予小子，未堪家多难。（《诗经·周颂·闵予小子之什》）

还有后附于话题的小品词"也"、"哉"等,如:

寡人之于国也,尽心焉耳矣。(《孟子·梁惠王上》)|是鸟也,海运则将徙于南冥。(《庄子·逍遥游》)|是月也,雷将发声。(《论衡·命义》)|食茱萸也,山茱萸则不任食。(《齐民要术·安石榴》)|越哉,臧孙之为政也!夫祀,国之大节也。(《国语·鲁语》)

由此可见,汉语作为话题优先语言,在遣词造句、布局谋篇时有使话题突出的内在要求。而在汉译佛经这一特定文体中,由于词汇的新旧更替,译者弃用了一些古老的标记形式,中意于在话题前加标记词的方式。原始驱动则是为将原文中标示新话题的小品词或凭借词形变化表现的话题转换翻译出来,随即带来的后果便是,译经文献中显性话题标记的使用频率明显高于同期的中土文献。如下表所示:

	夫–	–也	(复)有–	今(者/日)–	(是)时–	尔时–	复次/次复–	合计
《世说新语》(8.1万字)	3	4	53	14	37	4	0	115
《妙法莲华经》(7.8万字)	0	0	162	42	103	149	8	464

但这并未违反汉语自身的组织原则,反而突出了汉语作为话题优先语言的类型特征,加快了汉语句子话题化的进程,即向话题概念结构化语言迈进。至于这些前加成分是否已经像现代汉语里后附于话题的"吧、呢、啊、的话"等表停顿的语气词一样,语法化为话题的句法标记,还有待讨论。总之,译者有意添加话题标记的倾向对此类带有明显翻译色彩的话题结构起着至关重要的作用,他们的主观自觉直接作用于译文,并凭借译文的广宣弘传深刻影响着汉语全民语的表达习惯和表达方式。

汉译佛经频繁使用甚至增译话题转移标记的特点再一次说明,各种语言逻辑结构相通、表达形式互异。而对汉译佛经进行梵本及异译的比较则有助于发现梵汉两种语言各自的组织原则,可为进一步探索受译经影响的汉语语法演变提供一个崭新的视角。

附录:缩略语及符号

T ＝ 大正新修大藏经,高楠顺次郎、渡边海旭主编,东京,1924—1934 年。

No. ＝ 大藏经中的序号

du.	dual 双数	pers. 1.	first-personal 第一人称代名词
f.	female 阴性	pl.	plural 复数
G.	genitive 属格	sg.	singular 单数
I.	instrumental 具格	(sg. I. →)	表话题词语的性、数、格
m.	masculine 阳性	|、‖	表句子主题链的层级,"|"为一级主题、"‖"为二级主题
N.	nominative 主格		
n.	neuter 中性	……	表省略

参 考 文 献

贝　尔(Bell, R. T.)　1989　《翻译与翻译过程:理论与实践》(*Translation and Translating: Theory and* Practie),秦洪武译,外语教学与研究出版社,2005 年。

曹逢甫　1977　《话题在汉语中的功能研究——迈向语段分析的第一步》(*A Functional Analysis of Topic in Chinese—The First Step toward Discourse Analysis*),谢天蔚译,语文出版社,1995 年。

曹逢甫　1990　《汉语的句子与子句结构》(*Sentence and Clause Structure in Chinese: A Functional Perspective*),王静译,北京语言大学出版社,2005 年。

荻原云来(U. Wogihara)　1940—1974　《梵和大辞典》(*Sansklit-Japanese Dictionary*),东京(the rivised and enlarged edition, 1978 年)。

李佐丰　1994　《文言实词》,语文出版社。

罗杰瑞　1995　《汉语概说》,语文出版社。

蒲立本(Pulleyblank, Edwin)　1995　《古汉语语法纲要》(*Outline of Classical Chinese Grammar*),孙景涛译,语文出版社,2006 年。

徐烈炯　刘丹青　1998　《话题的结构与功能》,上海教育出版社。

徐烈炯　刘丹青(主编)　2003　《话题与焦点新论》,上海教育出版社。

王建军　2003　《汉语存在句的历时研究》,天津古籍出版社。

赵彦春　2005　《翻译归结论》,上海教育出版社。

周一良　1963　《论佛典翻译文学》,收于《周一良集》(第3卷·佛教史与敦煌学),辽宁教育出版社,1998年。

Li, Charles N. and Sandra A. Thompson 1976 Subject and topic: A new typology of language, in C. Li, ed, *Subject and Topic*, Academic Press, New York.

(原刊于《中国语文》2007年第3期)

佛经汉译中呼格的凸显与转移

姜　南

提要　本文在对《法华经》进行梵汉对勘和异译比较中揭示汉译佛典语篇结构的一个特点，即译者利用符合汉语类型的词汇语法手段，凸显原文由名词呼格变化表达的篇章衔接功能，在实现翻译对等转换的同时，也呈现出汉译佛典的语篇特点。

关键词　梵汉对勘　篇章衔接　呼格

汉语史上第一次大规模的语言接触是汉语和以梵语为主的古代印度语言的接触，通过长达千年的佛经翻译得以实现。然而梵汉两种语言的结构类型存在巨大差异，梵语是典型的屈折语，而汉语是典型的孤立语，译者既要忠实反映原典语言的特点，又要保证译文的通俗易懂，设法实现梵汉两种语言结构类型的对等转换，势必会利用汉语中现有的成分去表现原文，使得许多带有原典语言特点的异质性成分被披上汉语的外衣移植到译经中来，对汉译佛典语言产生影响。佛经汉译中呼格的凸显与转移即为缩小梵汉两种语言各自不同的篇章组织原则而采取的篇章衔接策略。

篇章作为最高层次的语言单位，由前后衔接的句子或段落组成，它们之间具有语义和结构的连贯性。梵语中，名词有八种格尾变化，其中第八格——呼格（Vocative），表达呼唤某人以引起注意。包括《法华经》在内的梵文原典中，配合对话式语篇的布局特点，呼格的使用非常频繁，它不参与句法组合，而是以独立的身份出现在句中，通过自身的形态变化清楚标明谈话双方的角色交替，具有重要的篇章衔接功能。因此在转梵为汉的佛经翻译中,译者要如实反映原文的语篇特征,必然带入大量与呼格相应的汉译成分。

(一)采取直译方式,将原文的呼格名词直接译成汉语的人名称呼语。如《法华经》①中:

(1)护:比丘! 尔等勿以此谊谓泥洹也。
什:诸比丘! 汝等所得非究竟灭。
mā yūyaṃ bhikṣava etan nirvāṇaṃ manyadhvaṃ
(《五百比丘受记品》)
adv. pers. 2. pl. N. m. pl. V. n. Ac. n. sg. Ac. impv. 2. pl. A.
不要 你们 比丘们啊 这 涅槃 以为

(2)护:舍利弗白佛:"不也,安住! 不也,世尊!"
什:舍利弗言:"不也,世尊!"
śāriputra āha / na hy etad bhagavan na hy etat sugata
(《譬喻品》)
m. sg. N. perf. 3. sg. P. adv. adv. n. sg. N. m. sg. V. adv. adv. n. sg. N. m. sg. V.
舍利弗 说了 非 确实 这 世尊啊 非 确实 这 安住啊

早期的译经还经常照搬原文词序,将原文出现在句子中间的呼格名词也译成插于句中的人名称呼语,竺法护译《正法华经》中即可见到此类用例。如:

(3)护:佛法平等,族姓子! 这②发无上正真道意,前于超空如来至真等正觉所。
什:诸善男子! 我与阿难等,于空王佛所,同时发阿耨多罗三藐三菩提心。
samam asmābhiḥ kula-putrā eka-kṣaṇa eka-muhūrte mayā c' ānandena

① 本文选用精校梵本:荻原云来(U. Wogihara)、土田胜弥(C. Tsuchida)编订《改订梵文法华经》(*Saddharmapundarīka-sutra, Romanized and Revised Text of the Bibliotheca Buddhica Publication by Consulting a Sanskrit Ms. and Tibetan and Chinese Translations*),山喜房佛书林,东京,1934—1935年。汉译本方面,选用目前校刊最好的日本《大正新修大藏经》本,高楠顺次郎、渡边海旭主编,东京,1924—1934。"护"表竺法护译《正法华经》,T9,No. 263。"什"表鸠摩罗什译《妙法莲华经》,T9,No. 262。

② 大正藏引【宋】【元】【明】【宫】本皆作"適"。

adj. N.　pers. 1. pl. I.　m. pl. V.　n. sg. L.　m. sg. L.
平等　由我们　善男子们啊　一刹那间　一须臾间
pers. 1. sg. I.　conj.　m. sg. I.
由我　和　由阿难

ca-anuttarāyāṃ samyak-saṃbodhau cittam utpāditaṃ
conj.　adj. f. sg. L.　f. sg. L.　n. sg. N.　caus. ppp. N.
和　于无上　正等正觉　心　令生起

dharma-gaganābhyudgatarājasya tathāgatasya arhataḥ samyak-saṃbuddhasya
m. sg. G.　m. sg. G.　m. sg. G.　m. sg. G.
超法空王的　如来的　应供的　正等正觉的

saṃmukhaṃ(《受记品》)
adv.
面前

原文的呼格名词出现在句子中间，竺法护也原方不动地译成插于句中的人名称呼语。虽然逐字逐词地翻译了原文，但是汉语的人名称呼语没有外在的词形变化，这样插于句中不仅割裂了句子结构，造成话语中断，而且难以辨认，如果没有原文或鸠摩罗什的异译本作为对照，这里的“族姓子”很容易被误解为句子的主语，影响翻译效果。

竺法护之前，类似的翻译现象更为普遍，如东汉安世高译《人本欲生经》中：

> 是时阿难为行道。(1/245b) | 若阿难为行道，是识止处已知。(1/245b) | 彼阿难第一受行从得解。(1/245c)

汉译中的“阿难”很像句子的主语，但通读全文后得知，该经通篇讲述佛对贤者阿难开示佛法，“阿难”其实是结构上独立的人名称呼语，译者很可能直译了原文呼格词序，导致“阿难”插于句中，身份不明，带来理解障碍。

所以为了避免误解，提高语篇的连贯性，后来的译经很少再将人名称呼语插入句中，而是移至句首或单独成句，如例(12)、(13)，以凸显呼格的独立身份，在鸠摩罗什翻译的《妙法莲华经》中几乎见不到照搬原文词序、插于句中的人名称呼语。

（二）此外在对《法华经》进行梵汉对勘后可知，两位译者还主动采用添词意译的方式，将直接对应呼格的汉译成分移入句中作主语或宾语，用汉语中结构独立的单句对译原文的呼格名词，把它作为新话题链的出发点，起到承上启下的语篇衔接功能，这样既贴近汉语的表达习惯，又能清晰交代谈话双方的角色转换。

意译的方式主要有两种：一是在原来的人名称呼语后添加"当知/欲知/惟说"等祈愿类动词，将原文的呼格名词译成祈愿类动词的主语。如：

(4)护：如来之慧巍巍如斯，……比丘欲知！佛之智慧，圣明普达。

什：如来无碍智，……诸比丘当知！佛智净微妙。

etādṛśam jñānu① tathāgatānāṃ… etādṛśam bhikṣava

adj. N. n. sg. N. m. pl. G. adj. N. m. pl. V.

如是 智慧 诸如来的 如是 诸比丘啊

jñānam etad ananta-jñānasya tathāgatasya …（《化城喻品》）

n. sg. N. pron. N. adj. G. m. sg. G.

智慧 这 有无量智慧 如来的

(5)护：其佛三昧未久，威神德本，面出一光。……彼时世尊与二十亿诸菩萨俱。

什：尔时如来放眉间白毫相光……弥勒当知！尔时会中有二十亿菩萨。

atha khalu tasyāṃ velāyāṃ tasya bhagavataś candrasūryapradīpasya

adv. adv. pron. L. f. sg. L. pron. G. m. sg. G.. m. sg. G.

于是 在这个 时候 这 世尊的 日月灯明的

tathāgatasya

m. sg. G.

如来的

bhrū-vivarāntarād ūrṇā-kośād ekā raśmir niścaritā …

n. sg. Ab. m. sg. Ab. num. N. f. sg. N. ppp. N.

从眉毛中间 从白毫中 一束 光 放出

tena khalu punar

pron. L. adv. adv.

在这个 复次

① 见 BHSG § 8.30。

ajita samayena tasya bhagavato viṃśati-bodhisattva-koṭyaḥ

m. sg. V. m. sg. L. pron. G. m. sg. G. f. pl. N.

莫能胜啊 时候 这 世尊的 二十亿菩萨

samanubaddhā abhūvan (《序品》)

ppp. N. aor. 3. pl. P.

随侍 有

(6)护:便问溥首曰:"仁者惟说!今何因缘有此瑞应?"

什:问文殊师利言:"以何因缘而有此瑞?"

tasyāṃ velāyāṃ mañjuśriyaṃ kumāra-bhūtam etad

pron. L. f. sg. L. m. sg. Ac. adj. m. sg. Ac. pron. n. sg. Ac.

在这个 时候 文殊师利 为童子的 此(言)

avocat

aor. 3. sg. P.

说了

ko nv atra mañjuśrīḥ hetuḥ kaḥ pratyayo

inter. N. adv. adv. m. sg. V. m. sg. N. inter. N. m. sg. N.

什么 今 此中 文殊师利啊 原因 什么 原因

yad ayam evaṃ-rūpa (《序品》)

adv. dem. N. adj. m. sg. N.

即 这 如是相

二是在原来的人名称呼语前添加言告类动词(有时还补出施事主语),将原文的呼格名词译成言告类动词的对象宾语。如:

(7)护:告舍利弗:"大仙如是,为诸群生救护父母。"

什:告舍利弗:"我亦如是,众圣中尊,世间之父。"

emeva haṃ① śārisutā maha-rṣī sattvāna② trāṇaṃ ca

adv. pers. 1. sg. N. m. sg. V. m. sg. N. m. pl. G. n. sg. N. conj.

即如是 我 舍利弗啊 大仙 众生的 依怙 和

pitā ca bhomi③(《譬喻品》)

m. sg. N. conj. pres. 1. sg. P.

父亲 和 (我)是

---

① 见 BHSG §21.46。

② 见 BHSG §8.117。

③ 见 BHSG §1.29 & BHSD, P412。

(8)护:悉来诣我。佛语迦叶:"于时黎庶无数亿姟皆来听经。"

什:汝等天、人、阿修罗众,皆应到此,为听法故。尔时无数千万亿种众生,来至佛所而听法。

upasaṃkrāmantu　mām　bhavanto　deva-manuṣyā　dharma-śravaṇāya …

imv. 3. pl. P.　pers. 1. sg. Ac.　ppt. V.　m. pl. V.　n. sg. D.

趣至　我　您们　天神和人　为了听法

tatra　kāśyapa　bahūni　prāṇi-koṭī-nayuta-śata-sahasrāṇi

adv.　m. sg. V.　adj. N.　n. pl. N.

此处　迦叶啊　无量　百千亿那术众生

tathāgatasya　dharma-śrāvaṇāya　upasaṃkrāmanti(《药草品》)

m. sg. G.　n. sg. D.　pres. 3. pl. P.

如来的(面前)　为了听法　趣至

(9)护:其志声闻缘觉乘,已得声闻缘觉之路,若行菩萨及成就者,其新发意皆当付此,诸族姓子听所说经不拒逆者……其十六子……

什:若声闻、辟支佛及诸菩萨,能信是十六菩萨所说经法,受持不毁者……佛告诸比丘:"是十六菩萨……"

ye ke-cid　bhikṣavaḥ　śrāvaka-yānikā　vā　pratyekabuddha-yānikā

rel. N. interj. N.　m. pl. V.　m. pl. N. 依主释　conj.　m. pl. N. 依主释

凡是　诸比丘啊　诸声闻乘　或　诸缘觉乘

vā　bodhisattva-yānikā

conj.　m. pl. N.

或　诸菩萨乘

vā　eṣāṃ　kula-putrāṇāṃ　dharma-deśanāṃ　na　pratikṣepsyanti

conj.　pron. G.　m. pl. G.　f. sg. Ac.　adv.　caus. fut. 3. pl. P.

或　这些　善男子们的　法教　不　将令生诽谤

na　pratibādhiṣyante …

adv.　fut. 3. pl. A.

不　将违逆

taiḥ　khalu punar　bhikṣavaḥ　ṣoḍa　śabhiḥ　kula-putrais …(《化城喻品》)

pron. I.　adv. adv.　m. pl. V.　num. I.　m. pl. I.

这些　复次　诸比丘啊　十六　善男子们

同时异译对比显示,以上两种意译呼格的方式在佛经翻译中常常交替使用,起到基本等价的篇章衔接功能。如:

(10)护:佛语莫能胜:"彼二万如来最前兴者,号日月灯明。"

什:“弥勒当知!初佛后佛,皆同一字,名日月灯明。”

tatra <u>ajita</u> teṣāṃ viṃśati-tathāgata-sahasrāṇāṃ pūrvakaṃ tathāgatam upādāya
adv. m. pl. V. pron. G. n. pl. G. adj. Ac. m. sg. Ac. ger.
此中 莫能胜啊 这些 二万如来中 过去 如来 始从

yāvat paścimakas tathāgataḥ so 'pi candrasūryapradīpa-nāmadheya
adv. adj. N. m. sg. N. pron. N. adv. adj. N.
乃至 最后 如来 这 也 名叫日月灯明

eva tathāgato 'bhūd (《序品》)
adv. m. sg. N. aor. 3. sg. P.
即 如来 是

(11)护:告<u>舍利弗</u>:“我见如是,……”

什:“舍利弗当知!我本立誓愿,……”

evaṃ ca cintemy ahu <u>śāriputra</u>(《方便品》)
adv. conj. pers. 1. sg. P. pers. 1. sg. N. m. pl. V.
如是 又 思量 我 舍利弗啊

统计《法华经》1—10 品,通过直译和意译两种方式译出的呼格数量为:

翻译方式 / 汉译本	直译	意译	合计
《正法华经》	80	46	126
《妙法莲华经》	112	27	139

可见,佛经翻译不仅通过直译将原典语言的特点带入汉语,而且还主动利用汉语既有的词汇、语法手段,将原文名词的呼格变化译成适合汉语类型特征的表达方式,使之能为汉语自身结构接纳,真正实现佛经翻译的对等转换。如此说明,语言中的既成事实会在一定程度上迫使新形式就范,不允许新形式沿循另一条本质上不同的道路发展,汉译佛经中诸多来自原典的异质语言要素就是在与汉语固有规则的碰撞与调和中逐步走向本土化的。

术 语 缩 略

T = 大正新修大藏经，高楠顺次郎、渡边海旭主编，东京，1924—1934 年。

No. = 大藏经中的序号。

BHSD = F. Edgerton，《佛教混合梵文字典》(*Buddhist Hybrid Sanskrit Dictionary*)，Yale University Press，1953。

BHSG = F. Edgerton，《佛教混合梵文文法》(*Buddhist Hybrid Sanskrit Grammar*)，Yale University Press，1953。

A.	ātmanepada，middle-voice 为己，中间语态	Ab.	ablative 从格
Ac.	accusative 业格	adj.	adjective 形容词
adv.	adverb 副词	aor.	aorist 不定过去时
conj.	conjunction 连词，接续词	caus.	causative 使役
D.	dative 为格	dem.	demonstrative-pronoun 指示代名词
f.	feminine 阴性	fut.	future 将来时
ger.	gerund 绝对分词	G.	genitive 属格
I.	instrumental 具格	impv.	imperative 命令式
inter.	interrogarive 疑问代名词	interj.	interjection 感叹词
L.	locativen 依格	m.	masculine 阳性
N.	nominative 体格	n.	neuter 中性
P.	parasmaipada，active-voice 为他，主动语态	pass.	passive 被动语态
pers. 1.	first-personal 第一人称代名词	pers. 2.	second-personal 第二人称代名词
perf.	perfect 完成时	pl.	plural 复数
ppp.	past-passive-participle 过去被动分词	ppt.	present-participle 现在分词
pres.	present 现在时	pron.	pronoun 代词
rel.	relative-pronoun 关系代词	sg.	singular 单数
V.	vocative 呼格		

参 考 文 献

(德)A. F. 斯坦茨勒　1870　《梵文基础读本》,季羡林译,段晴、钱文忠补,北京大学出版社,1996 年。

段　晴　2001　《波你尼语法入门》,北京大学出版社。

梁启超　1920　《翻译文学与佛典》,《佛学研究十八篇》,上海古籍出版社,2001 年。

(荷兰)许理和(Erik Zürcher)　1987[1977]　《最早的佛经译文中的东汉口语成分》,蒋绍愚译,《语言学论丛》第十四辑,商务印书馆。

朱庆之　2001　《佛教混合汉语初论》,《语言学论丛》第二十四辑,商务印书馆。

朱庆之　朱冠明　2006　《佛典与汉语语法研究》,《汉语史集刊》,巴蜀书社。

也谈汉译佛典中的“NP_1，NP_2 +是也/是”

蒋绍愚

提要 汉译佛典中的“NP_1，NP_2 +是也”句式，不是先秦的“NP_1，NP_2（主语）+是（代词）也”句式的仿用或直接继承，而是源于西汉后期、东汉、魏晋南北朝汉语中的“NP_1，NP_2（表语）+是（系词）也”句式。汉译佛典中的“NP_1，NP_2 +是”句式是“NP_1，NP_2 +是也”的变体。这两种句式在汉译佛典中大量运用，并不是用以对译梵文原文中处于句末的系词，而是因为佛典在叙述“前世的 NP_1 就是今生的 NP_2”之类的故事时，往往强调“今生的 NP_2”，而这两种句式系词前的表语正是表示强调，所以适于表达这类故事。

关键词 汉译佛典 “NP_1，NP_2 +是也/是”句式 表语前置 梵汉对勘

一

1.1 在汉译佛典中有一种“NP_1，NP_2 +是也/是”句式，这种句式在东汉安世高的译经中还没有，在康孟祥和竺大力、竺昙果译的《中本起经》中就已经出现。如：

(1)佛告拘怜：尔时忍辱道人者，我身是也。恶生王者，拘怜是也。（《中本起经·卷上》）

(2)佛告比丘：尔时天帝者，大迦叶是也。文陀竭王者，则是吾身。（《中本起经·卷下》）

(3)佛告诸比丘:尔时高行梵志,则吾身是也;五百弟子,今若曹是也;时谏师者,舍利弗是也。(《中本起经·卷下》)

在《六度集经》、《生经》、《贤愚经》、《杂宝藏经》中很多。下面举一些《生经》的例句:

(4)佛告诸比丘:欲知尔时甥者,则吾身是;女父王者,舍利弗是也;舅者,调达是也。女妇国王父,输头檀是也;母,摩耶是;妇,瞿夷是;子,罗云是也。(《生经·卷二》)

(5)佛告诸比丘:欲知尔时仙人者,则今此和上是;时象子者,死弟子是也;天帝释者,则我身也。(《生经·卷二》)

(6)佛告诸比丘:欲知尔时水牛王者,即我身是。为菩萨时,堕罪为水牛,为牛中王,常行忍辱,修四等心,慈悲喜护,自致得佛。其余水牛诸眷属者,诸比丘是也。水牛之犊,及诸梵志仙人者,则清信士居家学者。(《生经·卷三》)

(7)佛告诸比丘:欲知尔时孔雀者,我身是也;乌者,诸外异学也;天者,阿难也。(《生经·卷五》)

(8)佛告诸比丘:欲知尔时阿夷扇持子,今清信士子是也;清信士者,则今父也;其仙人者,我身是也。(《生经·卷五》)

1.2　研究者对这种很注意,但看法不一。袁宾(1989)首先注意到汉译佛典中的这种句子,但没有进一步分析。张华文(2000)认为这种句式是原始汉藏语 SOV 结构的遗留。江蓝生(2003)说:汉译佛典中的“N_1者,N_2是也”句式与先秦文献里以“是也”结句的判断句相似,可以认为是先秦句式的仿用。但按照古汉语判断句句法,如对位于句末的“是也”加以省略,则可省去“是”,不能省去“也”。所以她认为汉译佛典中的“N_1者,N_2是”句式是受梵文影响,“梵文文法,判断句主语与表语间不用 be 动词。……但在强调说明时,可在表语后加上 be 动词。”而汉译佛典中的“N_1者,N_2是”句式正是强调式,所以,“汉译佛经中以‘是’结尾的特殊判断句很可能是译者受梵文影响而产生的句式”。陈秀兰(2003)也认为是梵文的影响,朱冠明(2005)、龙国富(2005)赞同江说,并举《法华经》的梵汉对勘加以支持。张美兰(2003)认为有两种可能:(一)这个句式产生的基础与上古汉语(B)式"T,NP是也"式有某种关联。(二)可能与佛经原文句式表达有关。姜南(2008)不同意梵文影响说,她对鸠摩罗什译的《妙法莲华经》中的"S是N"74例和"S,N是"19例逐一做了梵汉对勘,认为两种句式的差别不是由梵文的判断词是否放在句末而造成的,而是因为译者用"S是N"句式翻译原文的简单判断句,用"S,N是"句式翻译原文的繁琐判断句。

关于这些不同的看法,我们将在下文讨论。(上述一些论文有的把汉译佛典中的"NP_1,NP_2+是也/是"句式和元明时期的"NP_1,NP_2+是也/是"句式一起讨论,本文只讨论汉译佛典中的"NP_1,NP_2+是也/是"句式。)

二

2.1 首先要讨论的是:汉译佛典中的这种特殊句式是否可以分为两类:"NP_1,NP_2+是也"和"NP_1,NP_2+是",而且,是否可以认为两者的来源不同:前者是先秦句式的仿用,后者是受梵文影响而产生的?

要讨论这个问题,首先要弄清楚汉译佛典中的这种特殊句式中"是"的性质。这种句式中的"是"不是指示代词,而是后置的系词。

从例(2)可以看到,在同一段文字中,表示判断既可以用"NP_1,NP_2+是也",也可以用汉语正常的判断句式"NP_1是NP_2"。

从例(4)可以看到,在同一段文字中,表示判断既可以用"NP_1,NP_2+是也",也可以用"NP_1,NP_2+是","是也"和"是"用法是一样的,看不出有什么区别。从例(5)—例(8)还可以看到,在同一段文字中,"NP_1,NP_2+是也"和"NP_1,NP_2+是"还可以和汉语正常的判断句式"N_1者,N_2也"、"NP_1,NP_2也"和"NP_1+是+NP_2"并用,说明"NP_1,NP_2+是也"和"NP_1,NP_2+是"都是判断句。

特别是下面《六度集经》中的例句看得更清楚,"理家者,吾身是也"也可以说成“理家者，是吾身也”，说明两句中的“是”都是表判断的系词：

（9）佛告诸沙门：理家者，吾身是也；彼荡子者，调达是；以鼠致富者，盘特比丘是。（《六度集经·卷三》）

（10）佛告诸沙门：理家者，是吾身也；国王者，弥勒是；鳖者，阿难是；狐者，鹙鹭子是。蛇者，目连是；漂人者，调达是。（《六度集经·卷三》）

在这种句式中如果有“即”、“则”出现时，一般都是“NP_1，即＋NP_2＋是也/是”、“NP_1，则＋NP_2＋是也/是”，但也有“NP_1，NP_2＋即＋是也/是”、“NP_1，NP_2＋则＋是也/是”的，这很清楚地说明“是”是系词。如：

（11）菩萨实时用草作索。作索已讫，与婆罗门。一切施者，我身即是。（《大庄严论经·卷十五》）

（12）佛告诸臣：欲知尔时四乌身不？今汝等四臣则是。安住国王，今波斯匿王是也。今者国王诸兵臣吏，卿等所将八万乌是。（《生经·卷三》）

还有一些例句也可以说明汉译佛典“NP_1，NP_2＋是也/是”句式中的“是”不是代词，而是系词：

（13）称伽拔吒语诸宗亲言：称伽拔吒非我身是。（《大庄严论经·卷十五》）

（14）欲知尔时净复净王发道意者，岂是异人？莫造此观。所以者何？则是今现莲华首菩萨是。（《正法华经·卷十》）

例（13）把“非是”拆开用，“非是”的“是”是系词。例（14）重复用两个“是”字，可能是译者的误用，但说明在译者心目中，句末的“是”和句中的“是”一样，是个系词。这种重复用两个“是”的句子不止一个，这里就不多引了。

2.2　然后再来讨论：这种句式究竟是中土文献固有的？还是受梵文翻译影响而产生的？

从形式上看，这种“NP_1，NP_2＋是也”句式，在中土文献中先秦就有。但“NP_1，NP_2＋是”句式在中土文献中是没有的。

那么，汉译佛典中的“NP_1，NP_2＋是也”句式是不是先秦的“NP_1，NP_2＋

是也”的仿用或直接继承呢?

先秦文献中的“NP_1,NP_2+是也”有不少,但“是”不是系词,而是指示代词。这一点江蓝生(2003)已经说到。如果仔细分析,这种句式还可以分为三种类型:

(一)NP_1 和 NP_2 都是名词或名词性词组,NP_1 是一类,NP_2 是这一类中的一个。如:

(15)古之人有行之者,武王是也。(《孟子·梁惠王下》)

(二)NP_1 是名词词组或指称化的词组,NP_2 是名词;NP_1 比较抽象,NP_2 比较具体,两者分属不同的范畴。但 NP_1 这种抽象的东西体现在 NP_2 这个具体事物的身上。如:

(16)天地始者,今日是也。百王之道,后王是也。(《荀子·不苟》)

(三)NP_1 是主谓结构,表示一种状况,NP_2 是名词或指称化的谓词。这种句式表示 NP_1 这种状况体现在 NP_2 这个事物上。如:

(17)凡物不并盛,阴阳是也;理相夺予,威德是也。(《韩非子·解老》)

这三类虽然有区别,但都有一个共同的特点:NP_1 范围较宽(是“类”),NP_2 范围较窄(是“个”),NP_1 和 NP_2 不同指,NP_2 只是 NP_1 的一个例证,所以 NP_1 和 NP_2 不能颠倒。“NP_2 是也”构成一个判断,这是先秦那种不用系词的判断,“NP_2”是主语,“是”是指代 NP_1 的指示代词,充当判断句的名词性谓语,“也”是表示判断的语气词。整个判断句的意思是“NP_2 就是这类/这样(指 NP_1)”。这三类句式都和汉译佛典中的“NP_1,NP_2+是也”性质不同,在汉译佛典中的“NP_1,NP_2+是也”是汉语中新兴的使用系词“是”的判断句,“NP_1”是主语,“NP_2”是表语,NP_1 和 NP_2 是同指的,都是具体的个人(前世的 NP_1 就是现在的 NP_2),“是”是连接 NP_1 和 NP_2 的后置系词,不是指代 NP_1 的指示代词。

既然先秦的"NP_1,NP_2 + 是也"和汉译佛典的"NP_1,NP_2 + 是也"有这样的区别,我们就很难说汉译佛典的"NP_1,NP_2 + 是也"是先秦"NP_1,NP_2 + 是也"的仿用或直接继承。

2.3　但是,到了《史记》中,"NP_1,NP_2 + 是也"出现一种新的类型,如:

(18)行见其友,其友识之,曰:"汝非豫让邪?"曰:"我是也。"(《史记·刺客列传》)

这个句子中的"我是也"表面上和先秦的"武王是也"、"后王是也"相同,但实际上不一样。按照文意,在"我是也"前面可以补上"豫让",构成为"NP_1(豫让),NP_2(我) + 是也"的句式,但这种句式中的"NP_1(豫让)"不是"类"而是"个",这样,"NP_1(豫让)"和"NP_2(我)"就形成同指。既然"NP_1"和"NP_2"同指,"是"就从指示代词演变为表示两个同指成分的等同关系的系词,整个结构也就发生了重新分析,从"NP_1(话题),NP_2(主语) + 是(指示代词,名词性谓语)也"演变为"NP_1(话题),NP_2(主语) + 是(系词)也"。"我是也"显然不能理解成先秦那种"(豫让么),我是这类",而应当理解为"(豫让么),我是","我是"是一个使用系词的判断句,只不过系词"是"的表语"豫让"承前省略了。这种承前省略表语的判断句今天还在用,如"你是张晓东吗?——我是。"

系词"是"在战国末期已经产生,在《史记》中已经出现,而且就在《刺客列传》中:

(19)此必是豫让也。(《史记·刺客列传》)

众所周知,系词"是"是从指示代词"是"演变而来的。《荀子·天论》:"日月星辰瑞历,是禹桀之所同也。"其中的"是"是个代词,但是这种位置的代词"是"后来就演变为系词。从"武王是也"到"我是也",也是同样的演变路径。

2.4　这种"NP_1,NP_2 + 是(系词)也"的句式,在西汉后期、东汉和魏晋南北朝的中土文献有进一步的发展。下面先把例句按时代列出，然后对其中一些例句加以讨论。

(20)钩弋夫人姓赵氏，河间人也。得幸武帝，生子一人，昭帝是也。(《史记·外戚世家》，褚少孙补)

(21)单父吕公善相，见高祖状貌，奇之，因以其女妻高祖，吕后是也。(《论衡·骨相》)

(22)简子后废太子而立无恤，卒为诸侯，襄子是矣。(《论衡·骨相》)

(23)禹生石纽，今之汶山郡是也。(《三国志·蜀书·秦宓传》)

(24)布骑得太祖而不知是，问曰："曹操何在？"太祖曰："乘黄马走者是也。"(《三国书·魏书·武帝纪》裴注引袁晔《献帝春秋》)

(25)太祖出，为寇所追，走入秦氏，伯南开门受之。寇问太祖所在，答云："我是也。"遂害之。(《三国志·魏书·诸夏侯曹传》裴注引《魏略》)

(26)捐所破竹于野，成竹林。今竹王祠竹林是也。(《华阳国志·卷四》)

(27)昔武王下车，出倾宫之女，表商容之间，以理人伦，以表贤德，故天授以圣子，成王是也。(《后汉书·郎颉传》)

(28)时司徒史鲍恢以事到东海，过候其家，而良妻布裙曳柴，从田中归。恢告曰："我司徒史也，故来受书，欲见夫人。"妻曰："妾是也。苦掾，无书。"(《后汉书·王良传》)

(29)宋武平中原，使将军陈倾致三钟，小大中各一，则今之太极殿前二钟，端门外一钟是也。(萧衍《钟律纬》)

(30)《鲁论》有二十篇，即今日所讲者是也。(皇侃《论语义疏序》)

(31)时又别集众录，谓之"别录"，即今之《别录》是也。(阮孝绪《七录叙》)

(32)(介子推烧死绵山)百姓哀之，忌日为之断火，煮醴而食之，名曰寒食，盖清明节前一日是也。(《齐民要术·卷九》)

《史记·刺客列传》中的"NP_2(我)是也"，显然"NP_2(我)"是主语。主语在系词前面，这是汉语正常的语序。但上述例(20)—(32)就不同了。例(28)"NP_2 是也"中的"NP_2"是主语还是表语？似乎在两可之间。其余例句中"NP_2 是也"中的"NP_2"应当是表语。系词在表语前，这是汉语的特殊语序。

为什么处于"是"前的 NP_2 会从主语变为表语？这是基于两方面的原因。第一，这种判断句都是主语和表语同指的，所以从意义上说，主语和表语可以互换，"A 是 B"和"B 是 A"意思一样。第二，这种判断句"NP_2 是也"

是不完整的,系词所连接的两项在小句中只出现一项,另一项承前省略。如果把省略的一项补上,补上主语和补上表语,基本意思没有区别。

这两点在例(28)中表现得最为明显:例(28)前面没有问话,只是说话的一方要见夫人,而对话的一方表示对方要找的“夫人”和“妾”是同一人。既然“夫人”和“妾”同指,那么,说“我是夫人”和“夫人是我”都可以,没有很大的差别。至于对话方所说的“妾是”一语究竟应该理解为省略表语还是省略主语,根据对话的情景,有两种可能。一是对话方强调自己,把“妾”作为主语,并省略表语;表语补出后,这句话应是“妾是(夫人)”,这就和《史记·刺客列传》例相同。二是对话方接着说话方的话,把说话方刚说过的“夫人”作为主语而承上省略,只说表语和系词“妾是”;补出主语后,这句话应是“(夫人)妾是”。后一种理解更符合对话的情景。这就出现一种表语在系词前的新句式。

例(24)、(25)都是问答,但和《史记·刺客列传》例不同。《史记·刺客列传》例前面的问话是“汝非豫让邪”,要求对方针对这个问题回答。问话的焦点是“汝”,答话的焦点应当是“我”,焦点是句子的主语,所以“我是”应当是“主语+系词”,而表语承上省略。例(24)、(25)前面问的是曹操/太祖在什么地方,针对问题作答,要把曹操/太祖作为焦点,而把“乘黄马走者/我”作为一种新信息告诉问话者,所以“曹操/太祖”是主语但承上省略,而“乘黄马走者/我”是表语,处于系词“是”之前。

其余例(21)、(22)、(23)、(26)、(27)、(29)、(30)、(31)、(32)中,没有问话,不需要针对问题作答,上下文都是一种叙述,因此就可以根据“是”前的“NP_2”是新信息还是旧信息,来决定它是表语还是主语。因为,除了问答句,在一般判断句中,主语都是旧信息,表语都是新信息。而在这些例中“是”前面的 NP_2 显然是新信息,所以应该是表语;表语都在系词前。

根据上面所说,可以知道,这种中土文献的“NP_1,NP_2 + 是也”句式,其中的“NP_2”,按照汉语传统的语序,应该是主语;但理解为表语,其基本意义也没有变;如果“NP_2”在上文中没有出现过,是一种新信息,它一般只能理解为表语。在这种情况下，“是”就成了后置的系词，表语在系词前。

这种表语在系词前的“NP_1，NP_2 + 是也”句式，在中土文献中确实不多见。但这些少量例句告诉我们，这种句式在当时口语中是存在的。而且，这些句式在中土文献中出现的时代要比它们在汉译佛典中出现的时代要早得多。褚少孙是西汉元成间（公元前 48—12）的博士，王充《论衡》作书大约在东汉章帝时（公元 76—89），而康孟祥和竺大力、竺昙果译的《中本起经》成书在东汉建安十二年（公元 207 年）。所以应该说，汉译佛典的“NP_1，NP_2 + 是也”，是对比它早一二百年的汉语口语中就存在的这种“NP_1，NP_2（表语）+ 是（后置系词）也”的仿用或直接继承。

这种表语在系词前的“NP_1，NP_2 + 是也”句式在表达上有什么特点？前面已经说过，在汉语的叙述句中，表语一般都是新信息，无论是“NP_1 + 是 + NP_2”还是“NP_1，NP_2 + 是也”，其中的“NP_2”都是新信息。这是它们的共同点。那么“NP_1，NP_2 + 是也”和“NP_1 + 是 + NP_2”有什么不同？不同之处是在“NP_1 + NP_2 + 是也”中，因为“NP_2”在系词前，所以显得特别强调。这个特点使它在汉译佛典中更适宜于表达某类故事，所以用得很多。而且，这些句子中的 NP_1 和 NP_2 都具有这样的关系：两者虽然同指，但还是有所不同，NP_1 是上文所谈论的，但是存在于过去的人或物，NP_2 是现今所存在的人或物；或者，NP_1 是上文所谈论的，但人们不很熟悉的人或物，NP_2 是人们熟知的人或物。下面会看到，汉译佛典“NP_1，NP_2 + 是也”句式中 NP_1 和 NP_2 的关系也是这样。所以，汉译佛典中的“NP_1，NP_2 + 是也”句式和中土文献中的这种“NP_1，NP_2 + 是也”关系非常密切。

三

3.1　现在，再来看汉译佛典中的“NP_1，NP_2 + 是”句式。

这种句式，在先秦至六朝的中土文献中没有，只出现在汉译佛典中。

那么它是不是梵文原本的对译呢？确实，有不少学者这样主张。但从梵汉对勘来看，它和梵文原本无关。我不懂梵文，有关梵汉对勘的材料，都引自姜南(2008)。

(一)从同经异译看，同一句话可以译为“NP_1,NP_2 + 是”，也可以译为通常的“NP_1,NP_2 也”判断句。如：

(33)时国王，则吾身也。(《正法华经·卷六》)

(34)尔时王者，则我身是。(《妙法莲华经·卷四》)

ahaṃ sa tena kālena tena samayena rāja abhūvam (abhūvam：系词)

(二)从梵汉对勘看，《妙法莲华经》中是用“NP_1 + 是 + NP_2”还是用“NP_1,NP_2 + 是”，并不与梵文的语序对应。梵文语序为“表语 + 系词 + 主语”的，有的反而译为“NP_1,NP_2 + 是”(例35)；梵文语序为“表语 + 主语 + 系词”的，有的反而译为“NP_1 + 是 + NP_2”(例36)；梵文不用系词的，有的也译为“NP_1,NP_2 + 是”(例37)：

(35)妙光法师者，今则我身是。(《妙法莲华经·卷一》)

ahaṃ ca āsīt tada dharma-bhāṇakaḥ (āsīt：系词)

(36)彼即是汝身。(妙法莲华经·卷二)

tvam eva so tādṛśako bhaviṣyasi (bhaviṣyasi：系词)

(37)如来衣者，柔和忍辱心是；如来座者，一切法空是。(《妙法莲华经·卷四》)

katamac ca bhaiṣajyarāja tathāgatacīvaraṃ/ mahā kṣāntisaurtyaṃ khalu punar bhaiṣajyarāja tathāgatacivaraṃ

katamac ca bhaiṣajyaraja tathāgatasya dharmāsanaṃ/ sarvadharmaśūnyatāpraveśaḥ khalu punar bhaiṣajyaraja tathāgatasya dharmāsanaṃ

例(37)的梵文原文，“tathāgatacovaraṃ(如来衣)”、“tathāgatasya dharmāsanaṃ(如来座)”是主语，“mahākṣāntisaurtyaṃ(柔和忍辱心)”、“sarvadharmaśūnyatāpraveśaḥ(一切法空)”是表语，句中没有系词。《妙法莲华经》的翻译采用“NP_1,NP_2 是”的句式，加上了原文没有的系词，把表语“柔和忍辱

心"、"一切法空"放在系词"是"前面。这句话在《正法华经》中是另一种译法：

(38)何谓着衣于如来被服？谓人忍辱和安雅，是则名为如来被服；何谓世尊师子之座？解一切法皆悉空寂，处无想愿，是为世尊师子之座。(《正法华经·卷六》)

《正法华经》把梵文原文的主语译成表语，表语译成主语，而且加上了准系词"为"，采用的是汉语中常见的"NP_1 为 NP_2"的句式。《妙法莲华经》把梵文原文的主语译成主语，表语译成表语，这是忠实于原文的；但并没有采用"NP_1 是 NP_2"句式，而是采用"NP_1，NP_2 + 是"句式，显然，这不是直译原文，而是要表示对"柔和忍辱心"、"一切法空"的强调。

所以，不能说汉译佛典的"NP_1，NP_2 + 是"是根据梵文对译的结果。

3.2　那么，汉译佛典中的"NP_1，NP_2 + 是"句式是怎样产生的呢？

我觉得回答这个问题并不困难，它是产生于"NP_1，NP_2 + 是也"句式。汉译佛典中的"NP_1，NP_2 + 是"产生在"NP_1，NP_2 + 是也"之后。在东汉的汉译《中本起经》中还只有"NP_1，NP_2 + 是也"，没有"NP_1，NP_2 + 是"，在三国以后的汉译佛典中才出现"NP_1，NP_2 + 是"。"NP_1，NP_2 + 是"是"NP_1，NP_2 + 是也"的变体。本来，在先秦的"NP_1，NP_2 + 是也"中，"是"是指示代词，"NP_2 + 是也"之所以能构成判断句，句末的语气词"也"起很大作用，可以说是不可缺少的。但是，到汉译佛典的"NP_1，NP_2 + 是也"中，"是"已经演变为系词，"NP_1，NP_2 + 是也"能构成判断句主要靠系词"是"，句末的"也"已经失去作用。用传统的"NP_1，NP_2 + 是也"当然也可以，但去掉"也"字，用"NP_1，NP_2 + 是"的句式，和汉语"NP_1 + 是 + NP_2"的句式更加一致。在语法功能上，"NP_1，NP_2 + 是也"和"NP_1，NP_2 + 是"两种句式完全一样。最好的证明，就是在同经异译中，原文的同一句，一种译经用"NP_1，NP_2 + 是"式，另一种译经用"NP_1，NP_2 + 是也"式。如：

(39)佛告宿王华菩萨。欲知尔时众生喜见菩萨大士。今药王菩萨是。(《正

法华经·卷九》)

(40)一切众生喜见菩萨。岂异人乎。今药王菩萨是也。(《妙法莲华经·卷六》)

所以,“NP_1,NP_2+是”这种句式,只是“NP_1,NP_2+是也”式在汉译佛典中的变体,而不是由梵文的对译而形成的。

四

但是,“NP_1,NP_2+是也”式在中土文献中虽然有,但数量不多,“NP_1,NP_2+是”式是中土文献中没有的。但这两种句式在汉译佛典中却大量运用。这是为什么？应该说和梵文以及佛典的翻译有关。但究竟是什么关系,这是需要研究的。

一种可能的回答是:“NP_1,NP_2+是也”和“NP_1,NP_2+是”都是系词处于句末,这和梵文判断句一般的词序“主语+表语+系词”相合,所以熟悉梵文的译经者很容易接受这种句式。但是,这种回答只能解释这种句式在中土文献和在汉译佛典中的差异,而不能解释同是在汉译佛典中,为什么既有这种句式,又有“NP_1+是+NP_2”的句式。事实上,汉译佛典中“NP_1,NP_2+是也”、“NP_1,NP_2+是”和“NP_1+是+NP_2”句式都有,而且,在数量上,“NP_1+是+NP_2”句式还超过前者(见下)。所以,我们还要回答,同是在汉译佛典中,什么时候用“NP_1+是+NP_2”句式,什么时候用“NP_1,NP_2+是也”和“NP_1,NP_2+是”句式。

有些学者认为“NP_1,NP_2+是也/是”这种句式的使用和梵文原文的句式有关,即:梵文“在强调说明时,可在表语后加上 be 动词”,“NP_1,NP_2+是也/是”就是对这些强调句式的对译。江蓝生(2003)以及陈秀兰(2003)、朱冠明(2005)、龙国富(2005)等都持这种看法。但在本文3.1中,已经说明这种看法与事实有距离。

关于这种句式和梵文原典的关系,姜南(2008)提出另一种看法。她对《法华经》的两个汉译本中的判断句做了统计:在竺法护译的《正法华经》中,"S 是 N"式有 48 句,"S ,N 是"式有 14 句,鸠摩罗什译的《妙法莲华经》中,"S 是 N"式有 74 句,"S ,N 是"式有 19 句。姜南认为,在《妙法莲华经》的 19 句"S ,N 是"式中,有 16 句都是"繁琐句式"。如:

(41)《法华经》:欲知尔时比丘法师号超光者,则吾是也。

(42)《妙法莲华经》:尔时妙光菩萨岂异人乎?我身是也。

Anyaḥ sa tena kālena tena samayena varaprabho nāme bodhisattvo mahāsattvo 'bhud dharma-bhāṇakaḥ/ na khalu punar evaṃ draṣṭavyaṃ/ tat kasya hetoḥ/ ahaṃ sa tena kālena tena samayena varaprabho nāma bodhisattvo mahāsattvo 'bhud dharma-bhāṇakaḥ.

[直译]:此时名为妙光菩萨大士的法师是别人。然而所见不应该如此。为什么呢?此时那个名为妙光菩萨大士的法师是我。

而那些"S 是 N"式,梵文原文都是简单的判断句。所以,她认为"S 是 N"式和"S ,N 是"式的区分是:前者对译梵文的简单判断句,后者对译梵文的繁琐判断句。

姜南的分析统计是值得注意的。但是,她的对勘和统计只是说明了"S ,N是"和梵文的繁琐判断句有对应关系,却没有说明梵文的繁琐判断句为什么适合于用汉语的"S ,N 是"来翻译。

我想,如果进一步分析,那么,就可以看到,那些"繁琐"判断句之所以"繁琐",就是为了要先说"NP_1 是别人",然后加以否定,再说"NP_1 是 NP_2",通过这一反一正的对比,来强调那个肯定的表语 NP_2。

我不懂梵文,无法用梵文来一一检验;但在汉译佛典中,可以看到用"NP_1,NP_2 + 是也/是"表达的句子,有两个特点:

(一)这种句式无一例外地用于叙述佛教中"前世的 NP_1 就是今生的 NP_2"之类的故事,这种故事强调的是今生的 NP_2。使用"NP_1,NP_2 + 是也/是"句式对表达这种意思特别适合。因为,在这种句式中,NP_1 是旧信息,

NP_2 是新信息，而且是强调的重点。汉语的通常的判断句“NP_1，是 + NP_2”中，NP_1 通常是旧信息，NP_2 通常是新信息，但一般来说不是句子的焦点（除非有重音加以强调）。而“NP_1，NP_2 + 是也/是”中的 NP_2，既是新信息，又放在系词的前面，能起到强调、突出的作用，最适合于表示佛教故事中对今生的 NP_2 的强调，所以大量使用。

（二）有不少用“（前世的）NP_1，（今生的）NP_2 是也/是”的句子，前面常常有“岂异人乎”一类的表述。我对这类句子做了一个小统计：在《正法华经》中有 2 例，在《妙法莲华经》中有 6 例，在《贤愚经》中有 10 例。列举如下：

《正法华经》

（43）比丘欲知时王宝盖，岂将异乎？今现在佛宝焰如来至真等正觉是。（卷六）

（44）欲知尔时净复净王发道意者，岂是异人？莫造此观。所以者何？则是今现莲华首菩萨是。（卷十）

《妙法莲华经》

（45）尔时妙光菩萨岂异人乎？我身是也。（卷一）

（46）尔时常不轻菩萨岂异人乎？则我身是。（卷六）

（47）尔时四众常轻是菩萨者，岂异人乎？今此会中跋陀婆罗等五百菩萨、师子月等五百比丘尼、思佛等五百优婆塞，皆于阿耨多罗三藐三菩提不退转者是。（卷六）

（48）一切众生喜见菩萨岂异人乎？今药王菩萨是也。（卷六）

（49）尔时云雷音王佛所妙音菩萨伎乐供养奉上宝器者，岂异人乎？今此妙音菩萨摩诃萨是。（卷七）

（50）妙庄严王岂异人乎？今华德菩萨是。（卷七）

《贤愚经》

（51）佛告阿难：尔时大王摩诃罗檀那者，岂异人乎？今我父王阅头檀是。（卷一）

(52) 尔时太子摩诃萨埵,岂异人乎? 我身是也。(卷一)

(53) 欲知尔时担蛇人者,岂异人乎? 则我身是。(卷一)

(54) 尔时比丘阿梨蜜者,岂异人乎? 乃往过去定光佛是。(卷二)

(55) 王女牟尼岂异人乎? 我身是也。(卷二)

(56) 尔时大富散檀宁者,岂异人乎? 我身是也。(卷三)

(57) 尔时五百诸贾客者,岂异人乎? 今此五百比丘是也。(卷七)

(58) 尔时刹罗伽利王者,岂异人乎? 我身是也。(卷八)

(59) 尔时大王阿婆罗提目佉者,岂异人乎? 我身是也。(卷十一)

(60) 尔时大臣以上衣服施佛及僧供养之者,岂异人乎? 则我身是。(卷十三)

也有的汉译佛典用别的词句,意思也一样。如:

(61) 彼时优波伽者,其人是谁? 莫作异见,即我身是。……于彼之时,梵德王者,其人是谁? 莫作异见,此即输头檀王是也。(《佛本行集经·卷五十三》)

这些句子整句的意思都是说:"(前世的)NP_1 难道是别人吗? (不!)就是(今生的)NP_2。"也就是说,通过先否定后肯定的方法,来强调今生的 NP_2。而这种句子无一例外地采用"NP_1,NP_2 + 是也/是"句式。可见这种"NP_1,NP_2 + 是也/是"句式最适合表达对今生的 NP_2 的强调。

所以,江蓝生先生说:汉译佛典中的"N_1 者,N_2 是"的一些例句"都是在强调事实真相时的解释说明,不是一般的陈述介绍,正是强调式"。这是有道理的。只不过,这种强调式之所以采用"NP_1,NP_2 + 是也/是"句式,不是因为梵文的强调式判断词用在句末,而是因为这种句式适合表达梵文原典强调 NP_2 的语义。

我不懂梵文,所以本文所说可能有误,希望得到方家指正。

参考文献

陈秀兰　2003　《魏晋南北朝文与汉文佛典语言比较研究》,浙江大学博士后研究工作报告。
江蓝生　2003　《语言接触与元明时期的特殊判断句》,《语言学论丛》第二十八辑。
姜　南　2008　《基于梵汉对勘的〈妙法莲华经〉语法研究》,北京大学博士论文稿。
龙国富　2005　《从梵汉对勘看汉译佛经中的特殊判断句》,待刊。
袁　宾　1989　《敦煌变文语法札记》,《天津师大学报》第5期。
张华文　2000　《试论东汉以降前置宾语“是”字判断句》,《云南师范大学学报》第5期。
张美兰　2003　《〈祖堂集〉语法研究》,商务印书馆。
朱冠明　2005　《中古汉语佛典语法专题研究》,北京大学博士后出站报告。

(原刊于《中国语言学集刊》第三卷第二期,2009年)

汉译佛经“S,N是”句非系词判断句

姜　南

提要　“S,N是”句作为汉译佛经的特色句式一直受到学界关注,有关它的来历和句尾“是”的语法属性争论不断。其中也有人利用过梵汉对勘的材料,但未能揭示它的真正来源。本文试以中古时期最具代表性的《法华经》为例,通过系统的梵汉对勘和异译比较,初步证明“S,N是”句是原文一类繁琐句型的汉译,虽然也表判断,但句中的“是”并非系词,仍为指示代词。

关键词　汉译佛经　判断句　梵汉对勘

一

学者一般认为汉译佛典中“S,N是”句式是一种特殊判断句。如:

> 无所生无所灭,即般若波罗蜜是。(后汉支娄迦谶译《道行般若经》8/440b) | 尔时忍辱道人者,我身是也;恶生王者,拘怜是也。(后汉昙果共康孟详译《中本起经》4/149a) | 童子者,吾身是也;妻者,俱夷是。(三国吴康僧会译《六度集经》3/26c) | 尔时道师,即我身是;五百贾客,诸弟子者是。(西晋竺法护译《生经》3/76a)

关于它的来历众说纷纭。香坂顺一(1983/1997)认为与先秦汉语固有的“是”后置的用法有关;张华文(2000)通过与藏缅语比较,认为这种句式是原始汉藏语SOV结构的遗留①。江蓝生(2003)、陈秀兰(2003)、朱冠明(2005)等认为它很可能是语言接触的产物,受梵文影响产生的句式;张美兰(2003)则认为既与佛经原文判断句的表达方式有关,同时汉语自身固有的类似表达方式也为它的存在提供了基础。

由于汉译佛典的“翻译”性质,“S,N是”句式的产生和频繁使用是否受到了原典梵语的影响,最直观的方法就是对照原文。

江蓝生(2003)曾从梵汉两种语言判断句的类型特点入手,指出梵语里有一种强调式判断句,句尾要有表判断的be动词,而汉译佛典中“S,N是”句式都是在强调事实真相时的解释说明,不是一般的陈述介绍,正是强调式,很可能是受了梵文影响而产生的句式。此后,朱冠明(2005)、龙国富(2005)等人还提供了梵汉对勘的例证支持这一说法。如:

时国王,则吾身也;梵志者,调达是。(《正法华经》9/105b)

尔时王者,则我身是;时仙人者,今提婆达多是。(《妙法莲华经》9/34c)

ahaṃ我 sa tena kālena tena samayena rāja国王-abhūvam是 / ayam eva sa devadatto提婆达多 bhiksus tena kālena tena samayena rsir仙人 abhūt是

若梵汉对应果真如此,原文中表判断的be动词√bhū的确处在两个具有等同、一致关系的名词性成分之后,汉译好像是直接模仿了原典梵语判断句的句法结构,龙国富还称之为“硬译”。

但是实际的对应情况并非如此简单。一是两位学者给出的对勘原文多不完整,“S,N是”句式跟原典梵语是不是句末出现be动词的强调式判断句没有直接关系;二是无论从汉译的句法表现,还是从所对应的原文来看,“S,N是”句式都跟汉语常规的“S是N”判断句存在诸多差异,虽然也表判断,但句尾的“是”并非系词。

---

① 张华文的说法暂不足取。因为他混淆了类型学与发生学的区别。在发生学上有亲属关系的诸语言不一定具有相同的结构类型,汉藏语系中大多语言是SOV型结构,并不能推导出原始汉语也是如此。

二

下面就以《法华经》为例,通过系统的梵汉对勘和异译比较,揭示"S,N 是"句式的真实由来。《法华经》作为中古影响最大的汉译佛经,两个译本中都出现了相当数量的"S,N 是"句:竺法护译本有 14 例,鸠摩罗什译本有 19 例。

我们逐一对照原文,便会发现,绝大多数情况下,"S,N 是"句对应的原文都是一组成对使用的繁琐句型。如:

(1)护:其名闻菩萨大士而懈怠者,则莫能胜是。

什:求名菩萨,汝身是也。

yaś ca asau yaśaskāmo nāma bodhisattvo' bhūt kausīdya-prāptaḥ /
rel.N. conj. pron.N. m.sg.N. adv. m.sg.N. aor.3.sg. P. ppp.m.sg.N.
某位 又 那个 名闻 名为 菩萨 是 懈怠
tvam eva Ajita sa tena kālena tena samayena yaśaskāmo nāma
pers.2.sg.N. adv. m. sg.V. pron.N. pron.I.m.sg.I. pron.I.m.sg.I. m.sg.N. adv.
你 即 莫能胜啊 这个 此 时 此 时 名闻 名为
bodhisattvo 'bhūt kausīdya-prāptaḥ(《序品》)
m.sg.N. aor.3.sg.P. ppp.m.sg.N.
菩萨 是 懈怠

今语可译作:此时有一个名叫求名菩萨的懈怠之人,莫能胜啊!名为求名菩萨的懈怠者就是你。

原文是一个"yad…tad…"型主从复合句,主从二句都是主语、表语和系词齐备的判断句。主语和系词部分完全重复,只有负载新信息的表语部分由从句的关系代词 yaś换成了主句的第二人称代词 tvam。汉译将 yaś引导的主语从句译成主语 S,tvam 所在的主句部分译成判断谓语"N 是","是"与原文重复出现的系词 abhūt 并无直接对应关系。

又如例(2),只有负载新信息的表语有所变更,其他部分也是重复的。

(2)护:欲知尔时比丘法师号超光者,则吾是也。

什:尔时妙光菩萨岂异人乎?我身是也。

anyaḥ sa tena kālena tena samayena varaprabho nāma bodhisattvo mahāsattvo
adj.N. pron.N. pron.I.m.sg.I. pron.I. m.sg.I. m.sg.N. adv. m.sg.N. m.sg.N.
其他 那 此 时 此 时 妙光 名为 菩萨 大士
'bhūd dharma-bhāṇakaḥ / na khalu punar evaṃ draṣṭavyam/ tat kasya hetoḥ /
aor.3.sg.P. m.sg.N. adv. adv. adv. adv. fpp.n.sg.N. pron.n.sg.N. interj.G. m.sg.G.
是 法师 不 然而 如此 所应见 这 何 故
ahaṃ sa ena kālena tena samayena varaprabho nāma bodhisattvo mahāsattvo
pers.1.sg.N. pron.N. pron.I. m.sg.I. pron.I. m.sg.I. m.sg.N. adv. m.sg.N. m.sg.N.
我 那 此 时 此 时 妙光 名为 菩萨 大士
'bhūd dharma-bhāṇakaḥ（《序品》）
aor.3.sg.P. m.sg.N.
是 法师

今语可译作：此时那个名为妙光菩萨大士的法师是其他人。然而所见不应如此，为什么呢？此时那个名为妙光菩萨大士的法师是我。

而之前朱、龙两位所举的对勘例证，其完整的原文也是这种成对使用的繁琐句型。

(3)护：时国王，则吾身也。
什：尔时王者，则我身是。
anyaḥ sa tena kālena tena samayena rāja abhūt /
adj.N. pron.N. pron.I. m.sg.I. pron.I. m.sg.I. m.sg.N. aor.3.sg.P.
其他 那 此 时 此 时 国王 是
na khalu punar evaṃ draṣṭavyam/ tat kasya hetoḥ /
adv. adv. adv. adv. fpp.n.sg.N. pron.n.sg.N. interj.G. m.sg.G.
不 然而 如此 所应见 这 何 故
ahaṃ sa tena kālena tena samayena rājā 'bhūvam
pers.1.sg.N. pron.N. pron.I. m.sg.I. pron.I. m.sg.I. m.sg.N. aor.1.sg.P.
我 那 此 时 此 时 国王 是

今语可译作：此时那位国王是其他人。然而所见不应如此，为什么呢？我是此时那位国王。

以上各例的画线部分均为重复内容，汉译明显做了简化处理，用"是"来替代重复出现的旧信息，即主语部分。

在其他译经中，"S,N是"句式所对应的原文也是这种成对使用的繁琐句型。如《维摩诘经》①中：

(4)支:(无)。

什:月盖比丘,即我身是。

玄:彼时护法月盖王子,岂异人乎?即我身是。

anyaḥ	sa	tena	kālena	tena	samayena	śomacchatro	nāma	rājakumāro	bhūd…	
adj.N.	pron.N.	pron.I.	m.sg.I.	pron.I.	m.sg.I.	m.sg.N.	adv.	m.sg.N.	aor.3.sg.P.	
其他	那	此	时	此	时	月盖	名为	王子	是	
na	khalu	punar	te	devānām	indra	evaṃ	draṣṭavyaṃ/	tat	kasmād	dhetoḥ/
adv.	adv.	adv.	pers.2.sg.G.	m.pl.G.	m.sg.V.	adv.	fpp.n.sg.N.	pron.n.sg.N.	interj.Ab.	m.sg.Ab.
不		然而	你的	众神的	主人	如此	所应见	这	何	故
ahaṃ	sa	tena	kālena	tena	samayena	śomacchatro	nāma	rājakumāro	bhūvaṃ	
pers.1.sg.N.	pron.N.	pron.I.	m.sg.I.	pron.I.	m.sg.I.	m.sg.N.	adv.	m.sg.N.	aor.1.sg.P.	
我	那	此	时	此	时	月盖	名为	王子	是	

(《法师品第十三》)

今语直译:此时那位名叫月盖的王子是其他人。众神之主啊!然而所见不应如此,为什么呢?我是此时的那位名叫月盖的王子。

遍查鸠摩罗什译本中 19 例"S,N 是"句式,16 例的原文都是这种成对使用的复杂句式,1 例无原文对应,剩余 2 例的原文虽是简单判断句,但都出现在偈颂中,显然与梵文偈颂有音节数量的限制有关。如:

(5)护:我身尔时则为法师。

什:妙光法师者,今则我身是。

ahaṃ	ca	āsīt	tada②	dharma-bhāṇakaḥ (《序品》)
pers.1.sg.N.	conj.	impf.3.sg.P.	adv.	m.sg.N.
我	又	是	当时	法师

今语译作:当时的法师就是我。

---

① 引例取自《梵藏汉对照〈维摩经〉》(*Vimalakīrtinirdeśa, Transliterated Sanskrit Text Collated with Tibetan and Chinese Translations*),大正大学综合佛教研究所梵语佛典研究会编订,2005 年。"支"表支谦译《佛说维摩诘经》,T14,No. 474。"什"表鸠摩罗什译《维摩译所说经》,T14,No. 475。"玄"表玄奘译《说无垢称经》,T14,No. 476。

② 见 BHSG § 3.27 "a for ā"。

而且原文中,be动词也不合常规地跑到了主、表语之间,这也是由梵文诗歌的韵律结构要求所致。若在不受音节数量限制的散文中,此句可还原成正常的主从复合句,即主从二句部分重复的繁琐句型:

yaś　ca　tada dharma-bhāṇakaḥ　āsīt　|　ahaṃ　tada dharma-bhāṇakaḥ　āsīt

rel.N.　conj.　adv.　m.sg.N.　impf.3.sg.P.　pers.1.sg.N.　adv.　m.sg.N.　impf.3.sg.P.

某位　又　当时　法师　是　我　当时　法师　是

有时,原文中根本不出现表判断的be动词,就更谈不上句尾的“是”从仿译甚至“硬译”原文而来。如:

(6)护:何谓著衣于如来被服?谓人忍辱柔和安雅,是则名为如来被服;何谓世尊师子之座?解一切法皆悉空寂,处无想愿,是为世尊师子之座。

什:如来衣者,柔和忍辱心是;如来座者,一切法空是。

katamac ca bhaiṣajyarāja tathāgatacīvaraṃ/

n.sg.N.　conj.　m.sg.V.　n.sg.N.

什么　又　药王啊　如来的衣服

mahākṣāntisauratyaṃ khalu punar bhaiṣajyarāja tathāgatacīvaraṃ/

n.sg.N.　adv.　adv.　m.sg.V.　n.sg.N.

大安忍　复次　药王啊　如来的衣服

katamac ca　bhaiṣajyarāja tathāgatasya dharmāsanaṃ/ sarvadharmaśūnyatāpraveśaḥ

n.sg.N.　conj.　m.sg.V.　m.sg.G.　n.sg.N.　m.sg.N.

什么　又　药王啊　如来的　法座　了解诸法空性

khalu punar bhaiṣajyarāja tathāgatasya dharmāsanaṃ(《法师品》)

adv.　adv.　m.sg.V.　m.sg.G.　n.sg.N.

复次　药王啊　如来的　法座

今语可译作:药王啊!如来衣是什么样呢?药王啊!如来衣就是大安忍。药王啊!如来法座又是什么样呢?药王啊!如来法座就是了解诸法空性。

如果要说仿译或者硬译,反倒是竺法护逐字逐句地直译原文,使得译文也呈现出重复冗赘的特点,与原文如出一辙;而鸠摩罗什译本中的“S,N是”句式跟原文的句型特征毫无相似之处,明显经过简化处理。

而且在(5)、(6)两例中，竺法护都译成由准系词"为"标识的判断句，已经符合汉语SVO型语言的表达习惯，为何在本土化程度更高的鸠摩罗什译本中，译者反而要改成违背常规的"S,N是"句呢？

此外，以上对勘各例显示，虽然梵文的语序比较灵活，但也有一定倾向，大都将负载新信息的表语置于句首，而代表旧信息的主语居于其后，判断动词和主语之间表现为性、数、格的一致。汉语的判断句恰好相反，主语在前，表语在后。如果说，译者不了解梵汉两种语言判断句的类型差异，怎么会在翻译时将原文"表语+主语"的语序调整为汉译"主语+表语"的语序呢？(5)、(6)两例的异译对比尤能说明，竺法护误判了原文主语和表语的语义角色，把主语译成了表语，表语译成了主语，所以鸠摩罗什在重译时才会调整过来。可问题是，既然做了修改，为何又不彻底，独独把系词"是"留在句尾，导致译文中出现众多不规则的"S,N是"式判断句呢？可见，对"S,N是"句式的性质仍需斟酌，将"是"当作后置的系词也许并不妥当。

三

接下来，再将"S,N是"句式和汉语常规的"S是N"型判断句做一比较，两者无论从汉译的句法表现，还是从所对应的原文来看，都存在诸多差异，属于性质不同的两类结构。

汉语"S是N"型判断句东汉时便已走向成熟(唐钰明，1992)，在口语性较强的中古译经文献中更为常见，《法华经》的竺法护译本和鸠摩罗什译本中各有48例和74例，明显多于"S,N是"句的用例。

首先，两者的句法表现不同。一般说来，如果汉语的系词判断句中出现副词状语，尤其否定副词时，它的句法位置是紧挨判断动词的，而"S,N

是"句的副词多与"是"分开①。如下表所示：

句型 副词状语	S是N	S,N是
即—	向一乌者，即是彼时孙儿也。(《杂宝藏经》4/483b)	彼猎师者，即小军是。(《根本说一切有部毗奈耶》23/658a)
乃—	我衣乃是祖父之物。(《百喻经》4/544a)	尔时比丘阿梨蜜者，岂异人乎？乃往过去定光佛是。(《贤愚经》4/371c)
正—	今所论者，正是我也。(《出曜经》4/739c)	所求大夫人者，正此人是也。(《经律异相》53/127a)
皆—	此诸菩萨，皆是文殊师利之所化度。(《妙法莲华经》9/35b)	尔时四众常不轻菩萨者岂异人乎？……皆于阿耨多罗三藐三菩提不退转者是。(《妙法莲华经》9/35b)
非—	女身垢秽，非是法器。(《妙法莲华经》9/35c)	称伽拔吒，非我身是。(《大庄严论经》4/348a)

其次，二者的原文对应不同。汉译佛经中，"S是N"型判断句主要对应原文中形式简单的同格判断句，即主语和表语性、数、格一致，表判断的be动词可以省略。如：

(7)护：今此幼童，皆是吾子。

什：今此幼童，皆是吾子。

sarva	eva	ete	kumārakā	mama	eva	putrāḥ	(《譬喻品》)
pron.pl.N.	adv.	pron.N.	m.pl.N.	pers.1.sg.G.	adv.	m.pl.N.	
全部	即	这些	幼童	我的	即	儿子们	

也可以出现，如：

① "即"和"则"个别时候出现在"是"前，如：彼仁王者，我则是也。(《六度集经》3/6b) | 一切施者，我身即是。(《大庄严论经》4/339c) 但其他副词"乃"、"正"、"皆"等，尤其是否定副词"非"则都不能紧挨"是"前使用。

(8)护:(无)。

什:彼即是汝身。

tvam eva so tādṛśako bhaviṣyasi(《譬喻品》)

pers.2.sg.N. adv. pron.N. adj.m.sg.N. fut.2.sg.P.

你 即 那 如是相 将是

be 动词按照梵语 SOV 型语言的词序原则,依然位于句末。但鸠摩罗什并未仿效原文,译成"S,N 是"句式。

由此可见,译经特有的"S,N 是"句式与原文是不是句末出现 be 动词的强调式判断句并无直接关系,译者主要用它来对译原文结构复杂的繁琐句型。而且在梵文原典中,"S,N 是"句式所对应的繁琐句型并非总以主从二句部分重复的繁琐形式出现,有时也会将主句中与从句相重复的主语和系词部分省去,单留一个指代词,来替代主语。在梵文化程度不高的早期译经原典中,这种通俗简单的省略表达也许更为流行。如《撰集百缘经·报应受供养品》①中:

(9)支:欲知彼时商主者,则我身是。

yo 'sau tena samayena sārthavāho babhūva | aham *saḥ* [...]

rel.N. pron.N. pron.I. m.sg.I. m.sg.N. aor.3.sg.P. pers.1.sg.N. pron.m.sg.N.

某 那位 那 时 商主 是 我 这位

今语直译:那时有位商主,这人就是我。

(10)支:彼时观顶王者,则我身是。

yo 'sau tena kālena tena samayena rājā kṣatriyo mūrdhna-abhiṣikto babhūva |

rel.N. pron.N. pron.I. m.sg.I. pron.I. m.sg.I. m.sg.N. m.sg.N. ppp.m.sg.N. aor.3.sg.P.

某 那位 那 时 那 时 国王 刹帝利 灌顶 是

aham *saḥ* [……]

pers.1.sg.N. pron.m.sg.N.

我 这位

今语直译:那时有位灌顶刹帝利王,这人就是我。

① 《撰集百缘经》对勘材料由北京大学东语系萨尔吉老师提供。梵本选用*Avadānaśataka* [Bibliotheca Buddhica III], edited by Dr. J. S. Speyer, Motilal Banarsidass Publishers Private Pimited. Delhi, 1992. "支"表支谦译《撰集百缘经》,T14,No.474。

两例的原文依然是一个"yad…tad…"型主从复合句,但与例(1)中形式完整的繁琐句型相比,明显省去了主句中与从句相重复的主语和系词部分,只保留指代词"saḥ"(阳性、单数、主格)来代替主语,主句中省略的内容正是从句的画线部分。汉译将yaś引导的主语从句译成主语S,ahaṃ所在的主句译成判断谓语"N是","是"直接对应原文指代词"saḥ",其代词来历显露无遗。

这样无论从语法功能,还是从所对应的原文来看,句末"是"都表现出较为鲜明的代词属性,回指主语,表达"如此、这样"的意思,延续先秦汉语固有的"是"字后置用法。如先秦汉语中:

水由地中行,江、淮、河、汉是也。(《孟子·滕文公下》)| 古之人有行之者,文王是也。(《孟子·梁惠王下》)| 濡需者,豕虱是也。(《庄子·徐无鬼》)| 道也者,何也?礼义、辞让、忠信是也。(《荀子·强国》)| 夫成天地之大功者,其子孙未尝不章,虞、夏、商、周是也。(《国语·郑语》)

"是"为指示代词,复指上文,"其用途在乎'是认'某一些例证"(王力,1937)。尽管汉译佛典中出现大量句尾不带语气词"也"的"S,N是"型判断句,但也不能证明句末的"是"不是代词。因为在中古时期,判断句中既无系词,也不加语气词"也"的情况比比皆是,如《世说新语》中,不带任何语法标志的判断句有178例,约占判断句总量的40%①。汉译佛经的情况也一样,如:

水牛之犊及诸梵志仙人者,则清信士居家学者。(《生经》3/94a)| 魔怨及诸外道,皆吾侍者。(《说无垢称经》14/568a)| 所说法者,即此十二部经。(《大智度论》25/306c)

既然如此,中古译经的"S,N是"为何不能看作无语法标志的判断句呢?尤其如下例所示:

① 见《〈世说新语〉语言研究》423页,张振德、宋子然等合著,巴蜀书社,1995年。

(11)护:欲知尔时净复净王发道意者岂是异人?莫造此观,所以者何?则是今现莲华首菩萨是。

什:妙庄严王岂异人乎?今华德菩萨是。

anyaḥ sa tena kālena tena samayena śubhavyūho nāma rāja abhūt /

adj.N. pron.N. pron.I. m.sg.I. pron.I. m.sg.I. m.sg.N. adv. m.sg.N. aor.3.sg.P.

其他 那 此 时 此 时 妙庄严 名为 国王 是

na khalu punaḥ kulaputrā yuṣmābhir eva draṣṭavyaṃ/ tat kasya hetoḥ /

adv. adv. adv. m.pl.V. pers.2.pl.I. adv. fpp.n.sg.N. pron.n.sg.N. interj.G. m.sg.G.

不 然而 善男子们啊 你们 即 所应见 这 何 故

ayam eva sa padma-śrīr bodhisattvo mahāsattvas tena kālena tena samayena

pron.N. adv. pron.N. m.sg.N. m.sg.N m.sg.N pron.I. m.sg.I. pron.I. m.sg.I.

这个 即 那 莲华首 菩萨 大士 此 时 此 时

śubhavyūho nāma rāja abhūt(《妙庄严王本事品》)

m.sg.N. adv. m.sg.N. aor.3.sg.P.

妙庄严 名为 国王 是

原文依旧是一个成对使用的繁琐句型。竺法护译本中出现了两个“是”,这样的句子一直到隋唐五代的汉译佛经和佛教文献里都在沿用。如:

又彼过去伽罗尸弃辟支佛边,手执伞盖,作荫人者,还是即今此耶输陀比丘身是。(隋阇那崛多译《佛本行集经》3/823b)| 白牛是能证之人故,即是文殊是也。(《祖堂集》卷二十)

很多学者都把它看作原文 SOV 型判断句与汉语 SVO 型判断句杂糅组合,产生的 SVOV 型重叠式判断句,是一种重复冗赘,翻译不成熟的表现(曹广顺,2004;龙国富,2006 等)。如果句中两个“是”都是系词,那的确是冗赘的,但事实并非如此。句中受副词修饰的“是”当为判断动词,句末的“是”则为回指主语的指示代词。虽然在后出的鸠摩罗什译本中,译者删去了一个“是”,但这样删改并不是为了避免系词“是”的重出,果真如此的话,译者为何不删去出现在句末非常规位置的“是”,反而删去常规位置的“是”呢?况且后置用法的“是”又跟原典梵语 SOV 的词序规则无关,相反却有与原文指代词直接对应的例证。所以从现有的梵汉对勘证据来看,句末的“是”并非系词,仍为指示代词。

很可能在鸠摩罗什的译经时代,形式简捷的“S,N 是”句式已逐渐成为翻译这种原文繁琐句型的惯用模式。

术语缩略

BHSG = F. Edgerton,《佛教混合梵文文法》(*Buddhist Hybrid Sanskrit Grammar*), Yale University Press, 1953。

adj.	adjective 形容词	adv.	adverb 副词
aor.	aorist 不定过去时	conj.	conjunction 连词,接续词
fut.	future 将来时	fpp.	future-passive-participle 将来被动分词
G.	genitive 属格	I.	instrumental 具格
impf.	imperfect 未完成时	interj.	interjection 感叹词
L.	locativen 依格	m.	masculine 阳性
N.	nominative 体格	n.	neuter 中性
P.	parasmaipada, active-voice 为他,主动语态	pers. 1.	first-personal 第一人称代名词
pers. 2.	second-personal 第二人称代名词	pl.	plural 复数
ppp.	past-passive-participle 过去被动分词	pron.	pronoun 代词
rel.	relative-pronoun 关系代词	sg.	singular 单数
V.	vocative 呼格	√	root 语根

参考文献

曹广顺　2004　《重叠与归一——汉语语法历史发展中的一种特殊形式》,《汉语史学报》第 4 辑,上海教育出版社。

陈秀兰　2003　《魏晋南北朝文与汉文佛典语言比较研究》,浙江大学博士后工作研究报告。

胡湘荣　1993　《从鸠摩罗什的佛经重译本与原译本的对比看系词“是”的发展》,《湖南师范大学学报》(社科)第 3 期。

江蓝生　2003　《语言接触与元明时期的特殊判断句》,《语言学论丛》第二十八辑,商务印书馆。

龙国富　2005　《从梵汉对勘看中古汉译佛经中的特殊判断句》,“汉语史中的语言接触”国际研讨会。
唐钰明　1992　《中古“是”字判断句述要》,《中国语文》第5期。
汪维辉　1998　《系词“是”发展成熟的时代》,《中国语文》第2期。
王　力　1937　《中国文法中的系词》,《清华学报》第1期。
香坂顺一　1983　《白话语汇的研究》,江蓝生、白维国译,中华书局,1997年。
张华文　2000　《试论东汉以降前置宾语“是”字判断句》,《云南师范大学学报》第1期。
张　军　2006　《汉藏语系语言判断句研究》,中央民族大学出版社。
朱冠明　2005　《中古汉语佛典语法专题研究》,北京大学博士后出站报告。

(原刊于《中国语文》2010年第1期)

代用与省略

——论历史句法中的缩约方式

胡敕瑞

提要 本文以两种同经异译为例，讨论汉语历史句法中的缩约方式。缩约作为一种经济的句法手段，主要采用“代用”和“省略”两种方式，代用有“数字概括”和“代词指代”，省略则有“简单省略”和“复杂省略”。历史句法中的伸缩变换值得深入研究，但这种动态现象无法通过内省感知，同经异译材料或许可以稍稍弥补这一缺憾。

关键词 句法 缩约 代用 省略 同经异译

一 引 言

能指不同的词形，其所指可能相同；结构不一的句子，其句义可能一样；篇幅不等的文本，其内容可能无别。语言中这些“形异义同”现象都可能激发研究者的好奇心，并最终成为语言研究的对象。东汉支谶所译《道行般若经》和三国支谦所译《大明度经》就是两种篇幅不等而内容一致的译经，同刊于《大正新修大藏经》第八册。《道行般若经》约10万字，《大明度经》约5万字，篇幅相差整整一倍，但它们属同经异译，试比较以下两段：

释提桓因复白佛言：“难及也，有学般若波罗蜜者，善男子善女人心无所动摇，般若波罗蜜其受者为悉受六波罗蜜。”佛言：“*如是*，拘翼，其受般若波罗蜜者为悉受六波罗蜜。复次拘翼，般若波罗蜜学者、持者、诵者，善男子善女人，且听，拘翼，我说，*上语亦善、中语亦善、下语亦善*。”（《道行般若经》卷二）

释复白佛言:“难及,天中天,是明度学者,心无动摇,悉受六度已。”佛言:“然,善听,我说,*上*、*中*、*下言皆善*。”(《大明度经》卷二)

内容相同的两个文本,为什么篇幅相差如此之大?直观判断是,两种译经的句式长短不同,支谶译经的句子明显要长,而支谦译经的句子相对要短。然而,支谦的句子比支谶的句子究竟短在哪里,这就涉及句法缩约(Reduction)的问题,句法缩约是为避免形式冗赘而将句子加以简化的一种手段。比较上面两段译经,可以观察到两种缩约方式:一种是“代用”(Substitution),如以代词“然”代替“如是”;一种是“省略”(Ellipsis),如“上语亦善、中语亦善、下语亦善”省略合并为“上、中、下言皆善”。①

本文即以上面两种同经异译为例,论述“代用”和“省略”两种缩约方式。文中用a标识支谶所译例句,用b标识支谦所译例句;另用下划线标识代用成分,用“[ ]”标识省略成分,被代用和被省略的成分则用斜体标识。

二 代 用

代用,是指句法中用少量形式代替多量形式。支谶译经一般使用冗长形式,支谦译经则往往以简略形式代替。代用包括“数词概括”和“代词指代”两种。

2.1 数词概括

数词概括,指句法中某些冗长成分被数词加中心语的简略形式所替代。数词表示其项数,中心语代表其内容。“数词概括”可以概括主语、宾语等成分。

① 篇幅的长短除了句法伸缩外,也有词汇方面的因素,譬如支谶译经多用音译词(如“般若波罗蜜”、“六波罗蜜”),支谦译经则多用意译词(如“明度”、“六度”),音译词比意译词的词长一般要长。

(1)a *檀波罗蜜、尸波罗蜜、羼提波罗蜜、惟逮波罗蜜、禅波罗蜜、般若波罗蜜*不增不减。| b 六度等然。(概括主语)

(2)a 如是当堕*阿罗汉、辟支佛道*。| b 如是当堕两道。(概括宾语)

"数词概括"是佛典的一个特点,上古汉语并不多见,现代汉语却很常见。与古代的数词概括相比,现代汉语至少有两点发展:一是在数词和中心语之间有时可以加量词,如"思想到位、学习到位、宣传到位、工作到位、责任到位"概括为"五个到位";二是能够被数词修饰的中心语词类增多,既有实词、也有虚词、还有词缀,而古代只有实词,且主要是名词(参殷志平,2002)。

2.2 代词指代

代词指代,指句法中某些冗长成分被代词所替代①。"代词指代"可以指代主语、宾语、定语、谓语等成分。

(1)a *菩萨*有信乐、有定行、有精进。| b 其有信乐、定行、精进。

(2)a *萨陀波伦菩萨*本何因缘索般若波罗蜜? | b 彼何因索明度?(以上指代主语)

(3)a 信*般若波罗蜜*,为信何法? | b 信此,为信何法?

(4)a 自当为汝说*般若波罗蜜*。| b 当为若说之。

(5)a 如*须菩提*所说。| b 如子所说。(以上指代宾语)

(6)a *座*上皆布杂色文绣綩綖。| b 其上皆布文绣綩綖。

(7)a *五百*女人亦皆效萨陀波伦菩萨立。| b 诸女亦効立。

(8)a 雨*种种*华。| b 雨众花。(以上指代定语)

(9)a 人无德使*是间无水浆*。| b 人民无德使尔。

(10)a 檀波罗蜜、尸波罗蜜、羼提波罗蜜、惟逮波罗蜜、禅波罗蜜、般若波罗蜜*不增不减*。| b 六度等然。(以上指代谓语)

---

① 代词所代替的语法成分多是冗长形式,但也有个别被代用的成分并非冗长形式,如例(6)。

指代主语的“其”、“彼”等,指人物;指代宾语的“此”“之”等,指事物;指代定语的“其”、“诸”、“众”等,指事物或数量;指代谓语的“尔”、“然”等,指行为或状况。然而同一个代词“其”,既可代用作主语的“菩萨”,也可代用作定语的“座”;而同一个被代用词“般若波罗蜜”,既可用“此”代替,也可用“之”代替。代词指代能力之强、使用之普遍,由此可见一斑。

通过“代词指代”的例子,可以验证代词的功能差异,“其”、“彼”、“此”、“之”等只能代用体词性成分,而“尔”、“然”等只能代用谓词性成分;通过“代词指代”的例子,还可看到一些特殊的代用词,如指代人称的“子”以及指代数量的“诸”、“众”等,传统语法通常不把它们视为代词,但是它们也像代词一样具有指代功能;通过“代词指代”的例子,还可窥探到一些代词的历时变化,如“其”在上古一般作定语,不作主语,“尔”在上古一般不作谓语,作谓语通常用“然”。

2.3 “数词概括”和“代词指代”都可以作代用词,代用词与被代用成分具有相同的句法功能,但代用词与被代用成分的语义关系却有两种:一种是“互指”,表示两个形式之间相互所指的关系,代用词和被代用成分所指相同;另一种是“替代”,表示两个形式之间相互替换的关系,代用词和被代用成分所指不一定相同。① “数词概括”全部是互指,“代词指代”有些是替代,两者虽同属代用,但尚有诸多差异。1)“数词概括”使用的数词不限,②其代用的是专指术语(即一个“数词概括”只代用一个所指);“代词指代”使用的代词有限,其代用的是无定概念(即一个“指代代词”不限于一个

---

① 譬如“He got a cup this year, and I got one last year.”(他今年得了一个奖杯,去年我得了一个奖杯。)句中的“one”替代“a cup”,但是“one”和“a cup”并不是同一个奖杯,所以这里只是替代,而不是互指。互指与替代的异同在不同的语言中有不同的表现,有关英语互指与替代的异同可参看 Quirk(1985:1195)。

② “个”、“十”、“百”、“千”、“万”位数字都可用于“数字概括”,如“七宝”、“八道”、“九漏”、“十功德”、“三十六相”、“五十八戒”、“百二十转”、“三千世界”、“六万藏”等等。

所指)，"代词指代"功能比"数词概括"强，使用也更普遍①。2)"数词概括"脱离上下文仍与所代成分同义，其还原主要依赖语言外部的知识背景；而"代词指代"脱离上下文则不一定与所代成分等义，其还原主要依赖语言内部的篇章语境。3)"数词概括"因代用名词或名词性短语仅具指称功能，代用不会改变句子结构而导致复杂句式；"代词指代"因可代用动词或动词性成分而具陈述功能，代用有时会造成句中套句的复杂句式。

"数词概括"和"代词指代"同属代用，自然也有很多共同点。首先，两者都以少量形式代替多量形式，两种手段都能化繁为简，符合语言的经济性原则。其次，两者都可还原，而还原过程便是寻找互有联系的被代用成分的过程，因此两种手段同具篇章衔接功能；再次，两者都可以丰富语言的表现手法，避免行文单调重复的弊病。

语言总是趋向于采取最经济的手段，所以如果代用和省略两可，一般偏向选择省略，例如：

甲：阎浮利地上亦有*摩尼珠*，不足言。/乙：阎浮利地上亦有<u>之</u>，不足言。/丙：阎浮利地上亦有[　]，不足言。

甲句为支谶所译，乙句用"之"代"摩尼珠"，丙句为支谦所译，干脆连"之"也省略了。省略实际上是一种零代用(Substitution by zero)，是一种更经济的缩约方式。

三　省　略

省略，是指句法中部分成分的从缺。② 换言之，是指句法中以不足形式

① 数词代用具有特殊性，具体体现在：1)地域差异，譬如汉语的"数词概括"比英语多；2)时间差异，譬如中古汉语的"数词概括"比上古多；3)文体差异，譬如学科用语中"数词概括"比普通用语多。很难找到一种没有"代词指代"的语言，但是没有"数词概括"的语言或许存在。

② 语言中的省略现象细分有四，除了"语法省略"外，还有"语音省略"(如"豆腐"＝dòu'f)、"词汇省略"(如"北京大学"＝北大)、"语义省略"(如"请坐"＝[我]请[你]坐)。

表达完整形式所负载的信息。支谶译经中很多成分在支谦的对译中有所省略。省略可分“简单省略”和“复杂省略”两种。

3.1　简单省略

简单省略,指句法中省略某个成分但不因此引发成分合并。“简单省略”包括省略主语、宾语、兼语、动词等,还有同一句中省略主、宾语等情况。

(1)a *须菩提*报言:我从佛所闻。｜b[　]报言:我从佛闻。
(2)a *自*当为汝说般若波罗蜜。｜b[　]当为若说之。(以上省略主语)
(3)a 佛语*释提桓因*:如佛所说法教等无异。｜b 佛言[　]:与佛说无异。
(4)a 长者女问*萨陀波伦菩萨*言。｜b 女问[　]言。(以上省略宾语)
(5)a 沤和拘舍罗使*是菩萨*不中道取证。｜b 变谋明慧使[　]不中道取证。
(6)a 五百女人亦皆效*萨陀波伦菩萨*立。｜b 诸女亦効[　]立。(以上省略兼语)
(7)a 我不当*有*瞋恚。｜b 我不当[　]瞋恚。
(8)a 无所罣碍*是*般若波罗蜜相。｜b 无罣碍[　]明度相。(以上省略动词)
(9)a *须菩提*白*佛*言:本无故不恐。｜b[　]对[　]曰:本无故不恐。
(10)a *萨陀波伦菩萨*报*女*言:我欲供养于师故。｜b[　]报[　]言:我以供养师。(以上省略主、宾语)

从省略的形式类型来看,省略可以分为句首(Initial)、句末(Final)和中位(Medial)省略。主语省略是句首省略,宾语省略是句末省略,兼语省略是中位省略。因为兼语是兼主、宾语的成分,因此中位省略也可视为句首或句末省略的一种特例。一般来说,句末省略是主要类型,其次才是句首省略。

主、宾语的省略多出现在对话体中,动词的省略分别是存现动词(“有”)、判断动词(“是”)的省略。对话体中主、宾语的省略,以及存现、判断动词的省略,说明支谦译经更近于文言文体,因为文言中这些成分也多从缺。

3.2　复杂省略

复杂省略,指句法中省略某些成分并由此导致成分合并。“复杂省略”

或省略一种成分(包括“主语”、“谓语”、“宾语”、“状语”、“中心语”、“修饰语”,等等),或省略多种成分(包括“谓语与宾语”、“中心语与谓语”、“介词与谓语”、“状语与谓语”、“分句”,等等)。

3.2.1 省略一种成分

(1) a 自可,*自*贡高。| b 自可,[ ]贡高。(省略主语)

(2) a 菩萨有信乐、*有*定行、*有*精进。| b 其有信乐、[ ]定行、[ ]精进。(省略谓语)

(3) a 尊者当取*般若波罗蜜*、当讽诵般若波罗蜜。| b 尊者当取[ ]、诵是经。(省略宾语)

(4) a 菩萨闻是不恐不怖。| b 闿士闻斯不恐[ ]怖。(省略状语)

(5) a 若百岁、若百千岁、若百千万岁。| b 百[ ]、千[ ]、万岁。(省略中心语)

(6) a 我于某国、*某*郡、*某*县、*某*乡生。| b 我于某国、[ ]郡、[ ]县、[ ]乡生。(省略修饰语)

3.2.2 省略多种成分

(7) a 汝身亦*有慈*、口亦*有慈*、心亦有慈。| b 若身[ ]、口[ ]、心有慈。(省略谓语与宾语)

(8) a 却阿罗汉*心*、*却*辟支佛心。| b 却应仪[ ]、[ ]缘一觉心。(省略中心语与谓语)

(9) a 若当于独处*止*,若*于*树间*止*,若于闲处止。| b 若当于独处[ ]、[ ]树间[ ]、[ ]闲止。(省略介词与谓语)

(10) a 阎浮利人乃得闻、*乃得*见。| b 阎浮提人民乃得闻[ ]见。

(11) a 叶叶*各异*、华华*各异*、实实各异。| b 叶[ ]、华[ ]、实各异。(以上省略状语与谓语)

(12) a 菩萨摩诃萨作是学,魔及魔官属不能中道坏;*菩萨如是学*,为疾得阿惟越致。| b 闿士大士作是学,邪及官属不能中坏,[ ]疾得不退转。

(13) a 佛在者,*亦当随般若波罗蜜教*;佛般泥洹后,亦当随般若波罗蜜教。| b 佛在世[ ]、若灭度后亦当随明度无极。(以上省略分句)

从省略的还原类型来看,省略有前指省略(或曰承前省、右向省)和后指省略(或曰蒙后省、左向省)之别。在“省略一种成分”中,除宾语和中心语是后指省略外，其他成分都是前指省略。在“省略多种成分”中，省略似乎杂乱无章，具体表现为：1）同一句中的省略，有的成分是前指省略，有的成分是后指省略，如例（8）中的谓语“却”是前指省略而中心语“心”是后指省略，例（9）中的介词“于”是前指省略而谓语“止”是后指省略；2）相同成分的省略，有的句子是前指省略，有的句子是后指省略，如例（10）（11）同是“省略状语与谓语”，但例（10）中的“乃得”是前指省略，而例（11）中的“各异”是后指省略；3）同属分句省略，有的分句如例（12）为前指省略，有的分句如例（13）则属后指省略。

然而，在这看似杂乱的省略之中，所有涉及中心语的省略无不采用后指省略；此外，不带宾谓语也是采用后指省略。根据中心语、不带宾谓语遵循后指省略的规则，基本上可以解释1）2）省略杂乱的情况，因为例（9）（11）中的“止”、“异”是不带宾谓语，而例（8）（10）例中的“却”、“得”是带宾谓语，所以之间存在前指和后指省略的差异。① 但是中心语、不带宾谓语遵循后指省略的规则，无法解释上面3）所言及的分句省略不定的情况，前指和后指省略的差异还需有更具解释力的规则。

宾语、中心语、不带宾谓语采用后指省略，似乎与它们所处句法中的位置有关，因为这些成分都位于句法结构的末端。沿着这条线索可以推测：处于句法结构前端的成分是否就采用前指省略呢？核之上面所揭例句，可以证明这样一条规则：平行成分的省略基本根据其所在句法结构中的位置。如果平行成分位于结构的前端②，一般采取前指省略，即保留最前的成分而删除其后的其他平行成分；如果平行成分位于结构的后端，一般采用后指省略，即保留最后的成分而删除其前的其他平行成分。这条规则暂称

① 不带宾谓语多采用后指省略，带宾谓语既可采用前指省略，也可采用后指省略。这里只是就文中具体例子而言，它们存在前指省略和后指省略的差别。

② 所谓前端，只要求平行成分之后还有其他成分，并不一定在结构的最前位置；所谓后端，倒是多处于结构的最后位置。

为“相对位置省略规则”①，图解如下：

AB + **A**C + **A**D + ……→**A**B + [ ]C + [ ]D + ……

A**D** + B**D** + C**D** + ……→A[ ] + B[ ] + C**D** + ……

这条规则既可解释1)、2)看似杂乱的省略情况，也可解释3)中分句省略不定的情况，具体解释如下：

1)例(8)、(9)中的“却”、“于”分别位于结构前端，因此采取前指省略，省略其后相同成分；“心”、“止”分别位于结构后端，因此采取后指省略，省略其前相同成分。

2)例(10)中的“乃得”位于结构前端，因此采取前指省略，省略其后相同成分；例(11)中的“各异”位于结构后端，因此采取后指省略，省略其前相同成分。

3)例(12)中两个平行的分句分别位于所在复句的前部，因此采用前指省略，删除后面相同的分句；例(13)中两个平行的分句分别位于所在复句的后部，因此采用后指省略，删除前面相同的分句。

“前指省略”与“后指省略”都遵循“相对位置省略规则”，但是前者比后者更常见，这是因为前示信息总要比后现信息更易于引发联想。这一点与代用中的“代词指代”相似，被指代成分一般也多先于指代词出现。

3.3 细心的读者或许已观察到，“复杂省略”中支谶的例句本身也有不少省略，如例(2a)(3a)(10a)等承前省略了主语，例(7a)等承前省略了定语，不过这些都是“简单省略”，省略并未带来句法结构的变化。② 而支谦译经中却多见“复杂省略”，不少省略引发了句法结构的变化。“简单省

① 这条规则符合认知原理，一般来说，事物的两端是显著而重要的部分，线性结构的两端相对也是重要部分。前端与后端保留，结果是中间成分删除。但在解码过程中，中间省略的成分可以根据两端成分而被激活。

② 例(6)“我于某国、某郡、某县、某乡生。”或许会被认为是一个反例，因为它的还原似乎把一个单句变成了一个复句，即“我于某国生、[我于]某郡[生]、[我于]某县[生]、[我于]某乡生”。但这是一个失真还原，因为还原句义已和原句不同，原句的句义只是强调在某个国的某个郡、某个郡的某个县、某个县的某个乡生，地点从大到小具有领有关系，所指只是一处。

略”和“复杂省略”乃是口语和文言句法的一道分水岭,之间实有不少差别。1)“简单省略”一般发生在简单结构中,通常省略单个成分;“复杂省略”多发生在复杂结构(主要是并列结构)中,可以连续省略多个成分。2)“简单省略”省略的成分有限,多省主、宾语等,不能省谓语;“复杂省略”几乎所有成分都可省略,省略谓语多见。在这里有必要区分两种“有”的省略,“简单省略”中例(7)的“有”(义表“存现”)不是句中必有成分,不算谓语省略;“复杂省略”中例(7)的“有”(义表“拥有”)是句中必有成分,算谓语省略。3)“简单省略”不能省略谓语,因此不会导致成分合并;“复杂省略”可以省略谓语,因此会导致成分合并。① 从这一点来看,“复杂省略”是一种更为有效的缩约手段。4)“简单省略”的还原主要是从语义理解的要求出发去找回省略成分,即主要通过意会还原;“复杂省略”的还原主要是从上下文的平行结构中来找回省略成分,即主要通过形式还原。

“简单省略”和“复杂省略”同是省略,当然也有很多相似之处。首先,两种省略都能化繁为简,因此同具经济功能;其次,两种省略都强调逐字还原,而还原实际起到了连接篇句的作用,因此同具衔接功能;再次,两种省略都是省去旧信息项以突出新信息项,因此同具信息功能;此外,两种省略都遵循“相对位置省略原则”,而且都趋向于采用前指省略。

---

① 句法成分中谓语的省略是最关键的,因为它会带来结构的变化,举一个典型例子来说明:

0. 春风轻柔地吹绽了鲜艳的桃花、春风轻柔地吹绽了鲜艳的梨花、春风轻柔地吹绽了鲜艳的杏花。

1. 春风轻柔地吹绽了鲜艳的桃花、轻柔地吹绽了鲜艳的梨花、轻柔地吹绽了鲜艳的杏花。(省主合谓)

2. 春风轻柔地吹绽了鲜艳的桃花、吹绽了鲜艳的梨花、吹绽了鲜艳的杏花。(省状合中)

3. 春风轻柔地吹绽了鲜艳的桃花、鲜艳的梨花、鲜艳的杏花。(省谓合宾)

4. 春风轻柔地吹绽了鲜艳的桃花、梨花、杏花。(省定合中)

5. 春风轻柔地吹绽了鲜艳的桃、梨、杏花。(省中合定)

只有从 2 到 3 的省略(即省略谓语)才会导致结构的变化(即由并列复句变成单句)。

四 余 论

4.1 代用和省略都是为避免重复而采用的缩约方式,但省略作为一种零替代,是一种比代用更为经济的方式。代用中的"代词指代"又比"数词概括"更普遍,省略中的"复杂省略"也比"简单省略"更有效,因此,①"数词概括"②"代词指代"③"简单省略"④"复杂省略"在缩约功效上呈递增级次。而且,这些方式并不限于单独使用,有时几种方式交互使用,句子因此得到最大程度的缩约,例如:

①和②合用:a *檀波罗蜜*、*尸波罗蜜*、*羼提波罗蜜*、*惟逮波罗蜜*、*禅波罗蜜*、*般若波罗蜜*不增不减。| b 六度等然。

①和④合用:a 使*色*、*痛痒*、*思想*、*生死识*不可计,*不可*量。| b 使五阴不可计[ ]量。

②和③合用:a *自*当为汝说*般若波罗蜜*。| b[ ]当为若说之。

②和④合用:a 尊者当取*般若波罗蜜*、当讽诵*般若波罗蜜*。| b 尊者当取[ ]、诵是经。

代用和省略的还原便是句法的扩展。由于各种方式在缩约功效上存在差异,因此它们还原扩展的结果也不尽相同。所有"数词概括"和"简单省略"的还原只会增加词长,例见 2.1 和 3.1 节;而不少"代词指代"和"复杂省略"的还原可以改变结构,例如:

b 人民无德使尔。| a 人无德使是间无水浆。

b 共一师、一船、一道。| a 共一师、[共]一船、[共]一道。

前一例代用成分("尔")的还原,让一个小句充当句子的成分,这种还原导致句法包孕;后一例省略成分("共")的还原,使一个单句扩展为三个平行的分句,这种还原导致句法并列。由此可见,与代用和省略两种缩约方式相对,句法的扩展也有包孕和并列两种方式,列表对照如下:

伸缩类型╲伸缩方式	方式一	方式二
缩约	代用	省略
扩展	包孕	并列

反复使用并列和包孕，句法结构可以变得越来越复杂；反复使用代用和省略，句法结构也可以变得越来越简单。句法的伸缩便是代用和包孕、省略和并列几种方式变换使用的结果。

4.2　通过缩约，相同语义的句子形式就会变短；通过扩展，相同语义的句子形式也会拉长。从 a（支谶译经）到 b（支谦译经）是缩约，从 b（支谦译经）到 a（支谶译经）是扩展。然而，支谦的译经并不是由支谶的译经缩约而来，支谶的译经更不是由支谦的译经扩展而来。译经时间的先后并不一定反映语言发展的事实，两种译经句法繁简的差异应归结为语体的不同。支谶译经采用口语体，口语不免啰唆，形诸文字便不避繁复；支谦译经采用文言体，行文深思熟虑，所以文体趋于简约。① 语言虽然循着经济而明晰的目标发展，但简约的语体并不一定代表发展的语言。

两种同经异译语言的繁简差别，虽然不是语言发展的结果，但是通过缩约方式的探讨，不仅可以了解两种译经篇幅差异的实质，而且从中也可窥知口语与文言句法的界点，进而了解文言意合法的特征；两种同经异译语言的繁简差别，也给历史语法研究提供了一个新的视角，以往历史语法研究多从静态的构成成分来考察，其实历史语法也可从动态的伸缩变换来研究。遗憾的是，汉语史研究无法用内省的方法来考察动态现象，现象纷繁的同经异译或许可以稍稍弥补这一缺憾。

参 考 文 献

丁茂华　1997　《文言文句子成分省略的原则及判定》，《社会纵横》第 3 期。

---

① Erik Zürcher（1991）也曾论及支谶译经具有较多的口语成分，而支谦译经行文讲究，似乎做了更大的润色。

杜道流　2000　《会话省略中的焦点控制及句法语义影响》,《语言教学与研究》第4期。
杜道流　2000　《省略句的信息理解》,《淮北煤炭师院学报》第1期。
冯运莲　1995　《英语省略的探讨》,《湖北民族学院学报》第1期。
郭良夫　1982　《论缩略》,《中国语文》第2期。
黄南松　1995　《论省略》,《汉语学习》第6期。
吕叔湘　1982　《中国文法要略》,商务印书馆。
吕叔湘　1986　《汉语句法的灵活性》,《中国语文》第1期。
马庆株　1987　《缩略语的性质、语法功能和运用》,《语言教学与研究》第3期。
王艾录　1987　《试论隐形语法关系》,《思维科学》第2期。
徐荐云　2001　《关于因省略而合并》,《湖北教育学院学报》第1期。
殷志平　2002　《数字式缩略语的特点》,《汉语学习》第2期。
张吉生　1998　《英语句子的省略与成分结构》,《解放军外语学院学报》第5期。
张家文　2000　《古汉语省略研究说略》,《襄樊学院学报》第1期。
张景霓　2000　《论〈左传〉中的省略》,《广西民族学院学报》第5期。
郑远汉　1998　《省略句的性质及其规范问题》,《语言文字应用》第2期。
Erik Zürcher 1991 A New Look at the Earliest Chinese Buddhist Texts, *From Benares to Beijing: Essays on Buddhism and Chinese Religion*, edited by Koichi Shinohara and Gregory Schopen, Mosaic Press.
Nesfield. J. 1901 *English Grammar Series(4)*, Macmillan and Co. Limited.
Randolph Quirk. Etal 1985 *A Comprehensive Grammar of the English Language*, New York: Longman.

（原刊于《古汉语研究》2006年第4期）

汉语负面排他标记的来源及其发展*

胡敕瑞

提要 文章由焦点分类引出汉语"唯独""除舍"两类排他标记,"唯独"是正面排他标记,"除舍"是负面排他标记;文中着重探讨了负面排他标记"除舍"的来源和发展,"除舍"表 except 的用法源于佛典翻译中的外借,而其表 besides 的用法是重新分析的结果;文章还探讨了"唯独""除舍"两类正负排他标记的相互联通;最后指出,"除舍"类排他标记的来源和发展,分别经历了语言接触的外借和重新分析,是语法化的一个典型案例。

关键词 历史语法 排他标记 "唯独" "除舍" 语言接触 重新分析 汉译佛典 语法化

一 汉语负面排他标记的来源及其发展

1.1 焦点的界定

有关焦点的界定,有各种各样的说法。① 或认为焦点就是话语中表达

---

* 本文是教育部人文社科重点研究基地北京大学汉语语言学研究中心 2005 年度项目"语言接触与汉译佛典语法比较研究——以梵汉对勘为基础"的一部分。

① Jeanette(1999)把焦点分为心理焦点(psychological focus)、语义焦点(semantic focus)、对比焦点(contrastive focus)三种,这是从焦点的广义理解而作出的划分,本文所讨论的焦点仅限于狭义的理解。严格来说,狭义的焦点和强调也有区别,但本文对两者不作严格区分。

的新信息，或认为焦点就是没有语义前项而正在讨论的片语，或认为焦点就是在强调项和其他一系列选项之间所构建的一种对比关系。König(1991:32)、Bos(1999)等基本上采纳后一种界定，他们根据是否具有"包含"和"排除"选项的特性，把焦点标记分为"包含(inclusive)"和"排他(exclusive)"两种。① 前者如英语的 also、too、even(相当于汉语的"也、连")，这些标记暗示话外有话，包含他项；后者如英语的 only、merely、just(相当于汉语的"只、仅")，这些标记表示仅有此选，排除他项。以 also 和 only 为例说明如下：

(1) It's also available on Monday.

(2) It's only available on Monday.

例(1)中 also 所在的句义为"星期一也可以"，但预设还有其他日期可以；例(2)中 only 所在的句义为"只有星期一可以"，排除其他日期的可能性。② 我们注意到，以连词 also 为代表的"包含"性标记所表达的语义大致对应 besides 类介词所表达的语义，而以连词 only 为代表的"排他"性标记所表达的语义大致对应 except 类介词所表达的语义，所以上面例(1)、(2)分别和下面例(3)、(4)基本等值。

(3) It's available besides on Monday.

(4) It's not available except on Monday.

上述 besides 所在的例(3)是"除星期一，其他日期也可以"，与例(1)等值，同是强调"包含"；except 所在的例(4)是"除星期一，其他日期不可以"，与例(2)等值，同是强调"排他"。

① "包含(inclusive)"或曰"追加(additive)"，"排他(exclusive)"或曰"限定(restrictive)"，异名同实。

② Bos(1999)认为，also 等包含性标记重在确定话语的预设(determines the presuppositions of the utterance)，而 only 等排他性标记在于确定话语的真义(determines the meaning of an utterance)，两种焦点标记的功能泾渭分明。

例(4)与例(2)都是强调“排他”,但是两句稍有差异,例(4)比例(2)多了一个否定词 not。这是因为例(2)用 only 是从肯定角度作正面的排他强调,而例(4)用 except 是从否定角度作负面的排他强调。

1.2　正负两类排他标记反映了两种不同的事物观察方式

正负两类排他标记的不同,反映事物观察方式的不同。“同一个事务或情景,由于我们观察的视角或注意的方式不同,就会由于凸显的差别而在我们头脑中形成不同的心理图示或意象。”(沈家煊、王冬梅,2000)譬如对图1,就可以通过图2和图3两种不同的方式来观察:

图1

图2

图3

图2的视角是由外向内,这种观察方式好比照相时把镜头由远推近,在人们头脑中形成的图像是先出现四周的白色背景(ground or shading),然后凸显中间的黑色前景(figure or profiling);图3的视角则是由内向外,这种观察方式好比照相时把镜头由近拉远,在人们头脑中形成的图像是先凸显中间的黑色前景,然后出现四周的白色背景。由于背景和前景显现方式的不同,逻辑上就有两种不同的排他方式,语言上也有两种不同的表达方法。

(5)四周都是白的,只有中间是黑的。

(6)除了中间是黑的,四周都是白的。

例(5)描写的顺序由四周的白到中间的黑,是图2的写照;例(6)描写的顺序由中间的黑到四周的白,是图3的写照。例(5)把“中间是黑的”当作新信息来报道,采用“只有(only)”来聚焦,这是一种正面的肯定标记,语言中常用具有“唯独”语义特征的词语来标记;例(6)把“中间是黑的”当作旧信息来处理,采用“除了(except)”来聚焦,这是一种负面的否定强调,语言中常用具有"除舍"语义特征的词语来标记。

上古汉语不见"除舍"类负面排他标记,只见"唯独"类正面排他标记;现代汉语"除舍"类标记不限于表示"排除(except)",还可以用来表示"追加(besides)"。古今汉语这两种情况牵涉到负面排他标记"除舍"的来源和发展,即"除"的except排除用法是如何来的,"除"又如何发展而有类似besides的追加用法,围绕这两个问题下面分别讨论。

二　负面排他标记的来源

2.1　上古汉语只有正面的排他标记

现代汉语既有正面的排他标记(如"只(有)"),也有负面的排他标记(如"除(了)"),然而上古汉语只有正面的排他标记,常用的词语主要有"唯、独、繄、但"等。[①] 如:

(7)用之则行,舍之则藏,唯我与尔有是夫。(《论语·述而》)
(8)诸君子皆与驩言,孟子独不与驩言,是简驩也。(《孟子·离娄下》)
(9)尔有母遗,繄我独无。(《左传·隐公元年》)
(10)匈奴匿其壮士肥牛马,但见老弱及羸畜。(《史记·刘敬叔孙通列传》)

上古罕见负面的排他标记,"除"、"舍"等在上古都用作动词,并不是负面排他标记,例如:

(11)抚民以宽,除其邪虐。(《尚书·微子之命》)

---

① 甲骨文及金文已见"隹""叀",这是"唯"的早期写法,上古"唯"也作"惟""维",如"余虽与晋出入,余惟利是视"(《左传·成公13年》);"将恐将惧,维予与女"(《诗经·小雅·谷风》)。"唯、独、繄、但"等正面排他标记意义相通,如"繄伯舅是赖"(《左传·襄公14年》)="唯无咎与偃是从"(《左传·襄公27年》);又如:"如是若人此室,但闻佛功德之香"(后秦·鸠摩罗什《维摩诘所说经》卷2)="如是若有止此室者,惟乐大乘功德之香"(唐·玄奘《说无垢称经》卷4)。

(12) 除病瘦死丧忧患,其中开口而笑者,一月之中不过四五日而已矣。(《庄子·盗跖》)

(13) 女无亦谓我老耄而舍我。(《国语·楚语上》)

(14) 如欲平治天下,当今之世,舍我其谁也。(《孟子·公孙丑下》)

例(12)、(14)中的"除"、"舍"很像负面排他标记,而且也有学者就是这么看的。① 但是我们认为,例(12)、(14)中的"除"、"舍"仍是义为"除去"、"舍弃"的动词,②上古"除"、"舍"没有相当于except的排他用法。

"除"的排他用法,或以为始见于《齐民要术·杂说》:"一切但依此法,除虫灾外,小小旱不全至损。"(向熹,1993:288;冯春田,2000:419)或以为始见于《三国志·张严程阚薛传》:"自臣昔客始至之时,珠崖除州县嫁娶,皆须八月引户,人民集会之时,男女自相可适,乃为夫妻,父母不能止。"(王鸿滨,2003)然而,《齐民要术·杂说》已被学者(如柳士镇,1989;汪维辉,2006)证明不是北魏贾思勰所作,而是唐人的伪作。《三国志》所见一例大概没有问题,不过"除"的排他用法有比此例更早的例子。在东汉译经中已见"除"、"舍"等排他标记,仅以东汉支谶所译《道行般若经》为例:

(15) 除其宿罪不请,余不能动。(东汉·支谶《道行般若经》卷2)

(16) 除是阎浮利地上满其中怛萨阿竭舍利,正使天中天三千大国土满其中舍利为一分,般若波罗蜜经为二分,我从二分中取般若波罗蜜。(东汉·支谶《道行般若经》卷2)

(17) 舍诸佛,是菩萨摩诃萨无有与等者。(东汉·支谶《道行般若经》卷7)

(18) 舍置佛地道,众罗汉、辟支佛道地不及是菩萨道地。(东汉·支谶《道行般若经》卷8)

例中"除、舍"都是排他标记,相当于英语中的except(下文将通过与梵文原

① 如杨树达(1984:296)认为《孟子·公孙丑下》"舍我其谁"的"舍"就是表排除的介词,此外他还把《汉书》"夫不能行圣人之术,则舍为天下役何事哉?"中的"舍"认为是介词,但司马贞《索隐》谓"舍,犹废也,止也。言为人主不能行圣人之术,则已废止,何为勤身苦心为天下所役,是何哉?"当从司马贞说。

② 且例(12)出现在《庄子》杂篇中,古今学者都认为杂篇是后人的伪作。

典的对照得到证明)。支谶所译的《道行般若经》后世多有异译,在这些同经异译中还可以看到"除、舍"之间的换用,例如:

(19)除诸佛,无有与摩诃萨等者。(前秦·昙摩蜱等《摩诃般若钞经》卷5)

(20)除如来住,于余菩萨及诸声闻独觉等住为最为胜为尊为高。(唐·玄奘《大般若波罗蜜多经》卷565)

例(19)、(20)分别是例(17)、(18)的异译,"除"和"舍"、"舍置"相互换用。① 负面排他标记"除、舍、置"之间的换用相通,一如正面排他标记"维、繄、但"之间的换用相通(详参210页注解①)。

有关"除舍"类排他标记是如何产生的,这方面的研究目前还不多见。王鸿滨(2003)考察了"除"的来源,她认为在《左传》、《国语》中"'除'字常处于复合双音动词的后位","在句法结构中往往处于动补结构的补语位置,以表示动作的结果或趋向",由此意义开始泛化并虚化;她还认为由于"人们对世界认识的日益扩大和深化,需要有一种语言形式能够对事物间减除的结果做出详细具体的描写,于是促成了除动句结构的扩展,导致了'除'字句的诞生"。

根据我们的考察,先秦文献中既有"除"处于后位的"粪除、扫除、袚除"等复合双音动词,同时也有"除"处于前位的"除去、除翦、除立"等复合双音动词,仅凭那些处于复合双音动词后位的"除"(而忽视那些处于复合双音动词前位的"除")来推论"除"的虚化,恐怕不太妥当;即便承认"除"字常处于复合双音动词的后位且往往充当动补结构的补语成分,恐怕也不能解释介词"除"由此虚化而来,因为介词"除"始终都出现在小句或短语的首

① "舍、置"表示排除的意义,辞书多失收。"舍、置"与"除"对译中多见换用。例如"除彼比丘及比丘尼,颇有一优婆塞,度疑彼岸以不"(失译人名《别译杂阿含经》卷10)="置比丘尼,有一优婆塞修诸梵行,于此法律度狐疑不"(失译人名《杂阿含经》卷34)。再如"阿难!我为汝所说经,舍置般若波罗蜜"(东汉·支谶《道行般若经》卷9)="阿难!我所说法,唯除般若波罗蜜"(后秦·鸠摩罗什《小品般若波罗蜜经》卷9)。

位，从来不出现在双音动词后或动补结构的补语位置。① 至于把介词“除”的产生归结为“人们对世界认识的日益扩大和深化”的结果，也没有触及“除”字句产生的具体原因，无益于解释介词“除”为什么在中古而不在上古产生。此外，仅仅从“除”字句出发，孤立考察“除”字句的来源，忽略历史上并存的“舍”字句及其他相关句式，也很难彻底弄清负面排他标记的本末源流。

2.2　佛经翻译导致了汉语“除、舍”类负面排他标记的产生

我们推测，“除舍”类负面排他标记的产生当是源自佛典翻译中梵文语法的外借。任何语法化都有其致使的动因，只有捕捉到语法化的动因，才能准确地解释语法化的全过程。“传统的语法化研究大都是在假定的同质演变的状态下进行的，这种研究很大程度上是建立在语言演变的一元发生(monogenetic)模式这样的假设之上的。事实上，正如 Hopper & Traugott (1993)所强调的，‘严格的语法化一元发生观是不恰当的’，因为这种研究模式忽略了大量的由语言接触引发的语言演变现象。”(吴福祥，2006)语言接触中的外借是一个不可忽略的语法化动因，汉语“除舍”负面排他标记的产生，就是在翻译佛经过程中，经由语言接触而诱发外借的结果。通过梵汉对勘研究，可以证实“除、舍”等正是梵文 sthāpayitvā 和 muktvā 等排他标记的直译，譬如例(17)、(19)两例同经异译的梵文原典是：②

(21) tat kasya hetoḥ tathā hi Subhūte nāsti tad anyeṣāṃ sattvānām tādṛśaṃ maitrīsahagatam cittaṃ yathā tasya bodhisattvasya mahāsattvasya sthāpayitvā buddhān bhagavataḥ(AAA，第 793 页)③

---

① 还有一个对其解释不利的事实，那就是介词“除”并不一定晚于动补结构而出现。一般认为动结式产生于魏晋南北朝，而介词“除”在东汉就可见其例。

② 早期佛经原典不一定都是梵文，但主要是以梵文为主或与梵文同一语系的其他语种。

③ AAA = *Abhisamayālamkārākokā*, *Prajñāpāramitāvyākbyā*, the work of Haribhadra, together with the text commented on, ed. U. Wogihara, Tokyo 1932, The Toyo Bunko; Reprinted Tokyo 1973, Sankibo Buddhist Store Ltd.

何以故？其余人无有是慈，除诸佛无有与摩诃萨等者。（前秦·昙摩蜱等《摩诃般若钞经》卷5）

何以故？其余人无有能及是慈者，舍诸佛是菩萨摩诃萨无有与等者。（东汉·支谶《道行般若经》卷7）

上例中梵文 sthāpayitvā 被翻译为“除”、“舍”。梵文 muktvā 也有翻译为“除”、“舍”的。如：

（22）muktvā bhikṣavas tathāgataṃ nānyaḥśaktaḥ purṇaṃ maitrāyaṇīputram arthato vā vyañjanato vā paryādātuṃ（Kern-Nanjio 校订本，第206页）

自舍如来，无能尽其言论之辩。（后秦·鸠摩罗什《妙法莲华经》卷4）

舍除如来菩萨大士辩才质疑，未曾有如满愿子者。（西晋·竺法护《正法华经》卷5）

上例中《妙法莲华经》和《正法华经》也是同经异译，两经分别用“自舍”和“舍除”来翻译梵文的 muktvā。例（22）的梵文在喀什葛尔和田出土本中作：

（23）sthāpayitvā ca bhikṣavas tathagato na kenacic chakyaṃ pūrṇaṃ maitrāyaṇīputraṃ paryādapayitum（O. Kashagar）

例（22）和（23）是同经不同版本的梵文。不同的是，例（22）用 muktvā，而例（23）用 sthāpayitvā。相同的是，在汉译过程中 sthāpayitvā 和 muktvā 都选用了相同的词语“除”、“舍”来翻译。梵文中 sthāpayitvā 和 muktvā 两个词是意义相同的词，它们都兼有动词（putting aside、remove）和介词（except）两种用法。① 东汉译经时期汉语已有相当于梵文 sthāpayitvā 和 muktvā 动词用法的词语“除”、“舍”等，《梵和大辞典》（荻原云来，1940）第1515页标明 sthāpayitvā 的词根 √sthā 可以汉译为“除”、“置”等动词，第1047页标明 muktvā 的词根 √muc 可以汉译为“舍”、“除”、“舍除”等动词。但是汉译时期汉语中没有相当于梵文 sthāpayitvā 和 muktvā 介词用法的词语，早期译人

① Monier Williams 编著的 *Sanskrit-English Dictionary* 分别注明了 sthāpayitvā、muktvā 的这两种用法（详参 Williams，1951：821，1263）。

在翻译例(22)和(23)中 sthāpayitvā 和 muktvā 的介词用法时,由于面临没有现成相同用法的汉语词语可资对译,最有可能的选择就是利用和 sthāpayitvā、muktvā 动词用法相同的“除”、“舍”等词语来对译。这种移花接木式的翻译借用,使得汉语无形中产生了一套表排除用法的介词。① 这种翻译借用算是一种“接触诱发的语法化”(Contact-induced grammaticalization, Heine & Kuteva,2005)。“接触诱发的语法化”包括一般语法化(ordinary grammaticalization)和复制语法化(replica grammaticalization)。一般语法化,指语言接触使目的语借用了一个和源头语相似的成分,但是目的语中这个新成分创制的方法并不受源头语的影响;复制语法化,指语言接触不但使目的语借用了一个和源头语相似的成分,而且目的语中这个新成分创制的方法也受源头语的影响。汉语“除舍”排他标记的产生很像是复制语法化,因为汉语不但借用了梵文中的排他标记,而且汉语所选用的排他标记也是受梵文影响而如法炮制的。译经者注意到梵文 sthāpayitvā 和 muktvā 的动词和介词用法是同形词,既然可以用“除”、“舍”来对译其动词用法,不妨也用“除”、“舍”来复制其介词用法,这种接触诱发的复制类似词义变化中的相因生义,只不过这里的相因生义是由不同语言之间的接触而产生。② 应该说明的是,西方学者讨论的复制语法化一般发生于口语之间的语言接触,而汉语“除舍”排他标记的产生是书面语翻译过程中借用的产物。

“除、舍”等排他标记始见于汉译佛典,其基本词义正好和梵文 sthāpayitvā、muktvā 等词相当;③其次,“除、舍”等排他标记与 sthāpayitvā、

① 我们承认汉语“除舍”类动词自身也有可能发展出表排除意义的介词用法,但是在汉译佛经之前毕竟还没有看到这一发展的事实,事实是汉译佛经过程中的语言接触促发了“除舍”类介词用法的产生。

② 相因生义是由蒋绍愚(1989:82—87)提出的,指的是甲词有 a、b 两个义位,乙词原来只有一个乙 a 义位,但因为乙 a 和甲 a 同义,逐渐地乙词也产生一个和甲 b 同义的乙 b 义位。

③ 东汉同期中土文献罕见“除”、“舍”作介词的用例,六朝以后中土文献才逐渐多见,这是因为语言接触的影响需要一个接收内化的过程。

muktvā 的排他功能完全一致，主要用于排除体词性成分，所关涉的句子大多是否定句；再是，一如梵文同经异本中 muktvā 和 sthāpayitvā（如例 22、23）可以换用互通一样，汉译同经异译中“舍”和“除”（如例 17、19）也可以换用互通。大量巧合的现象，不得不让人相信这样一个事实，“除、舍”等排他标记的产生应当是受了佛经翻译的影响，否则无法解释“除、舍”等排他标记为何突然在汉译佛典中迅猛出现。

汉译佛典中除常用“除、舍”等排他标记外，还用“置、舍置、舍除、除却”等排他标记，如例（18）和例（22），再如：

（24）置是所供养者，此不足言耳。（东汉・支谶《般舟三昧经》卷下）

（25）此无作中，除却心俱道共无作，余者皆名无作业矣。（隋・慧远《大乘义章》卷 7）

这些排他标记形式虽然各异，但都是含“除舍”语义特征的词语。中古的“除、舍、置”等单音排他标记经过历时筛选，近代主要用“除”；中古的“舍置、舍除、除却”等复音排他标记经过历时筛选，后来主要用“除却”，再后“除却”又逐渐被“除了”代替。① 这样便形成了现代汉语负面排他标记主要用“除”和“除了”的格局。

三　负面排他标记的发展

3.1　排除和追加

相当于英语 except 的“除”不是汉语原生的，相当于英语 besides 的

① 例如：“除了身只是理，便说合天人”（《河南程氏遗书》卷 2）；“除了这个马，别个的都不好”（《老乞大》）；“你们东府里，除了那两个石头狮子干净，只怕连猫儿狗儿都不干净”（《红楼梦》66 回）。

“除”更是后代发展的。前一节讨论了“除”如何在中古产生了 except 的用法，这一节将讨论“除”如何在近代发展有 besides 的用法。

强调排除的“除”相当于减法，强调追加的“除”相当于加法，“除”的这两种用法描写的是不同的事件，可以借用图 4 和图 5 两个不同的图形来说明。

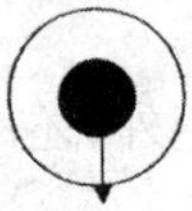
图 4

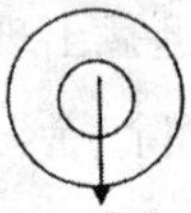
图 5

图 4 是排除式的写照。图像“中间”和“四周”底色不同，黑白是非存在差异，所以当两个对象性质不一致时，就形成排除关系。用语言来描述这个图像的话，肯定一部分就要否定另一部分，否定一部分就要肯定另一部分，汉语常常搭配副词“都”等来强调。①

(26) a. 除了中间是黑的，四周都不是黑的。（原式）
b. 除了中间不是白的，四周都是白的。（变式）

排除式建立在差异对比的关系上，一者和另一者不同，两者便形成补集。用“+”代表肯定、“-”代表否定、“C”代表补集，排除式就可以用下表概括。

表 1 排除式的表达

排除部分	非排除部分	整体部分
{+}	{-}	C<+, ->
{-}	{+}	C<-, +>

① “都”与排除语义密切相关，不仅反映在与负面排他标记“除舍”等的搭配使用上，还表现在与正面排他标记“唯独”等的语义相通上，例如：“其堕地狱三恶道者，皆不和故耳”（失译人名《般泥洹经》卷上）=“天下人趣地狱禽兽饿鬼道者，但坐相与不和故”（西晋·白法祖《佛般泥洹经》卷上）；“都有三病：老、病、大小便”（失译人名《佛说古来世时经》）=“唯有如是病：谓寒热、大小便、欲饮食、老”（东晋·僧伽提婆《中阿含经》卷 13）。

图5是追加式的写照。图像"中间"和"四周"底色相同,不存在黑白是非差异,所以当两个对象性质一致时,就形成加合关系。用语言来描述这个图像的话,肯定一部分就要肯定另一部分,否定一部分就要否定另一部分,汉语常常搭配副词"也"等来强调。

(27) a. 除了中间是白的,四周也是白的。(原式)
b. 除了中间不是黑的,四周也不是黑的。(变式)

追加式建立在共性同一的关系上,一者和另一者相同,两者便形成并集。用"+"代表肯定、"-"代表否定、用"∪"代表并集,追加式就可以用下表概括:

表2　追加式的表达

排除部分	非排除部分	整体部分
{+}	{+}	∪<+,+>
{-}	{-}	∪<-,->

3.2 "除"的追加用法的来源

了解了排除和追加的不同,现在要回答的问题是,"除"为什么会兼有这两种用法?中古"除"只有排除的用法,没有见到追加的用法。"除"的追加用法是由排除的用法发展而来呢,还是另有源头?

如上所说,负面排他标记经过历时筛选,到近代主要用"除"、"除却"。"除""除却"追加用法出现的时代,蒋骥骋、吴福祥(1997:501)认为在宋代,冯春田(2000:420)认为在五代,马贝加(2002:328)则认为在唐代,同时她还注意到这种用法首先出现在疑问句中,例如:①

(28)除却麻姑,更有谁?(唐·刘禹锡《麻姑山》)

---

① 例(28)至(30)"除却"三例节引自马贝加(2002:328—329)。这里我们再举一些"除"的例句,如"除我,更谁?"(唐·义净《苾刍尼毘奈耶》卷17);"除所依根,更有何法?"(唐·玄奘《阿毘达磨顺正理论》卷6);"除此二外,更有何心?"(唐·法宝《俱舍论疏》卷1)。

(29)除却苏州,更是谁?(唐·白居易《寄刘苏州》)
(30)除却刘与吴,谁人来问我?(唐·白居易《懒放二首呈刘梦得吴方之》)

以上三例是否表示追加,还可商榷。因为"除却"所在的句子虽然都有一个疑问词,但表达的其实都不是真问而是反问。反问本质上是一种无疑而问,是借问句形式对某一论断进行强调,所以上面三句中的"除却"仍然可以看作是表示排除,即:

(31)除却麻姑,再没有别人。
(32)除却苏州,再没有别人。
(33)除却刘与吴,没有别人来问我。

不过,我们认为例(28)至(30)这类疑问句具有分析为真问句的可能,而"除却"的追加用法正是由这类疑问句重新分析而来。

首先,因为例(28)至(30)这类疑问句都包含了一个任指疑问词,这为这类句子的重新分析提供了语义条件。这个任指疑问词"谁"既可以认为和同一句中前面的NP不同类,也可以认为和同一句中前面的NP同类。如果"谁"和其前的NP不同类,排除部分和非排除部分就形成补集,句子就应当分析为反问句,"除却"表达的就是排除关系;如果"谁"和其前的NP同类,排除部分和非排除部分就形成并集,句子就应当分析为真问句,"除却"表达的就是追加关系。即:

(34)除却麻姑,另外还有谁?
(35)除却苏州,另外是谁?
(36)除却刘与吴,还有谁来问我?

而且例(28)至(30)这类疑问句常有一个副词"更"与"除却"搭配使用,副词"更"在类似例(28)至(30)这类疑问句中,往往含有累加的语义特征,这也为这类句子的重新分析提供了语义条件。

其次,因为例(28)至(30)这类疑问句在近代并非零星个例,而是大量存在,这为这类句子的重新分析提供了频度条件。因为低频率的语言现象不足以形成重新分析的范式，重新分析一般发生在高频率的语言现象中。例(28)至(30)这类疑问句在近代经常可以看到，有时在一部书中就可见到不少这类例子，以《古尊宿语录》为例：①

(37)除却荒凉，更何守？（宋·赜藏主《古尊宿语录》卷14）

(38)除却着衣、吃饭、屙屎、送尿，更有什么事？（宋·赜藏主《古尊宿语录》卷15）

(39)不知除却王维手，更有何人画得成？（宋·赜藏主《古尊宿语录》卷47）

这些例句与上面例句一样，也可以作重新分析，一旦反问句被分析为真问句，表排除的"除却"就变为表追加的"除却"。

疑问词提供了重新分析的语义条件，高频率保障了重新分析的频度条件。通过重新分析原本的反问句被分析为真问句，因此"除却"、"除"等从排除用法发展而有追加用法。唐宋以来由于大量类似的疑问句被重新分析，因此近代随之出现了"除却"、"除"等表追加的新用法。例如：

(40)除却扬眉动目一切之事之外，直将心来。（南唐·静、筠《祖堂集》卷5）

(41)除却这个色，还更有色也无？（南唐·静、筠《祖堂集》卷18）

(42)不知除此外，南朝皇帝更有何意旨？（《近代汉语语法资料汇编·宋代卷》）

(43)除此之外，也少一拳不得。（宋·才良《法演禅师语录》卷1）

四　两类排他标记及其相互联通

4.1　两类排他标记的区别

"除舍"和"唯独"两类排他标记分别从负面和正面两个角度进行强调。

① 《古尊宿语录》为宋代赜藏主所编，内容却多是唐代的。

“除舍”类从负面的角度,通过否定来达到排他;“唯独”类从正面的角度,通过肯定来达到排他。“唯独”和肯定自然关联,“除舍”和否定自然关联,这在语料中可以发现例证,试比较下面两组例句:

(44)a. 为断老病死苦,是菩萨菩提。(后秦·鸠摩罗什《维摩诘所说经》卷中)
b. 唯菩萨菩提,能断一切老病死苦。(唐·玄奘《说无垢称经》卷3)①

(45)a. 自非佛智,余岂能知。(唐·昙旷《大乘起信论略述》卷2)
b. 除佛智慧,无能知者。(陈·慧思《南岳思大禅师立誓愿文》卷1)

例(44a)与(44b)是同经异译,“是”与“唯”通用;例(45a)与(45b)是同经异译,“非”与“除”通用。“除舍”和否定关联、“唯独”和肯定关联,在汉语词汇化中也有体现,“但是”、“除非”的词汇化就是例证,因为“除舍”类似否定,“唯独”类似肯定,所以“除”与“非”并列成词,“但”与“是”并列成词。② 相反,“除是”“但非”就不容易词汇化,因为“除舍”与肯定、“唯独”与否定不是自然关联。③

4.2 两类排他标记的联通

“除舍”与“唯独”两类排他标记虽然强调角度不同,但是异曲同工,两者互相联通。在同经异译的佛典语料中,可以看到不少“除”、“唯”相通的例子。

(46)a. 除一比丘谓尊者阿难,世尊记说彼,现法当得无知证。(刘宋·求那

---

① “王室之不坏,繄伯舅是赖。”(《左传·襄公14年》)=“尔有母遗,繄我独无。”(《左传·隐公元年》)“是”与“独”关联,犹如“是”与“唯”关联。

② “除舍”和否定的关联,还可以得到跨语言的证明,譬如西部佛兰德语和标准荷兰语的“除非”,其词源都是由否定而来(转引自Croft,2000:137):
tenwoare “unless” < t-en-woare [it-NEG-be. 3SG. PST. SUBJ]
tenzij “unless” < t-en-zij [it-NEG-be. 3SG. PRES. SUBJ]

③ 近代汉语出现了“除是”,如“除是马秀才来,我就好了。”(元曲《东墙记》)“除是得这般军器和我一个哥哥,可以破得连环甲马。”(《水浒全传》55回)但这些句中的“除是”不在同一句法层级,“是”与后面的表语为同一层级,大概在“除非”的类推下后来才形成“除是”一词。

跋陀罗《杂阿含经》卷45）

b. 唯一苾刍现居学位，世尊已为授记，见法得法当证满果。（宋·法贤《解夏经》卷1）

(47) a. 魔及魔天、释梵、四天王、沙门、婆罗门，人及非人能解此深义者，除如来等正觉及如来圣众受吾教者。（东晋·僧伽提婆《增壹阿含经》卷12）

b. 天及魔、梵、沙门、梵志、一切余众，能知此义而发遣者，唯有如来、如来弟子或从此闻。（东晋·僧伽提婆《中阿含经》卷25）

例(46a)、(47a)中的"除"在(46b)、(47b)中对译为"唯"，相同的意思采用不同的标记，足见两类排他标记相互联通。

"除舍"与"唯独"两类标记的相互联通也体现在"除唯"、"唯除"等结构形式上。"除唯"、"唯除"等分别由正负排他标记"唯"、"除"组合而成，屡见于汉译佛典中。例如：

(48) 彼不成及阿罗汉后心亦不成，除唯次第缘事可成。（后魏·世佛陀扇多《摄大乘论》卷上）

(49) 除唯不善恶作睡眠，余皆具有。（唐·玄奘《阿毘达磨顺正理论》卷11）

(50) 除唯意所行色，一切色聚有色诸根所摄者。（唐·玄奘《瑜伽师地论》卷3）

上述是"除唯"例，以下是"唯除"例：

(51) 举国人民悉不杀生、不饮酒、不食葱蒜，唯除旃荼罗。（东晋·法显《高僧法显传》）

(52) 唯除瞿昙颜貌端正，其余无及此摩纳者。（后秦·佛陀耶舍等《长阿含经》卷1）

(53) 此正等觉如来佛陀三句妙义，无能究竟宣扬决择，唯除诸佛。（唐·玄奘《说无垢称经》卷5）

如果不了解"唯除"是由正负排他标记组合构成的词语，就很可能会把"唯除"中的"唯"误认为类似发语词成分。事实上"唯除"与"除唯"结构顺序虽异，实际意思相同，都是排他标记。"唯除"与"唯"、"除"等也

别无二致,①在同经异译中可以看到“唯”、“除”与“唯除”整齐对译的例子。如:

(54) a. 唯一苾刍现居学位,世尊已为授记,见法得法当证满果。(宋·法贤《解夏经》卷1)

b. 除一比丘,谓尊者阿难,我记说彼于现法中得无知证。(刘宋·求那跋陀罗《杂阿含经》卷45)

c. 唯除一比丘,我亦本已记于现法中得究竟智。(东晋·僧伽提婆《中阿含经》卷29)

(55) a. 所有龙宫,恶风暴起,吹其宫内,失宝饰衣,龙身自现以为苦恼,唯阿耨达龙王无如是患。(后秦·佛陀耶舍等《长阿含经》卷18)

b. 除阿耨达多龙王,其余诸龙,游戏乐时,有热风来,吹其身体,即失天形,现蛇形相,有如是苦。(隋·阇那崛多等《起世经》卷1)

c. 唯除阿耨达多龙王,其余诸龙,游戏乐时,有热风来,吹彼等身,即失天色,现蛇形色,有如是苦。(隋·达摩笈多《起世因本经》卷1)

例(54)、(55)两组例句分别用“唯”、“除”、“唯除”三个词语对译,这一方面说明“唯除”与“唯”、“除”的确无别,“唯除”是由“唯”、“除”组合而成,另一方面也进一步说明“唯独”和“除舍”两类正负排他标记功能相关、互相联通。

五　余论:类型学和语法化

类型学上存在这样一种蕴涵共性,某个语言如果具备某种违实和否定

① “唯除”与“唯、独”通用的例子,如:“唯除阿耨达多龙王,无如此事”(隋·阇那崛多等《起世经》卷1)=“唯阿耨达龙,无有此患”(后秦·佛陀耶舍共竺佛念《长阿含经》);“如是变化,唯除见者乃能信之”(隋达摩笈多《起世因本经》卷9)=“谁当信世间有七日出时,独有见者信之耳”(西晋·法立等《大楼炭经》卷5)。“唯除”与“除、舍”通用的例子,如“我不见诸天、魔、梵、沙门、婆罗门及世人食此残石蜜而能消化,唯除如来一人”(姚秦·佛陀耶舍等《四分律》卷10)=“我终不见沙门、婆罗门、天及人民能消此饼,除如来至真等正觉”(东晋·僧伽提婆《增壹阿含经》卷20);“自舍如来,未有声闻及菩萨能制其乐说之”(姚秦·鸠摩罗什《维摩诘所说经》卷1)=“唯除如来,未有声闻及余菩萨而能制此大士慧辩”(唐·玄奘《说无垢称经》卷2)。

的标记,就一定具备某种叙实和肯定的标记,反之则不然(Talmy,2000:290—307)。譬如某个语言如果有类似 before 的标记,就一定有类似 after 的标记;但有 after 标记,不一定就有 before 标记。同样,某个语言如果有类似 except 的标记,就一定有类似 only 的标记;但有 only 标记,不一定就有 except 标记。这是因为 before、except 是违实和否定标记,而 after、only 是叙实和肯定标记。肯定和叙实多是原生的、第一性的,而否定和违实多是派生的、第二性的。现代汉语既有"只(有)"等"唯独"类正面排他标记,也有"除(了)"等"除舍"类负面排他标记。如果仅仅拿现代汉语来和英语等印欧语作一比较,很可能会认为汉语的排他标记与印欧语相同,因而把汉语排他标记也纳入印欧语类型。然而,通过对汉语排他标记的历史考察,我们发现上古只有"唯独"类排他标记,"除舍"类排他标记是中古才产生的,现代汉语两类排他标记并非自古就有。由此看来,类型学研究离不开历史研究,如果不明某种语言的历史源流,类型学研究就很容易简单比附。

语法化是语法研究的一种重要理论,其诱发机制不止一种,类推扩展、重新分析、接触外借是目前普遍认可的三种机制。把一切演变都视为由类推扩展而来,是对语法化理论的粗糙运用。汉语"除舍"类排他标记的产生和发展乃是两种语法化机制造成的结果。"除舍"类排他标记在中古突然出现,显然是受了佛典翻译的影响,汉语通过对译而外借了梵文的 sthāpayitvā 和 muktvā 等排他标记。这种通过书面语翻译的间接外借,不同于通过口语传播的直接外借。间接外借是一种远距离的外借,源头语和目的语可以相隔遥远;直接外借是一种近距离的外借,源头语和目的语一般彼此相邻。间接外借是语言接触中的一种特殊现象,然而是值得关注的一种语言接触。还应该注意的是,语言接触中的外借成分在借入目的语后并非一成不变,汉语"除舍"类排他标记在中古外借进来以后,到近代其功能又有了新的发展,在一种特别的疑问句中,"除舍"类排他标记经由重新分析又发展出"追加"的用法。汉语"除舍"类排他标记从中古产生到近代发展,分别经历了接触外借和重新分析,这是语法化的一个典型案例。

参考文献

蔡维天 2004 《谈"只"与"连"的形式语义》,《中国语文》第2期。

荻原云来 1940 《梵和大辞典》,东京:梵和大辞典编纂刊行会。

董秀芳 2003 《无标记焦点和有标记焦点的确定原则》,《汉语学习》第1期。

方 梅 1995 《汉语对比焦点的句法表现手段》,《中国语文》第4期。

冯春田 2000 《近代汉语语法研究》,山东教育出版社。

高永奇 1994 《"除"字句动态浅析》,《濮阳教育学院学报》第2期。

洪 波 2008 《上古汉语的焦点表达》,未刊。

蒋冀骋 吴福祥 1997 《近代汉语纲要》,湖南教育出版社。

蒋忠新 1988 《梵文〈妙法莲华经〉写本》,中国社会科学出版社。

蒋绍愚 1989 《古汉语词汇纲要》,北京大学出版社。

李 明 2008 《说"即心即佛"》,《历史语言学研究》第一辑。

李宗江 2003 《句法成分的功能悬空与语法化》,载《语法化与语法研究(一)》(吴福祥、洪波主编),商务印书馆。

刘丹青 徐烈炯 1998 《焦点与背景、话题及汉语"连"字句》,《中国语文》第4期。

柳士镇 1989 《从语言角度看〈齐民要术〉卷前〈杂说〉非贾氏所作》,《中国语文》第2期。

卢付林 1999 《和"除非"相关的几个句式的研究》,《邵阳师范高等专科学校学报》第4期。

马贝加 2002 《近代汉语介词》,中华书局。

马 真 2004 《现代汉语虚词研究方法论》,商务印书馆。

沈家煊 王冬梅 2000 《"N的V"和"参照体——目标"构式》,《世界汉语教学》第4期。

孙汝建 2004 《肯定与肯定焦点》,《南京师大文学院学报》第3期。

王鸿滨 2003 《"除"字句溯源》,《语言研究》第1期。

王胜文 2002 《表示排除的"除"及其隐括用法》,《许昌师专学报》第6期。

汪维辉 2006 《〈齐民要术〉卷前"杂说"非贾氏所作补证》,《古汉语研究》第6期。

魏培泉 1999 《论先秦汉语运符的位置》,载 Alain Peyraube and Chaofen Sun (eds.), *In Honor of Mei Tsu-lin: Studies on Chinese Historical Syntax and Morphology*, pp. 259–297. Paris: CRLAO。

吴福祥　1996　《敦煌变文语法研究》，岳麓书社。

吴福祥　2006　《近年来语法化研究的进展》，载《语法化与汉语历史语法研究》，安徽教育出版社。

吴福祥　2007　《关于语言接触引发的演变》，《民族语文》第2期。

向　熹　1993　《简明汉语史》（下），高等教育出版社。

肖奚强　2004　《"除了"句式句法语义分析》，《汉语学习》第2期。

辛嶋静志　1998　《正法华经词典》，Tokyo：The International Research Institute For Advanced，Buddhology Soka University。

辛嶋静志　2001　《妙法莲华经经词典》，Tokyo：The International Research Institute For Advanced，Buddhology Soka University。

徐烈炯　2001　《焦点的不同概念及其在汉语中的表现形式》，《现代中国语研究》第3期。

玄　玥　2002　《焦点问题研究综述》，《汉语学习》第4期。

杨树达　1930　《高等国文法》，商务印书馆，1984。

殷志平　1999　《"除了……以外"的语义辨析》，《汉语学习》第2期。

张　觉　1989　《〈孟子〉中的强调表达法》，《古汉语研究》第4期。

Bos，Johan 1999 The Treatment of Focusing Particles in Understanding Discourse Representation，in P. Bosch and R. van der Sandt（eds.）*Focus：Linguistic，Cognitive，and Computational Perspectives*，Cambridge：Cambridge University Press.

Cheng，Robert L.（郑良伟）1983 Focus devices in Mandarin Chinese，收入汤廷池、郑良伟、李英哲编《汉语句法、语义学论集》，（台北）学生书局。

Croft，W. 2000 *Explaining Language Change：An Evolutionary Approach*，Singapore：Addision Wesley Longman Singapore（Pte）Ltd.

Edgerton，F. 1998 *Buddihist Hybrid Sanskrit Grammar and Dictionary*，Delhi：Motilal Banarsidass Publishers Private Limited.

Heine，B. and Tania K. 2005 *Language Contact and Grammatical Change*，Cambridge：Cambridge University Press.

Jeanette，K. 1999 On Different Kinds of Focus，in P. Bosch and R. van der Sandt（eds.）*Focus：Linguistic，Cognitive，and Computational Perspectives*，Cambridge：Cambridge University Press.

Kiss，Katalin É. 1998 Identificational focus versus informational focus，*Language* 74（2）：245 – 273.

König, E. 1981 Scalar particles in German and their English equivalents. In *Contrastive Aspect of English and German*, Julius Groos, Heidelberg.

König, E. 1991 *The Meaning of Focus Particles*, London: Routledge.

Monier-Williams, M. 1988 *Sanskrit-English Dictionary*, Oxford University Press.

Quirk R., Greenbaum, S., Leech, G. and Svartvik, J. 1985 *A Comprehensive Grammar of the English Language*, New York: Longman.

Talmy, L. 2000 *Toward a Cognitive Semantics*, 2 vols, Cambridge, Massachusetts: The MIT Press.

（原刊于《语言科学》2008 年第 6 期）

汉译佛经句末"故"用法考察*

——以《阿毗达磨俱舍论》梵汉对勘为例

王继红　朱庆之

提要　句末"故"是汉语佛经语言的重要语法特征，是仿译梵语原典语法现象的结果。本文将《阿毗达磨俱舍论》梵本与真谛、玄奘两种汉译本进行对勘，考察句末"故"的使用情况。句末"故"出现的原因有：(1)对译原典中的从格格尾；(2)对译原典中的具格格尾；(3)对译原典中表示原因的虚词hi；(4)对译原典中的名词artha或以artha结尾的不变状复合词。基于梵汉对勘的复句研究是汉译佛经语言研究的重要内容。

关键词　汉译佛经　句末"故"　梵汉对勘　阿毗达磨俱舍论

一　汉译佛经中的句末"故"

汉译佛经语言是汉语历史文献语言的非自然变体，与中土文献语言同中存异，有着自己在词汇与语法方面的特点。① 经常出现在文末或者句末的表示原因的连词"故"，便是汉译佛经语言重要的语法特征之一。

在标准文言文中，连词"故"用在因果关系复句中，表示结果或结论。从句法位置上看，"故"大多用于表示结果或结论的分句句首，即"……，

* 本文的工作得到香港特区政府研究资助局的全额资助，项目编号为GRF/HKIED844710。谨此致谢。

① 参看朱庆之(2001)。

故……”。例如：

(1)宋、卫既入郑，而以伐戴召蔡人，蔡人怒，故不和而败。(《左传·隐公十年》)

(2)适足以致天下之兵耳，故楚不如汉，其势易见也。(《史记·黥布列传》)

(3)谢镇西少时，闻殷浩能清言，故往造之。(《世说新语·文学》)

“故”也可以用在表因分句中，但是，一般要与介词“以”、“为”连用，即“……以……故，……”或“……为……故，……”。例如：

(4)冬，介葛卢来，以未见公故，复来朝。(《左传·僖公二十九年》)

(5)良至韩，韩王成以良从汉王故，项王不遣成之国，从与俱东。(《史记·留侯世家》)

(6)冬，楚子为陈夏氏乱故，伐陈。(《左传·宣公十一年》)

(7)掾史，为断其意故，教其所以答塞之状，皆如所度。(《三国志·魏书·崔毛徐何邢鲍司马传》)

这种与介词“以”或者“为”连用的句末“故”并非连词，而是名词，所以也常常用在“……以……之故，……”或“……为……之故”等结构中，例如：

(8)若以先臣之故，而使有後，君之惠也。(《左传·哀公十四年》)

(9)齐侯为楚伐郑之故，请会于诸侯。(《左传·庄公三十二年》)

(10)司马迁以受刑之故，内怀隐切，著史记非贬孝武，令人切齿。(《三国志·魏书·锺繇华歆王朗传》)

在这种用法的名词“故”之后，可以出现语气词“也”，例如：

(11)郑伯如楚，谋晋故也。(《左传·昭公三年》)

(12)今身不至劳苦而辇以上者，有术以致人之故也。(《韩非子·外储说右下》)

(13)臣弑君，子弑父，非一旦一夕之故也，其渐久矣。(《史记·太史公自序》)

在汉译佛经中，连词“故”经常自由地出现在小句或因果复句中表因分句的末尾。例如：

(14)孛哀人民故,随使者还。(三国·支谦译《佛说孛经钞》)

(15)彼银色女有所须故,从自家出,往至他舍。(北魏·佛陀扇多译《银色女经》)

(16)知一切法者,名之为佛。以彼慧眼及法身,能见作菩提、学、无学法故。(东晋·失译《佛说大乘稻杆经》)

(17)西方即是羼提波罗蜜。何以故?彼西方者名之为后,一切恶法弃于后故。(北凉·昙无谶译《优婆塞戒经》)

有时,在因果关系复句中,不但在表因分句的句末使用“故”,还可以同时在表果分句中使用“是以”,二者前后互相呼应,例如:

(18)我昨见王女,颜貌端正,思与交通,不能得故,是以病耳。(南朝萧齐·求那毗地译《百喻经》)

(19)羞其妇故,不肯弃之,是以不语。(南朝萧齐·求那毗地译《百喻经》)

这种用法的句末“故”既可以与“以”搭配使用,也可以不搭配使用。例如:

(20)今以我所事非真故,归命於佛,当哀愍我曹去浊秽之行,受佛清净决言,若审尔者大善。(南朝宋·沮渠京声译《佛说耶只经》)

句末“故”的这种用法已经成为汉译佛经语言的语法特征之一。许理和(1977)认为,“句尾词‘故’的用法经历不同时代一直作为佛经语言的特点而保留下来。甚至在宋朝最晚的佛经译文中还有很多这种用法。用于句尾的‘故’,……成了佛经宗教语言的一个区别性特征,这种文体至迟在唐代已经和文言文一样,成为一种固定的程式了。”

对于句末“故”在佛经中大量出现的原因,许理和(1977)认为,句末“故”对译的是梵文原典中表示原因的离格(causal ablative)①。高崎直道的论文《〈大乘起信论〉的语法:有关“依、以、故”等之用法》对流支翻译的

① 梵语中的第五格格尾(apādāna-kāraka pañcami),欧美学者称之为“ablative”,日本和我国台湾学者多译作“从格”,也作“离格”。

《大乘起信论》的有关章节进行了梵汉对勘，在此基础上提出，(1)句末"故"在多数情况下是对梵文从格的仿译；(2)出现在引文之后的"故"字，如"如经说言：'……'故"或是"偈言：'……'故"等，是对梵语虚词"iti"的对译。"论典之援引经典，是为了权证自己的说法的正确性，因此在'为什么呢？因为经典上说……'这一层意义上，使用了'故'字，但并一定就是从格。"

本文将《阿毗达磨俱舍论》(下文简称《俱舍论》)梵本与真谛、玄奘两种汉译本进行对勘，考察句末"故"的使用情况，探究句末"故"出现的原因。《俱舍论》是印度世亲用规范的古典梵文写成的，先后由陈真谛与唐玄奘两次译成汉文。[①]《俱舍论》属于经体论说文，长于论理，有破有立，逻辑严密。为了把《俱舍论》中谨严的逻辑关系准确地表达出来，真谛和玄奘的两种译本中运用了大量的复句。因此，《俱舍论》是研究经由佛经翻译所导致的语言接触对汉语复句影响的比较理想的语料。在《俱舍论》中，表示因果关系的句末"故"出现的原因有：(1)对译原典中的从格格尾；(2)对译原典中的具格格尾；(3)对译原典中表示原因的虚词 hi；(4)对译原典中的名词 artha 或以 artha 结尾的不变状复合词。

二 译自原典中从格格尾的句末"故"

梵语名词变格共有七组格尾：体格、业格、具格、为格、从格、属格、依格。[②] 梵语屈折形态变化非常发达，句中的名词均由名词词基与格尾两部

① 本文使用的是日本《大正新修大藏经》。真谛译《阿毗达磨俱舍释论》见于大正藏卷 29，161—310 页；玄奘译《阿毗达磨俱舍论》见于大正藏卷 29，1—159 页。

② 现代梵语语法一般列出八格，而梵语传统语法只有七格之分，所谓呼格是体格的变体。

分构成;①而汉语几乎没有形态变化,主要依靠语序与虚词来表现句法关系,展现在线性语言序列中的只有名词词基,并没有表达句法关系的格尾。在汉译佛经中,译师们不但要选择恰当的汉语词语来翻译梵语中名词词基的词汇意义,还会另外用汉语字词来表达或者突显这个梵语词基所带的格尾的语法意义。对译梵语名词格尾的汉字的意义与这种语法意义有时相关,有时毫不相干。

梵语的从格格尾大多表示原因。原典中含有从格的句子一般都被译为汉语中的因果关系复句,带有从格格尾的名词被译为表示原因的分句,②而从格格尾被译为关联词语"故"。因为梵语的格尾永远紧随于名词词基之后,而佛经翻译又力争照搬原典语序,所以对译从格格尾的"故"大都也出现在分句的末尾。例如:

(21)论谓能传生无流智,是无流智资粮故,亦名阿毗达磨。(谛)③
论谓传生无漏慧教,此诸慧论是彼资粮故,亦得名阿毗达磨。(奘)
yad caśāstram asyāḥ prāpty-artham anāsravāyāḥ prajñāḥ tad api tad-saṃbhārabhāvātabhidharmaḥ iti ucyate/1－30④
(那个为了得到无流智的是论,因为论是无流智的资粮,所以称之为阿毗达磨。)

真谛本中"无流智资粮"和玄奘本中"彼资粮"对译的是原典中的依主释复合词 tad-saṃbhārabhāva(它的—物质基础),其后带有阳性单数从格格尾

① 段晴(2001):"既非动词词根,亦非词缀,有意义的(词)是名词词基。""根据经文和注释者的描述,名词词基仅仅是名词等的原始字样,加上格尾的词不再属于名词词基的范畴。""复合词也是名词词基。"

② 梵文的词法方达,甚至可以把一个句子压缩成一个复合词。这是由于梵语句法以简约为原则,复合词便是使得语言经济的重要手段之一。一个完整的句子也可以被压缩在一个复合词内。梵语复合词的长度在理论上可以是无限的。"各类复合词可以组合在一起构成一个很长的复合词,有时可以长到一个词就是一个故事,一个词可以占满整整一页纸。"所以梵语复合词的外延远远大于汉语复合词。当一个含有格位关系的复合词被译为汉语时,深谙波你尼语法的译师往往会将这个复合词拆开,还原为独立的句子。参看段晴(2001),王继红(2004)。

③ "(谛)"表示此句出自真谛的译本,"(奘)"表示此句出自玄奘的译本。

④ "1－30"表示此句梵文出自《阿毗达磨俱舍论》原典第1颂第30句,下文依此类推。

-at,意为“因为是它的物质基础”,说明了这部论被叫作“阿毗达磨”的原因。谛本和奘本中的“故”对译的便是复合词 tad-saṃbhārabhāva 的从格格尾-at,表示原因。又如:

(22)复有余师说,依止变坏故,无教亦变坏。是义不然。若尔眼识等由依止变坏,亦应成色。(谛)

有释,所依大种变碍故,无表业亦得色名。若尔所依有变碍故,眼识等五应亦名色。(奘)

āśraya-bhūta-rūpaṇāt iti apare evaṃ tarhi cakṣur-vijñānādīnām api āśrayarūpaṇāt rūpatva prasaṅgaḥ/13－26

(其他的论师说:“因为无教的依止可以形成障碍,所以无教也可以形成障碍。”这是不正确的看法。如果真是如此,眼识等因为它们的依止可以变坏,就也应当可以叫作色了。)

真谛本中“依止变坏”和玄奘本中“所依大种变碍”对译的都是原典中的依主释复合词 āśraya-bhūta-rūpaṇa(所依—物质—产生障碍)。āśraya-bhūta-rūpaṇa 后带有阳性单数从格格尾-at,表示原因,在汉译本中被译为“故”。奘本中“所依有变碍故”对译的是原典中的依主释复合词 āśraya-rūpaṇa(所依—产生障碍),āśraya-rūpaṇa 后带有阳性单数从格格尾-at,说明所依产生障碍是眼等五识被叫作色的原因,这种语法意义是由汉译本中的“故”来表现的。①

在梵语里,表示原因的从格常常位于全句的末尾,补充说明事件发生的原因和条件。因此,在仿译原典从格而形成的因果关系复句中,常常是表果分句在前,表因分句在后。在《阿毗达磨俱舍论》中,带有句末“故”的表因分句常常位于整个复句的尾部,在数量上要多于表因分句在前的情况。例如:

(23)释曰,……云何四界名大?一切余色依止故,于彼成粗故,(故名为大);复次极遍满起地水火风聚中形量大故。(谛)

① 在真谛本中,āśraya-rūpaṇa 的阳性从格格尾-at 所表现的语法意义是通过“由”表现的。

论曰,……如是四界亦名大种,一切余色所依性故,体宽广故;或于地等增盛聚中形相大故。(奘)

iti ete catvāraḥ sva-lakṣaṇa-upādāya-rūpa-dhāraṇāt dhātavaś catvāri mahābhūtāny ucyante/ mahattvam eṣāṃ sarva-anya-rūpa-āśrayatvena udārikatvāt /atha vā tad-udbhūta-vṛttiṣu pṛthivy-ap-tejo-vāyu-skandheṣu eṣāṃ mahā-saṃniveśatvāt /11 - 17、18、19

(……四界又被称为“大种”,这是由于它们是其他一切色的所依的缘故,由于它们体貌盛大的缘故;或者在地水火风聚中,以其增盛为形式,因为它们具备大形相故。)

真谛本中“成粗”和玄奘本中“体宽广”对译的是原典中的 udārikatva 形容词(粗);[1]udārikatva 后所带的表示原因的中性单数从格格尾,在汉译本中被译为“故”。谛本中的“形量大”和“形相大”对译的都是原典中的持业释复合词 mahā-saṃniveśatva(大—形体),其后表示原因的中性单数从格格尾被译为“故”。由于 udārikatvāt 和 mahā-saṃniveśatvāt 在原典中都位于句末,所以,汉译本中用句末“故”作为关联词语的表因分句也出现在复句的末尾。[2] 又如:

(24)若尔邻虚色应不成色,不可变坏故。(谛)

若尔极微应不名色,无变碍故。(奘)

paramāṇu-rūpaṃ tarhi rūpaṃ na prāpnoti a-rūpaṇāt/13 - 16

(如果这样的话,色的最小组成部分应当不是色,由于不能变坏的缘故。)

真谛本中“不可变坏”和玄奘本中“无变碍”对译的都是原典中的依主释复合词 a-rūpaṇa(不—产生障碍),a-rūpaṇa 后所带的表示原因的中性单数从格格尾被译为“故”。a-rūpaṇāt 是对“色的最小的组成部分为何不被称作

---

① 在梵语语法中,形容词与名词的格尾相同。“prātipadika‘名词词基’照现代汉语法对词汇的分类,名词词基的范围包括名词、形容词和代词。”参看段晴(2001)。

② 谛本中的“一切余色依止”和奘本中的“一切余色所依性”,对译的都是原典中的依主释复合词 sarva-anya-rūpa-āśrayatva(一切—其他的—色—所依的性质),其后带有表示原因的中性单数具格格尾,在汉译本中被译为“故”。译自具格的“故”下文将详加分析。

色”的补充说明，位于全句末尾，汉译本中与之相对应的表因分句便也位于复句中表果分句之后。又如：

(25)偈曰：香有四。释曰，谓香臭平等不平等差别故。（谛）
香有四种。好香恶香等不等香有差别故。（奘）
catuvidho gandhaḥ sugandha-durgandhayoḥ sama-viṣama-gandhatvāt/9－51
（香有四种，好香和恶香存在平等和不平等的差别的缘故。）

真谛本中“平等不平等差别”和玄奘本中“等不等香有差别”对译的都是原典中的依主释复合词 sama-viṣama-gandhatva（平等—不平等—香），其后带有阳性单数从格格尾，表示原因，在汉译本中被译为“故”，并且如同 sama-viṣama-gandhatvāt 一样位于句末。

有时，句末“故”可以与“以”或“由”等词语搭配使用，共同对译原典中的从格格尾。例如：

(26)独觉及声闻于一切法虽除无明，由有染污无明极不生故，不由一切种。（谛）
声闻独觉虽灭诸冥，以染无知毕竟未断故，非一切种。（奘）
pratyeka-buddha-śrāvakā api kāmaṃ sarvatra hata-andhakārāḥ/ kliṣṭa-saṃ moha-atyanta-vigamāt/na tu sarvathā/1－9、10、11
（独觉声闻虽然在一切领域都破除了冥，但是因为他们的染污无知仍然存在，所以他们还不能通过各种方法破除黑暗。）

真谛本中“有染污无明极不生”和玄奘本中“染无知毕竟未断”，对译的都是原典中的依主释复合词 kliṣṭa-saṃmoha-atyanta-vigama（染—无知—永远—断），kliṣṭa-saṃmoha-atyanta-vigama 后所带的表示原因的阳性单数从格格尾-at，在谛本中被译作“由……故”，在奘本中被译作“以……故”。

在真谛的译本中，“由……故”的用法更为多见。在玄奘的译本中，句末“故”大多单独使用，只有为了凑足四字格时，①才会将“以”或“由”与

① 玄奘的译文有着强烈的追求四定格的倾向，参看王继红（2005）。

“故”共同使用。又如：

(27)释曰，诸见依中住，由随顺增长故，故是见处。(谛)
亦名见处，见住其中随增眠故。(奘)
dṛṣṭir asmin tiṣṭhaty anuśayanāt iti dṛṣṭi-sthānam/8－5
([有流]也叫作见处，由于见在其中存在并能随增的缘故。)

谛本中的“随顺增长”和奘本中的“随增眠”，对译的都是原典中的 anuśayana(烦恼)，anuśayana 后带有表示原因的中性单数从格格尾-at，在谛本中又被译作“由……故”，而在奘本中却只被译作句末“故”。

三　译自原典中具格格尾的句末“故”

梵语中的具格“主要表现‘工具、途径’(karaṇam)，还表现方式、达到目的手段以及原因等”。① 原典中表示原因的具格格尾，在真谛本中大多被译为“由……故”，而在玄奘本中却被译为介宾短语或原因状语从句，这可能是由于译者语言习惯的不同所导致的。在对译梵文中表示原因的具格时，真谛也喜欢使用“由……故”结构。

在真谛本中，“由……故”可以对译原典中的具格格尾，例如：

(28)释曰，此摄由同性类相应故，不由异性故。(谛)
唯摄自性，不摄他性。(奘)
svabhāvena na parabhāvena/17－15
(由自性所摄，而不由他性所摄。)

真谛本中的“同自性类相应”对译的是原典中的 svabhāva(自己的性质)，其后表示原因的阳性单数具格格尾-ena 被译作“由……故”。真谛本中的“异

① 参看段晴(2002)。

性”对译的是原典中的 parabhāva(其他的性质),其后表示原因的阳性单数具格格尾-ena 也被译作“由……故”。又如:

(29)余者谓前四根。此次第前说,由远急明事故。(谛)
余谓前四。如其所应,用远速明,是故先说。(奘)
śeṣaṃ punaritarasmād yathā-yogaṃ dūra-āśutara-vṛttyā pūrvam uktam/ 22-32
(其余的因为速远的原因而先说或后说。)

真谛本中“远急明事”对译的是原典中的相违释复合词 dūra-āśutara-vṛtti(远—速—形状),dūra-āśutara-vṛtti 后所带的阴性单数具格格尾-yā,在真谛本中被译作“由……故”,说明四根被先说或者后说的原因。在玄奘本中,复合词 dūra-āśutara-vṛtti 后的阴性单数具格格尾-yā 被译作介词“用”,并且通过下一个小句句首的连词“是故”对这种因果关系进行强调。

真谛选择“由”与“故”搭配使用的原因在于:

(1)在文言文中,“由”本来就可以表示原因。王引之《经典释词》认为:“用、以、为,皆一声之转,故‘可以’谓之‘何用’,‘何为’亦谓之‘何用’。”例如:①

(30)不忮不求,何用不臧?(《诗·邶风·雄雉》)
大道即隐,天下为家……故谋用是作,而兵由此起。(《礼记·礼运》)

(2)梵语中的具格不但可以表示原因,也可以表示工具或方式等。在谛本中,常常用介词“由”来对译表示工具或方式的具格。例如:

(31)复次由器等义立次第,如器食肴厨人噉者,色等五阴亦尔。(谛)
bhājana-ādi-arthena vā/bhājana-bhojana-vyañjana-kartṛ-bhoktṛ-bhūtā hi rūpādayaḥ skandhāḥ/22-10、11
(或者根据器皿等的意义来安排次序。色等五阴的排列顺序就如同器皿、食物、调料、厨师和食者的顺序一样。)

① 下面的例子转引自《汉语大字典》。

谛本中的“器等义”对译的是原典中的依主释复合词 bhājana-ādi-artha（器—等—义），其后带有阳性单数具格格尾-ena，表示确立五阴次第的方式、方法，在谛本中被译作介词“由”。

在有些情况下，具格究竟是表示动作行为的工具，或是表示方式和方法，还是表示原因，在一定程度上存在模糊性，难以截然分开。介词“由”既可以表示动作行为的工具，也可以表示方式、方法，还可以表示原因，因此，把具格格尾译作介词“由”无疑是最好的选择。例如：

(32) 世间<u>由惑</u>转有海，为此传佛说对法。（谛）
<u>由惑</u>世间漂有海，因此传佛说对法。（奘）
<u>kleśaiś</u> ca bhramati bhava-ārṇave atra lokas tad-dhetor ataḥ uditaḥ kila eṣa śāstrā // 3 - 2
（世人因为烦恼而在生死海中漂转，据说佛陀因此宣讲对法。）

谛本和奘本中的“惑”对译的是原典中的名词 kleśa（烦恼），kleśa 后所带的阳性复数具格格尾被译为介词“由”，既可以表示世人漂转于有海之上的原因，也可以理解为漂转的工具。

四 译自原典中不变词 hi 的句末“故”

在梵语语法中，把词分为形态可变与形态不可变的两类。在句子中，名词、代词、形容词和数词等需要变格，动词需要变位，所以它们是形态可变的词。而副词等没有格位变化，所以是不变词。

梵语中不变词 hi 表示原因，意思是“for, because, on account of ”①，一般用于特殊疑问句的回答中。原典中的不变词 hi 在汉译本中常常被译作

① 参看 M. Williams(1998)。

句末“故”。例如：

(33)释曰，阿毗达磨是此论依止。何以故？从彼法中引生此论故。（谛）
或此依彼，从彼引生。（奘）
atha vā saḥ abhidharmaḥ etasya āśraya-bhūtaḥ śāstrasya / tatas hi etad nirākṛṣṭam/2－3、4
（或者对法是此论的依止，从对法中引生此论[俱舍论]。）

真谛本中，“从彼法中”对译的是原典中副词性不变词 tatas（从那，从那里），“引生”对译的是过去被动分词 nirākṛṣṭam（产生；导致），“此论”对译的中性单数体形式的指代词 etad（此，这个），etad 受到过去被动分词 nirākṛṣṭam（汉译为“引生”）的支配。不变词 hi 表明“从对法中引生此论（俱舍论）”是阿毗达磨充当此论（俱舍论）的依止的原因。这种因果关系在真谛本中是通过句末的“故”体现的。又如：

(34)如此空等三无为及圣道说为无流法。何以故？于中诸流不能眠故。（谛）
此虚空等三种无为及道圣谛名无漏法。所以者何？诸漏于中不随增故。（奘）
iti etad ākāśādi trividham asaṃskṛtaṃ mārga-satyaṃ ca anāsravā dharmāḥ/kiṃ kāraṇaṃ/ na hi teṣu āsravā anuśerata iti/4－10、11、12
（这些虚空等三种无为和道圣谛叫作无漏法。目的何在呢？因为漏在其中不随增。）

真谛本和玄奘本中的句末“故”对译的都是原典中的不变词 hi，用来说明虚空等三种无为和道圣谛叫作无漏法的原因。

五　译自原典中名词 artha 或以 artha 结尾的不变状复合词的句末“故”

梵语中的名词 artha 意为“目的”，以 artha 结尾的不变状复合词常常表示动作行为的目的。这种语法意义在汉译本中是由"为……故"或"欲……故"结构来对译的。这种情况下的"故"是名词。

句末"故"可以对译原典中的名词 artha，例如：

(35)由此正因，欲令弟子得简择法故，大师佛世尊先说阿毗达磨。(谛)
因此，传佛说彼对法，欲令世间得择法故。(奘)
atas tad-hetor tasya dharma-pravicayasya arthe śāstrā kila buddhena abhidharmaḥ uktaḥ/3-5
(据说，佛世尊因此宣讲对法，目的是使世上的生命得到简择法。)

谛本中的"令弟子得简择法"和奘本中的"令世间得择法"，对译的都是原典中的依主释复合词 dharma-pravicaya(法—选择)，dharma-pravicaya 带有阳性单数属格格尾-sya，修饰限定句中的名词 artha(目的)。artha 在句中为带有阳性单数依格格尾，意思"在……目的之中"，即"为了……目的"，在汉译本中被译为"欲……故"。

句末"故"可以对译原典中以 artha 结尾的不变状复合词，例如：

(36)释曰，若实如此，眼等一界云何生二？为庄严依止故。(谛)
论曰，为所依身相端严故，界体虽一而两处生。(奘)
eka-dhātutve api tu cakṣur-ādīnāṃ dvayoḥ sambhava āśrayasya śobha-artham/19-2
(为了所依美丽的目的，眼等的界体虽然是一个，但却在两个地方存在。)

真谛本中"为庄严……故"和玄奘本中"为……端严故"，对译的是原典中的依主释复合词śobha-artha(美丽—目的)，其后带有中性单数格尾，说明一个界可以有两个地方存在的原因。复合词śobha-artham 中的前半部分śobha(美丽、好看)，在真谛本中被译为"庄严"，在玄奘本中被译为"端严"；śobha-artham 中的后半部分 artha(目的)在真谛本和玄奘本中都被译为"为……故"。又如：

(37)至得相续亦尔，为简此异彼故，说依止于四大。(谛)

为简诸得相似相续，是故复言大种所造。（奘）

kuśala-akuśale prāpti-pravāho api asti idṛśa iti tad-viśeṣaṇa-artham ucyate mahābhūtāny upādāya iti/11 - 8

（[善与不善]相连续的情况也是如此，为了对其互相区别，所以要讲它们所依的大种。）

原典中的依主释复合词 tad-viśeṣaṇa-artha（它的—区别、差别、简别—目的）意为"为了区别……的目的"，说明讲解善与不善所依的大种的目的是为了区别善与不善。复合词 tad-viśeṣaṇa-artha 的前半部分 tad-viśeṣaṇa-在真谛本中译为"简此异彼"，在玄奘本中译为"简"；tad-viśe ṣaṇa-artha 的后半部分-artha 在真谛本中被译为"为……故"，而在玄奘本中被译为"为……，是故……"。① 前者中的"为"是介词，而"为……，是故……"中的"为"是连词。

香坂顺一（1997）在讨论现代汉语中的连词"为的是"时，指出"为"在古文中既表示目的，也表示原因、理由；同时认为这种现象"与其说是兼跨双方，不如更直接地从根源上说，即中国人或许对目的还是原因并不区别得那样分明。"这种看法有待商榷。

首先，"为"的这种兼表原因与目的的用法，在许多语言中都有所反映，并非汉语所独有。例如，汉语中的"为"、日语中的"ために"、英语中的"for"和法语"pour"都可以表示目的：②

汉语"为"：生为革命生，死为革命死。

日语"ために"：革命のために生き，革命のために死ぬ。

英语"for"：Life for the revolution, and die for the revolution.

法语"pour"：La vie pour la révolution, la mort pour la révolution.

与此同时，这些词又可以表示原因：

汉语"为"：美术馆为内部整修暂停开放。

日语"ために"：美术馆は改装のために闭锁中です。

---

① "为……故，……"中的"为"是介词，而"为……，是故……"中的"为"是连词。

② 以下汉语、日语、英语和法语的例子都转引自古川裕（2000）。

英语“for”:The museum is closed for reparation.

法语“pour”:La musé est fermé pour réparation.

其次,根据古川裕(2000),表示目的的词语是〈终点〉指向(goal oriented),隐含“所达到的地点、境地、结果。动作的对象,即受事”。表示原因的词语是〈起点〉指向,隐含“引起某种结果的条件。动作的起因,即施事”。“为”既可以表示终点,又可以表示起点,这是由于人们的认知反应的不同而引起的现象,终点和起点在本质上是相通的。也就是说,根据说话人的观察角度的不同,某个条件既可以理解为目的,也可以理解为原因。例如:

(38)由此正因,欲令弟子得简择法故,大师佛世尊先说阿毗达磨。(谛)
因此,传佛说彼对法,欲令世间得择法故。(奘)
atas tad-hetor tasya dharma-pravicayasya arthe śāstrā kila buddhena abhidharmaḥ uktaḥ/3 - 5
(据说,佛世尊因此宣讲对法,目的是使世上的生命得到简择法。)

无论是在梵语中,还是在汉语中,这句话都有两种理解方式:

(39)为了使弟子得到简择法,佛陀宣讲对法。(目的)
因为想使弟子得到简择法,佛陀宣讲对法。(原因)

真谛、玄奘两位译师首先注意到了梵语名词 artha 可以兼表目的和原因的事实,所以在翻译过程中,用汉语中同样可以兼表目的和原因的“为”来对译。但是,因为在两人的译本中,“为”大多用来引导表示目的的分句,为了不使读者忽略 artha 的因果关系用法,所以又都用句末“故”加以强化。翻译的过程是对源语言和目的语仔细推敲的过程,所以将原典语言和译本对勘有利于我们考察当时的语言状况。从真谛和玄奘对兼表目的的梵语名词 artha 的巧妙的翻译,可以确定,至少在唐代,人们对“为”兼表目的和原因的用法已经比较清楚了。

六　余　论

以上是我们以《阿毗达磨俱舍论》为例,对汉译佛经中句末“故”用法及其出现原因的考察。句末“故”分别对译原典中的从格格尾、具格格尾、表示原因的虚词 hi,以及名词 artha 或以 artha 结尾的不变状复合词。由此可见,句末“故”的大量出现是仿译梵语语法现象的结果,是受到原典语言的影响所导致的。

由于汉译佛经语言是佛经翻译的产物,其中不可避免地存在着汉语与原典语言的混合。因此,只有将汉译佛经同原典进行对勘(主要是梵汉对勘),①在源头语言与目的语言对比分析的基础上,才能清楚地认识汉译佛经中有异于中土文献的语言现象,并且明了它们出现的原因。

许理和(1977)认为,复句是汉译佛经研究中的一个重要问题。但是,在以往的研究中,极少有人对汉译佛经中的复句进行系统考察,这主要是由于梵汉对勘工作进展不利所导致的。在今后基于梵汉对勘的汉译佛经复句研究中,我们需要关注的问题是:(1)原典中的哪些语言现象需要并且可以用汉语中的复句来表达;(2)汉语当时已有的复句句法手段与语义关系是否足以准确再现原典缜密的论证,译师是否会在无奈中有所创造,也就是说,汉译本中的复句与同时中土文献相比,呈现出哪些同与异;(3)在这种由于佛经汉译所引起的语言接触中,原典语言是否对汉语复句系统产生了影响。

---

① “梵”指一切原典语言,并非仅仅指古典梵文,还应该包括其他种类的印度语文,或者还有其他的中亚古代语言。

参考文献

获原云来　1988　《汉译对照梵和大辞典》(新装版),(东京)讲谈社。

段　晴　2001　《波你尼语法入门》,北京大学出版社。

段　晴　2002　《梵语以及梵语的启示》,《东方语言文字与文化》(于维雅编),北京大学出版社。

高崎直道　1999　《〈大乘起信论〉的语法:有关"依、以、故"等之用法》,《谛观》第72期。

古川裕　2000　《有关"为"类词的认知解释》,《语法研究和探索》(十),商务印书馆。

斯坦茨勒　1996　《梵文基础读本》,季羡林译,段晴、钱文忠补,北京大学出版社。

王继红　2004　《基于梵汉对勘的佛教汉语语法研究》,北京大学博士学位论文。

王继红　2006　《玄奘译经四言文体构成之考察》,《中国文化研究》2。

香坂顺一　1997　《白话语汇研究》,江蓝生、白维国译,中华书局。

许理和　1977　《最早的佛经译文中的东汉口语成分》(Late Han Vernacular Elements in the Earliest Buddhist Translations, *JCLTA*,12, no. 3),蒋绍愚译,《语言学论丛》第十四辑,商务印书馆,1987年。

朱庆之　2001　《佛教混合汉语初论》,《语言学论丛》第二十四辑,商务印书馆。

Monier, Williams et al. 1988 *A Sanskrit-English Dictionary*, Oxford: Oxford University Press.

Pradhan, P. 1967 Abhidharmakośabhāṣya of Vasubandhu, *Tibetan Sanskrit Works Series*, vol. VIII, K. P. Jayaswal Research Institute.

Speijer, J. S. 1988 *Sanskrit Syntax* Delhi: Motilal Banarsidass.

句尾"来"体貌用法的演变*

陈前瑞　王继红

提要　本文研究近代汉语句尾"来"表示过去发生与过去经历两种用法的演变。通过分析唐代以前汉译佛经材料中句尾助词"来"的早期用例的用法特点,提出"来"的过去经历义源于其过去发生义,感官动词在这一演变过程中起着重要的桥梁作用。通过分析《祖堂集》、《古尊宿语要》以及《西游记》中的句尾"来",探讨了"来"的体貌用法的进一步发展。句尾"来"的演变无论是从体貌范畴还是传信范畴的语法化来看,都有重要的类型学意义。

关键词　句尾"来"　完成体　经历体　语法化　类型学

一　引　言

1.1　讨论的对象

在近代汉语中,事态助词"来"可以用在分句或全句的末尾,表示确认

* 本研究是教育部人文社科重点研究基地项目"汉译佛典语法研究——以梵汉对勘为基础"(05JJD740177)的一部分。研究工作还得到国家社科基金(08BYY050)及教育部社科基金(05JC740036)的资助。论文是在蒋绍愚先生的指导下完成的,先后在国际中国语言学学会第十六届年会(2008年5月,北京大学)、汉语历史词汇与语义演变学术研讨会(2008年8月,杭州)宣读,得到方一新教授和彭睿博士的指正。谨此一并致谢。

事件在过去发生,类似于现代汉语的句尾“了”,如例(1),这种用法本文称为“来”的过去发生用法;也可以表示事件在过去不确定的时间里至少发生过一次,类似于现代汉语的词尾“过”,如例(2),这种用法本文称为“来”的过去经历用法。这两种用法都跟体貌有关,所以本文暂且总称为句尾“来”的体貌用法,并讨论这两种用法的演变。

(1)九冬三十夜,寒与暖分开。坐到四更后,身添一岁来。(尚颜《除夜》(一作栖蟾诗),《全唐诗》卷848)①

(2)有行者问:“生死事大,请师一言。”师曰:“行者何时曾死来?”(《祖堂集》卷6,神山和尚)

关于近代汉语“来”的体貌用法及其发展,前辈学者们已经提出一些富有见识的看法,也在一些方面存在明显的分歧。

1.2 现有研究存在的问题

(一)对事态助词“来”的过去经历用法的来源存在不同的看法。蒋冀骋、吴福祥(1996:545)指出,事态助词“来”的来源可能与动态助词“来”(即例(3)中的“来”)有关。当表示完成或实现的“来”(动态助词)用于“曾然”的语境,并居于句尾时,它就变成了“曾然”态的时态助词。陈前瑞(2003)已经指出这一推测与两种“来”出现的时间顺序不合。梁银峰(2004a)进而指出,事态助词“来”在南北朝时期已经产生,至迟在隋代已经确立,如果认为所有的事态助词“来”都是从动态助词“来”直接转化而来,不符合汉语的历史事实。例(4)的“来”在我们看来属于事态助词的过去发生用法,梁银峰(2004b)认为“来”这样的用例实在太少,在数量上远远不能和事态助词(即表示过去经历的用法,笔者注)相比,因此梁文认为,表示事态的助词“来”(即过去经历的“来”,笔者注)直接源于这种用法的观点是不成立的。

① 例(1)、(2)分别引自梁银峰(2004a、2004b)。

(3)赋来诗句无闲语,老去官班未在朝。(张籍《赠王秘书》,《全唐诗》4334页)

(4)诸母人闻经欢喜,前白佛言:"山民贪害,以肉为食,欲设微供,愿当纳受。"佛告诸母人:"诸佛之法,不以肉食。吾已食来,不须复办。"(西晋法炬共法立译《法句譬喻经》,《大正藏》4/581b)

(二)对于助词"来"的语法化路径存在分歧。太田辰夫(1958:356)指出:"助词'来'当然是由动词'来'产生的。原来是做了某事之后来到现在的场所的意思,后来'来'成了附加的,就把重点放在过去曾经做某事上了。"太田的观点可以概括为动词直源说。曹广顺(1995:107)认为助词"来"可能来源于两种路径:一是源于结果补语,可概括为结果补语说;二是源于"以后、以来"义,可概括为"以来"说。王锦慧(2002、2004)通过分析禅宗语录,进一步论证了"以来"说。梁银峰一方面在太田的动词直源说的基础上提出"连动说",即事态助词"来"是由连动式"V(+NP)+来"中的趋向动词"来"虚化而来(梁银峰,2004a);另一方面又持"以来"说(梁银峰,2005)。

1.3 体貌类型学的启发

体貌类型学的研究认为,完成类体标记主要来源于:(1)"是、有"之类的助动词,(2)表示"来"义的动词,(3)表示"结束"和方向移动含义的动词。只有(2)类的"来"义动词直接发展成完成体及完整体/过去时。(Bybee et al., 1994:105)可见,"来"的语法化路径在类型学上具有特殊性,而类型学的研究大致支持助词"来"的动词直源说。Chappell(2001)认为汉语官话及方言中,"过、别、曾、尝"等标记所表示的经历体严格说来不完全是体貌的用法,而是传信(evidential)的用法。Chappell(2001:65)构拟了汉语中传信标记的两条语法化路径:(1)大部分方言中的"过"类动词经由趋向补语发展成表示过去事件发生的完成体,然后发展成为传信标记;(2)闽语中的"别"类感知动词直接发展成传信标记。可见,汉语助词"来"无论是从体貌标记还是传信标记的语法化路径来看,都具有独特的地位,并且没有得到充分的研究。

基于对现有研究所存在问题的认识，并受类型学相关研究的启发，本文通过分析唐代以前汉译佛经材料中句尾助词“来”的早期用例的用法特点，探讨“来”由过去发生义到过去经历义的发展过程以及“来”由动词到过去发生义的发展过程；通过分析《祖堂集》、《古尊宿语要》以及《西游记》中的句尾“来”的用法特点，探讨“来”的过去经历义与过去发生义在唐宋及明代进一步发展的规律。

二 唐代以前句尾“来”的体貌用法分析

梁银峰(2004a)把句末助词“来”的出现年代推进到唐代以前，龙国富(2004:282)发现事态助词“来”在中古佛经中的分布并不均衡，主要出现在西北地区的少数译者翻译的佛经之中。本文在龙国富(2004、2005)、梁银峰(2007)所引用的语料的基础上，检索已经出现过事态助词“来”的中古汉译佛经，初步得到41例明确用例以及若干相关用例。本节在这些用例的基础上分析“来”的过去发生义和过去经历义的用法，分析助词“来”的语法化路径。

2.1 唐代以前“来”的过去发生义用法分析

在41例明确的事态助词用例中，有17例不与“曾”的肯定或否定形式共现，因而不是明确的过去经历用法，可以暂且笼统地归入“来”的过去发生用法。① 17例中，共有10种动词。其中感官动词共4种，出现10例，如例(5)的“见、闻”，例(6)的“见闻”，例(7)的“嗅”等。而且这几个感官动词基本上也是达成动词，表示感官感知的结果。

① 本文以每个动词与“来”的共现为1例。多个小句连续出现则分别计算。

(5)以彼他人,知如是人。先不见来,先不闻来,则言如是不善之人。(元魏般若流支译《正法念处经》,《大正藏》17/289b)

(6)不从他人,先见闻来。直自贪心故作歌咏,复教他人种种歌咏。(元魏般若流支译《正法念处经》,《大正藏》17/289b)

(7)又复天中嗅好香来,或曼陀罗居世奢等异异胜香。百千种香,一切嗅来。复于后恶同处。(元魏般若流支译《正法念处经》,《大正藏》17/277b)

其他6个动词中有3个动词也为达成情状(achievment),如例(8)的“悟解”、例(9)的“舍弃”、例(10)的“成就”;例(11)的“杀”为结束情状(accomplishment)①。只有例(12)“供养”以及例(4)“吾已食来”的“食”为活动情状。因此,唐代以前“来”的过去发生用例绝大部分出现在达成动词上,这从另一个角度说明该用法还处在早期发展阶段。

(8)悟解此来,即生二慧,是以得道。(隋吉藏撰《法华玄论》)

(9)输头檀王复以偈颂向佛说言:降伏大地诸山川,并及欲具诸千子。微妙七宝舍弃来,云何行此沙门行?(隋阇那崛多译《佛本行集经》,《大正藏》3/899c)

(10)三世成就是事来,所以今日自度讫。(隋阇那崛多译《佛本行集经》,《大正藏》3/806c)

(11)时彼菩萨自忆宿世,曾杀母来,曾杀父来,杀罗汉来,念彼残业,是故心热,不能获得甚深法忍。(元魏瞿昙般若流支译《圣善住意天子所问经》,12/131c)

(12)我于弥勒菩萨之边,种诸善根,求未来世阿耨多罗三藐三菩提,而有偈说:此佛大威德,离欲得寂静。释迦牟尼佛,皆悉供养来。(隋阇那崛多译《佛本行集经》,《大正藏》3/664a)

在这17例中,只有4例明确地不能加“曾”。比如例(4)的“吾已食来,不须复办”为特定时间的特定事件,前后句有直接的因果关系;例(7)的“百千种香,一切嗅来”,前有“又复天中嗅好香来”,后有“复于后恶同处”,为叙述话语中的总括性事件,不可以加“曾”。例(8)“悟解此来,即生二慧”

① “杀”如同“摧毁、建造”一样具有内在的终结点,虽然可以“杀而不死”,但是既是“杀(人)”就要“置之于死地”。因此,“杀”应为结束情状。可参见 Yang (1995)。

为较为紧密的先后相承事件。例(12)如果加“曾”容易误解为“供养”的行为是以前发生的,现在有可能不再供养。可见,前后句如果有比较直接、紧凑或密切的因果或条件关系,均不能加“曾”。从理论上说,如果前后句有比较直接的现实相关性,那么在“来”所在小句中就很难加“曾”。

另有13例基本上可以加“曾”,而其中的动词只有例(9)、(11)的“舍弃”与“杀”不是感官动词。例(9)不加“曾”可以表示过去发生,即“微妙七宝都舍弃了”;也可以加“曾”表示过去经历,即“微妙七宝都曾舍弃了”。例(11)“杀罗汉来”因为前文有“宿世”及“曾杀母来,曾杀父来”,加不加“曾”都表示过去经历。

11例感官动词句均可添加“曾”,但是有6例不加“曾”既可以表示过去发生,也可以表示过去经历。如例(10)、(13)。例(14)、(15)句中有“已”,一般按照过去发生理解,但也可以“已曾”连用,明确表示过去经历。

(13)是等诸幻我见来,以是意中不贪乐。(隋阇那崛多译《佛本行集经》,《大正藏》3/782c)

(14)汝等皆当看彼天众,如是天众,已于佛塔种种见来。(元魏般若流支译《正法念处经》,《大正藏》17/283b)

(15)又彼喜乐多言者,复有大过,种种言语,先已闻来,心乐谓乐。(元魏般若流支译《正法念处经》,《大正藏》17/285a15)

另有5例即使不加“曾”似乎也只能按照过去经历来理解。究其原因,这5例中均有过去不确定时间词语“先”,如例(5)、(6)的“先不见来,先不闻来”与“先见闻来”。

从上面的分析可以看出,句尾助词“来”不加“曾”可以表示过去发生的用法,当用于感官动词句时,有的可以理解为过去发生用法,也可以理解为过去经历用法。这种两可的理解往往是新用法产生的桥梁,从而支持“来”的过去经历用法源于过去发生用法的观点,这与类型学中部分传信标记源于完成体的倾向性规律也是一致的(Chappell,2001)。

2.2　唐代以前"来"的过去经历义用法分析

在41例明确的事态助词用例中,有24例与"曾"的肯定或否定形式共现,其中否定用例9例。① 24例中有15例的动词为"见(6例)、闻(8例)、得闻",如例(16)、(17)。跟"来"的过去发生用法相比,感官动词略显集中,实际用例所占比例由过去发生用法的59%上升为63%。

(16)若复彼人,未曾闻来,未曾见来,不从他人,先见闻来,直自贪心故作歌咏。复教他人种种歌咏,言我曾见,言我曾闻。(元魏瞿昙般若流支译《正法念处经》,《大正藏》17/289b)

(17)如是所观三世果报善恶之相,有一百八十九种。何等为一百八十九种?……百七十一者曾得闻深法来。(隋菩提灯译《占察善恶业报经》,《大正藏》17/906b)

只有9例不是感官动词句,即"修习、行欲、学(2例)、杀(2例)、供养(3例)"。其中活动情状的动词有"修习、行(欲)、学、供养"4种7例,如例(18)、(19)。跟"来"的笼统的过去发生用法仅有例(4)和(12)2种2例动词用于活动情状句相比,过去经历用法的"来"用于活动情状句的动词种类和实际用例都有明显增加。

(18)余诸龙众八十那由他,亦曾过去种种愿行悉修习来,一切皆发三菩提心得于三昧。(《大方等大集经》卷42,《大正藏》13/284b,该卷译者为隋天竺三藏那连提耶舍译)

(19)自知沙门本在俗时,先共妇女曾行欲来,得欲滋味。(元魏般若流支译《正法念处经》,《大正藏》17/37b)

24例过去经历用法的"来"中有10例用于"VO来",如例(19);而17例笼统的过去发生用法的"来"只有3例用于"VO来",如例(8)的"悟解此

① 曹广顺(1995:101)认为事态助词"来"在宋代出现了用于否定的例子,是一种新的发展。龙国富(2004:267)虽然注意到中古时期的否定用例,但在讨论"来"在宋代的发展时又重复了曹著的说法。

来”、例(10)的“三世成就是事来”。与此种现象相对应的是,过去经历用法的“来”中仅有4例用于受事前置“OV来”(占17%),如例(18)中“种种愿行”置于“修习”之前;而过去发生用法的“来”中有8例用于“OV来”(占47%),如例(7)的“百千种香,一切嗅来”。可见明确的过去经历用法的“来”在适用的句法结构方面受限较少。①

从上文依次讨论的感官动词的比例、活动情状的数量以及对“VO来”和“OV来”结构的不同适用情况等三个方面来看,过去经历用法的“来”的发展程度均高于过去发生用法的“来”。

2.3　助词“来”语法化路径的讨论

助词“来”早期的某些用例为我们讨论其语法化路径提供了启示。先看以下用例:

(20)梵志我闻有抱谛者,见耗减法亡弃老病死法来,不以为忧。(吴支谦译《义足经》,《大正藏》4/174c)

(21)凡人无道无慧计,见耗减亡弃老病死法来,即生忧愦悲哀。(吴支谦译《义足经》,《大正藏》4/174c)

例(20)龙国富(2004:266)看作是事态助词,笔者还检索到上下文中的类似用例,如例(21)。这些例句中的“来”虽然可以理解为事态助词,但是“来”也可以理解为“出现”或“发生”义动词。考虑到其中“见”的宾语为“耗减亡弃老病死法”,内容为多项并列且音节较多,如理解为动词,更能强化前后句之间的密切联系。如果将这里的“来”理解为“发生、出现”义动词,则更能体现其在“来”语法化中的桥梁作用:由于主要动词“见”为达成动词,既然见到“耗减亡弃老病死法”,那么“耗减亡弃老病死法”就必然是已经出现或发生的;此时“来”的“出现、发生”义在语义上就显得没有必要,

① 当代汉语闽方言、吴方言中的不少体标记由于发展不充分,仍然倾向于“OV来”之类的结构,而难以适用“VO来”之类的结构。

从而有可能将“来”的“出现、发生”义理解为进一步确认“见”的“过去发生”,“来”也就从表现宾语小句中主语的动词重新分析为主句主要动词的事态助词,即:见(耗减亡弃老病死法来)→(见耗减亡弃老病死法)来。“来”由表现宾语的发生进一步虚化为表现主要动词“见”的“过去实现或发生”义,其实际动作义和空间义消隐,其内在的时间义得以显现。而且这些例证要比梁银峰(2004a)列举的例(22)更有说服力。例(22)中的动词“至”仍具有空间移动意义,而且“来”仍可以理解为空间移动义的实义动词。

(22)鹦鹉摩纳都提子往诣佛所,语世尊曰:“沙门瞿昙,今至我家乞食来耶?”世尊答曰:“我今往至汝家乞食。”(东晋瞿昙僧伽提婆译《中阿含经》,《大正藏》1/704a)

例(20)、(21)双重理解的例证可以看成动词直接发展为完成体助词的重要证据。同时也为“来”在类型学中的语法化过程提供了生动的用例。

至于梁银峰(2004b、2005)又提出的事态助词“来”源于“以来”义的观点,笔者认为,从事态助词的早期用例特别是前述可能具有双重理解的例证来看,并没有明显的“以来”义的痕迹。梁银峰(2004b)指出,有时句子出于表达的需要,表示时段概念的数量词或数量短语可以置于“V(+NP)”之前(如例(23)),强调这种动作或事件在某个时段以前发生,这时“来”就位于整个句子末尾,具备了虚化的句法条件,整个格式独立成句,“来”的“以来”义开始丧失。

(23)头发自落,髭须犹若七日剃来。(隋阇那崛多译《佛本行集经》,《大正藏》3/820a)

值得注意的是,梁文列举的具有过渡性的例证都是出自隋代的译经,而梁文所举的发展成熟的事态助词“来”包括前文所举的许多成熟例证都是隋代以前的,其中许多是元魏时期的。根据江蓝生(1984),魏晋南北朝时期始见“以来”省用为“来”。可见“以来”义的“来”与事态助词“来”的典型用法大致处在同一时期。笔者认为,“来”的“以来”义对事态助词“来”的形成没有直接作用。

三　唐代以后句尾“来”的体貌用法分析

3.1 《祖堂集》与《古尊宿语要》中的“来”

根据卢烈红(1998:231—233),《祖堂集》与《古尊宿语要》各有事态助词“来”13 例和 16 例。两者合计 29 例,总数与我们检索到的唐代以前的事态助词“来”(41 例)相差不远。本节以二者为样本,分析句尾“来”在唐宋时期的用法特点。①

29 例中,感官动词仅有“见”3 例、“看”1 例、“闻”1 例,共 5 例,占全部用例的 17%。这较唐代以前 60% 以上的比例有大幅下降,说明句尾“来”作为事态动词的用法已经成熟,不再依赖于感官动词。且这 4 例感官动词用例均带有“曾”,说明感官动词与“曾”的配用在一定程度上程序化了。例如:

(24)师遂问:“曾见什么人来?”史云:“曾见恁么老宿来。”(《古尊宿语要·睦州和尚》)

(25)问:“作何方便,即得闻于未闻?”师云:“未闻且置,你曾闻个什么来?”(《古尊宿语要·赵州真际禅师》)

29 例中还有 2 例典型的状态动词,即“亲近、在”,如例(26)、(27)。句尾“来”与状态动词的共现标志着“来”作为完成体标记与动词共现关系的发展趋向成熟。

① 本文对《古尊宿语要》的考察以卢烈红先生提供的电子本为基础。谨此致谢。《祖堂集》依据的是张华点校本,中州古籍出版社,2001 年。

(26)楚云:"我曾亲近知识来,未尝辄敢恁么造次。"(《古尊宿语要·汝州首山念和尚》)

(27)师云:"……佛法不是磨棱合缝底道理,似这一脉说话,须是久在它门风来始得。……"(《古尊宿语要·潭州神鼎山第一代諲禅师》)

29 例中不与"曾"共现的有 11 例,占总数的 38%,与唐代以前的不与"曾"共现的用例(17 例,占总数的 41%)相比,只是略微有所下降。这说明,句尾"来"与"曾"的共现仍然很频繁。这 11 例不与"曾"共现的用例中有 7 例不可以加"曾"(64%),与唐代以前 18 例仅 5 例不可以加"曾"的比例(28%)也有明显提高。这 7 例包括两种情况,一类是条件句或有明显因果关系的句子,有 3 例,如例(28);一类是对过去不久的特定事件进行确认,多用于问答句,有 4 例,如例(29),该用法在唐代以前的语料中未曾见到。

(28)福云:"施者受者,二俱瞎汉。"庆云:"忽有人尽其机来,还成瞎汉不?"(《祖堂集·丹霞和尚》)

(29)僧拟礼拜,师云:"你披纳衣来否?"云:"披来。"(《古尊宿语要·赵州真际禅师》)

3.2　《西游记》中的"来"

胡明扬(1989)在分析《西游记》中的助词时发现,《西游记》和《老乞大》要表示过去的动作主要在句末用"来",很少用"过"。本文以《西游记》为样本,考察"来"在明代的用法特点。①《西游记》中的句尾事态助词有 30 例,其中感官动词有 4 例,均为"见"。但只有 1 例与"曾"共现,如例(30);其他 3 例都可以理解为用于过去特定事件,如例(31),说明感官动词也开始摆脱过去经历用法的束缚。

---

① 本文对《西游记》的检索采用朱冠明博士收集的电子本,并参校人民文学出版社 1980 年第 2 版。

(30)悟空厉声高呼道:“……你们这里人家,也有认得我的,我也曾见你来。”(《西游记》14 回)

(31)道士道:“内中是有这两个,你怎么知道?想是在那里见他来?”女子道:“师兄原不知这个委曲。那和尚乃唐朝差往西天取经去的,今早到我洞里化斋,委是妹子们闻得唐僧之名,将他拿了。”(《西游记》73 回)

与此同时,有 4 例状态动词,均为“有”,说明“来”与状态动词的共现又进了一步。

(32)唐王方才开眼道:“朕适才好苦,躲过阴司恶鬼难,又遭水面丧身灾。”众臣道:“陛下宽心勿惧,有甚水灾来?”(《西游记》11 回)

(33)那三藏眼儿巴巴的,正望他哩。忽见到了面前,甚喜;又见他手里没有袈裟,又惧。问道:“怎么这番还不曾有袈裟来?”(《西游记》17 回)

30 例中有 4 例“来”与“曾”共现,仅占 14%。这一方面说明,“来”已经不需要“曾”的配合来表达过去经历义,同时也反映出“来”表经历义用法的地位显著下降。

《西游记》的“来”有一个突出的特点,就是 30 例中有 24 例用于疑问句。这 24 例中又有 21 例用于询问过去特定的事件,而且这些事件从上下文来看,基本上都是较近的过去发生的事件,如例(34)。这些用例接近于现代汉语北京话中的“来着”。可见,“来”用于较近的过去特定事件是其稍后发展出来的新用法。

(34)那行者见师父面上含怒,向前问:“师父,寺里和尚打你来?”唐僧道:“不曾打。”(《西游记》36 回)

例(35)直接用于叙述连续的事件,功能上接近于完整体的典型功能,显示出新的发展。

(35)行者闻风认怪,一霎时风头过处,只见那半空中隐隐的两盏灯来,即低头叫道:“兄弟们!风过了,起来看!”(《西游记》67 回)

《西游记》中“来”的上述用法特点使之与“过”形成明显的分工,“过”

主要用于过去经历,23 例中有 14 例与“曾”共现;“过”主要用于肯定句,仅有 3 例用于疑问句。

四 结 语

参照类型学的相关研究,我们从句尾事态助词“来”的演变中,得出以下几点看法。

(一)在句尾“来”的形成初期,“见、闻”等感官动词起着重要的桥梁作用。状态动词与“来”的共现则出现在较晚时期,标志着“来”与动词语义类型的共现趋于完善。

(二)“来”的过去经历用法产生的过程中,时间副词“曾”起到了重要的辅导作用,随着“来”的逐渐成熟,“曾”与“来”的共现也逐渐减少。

(三)句尾“来”的过去发生用法从早期到晚期也经历了显著的变化。早期所谓的过去发生用法要么可以加“曾”,要么前后句有明显的因果关系。而晚期的过去发生用法大量用于疑问句,用于确认过去发生的特定事件,且事件发生在较近的过去,与“来着”的“近过去”完成用法比较接近。而且“来”还发展出叙述连续事件的用法。因此,本文认为从过去经历到近过去的特定事件符合完成体发展的一般规律。

(四)如果根据 Chappell(2001)把经验体看成传信标记的观点,本文研究的“来”的过去经历用法的确是从过去发生用法发展而来,这一点支持从完成体用法到传信用法的语法化路径。但是,如果把过去经历用法完全看成传信标记,则难以解释过去经历用法进一步发展出类似于完整体或近过去的用法。因此,本文倾向于把传信用法看成是对完成体过去经历用法所具有的现时相关性的进一步解释,而不是用它来完全取代“来”的完成体性质。这样,既可以吸收传信用法对于现时相关性的准确解释,同时又可以解释完成体进一步趋近于完整体,从而发展出近过去这样的表示过去特定事件的用法。

参考文献

曹广顺　1995　《近代汉语助词》,语文出版社。

陈前瑞　2003　《现时相关性与复合趋向补语中的"来"》,《语法化与语法研究》(一),商务印书馆。

胡明扬　1989　《西游记》的助词,《语言研究》第1期。

江蓝生　1984　《概数词"来"的历史考察》,《中国语文》第2期。

蒋冀骋　吴福祥　1996　《近代汉语纲要》,湖南教育出版社。

梁银峰　2004a　《汉语事态助词"来"的产生年代及其来源》,《中国语文》第4期。

梁银峰　2004b　《时间方位词"来"对事态助词"来"形成的影响及相关问题》,《语言研究》第2期。

梁银峰　2005　《汉语动相补语"来"、"去"的形成过程》,《语言科学》第6期。

梁银峰　2007　《汉语趋向动词的语法化》,学林出版社。

龙国富　2004　《姚秦译经助词研究》,湖南教育出版社。

龙国富　2005　《从中古佛经看事态助词"来"及其语法化》,《语言科学》第1期。

太田辰夫　1958　《中国语历史文法》,蒋绍愚、徐昌华译,北京大学出版社,2003年。

王锦慧　2002　禅宗语录中的句末助词"来",《戴琏璋先生七秩哲诞论文集》编辑小组编《含章光化——戴琏璋先生七秩哲诞论文集》,(台北)里仁书局。

王锦慧　2004　《"往""来""去"历时演变研究综论》,(台北)里仁书局。

Bybee Joan, Revere Perkins & William Pagliuca 1994 *The Evolution of Grammar: Tense, Aspect, and Modality of in the Languages of the World*, Chicago: The University of Chicago Press.

Chappell, Hilary 2001 A Typology of Evidential Markers in Sinitic Languages, in Hilary Chappell (ed.) *Sinitic Grammar: Synchronic and Diachronic Perspectives*, 56-84. Oxford: Oxford University Press.

Yang, Suying 1995 The Aspectual System of Chinese, Doctoral dissertation at University of Victoria.

(原刊于《语言教学与研究》2009年第4期)

理论与事实:语言接触视角下的中古译经语法研究

遇笑容

提要 中古译经的早期译者主要是西域僧人,译经语言是他们学习汉语的第二语言习得的结果,具有中介语性质。

语言接触造成语法改变的方式是干扰和借入;造成改变的机制多种多样。在译经中,干扰和借入都有出现,但外借的形式可能都没有保留下来;干扰造成的特殊发展,有一些被保留下来,被汉语语法所吸收。

所以,对汉语来说,干扰是语言接触引发变化的基本方式,产生干扰的原因,是第二语言习得的影响;影响汉语的途径,是这些干扰被汉语所接受,也就是干扰对汉语发展的再次干扰。

关键词 语法史 中古译经语言 语言接触

汉语语法史中发生过多次语言接触,对汉语的历史发展产生了一定的影响。中古译经中的外来影响,是目前研究的主要课题之一,现有的研究侧重于从句型和虚词入手,探讨这个时期佛经语言出现过一些什么样的改变,这些改变和佛经原典语言——梵文、巴利文——有什么关系,研究已经逐渐取得了一些进展。但是,对从语言接触的视角看,这些变化的基本特征、其发生的过程、机制,以及对汉语造成影响的途径和最终结果,似乎还没有一个整体的认识。本文以目前对中古译经的研究为基础,试图对这些问题做一个简单的讨论。

一

中古译经是伴随着佛教传入而产生的。汉代开始,佛教传入中国,西域僧人也来到中国,为传播佛教思想,开始把梵文、巴利文的佛教经典翻译成汉语。译者虽不能说很多,但译经数量庞大,仅见于《开元释教录》的,译者有170余人,翻译佛经近2300部,7000余卷,5000余万字。

佛经的翻译者前期基本上是中亚、印度的僧人,虽然在译场中有汉人的帮助,但译经仍然不可避免地会在语言上留下佛典原文的影响。影响的程度,依译者的不同或译本目的的不同而有所差别。安世高和支谦可以算是前期的代表,《出三藏记集》卷十三载:

> 安清,字世高,安息国王政后之太子也……世高虽在居家,而奉戒精峻。讲集法施与时相续。后王薨将嗣国位,乃深惟苦空厌离名器。行服既毕,遂让国与叔,出家修道博综经藏,尤精阿毗昙学。讽持禅经,略尽其妙。既而游方弘化,遍历诸国。以汉桓帝之初,始到中夏。世高才悟机敏,一闻能达。至止未久,即通习华语。于是宣释众经改胡为汉,出安般、守意、阴持入经大小十二门,及百六十品等。
>
> 支谦,字恭明,一名越,大月支人也。祖父法度,以汉灵帝世,率国人数百归化,拜率善中郎将……十岁学书,同时学者皆伏其聪敏。十三学胡书,备通六国语。初桓灵世,支谦译出法典,有支亮纪明资学于谶。谦又受业于亮,博览经籍莫不究练。世间艺术,多所综习。其为人细长黑瘦,眼多白而精黄。时人为之语曰:支郎眼中黄,形体虽细是智囊。

二者都是西域人,但安是直接来自西域,出家学佛,来中国传道。他是到中国之后才学会的汉语,虽然说"才悟机敏,一闻能达,至止未久,即通习华语",但汉语不是他的母语,汉语水准可能不会跟汉人一样好。支谦是祖父辈已经归化的西域人,从记述看,他的母语已经是汉语了,"十岁学书,同时学者皆伏其聪敏"。只是他生活的圈子,可能还是归化的西域人为主,他们来到中国,生活在这里就免不了要使用汉语,但是,原来的母语,可能仍然在部分人中间保留着,他们的语言也可能仍然是一种母语与汉语之间的一种中介语。如果不是生活在双语环境中,就不可能"十三学胡书,备通六国语"。

晚期隋唐始,汉人出家者增多,开始有人学习梵文,并西行求法,玄奘可以算此类僧人的代表。《旧唐书》卷一九一载:

> 僧玄奘,姓陈氏,洛阳偃师人,大业末出家……贞观初,随商人往游西域……在西域十七年,经百余国,悉解其国之语。

目前大家作为中古文献主要研究的是唐代之前西域译者的作品,这些译者无论是像安世高一样来自西域的和尚,还是像支谦那样在中国出生的西域人后裔,母语或父祖辈的母语,以及生活环境对其影响都不能低估。大概也正是由于他们对自己的汉语没有足够的信心,所以才出现了复杂的译场制度,有人口授,有人翻译,有人辩论是否稳妥准确,有人润色辞藻字句。在这样一套运作之后,留下的是我们今天所见的汉译佛经。然而,他们要处理的是一个从内容到形式都与汉语有巨大差别的系统,要把全部佛教思想用汉语表达出来,是一个极其困难的任务,在磨合的过程里,他们努力寻找合适的表达方式——包括词汇和句子,但还是常常要创造一些新的词汇、造出不尽符合汉语语法规则的句子。他们在努力地用汉语表达,但又不自觉地会带上母语的影响,这大概就是我们今天所看到的中古译经。

所以,对这些早期西域僧人译经,我们可以归纳出以下特征:

1. 中古译经是在汉语对话条件下出现的,主要是操其他语言的人学习汉语的结果;

2. 中古译经是以汉语为目的语的第二语言习得的结果,出现的梵文、巴利文影响,是在不完全第二语言习得中的母语干扰;

3. 中古译经是一种中介语,是母语和汉语之间的一种变体,作为语言学习者运用第二语言进行交际的工具。

(中介语是指学习者在某一阶段所建立起来的目的语知识系统,既包含母语的特征,也包含目的语特征。它不稳固,是逐渐变化的,在不断的重组之中逐渐接近目的语。)

晚期唐代以后,玄奘等本土僧人开始介入佛经翻译活动,其译经中同样出现梵文影响,但造成的原因就是多样的了,既有他们学习梵文过程中的目的语干扰,也有对早期译经语言继承和模仿。翻译过程对他们来说仍然是一个第二语言习得的过程,只不过目的语从汉语变成了梵文,错误的性质变成了目的语干扰,同时佛经作为宗教经典以及早期译经者在这个领域中特殊而又重要的地位,也使得一些逐渐固定下来的词汇、语法手段,成为后来者模仿的对象,逐渐取得了约定俗成的合法性。就其特征而言,它仍然是汉语,是以梵文为目的语的第二语言习得的结果,具有一种中介语性质。

二

语言接触造成语法改变的方式,有干扰和借入两类。所谓干扰,是指由于一种语言的影响,干扰了另外一种语言的发展方式或过程;借入则是一种语言从另外的语言中借入语法格式或范畴。语言接触造成的语法改变,是多种多样的,而造成改变的机制,也是多种多样的。中古译经中出现的语法变化,基本上是由第二语言习得引发的。而作为中介语其语法系统虽然包含母语和目的语两方面的特征,但它应该是处于向目的语趋近的过程中,它是处于一种连续的变化过程里。它是一个系统,但同时又是开放的、灵活的。我们把中古译经看作一个整体(即不计每个整体内时间、个人、翻译目的的差异,以常见情况为代表),看作汉语的一个变体,概括介绍一下目前的研究成果。

1. 外借:云何 kim

梵文疑问标志,汉语中义为"说什么",《撰集百缘经》还可以看到"说什么"的用法,中古译经更多的是在疑问句中充当疑问词。特殊的是在已经完备的汉语疑问句里,仍出现在梵文里原有的当作疑问标志的句首位置。这些汉语疑问句本来已经是完整的句子了,"云何"的出现是一种冗余,已经失去了梵文中的疑问功能。这种不表疑问的用法应该是受梵文影响,是译者母语干扰的结果。(参阅遇笑容,2003、2004a、2004b、2004c)

2. 外借:将无 mā

语气副词"将无",表示"但愿不……"、"该不是……"意思的语气副词"将无"的产生与原典有关,是 mā 的对译。(参阅朱庆之,1991b、1992a)

3. 外借:故 iti/hi/artha

用于分句末的表原因的"故"。出现在中古译经小句或句末,"……故,……"或"……,……故"式,如"彼银色女有所须故,从自家出,往自他舍。(佛陀扇多《银色女经》)""是为善知识,多闻经故。(支谶《遗日摩尼宝经》,12/190a)"这种用法的"故"不是汉语固有成分,对译的是梵文中表示从格的 iti 和表原因的从格、具格或不变词 hi,也可能是表目的的名词 artha,这种用法应该是在翻译中受原典影响而产生的。(参阅许理和,1977;高崎直道,1993;王继红,2004)

4. 干扰结构发展:POV

中古汉语是连动式大量使用的时期,$V_1O_1V_2O_2$ 式和省略式 V_1V_2O 并存。个别动词(取)在连动式的使用,在译经中出现变异,产生 V_1OV_2,并最终导致处置式"提宾"形式的产生。变异来源可能与梵文 SOV 的语序有关,从系统看在中古汉语连动式中,这一变化是不符合规则的、孤立的。这为我们外来干扰的解释提供了支援。(参阅曹广顺、遇笑容,2000)

5. 语义制约的消失:VO 已

蒋绍愚等研究指出,汉语中"VO 已"中 V 限于持续动词,瞬间动词不能出现,中古译经中出现瞬间动词加"已"的用法,这种用法来自对梵文表示完成的两种词缀的翻译。译经者母语里"完成"是一个完整的范畴,不管持续与否,表达法都是统一的。在翻译成汉语时,他们没有能理解汉语的限制,比照梵文的完成表达,扩大了"已"在 VO 后的出现范围。这种瞬间动词后的"已"因梵文影响而产生,并且是动态助词"了"的前身。(参阅蒋绍愚,2001)

6. 外借及重叠:N 是/是 N 是

"S,N 是"式判断句。如"佛告诸沙门:'尔时象王者,我身是也。'(《六度集经》,3/17b)",江蓝生等认为是受梵文影响产生,是梵文语序的反映。梵汉判断句语序的不同,使佛经中不仅大量出现了"N 是"句,同时还出现了梵汉混合的重叠句式"是 N 是"。(参阅江蓝生,2003)

7. 使用频率增长

被动式的使用在译经中大量增加,对照梵文原本可以看到,很多是来自原文。译经推动了这些结构的使用数量的增加,也推动了结构的发展完善。

汉语没有数的变化,但梵文的名词(包括形容词和代词)有单、双、复数之别。中古译经中人称代词复数的"等"、"曹"的大量使用,可能与原典有关。

中古译经中新出现了"N 所/许"或"N 所/许 N"等表示领格的结构助词"许/所",如"此果我所,汝等勿取。(竺法护《生经》,3/73c)""亦不专求自许本衣。(《旧杂譬喻经》)"这些"许/所"可能是用来对译梵文名词属格(genitive)的。这种用法的"所/许"可以在汉语中推导出发展脉络,但其出现集中在中古译经,本土文献用例少且晚,中古以后在本土文献中迅速消失。这个发展过程中,可能也有梵文的影响。(参阅江蓝生,1988、1999;梁晓虹,1994)

受事主语句。佛典中的受事主语句使用频率远高于中土文献,可能与梵文中宾语常放在动词前面有关。

综合以上 7 点,可以分为 3 种情况:1—3 是一种外借。"云何/将无/故"都是汉语原来没有的用法,在翻译过程中,译者无法摆脱其母语的影响,将其带进汉语;4、5 是一种干扰,它们用梵文的成分改变了汉语固有的东西,进而改变了汉语语法成分的发展方向;6 是用梵文的词序代替了汉语的,同时汉梵两种语序的并存使之出现了混淆和矛盾,于是造成了两种语序的重叠使用;7 包括多种语法现象,这些现象是汉语固有的,梵文的影响只限于在翻译过程里,为对译梵文语法,更多地使用了这些语法现象,改变了使用频率。这也是一种干扰。

三

在中古译经造成的大范围语言接触中,它对汉语是否造成了影响?如果造成了影响,是通过什么样的途径形成的呢?

我们反复强调,中古译经只是一种中介语,作为中介,其功能是在两种不同语言之间起桥梁的作用,是在进行汉语对话的条件下,没有学好汉语的时候,用不同程度上存在母语影响的汉语,完成交际活动。既然如此,两种情况下的母语影响,只是作为中介语的成分存在,它们没有进入标准的汉语。译经是要传播佛教思想,而佛教思想的传播依赖于准确的表述佛经的内容。可以想见,译经者主观上是要讲一口流利标准的汉语,是要学会汉语来完成他们肩负重任。既然他们是自觉地以汉语为目的语,这些母语影响就是学习中的语言错误,需要不断克服改正,才能日益趋近汉语。因此,我们对中古译经所做的共时平面研究,还不是真正意义上的梵文影响汉语,其中反映的特殊语言现象和今天外国人学汉语一样,是第二语言习得中的语言错误。而真正意义上的梵文经过语言接触对汉语造成的影响,是中介语(中古译经)中的某些错误虚词、结构和句型,随着中介语在当时社会上的流传,被汉语所接受,最终进入汉语,成为汉语语法的组成部分。

语言接触有多种途径,像人们接触母语之外的语言时,第二语言习得使其学习的结果成为一种变体;或长期使用其他语言之后,使母语产生变化等等。但是如果没有特殊的社会历史背景(如大规模的移民),这些语言接触不会对其所学习的语言(目的语)产生影响。汉语历史上两次大规模的语言接触,同样产生了这种变体,这些变体有些和常见的语言接触结果一样,作为变体出现,在汉语里,又作为变体消失(我们不知道对梵文、蒙文它们是不是产生过影响)。但也有些情况不同,变体中的语言错误,并没有随着时间消失,反而回过头来又影响到了汉语,干扰了汉语语法的历史发展。而我们所特别感兴趣的,正是这种干扰,它们是什么,它们是如何起作用的,什么是它们出现条件,什么是其发展的机制。

在这个前提下,我们来审视上面述及的中古译经中的特殊语言现象,我们看到,所有外借的形式可能都没有保留在汉语里,它们无一例外地消失了;干扰造成的特殊发展,则有一些被保留下来,成为汉语语法的组成部分。如:

外借:用于分句末的表原因的"故"iti/hi/artha

出现在中古译经小句或句末的"故"不是汉语固有成分,从梵汉对勘看,它对译的是梵文中表示从格的 iti 和表原因的从格、具格或不变词 hi,也可能是表目的的名词 artha,是在翻译中受原典影响而产生的。

这种用法在译经中长期使用,成为佛经翻译者使用的固定格式后,即使是中国译者,也觉得可以接受,且比较自如地使用。如玄奘在《俱舍论》中就大量使用了。在《俱舍论》真谛本和玄奘本的对比中,我们看到,这种"故"有时玄奘比真谛使用的还多,如:

(真)各数简择苦等圣谛名择。即智圣因。此所得已利名为择灭。具足应言择所得灭。

(玄)择谓简择即慧差别。各别简择四圣谛故。择力所得灭名为择灭。

(王)择是分别对苦等圣谛的简择,择是特殊的智慧,通过这种智慧所得到的灭是择灭。

这个句子里,玄奘用了"故",真谛没有用,而且,从梵文本看,这里并没有 iti/hi/artha 等需要对译的词语出现。(资料见王继红,2004)

类似的用法在唐五代到宋代,还出现在《祖堂集》、《景德传灯录》等禅

宗语录里,如:

知阿难兄有欲漏故,未及众圣,不得入会。(《祖堂集》)
众僧曰:“遮莫是和尚亲近故,不礼拜又不吃棒?”(《景德传灯录》)

西域译经——本土译经——在本土译经中扩大使用——本土佛教文献

“故”的发展给我们提供了一个从中介语走向目的语的发展路径,但是“故”并没有真正进入汉语,而是止于汉语的本土佛教文献。

“已”展示了汉语受梵文影响之后,其出现的结构出现变化,使用的范围一步一步地从西域僧人扩大到本土的和尚,并开始脱离原文,在佛教的范围里“创造性”的使用。“取”则从译经里,最终进入了一般汉语,真正地造成了影响。虽然我们还没有发现它们进入的详细过程,但我们知道,它们开始于佛经中词汇的结构(结合)关系的改变,进而被更多的人在译经中使用,再逐渐渗入汉语。进入汉语之后,它们一般都会按照汉语自身的演变规律,继续其演化过程。从历史过程看,语言接触的干扰通常是在一个短暂的时间里,对汉语的发展过程和方向施加影响,而其结果是使汉语发展的动因多元化,发展路径复杂化。

我们强调对勘研究,通过对勘使我们能够了解中古译经的语言面貌,了解什么是梵文带进汉语的特殊成分。同时我们也要清楚地认识到,中古译经研究的对象,是一种中介语性质的东西,它只是汉语的一个变体,其“特殊成分”是指其中存在不符合汉语规范、汉语之外的东西。严格地说,这些特殊语法成分只是一些外国人学汉语的语言错误。认识到这一点,才能对我们的中古译经研究正确定位。

更需要进一步研究和关注的,是在了解中古译经的语言面貌之后,观察出现在中古译经中的特殊语言现象,有哪些、通过什么途径对汉语造成了影响,进而影响了汉语语法史的发展。这两个层面的研究都有待深入,而后一个是研究真正的意义之所在。

四

语言接触是社会发展作用于语言的结果。

语言接触造成语言变化的方式是多样的,汉语语法史中语言接触的特征在于,两次大规模语言接触都是由操其他语言的人学习使用汉语开始,由于不完全习得产生了变体。这些汉语变体中特殊的语言现象因其不符合汉语规则,多数都逐渐消失了。所以,我们曾经多次指出,这些语言接触像一个环绕在汉语之外的环,在汉语的外面产生、消失。一般语言接触,中介语的错误不会对目的语产生影响,正如学英语者所犯的语法错误不会造成英语变体。汉语历史发展中不同于一般语言接触的现象在于:部分汉语变体在某些特殊历史文化背景和语用原则的支配下,反转过来影响了汉语的发展,产生了一些新的结构、句型、虚词。在这个意义上,我们说语言接触是汉语发展的基本动因之一。

对汉语来说,干扰是发生语言变化的基本方式,产生干扰的原因,是第二语言习得的影响。而真正对汉语造成影响的,是这些干扰被汉语所接受,等于是干扰对汉语发展的再次干扰。

参考文献

曹广顺　遇笑容　2000　《中古译经中的处置式》,《中国语文》第6期。

高崎直道　1993　《〈大乘起信论〉的语法:有关“依”“以”“故”等之用法》(释慧琏译),《谛观》第七十二期。

江蓝生　1988　《魏晋南北朝小说词语汇释》,语文出版社。

江蓝生　1999　《处所词的领格用法与结构助词“底”的由来》,《中国语文》第2期;又见于《近代汉语探源》,商务印书馆2000年。

江蓝生　2003　《语言接触与元明时期的特殊判断句》,《语言学论丛》第二十八辑。

蒋绍愚　2001　《〈世说新语〉、〈齐民要术〉、〈洛阳伽蓝记〉、〈贤愚经〉、〈百喻经〉中的

“已”、“竟”、“讫”、“毕”》,《语言研究》第1期。
梁晓虹　1994　《佛教词语的构造与汉语辞汇的发展》,北京语言学院出版社。
王继红　2004　《基于梵汉对勘的佛教汉语语法研究——以〈阿毗达磨俱舍论·分别界品〉为例》,北京大学博士研究生学位论文。
许理和　1987[1977]　《最早的佛经译文中的东汉口语成分》(蒋绍愚译),《语言学论丛》(第十四辑),商务印书馆。
遇笑容　2003　《说“云何”》,《开篇》第22卷,(东京)好文出版社。
遇笑容　2004a　《汉语语法史中的语言接触与语法变化》,《汉语史学报》第四辑,上海教育出版社。
遇笑容　2004b　《语言接触与汉译佛经的语言性质——从〈撰集百缘经〉谈起》,“第五届国际古汉语语法研讨会”暨“第四届海峡两岸语法史研讨会”论文集(Ⅱ)。
遇笑容　2006c　《梵汉对勘与中古译经语法研究》,《汉语史学报》第六辑,上海教育出版社。
朱庆之　1991　《“将无”考》,《季羡林教授八十华诞纪念论文集》(上),江西人民出版社。
朱庆之　1992　《佛典与中古汉语辞汇研究》,(台北)文津出版社。
朱冠明　2005　《中古汉译佛典语法专题研究》,北京大学博士后研究工作报告。

(原刊于《汉语史集刊》第七辑,上海教育出版社,2007年。这次收入论文集略有修改)

语言接触的一个案例

——再谈“V(O)已”

蒋绍愚

提要　中古时期的“$已_2$”是受梵文的绝对分词的影响而产生的。但在《佛本行集经》和《根本说一切有部毗奈耶破僧事》却有一些“已”的用法比梵文绝对分词的用法有所扩大。这说明“$已_2$”已经扩展到译经者的口头语言之中。然后通过这些人和大众的语言交流，逐渐进入全民语言中。“了”的语法化是汉语自身的发展趋势，但“$已_2$”会加速“$了_2$”的产生。

关键词　已　了　语言接触

一

在拙作《〈世说新语〉、〈齐民要术〉、〈洛阳伽蓝记〉、〈贤愚经〉、〈百喻经〉中的“已”、“竟”、“讫”、“毕”》(《语言研究》2001 年第 1 期)一文中，我提出了如下观点：

魏晋南北朝的“V(O)已”的“已”应分为两部分：(A)一部分是“V_1(+O) +已”中的“$已_1$”(V_1 是持续动词)，这种“已”是在佛教传入前就已存在的、汉语中原有的“已”。(B)另一部分是“V_2(+O) +已”中的“$已_2$”(V_2 是非持续动词)，这种“已”是用来翻译梵文的“绝对分词”的。在佛典译文中，“$已_2$”用得比“$已_1$”多。

这样，我们可以看到，“V(+O) +已”中的“已”，在佛典传入并且有了汉译以后，有了一个很重要的变化。这种“已”原来是汉语固有的，它只能放在持续动词(或持续动词组成的词组)后面，表示动作的完结(即“$已_1$”)。佛典传入后，译经者用它来翻译梵文的“绝对分词”。“绝对分词”既可以放在持续动词后面，表示动作的完结,也可以放在非持续动词后面,表示动作的完成(或实现)。由于"完结"和"完成"相近,所以人们可以用汉语中固有的"已"("$已_1$")来翻译梵文的绝对分词。但"完结"和"完成"毕竟还是有区别的,所以,在佛典译文中用"已"("$已_1$")来翻译梵文的绝对分词之后,"已"的性质就起了变化,它产生了一种新的语法功能:表示动作的完成(或实现)。换句话说,就是产生了"$已_2$"。这种功能是原来汉语所没有的,是受梵文的影响而产生的。

在追溯完成貌词尾"了"的来源时,人们常常说,"了"的前身是"已"、"讫"、"竟"、"毕"。但是根据上面的分析,更准确地说,"了"的前身只是"已"。我认为动相补语可以分两种:(A)表示完结。前面是持续动词。就是我前面所说的"$已_1$"和"$了_1$"。(B)表示完成。前面是非持续动词。就是我前面所说的"$已_2$"和"$了_2$"。

关于"$已_2$"是梵文中绝对分词的翻译,是根据辛嶋静志先生的意见。辛嶋静志《汉译佛典的语言研究》:"在梵汉对比时,我们就发现这种'已'大多数与梵语的绝对分词(或叫独立式;Absolutive Gerund)相对应。……在梵语里绝对分词一般表示同一行为者所做的两个行为的第一个('……了以后'),相当于汉译佛典的'已'。"

2005 年,辛嶋静志先生给我看了他的一篇论文《A Project for Buddhist Chinese Dictionary》,文中列举了很多梵汉对勘的例句。句中的梵文绝对分词,都译作中文的"已"。这些梵汉对勘的材料无可怀疑地证明了汉译佛典中的"$已_2$"是语言接触的结果。

但是,佛典翻译是一种特殊的语言接触,它不是操两种语言的人群在语言交际中的语言接触,而是书面翻译时的语言接触。由这种特殊的语言接触而出现的"$已_2$",后来是不是从书面扩展到了口语,从译经者扩展到了全民?"$已_2$"和代之而起的"$了_2$"究竟是什么关系?这些问题在我的上述文章中没有说得很充分,本文打算讨论这些问题。

本文选择了下列九种语料,对其中的"V(O)已"和"V(O)了"的使用情况进行调查和分析:

《佛本行集经》(隋阇那崛多译,成书 587—592)

《根本说一切有部毗奈耶破僧事》(唐义净译,义净 635—713)

《王梵志诗》(王梵志诗三卷本的写作时间约始于武德四年,止于开元二十六年,约620—735)

《六祖坛经》(慧能638—713,敦煌本780—800)

《游仙窟》(张鷟著,张鷟生活于武后朝至开元中,约680—730)

《寒山拾得诗》(寒山拾得生活于大历至元和间,约750—820)

《入唐求法巡礼行记》(日僧圆仁著,作于839—847)

敦煌变文(约9世纪到10世纪上半叶,所据版本为《敦煌变文集新书》)

《祖堂集》(952序)

二

先看"V(O)已"的情况。

2.1　在隋《佛本行集经》(约420000字)中,"V(O)已"用得非常广泛,共2000多处,占48/10000。和魏晋南北朝的汉译佛典比较,有如下特点:

2.1.1　"V(O)已"的V多数是瞬间动词、状态动词。最常见的是"见"、"闻","取"、"得"、"受"、"至"、"到"、"坐"、"住"、"知"等也很常见,还有"出"、"入"、"睡"、"觉"、"寤"、"生"、"死"等。这里仅举"死已"一例:

(1)假令父母男女等,死已骨散发纵横。(卷33)

这表明《佛本行集经》中的"已"很多是表示"完成"的"已$_2$",性质和后来表完成的"了"相同。

2.1.2　"已"常用在"V已VV","V已复/还/即V","V已V"之类的格式中。如:

(2)楼上遥望见云童子端政少双,见已喜欢,四方礼诸天诸神。(卷3)

(3)时诸大臣闻已欢喜,往至彼林迎二童子,将还入宫。(卷5)

(4)我今解身璎珞赐与,后脱为患,即还收取。取已转持,施彼国师。(卷8)

(5)急疾奔驰,走诣王所。至已长跪,依所见事,即说偈言。(卷12)

(6)时瞿多弥右手执持须摩那鬘,遍历大众,向悉达所。到已立住,将此华鬘系悉达颈。(卷13)

(7)时净饭王即便敕唤此婆罗门,令入宫中。入已欢喜,即宣敕问彼婆罗门,作如是言。(卷15)

(8)尔时世尊即受迦罗龙王宫殿。受已入中,加趺而坐。(卷31)

(9)更互相饮,饮已复吐。(卷26)

(10)以天栴檀细末之香散菩萨上,散已复散,雨而更雨。(卷30)

(11)时彼大地六种震动,动已复动,涌已复涌。(卷53)

(12)穿过山崖石壁无碍,应念而行。入壁便出,出已还入。譬如雾中,没已即现,现已还没。(卷30)

(13)还复以舌自舐于舌,遍覆其面。覆已还缩。(卷33)

(14)思惟一切皆悉是于破坏之法,生已即灭。(卷27)

(15)或坏一劫,或住一劫。坏已住,住已坏。或知无量坏劫,成已坏,坏已成。(卷46)

这些"已"表示两个动作紧接着发生,这也和后来表完成的"了"相同。

2.1.3　上述"已"都可以看作是梵文绝对分词的翻译。但《佛本行集经》也有一些"已"和梵文的绝对分词不大一样。表现在三个方面:

(一)有的是"A+已",如:

(16)自恣饱已,佛及大众洗钵澡手。(卷55)

(17)其王徒众五百乞儿逐彼王走,至于远处,皆悉疲乏。既疲乏已,悉各回还。(卷59)

(18)悉满盛水。其所满器,满已还覆。(卷56)

(19)摩尼娄陀渐至长大,年盛壮已,于是父母为作三堂。(卷58)

还有一些是"VC+(O)+已",如:

(20)左手举象,以右手承。从于空中,掷置城外。越七重墙,度七重堑。既掷过已,离城可有一拘卢奢,而象坠地,即成大坑。(卷13)

(21)于彼树上取得果已,于先来至优娄频螺迦叶。(卷41)
(22)汝今且住,我当求师。若寻得已,当告汝知。(卷46)
(23)迦喽嗏头既睡觉已,咳啰气出。(卷59)

还有的是"被动式+已",如:

(24)时彼王仙既被射已,有两滴血出堕于地,即便命终。(卷20)

"梵语里绝对分词一般表示同一行为者所做的两个行为的第一个'了……以后'",而这些例句中的"已"前面有的是形容词而不是动词;有的是述补结构或被动式,不是表示某人做了什么行为,而是表示某人处于什么状况。所以,这些"已"和绝对分词的用法不大一样。

(二)有的"已"连接的不是两个先后发生的动作,而是有条件或因果关系的两个小句。

(25)若能见此大圣童子得菩提已,渐渐至于波罗奈国,当转无上最妙法轮。(卷10)
(26)此是世间众生我见,各各皆以无明所欺,乐著诸有。著诸有已,即不能得。(卷32)
(27)大王!我于彼时闻是语已,故来至观看童子。(卷9)

(三)有的"已"前后是两个不同的行为者。

(28)从兜率下,托净饭王第一大妃摩耶夫人右胁住已。是时大妃于睡眠中,梦见有一六牙白象。(卷7)
(29)若彼出已,我女不久必取命终。(卷10)
(30)时蜜多罗生惭愧已,于虚空中,有一天子,名曰净妙,从兜率宫,共于无量无边最大诸天神王,恒常守护是太子者,在彼虚空,隐身不现而说偈言。(卷11)

2.2　《根本说一切有部毗奈耶破僧事》:共170000字,用"V(O)已"约800次,占47/10000。

和《佛本行集经》一样,在《根本说一切有部毗奈耶破僧事》中,也有一些“已”和绝对分词不同。也表现在三个方面：

（一）“A + 已”

（31）犹如熟乳，既其冷已，有凝结生。（卷1）

（32）粥既熟已，时彼外道却来告二女曰。（卷5）

（33）便取妙药傅其疮上。疮既熟已，以刀割之出其脓血，复以妙膏傅上。（卷13）

（34）犹如浣衣，先除垢秽，既清净已，色即易染。（卷6）

（35）犹如浣衣，先除麁垢，得清净已，色则易染。（卷6）

“VC + 已”

（36）尔时如来以慈善心慰喻王曰：“善哉大王！宜时就座。诸有疑难，恣其所问。”既坐定已，白佛言。（卷20）

（37）其婢即以火烧木打羊。火著身上，被烧急已，走入王家象坊。（卷20）

“被动式 + 已”

（38）是时世尊见毁呰已，告五人曰。（卷6）

（39）龙王被诸呪师呪已，逼迫救彼不得。（卷19）

（40）时提婆达多被诃责已，默然而住。（卷19）

（二）有的“已”连接的不是两个先后发生的动作，而是有条件或因果关系的两个小句。

（41）汝诸弟子可诣彼出家。若出家已，勿恃豪姓种类摩纳薄伽，勉励精懃常修梵行。（卷3）

（42）未见日光，形质柔软，可以爪甲掐而令断。见日光已，即便坚硬，虽加刀斧及以猛火，不能摧损。（卷3）

（43）诸馀有情见此食时，即相学食。既食味已，身渐坚重，光明隐没，悉皆幽暗。（卷1）

（三）有的“已”前后是两个不同的行为者。

（44）于其夜中，额上忽然生一恶疮。经一宿已，王遂闻之，即便生念。（卷13）

(45)时众共议,人各依次一日作食供养。即随力所办,作食供养。其中有一童子,家贫,共母商量:“我家贫乏,依次办食云何得办?”时母答言:“爱子!可于最后而与供养。”未至日来,随力收办,即以充足。既至日已,铺以熊皮,如来踏上,行至坐处。造五百味饮食供养如来。(卷17)

(46)缘不善故,地味遂灭。地味灭已,是诸有情共相聚集,互生怨叹,悲啼愁恼。(卷1)

(47)尔时太子即遣使命苦役,损害摩揭陀国城邑人民。时诸人民既被逼迫苦已,时诸人众奏影胜王曰:“今被太子损害摩揭陀国人民城邑,愿王制约勿许使。”(卷17)

在上述两部汉译佛典中,(一)、(二)、(三)诸例,和“绝对分词”不一样,而和后来表完成的“了”相近。对于这种现象怎么解释,到下面再讨论。

2.3　《王梵志诗》无“V(O)已”。

2.4　《六祖坛经》共14000字,“V(O)已”仅8次,占0.6/10000。其中前7个不能用“毕”替代,是“已$_2$”,第8个可以用“毕”替代,是“已$_1$”。

(48)门人集已,五祖曰:“吾向汝说,世人生死事大。”

(49)众人见已,皆生敬心。

(50)今既自归依三身佛已,与善知识发四弘大愿。

(51)今既忏悔已,与善知识授无相三归依戒。

(52)六祖闻已,即识佛意,便与法达说《法华经》。

(53)十僧得教授已,写为《坛经》,递代流行。

(54)法海等众僧闻已,涕泪悲泣。唯有神会不动,亦不悲泣。

(55)大师言此语已,夜至三更,奄然迁化。

2.5　《游仙窟》,无“V(O)已”。

2.6　《寒山拾得诗》无“V(O)已”。

2.7　《入唐求法巡礼行记》,约87000字,“V(O)已”仅2次。第一例是“已$_2$”,第二例是“已$_1$”。

(56)其僧见许已,敷一座具满五百里地。(卷3)

(57)今上览已,焚烧经疏。(卷4)

2.8　《敦煌变文集新书》共约 330000 字，用“V(O)已”34 次，占 1/10000。其中 28 次都在卷一至卷四，即与佛教有关的变文中，卷五至卷八是与佛教无关的变文，其中总共只有 8 例。而且，《敦煌变文集新书》中“V(O)已”一般都是比较简单的用法。稍复杂的只有下面几例，但都没有超过《佛本行集经》和《根本说一切有部毗奈耶破僧事》的范围，而且都在卷一至卷四，可见，在敦煌变文的时代，“V(O)已”在口语中已经衰微了，只在与佛教有关的文献中还使用的比较多，而且是承袭以前汉译佛典的用法，但在使用频率上已经大不如前了。

(58)善友既蒙龙王差鬼兵送出海岸，送已却回，见弟恶友，问：……(双恩记，卷 2)

(59)佛入城已，佛见众生，皆如孩子遇慈亲。(维摩诘经讲经文(二)，卷 2)

(60)太子座已，专注修行。(八相变，卷 3)

(61)到已不解(仪)则，相挹而已。(祇园图记，卷 3)

(62)求已重重礼，陈情切切深。(欢喜国王缘，卷 4)

2.9　《祖堂集》共 70000 字，用“V(O)已”70 次，占 10/10000。一般都是比较简单的用法。值得注意的是下面几例，特别是卷 3 例，没有后续的小句，这样的情况十分少见。其他三句都没有超过《佛本行集经》和《根本说一切有部毗奈耶破僧事》的范围：

(63)彼既受已，遂有民主名焉。(卷 1，释迦牟尼佛)

(64)既出家已，至东京永和寺具戒。(卷 2，慧可禅师)

(65)次乃法付智严已。(卷 3，牛头和尚)

(66)过十劫已，众生根始熟。(卷 17，岑和尚)

三

再看“V(O)了”。

3.1 《佛本行集经》:“讫了”10 次,“讫了之时”1 次,“悉偿令了”1 次。

(67) 莫过悲啼生懊恼,汝作马功已讫了。我若当证甘露味,所可负载于我者。(卷 20)

(68) 若仁苦行讫了之时,得心愿满。仁于彼时,仁分法分,复至我家,当受我食。(卷 25)

(69) 我于当时,求智求道。若负他债,悉偿令了。(卷 20)

这些“了”全都是动词。“悉偿令了”的“了”无疑是个动词。“讫了”的“了”也是动词,和动词“讫”连用,还没有发展到后来“V 了,V”那种程度。这从“讫了之时”可以得到证明。

3.2 《根本说一切有部毗奈耶破僧事》“N 了”和“V(O)了”共 16 次,其中“了已”6 次,“已了”2 次。

(70) 时蜜捺罗报曰:“汝痴妇女人,或言未庄饰,或言庄饰了。”时彼使女先于大家有所嫌恨,便告彼曰:“我之大家非未庄饰,意欲以汝璎珞及衣庄饰其身,别看馀婿。”时蜜捺罗闻此语已,欲心便息而生害意,便告侍女言:“汝报淫女,庄饰既了,来某园林。”(卷 1)

(71) 时迦摄自手造食了已,即往请佛。(卷 7)

(72) 王舍城中事既了已,还至佛所,顶礼佛足,坐一面而白佛言。(卷 8)

(73) 其置寺外,别造六十四院,悉皆重阁。既造了已,供寺所须家具悉足。(卷 8)

(74) 游狱事了,俱便返诣赡部洲中。(卷 10)

(75) 舅洗浴回,问其甥:“料理竟不?”答曰:“已了。”舅曰:“料理既竟,将来我看。”甥擎兔过与其舅,舅见其兔遂少一脚。(卷 12)

(76) 即设一计造一大堂。堂既了已,其儿年已六岁。令诸群臣击鼓宣令,尽唤国内所有男子尽入堂内。(卷 12)

(77) 唯愿大王放我殡葬其夫待了,即随王去。(卷 12)

(78) 是时仙人不敢东西。诸臣白王:“彼仙奉教,经于六日,不敢东西。唯愿大王速与处分。”王便报言:“讨罪六日,汝今无过。今放汝去。”臣报仙人:“汝今六日,已罚汝了。今奉王勅,任汝东西。”(卷 12)

(79) 遂即下针,刺去恶血。王自执持千辐轮伞,盖阿难陀上。刺血了已,更傅

好药。(卷13)

(80)若别谏时事不舍者,皆得麁罪。若作白四羯磨如法如律如佛所教谏诲之时舍者善。若不舍者,白了之时得麁罪,作初番了时亦得麁罪。若第三番羯磨结了之时而不舍者,得僧伽伐尸沙。(卷14)

(81)事既了已,便辞菩萨而退。(卷16)

(82)殡王已了,便建立太子为大王。(卷18)

上述例句中的"了"绝大多数是句中的主要动词,有的可以受副词"既"修饰。"已了"是副词"已"修饰动词"了"。"了已"是动词"了"和动词"已"连用。只有"既造了已"和"已罚汝了"两例有所不同:副词"既"和"已"在"造"和"罚"前面,而不是在"了已"和"了"前面,这说明"造"和"罚"是主要动词,而"了"不是主要动词,而是"造"和"罚"的补语。和《佛本行集经》相比,《破僧事》中的这两个"了"语法化程度已经进了一步。不过,"造"和"罚"都是可持续动词,所以,这两个"了"还是"$了_1$"而不是"$了_2$"①。

3.3 《王梵志诗》"V(O)了"3次。

(83)食了宁且休,只可待他散。(亲客号不疏,卷4)

(84)欺枉得钱君莫羡,得了却是输他便。(欺枉得钱君莫羡,卷6)

(85)若还都塞了,好处却穿破。(幸门如鼠穴,卷6)

这三例的"了"都是动相补语。但《王梵志诗》只有卷一至卷三时代比较确定,这些句子的时代可能较晚。

3.4 《六祖坛经》"V(O)了"9次。

(86)画人卢珍看壁了,明日下手。

(87)辞违已了,便发向南。

(88)愿闻先圣教者,各须净心闻了,愿自除迷,如先代悟下是法。

(89)大师说法了,韦使君、官僚、僧众、道俗,赞言无尽。

---

① 本文所说的"$了_1$"指用在持续动词后面的"了","$了_2$"指用在瞬间动词后面的"了"。和一般所说的"$了_1$"、"$了_2$"不同。

(90)志诚曰:"未说时即是,说了即不是。"

(91)如今得了,递代流行。

(92)大师言:"法即付了,汝不须问。"

(93)六祖说偈已了,放众生散。

(94)大师说偈已了,遂告门人曰:"汝等好住,今共汝别。"

《六祖坛经》的"了",处于从主要动词到动相补语的过渡阶段。"辞违已了"和"说偈已了"的"了"是主要动词,受副词"已"修饰。"看壁了"、"闻了"、"未说时即是,说了即不是"、"得了"的"了"是表完成的动相补语,是"$了_2$"。和《破僧事》相比,"了"的语法化程度又进一步。

3.5 《游仙窟》无"V(O)了"。

3.6 《寒山拾得诗》"V(O)了"2次。

(95)死了万事休,谁人承后嗣。

(96)但看木傀儡,弄了一场困。

"弄了一场困"的"了"相当于"罢/毕",是主要动词。"死了万事休"的"了"是动相补语"$了_2$"。

3.7 《入唐求法巡礼行记》,"V(O)了"71次。

大多用作主要动词。也有动相补语,用于"V了,V"的格式,多数是"$了_1$"。下面句子中的"了"是"$了_2$",而且用在句末,没有后续的小句。这种用法很值得注意。

(97)晚间博士惠来,画帧功钱同量定了:五十贯钱作五副帧。(卷3)

3.8 《敦煌变文集》。

3.9 《祖堂集》。

这两部书中的"V(O)了"已有很多文章作了分析,认为下面敦煌变文例中的"了"是动态助词,《祖堂集》例中的"了"是事态助词。其他例句本文不再一一分析。

(98)见了师兄便入来。(《敦煌变文·难陀出家缘起》)

(99)与摩则大唐国内山惣被阇梨占却了也。(《祖堂集》卷6)

四　小　结

现在,我们根据上述材料做一些分析。

先说《佛本行集经》和《根本说一切有部毗奈耶破僧事》中为什么有些"V(O)已"的"已"和梵文的绝对分词不同。

我在1999中说过,汉语中原来只有"已$_1$",东汉至六朝汉译佛典中为了翻译梵文的绝对分词,用了这个"已"字,从而发展出"已$_2$"。但是《佛本行集经》和《根本说一切有部毗奈耶破僧事》中有些"V(O)已"的"已"和梵文的绝对分词不同,这说明这些"已"并非梵文绝对分词的翻译。那么,这些"已"是怎么来的呢?答案只有一个:是存在于译经者的语言中的。译经者的语言中为什么会有这些和梵文的绝对分词不一致的"已"?那是他们受了语言接触的影响,使用了和梵文的绝对分词一致的"已$_2$"之后,又把它的用法扩大了。上面说的三方面的不同,都是可以解释的。

首先,一个表现两个动作先后相承的语法成分,后来用以表示一种性状或状况出现后会出现一种新的情况,这是很常见的,如后来的"了"就是这样,"了"开始时出现在"V了,VP"中,后来也可以用在"A/VC了,VP"中。这种变化导致上述第一部分的例句出现。

同时,动作的时间相承和事件的事理相因也很接近,这也可以用后来的"了"来说明,"V了,VP"的基本用法是表示动作相承,但也可以表示事理相因。这就导致上述第二部分的例句出现。虽然"了"的发展比我们现在讨论的例句晚,但其道理是一样的。

而且,我们把"已"分成"已$_1$"和"已$_2$"两个,这是根据现代语言学的观点分析的结果,而当时的语言使用者不可能把它们分得这么清楚,在他们看来,还是同一个“已”。所以,既然“已$_1$”可以用于两个不同行为者的先后相接的动作,那么,“已$_2$”也可以这么用。这就出现了上述第三部分的例句。

所以,归结起来可以说,“已$_2$”本是因语言接触而产生的,首先(而且是主要)存在于汉译佛典的书面语言中。但由于出现频率高,逐渐也影响到译经者的口头语言,他们在自己遣词造句时也会用“已$_2$”,而且,有一些“已”的用法比翻译梵文的绝对分词的“已$_2$”还要扩大一些。虽然这样的例句数量不很多,但毕竟存在,而且,不但在6世纪的阇那崛多的语言里存在,在7世纪的义净的语言里也存在。这一事实的重要意义在于,它清楚地说明了由梵汉翻译这种书面的语言接触而产生的“已$_2$”,至少已扩展到译经者的口头语言之中。所谓“扩展”,一方面是指范围扩大,一方面是指用法变化。那么,在6—8世纪时,“已$_2$”是否已经扩展到全民的语言之中了呢?我们找不到6—8世纪与佛教无关而又反映口语的材料,所以对此无法作出肯定的回答(《游仙窟》是与佛教无关的,但其中既无“V(O)已”也无“V(O)了”)。但《六祖坛经》的材料能给我们启发。慧能大致和义净同时,在他向大众宣讲佛法的讲话中就有一些“已$_2$”。他是目不识丁的,但他可以听别人诵读佛经,他在说话中使用的“已$_2$”可能是受佛经的影响而来的。但是,他向大众宣讲用“已$_2$”,肯定大众也能听懂,可见当时大众的语言中也有“已$_2$”。我们可以想象,由语言接触(翻译)而产生的“已$_2$”,首先出现汉译佛典书面上,然后扩展到佛典的译经者或阅读者(听者)的口头语言中,然后通过这些人和大众的语言交流,逐渐进入全民语言中。

不过,像“已$_2$”这样由书面的语言接触而产生的新形式在全民语言中能扩展多大,持续多久,这个问题还要慎重对待。在《六祖坛经》中,“已$_2$”只是一些简单的形式,像《佛本行集经》和《根本说一切有部毗奈耶破僧事》中那些扩大了的“已$_2$”,在《六祖坛经》并没有出现,可见“已$_2$”在语言中扩展的范围是有限的。而且,根据汉语自身的发展趋势,从7世纪开始,“已”(包括“已$_1$”和“已$_2$”)已经逐渐衰减,代之而起的是“了”(包括“了$_1$”和

“了$_2$”)，所以，在《王梵志诗》和《寒山拾得诗》中没有“V(O)已”，只有“V(O)了”；而到9世纪的《入唐求法巡礼行记》中就只有2个“V(O)已”，却有较多的“V(O)了”，这比较真实地反映了当时语言的实际情况，也许，这两个仅有的“V(O)已”也是圆仁从他修习的佛经中得来的，而不是在当时大众的口语中存在的。敦煌变文中的“V(O)已”仅34处，数量不算多，而且有28处出现在与佛教有关的文章中，这还是受原先的汉译佛典的影响。所以，这进一步证明在晚唐五代的实际语言中，“V(O)已”确实是已经衰微了。《祖堂集》中的“V(O)已”比敦煌变文多，大概也是因为那些禅师受了佛典的影响，尽管禅宗是“不立文字，教外别传”，但不可能完全不接触佛典。

还有一个问题需要讨论：“V(O)了”(特别是“V(O)了$_2$”)的发展，是不是受了“V(O)已”(“V(O)已$_2$”)的影响？我的看法是：“了”的“主要动词——动相补语‘了$_1$’(表完结)——动相补语‘了$_2$’(表完成)”的语法化过程，是汉语自身的发展趋势。这和“V却O”、“V得O”、“V将O”的语法化过程是完全一致的。再扩大一点说，汉语完成体标记的形成过程又是和汉语持续体的形成过程一致的，它们形成的时代都是唐代。所以，如果没有语言接触，汉语自身也会有这些体貌标记的发展。只不过既然因为语言接触的缘故，在佛典翻译中较早地出现了表完成的动相补语“已$_2$”，它当然会对结构和功能都相似的“了$_2$”的出现和发展有影响。可以设想，假定在7世纪末、8世纪初，“了”还只处在“食了”(“了$_1$”)的阶段，而在僧人们阅读的汉译佛典中已经有了“食已”(已$_1$)和“闻已”(已$_2$)，那些僧人就可能由于类推而在语言中说出“闻了”(了$_2$)，然后通过与大众的语言交流把“闻了”(了$_2$)带到全民语言中。所以，汉译佛典中“已$_2$”的存在可能会加速“了$_2$”的出现。但这里的前提是：由“了$_1$”发展为“了$_2$”本身是汉语发展的趋势。如果语言接触产生的形式和汉语自身发展的趋势相背，汉语大概是不会接受这种形式的，即使在某种情况下接受了，很快就会复原。元代一些文献中的“SOV”词序到明代恢复为“SVO”词序就是最好的例子。

这里还牵涉到一个语言接触的理论问题：AB 两种语言接触后，A 语言的哪些语言形式可以进入 B 语言？是否必须是与 B 语言固有的形式相近的成分才能进入，还是与 B 语言差距越大的成分越容易进入？我对于世界上各种语言接触的情况知道太少，不敢回答这个普遍性的问题。但是就汉语而言，至少在我们看到的案例中，由语言接触而产生的形式，大体上都是因为与汉语固有的形式相近，或者符合汉语自身发展的趋势，所以才在汉语中保留下来。"已$_2$"是一个例证。另一个例证是包括式的人称代词"咱们"。

"咱们"是因和阿尔泰语接触而进入汉语的，梅祖麟先生已经对此作了很好的论证。但是这种阿尔泰语的语言形式为什么能进入汉语？为什么在汉语中采取"咱们"（最早作"咱"，后来也作"咱门/咱每"，也写作"喒"）这种形式？这个问题还可以深入讨论。据我的看法，这不是和汉语自身毫无关系的。这个问题在拙作《近代汉语研究概要》（北京大学出版社，2005）中已经说过，这里再补充一些材料并加以申说。

确实，作为一种语法范畴，第一人称代词复数的包括式和排除式的区分，是汉语原来没有的。但不能认为说汉语的人观念上就没有包括和排除的区分。自古以来，说汉语的人在讲话时，有时要把对方和自己分开，有时要把对方和自己放在一起，这种区分不会没有。如：

（100）我无尔诈，尔无我虞。（《左传·宣公十五年》）

（101）尔为尔，我为我。（《孟子·公孙丑上》）

这是把对方和自己分开。

（102）君亦悔祸之延，而欲徼福于先君献、穆，使伯车来命我景公曰："吾与女同好弃恶，复修旧德，以追念前勋。"（《左传·成公十三年》）

这是把对方和自己放在一起。只不过这种区别是用词汇手段（用"吾与汝"表示包括对方）而不是用语法手段（比如后来的"咱们"）而已。

吕叔湘（1940）讲到，有时活用的第一人称也可以意谓"尔或我，或任何人"，即包括听话人在内，如：

(103)吾生也有涯,而知也无涯。(《庄子·养生主》)

这个"吾"显然不是只指说话者自己,而是指所有的人,包括听话者在内。先秦是如此,后来也是如此。"尔或我"很容易转而为"尔与我"。宋代产生的"自家"就是这样的,如下面《朱子语类》例的"自家"如果改为"咱们"亦无不可;《范文正公集》例的"自家"其为"尔与我"之义更为明显,即包括听话者在内:

(104)人生天地间,都有许多道理。不是自家硬把与他,又不是自家凿开他肚肠,白放在里面。(《朱子语类》25)

(105)自家好家门,各为好事,以光祖宗。(《范文正公集》225)

以上是吕叔湘(1940)的论述。我还可以补充一些《三朝北盟会编》中的例子:

(106)阿骨打云:"自家既已通好,契丹甚闲事,怎生和得?"

(107)(粘罕)且言"此是契丹男妇媳,且教与自家劝酒,要见自家两国欢好。"

(108)见粘罕元帅,且言:"今来所计议事节,与自家上京时说底话煞别也。"

(109)粘罕且笑且言:"贵国与契丹家厮杀多年,直候敌不得,方与银绢。莫且自家门如今且把这事放着一边,厮杀则个。待你败时,多与银绢,我败时,都不要一两一匹,不知如何?"良嗣谕以"马宣赞之意无他,盖以谓本朝与契丹曾厮杀,后来讲和,未若自家两家本无相争,便通交好,万世所无,乃是好事"。(以上均见《燕云奉使录》)

(110)介儒云:"事已如此,自家懑这里斗口做甚?"(《茅斋自叙》)

可见在北宋时,已经用"自家"或"自家懑"指谈话中的自己和对方。有意思的是,这些"自家"或"自家懑"都出现在金人的说话或是宋朝使臣对金人说的话中,而宋朝臣民相互谈话中如果指自己和对方,就用传统的"我辈",如:

(111)虞侯问疾,刘执虞侯手曰:"朝廷养兵三十年,我辈一技无所施。今日成大功,乃出于朝廷一中书舍人,我辈愧当死矣。"(《采石战胜录》)

当然，“自家”或“自家懑”不会是女真语的实录，而是把女真语译成汉语。但为什么不译成“我辈”而要译成“自家”或“自家懑”？大概这些经常与金人打交道的宋朝使臣知道金人嘴里说的是女真语的包括式人称代词，和汉语中传统的“我辈”有别，所以用口语中可以表示“你和我”的“自家”或“自家懑”来翻译。而金元以后，汉语中表示包括式的“咱/喒”正是“自家”的合音，“咱门”正是“自家懑”的合音。正因为这种外来的语法形式“包括式”与汉语中固有的“自家”或“自家懑”有关，所以，当金元以后，在汉语中用“咱/咱门”来表示包括式，说汉语的人比较容易接受，甚至不会感到这是外来的东西，这样就在汉语中生了根。

参考文献

蒋绍愚　2001　《〈世说新语〉、〈齐民要术〉、〈洛阳伽蓝记〉、〈贤愚经〉、〈百喻经〉中的“已”、“竟”、“讫”、“毕”》，《语言研究》第1期。

吕叔湘　1940/1984　《释您、俺、咱、咱，附论们字》，《汉语语法论文集》（增订本），商务印书馆。

梅祖麟　1988　《北方方言中第一人称代词复数包括式和排除式对立的来源》，《语言学论丛》第十五辑，商务印书馆。

辛嶋静志　1998　《汉译佛典的语言研究》，《文化的馈赠》，北京大学出版社。

遇笑容　2006　《浅谈“其人白王，父已死了”》，第12届全国近代汉语年会论文（贵阳）。

（原刊于《语言学论丛》第三十六辑，2007年）

附　录

《法华经》梵汉对勘*

（第四品）

姜　南

凡　例

一、版本说明

梵本依据荻原云来（U. Wogihara）、土田胜弥（C. Tsuchida）编订《改订梵文法华经》（*Saddharmapundarīka-sutra, Romanized and Revised Text of the Bibliotheca Buddhica Publication by Consulting a Sanskrit Ms. and Tibetan and Chinese Translations*），山喜房佛书林，东京，1934—1935 年。

汉译本依据目前校刊最好的日本《大正新修大藏经》本，高楠顺次郎、渡边海旭主编，东京，1924—1934。选取西晋竺法护译《正法华经》（9，No. 263）和姚秦鸠摩罗什译《妙法莲华经》（9，No. 262）两个同经异译本。

二、语段切分

散文部分主要按照语篇的话题链进行切分，较大的话题链进一步切分成次级子话题链；偈颂部分直接采用梵本的分段。然后对切分出来的语段统一用数字编序。例如：

1－1　表第一品第 1 段

* 该对勘研究同时得到香港特别行政区研究资助局的项目资助（HKIED GRF 844710/H）。

2－3 表第二品第3段

三、语段解析

1. 每段开始先列出《正法华经》和《妙法莲华经》中的汉译，再配上对应的原文，无原文处用“(无)”注明，然后译成现代汉语。

2. 细分语段。将该段原文分成更短的句子或短语，在段落序号的基础上继续编排小节序号。原文后紧跟现代汉语翻译和相应的两种汉译，无汉译处同样用“(无)”注明。之后对原文及汉译分别进行篇章话语以及句法结构的描写分析，“↔”前是对原文的分析术语(有时用缩略语表示)，后是对汉译的分析术语。“主语”、“谓语”、“状语”、“补语”等语法分析术语主要依据朱德熙的《语法讲义》(商务印书馆，1999年)，“主题”、“主题链”、“子句”等语篇分析术语依据曹逢甫著、王静译的《汉语的句子与子句结构》(北京语言大学出版社，2005年)。“主题1”表一级主题，依次类推。

3. 逐一解析小节内的单词。

a. 每一单词后，先在括号中列出它变化前的原形词干，动词则还原至词根，用“√”标明，如有前置词，则用“-”连接并置于词根之前；再标注该词的性、数、格、人称、时态、语态、词性等语法信息(均使用缩略语以降低标注长度)，然后译成现代汉语，并附上汉译本对应词，无汉译处同样用“(无)”注明。

b. 逐层分解复合词，并标明关系类型，“依主释”、“持业释”两类复合词还分别在括号中注出主格以下的六类格关系和副词、形容词、同位等修饰关系。

c. 偈颂中大量不规则的词形变化，均在脚注中指出它们在 F. Edgerton 编撰《佛教混合梵文字典》(BHSD)和《佛教混合梵文文法》(BHSG)中的出处。

缩略语及符号表

T = 大正新修大藏经，高楠顺次郎、渡边海旭主编，东京，1924—34。

No. = 大藏经中的序号。

D = 竺法护译《正法华经》,T9,No. 263,pp. 63—134。

K = 鸠摩罗什译《妙法莲花经》,T9,No. 262,pp. 1—62。

BHSD = F. Edgerton,《佛教混合梵文字典》(*Buddhist Hybrid Sanskrit Dictionary*),Yale University Press,1953。

BHSG = F. Edgerton,《佛教混合梵文文法》(*Buddhist Hybrid Sanskrit Grammar*),Yale University Press,1953。

A.　ātmanepada,middle-voice 为己,中间语态
Ab.　ablative 从格
Ac.　accusative 业格
adj.　adjective 形容词
adv.　adverb 副词
aor.　aorist 不定过去时
app.　past-active-participle 过去主动分词
caus.　causative 使役
compar.　comparative-degree 比较级
cond.　conditional 假定
conj.　conjunction 连词
D.　dative 为格,与格
dem.　demonstrative-pronoun 指示代名词
den.　denominative 动名词
des.　desiderative 祈求式
du.　dual 双数
f.　feminine 阴性
fut.　future 将来时
fpp.　future-passive-participle 将来被动分词,必要分词
fpt.　future-participle 未来分词
G.　genitive 属格
ger.　gerund 绝对分词
I.　instrumental 具格
impf.　imperfect 未完成时
imv.　imperative 命令语气
indec.　indeclinable 不变词
inf.　infinitive 不定式
int.　intensive 加强式
inter.　interrogarive 疑问代名词
interj.　interjection 感叹词
L.　locativen 位格,依格
m.　masculine 阳性
N.　nominative 主格
n.　neuter 中性
num.　numeral 数词
opt.　optative 祈愿语气,虚拟语气
ord.　ordinal 序数词

P. parasmaipada, active-voice 为他,主动语态

pass. passive 被动语态

pers. 1. first-personal 第一人称代名词

pers. 2. second-personal 第二人称代名词

pers. 3. third-personal 第二人称代名词

pf. perfect 完成时

pl. plural 复数

ppp. past-passive-participle 过去被动分词

ppt. present-participle 现在分词

pref. prefix 接头词

prep. preposition 介词

pres. present 现在时

pron. pronoun 代名词

rel. relative-pronoun 关系代名词

sg. singular 单数

superl. superlative 最高级

V. vocative 呼格

依主释 tat-puruṣa 格限定复合词

持业释 karma-dhāraya 同格限定复合词

相违释 dvaṃdva/dvandva 并列复合词

有财释 bahu-vrīhi 所有复合词

✓ root 语根

→ 表变化:

1. 连音变成不连音
2. 词类转用,如 m. sg. Ac. →adv.
3. 复合词的关系变化,如持业释→多财释

IV. Adhimukti-parivarto nāma caturtha
第四 信奉品

prose: 4-1

D:于是贤者须菩提、迦旃延、大迦叶、大目犍连等,听演大法,得未曾有,本所未闻;而见世尊授舍利弗决,当得无上正真之道,惊喜踊跃,咸从坐起,进诣佛前,偏袒右肩,礼毕叉手,瞻顺尊颜,内自思省,心体熙怡,支节和怿,悲喜并集,白世尊曰:

K:尔时慧命须菩提、摩诃迦旃延、摩诃迦叶、摩诃目犍连,从佛所闻未曾有法,世尊授舍利弗阿耨多罗三藐三菩提记,发希有心,欢喜踊跃,即从座起,整衣服偏袒右肩,右膝着地,一心合掌,曲躬恭敬,瞻仰尊颜而白佛言:

atha khalv āyuṣmān subhūtir āyuṣmāṃś ca mahākātyāyana āyuṣmāṃś ca mahākāśyapa āyuṣmāṃś ca māhāmaudgalyāyana imam evaṃ-rūpam aśruta-pūrvaṃ dharmaṃ śrutvā bhagatavo 'ntikāt saṃmukham āyuṣmataś ca śāriputrasya vyākaraṇaṃ śrutvānuttarāyāṃ samyaksaṃbodhāv āścarya-prāptā adbhuta-prāptā audbilya-prāptās tasyāṃ velāyām utthāyāsanebhyo yena bhagavāṃs tenopasaṃkramyaikāṃsam uttarāsaṅgaṃ kṛtvā dakṣiṇaṃ jānu-maṇḍalaṃ pṛthivyāṃ pratiṣṭhāpya yena bhagavāṃs tenāñjaliṃ praṇamya bhagavantam abhimukham ullokayamānā avanata-kāyā abhinata-kāyāḥ praṇatakāyās tasyāṃ velāyāṃ bhagavantam etad avocat:这时,长老须菩提、迦旃延、摩诃迦叶和摩诃目犍连从世尊

身边闻听这般前所未闻法教，又听见当面为长老舍利弗授记无上正等菩提后，感到无比惊奇，心中喜悦。于是他们从座位上起来，走近世尊，袒露上衣一肩，右膝着地，向世尊合掌致敬，仰望着世尊，曲躬身体，对世尊说道：↔主题链，连动式

4－1－1．atha khalu：于是、这时。

D：于是。句首小品词↔连词，用作话题转换标记

K：尔时。句首小品词↔时间词，用作话题转换标记

◆atha：adv. 然后、现在。

◆khalu：indec. 确实；然而。

4－1－2．āyuṣmān subhūtiḥ āyuṣmān ca mahākātyāyanaḥ āyuṣmān ca mahākāśyapaḥ āyuṣmān ca māhāmaudgalyāyanaḥ：长老须菩提、迦旃延、摩诃迦叶和摩诃目犍连

D：贤者须菩提、迦旃延、大迦叶、大目犍连等。N.↔主题兼主语

K：慧命须菩提、摩诃迦旃延、摩诃迦叶、摩诃目犍连。N.↔主题兼主语

◆āyuṣmān：（āyuṣmat）adj. m. sg. N. 具寿、长老。加在名号前，表尊敬。D：贤者。K：慧命。

◆subhūtiḥ：（subhūti） m. sg. N.（人名）善地。音译为须菩提。D：须菩提。K：须菩提。

◆ca：conj. 和、然而。

◆mahākātyāyanaḥ：（mahā-kātyāyana）m. sg. N.（人名）音译为摩诃迦旃延。D：迦旃延。K：摩诃迦旃延。

◆mahākāśyapaḥ：（mahā-kāśyapa）m. sg. N.（人名）音译为摩诃迦叶。D：大迦叶。K：摩诃迦叶。

◆māhāmaudgalyāyanaḥ：（māhā-maudgalyāyana）m. sg. N.（佛弟子名）大目犍连，音译为摩诃目犍连。D：大目犍连。K：摩诃目犍连。

4－1－3．imam evaṃ-rūpam aśruta-pūrvam dharmam śrutvā bhagatavaḥ antikāt saṃmukham：从世尊身边闻听这般前所未闻法教后。

D：听演大法……、本所未闻。ger. 结构↔连动式的 VP1

K：从佛所闻未曾有法。ger. 结构↔连动式的 VP1

◆imam evaṃ-rūpam aśruta-pūrvam dharmam：这般前所未闻法教。

D：大法……本所未闻。K：未曾有法。

imam：(idam) dem. m. sg. Ac. 这。限定 dharmam。

evaṃ-rūpam：(evaṃ-rūpa) adj. m. sg. Ac. 这样。持业释（副词关系）。修饰 dharmam。

aśruta-pūrvam：(aśruta-pūrva) adj. m. sg. Ac. 前所未闻。持业释（形容词关系）。修饰 dharmam。

aśruta：(a-√śru) ppp. 未曾闻。pūrva：adj. 过去、先前。

dharmam：(dharma) m. sg. Ac. 法。

◆śrutvā：(√śru) ger. 听后。D：听演。K：闻。

◆bhagavataḥ antikāt saṃmukham：从世尊的面前。

D：（无）。K：从佛所。Ab. ↔介词短语做状语，表起点来源

bhagavataḥ：(bhagavat) m. sg. G. 世尊、佛。

antikāt：(antika) n. sg. Ab. 附近。

saṃmukham：adv. 面前。

4-1-4. āyuṣmataḥ ca śāriputrasya vyākaraṇam śrutvā anuttarāyām samyaksaṃbodhāu：又听见当面为长老舍利弗授记无上正等菩提后。

D：而见世尊授舍利弗决、当得无上正真之道。ger. 结构↔连动式的 VP2。“世尊”为增译的主语

K：世尊授舍利弗阿耨多罗三藐三菩提记。ger. 结构↔连动式的 VP2。“世尊”为增译的主语

◆āyuṣmataḥ ca śāriputrasya：为长者舍利弗。D：舍利弗。K：舍利弗。

āyuṣmataḥ：(āyuṣmat) adj. m. sg. G. 具寿、长老。

śāriputrasya：(śāriputra) m. sg. G.（人名）舍利弗。

◆vyākaraṇam：(vyākaraṇa) n. sg. Ac. 授记。D：授……决。K：授……记。

◆śrutvā：（√śru）ger. 闻听后。D：见。K：（无）。

◆anuttarāyām samyaksaṃbodhāu：于无上正等正觉。D：无上正真之道。K：阿耨多罗三藐三菩提。

anuttarāyām：（anuttarā）adj. f. sg. L. 无上、最胜。修饰 samyak-saṃbodhau。

samyaksaṃbodhāu：（samyak-saṃbodhi）f. sg. L. 正等菩提。

4－1－5．āścarya-prāptāḥ adbhuta-prāptāḥ audbilya-prāptāḥ：感到无比惊奇，心中喜悦。省略 be 动词。

D：惊喜踊跃。——连动式的 VP3。

K：发希有心，欢喜踊跃。——连动式的 VP3。

◆āścarya-prāptāḥ：（āścarya-prāpta）ppp. m. pl. N. 感到惊奇。依主释（业格关系）。

āścarya：n. 惊奇。prāpta：（pra-√āp）ppp. 获得。

◆adbhuta-prāptāḥ：（adbhuta-prāpta）ppp. m. pl. N. 深感奇特。依主释（业格关系）。

adbhuta：n. 奇特、未曾有。

◆audbilya-prāptāḥ：（audbilya-prāpta）ppp. m. pl. N. 心中喜悦。依主释（业格关系）。

audbilya：n. 欢喜、喜悦。

4－1－6．tasyām velāyām utthāya āsanebhyaḥ：这时，从座上站起。

D：咸从坐起。ger. 结构↔连动式的 VP4

K：即从座起。ger. 结构↔连动式的 VP4

◆tasyām velāyām：此时。在此位格用作副词，表时间，修饰 abhāṣata。

tasyām：（tad）pron. f. sg. L. 这。限定 velāyā。

velāyām：（velā）f. sg. L. 时候。

◆utthāya：（ud-√sthā）ger. 站起后。D：起。K：即起。

◆āsanebhyaḥ：（āsana）n. pl. Ab. 从座位。D：从坐。K：从座。Ab. ↔介

词短语做状语,表起点

4-1-7. yena bhagavān tena upasaṃkramya:走近世尊。

D:进诣佛前。ger. 结构↔连动式的 VP5

K:(无)。

◆yena … tena:prep. 面对、朝向。D:前。K:(无)。

◆bhagavān:(bhagavant) m. sg. N. 世尊。D:佛。K:(无)。

◆upasaṃkramya:(upa-sam-√kram) ger. 走近。D:进诣。K:(无)。

4-1-8. eka-aṃsam uttara-āsaṅgam kṛtvā:偏袒右肩。

D:偏袒右肩。ger. 结构↔连动式的 VP6

K:整衣服偏袒右肩。ger. 结构↔连动式的 VP6

◆eka-aṃsam:(eka-aṃsa) m. sg. Ac. 一肩。持业释。D:右肩。K:右肩。

eka:num. 一。aṃsa:m. 部分、肩。

◆uttara-āsaṅgam:(uttara-āsaṅga) m. sg. Ac. 上衣、覆左肩衣。

◆kṛtvā:(√kṛ) ger. 做。D:偏袒。K:偏袒。

4-1-9. dakṣiṇam jānu-maṇḍalam pṛthivyām pratiṣṭhāpya:令右膝住地。

D:礼毕。ger. 结构↔连动式的 VP7

K:右膝着地。ger. 结构↔连动式的 VP6

◆dakṣiṇam jānu-maṇḍalam:右膝。D:(无)。K:右膝。

dakṣiṇam:(dakṣiṇa) m. n. sg. Ac. 右。

jānu-maṇḍalam:(jānu-maṇḍala) n. sg. Ac. 膝、膝盖。

◆pṛthivyām:(pṛthivī) f. sg. L. 土地。D:(无)。K:地。

◆pratiṣṭhāpya:(pra-√sthā) caus. ger. 放置。D:(无)。K:着。

4-1-10. yena bhagavān tena añjalim praṇamya:对世尊合掌致敬。

D:叉手。ger. 结构↔连动式的 VP8

K:一心合掌。ger. 结构↔连动式的 VP7

◆yena … tena:prep. 面对、朝向。

◆bhagavān:(bhagavant) m. sg. N. 世尊。

◆añjalim praṇāmya：合掌致敬。D：叉手。K：合掌。

añjalim：(añjali)m. sg. Ac. 合掌。

praṇāmya：(pra-√nam)caus. ger. 鞠躬、行礼。

4－1－11. bhagavantam abhimukham ullokayamānāḥ：仰望着世尊。

D：(无)。K：瞻仰尊颜。ppt. ↔连动式的 VP8

◆bhagavataḥ abhimukhaḥ：于世尊面对面的。D：(无)。K：尊颜。

bhagavataḥ：(bhagavat)m. sg. G. 世尊。

abhimukhaḥ：(abhimukha)adj. m. sg. N. 面对面的。

◆bhagavantam：(bhagavat)m. sg. Ac. 世尊。做 vyavalokayamānas 的受词。

◆eva：adv. 确实。

◆ullokayamānāḥ：(ut-√lok)caus. ppt. A. m. pl. N. 仰视着。现在分词表方式。D：(无)。K：瞻仰。

4－1－12. avanata-kāyāḥ abhinata-kāyāḥ praṇata-kāyāḥ：曲躬身体。省略 be 动词。

D：支节和怿，悲喜并集。——连动式的 VP9。

K：曲躬恭敬。——连动式的 VP9。

◆avanata-kāyāḥ：(avanata-kāya)adj. m. pl. N. 曲躬、倾身。持业释(形容词关系)→多财释。

avanata：(ava-√nam)ppp. 弯曲、垂下。kāya：m. 身体。

◆abhinata-kāyāḥ：(abhinata-kāya)adj. m. pl. N. 曲身。持业释(形容词关系)→多财释。

abhinata：(abhi-√nam)ppp. 俯向。

◆praṇata-kāyāḥ：(praṇata-kāya)adj. m. pl. N. 曲躬、倾身。持业释(形容词关系)→多财释。

praṇata：(pra-√nam)ppp. 弯曲、垂下。

4－1－13. tasyām velāyām bhagavantam etad avocat：这时对世尊说道。

D:白世尊曰。核心动词句↔连动式的 VP10

K:而白佛言。核心动词句↔连动式的 VP10

◆bhagavantam:(bhagavat)m. sg. Ac. 世尊。做 avocat 的间接受词。D:世尊。K:佛。Ac. ↔ 间接宾语

◆etad:pron. n. sg. Ac. 这。做 avocat 的直接受词。

◆avocat:(√vac)aor. 3. sg. P. 说、讲。D:白……曰。K:白……言。

——以下 4—2 至 4—73 为 etad 的同位成分↔直接引语做直接宾语

4-2

D:"唯大圣通!我等朽迈,年在老耄,于众耆长佥老羸劣,归命众佑,冀得灭度,志存无上正真之道,进力尠少,无所堪任。

K:"我等居僧之首,年并朽迈,自谓已得涅槃,无所堪任,不复进求阿耨多罗三藐三菩提。

vayaṃ hi bhagavañ jīrṇā vṛddhā mahallakā asmān bhikṣu-saṃghe sthavira-saṃmatā jarā-jīrṇī-bhūtā nirvāṇa-prāptāḥ sma iti bhagavan nirudyamā anuttarāy-āṃ samyak-saṃbodhāv apratibalāḥ smāprativīryārambhāḥ sma:"世尊啊!我们年迈衰老,羸弱乏力,在比丘僧众中公认为长老,已经变老,自以为'证得涅槃'。世尊啊!所以我们停止努力,不再辛劳,无力堪任无上正等菩提。↔新主题链,因果复句

4-2-1. vayam hi bhagavan jīrṇāḥ vṛddhāḥ mahallakāḥ asmān bhikṣu-saṃghe sthavira-saṃmatāḥ jarā-jīrṇī-bhūtāḥ nirvāṇa-prāptāḥ sma iti:世尊啊!我们年迈衰老,羸弱乏力,在比丘僧众中公认为长老,已经变老,自以为"证得涅槃"。

D:唯大圣通!我等朽迈,年在老耄,于众耆长佥老羸劣,归命众佑,冀得灭度。——原因分句。

K:我等居僧之首,年并朽迈,自谓已得涅槃。——原因分句。

◆vayam:(mad)pers. 1. pl. N. 我们。D:我等。K:我等。N. ↔主题兼主语

◆hi：adv. 确实；因为。

◆bhagavan：(bhagavat) m. sg. V. 世尊啊。D：唯大圣通。K：(无)。

◆jīrṇāḥ vṛddhāḥ mahallakāḥ：年迈衰老，体弱无力。D：朽迈、年在老耄。K：年并朽迈。

jīrṇāḥ：(√jṝ) ppp. m. pl. N. 衰老。

vṛddhāḥ：(√vṛdh) ppp. m. pl. N. 年迈。

mahallakāḥ：(mahallaka) adj. m. pl. N. 年老体弱，无力。

◆asmān bhikṣu-saṃghe sthavira-saṃmatāḥ jarā-jīrṇī-bhūtāḥ nirvāṇa-prāptāḥ sma iti：以为"我们已经变老，比丘僧众公认的长老，证得涅槃。省略 be 动词。

asmān：(mad) pers. 1. pl. Ac. 我们。D：(无)。K：自。

bhikṣu-saṃghe：(bhikṣu-saṃgha) m. sg. L. 在比丘僧众中。依主释(属格关系)。D：于众。L. ↔介词短语做状语，表范围。K：僧之。

bhikṣu：男性出家人。音译为比丘。saṃgha：团体。音译为僧伽。

sthavira-saṃmatāḥ：(sthavira-saṃmata) ppp. m. pl. N. 公认的长老。依主释(业格关系)。D：耆长。K：居首。

sthavira：m. 上座、长老。saṃmata：(sam-√man) ppp. 认同、承认。

jarā-jīrṇī-bhūtāḥ：(jarā-jīrṇī-bhūta) ppp. m. pl. N. 变得衰老。依主释(业格关系)。D：佥老羸劣。K：年并朽迈。

jarā-jīrṇī：f. 衰老。相违释。

jarā：f. 老。jīrṇī：f. 衰老。

bhūta：(√bhū) ppp. 成为。

nirvāṇa-prāptāḥ：(nirvāṇa-prāpta) ppp. m. pl. N. 证得涅槃。D：得灭度。K：已得涅槃。

nirvāṇa：n. 寂灭、涅槃。prāpta：(pra-√āp) ppp. 获得。

sma：indec. 接在动词之后，表示过去时态。

iti：adv. 这样(想)。D：冀。K：谓。

4－2－2. bhagavan nirudyamāḥ anuttarāyām samyak-saṃbodhāu apratibalāḥ sma aprativīrya-ārambhāḥ sma：世尊啊！所以我们停止努力，不再辛劳，无力堪任无上正等菩提。省略 be 动词。

D：志存无上正真之道，进力尠少，无所堪任。——结果主句

K：无所堪任，不复进求阿耨多罗三藐三菩提。——结果主句

◆bhagavan：(bhagavat) m. sg. V. 世尊啊。

◆nirudyamāḥ：(nir-udyama) adj. m. pl. N. 懈怠、懒惰。D：(无)。K：不复进求。

◆anuttarāyām samyak-saṃbodhāu：于无上正等菩提。D：无上正真之道。K：阿耨多罗三藐三菩提。

anuttarāyām：(anuttarā) adj. f. sg. L. 无上。修饰 samyak-saṃbodhau。

samyaksaṃbodhāu：(samyak-saṃbodhi) f. sg. L. 正等觉菩提。持业释(副词关系)。

◆apratibalāḥ：(a-pratibala) adj. m. pl. N. 虚弱、乏力。D：进力尠少。K：(无)。

◆aprativīrya-ārambhāḥ：(aprativīrya-ārambha) m. pl. N. 力不从心。持业释(形容词关系)。D：无所堪任。K：无所堪任。

aprativīrya：adj. 力不能敌、无力。ārambha：m. 做事、劳作。

◆sma：indec. 接在动词之后，表示过去时态。

4－3

D："如来所讲我等靖听，次第坐定，诸来大众不敢危疲，无所患厌。

K："世尊往昔说法既久，我时在座，身体疲懈。

yadāpi bhagavān dharmaṃ deśayati ciraṃ-niṣaṇṇaś ca bhagavān bhavati vayaṃ ca tasyāṃ dharma-deśanāyāṃ pratyupasthitā bhavāmaḥ / tadāpy asmākaṃ bhagavan ciraṃ-niṣaṇṇānāṃ bhagavantam ciraṃ-paryupāsitānāṃ aṅga-pratyaṅgāni duḥkhanti saṃdhi-visaṃdhayaś ca duḥkhanti："那时世尊久坐说法，我们身

处法教之中,世尊啊!当时因为我们也长久端坐,礼拜世尊,四肢和关节酸痛不已。↔新主题链,条件复句

4－3－1. yadā api bhagavān dharmam deśayati ciraṃ-niṣaṇṇaḥ ca bhagavān bhavati:那时世尊久坐说法。

D:如来所讲。yadā 从句↔条件分句

K:世尊往昔说法既久。yadā 从句↔条件分句

◆yadā:conj. 那时。

◆api:adv. 也。

◆bhagavān:(bhagavant)m. sg. N. 世尊。D:如来。K:世尊。

◆dharmam:(dharma)m. sg. Ac. 法。D:所讲。K:法。

◆deśayati:(√diś)caus. pres. 3. sg. P. 宣示。D:(无)。K:说。

◆ca:conj. 和。

◆ciraṃ-niṣaṇṇaḥ bhavati:久坐。D:(无)。K:既久。

ciraṃ-niṣaṇṇaḥ:(ciram-niṣaṇṇa)ppp. m. sg. N. 久坐。持业释(副词关系)。

ciram:adv. 长久、长期。niṣaṇṇa:(ni-√sad)ppp. 坐。

bhavati:(√bhū)pres. 3. sg. P. 变成、发生、存在。

4－3－2. vayam ca tasyām dharma-deśanāyām pratyupasthitāḥ bhavāmaḥ:我们处在这法教中。

D:我等靖听,次第坐定。——主句

K:我时在座。——主句

◆vayam:(mad)pers. 1. pl. N. 我们。D:我等。K:我。

◆tasyām dharma-deśanāyām:于此法教中。

tasyām:(tad)pron. f. sg. L. 此。限定 dharma-deśanāyām。

dharma-deśanāyām:(dharma-deśanā)f. sg. L. 法说、法教。依主释(业格关系)。

dharma:m. 法。deśanā:f. 宣示。

◆pratyupasthitāḥ bhavāmaḥ：出席。D：次第坐定。K：时在座。

pratyupasthitāḥ：(prati-upa-√sthā) ppp. m. pl. N. 出席、在场。

bhavāmaḥ：(√bhū) pres. 1. pl. P. 变成、发生、存在。

4－3－3. tadā api asmākam bhagavan ciraṃ-niṣaṇṇānām bhagavantam ciraṃ-paryupāsitānām aṅga-pratyaṅgāni duḥkhanti saṃdhi-visaṃdhayas ca duḥkhanti：世尊啊！我们那时也坐了很久，并且供奉世尊，身体四肢和关节都酸痛不已。

D：诸来大众不敢危疲无所患厌。——4－3－2. 的后续子句。

K：身体疲懈。——4－3－2. 的后续子句。

◆tadā：adv. 这时。D：(无)。K：时。

◆bhagavan：(bhagavat) m. sg. V. 世尊啊。

◆asmākam ciraṃ-niṣaṇṇānām bhagavantam ciraṃ-paryupāsitānām：因为我们长久端坐、礼拜世尊。

asmākam：(mad) pers. 1. pl. G. 我们。

ciraṃ-niṣaṇṇānām：(ciram-niṣaṇṇa) ppp. m. pl. G. 久坐。持业释(副词关系)。

bhagavantam：(bhagavat) m. sg. Ac. 世尊。

ciraṃ-paryupāsitānām：(ciram-paryupāsita) ppp. m. pl. G. 长久礼拜。

paryupāsita：(pari-upa-√ās) ppp. 崇拜、侍奉。

◆aṅga-pratyaṅgāni：(aṅga-pratyaṅga) n. pl. N. 肢体。D：(无)。K：身体。

◆saṃdhi-visaṃdhayaḥ：(saṃdhi-visaṃdhi) m. pl. N. 关节。相违释。

saṃdhi：m. 骨节。visaṃdhi：m. 关节。

◆duḥkhanti：(√duḥkh) pres. 3. pl. P. 痛苦。D：危疲。K：疲懈。

4－4

D："前者如来为鄙说法，已得于空、无相、无愿，至于佛典国土所有，于一切法无所造作。

K："但念空、无相、无作，于菩萨法——游戏神通、净佛国土、成就众生——心不喜乐。

tato vayaṃ bhagavan bhagavato dharmaṃ deśayamānasya śūnyatā-nimittāpraṇihitaṃ sarvam āviṣkurmo nāsmābhir eṣu buddha-dharmeṣu buddha-kṣetra-vyūheṣu vā bodhisattva-vikrīḍiteṣu vā tathāgata-vikrīḍiteṣu vā spṛhotpāditā:"因此，世尊啊！我们能清楚解说世尊宣示的一切空性、无相、无愿之法。我们不会在这些佛法中——庄严佛土、菩萨乐土或者如来乐土——产生渴求。↔4-3-2. 的后续子句

4-4-1. tataḥ vayam bhagavan bhagavataḥ dharmam deśayamānasya śūnyatā-nimitta-apraṇihitam sarvam āviṣkurmaḥ:因此，世尊啊！我们能说清世尊宣示的一切空、无相、无愿之法。

D:前者如来为鄙说法，已得于空、无相、无愿。

K:但念空、无相、无作。

◆tataḥ:adv. 因此。

◆vayam:(mad)pers. 1. pl. N. 我们。

◆bhagavan:(bhagavat)m. sg. V. 世尊啊。

◆bhagavataḥ dharmam deśayamānasya śūnyatā-nimitta-apraṇihitam: 世尊宣示的空、无相、无愿之法。

bhagavataḥ:(bhagavat) m. sg. G. 世尊的。D:如来。K:(无)。

dharmam:(dharma)m. sg. Ac. 法。D:法。K:(无)。

deśayamānasya:(√diś) caus. ppt. A. m. sg. G. 宣示。修饰 bhagavataḥ。D:说。K:(无)。

śūnyatā-nimitta-apraṇihitam:(śūnyatā-nimitta-apraṇihita) ppp. m. sg. Ac. 空、无相、无愿。相违释。修饰 dharmam。D:空、无相、无愿。K:空、无相、无作。

śūnyatā:f. 空性、空寂。animitta:n. 无相。a-praṇihita:m. 无愿。

◆sarvam:(sarva)m. sg. Ac. 所有、一切。

◆āviṣkurmaḥ:(ā-vi-√kṛ) pres. 1. pl. P. (我们)宣扬、彰显。D:(无)。

K:念。

4-4-2. na asmābhiḥ eṣu buddha-dharmeṣu buddha-kṣetra-vyūheṣu vā bodhisattva-vikrīḍiteṣu vā tathāgata-vikrīḍiteṣu vā spṛha-utpāditāḥ:我们不会在这些佛法中——庄严佛土、菩萨乐土或者如来乐土——产生渴求。

D:至于佛典国土所有,于一切法无所造作。

K:于菩萨法——游戏神通、净佛国土、成就众生——心不喜乐。

◆na:adv. 不、无、非。D:无。K:不。

◆asmābhiḥ:(mad)pers. 1. pl. I. 我们。在此具格表施事。

◆eṣu buddha-dharmeṣu:于此诸佛法中。D:于一切法。K:于菩萨法。L. ↔介词短语做状语

eṣu:(etad)pron. m. pl. L. 这些。限定 buddha-dharmeṣu。

buddha-dharmeṣu:(buddha-dharma)m. pl. L. 佛法。依主释(属格关系)。

◆buddha-kṣetra-vyūheṣu vā bodhisattva-vikrīḍiteṣu vā tathāgata-vikrīḍiteṣu vā:或庄严佛土、或菩萨乐土、或如来乐土中。修饰 buddha-dharmeṣu。D:至于佛典国土所有。K:游戏神通、净佛国土。

buddha-kṣetra-vyūheṣu:(buddha-kṣetra-vyūha)m. pl. L. 庄严佛土。依主释(业格关系)。D:(无)。K:净佛国土。

buddha-kṣetra:n. 佛土。依主释(属格关系)。vyūha:m. 陈列、装饰。

vā … vā:conj. 或。

bodhisattva-vikrīḍiteṣu:(bodhisattva-vikrīḍita)ppp. m. pl. L. 菩萨乐园。依主释(具格关系)。D:(无)。K:游戏神通。

bodhisattva:m. 菩萨。vikrīḍita:ppp. 游戏处、乐园。

tathāgata-vikrīḍiteṣu:(tathāgata-vikrīḍita)ppp. m. pl. L. 如来乐园。依主释(具格关系)。D:(无)。K:成就众生。

tathāgata:m. 如来。

◆spṛha-utpāditāḥ:(spṛha-utpādita)ppp. m. pl. N. 产生渴望。依主释(业

格关系)。D:所造作。K:心喜乐。

spṛha:n. 渴望、向往。utpādita:(ut-√pad) caus. ppp. 产生、引起。

4-5

D:"其诸菩萨所可娱乐,如来劝发多所率化。鄙于三界而见催逐,常自惟忖谓获灭度,今至疲惫,尔乃诲我以奇特谊,乐于等一,则发大意于无上正真道。

K:"所以者何?世尊令我等出于三界,得涅槃证。又今我等年已朽迈,于佛教化菩萨阿耨多罗三藐三菩提,不生一念好乐之心。

tat kasya hetoḥ/yac cāsmād bhagavaṃs traidhātukān nirdhāvitā nirvāṇa-saṃjñino vayaṃ ca jarā-jīrṇāḥ/ tato bhagavann asmābhir apy anye bodhisattvā avavaditā abhūvann anuttarāyāṃ samyak-saṃbodhāv anuśiṣṭāś ca na ca bhagavaṃs tatrāsmābhir ekam api spṛhā-cittam utpāditam abhūt:"为什么?世尊啊!因为我们已经跑出三界,年迈衰老,有寂灭的想法。世尊啊!于是我们教化其他菩萨也跟随学习无上正等菩提,而我们于此不会产生一丝渴求之心。↔新主题链,因果复句

4-5-1. tat kasya hetoḥ:为什么?

D:(无)。K:所以者何。——特指问句,有转换话题的功能。

◆tat:pron. n. sg. N. 这。D:(无)。K:所以者。

◆kasya hetoḥ:甚么原因。D:(无)。K:何。

kasya:(kim) inter. m. sg. G. 甚么。修饰 hetoḥ。

hetoḥ:(hetu) m. sg. G. 原因。

4-5-2. yad ca asmāt bhagavan traidhātukāt nirdhāvitāḥ nirvāṇa-saṃjñinaḥ vayam ca jarā-jīrṇāḥ:为什么?世尊啊!因为我们已经跑出三界,年迈衰老,有寂灭的想法。

D:其诸菩萨所可娱乐,如来劝发多所率化。鄙于三界而见催逐,常自惟忖谓获灭度,今至疲惫。——原因分句

K:世尊令我等出于三界,得涅槃证。又今我等年已朽迈。——原因分句

◆yad:adv. 由于。

◆ca:conj. 和、然而。

◆bhagavan:(bhagavat)m. sg. V. 世尊啊。

◆asmāt traidhātukāt:从此三界中。

D:于三界。Ab. ↔介词短语做状语

K:于三界。Ab. ↔介词短语做补语

asmāt:(idam)dem. n. sg. Ab. 从此。限定 traidhātukāt。

traidhātukāt:(trai-dhātuka)adj. n. sg. Ab. 从三界中。

◆nirdhāvitāḥ:(nir-√dhāv)ppp. m. pl. N. 跑出。

D:见催逐。ppp. ↔被动标记"见-"

K:出。

◆nirvāṇa-saṃjñinaḥ:(nirvāṇa-saṃjñin)adj. m. pl. N. 有寂灭的想法。依主释(属格关系)。D:谓获灭度。K:得涅槃证。

nirvāṇa:n. 寂灭、涅槃。saṃjñin:adj. 想法。

◆vayam:(mad)pers. 1. pl. N. 我们。D:鄙。K:我等。

◆jarā-jīrṇāḥ:(jarā-jīrṇa)ppp. m. pl. N. 衰老。相违释。D:(无)。K:年已朽迈。

4-5-3. tataḥ bhagavan asmābhiḥ api anye bodhisattvāḥ avavaditāḥ abhūvan anuttarāyām samyak-saṃbodhāu anuśiṣṭāḥ ca:世尊啊! 于是我们教化其他菩萨也跟随学习无上正等菩提。

D:尔乃诲我以奇特谊,……于无上正真道。——结果主句

K:于佛教化菩萨阿耨多罗三藐三菩提。——结果主句

◆tataḥ:adv. 因此、于是。D:尔乃。K:(无)。

◆asmābhiḥ:(mad)pers. 1. pl. I. 被我们。在此具格表施事。D:我。K:佛。

◆api：adv. 也、又、即使。

◆anye bodhisattvāḥ：其他菩萨。D：（无）。K：菩萨。

anye：（anya）adj. m. pl. N. 其他。

bodhisattvāḥ：（bodhi-sattva）m. pl. N. 菩萨。

◆avavaditāḥ abhūvan：已被教化。D：诲。K：教化。

avavaditāḥ：（ava-√vad）ppp. m. pl. N. 教授、调教。

abhūvan：（√bhū）aor. 3. pl. P. 变成、发生、存在。助动词。

◆anuttarāyām samyak-saṃbodhāu：于无上正等正觉。

D：于无上正真道。L. ↔介词短语做补语

K：于阿耨多罗三藐三菩提。L. ↔介词短语做状语

anuttarāyām：（anuttarā）adj. f. sg. L. 无上、最胜。修饰 samyak-saṃbodhau。

samyaksaṃbodhāu：（samyak-saṃbodhi）f. sg. L. 正等觉。持业释（副词关系）。

◆anuśiṣṭāḥ：（anu-√śiks）ppp. m. pl. N. 随学、受教。

4－5－4. na ca bhagavan tatra asmābhiḥ ekam api spṛhā-cittam utpāditam abhūt：然而，世尊啊！我们于此不会产生一丝渴求之心。

D：乐于等一，则发大意。——4－5－3. 的后续子句

K：不生一念好乐之心。——4－5－3. 的后续子句

◆ekam api spṛhā-cittam：即使一丝渴求之心。D：（无）。K：一念好乐之心。

ekam：（eka）num. n. sg. N. 一。

spṛhā-cittam：（spṛhā-citta）n. sg. N. 渴求心。依主释（属格关系）。

spṛhā：f. 渴求、贪恋。citta：n. 心思。

◆na ca … utpāditam abhūt：不产生。D：（无）。K：不生。

na：adv. 不、无、非。

utpāditam：（ut-√pad）caus. ppp. n. sg. N. 产生、引起。

abhūt:(√bhū)aor. 3. sg. P. 变成、发生、存在。助动词。

4-6

D:"而今大圣授声闻决当成正觉,心用愕然,怪未曾有。余得大利,各当奉事,乃获逮闻如是品经。从过去佛常闻斯法,故初值遇,则我禄厚,喻获妙宝,无央数妙意所至愿,现在于色而无所畏,珍琦鼓乐自然为鸣,而燃大灯照耀弥广,栴檀丛林芬蕴而香。

K:"我等今于佛前,闻授声闻阿耨多罗三藐三菩提记,心甚欢喜,得未曾有。不谓于今,忽然得闻希有之法,深自庆幸,获大善利,无量珍宝不求自得。

te vayaṃ bhagavann etarhi bhagavato 'ntikāc chrāvakāṇām api vyākaraṇam anuttarāyāṃ samyak-saṃbodhau bhavatīti śrutvāścaryādbhuta-prāptā mahā-lābha-prāptāḥ sma bhagavann adya sahasaivemam evaṃ-rūpam aśruta-pūrvaṃ tathāgata-ghoṣaṃ śrutvā mahā-ratna-pratilabdhāś ca sma bhagavann aprameya-ratna-pratilabdhāś ca sma/ bhagavann amārgitaṃ aparyeṣṭam acintitam aprārthitaṃ cāsmābhir bhagavann idam evaṃ-rūpaṃ mahā-ratnaṃ pratilabdham:"世尊啊!今日我们从世尊身边听说'众声闻也受记无上正等菩提',深感惊奇,大有收获。世尊啊!今日忽然听见这样前所未闻如来声音后,便获得无量巨大珍宝。世尊啊!我们未曾追求寻觅,就得到这样大量珍宝。↔新主题链,联合式并列复句

4-6-1. te vayam bhagavan etarhi bhagavataḥ antikāt śrāvakāṇām api vyākaraṇam anuttarāyām samyak-saṃbodhau bhavati iti śrutvā āścarya-adbhuta-prāptāḥ mahā-lābha-prāptāḥ sma:世尊啊!今日我们从世尊身边听说"众声闻也受记无上正等菩提",深感惊奇,大有收获。

D:而今大圣授声闻决当成正觉,心用愕然,怪未曾有。余得大利,各当奉事。——分句,连动式。"大圣"为增译的主语。

K:我等今于佛前,闻授声闻阿耨多罗三藐三菩提记,心甚欢喜,得未曾

有。——分句,连动式。

4－6－1－1. te vayam bhagavan etarhi bhagavataḥ antikāt śrāvakāṇām api vyākaraṇam anuttarāyām samyak-saṃbodhau bhavati iti śrutvā:世尊啊,如今我们从世尊身边听说众声闻也受记无上正等正觉。

◆te:(tad) pron. m. pl. N. 这。限定 vayam。

◆vayam:(mad) pers. 1. pl. N. 我们。D:余。K:我等。N. ↔主题兼主语

◆bhagavan:(bhagavat) m. sg. V. 世尊啊。

◆etarhi:adv. 如今、现在。D:今。K:今。

◆bhagavatas antikāt:从世尊身边。D:从过去佛。K:于佛前。Ab. ↔介词短语做状语,表来源

bhagavataḥ:(bhagavat) m. sg. G. 世尊的。

antikāt:(antika) n. sg. Ab. 附近、身边。

◆śrāvakāṇām:(śrāvaka) m. pl. G. 为诸声闻。D:声闻。K:声闻。

◆api:adv. 也。

◆vyākaraṇam:(vyākaraṇa) n. sg. Ac. 授记。D:授……决。K:授……记。

◆anuttarāyām samyak-saṃbodhau:于无上正等菩提。D:当成正觉。K:阿耨多罗三藐三菩提。

anuttarāyām:(anuttarā) adj. f. sg. L. 无上。修饰 samyak-saṃbodhau。

samyaksaṃbodhāu:(samyak-saṃbodhi) f. sg. L. 正等菩提。持业释(副词关系)。

◆bhavati:(√bhū) pres. 3. sg. P. 变成、发生、存在。

◆iti:adv. 这样(说)。

◆śrutvā:(√śru) ger. 听后。D:(无)。K:闻。

4－6－1－2. āścarya-adbhuta-prāptāḥ mahā-lābha-prāptāḥ sma:深感惊奇,大有收获。省略 be 动词。

◆āścarya-adbhuta-prāptāḥ:(āścarya-adbhuta-prāpta) ppp. m. pl. N. 深感惊

奇希有。D:心用愕然、怪未曾有。K:心甚欢喜,得未曾有。

āścarya-adbhuta:n. 希奇。相违释。

āścarya:n. 惊异。adbhuta:n. 奇特、未曾有。

prāpta:(pra-√āp)ppp. 获得。

◆mahā-lābha-prāptāḥ:(mahā-lābha-prāpta)ppp. m. pl. N. 大有收获。依主释(业格关系)。D:得大利。K:获大善利。

mahā-lābha:m. 大有收获。持业释(形容词关系)。

mahā:adj. 大。lābha:m. 收获。

◆sma:indec. 接在动词之后,表示过去时态。

4-6-2. bhagavan adya sahasā eva imam evaṃ-rūpam aśruta-pūrvam tathāgata-ghoṣam śrutvā mahā-ratna-pratilabdhāḥ ca sma bhagavan aprameya-ratna-pratilabdhāḥ ca sma:世尊啊!今日忽然听见这样前所未闻如来声音后,便获得无量巨大珍宝。

D:乃获逮闻如是品经。从过去佛常闻斯法,故初值遇,则我禄厚,喻获妙宝,无央数妙意所至愿。——分句,连动式。

K:不谓于今,忽然得闻希有之法,深自庆幸,获大善利,无量珍宝不求自得。——分句,连动式。

4-6-2-1. bhagavan adya sahasā eva imam evaṃ-rūpam aśruta-pūrvam tathāgata-ghoṣam śrutvā:世尊啊!我今天忽然听到这般前所未闻的如来声音。

◆adya:adv. 今天。D:今。K:于今。

◆sahasā:忽然。D:(无)。K:忽然。

◆eva:adv. 确实。

◆imam evaṃ-rūpam aśruta-pūrvam tathāgata-ghoṣam:如是闻所未闻的佛音。D:如是品经。K:希有之法。

imam:(idam) dem. m. sg. Ac. 这。

evaṃ-rūpam:(evaṃ-rūpa)adj. m. sg. Ac. 这样。

aśruta-pūrvam:(a-śruta-pūrva)adj. m. sg. Ac. 前所未闻。持业释(形容

词关系）。

tathāgata-ghoṣam：（tathāgata-ghoṣa）m. sg. Ac. 佛音。

tathāgata：m. 如来、佛。ghoṣa：m. 声音。

◆śrutvā：（√śru）ger. 听后。D：获逮闻。K：得闻。

4-6-2-2. mahā-ratna-pratilabdhāḥ ca sma：大获珍宝。省略 be 动词。

◆mahā-ratna-pratilabdhāḥ：（mahā-ratna-pratilabdha）ppp. m. pl. N. 获得巨宝。依主释（业格关系）。省略 be 动词。D：禄厚喻。K：（无）。

mahā-ratna：n. 大宝。持业释（形容词关系）。

pratilabdha：（prati-√labh）ppp. 获得。

4-6-2-3. bhagavan aprameya-ratna-pratilabdhāḥ ca sma：世尊啊！获得无量珍宝。省略 be 动词。

◆aprameya-ratna-pratilabdhāḥ：（aprameya-ratna-pratilabdha）ppp. m. pl. N. 得到无量珍宝。依主释（业格关系）。D：获妙宝。K：无量珍宝。

aprameya-ratna：n. 无量宝。持业释（形容词关系）。

aprameya：（a-pra-√mā）fpp. 无量。

4-6-2-4. bhagavan amārgitam aparyeṣṭam acintitam aprārthitam ca asmābhiḥ bhagavan idam evaṃ-rūpam mahā-ratnam pratilabdham：世尊啊！我们未曾追求寻觅，就得到这样巨宝。省略 be 动词。

D：珍琦鼓乐自然为鸣。

K：不求自得。

◆amārgitam aparyeṣṭam acintitam aprārthitam：不求。D：（无）。K：不求。

amārgitam：（a-√mārg）ppp. n. sg. N. 不寻求。

aparyeṣṭam：（a-pari-ā-√iṣ）ppp. n. sg. N. 不追求。

acintitam：（a-√cint）ppp. n. sg. N. 不考虑。

aprārthitam：（a-pra-√arthaya）ppp. n. sg. N. 不追求。

◆asmābhiḥ：（mad）pers. 1. pl. I. 我们。在此具格表施事。

◆idam evaṃ-rūpam mahā-ratnam：这样的大宝。D：珍琦鼓乐。K：（无）。

idam：dem. n. sg. N. 这。限定 mahā-ratnam。

evaṃ-rūpam：(evaṃ-rūpa) adj. n. sg. N. 这样的。修饰 mahā-ratnam。

mahā-ratnam：(mahā-ratna) n. sg. N. 大宝。持业释（形容词关系）。

◆pratilabdham：(prati-√labh) ppp. n. sg. N. 获得。D：自然为鸣。K：自得。

4-7

D："唯然世尊！我岂堪任而说之乎。"告曰："可也。"

K："世尊！我等今者乐说譬喻以明斯义。

pratibhāti no bhagavan pratibhāti naḥ sugata："对于我们，下文譬喻能够说明。世尊啊！对于我们，下文譬喻能够说明。善逝啊！↔新主题句

◆pratibhāti：(prati-√bhā) pres. 3. sg. P. 说明。D：说。K：今者乐说。

◆naḥ：(mad) pers. 1. pl. G. 我们。D：我。K：我等。

◆bhagavan：(bhagavat) m. sg. V. 世尊啊。D：唯然世尊。K：世尊。

◆sugata：m. sg. V. 善逝啊。

4-8

D：时诸声闻共白佛言："昔有一士离父流宕，侨亭他土二三十年。

K："譬若有人，年既幼稚，舍父逃逝，久住他国，或十、二十，至五十岁。

tad-yathāpi nāma bhagavan kaś-cid eva puruṣaḥ pitur antikād apakrāmet so 'pakrāmyānyataraṃ janapada-pradeśaṃ gacchet / sa tatra bahūni varṣāṇi vipravased viśmatiṃ vā triṃśad vā catvāriṃśad vā pañcāśad vā："世尊啊！譬如某个人从父亲身边逃走，去往别的聚落。他在那里居住许多年，或二十年、或三十年、或四十年、或五十年。↔新主题句，连动式

4-8-1. tad-yathā api nāma bhagavan kaś-cit eva puruṣaḥ pituḥ antikāt apakrāmet saḥ apakrāmya：世尊啊，譬如某个人舍弃父亲，去至他国。

D：昔有一士离父流宕，侨亭他土二三十年。ger. 结构↔连动式的 VP1。

“昔有”为增译的话题标记

K：譬若有人，年既幼稚，舍父逃逝，久住他国，或十、二十，至五十岁。ger. 结构↔连动式的 VP1。“有”为增译的话题标记

◆tad-yathā api：nāma 譬如。D：（无）。K：譬若。

◆bhagavan：（bhagavat）m. sg. V. 世尊啊。

◆kaś-cit puruṣaḥ：某个人。D：一士。K：人。N. ↔主题兼主语

kaś-cit：（kim-cit）inter. m. sg. N. 某。

puruṣaḥ：（puruṣa）m. sg. N. 人。

◆eva：adv. 确实。

◆pituḥ antikāt：从父亲近前。D：父。K：父。

pituḥ：（pitṛ）m. sg. G. 父亲。

antikāt：（antika）n. sg. Ab. 附近、身边。

◆apakrāmet：（apa-√kram）opt. 3. sg. P. 离开、逃离。D：离。K：舍。

◆saḥ：（tad）pers. 1. sg. N. 他。

◆apakrāmya：（apa-√kram）ger. 离开、逃离。D：流宕。K：逃逝。

4－8－2. anyataram janapada-pradeśam gacchet saḥ tatra bahūni varṣāṇi vipravaset viśmatim vā triṃśat vā catvāriṃśat vā pañcāśat vā：去往别的聚落，他在那里居住许多年，或二十年、或三十年、或四十年、或五十年。

D：侨亭他土二三十年。核心动词句↔连动式的 VP2

K：久住他国，或十、二十，至五十岁。核心动词句↔连动式的 VP2

◆anyataram janapada-pradeśam：别的聚落。D：他土。K：他国。

anyataram：（anyatara）compar. m. sg. Ac. 两者之一，别的。

janapada-pradeśam：（janapada-pradeśa）m. sg. Ac. 聚落。

◆gacchet：（√gam）opt. 3. pl. P. 去。

◆saḥ：（tad）pers. 1. sg. N. 他。

◆tatra：adv. 这里。

◆bahūni varṣāṇi：许多年。D：（无）。K：久。

bahūni:(bahu)adj. n. pl. Ac. 许多。

varṣāṇi:(varṣa)n. pl. Ac. 年。

◆vipravaset:(vi-pra-√vas)opt. 3. sg. P. 定居。D:侨亭。K:住。

◆viśmatim vā trimṣat vā catvārimṣat vā pañcāśat vā:或二十、三十、四十、五十(年)。

D:二三十年。K:或十、二十,至五十岁。

viśmatim:(viśmati)num. n. Ac. 二十。

trimṣat:num. n. Ac. 三十。

catvārimṣat:num. n. Ac. 四十。

vā … vā:conj. 或。

pañcāśat:num. n. Ac. 五十。

4-9

D:"驰骋四至,求救衣食,恒守贫穷,困无产业。

K:"年既长大,加复穷困,驰骋四方以求衣食。渐渐游行,遇向本国。

atha sa bhagavan mahān puruṣo bhavet sa ca daridraḥ syāt sa ca vṛttiṃ paryeṣamāṇa āhāra-cīvara-hetor daśo vidiśaḥ prakrāmann anyataraṃ janapada-pradeśaṃ gacchet:"世尊啊!然后他长大成人,而且变得很穷,为了衣食,游走十方,寻求生计,走到另一个聚落。↔4-8.的后续子句

4-9-1. atha saḥ bhagavan mahān puruṣaḥ bhavet:世尊啊!然后他长大成人。

D:(无)。

K:年既长大。

◆atha:adv. 然后、现在。

◆saḥ:(tad)pers. 1. sg. N. 他。

◆bhagavan:(bhagavat)m. sg. V. 世尊啊。

◆mahān puruṣaḥ:大人。D:(无)。K:年既长大。

mahān：（mahat）adj. m. sg. N. 大。

puruṣaḥ：（puruṣa）m. sg. N. 人。

◆bhavet：（√bhū）opt. 3. sg. P. 变成、发生、存在。

4－9－2. saḥ ca daridraḥ syāt：而且他变得很穷。

D：恒守贫穷，困无产业。

K：加复穷困。

◆saḥ：（tad）pers. 1. sg. N. 他。

◆ca：conj. 而且、和。D：（无）。K：加复。

◆daridraḥ：（daridra）adj. m. sg. N. 贫穷。D：恒守贫穷，困无产业。K：穷困。

◆syāt：（√as）opt. 3. sg. P. 是、有、在。D：恒守。K：（无）。

4－9－3. saḥ ca vṛttim paryeṣamāṇe āhāra-cīvara-hetoḥ daśo vidiśaḥ prakrāman anyataram janapada-pradeśam gacchet：他为了衣食，游走十方，寻求生计，走到另一个聚落。

D：驰骋四至求救衣食。

K：驰骋四方以求衣食。渐渐游行，遇向本国。

◆vṛttim paryeṣamāṇe：为求生。D：求救。K：以求。

vṛttim：（vṛtti）f. sg. Ac. 工作、生计。

paryeṣamāṇe：（pari-ā-√iṣ）ppt. m. sg. L. 寻求。

◆āhāra-cīvara-hetoḥ：（āhāra-cīvara-hetu）m. sg. G. 衣食的原因。D：衣食。K：衣食。

āhāra-cīvara：m. 衣食。相违释。

āhāra：m. 饮食。cīvara：m. 衣服。

hetu：m. 原因。

◆daśo vidiśaḥ：十方。D：四至。K：四方。

daśo①：(daśa) num. f. pl. Ac. 十。

vidiśaḥ：(vidiś) f. pl. Ac. 中间方向。

◆prakrāman：(pra-√kram) ppt. m. sg. N. 出行、前往。D：驰骋。K：驰骋、渐渐游行。

◆anyataram janapada-pradeśam：别的聚落。D：(无)。K：本国。

anyataram：(anyatara) compar. m. sg. Ac. 二者之一、别的。

janapada-pradeśam：(janapada-pradeśa) m. sg. Ac. 聚落。

◆gacchet：(√gam) opt. 3. pl. P. 去。D：(无)。K：遇向。

4－10

D："父诣异城，获无央数金银珍宝、水精、琉璃、车磲、马碯、珊瑚、虎魄，帑藏盈满，侍使、僮仆、象、马、车乘，不可称计，眷属无数，七宝丰溢，出内钱财，耕种贾作。

K："其父先来，求子不得，中止一城。其家大富，财宝无量——金、银、琉璃、珊瑚、虎珀、颇梨珠等，其诸仓库，悉皆盈溢；多有僮仆、臣佐、吏民；象马车乘，牛羊无数——出入息利，乃遍他国，商估贾客亦甚众多。

tasya ca sa pitānyatamaṃ janapadaṃ prakrāntaḥ syād bahu-dhana-dhānya-hiraṇya-kośa-koṣṭhāgāraś ca bhaved bahu-suvarṇa-rūpya-maṇi-muktā-vaiḍūrya-śaṅkaiśilā-pravāḍa-jātarūpa-rajata-samanvāgataś ca bhaved bahu-dāsī-dāsa-karmakara-pauruṣeyaś ca bhaved bahu-hasty-aśva-ratha-gava-eḍaka-samanvāgataś ca bhavet /mahā-parivāraś ca bhaven mahā-janapadeṣu ca dhanikaḥ syād āyogaprayoga-kṛṣi-vaṇijya-prabhūtaś ca bhavet："他的父亲已经来到其中一个村落。他有储藏众多财物、稻谷和金器的宝库和仓库，拥有许多金、银、摩尼珠、珍珠、吠琉璃、贝壳、玉石、珊瑚、赤金、白银，又有很多奴婢、奴仆、工匠、差役，很多象、马、车、牛、羊，还有大批随从，是许多大村庄的债主，有许

---

① 见 BHSG § 9.97。

多储蓄借贷、耕作和买卖，事务繁多。↔新主题链，联合式并列复句

4－10－1．tasya ca saḥ pitā anyatamam janapadam prakrāntaḥ syāt：他的父亲已经来到其中一个村落。

D：父诣异城。——分句

K：其父先来，求子不得，中止一城。——分句

◆tasya ca saḥ pitā：他的父亲。D：父。K：其父。N. ↔主题兼主语

tasya：(tad) pers. 3. m. sg. G. 他的。

ca：conj. 和。

saḥ：(tad) pron. m. sg. N. 这。限定 pitā。

pitā：(pitṛ) m. sg. N. 父亲。

◆anyatamam janapadam：其中一个乡村。D：异城。K：一城。

anyatamam：(anyatama) m. sg. Ac. 其中之一。

janapadam：(janapada) m. sg. Ac. 村落。

◆prakrāntaḥ syāt：前往、走到。D：诣。K：先来、中止。

prakrāntaḥ：(pra-√kram) ppp. m. sg. N. 走到。

syāt：(√as) opt. 3. sg. P. 是、有、在。

4－10－2．bahu-dhana-dhānya-hiraṇya-kośa-koṣṭha-agāraḥ ca bhavet：有财富、稻谷和金器众多的宝库和仓库。

D：帑藏盈满。——分句

K：其家大富，其诸仓库，悉皆盈溢。——分句

◆bahu-dhana-dhānya-hiraṇya-kośa-koṣṭha-agāraḥ：(bahu-dhana-dhānyahiraṇya-kośa-koṣṭha-agāra) m. sg. N. 财富、稻谷和金器众多的宝库和仓库。依主释(属格关系)。

bahu-dhana-dhānya-hiraṇya：m. 很多财富、稻谷和金器。依主释(属格关系)。

bahu：adj. 众多。

dhana-dhānya-hiraṇya：n. 财宝、稻谷和金器。相违释。

dhana：n. 财富。dhānya：m. n. 稻谷。hiraṇya：n. 金器。

kośa-koṣṭha-agāra：m. 宝库和仓库。相违释。

kośa：m. 宝库。koṣṭha：m. 仓库。agāra：m. 房。

◆bhavet：（√bhū）opt. 3. sg. P. 变成、发生、存在。

4－10－3. bahu-suvarṇa-rūpya-maṇi-muktā-vaiḍūrya-śaṅkaśilā-pravāḍaj-ātarūpa rajata-samanvāgataḥ ca bhavet：还有众多金、银、摩尼珠、珍珠、吠琉璃、贝壳、玉石、珊瑚、赤金和白银。

D：获无央数金银珍宝，水精、琉璃、车磲、马碯、珊瑚、虎魄。——分句

K：财宝无量，金、银、琉璃、珊瑚、虎珀、颇梨珠等。——分句

◆bahu-suvarṇa-rūpya-maṇi-muktā-vaiḍūrya-śaṅkaśilā-pravāḍa-jātarūpa-rajata-samanvāgataḥ：（bahu-suvarṇa-rūpya-maṇi-muktā-vaiḍūrya-śaṅkaśilā-pravāḍa-jātarūpa-rajata-samanvāgata）ppp. m. sg. N. 拥有众多金、银、摩尼珠、珍珠、吠琉璃、贝壳、玉石、珊瑚、赤金和白银。依主释（业格关系）。

bahu-suvarṇa-rūpya-maṇi-muktā-vaiḍūrya-śaṅka-śilā-pravāḍa-jātarūpa-rajata：n. 无量金银摩尼真珠琉璃海螺美玉珊瑚赤金白银。持业释（形容词关系）。

suvarṇa：n. 金。rūpya：n. 银。maṇi：m. 摩尼珠宝。muktā：f. 珍珠。vaiḍūrya：n. 吠琉璃。śaṅka：m. n. 贝壳。śilā：f. 玉石。pravāḍa：m. 珊瑚。jātarūpa：n. 赤金。rajata：n. 白银。

samanvāgata：（sam-anu-ā-√gam）ppp. 具有。

4－10－4. bahu-dāsī-dāsa-karmakara-pauruṣeyaḥ ca bhavet：还有很多奴婢、奴仆、工匠和差役。

D：侍使、僮仆、象、马、车乘，不可称计。

K：多有僮仆、臣佐、吏民。

◆bahu-dāsī-dāsa-karmakara-pauruṣeyaḥ：（bahu-dāsī-dāsa-karmakara-pauruṣeya）m. sg. N. 很多奴婢、奴仆、工匠和差役。持业释（形容词关

系）。

dāsī-dāsa-karmakara-pauruṣeya：m. 奴婢、奴仆、工匠和差役。相违释。

dāsī：f. 奴婢。dāsa：m. 奴仆。karmakara：m. 工匠。pauruṣeya：m. 差役。

4－10－5. bahu-hasti-aśva-ratha-gava-eḍaka-samanvāgataḥ ca bhavet：还有众多象、马、车、牛、羊。

D：象、马、车乘，不可称计。——分句

K：象、马、车乘、牛、羊无数。——分句

◆bahu-hasti-aśva-ratha-gava-eḍaka-samanvāgataḥ：（bahu-hasti-aśva-ratha-gava-eḍaka-samanvāgata）ppp. m. sg. N. 拥有众多象、马、车、母牛和公羊。依主释（业格关系）。

bahu-hasti-aśva-ratha-gava-eḍaka：m. 众多象马车特羊。持业释（形容词关系）。

hasti-aśva-ratha-gava-eḍaka：m. 象马车特羊。相违释。

hasti：（hastin）m. 象。aśva：m. 马。ratha：m. 车。gava：m. 母牛。eḍaka：m. 公羊。

4－10－6. mahā-parivāraḥ ca bhavet：还有大批随从。

D：眷属无数，七宝丰溢。——分句

K：（无）。

◆mahā-parivāraḥ：（mahā-parivāra）m. sg. N. 大批随从。持业释（形容词关系）。

parivāra：m. 随从、卫队。

4－10－7. mahā-janapadeṣu ca dhanikaḥ syāt：是很多大村庄的债主。

◆mahā-janapadeṣu：（mahā-janapada）m. pl. L. 大乡村。持业释（形容词关系）。

◆dhanikaḥ：（dhanika）m. sg. N. 富豪、债主。

4－10－8. āyoga-prayoga-kṛṣi-vaṇijya-prabhūtaḥ ca bhavet：有大量储蓄借贷、

耕作和买卖。

D:出内钱财耕种贾作。——分句

K:出入息利,乃遍他国,商估贾客亦甚众多。——分句

◆āyoga-prayoga-kṛṣi-vaṇijya-prabhūtaḥ:(āyoga-prayoga-kṛṣi-vaṇijyaprabhūta)ppp. m. sg. N. 储蓄和借贷、耕地、买卖繁多。持业释(形容词关系)。

āyoga-prayoga-kṛṣi-vaṇijya:n. 储蓄、借贷、耕作和买卖。相违释。

āyoga-prayoga:m. 储蓄和借贷。

āyoga:m. 积累、储蓄。prayoga:m. 借贷、投资。

kṛṣi:f. 耕作、收割。

vaṇijya:n. 贸易、买卖。

prabhūta:(pra-√bhū)ppp. 众多、大量。

4-11

D:"子厄求食,周行国邑、城营、村落,造富长者。

K:"时贫穷子游诸聚落,经历国邑,遂到其父所止之城。

atha khalu bhagavan sa daridra-puruṣa āhāra-cīvara-paryeṣṭi-hetor grāmanagara-nigama-janapada-rāṣṭra-rāja-dhānīṣu paryaṭamāno 'nupūrveṇa yatrāsau puruṣo bahu-dhana-hiraṇya-suvarṇa-kośa-koṣṭhāgāras tasyaiva pitā vasanti tan nagaram anuprāpto bhavet:"世尊啊! 这个穷人为了求索衣食,依次游走在诸多村落、城邑、集市、乡村、王国和王城之中,这时到达这座城邑,他的父亲,那位宝库和仓库藏有很多金银财宝的人,就住在此地。↔新主题句

◆atha khalu:这时。

D:(无)。K:时。句首小品词,有转换话题的功能↔时间词,有话题转换的功能

◆bhagavan:(bhagavat)m. sg. V. 世尊啊。

◆saḥ daridra-puruṣaḥ:这个穷人。D:子。K:贫穷子。N. ↔主题兼主语

saḥ:(tad)pron. m. sg. N. 这。限定 daridra-puruṣaḥ。

daridra-puruṣaḥ:(daridra-puruṣa) m. sg. N. 穷人。持业释(形容词关系)。

daridra:adj. 贫穷。puruṣa:m. 人。

◆āhāra-cīvara-paryeṣṭi-hetoḥ:(āhāra-cīvara-paryeṣṭi-hetu) m. sg. G. 为了求索衣食。依主释(属格关系)。D:厄求食。K:(无)。

◆grāma-nagara-nigama-janapada-rāṣṭra-rāja-dhānīṣu:(grāma-nagara-nigama-janapada-rāṣṭra-rāja-dhānī) f. pl. L. 在诸多村落、城邑、集市、乡村、王国和王城中。相违释。D:国邑城营村落。K:诸聚落国邑。

grāma:m. 村庄。nagara:n. 城邑。nigama:m. 集市。

janapada:m. 乡村。rāṣṭra:n. 王国。rāja-dhānī:f. 王城。

◆paryaṭamānaḥ:(pari-√aṭ) ppt. A. m. sg. N. 徘徊、漫步。D:行。K:游、经历。

◆anupūrveṇa:adv. 相继、顺序。D:周。K:(无)。

◆yatra:adv. 这里。

◆asau puruṣaḥ:那个人。D:富长者。K:(无)。

asau:(adas) dem. m. sg. N. 那个。限定 puruṣaḥ。

puruṣaḥ:(puruṣa) m. sg. N. 人。

◆bahu-dhana-hiraṇya-suvarṇa-kośa-koṣṭha-agāraḥ:(bahu-dhana-hiraṇyasuvarṇa-kośa-koṣṭha-agāra) adj. m. sg. N. 宝库和仓库藏有许多金银财宝的。持业释(形容词关系)→多财释。修饰 puruṣaḥ。

bahu-dhana-hiraṇya-suvarṇa:m. 很多金银财宝。依主释(属格关系)。

bahu:adj. 众多。

dhana-hiraṇya-suvarṇa:n. 金银财宝。相违释。

dhana:n. 财富。hiraṇya:n. 金器、银器。suvarṇa:n. 金。

kośa-koṣṭha-agāra:m. 宝库和仓库。相违释。

◆tasya eva pitā:即他的父亲。D:(无)。K:其父。

tasya:(tad) pers. 3. m. sg. G. 他的。

eva:adv. 确实。

pitā:(pitṛ)m. sg. N. 父亲。

◆vasati:(√vas)pres. 3. sg. P. 居住。D:(无)。K:止。

◆tad nagaram:这座城邑。D:(无)。K:城。

tad:pron. n. sg. Ac. 这。限定 nagaram。

nagaram:(nagara)n. sg. Ac. 城邑。

◆anuprāptaḥ bhavet:达到。

anuprāptaḥ:(anu-pra-√āp)ppp. m. sg. N. 达到、获得。

bhavet:(√bhū)opt. 3. sg. P. 变成、发生、存在。助动词。

4-12

D:"适值秋节,入处城内,循行帑藏,与子别久,忽然思见,不知所在,自念一夫。

K:"父母念子,与子离别五十余年,而未曾向人说如此事,但自思惟,心怀悔恨,自念:

atha khalu bhagavan sa daridra-puruṣasya pitā bahu-dhana-hiraṇya-kośakoṣṭhāgāras tasmin nagare vasamānas taṃ pañcāśad-varṣa-naṣṭaṃ putraṃ satatasamitam anusmaret samanusmaramānaś ca na kasya-cid ācakṣed anyatraika evātmanādhyātmaṃ saṃtapyed evaṃ ca cintayet:"世尊啊!这时,这位穷人的父亲,家中宝库和仓库藏有许多金银财宝,住在城中,经常思念已经消失了五十年的儿子。除了一个人独自思念,内心忧悔,不曾对任何人说起,他这样思忖道:↔新主题链

4-12-1. atha khalu bhagavan saḥ daridra-puruṣasya pitā bahu-dhana-hiraṇya-kośa-koṣṭha-agāraḥ tasmin nagare vasamānaḥ tam pañcāśat-varṣa-naṣṭam putram satata-samitam anusmaret:世尊啊!这时,这位穷人的父亲,家中宝库和仓库藏有许多金银财宝,住在城中,经常思念已经消失了五十年的儿子。

D:适值秋节,入处城内,循行帑藏,与子别久,忽然思见,不知所在。

K:父母念子,与子离别五十余年。

◆atha khalu：于是。有转换话题功能的小品词。

◆bhagavan：(bhagavat) m. sg. V. 世尊啊。

◆saḥ daridra-puruṣasya pitā：这个穷人的父亲。D：(无)。K：父母。N. ↔主题兼主语

saḥ：(tad) pron. m. sg. N. 这。限定 pitā。

daridra-puruṣasya：(daridra-puruṣa) m. sg. G. 穷人的。持业释(形容词关系)。

pitā：(pitṛ) m. sg. N. 父亲。

◆bahu-dhana-hiraṇya-kośa-koṣṭha-agāraḥ：(bahu-dhana-hiraṇya-kośa-koṣṭha-agāra) adj. m. sg. N. 库房藏有众多金银财宝的。持业释(形容词关系)→多财释。修饰 pitā。

◆tasmin nagare：在这座城中。D：城内。L. ↔方位词短语 K：(无)。

tasmin：(tad) pron. n. sg. L. 这。

nagare：(nagara) n. sg. L. 城邑。

◆vasamānaḥ：(√vas) ppt. A. m. sg. N. 居住。D：入处。K：(无)。

◆tam pañcāśat-varṣa-naṣṭam putram：这个消失了五十年的儿子。D：与子别。K：与子离别五十余年。Ac. ↔小句

tam：(tad) pron. m. sg. Ac. 这。限定 putram。

pañcāśat-varṣa-naṣṭam：(pañcāśat-varṣa-naṣṭa) ppp. m. sg. Ac. 已别离五十年。修饰 putram。

pañcāśat-varṣa：m. 五十年。持业释。

naṣṭa：(√naś) ppp. 断绝、消失。

putram：(putra) m. sg. Ac. 儿子。

◆satata-samitam：adv. 经常、永久。D：久。K：(无)。

◆anusmaret：(anu-√smṛ) opt. 3. sg. P. 思念、想念。D：思见。K：念。

4-12-2. samanusmaramāṇaḥ ca na kasya-cit ācakṣet anyatra ekaḥ eva ātmanā adhyātmam saṃtapyet evam ca cintayet：除了一个人独自思念，内心忧悔，不曾

对任何人说起，他这样思忖道：

D：自念一夫。

K：而未曾向人说如此事，但自思惟，心怀悔恨，自念：

◆samanusmaramāṇaḥ：（sam-anu-√smṛ）ppt. A. m. sg. P. 思念、想念。D：念。K：自思惟。

◆ca：conj. 然而。D：（无）。K：而。

◆na：adv. 不，非，无。D：（无）。K：未。

◆kasya-cit：（kim-cit）inter. m. sg. G. 对任何（人）。D：（无）。K：向人。G. ↔介词短语做状语，表对象

◆ācakṣet：（ā-√cakṣ）opt. 3. sg. P. 说、告诉。D：（无）。K：曾说。

◆anyatra：adv. 除了。D：（无）。K：但。

◆ekaḥ：（eka）num. m. sg. N. 一个（人）。D：一夫。K：（无）。

◆eva：adv. 确实。

◆ātmanā：adv. 独自。D：自。K：自。

◆adhyātmam：adv. 内心。D：（无）。K：心。

◆saṃtapyet：（saṃ-√tap）opt. 3. sg. P. 焦虑，忧悔。D：（无）。K：怀悔恨。

◆evam：adv. 这样。D：（无）。K：如此事。

◆cintayet：（√cint）opt. 3. sg. P. 思虑。D：念。K：念。

4－13

D："财富无量，横济远近，窃惟：'我老，朽耄垂至，假使终没，室藏骚散。

K："'老朽，多有财物，金银珍宝，仓库盈溢；无有子息，一旦终没，财物散失，无所委付。

aham asmi jīrṇo vṛddho mahallakaḥ prabhūtaṃ me hiraṇya-suvarṇa-dhana-dhānya-kośa-koṣṭhāgāraṃ saṃvidyate na ca me putraḥ kaścid asti / mā haiva mama kāla-kriyā bhavet sarvam idam aparibhuktaṃ vinaśyet："'我年迈衰老，体弱无力。我虽然拥有大量储藏金银财宝和稻谷的宝库和仓库，却连一个儿子

也没有，我一旦命终，这财富岂不会无人享用，全部散失？'↔新主题链，对比式并列复句

4－13－1. aham asmi jīrṇaḥ vṛddhaḥ mahallakaḥ：我年迈衰老，体弱无力。

D：我老，朽耄垂至。——分句

K：老朽。——分句

◆aham：(mad) pers. 1. sg. N. 我。D：我。N. ↔主题兼主语 K：(无)。

◆asmi：(√as) pres. 1. sg. P. (我)有、是、在。D：垂至。K：(无)。

◆jīrṇaḥ vṛddhaḥ mahallakaḥ：年迈衰老，体弱无力。D：老朽耄。K：老朽。

jīrṇaḥ：(√jṝ) ppp. m. sg. N. 衰老。

vṛddhaḥ：(√vṛdh) ppp. m. sg. N. 年迈。

mahallakaḥ：(mahallaka) adj. m. sg. N. 年老体弱，无力。

4－13－2. prabhūtam me hiraṇya-suvarṇa-dhana-dhānya-kośa-koṣṭha-agāram saṃvidyate：我拥有大量储藏金银财宝和稻谷的宝库和仓库。

D：财富无量，横济远近。——分句

K：多有财物，金银珍宝，仓库盈溢。——分句

◆prabhūtam hiraṇya-suvarṇa-dhana-dhānya-kośa-koṣṭha-agāram：大量藏有金银财宝和稻谷的宝库和仓库。

prabhūtam：(pra-√bhū) ppp. n. sg. N. 众多、丰饶。

hiraṇya-suvarṇa-dhana-dhānya-kośa-koṣṭha-agāram：(hiraṇya-suvarṇadhana-dhānya-kośa-koṣṭha-agāra) n. sg. N. 库房藏有金银财宝和稻谷。依主释(属格关系)。

◆me：(mad) pers. 1. sg. G. 我。在此属格表领有。

◆saṃvidyate：(sam-√vid) pres. 3. sg. P. 存在、有。D：(无)。K：有。

4－13－3. na ca me putraḥ kaścit asti：我却没有儿子。

D：(无)。

K：无有子息。——分句

◆na：adv. 不，非，无。

◆ca：conj. 和、然而。

◆me：(mad) pers. 1. sg. G. 我。在此属格表领有。

◆putraḥ：(putra) m. sg. N. 儿子。

◆kaś-cit：(kim-cit) inter. m. sg. N. 任何。限定 putraḥ。

◆asti：(√as) pres. 3. sg. P. 有、是、在。D：(无)。K：有。

4－13－3. mā hā eva mama kāla-kriyā bhavet sarvam idam aparibhuktam vinaśyet：我一旦命终，这财富岂不无人享用，全部损失。

D：假使终没室藏骚散。——分句

K：一旦终没，财物散失，无所委付。——分句

◆mā hā eva：将非、得无。常与动词的祈愿语气连用。D：假使。K：一旦。

mā：adv. 不要。

hā：interj. 啊。

eva：adv. 确实。

◆mama：(mad) pers. 1. sg. G. 我。在此属格表领有。

◆kāla-kriyā：f. sg. N. 寿终、死亡。D：终没。K：终没。

◆bhavet：(√bhū) opt. 3. sg. P. 变成、存在、发生。

◆sarvam idam aparibhuktam：所有这一切无人继承。D：(无)。K：无所委付。

sarvam：(sarva) adj. n. sg. N. 一切、所有。修饰 aparibhuktam。

idam：dem. n. sg. N. 这。限定 aparibhuktam。D：室藏。K：财物。

aparibhuktam：(a-pari-√bhuj) ppp. n. sg. N. 无人享有、无人继承。D：(无)。K：无所委付。

◆vinaśyet：(vi-√naś) opt. 3. sg. P. 消失、损坏、毁灭。D：骚散。K：散失。

4－14

D：(无)

K:"是以殷勤每忆其子,复作是念:

sa tam punaḥ-punaḥ putram anusmaret:"他反复思念这个儿子。↔4-13. 的后续子句

◆saḥ:(tad) pers. 3. sg. N. 他。

◆tam putram:这个儿子。D:(无)。K:其子。

tam:(tad) pron. m. sg. Ac. 这。限定 putram。

putram:(putra) m. sg. Ac. 儿子。

◆punaḥ-punar:adv. 一次又一次地。D:(无)。K:殷勤每。

◆anusmaret:(anu-√smṛ) opt. 3. sg. P. 当思念、追忆。D:(无)。K:忆。

4-15

D:"'愿得见子,恣所服食,则获无为,不复忧戚。'

K:"'我若得子,委付财物,坦然快乐,无复忧虑。'

aho nāmāhaṃ nirvṛti-prāpto bhaveyaṃ yadi me sa putra imaṃ dhanaskandhaṃ paribhuñjīta:"'啊! 如果我的儿子享有这笔财富宝藏,我就能安息了。' ↔新主题链,条件复句

4-15-1. aho nāma aham nirvṛti-prāptaḥ bhaveyam:啊,我才会获得涅槃快乐。

D:则获无为,不复忧戚。——结果主句,"则"为增译的假设关联词。

K:坦然快乐,无复忧虑。——结果主句。

◆aho:interj. 啊。

◆nāma:adv. 确实。

◆aham:(mad) pers. 1. sg. N. 我。

◆nirvṛti-prāptaḥ:(nirvṛti-prāpta) ppp. m. sg. N. 证得涅槃。依主释(业格关系)。

nirvṛti:f. 灭度、涅槃。prāpta:(pra-√āp) ppp. 获得、证得。

◆bhaveyam:(√bhū) opt. 1. sg. P. 变成、存在、发生。

4-15-2. yadi me saḥ putraḥ imam dhana-skandham paribhuñjītaḥ:如果我有

儿子继承这财富宝藏。

D:愿得见子,恣所服食。——条件分句

K:我若得子,委付财物。——条件分句

◆yadi:conj. 如果。D:(无)。K:若。

◆me:(mad) pers. 1. sg. G. 我。在此属格表主体。D:(无)。K:我。

◆saḥ putraḥ:儿子。D:子。K:子。

saḥ:(tad) pron. m. sg. N. 这。限定 putraḥ。

putraḥ:(putra) m. sg. N. 儿子。

◆imam dhana-skandham:这财富宝藏。D:(无)。K:财物。

imam:(idam) dem. m. sg. Ac. 这。限定 dhana-skandham。

dhana-skandham:(dhana-skandha) m. sg. Ac. 宝藏、大笔财富。依主释(属格关系)。

dhana:n. 财宝。skandha:m. 堆。

◆paribhuñjītaḥ:(pari-√bhuj) ppp. m. sg. N. 继承、享有。D:恣所服食。K:委付。

4-16

D:"其子侥会至长者家。

K:"世尊!尔时穷子佣赁展转遇到父舍,住立门侧。

atha khalu bhagavan sa daridra-puruṣa āhāra-cīvaraṃ paryeṣamāṇo 'nupūrveṇa yena tasya prabhūta-hiraṇya-suvarṇa-dhana-dhānya-krośa-koṣṭhāgārasya samṛddhasya puruṣasya niveśanaṃ tenopasaṃkrāmet:"世尊啊!这时,这个穷人沿路求索衣食,刚好走到这位宝库众多、粮仓殷实、金银财富不计其数的兴隆人家。↔新主题句

◆atha khalu:这时。D:(无)。K:尔时。句首小品词↔时间词,用作话题转换标记

◆bhagavan:(bhagavat) m. sg. V. 世尊啊。D:(无)。K:世尊。

◆saḥ daridra-puruṣaḥ：这个穷人。D：其子。K：穷子。N. ↔主题 1 兼主语

saḥ：(tad) pron. m. sg. N. 这。限定 daridra-puruṣaḥ。

daridra-puruṣaḥ：(daridra-puruṣa) m. sg. N. 穷人。持业释(形容词关系)。

◆āhāra-cīvaram paryeṣamāṇaḥ：寻求衣食。D：(无)。K：佣赁。

āhāra-cīvaram：(āhāra-cīvara) m. 衣食。相违释。做现在分词 paryeṣamāṇaḥ的受词。

paryeṣamāṇaḥ：(pari-ā-√iṣ) ppt. m. sg. N. 寻求。

◆anupūrveṇa：adv. 依次、顺序。D：侥会。K：展转。

◆yena … tena：prep. 对着……、向着……。

◆tasya prabhūta-hiraṇya-suvarṇa-dhana-dhānya-kośa-koṣṭha-agārasya samṛddhasya puruṣasya：这位有库房富藏金银财宝和稻谷的大富豪。D：长者。K：父。

tasya：(tad) pron. m. sg. G. 这。限定 puruṣasya。

prabhūta-hiraṇya-suvarṇa-dhana-dhānya-krośa-koṣṭha-agārasya：(prabhūta-hiraṇya-suvarṇa-dhana-dhānya-kośa-koṣṭha-agāra) adj. m. sg. G. 有无量珍宝黄金钱财稻谷之藏的。修饰 puruṣasya。

samṛddhasya：(sam-√ṛdh) ppp. m. sg. G. 兴隆、繁盛。修饰 puruṣasya。

puruṣasya：(puruṣa) m. sg. G. 人。

◆niveśanam：(niveśana) n. sg. Ac. 住宅。D：家。K：舍。

◆upasaṃkrāmet：(upa-sam-√kram) opt. 3. sg. P. 走近。D：至。K：遇到。

4－17

D："遥见门前，梵志君子大众聚会，眷属围遶，金银杂厕为师子座，交露珠瓔为大宝帐，父坐其中分部言教，诸解脱华遍布其地，亿百千金以为饮食。

K:“遥见其父、踞师子床,宝机承足,诸婆罗门、刹利、居士皆恭敬围绕,以真珠璎珞,价直千万,庄严其身;吏民、僮仆,手执白拂,侍立左右。覆以宝帐,垂诸华幡,香水洒地,散众名华,罗列宝物,出内取与,有如是等种种严饰,威德特尊。

atha khalu bhagavan sa tasya daridra-puruṣasya pitā svake niveśana-dvāre mahatyā brāhmaṇa-kṣatriya-viṭ-chūdra-pariṣadā parivṛtaḥ puras-kṛto mahā-siṃhāsane sa-pādapīṭhe suvarṇa-rūpya-pratimaṇḍita upaviṣṭo hiraṇya-koṭī-śatasahasrair vyavahāraṃ kurvan vāla-vyajanena vījyamāno vitata-vitāne pṛthivī-pradeśe mukta-kusumābhikīṃe ratna-dāmābhipralambite mahatyarddhyopaviṣṭaḥ syāt:“世尊啊!这时,这个穷人的父亲坐在自家门前的大师子座上,脚踏竹凳,座椅由数百千亿金银装饰;婆罗门、刹帝利、吠舍、首陀罗四姓大众恭敬围绕;从事交易,兽尾拂扇,微风送爽,幔帐张开,垂挂宝绳,地上洒满盛开的拘苏摩花,尽显富贵威严。↔4-16. 主题1的后续子句,说明主题1

4-17-1. atha khalu bhagavan saḥ tasya daridra-puruṣasya pitā svake niveśana-dvāre:世尊啊!这时,这个穷人的父亲在自家门前。

D:遥见门前……父。K:遥见其父。——“遥见”为接续上文增译的谓词。

◆atha khalu:于是。

◆bhagavan:(bhagavat)m. sg. V. 世尊啊。

◆saḥ tasya daridra-puruṣasya pitā:这个穷者的父亲。

D:父。K:其父。N. ↔宾语,同时充当主题2引领后续子句

saḥ pitā:这位父亲。

saḥ:(tad)pron. m. sg. N. 这。限定 pitā。

pitā:(pitṛ)m. sg. N. 父亲。

tasya daridra-puruṣasya:这个穷人的。D:(无)。K:其。G. ↔属格代词

tasya:(tad) pron. m. sg. G. 这。限定 daridra-puruṣasya。

daridra-puruṣasya:(daridra-puruṣa)m. sg. G. 穷人。持业释(形容词关

系)。

◆svake niveśana-dvāre:在自己家门前。

D:门前。L. ↔方位词短语做地点状语

K:(无)。

svake:(svaka) adj. n. sg. L. 自己。修饰 niveśana-dvāre。

niveśana-dvāre:(niveśana-dvāra) n. sg. L. 在房门前。依主释(属格关系)。

niveśana:n. 住宅。dvāra:n. 门。

4-17-2. mahatyā brāhmaṇa-kṣatriya-viṭ-chūdra-pariṣadā parivṛtaḥ puras-kṛtaḥ:婆罗门、刹帝利、吠舍、首陀罗四姓大众恭敬围绕。

D:梵志君子大众聚会,眷属围遶。——主题 2 的说明子句。

K:诸婆罗门、刹利、居士皆恭敬围绕。——主题 2 的说明子句。

◆mahatyā brāhmaṇa-kṣatriya-viṭ-chūdra-pariṣadā:被庞大的四姓众生。

D:梵志君子大众聚会眷属。K:诸婆罗门、刹利、居士。I. ↔施事主语

mahatyā:(mahatā) adj. f. sg. I. 大量。修饰 brāhmaṇa-kṣatriya-viṭchūdrapariṣadā。

brāhmaṇa-kṣatriya-viṭ-chūdra-pariṣadā:(brāhmaṇa-kṣatriya-viṭ-chūdrapariṣad) f. sg. I. 被四姓众生。依主释(属格关系)。

brāhmaṇa-kṣatriya-viṭ-chūdra:婆罗门、刹帝利、吠舍、首陀罗四种姓。相违释。

brāhmaṇa:m. 净行、音译为梵志、婆罗门。kṣatriya:m. 王种、音译为刹帝利。viṭ:m. 商人、音译为吠舍。śūdra:m. 音译为首陀罗。

pariṣad:f. 众会。

◆parivṛtaḥ puras-kṛtaḥ:被恭敬围绕。ppp. ↔谓语

parivṛtaḥ:(pari-√vṛt) ppp. m. sg. N. 围绕。D:围遶。K:围绕。

puras-kṛtaḥ:(puras-√kṛ) ppp. m. sg. N. 恭敬、尊重。D:(无)。K:恭敬。

4－17－3．mahā-siṃha-āsane sa-pādapīṭhe suvarṇa-rūpya-pratimaṇḍitaḥ upaviṣṭaḥ:坐在金银装饰的大师子座上。

D:金银杂厕,为师子座。父坐其中,亿百千金,以为饮食。——主题 2 的说明子句。

K:踞师子床,宝机承足。以真珠璎珞,价直千万,庄严其身。——主题 2 的说明子句。

◆mahā-siṃha-āsane:(mahā-siṃha-āsana)n. sg. L. 大师子座上。持业释(形容词关系)。D:师子座。K:师子床。

mahā:(mahat)adj. 大。作持业、有财释复合词的前语时变成 mahā。

siṃha-āsana:n. 师子座。依主释(属格关系)。

siṃha:m. 师子。āsana:n. 座位。

◆sa-pādapīṭhe:(sa-pāda-pīṭha)n. sg. L. 踏脚竹凳。持业释(形容词关系)。D:(无)。K:宝机承足。

sa-pāda:adj. 有足的。pīṭha:n. 竹椅、小凳。

◆suvarṇa-rūpya-pratimaṇḍitaḥ:(vsuvarṇa-rūpya-pratimaṇḍita)ppp. m. sg. N. 金银装饰。依主释(具格关系)。D:金银杂厕。K:(无)。

suvarṇa-rūpya:n. 金和银。相违释。

suvarṇa:n. 金。rūpya:n. 银。

pratimaṇḍita:(prati-√maṇḍ)ppp. 庄严、装饰。

◆hiraṇya-koṭī-śata-sahasraiḥ:(hiraṇya-koṭī-śata-sahasra)n. pl. I. 数百千亿金银。依主释(属格关系)。

D:亿百千金以为。I. ↔介词短语,宾语前移

K:以真珠璎珞,价直千万。I. ↔介词短语做工具状语

hiraṇya:n. 金银。

koṭī-śata-sahasra:n. 百千亿。相违释。

koṭī:f. 亿。śata:n. 百。sahasra:n. 千。

◆upaviṣṭaḥ:(upa-√viś)ppp. m. sg. N. 坐定、到达。D:坐。K:踞。

4-17-4. vyavahāram kurvan vāla-vyajanena vījyamānaḥ vitata-vitāne pṛthivī-pradeśe mukta-kusuma-abhikīrṇe ratna-dāma-abhipralambite mahatyā-ṛddhyāu-paviṣṭaḥ syāt：从事交易，兽尾拂扇，微风送爽，幔帐张开，垂挂宝绳，地上洒满盛开的拘苏摩花，极具富贵威严。

D：交露珠璎为大宝帐，分部言教，诸解脱华遍布其地。——主题 2 的说明子句。

K：吏民、僮仆，手执白拂，侍立左右。覆以宝帐，垂诸华幡，香水洒地，散众名华，罗列宝物，出内取与，有如是等种种严饰，威德特尊。——主题 2 的说明子句。

◆vyavahāram kurvan：从事交易、做生意。D：分部言教。K：罗列宝物，出内取与。

vyavahāram：（vy-avahāra）m. sg. Ac. 交易、生意。

kurvan：（√kṛ）ppt. m. sg. N. 做。

◆vāla-vyajanena vījyamānaḥ：用兽尾拂尘，微风送爽。D：（无）。K：吏民、僮仆，手执白拂，侍立左右。

vāla-vyajanena：（vāla-vyajana）n. sg. I. 用兽尾扇、用拂尘。依主释（属格关系）。

vāla：兽尾、羽毛。vyajana：n. 扇。

vījyamānaḥ：（√vīj）ppt. A. m. sg. N. 凉爽。

◆vitata-vitāne pṛthivī-pradeśe mukta-kusuma-abhikīrṇe ratna-dāma-abhipralambite：幔帐张开，垂挂宝绳，地上洒满盛开的拘苏摩花。

D：交露珠璎为大宝帐，诸解脱华遍布其地。独立依格↔条件小句

K：覆以宝帐，垂诸华幡，香水洒地，散众名华。有如是等种种严饰。独立依格↔条件小句

vitata-vitāne：（vitata-vitāna）m. sg. L. 张开幔帐。依主释（属格关系）。

vitata：（vi-√tan）ppp. 张开。vitāna：m. n. 幔帐。

pṛthivī-pradeśe：（pṛthivī-pradeśa）m. sg. L. 地区。相违释。

pṛthivī：f. 地。pradeśa：m. 区。

mukta-kusuma-abhikīrṇe：(mukta-kusuma-abhikīrṇa) ppp. m. sg. L. 洒满盛开的拘苏摩花。依主释(具格关系)。

mukta-kusuma：n. 盛开的拘苏摩花。持业释(形容词关系)。

mukta：(√muc) ppp. 盛开的。kusuma：n. 花；音译为拘苏摩。

abhikīrṇa：(abhi-√kṝ) ppp. 充满。

ratna-dāma-abhipralambite：(ratna-dāma-abhipralambita) ppp. m. sg. L. 悬挂宝绳。依主释(具格关系)。

ratna-dāma：n. 宝绳。依主释(属格关系)。

ratna：n. 宝。dāma：n. 绳、线。

abhipralambita：(abhi-pra-√lamb) ppp. 悬挂、垂挂。

◆mahatyā-ṛddhyā-upaviṣṭaḥ：(mahatyā-ṛddhyā-upaviṣṭa) ppp. m. sg. N. 大富大贵。依主释(具格关系)。D：(无)。K：威德特尊。

mahatyā-ṛddhyā：f. I. 大富大贵。持业释(形容词关系)。

ṛddhyā：(ṛddhi) f. I. 富裕、威严。

upaviṣṭa：(upa-√viś) ppp. 到达。

◆syāt：(√as) opt. 3. sg. P. 是。助动词。

4－18

D："子覩长者色像威严，怖不自宁，

K："穷子见父有大力势，即怀恐怖，悔来至此。窃作是念：

adrākṣīt sa bhagavan daridra-puruṣas taṃ svakaṃ pitaraṃ svake niveśana-dvāra evaṃ-rūpayarddhyopaviṣṭaṃ mahatā jana-kāyena parivṛtaṃ gṛhapatikṛtyaṃ kurvāṇam/d5ṛṣṭvā ca punar bhītas trastaḥ saṃvignaḥ saṃhṛṣṭa-roma-kūpa-jāta udvignamānasa evam anuvicintayāmāsa："世尊啊！这个穷人目睹自己的父亲坐在自家门前，大批民众围绕，行使家长职责，如此富贵威严，于是惊慌恐惧，毛骨悚然，心慌意乱，这样思忖道：↔新主题句，连动式

4－18－1. adrākṣīt saḥ bhagavan daridra-puruṣaḥ tam svakam pitaram svake niveśana-dvāre evaṃ-rūpayardvya-upaviṣṭam mahatā jana-kāyena parivṛtam gṛhapatikṛtyam kurvāṇam：世尊啊！这个穷人目睹自己的父亲坐在自家门前，大批民众围绕，行使长者职责，达到如此富贵威严。

D：子覩长者色像威严。ger. 结构↔连动式的 VP1

K：穷子见父有大力势。ger. 结构↔连动式的 VP1

◆adrākṣīt：（√dṛś）aor. 3. sg. P. 看见。D：覩。K：见。

◆bhagavan：（bhagavat）m. sg. V. 世尊啊。

◆saḥ daridra-puruṣaḥ：这个穷人。D：子。K：穷子。N. ↔主题兼主语

saḥ：（tad）pron. m. sg. N. 这。限定 daridra-puruṣaḥ。

daridra-puruṣaḥ：（daridra-puruṣa）m. sg. N. 穷人。持业释（形容词关系）。

◆tam svakam pitaram：自己的父亲。D：长者。K：父。

tam：（tad）pron. m. sg. Ac. 这。限定 pitaram。

svakam：（svaka）adj. m. sg. Ac. 自己。修饰 pitaram。

pitaram：（pitṛ）m. sg. Ac. 父亲。

◆svake niveśana-dvāre：在自己家门前。

svake：（svaka）adj. n. sg. L. 自己。修饰 niveśana-dvāre。

niveśana-dvāre：（niveśana-dvāra）n. sg. L. 住宅的门。依主释（属格关系）。

◆evaṃ-rūpayā-ṛddhyā-upaviṣṭam：（evaṃ-rūpayā-ṛddhyā-upaviṣṭa）ppp. m. sg. Ac. 达到如此富贵威严。依主释（具格关系）。D：色像威严。K：有大力势。

evaṃ-rūpayā-ṛddhyā：以这样的神力。持业释（形容词关系）。

evaṃ-rūpayā：（evaṃ-rūpā）adj. f. 如此。ṛddhyā：（ṛddhi）f. I. 富裕。

upaviṣṭa：（upa-√viś）ppp. 坐定、到达。

◆mahatā jana-kāyena parivṛtam：被大众围绕。

mahatā jana-kāyena：被大众。

mahatā:(mahat) adj. m. sg. I. 大。

jana-kāyena:(jana-kāya) m. sg. I. 大众、民众。依主释(属格关系)。

jana:m. 民众。kāya:m. 身。

parivṛtam:(pari-√vṛt) ppp. m. sg. Ac. 围绕。

◆gṛhapatikṛtyam kurvāṇam:行使家长职责。

gṛhapatikṛtyam:(gṛhapati-kṛtya) fpp. m. sg. Ac. 长者之事。依主释(属格关系)。

gṛhapati:m. 家长。kṛtya:(√kṛ) fpp. m. 事务、职责。

kurvāṇam:(√kṛ) ppt. A. m. sg. Ac. 做。

4-18-2. dṛṣṭvā ca punar bhītaḥ trastaḥ saṃvignaḥ saṃhṛṣṭa-roma-kūpa-jātaḥ udvigna-mānasaḥ evam anuvicintayāmāsaḥ:看见之后,再度惊慌恐惧,毛骨悚然,心慌意乱,这样思忖道:

D:怖不自宁。——连动式的 VP2。

K:即怀恐怖,悔来至此。窃作是念:——连动式的 VP2。

◆dṛṣṭvā:(√dṛś) ger. 看见(后)。D:覩。K:见。

◆ca:conj. 和、然而。

◆punar:adv. 又,再次。

◆bhītaḥ trastaḥ saṃvignaḥ saṃhṛṣṭa-roma-kūpa-jātaḥ udvigna-mānasaḥ:惊慌恐惧,毛骨悚然,心慌意乱。省略 be 动词。D:怖不自宁。K:即怀恐怖。

bhītaḥ:(√bhī) ppp. m. sg. N. 惧怕。

trastaḥ:(√tras) ppp. m. sg. N. 惊恐。

saṃvignaḥ:(saṃ-√vij) ppp. m. sg. N. 惊慌、不安。

saṃhṛṣṭa-roma-kūpa-jātaḥ:(saṃhṛṣṭa-roma-kūpa-jāta) ppp. m. sg. N. 毛发直立。依主释(业格关系)。

saṃhṛṣṭa-roma-kūpa:m. 毛发直立。持业释(形容词关系)。

saṃhṛṣṭa:(saṃ-√hṛṣ) ppp. 毛发(因恐惧等)直立。

roma-kūpa：m. 毛孔。依主释（属格关系）。

roma：n. 洞、窝。kūpa：m. 毛孔。

jāta：（√jan）ppp. 出生。

udvigna-mānasaḥ：（udvigna-mānasa）adj. m. sg. N. 心慌意乱。持业释（形容词关系）。

udvigna：（ud-√vij）ppp. 慌张、不安。mānasa：adj. 心。

◆evam：adv. 这样。D：（无）。K：是。

◆anuvicintayāmāsaḥ：（anu-vi-√cint）caus. pf. 3. sg. P. 想。D：（无）。K：窃作念。

——以下 4-19. 至 4-21. 为 evam 的同位成分↔直接引语

4-19

D："谓是帝王、若大君主。

K："'此或是王，或是王等，非我佣力得物之处。

sahasaivāyaṃ mayā rājā vā rāja-mātro vāsādito nāsty asmākam iha kiṃ-cit karma："'我突然遇到这个人，或是国王、或是大臣，对于我们这类人，在这里根本找不到事做。↔新主题链，因果复句

4-19-1. sahasā eva ayam mayā rājā vā rāja-mātraḥ vā āsāditaḥ：我突然遇到这个人，或是国王、或是大臣。省略 be 动词。

D：谓是帝王若大君主。——4-18. 的后续子句，"谓"为增译的谓词

K：此或是王，或是王等。——原因分句

◆sahasā：adv. 忽然。

◆eva：adv. 确实。

◆ayam：（idam）dem. m. sg. N. 这。D：是。K：此。

◆mayā：（mad）pers. 1. sg. I. 我。在此具格表施事。

◆rājā vā rāja-mātraḥ vā：国君或大臣。

rājā：（rājan）m. sg. N. 国王、国君。D：帝王。K：王。

vā…vā：conj. 或。D：若。K：或……或。

rāja-mātraḥ：(rāja-mātra) m. sg. N. 大臣、王臣。D：大君主。K：王等。

◆āsāditaḥ：(ā-√sad) caus. ppp. m. sg. N. 遇见。

4-19-2. na asti asmākam iha kiṃ-cit karma：对于我们这类人，在这里根本找不到事做。

D：(无)。

K：非我佣力得物之处。——结果主句。

◆na asti：不是、没有。D：(无)。K：非。

na：adv. 不，非，无。

asti：(√as) pres. 3. sg. P. 有、是、在。

◆asmākam：(mad) pers. 1. pl. G. 我们。D：(无)。K：我。

◆iha：adv. 这里。D：(无)。K：处。

◆kiṃ-cit karma：任何事情。D：(无)。K：佣力得物。

kiṃ-cit：inter. n. sg. N. 任何、一些。

karma：(karman) n. sg. N. 事业、行为。

4-20

D：(无)。

K："'不如往至贫里，肆力有地，衣食易得。

gacchāmo vayam /yena daridra-vīthī tatrāsmākam āhāra-cīvaram alpa-kṛcchraṇaivotpatsyate："'我们去往贫穷集市，在那里能轻而易举赚来衣食。↔新主题链，因果复句

4-20-1. gacchāmaḥ vayam：我们离去。

D：(无)。

K：不如往至。——结果主句。

◆gacchāmaḥ：(√gam) pres. 1. pl. P. (我们)去。D：(无)。K：往至。

◆vayam：(mad) pers. 1. pl. N. 我们。

4－20－2. yena daridra-vīthī tatra asmākam āhāra-cīvaram alpa-kṛcchraṇaḥ eva utpatsyate:因为贫里不用费力便可获得我们的衣食。

D:(无)。

K:贫里,肆力有地,衣食易得。yena 引导的从句↔原因分句

◆yena:conj. 因为。

◆daridra-vīthī:f. sg. N. 贫里。D:(无)。K:贫里。

◆tatra:adv. 那里。

◆asmākam:(mad) pers. 1. pl. G. 我们的。

◆āhāra-cīvaram:(āhāra-cīvara) m. sg. Ac. 衣食。相违释。D:(无)。K:衣食。

◆alpa-kṛcchraṇaḥ:(alpa-kṛcchraṇa) adj. m. sg. N. 不费力气、轻易。D:(无)。K:肆力有地、易。

◆eva:adv. 确实。

◆utpatsyate:(ud-√pad) fut. 3. sg. A. 出现、出生。D:(无)。K:得。

4－21

D:(无)。

K:"'若久住此,或见逼迫,强使我作。'

alaṃ me ciraṃ vilambitena / mā haivāhamiha vaiṣṭiko vā gṛhyeyānyataraṃ vā doṣam anuprāpnuyām:"'我可不要因为长期逗留此地,而被抓去强迫劳役,或是受到别的伤害。'↔新主题链,假设复句

4－21－1. alam me ciram vilambitena:我可不要因为长期逗留。

D:(无)。

K:若久住此。I.↔假设分句

◆alam:adv.(带具格名词)停止、足够。

◆me:(mad) pers. 1. sg. G. 对我而言。

◆ciram:adv. 长久、长期。D:(无)。K:久。

◆vilambitena:(vi-√lamb)ppp. m. sg. I. 稽留、迟缓。D:(无)。K:住。

4－21－2. mā hā eva aham iha vaiṣṭikaḥ vā gṛhyeya anyataram vā doṣam anuprāpnuyām:我千万不要在这里被抓去强迫劳役,或遭受别的苦难。

D:(无)。

K:或见逼迫,强使我作。定式动词↔结果主句

◆mā hā eva:将非、得无。常与动词的祈愿语气连用。D:(无)。K:或。

mā:adv. 勿、莫。

hā:interj. 呜呼。苦哉。

eva:adv. 确实。

◆aham:(mad)pers. 1. sg. N. 我。D:(无)。K:我。

◆iha:adv. 这里。

◆vaiṣṭikaḥ:(vaiṣṭika)m. sg. N. 奴役、强迫劳作。D:(无)。K:见逼迫、强使作。

◆gṛhyeya:(√grah)opt. 1. sg. pass.(我)执取、抓住。

◆vā…vā:conj. 或。

◆anyataram doṣam anuprāpnuyām:(我)会遭受别的苦难。

anyataram:(anyatara)compar. m. sg. Ac. 二者之一、别的。

doṣam:(doṣa)m. sg. Ac. 迫害、灾难。

anuprāpnuyām:(anu-pra-√āp)opt. 1. sg. P.(我)获得。

4－22

D:"进退犹豫,不敢自前,孚便驰走。

K:"作是念已,疾走而去。

atha khalu bhagavan sa daridra-puruṣo duḥkha-paramparā-manasikāra-bhaya-bhītas tvaramāṇaḥ prakrāmet palāyen na tatra saṃtiṣṭhet:"世尊啊! 这时,这个穷人想到接连不断的痛苦而恐惧万分,急忙逃走,不在此处停留。↔4－18. 的后续子句

◆atha khalu：于是、这时。

◆bhagavan：(bhagavat)m. sg. V. 世尊啊。

◆saḥ daridra-puruṣaḥ：这个穷人。

saḥ：(tad)pron. m. sg. N. 这。限定 daridra-puruṣaḥ。

daridra-puruṣaḥ：(daridra-puruṣa)m. sg. N. 穷人。持业释(形容词关系)。

◆duḥkha-paramparā-manasikāra-bhaya-bhītaḥ：(duḥkha-paramparā-manasikāra-bhaya-bhīta)ppp. m. sg. N. 接连不断的痛苦而恐惧万分。依主释(具格关系)。修饰 daridra-puruṣaḥ。D：进退犹豫不敢自前。K：(无)。

duḥkha-paramparā-manasikāra：m. 忧苦辗转之心。持业释(形容词关系)。

duḥkha-paramparā：f. 接连不断的痛苦。持业释(形容词关系)。

manasikāra：m. 思考、想法。

bhaya-bhīta：ppp. 恐怖。依主释(业格关系)。

bhaya：n. 恐惧、危险。bhīta：(√bhī)ppp. 惧怕。

◆tvaramāṇaḥ：(√tvar)ppt. A. m. sg. N. 迅速。现在分词表方式。D：孚便。K：疾。

◆prakrāmet palāyet：逃走。D：驰走。K：走。

prakrāmet：(pra-√kram)opt. 3. sg. P. 前往、出行。

palāyet：(√palāy)opt. 3. sg. P. 逃跑、撤退。

◆na tatra saṃtiṣṭhet：不在这里停留。D：(无)。K：去。

na：adv. 不，非，无。

tatra：adv. 这里。

saṃtiṣṭhet：(sam-√sthā)opt. 3. sg. P. 停留。

4-23

D：“父遥见子，心用欢喜。

K：“时富长者于师子座，见子便识，心大欢喜，即作是念：

atha khalu bhagavan sa āḍhyaḥ puruṣaḥ svake niveśana-dvāre siṃhāsana upaviṣṭas taṃ svakaṃ putraṃ saha-darśanenaiva pratyabhijānīyāt / dṛṣṭvā ca punas tuṣṭa udagra ātta-manaskaḥ pramuditaḥ prīti-saumanasya-jāto bhaved evaṃ ca cintayet:"世尊啊! 这时这位富豪坐在自家门前的师子座上,放眼一望就认出了自己的儿子。看见之后,再度满意,激动,喜悦,高兴,愉快,这样思忖道:↔新主题句,连动式

4-23-1. atha khalu bhagavan saḥ āḍhyaḥ puruṣaḥ svake niveśana-dvāre siṃha-āsana upaviṣṭaḥ tam svakam putram saha-darśanena eva pratyabhijānīyāt:世尊啊! 这时这位富豪坐在自家门前的师子座上,放眼一望就认出了自己的儿子。

D:父遥见子。ger. 结构↔连动式的 VP1

K:时富长者于师子座,见子便识。ger. 结构↔连动式的 VP1

◆atha khalu:这时。D:(无)。K:时。句首小品词↔时间词,用作话题转换标记

◆bhagavan:(bhagavat) m. sg. V. 世尊啊。

◆saḥ āḍhyaḥ puruṣaḥ:这位富豪。D:父。K:富长者。

saḥ:(tad) pron. m. sg. N. 这。限定 puruṣaḥ。

āḍhyaḥ:(āḍhya) adj. m. sg. N. 富贵。修饰 puruṣaḥ。

puruṣaḥ:(puruṣa) m. sg. N. 人。

◆svake niveśana-dvāre:在自己家门前。

svake:(svaka) adj. n. sg. L. 自己。修饰 niveśana-dvāre。

niveśana-dvāre:(niveśana-dvāra) n. sg. L. 住宅的门。依主释(属格关系)。

◆siṃha-āsane:(siṃha-āsana) n. sg. L. 师子座上。D:(无)。K:于师子座。L. ↔介词短语做地点状语

◆upaviṣṭaḥ:(upa-√viś) ppp. m. sg. N. 到达、坐定。

◆tam svakam putram:自己的儿子。D:子。K:子。

tam:(tad)pron. m. sg. Ac. 这。限定 putram。

svakam:(svaka)adj. m. sg. Ac. 自己。修饰 putram。

putram:(putra) m. sg. Ac. 儿子。

◆saha-darśanena:(saha-darśana)adj. n. sg. I. 一见、一眼。

◆eva:adv. 确实。

◆pratyabhijānīyāt:(prati-abhi-√jñā) fpp. m. sg. Ab. 认出、辩识。D:(无)。K:识。

4-23-2. dṛṣṭvā ca punar tuṣṭaḥ udagraḥ ātta-manaskaḥ pramuditaḥ prīti-saumanasya-jātaḥ bhavet:看见之后,再度满意,激动,喜悦,高兴,愉快,这样思忖道:

D:心用欢喜。K:心大欢喜。核心动词句↔连动式的 VP2。"心"为增译的主语

◆dṛṣṭvā:(√dṛś)ger. 看见后。D:遥见。K:见。

◆ca:conj. 和。

◆punar:adv. 又、再次。

◆tuṣṭaḥ udagraḥ ātta-manaskaḥ pramuditaḥ prīti-saumanasya-jātaḥ bhavet:欢喜踊跃心醉高兴。D:心用欢喜。K:心大欢喜。

tuṣṭaḥ:(√tuṣ)ppp. m. sg. N. 满意、满足。

udagraḥ:(udagra)adj. m. sg. N. 激动。

ātta-manaskaḥ:(ātta-manas)adj. m. sg. N. 心喜。

pramuditaḥ:(pra-√mud)ppp. m. sg. N. 高兴。

prīti-saumanasya-jātaḥ:(prīti-saumanasya-jāta)ppp. m. sg. N. 生起欢喜快乐。依主释(业格关系)。

bhavet:(√bhū)opt. 3. sg. P. 变成、发生。

4-23-3. evam ca cintayet:这样思忖。

D:(无)。

K:即作是念。核心动词句↔连动式的 VP3

◆evam：adv. 这样。D：(无)。K：是。

◆ca：conj. 又。

◆cintayet：(√cint) caus. opt. 3. sg. P. 思考、考虑。D：(无)。K：作念。

——以下 4－24 至 4－25 为 evam 的同位成分↔直接引语

4－24

D：(无)。

K："'我财物库藏，今有所付。

āścaryaṃ yāvad yatra hi nāmāsya mahato hiraṇya-suvarṇa-dhana-dhānya-kośa-koṣṭhāgārasya paribhoktopalabdhaḥ："'多么神奇啊！这座藏有金银财宝稻谷的巨大宝库和仓库从此终于有了继承人。↔新主题句

◆āścaryam：(āścarya) n. sg. N. 奇异、惊奇。

◆yāvat：adv. 这么多。

◆yatra：adv. 这里。

◆hi：adv. 确实；因为。

◆nāma：adv. 确实。

◆asya mahataḥ hiraṇya-suvarṇa-dhana-dhānya-kośa-koṣṭha-agārasya：这座藏有金银财宝和稻谷的巨大库房。在此属格做领有主词。

D：(无)。K：我财物库藏。G. ↔主题兼主语

asya：(idam) dem. m. sg. G. 这。

mahataḥ：(mahat) adj. m. sg. G. 大。

hiraṇya-suvarṇa-dhana-dhānya-kośa-koṣṭha-agārasya (hiraṇya-suvarṇa-dhana-dhānya-kośa-koṣṭha-agāra) n. sg. G. 藏有金银财宝和稻谷的宝库和仓库。依主释(属格关系)。

◆paribhoktā：(paribhoktṛ) m. sg. N. 享用者、继承人。D：(无)。K：所付。

◆upalabdhaḥ：(upa-√labh) ppp. m. sg. N. 获得、得到。D：(无)。K：有。

4－25

D:(无)。

K:"'我常思念此子,无由见之,而忽自来,甚适我愿。我虽年朽,犹故贪惜。'

ahaṃ caitam eva punaḥ-punaḥ samanusmarāmi / ayaṃ ca svayam evehāgataḥ/ ahaṃ ca jīrṇo vṛddho mahallakaḥ:"'我一次又次地思念他,他居然自己回来,而我已是年迈衰弱的老人。'↔新主题链,对比式并列复句

4－25－1. aham ca etam eva punaḥ-punaḥ samanusmarāmi:我一次又一次地思念这个人。

D:(无)。K:我常思念此子,无由见之。——分句

◆aham:(mad) pers. 1. sg. N. 我。D:(无)。K:我。N. ↔主题兼主语

◆ca:conj. 和、然而。

◆etam:(etad) pron. n. sg. Ac. 这。D:(无)。K:此子。

◆eva:adv. 确实。

◆punaḥ-punar:adv. 一次又一次地。D:(无)。K:常。

◆samanusmarāmi:(sam-anu-√smṛ) pres. 1. sg. P. (我)念、追忆。D:(无)。K:思念。

4－25－2. ayam ca svayam eva iha āgataḥ:他居然自己来到这里。

D:(无)。K:而忽自来,甚适我愿。——分句

◆ayam:(idam) dem. m. sg. N. 此(人)。

◆ca:conj. 和、然而。D:(无)。K:而。

◆svayam:indec. 自身、自然。D:(无)。K:自。

◆eva:adv. 确实。

◆iha:adv. 这里。

◆āgataḥ:(ā-√gam) ppp. m. sg. N. 来到、还来。D:(无)。K:来。

4－25－3. aham ca jīrṇaḥ vṛddhaḥ mahallakaḥ:而我也衰老了。省略 be 动词。

D:(无)。K:我虽年朽,犹故贪惜。——分句,"虽"为增译连词

◆aham:(mad) pers. 1. sg. N. 我。D:(无)。K:我。

◆ca:conj. 和、然而。

◆jīrṇaḥ vṛddhaḥ mahallakaḥ:衰老。D:(无)。K:老朽。

jīrṇaḥ:(√jṝ) ppp. m. sg. N. 衰老。

vṛddhaḥ:(√vṛdh) ppp. m. sg. N. 年迈、老朽。

mahallakaḥ:(mahallaka) adj. m. sg. N. 衰弱无力。

4-26

D:"遣傍侍者,追呼令还。

K:"即遣傍人,急追将还。

atha khalu bhagavan sa puruṣaḥ putra-tṛṣṇā-saṃpīḍitas tasmin kṣaṇa-lava-muhūrte javanān puruṣān saṃpreṣayet /gacchata mārṣā etaṃ puruṣaṃśīghram ānayadhvaṃ:"世尊啊! 然后这个渴望儿子而备受折磨的人立刻差遣几个行动敏捷的人,说道:'贤士们啊,快去把那人追回来。'↔4-23. 的后续子句,兼语式

4-26-1. atha khalu bhagavan saḥ puruṣaḥ putra-tṛṣṇā-saṃpīḍitaḥ tasmin kṣaṇa-lava-muhūrte javanān puruṣān saṃpreṣayet:世尊啊! 然后这个渴望儿子而备受折磨的人立刻差遣几个行动敏捷的人。

◆atha khalu:于是。D:(无)。K:即。

◆bhagavan:(bhagavat) m. sg. V. 世尊啊。

◆saḥ puruṣaḥ putra-tṛṣṇā-saṃpīḍitaḥ:此为求子所迫之人。

saḥ:(tad) pron. m. sg. N. 这。限定 puruṣaḥ。

puruṣaḥ:(puruṣa) m. sg. N. 人。

putra-tṛṣṇā-saṃpīḍitaḥ:(putra-tṛṣṇā-saṃpīḍita) ppp. m. sg. N. 为求子所迫。依主释(具格关系)。修饰 puruṣaḥ。

putra-tṛṣṇā:f. 求子。依主释(业格关系)。

putra：m. 儿子。tṛṣṇā：f. 贪爱、渴望。

saṃpīḍita：(sam-√pīḍ) ppp. 折磨、逼迫。

◆tasmin kṣaṇa-lava-muhūrte：顷刻间。D：（无）。K：即。

tasmin：(tad) pron. m. sg. L. 这。限定 kṣaṇa-lava-muhūrte。

kṣaṇa-lava-muhūrte：(kṣaṇa-lava-muhūrta) m. sg. L. 须臾。相违释。

kṣaṇa：m. 刹那。lava：m. 瞬息。muhūrta：m. 须臾。

◆javanān puruṣān：行动敏捷之人。D：傍侍者。K：傍人。

javanān：(javana) adj. m. pl. Ac. 迅速、敏捷。修饰 puruṣān。

puruṣān：(puruṣa) m. pl. Ac. 人。

◆saṃpreṣayet：(saṃ-pra-√iṣ) caus. opt. 3. sg. P. 派遣、差使。D：遣。K：遣。

4-26-2. gacchata mārṣāḥ etam puruṣam śīghram ānayadhvam：'贤士们啊，快去把那人追回来。'

◆gacchata：(√gam) imv. 2. pl. P.（你们）去。D：追。K：追。

◆mārṣāḥ：(mārṣa) m. pl. V. 仁者、贤士。

◆etam puruṣam：这个人。

etam：(etad) pron. m. sg. Ac. 这。限定 puruṣam。

puruṣam：(puruṣa) m. sg. Ac. 人。

◆śīghram：adv. 迅速、飞快。D：（无）。K：急。

◆ānayadhvam：(ā-√nī) imv. 2. pl. A.（你们）带来、领来。D：令还。K：将还。

4-27

D：（无）。

K："尔时使者，疾走往捉。

atha khalu bhagavaṃs te puruṣāḥ sarva eva javena pradhāvitvā taṃ daridra-puruṣam adhyālambeyuḥ："世尊啊，于是这些人全都飞快地跑了出去，抓住了

这个穷人。↔新主题句,连动式

◆atha khalu:于是。D:(无)。K:尔时。句首小品词↔时间词,用作话题转换标记

◆bhagavan:(bhagavat)m. sg. V. 世尊啊。

◆te puruṣāḥ sarve:所有这些人。D:(无)。K:使者。N. ↔主题兼主语

te:(tad)pron. m. pl. N. 这些。限定 puruṣāḥ。

puruṣāḥ:(puruṣa)m. pl. N. 人。

sarve:(sarva)adj. m. pl. N. 全部、所有、一切。修饰 puruṣāḥ。

◆eva:adv. 确实。

◆javena:adv. 迅速地。D:(无)。K:疾。

◆pradhāvitvā:(pra-√dhāv)ger. 奔跑。D:(无)。K:走往。ger. 结构 ↔ VP1

◆tam daridra-puruṣam:这个穷人。

tam:(tad)pron. m. sg. Ac. 这。限定 daridra-puruṣam。

daridra-puruṣam:(daridra-puruṣa)m. sg. Ac. 穷人。持业释(形容词关系)。

◆adhyālambeyuḥ:(adhy-ā-√lamb)opt. 3. pl. P. 抓住。D:(无)。K:捉。核心动词↔VP2

4-28

D:"遑懅躄地,谓追者曰:'我不相犯,何为见捉?'

K:"穷子惊愕,称怨大唤:'我不相犯,何为见捉?'

atha khalu bhagavan sa daridra-puruṣas tasyāṃ velāyāṃ bhītas trastaḥ saṃvignaḥ saṃhṛṣṭa-roma-kūpa-jāta udvigna-mānaso dāruṇam ārta-svaraṃ muñced āraved viravet /nāhaṃ yuṣmākaṃ kiṃ-cid aparādhyāmīti vācaṃ bhāṣet:"世尊啊!这时这个穷人惶恐不安,毛骨悚然,惊慌失措,于是痛哭尖叫,发出可怕的哀号,喊道:'我根本没有冒犯得罪你们。'↔新主题句,连动式

◆atha khalu：于是、这时。

◆bhagavan：(bhagavat) m. sg. V. 世尊啊。

◆saḥ daridra-puruṣaḥ：这个穷人。D：(无)。K：穷子。N. ↔主题兼主语

saḥ：(tad) pron. m. sg. N. 这。限定 daridra-puruṣaḥ。

daridra-puruṣaḥ：(daridra-puruṣa) m. sg. N. 穷人。持业释(形容词关系)。

◆tasyām velāyām：这个时候。

tasyām：(tad) pron. f. sg. L. 这。限定 velāyā。

velāyām：(velā) f. sg. L. 时候。

◆bhītaḥ trastaḥ saṃvignaḥ saṃhṛṣṭa-roma-kūpa-jātaḥ udvigna-mānasaḥ：惶恐不安，毛骨悚然，心慌意乱，修饰 daridra-puruṣaḥ。

D：遑懅躄地。K：惊愕。——连动式的 VP1。

bhītaḥ：(√bhī) ppp. m. sg. N. 惧怕。

trastaḥ：(√tras) ppp. m. sg. N. 惊恐。

saṃvignaḥ：(saṃ-√vij) ppp. m. sg. N. 惊慌、不安。

saṃhṛṣṭa-roma-kūpa-jātaḥ：(saṃhṛṣṭa-roma-kūpa-jāta) ppp. m. sg. N. 毛发直立。依主释(业格关系)。

udvigna-mānasaḥ：(udvigna-mānasa) adj. m. sg. N. 心慌意乱。持业释(形容词关系)。

◆dāruṇam ārta-svaram muñcet āravet viravet：痛哭嚎叫，发出可怕的哀号。

D：(无)。

K：称怨大唤。——连动式的 VP2。

dāruṇam：(dāruṇa) adj. m. sg. Ac. 可怕的。修饰 ārta-svaram。

ārta-svaram：(ārta-svara) m. sg. Ac. 哀号。

muñcet：(√muc) opt. 3. sg. P. 发出、释放。

āravet：(ā-√ru) opt. 3. sg. P. 哭喊、嚎叫。

viravet：(vi-√ru) opt. 3. sg. P. 痛哭、尖叫。

◆na aham yuṣmākam kiṃ-cit aparādhyāmi iti:‘我根本没有冒犯你们。’

D:我不相犯,何为见捉? iti 结构↔直接引语

K:我不相犯,何为见捉? iti 结构↔直接引语

na:adv. 不,非,无。D:不。K:不。

aham:(mad)pers. 1. sg. N. 我。D:我。K:我。

yuṣmākam:(yuṣmad)pers. 2. pl. G. 你们。D:相。K:相。

kiṃ-cit:inter. n. sg. N. 任何、有点儿。

aparādhyāmi:(apa-√rādh)pres. 1. sg. P.(我)冒犯、得罪。D:犯。K:犯。

iti:adv. 这样(说)。

◆vācam:(vāc)m. sg. Ac. 话语。

◆bhāṣet:(√bhāṣ)opt. 3. sg. P. 说、讲。

D:谓……曰。——连动式的 VP2

K:(无)。

4-29

D:“侍者执之,俱诣长者。

K:“使者执之愈急,强牵将还。

atha khalu te puruṣā balāt-kāreṇa taṃ daridra-puruṣaṃ viravantam apy ākarṣeyuḥ:“于是这些人用力把这个正在大叫的穷人将牵来。↔新主题句

◆atha khalu:于是。

◆te puruṣāḥ:这些人。D:侍者。K:使者。

te:(tad)pron. m. pl. N. 这些。限定 puruṣāḥ。

puruṣāḥ:(puruṣa)m. pl. N. 人。

◆balāt-kāreṇa:(balāt-kāra)m. sg. I. 用力。依主释(属格关系)。D:(无)。K:愈急。

balāt:(bala)n. sg. Ab. 力量。kāra:m. 运用、行使。

◆tam daridra-puruṣam viravantam：这个痛哭尖叫的穷人。D：之。K：之。

tam：(tad) pron. m. sg. Ac. 这。限定 daridra-puruṣam。

daridra-puruṣam：(daridra-puruṣa) m. sg. Ac. 穷人。持业释(形容词关系)。

viravantam：(vi-√ru) ppt. A. m. sg. Ac. 痛哭、尖叫。

◆api：adv. 也、即使。

◆ākarṣeyuḥ：(ā-√kṛṣ) opt. 3. pl. P. 拖来、拉回。D：执。K：执、强牵将还。

4－30

D：(无)。

K："于时穷子，自念无罪，而被囚执，此必定死；转更惶怖，闷绝躄地。

atha khalu sa daridra-puruṣas bhītas trastas saṃvignas udvigna-mānasa evaṃ ca cintayet/mā tāvad ahaṃ vadhyo daṇḍyo bhaveyaṃ naśyāmīti /sa mūrcchito dharaṇyāṃ prapated visaṃjñaś ca syāt："这时，这个穷人惊恐惧怕，毛骨悚然，慌乱不安，心想：'我该不会遭受杖笞痛打，以至毙命吧。'于是他昏倒在地，失去意识。↔新主题链

4－30－1. atha khalu saḥ daridra-puruṣaḥ bhītaḥ trastaḥ saṃvignaḥ udvigna-mānasaḥ evaṃ ca cintayet：这时，这个穷人惊恐惧怕，毛骨悚然，慌乱不安，心想：

D：(无)。

K：于时穷子，自念。

◆atha khalu：于是、这时。D：(无)。K：于时。句首小品词↔介词短语，用作话题转换标记

◆saḥ daridra-puruṣaḥ：这个穷人。D：(无)。K：穷子。N. ↔主题兼主语

saḥ：(tad) pron. m. sg. N. 这。限定 daridra-puruṣaḥ。

daridra-puruṣaḥ：(daridra-puruṣa) m. sg. N. 穷人。持业释(形容词关

系）。

◆bhītaḥ trastaḥ saṃvignaḥ udvigna-mānasaḥ：惊恐惧怕、心慌意乱。修饰 daridra-puruṣaḥ。

bhītaḥ：(√bhī) ppp. m. sg. N. 惧怕。

trastaḥ：(√tras) ppp. m. sg. N. 惊恐。

saṃvignaḥ：(saṃ-√vij) ppp. m. sg. N. 惊慌、不安。

udvigna-mānasaḥ：(udvigna-mānasa) adj. m. sg. N. 心慌意乱。持业释（形容词关系）。

◆evam ca cintayet：这样思量。

evam：adv. 这样。

ca：conj. 又。

cintayet：(√cint) caus. opt. 3. sg. P. 思量、考虑。D：（无）。K：自念。

4-30-2. mā tāvat aham vadhyaḥ daṇḍyaḥ bhaveyam naśyāmi iti：'我该不会遭受杖笞痛打，以至毙命吧。'

D：（无）。

K：无罪而被囚执，此必定死。evam 的同位成分↔直接引语

◆mā：adv. 不要。D：（无）。K：无罪。

◆tāvat：adv. 这样、乃至。

◆aham：(mad) pers. 1. sg. N. 我。

◆vadhyaḥ daṇḍyaḥ bhaveyam：遭受杖笞痛打。D：（无）。K：被囚执。

vadhyaḥ：(√vadhaya) fpp. m. sg. N. 杀戮、受伤。

daṇḍyaḥ：(√daṇḍaya) fpp. m. sg. N. 杖笞、痛打。

bhaveyam：(√bhū) opt. 1. sg. P. 变成、存在。D：（无）。K：必定 -。

◆naśyāmi：(√naś) pres. 1. sg. P.（我）损坏、毁灭。D：（无）。K：死。

◆iti：adv. 这样（想）。

4-30-3. saḥ mūrcchitaḥ dharaṇyām prapatet visaṃjñaḥ ca syāt：他昏倒在地，失去意识。

D:(无)。

K:转更惶怖,闷绝躄地。

◆saḥ:(tad)pron. m. sg. N. 这。

◆mūrcchitaḥ:(√mūrch)ppp. m. sg. N. 闷绝、昏厥。D:(无)。K:闷绝。

◆dharaṇyām:(dharaṇī)f. sg. L. 地上。D:(无)。K:地。

◆prapatet:(pra-√pat)opt. 3. sg. P. 坠落、摔倒。D:(无)。K:躄。

◆visaṃjñaḥ ca syāt:丧失了意识。D:(无)。K:惶怖。

visaṃjñaḥ:(visaṃjña)adj. m. sg. N. 无意识。

ca:conj. 又。

syāt:(√as)opt. 3. sg. P. 是。

4-31

D:"长者告曰:'勿恐勿惧,吾为子勤,广修产业,帑藏充实。与子别久,数思相见,年高力弊,父子情重。将入家内,在于众辈,不与共语。'

K:"父遥见之,而语使言:'不须此人,勿强将来。以冷水洒面,令得醒悟,莫复与语。'

āsane cāsya sa pitā bhavet / sa tān puruṣān evaṃ vadet / mā bhavanta etaṃ puruṣam ānayantv 'ti tam evaṃ śītalena vāriṇā parisiñcitvā na bhūya ālapet:"这个人的父亲在座位上,对那些人这样说道:'你们不要强行把这人带来,先用凉水浇醒他,不再跟他说更多。'↔新主题句

4-31-1. āsane ca asya saḥ pitā bhavet:这个人的父亲在座位上。

◆āsane:(āsana)n. sg. L. 座位。

◆ca:conj. 又。

◆asya saḥ pitā:这个人的父亲。D:长者。K:父。N. ↔主题兼主语

asya:(idam)dem. m. sg. G. 这。

saḥ:(tad)pron. m. sg. N. 这。限定 pitā。

pitā:(pitṛ)m. sg. N. 父亲。

◆bhavet:(√bhū)opt. 3. sg. P. 当变成、当存在。

4－31－2. saḥ tān puruṣān evam vadet:他对那些人这样说道:

D:告曰:

K:而语使言:

◆saḥ:(tad)pers. 3. sg. N. 他。

◆tān puruṣān:这些人。D:(无)。K:使。

tān:(tad)pron. m. pl. Ac. 这些。限定 puruṣān。

puruṣān:(puruṣa)m. pl. Ac. 人。

◆evam:adv. 这样。

◆vadet:(√vad)opt. 3. sg. P. 说、讲。D:告曰。K:语……言。

4－31－3. mā bhavantaḥ etam puruṣam ānayantu ati tam evam śītalena vāriṇā parisiñcitvā na bhūyas ālapet:'你们不要强行把这人带来,先用凉水浇醒他,不再跟他说更多。'

D:将入家内,在于众辈,不与共语。evam 的同位成分↔直接引语

K:不须此人,勿强将来。以冷水洒面,令得醒悟,莫复与语。evam 的同位成分↔直接引语

◆mā:adv. 不要。D:(无)。K:不须、勿。

◆bhavantaḥ:(√bhū)ppt. m. pl. N. 您们。

◆etam puruṣam:这个人。D:(无)。K:此人。

etam:(etad)pron. m. sg. Ac. 这。限定 puruṣam。

puruṣam:(puruṣa)m. sg. Ac. 人。

◆ānayantu:(ā-√nī)imv. 3. pl. P. 带来、领回。D:将入。K:将来。

◆ati:prep.(附于名词、代词之前时)过度、极其。D:(无)。K:强。

◆tam:(tad)pron. m. sg. Ac. 这。

◆evam:adv. 确实。

◆śītalena vāriṇā:用凉水。D:(无)。K:以冷水。I. ↔介词短语做状语,表工具

śītalena:(śītala) adj. n. sg. I. 清凉、清冷。修饰 vāriṇā。

vāriṇā:(vāri) n. sg. I. 水。

◆parisiñcitvā:(pari-√sic) ger. 浇洒。D:(无)。K:洒面。

◆na:adv. 不,非,无。D:不。K:莫。

◆bhūyas:adv. 更加、再。D:(无)。K:复。

◆ālapet:(ā-√lap) opt. 3. sg. P. 说。D:与共语。K:与语。

4-32

D:"所以者何?父知穷子志存下劣,不识福父,久久意悟色和知名,又见琦珍。长者言曰:'是吾子也。'

K:"所以者何?父知其子志意下劣,自知豪贵为子所难,审知是子。

tat kasya hetoḥ/jānāti sa gṛha-patis tasya daridra-puruṣasya hīnādhimuktikatām ātmanaś codāra-sthāmatāṃ jānīte ca mamaiṣa putra iti:"为什么?这位家长知道这个穷人信仰低下,而自己高贵强势,自知:'这是我的儿子。'↔新主题句

4-32-1. tat kasya hetoḥ:为什么?

D:所以者何?K:所以者何?——特指问句,有转换话题的功能

◆tat:pron. n. sg. N. 这。D:所以者。K:所以者。

◆kasya hetoḥ:什么原因。D:所以者。K:何。

kasya:(kim) inter. m. sg. G. 什么。修饰 hetoḥ。

hetoḥ:(hetu) m. sg. G. 原因。

4-32-2. jānāti saḥ gṛha-patiḥ tasya daridra-puruṣasya hīna-adhimuktikatāmātmanaḥ ca udāra-sthāmatām:这位家长知道这个穷人信仰低下,而自己高贵强势。

D:父知穷子志存下劣。

K:父知其子志意下劣,……豪贵。

◆jānāti:(√jñā) pres. 3. sg. P. 知道。D:知。K:知。

◆saḥ gṛha-patiḥ:这位家长。D:父。K:父。N. ↔主题兼主语

saḥ：(tad) pron. m. sg. N. 这。限定 gṛha-patiḥ。

gṛha-patiḥ：(gṛha-pati) m. sg. N. 家长。

◆tasya daridra-puruṣasya：这个穷人的。D：穷子。K：其子。

tasya：(tad) pron. m. sg. G. 这。限定 daridra-puruṣasya。

daridra-puruṣasya：(daridra-puruṣa) m. sg. G. 穷人。持业释(形容词关系)。

◆hīna-adhimuktikatām：(hīna-adhimukatā) adj. f. sg. Ac. 信仰低下。D：志存下劣。K：志意下劣。

◆ātmanaḥ：(ātman) m. sg. G. 自我、自身。D：(无)。K：自。

◆ca：conj. 然而。

◆udāra-sthāmatām：(udāra-sthāmatā) f. sg. Ac. 高贵强势。持业释(形容词关系)。D：色和知名。又见琦珍。K：豪贵。

udāra：adj. 高贵。sthāmatā：f. 有势力、地位。

4－32－3. jānīte ca mama eṣaḥ putraḥ iti：自知：'这是我的儿子。'

D：(无)。K：自知……审知是子。

◆jānīte：(√jñā) pres. 3. sg. A. 知道。D：(无)。K：自知、审知。

◆ca：conj. 又。

◆mama：(mad) pers. 1. sg. G. 我的。

◆eṣaḥ：(etad) pron. m. sg. N. 这。D：(无)。K：是。

◆putraḥ：(putra) m. sg. N. 儿子。D：子。K：子。

◆iti：adv. 这样(想)。

4－33

D："以权告子：

K："而以方便，不语他人云是我子。

atha khalu bhagavan sa gṛha-patir upāya-kauśalyena na kasya-cid ācakṣen mamaiṣa putra iti："世尊啊！于是这位家长运用方便善巧，而不告诉任何

人：‘这是我的儿子。’ ↔4 -32. 的后续子句

◆atha khalu：于是、这时。

◆bhagavan：(bhagavat) m. sg. V. 世尊啊。

◆saḥ gṛha-patiḥ：这位家长。D：长者。N. ↔主题兼主语 K：(无)。

saḥ：(tad) pron. m. sg. N. 这。限定 gṛha-patiḥ。

gṛha-patiḥ：(gṛha-pati) m. sg. N. 家长。

◆upāya-kauśalyena：(upāya-kauśalya) n. sg. I. 用方便善巧。相违释。D：以权。K：以方便。I. ↔介词短语做状语，表工具手段

◆na：adv. 不，非，无。D：(无)。K：不。

◆kasya-cit：(kim-cit) inter. m. sg. G. 任何。D：(无)。K：他人。

◆ācakṣet：(ā-√cakṣ) opt. 3. sg. P. 说、告诉。D：言、告。K：语。

◆mama eṣaḥ putra：这是我的儿子。D：是吾子也。K：(无)。

mama：(mad) pers. 1. sg. G. 我的。D：吾。K：我。

eṣaḥ：(etad) pron. m. sg. N. 这。

putraḥ：(putra) m. sg. N. 儿子。D：子。K：子。

◆iti：adv. 这样(说)。D：曰。K：云。

4 -34

D：“‘今且恣汝，随意所奉。’

K：“使者语之：‘我今放汝，随意所趣。’

atha khalu bhagavan sa gṛha-patir anyataraṃ puruṣam āmantrayet /gaccha tvaṃ bhoḥ puruṣa /enaṃ daridra-puruṣam evaṃ vadasva /gaccha tvaṃ bhoḥ puruṣa yenākāṅkṣasi mukto 'si /evaṃ vadati sa puruṣas tasmai pratiśrutya yena sa daridra-puruṣas tenopasaṃkrāmed upasaṃkramya taṃ daridra-puruṣam evaṃ vadet /gaccha tvaṃ bhoḥ puruṣa yenākāṅkṣasi mukto 'sīti：“世尊啊！这时这位家长告诉另外一个人：‘先生啊，你过去，这么对那个穷人说：“走吧，先生！你被放了，任凭你想做什么都行。”’这个人听到这样对他说后，走近那个穷

人，之后便这样对穷人说道：'走吧，先生！你被放了，任凭你想做什么都行。'↔新主题句

4－34－1. atha khalu bhagavan saḥ gṛha-patiḥ anyataram puruṣam āmantrayet：世尊啊！这时这位家长告诉另外一个人：

◆atha khalu：于是、这时。

◆bhagavan：(bhagavat) m. sg. V. 世尊啊。

◆saḥ gṛha-patiḥ：这位家长。

saḥ：(tad) pron. m. sg. N. 这。限定 gṛha-patiḥ。

gṛha-patiḥ：(gṛha-pati) m. sg. N. 家长。

◆anyataram puruṣam：另一个人。

anyataram：(anyatara) compar. m. sg. Ac. 另外、二者之一。

puruṣam：(puruṣa) m. sg. Ac. 人。

◆āmantrayet：(ā-√mantraya) opt. 3. sg. P. 告诉。

4－34－2. gaccha tvam bhos puruṣa enam daridra-puruṣam evam vadasva：'先生啊，你过去，这么对那个穷人说：

◆gaccha：(√gam) imv. 2. sg. P. (你)去。

◆tvam：(tvad) pers. 2. N. 你。

◆bhos：interj. 嗨。

◆puruṣa：(puruṣa) m. sg. V. 人。

◆enam daridra-puruṣam：那个穷人。

enam：(ena) pron. m. sg. Ac. 这。限定 daridra-puruṣam。

daridra-puruṣam：(daridra-puruṣa) m. sg. Ac. 穷人。持业释(形容词关系)。

◆evam：adv. 这样。

◆vadasva：(√vad) imv. 2. sg. A. (你)说、讲。

4－34－3. gaccha tvam bhos puruṣa yena ākāṅkṣasi muktaḥ asi："走吧，先生！你被放了，任凭你想做什么都行。" 解析见 4－34－5.

4－34－4. evam vadati saḥ puruṣaḥ tasmai pratiśrutya yena saḥ daridra-puruṣa tena upasaṃkrāmet upasaṃkramya tam daridra-puruṣam evam vadet：这个人听到这样对他说后，走近那个穷人，之后便这样对穷人说道：

D：（无）。K：使者语之。

◆evam：adv. 这样。

◆vadati：（√vad）pres. 3. sg. P. 说、讲。

◆saḥ puruṣaḥ：这个人。D：（无）。K：使者。N. ↔主题兼主语

saḥ：（tad） pron. m. sg. N. 这。限定 puruṣaḥ。

puruṣaḥ：（puruṣa）m. sg. N. 人。

◆tasmai：（tad）pers. 3. sg. D. 对他。

◆pratiśrutya：（prati-√śru）ger. 听后。

◆yena saḥ daridra-puruṣaḥ tena：向着这个穷人。

yena…tena：prep. 面对、朝向。

saḥ：（tad） pron. m. sg. N. 这。

daridra-puruṣaḥ：（daridra-puruṣa）m. sg. N. 穷人。持业释（形容词关系）。

◆upasaṃkrāmet：（upa-saṃ-√kram）opt. 3. sg. P. 走近。

◆upasaṃkramya：（upa-saṃ-√kram）ger. 走近后。

◆tam daridra-puruṣam：这个穷人。D：（无）。K：之。

tam：（tad）pron. m. sg. Ac. 这。限定 daridra-puruṣam。

daridra-puruṣam：（daridra-puruṣa）m. sg. Ac. 穷人。持业释（形容词关系）。

◆vadet：（√vad）opt. 3. sg. P. 当说、讲。D：（无）。K：语。

4－34－5. gaccha tvam bhos puruṣa yena ākāṅkṣasi muktaḥ asi iti："走吧，先生！你被放了，任凭你想做什么都行。"

D：今且恣汝，随意所奉。iti 结构↔直接引语

K：我今放汝，随意所趣。iti 结构↔直接引语

◆gaccha tvam bhos puruṣa:先生,你走吧。

◆yena:(yad) rel. m. sg. I. →prep. 由此、任凭。D:随。K:随。

◆ākāṅkṣasi:(ā-√kāṅkṣ) pres. 2. sg. P. (你)渴望。D:意所奉。K:意所趣。

◆muktaḥ asi:(你)得解脱。D:今且恣汝。K:今放汝。

muktaḥ:(√muc) ppp. m. sg. N. 得解脱。

asi:(√as) pres. 2. sg. P. (你)是。

◆iti:这样(说)。

4-35

D:"穷子怪之,得未曾有,则从坐起,行诣贫里,求衣索食。

K:"穷子欢喜,得未曾有,从地而起,往至贫里、以求衣食。

atha khalu sa daridra-puruṣa idaṃ vacanaṃ śrutvāścaryādbhuta-prāpto bhavet /sa utthāya tasmāt pṛthivī-pradeśād yena daridra-vīthī tenopasaṃkrāmed āhāra-cīvara-paryeṣṭi-hetoḥ:"这时,这个穷人听到这番话,深感惊奇。他从地上站起后,便走向穷乡僻壤,求索衣食。↔新主题句,连动式

4-35-1. atha khalu saḥ daridra-puruṣaḥ idam vacanam śrutvā āścarya-adbhuta-prāptaḥ bhavet 这时,这个穷人听到这番话,深感惊奇。

◆atha khalu:于是、这时。

◆saḥ daridra-puruṣaḥ:这个穷人。D:穷子。K:穷子。N. ↔主题兼主语

saḥ:(tad) pron. m. sg. N. 这。限定 daridra-puruṣaḥ。

daridra-puruṣaḥ:(daridra-puruṣa) m. sg. N. 穷人。持业释(形容词关系)。

◆idam vacanam:这番话。

idam:dem. n. sg. Ac. 这。限定 vacanam。

vacanam:(vacana) n. sg. Ac. 话语。

◆śrutvā:(√śru) ger. 听后。

4－35－2. āścarya-adbhuta-prāptaḥ bhavet：感到无比惊奇。

D：怪之，得未曾有。核心动词句↔连动式的 VP1

K：欢喜，得未曾有。核心动词句↔连动式的 VP1

◆āścarya-adbhuta-prāptaḥ：（āścarya-adbhuta-prāpta）ppp. m. sg. N. 感到无比惊奇。依主释（业格关系）。D：得未曾有。K：得未曾有。

āścarya-adbhuta：惊奇稀有。相违释。

prāpta：（pra-√āp）ppp. 获得。

◆bhavet：（√bhū）opt. 3. sg. P. 是。助动词。

4－35－3. saḥ utthāya tasmāt pṛthivī-pradeśāt：他从地上站起。

D：则从坐起。ger. 结构↔连动式的 VP2

K：从地而起。ger. 结构↔连动式的 VP2

◆saḥ：（tad）pers. 3. sg. N. 他。

◆utthāya：（ud-√sthā）ger. 站起、起身。D：起。K：起。

◆tasmāt pṛthivī-pradeśāt：从地上。D：从坐。K：从地。Ab. ↔介词短语做状语，表起点

tasmāt：（tad）pron. m. sg. Ab. 这。

pṛthivī-pradeśāt：（pṛthivī-pradeśa）m. sg. Ab. 地区。相违释。

4－35－4. yena daridra-vīthī tena upasaṃkrāmet āhāra-cīvara-paryeṣṭi-hetoḥ：前往贫穷集市，求索衣食。

D：行诣贫里。求衣索食。核心动词句↔连动式的 VP3

K：往至贫里，以求衣食。核心动词句↔连动式的 VP3

◆yena daridra-vīthī tena：向贫穷集市。D：贫里。K：贫里。

yena…tena：prep. 对着……、向着……。

daridra-vīthī：f. sg. N. 贫穷集市。

◆upasaṃkrāmet：（upa-saṃ-√kram）opt. 3. sg. P. 走向、前往。D：行诣。K：往至。

◆āhāra-cīvara-paryeṣṭi-hetoḥ：（āhāra-cīvara-paryeṣṭi-hetu）m. sg. G. 为了

觅求衣食。依主释(属格关系)。

D:求衣索食。

K:以求衣食。G. ↔"以-"做目的补语

4-36

D:"父知子缘,方便与语:

K:"尔时长者将欲诱引其子而设方便,密遣二人,形色憔悴无威德者:

atha khalu sa gṛha-patis tasya daridra-puruṣasyākarṣaṇa-hetor upāya-kauś alyaṃ prayojayet/ sa tatra dvau puruṣau prayojayed durvarṇāv alpaujaskau:"这时,这位家长为了吸引穷人,运用方便善巧,把两个没精打采、长相丑陋之人派去那里。↔新主题句

4-36-1. atha khalu saḥ gṛha-patis tasya daridra-puruṣasya ākarṣaṇa-hetos upāya-kauśalyam prayojayet:于是这位家长为了吸引穷人,运用方便善巧。

◆atha khalu:于是。D:(无)。K:尔时。句首小品词↔时间词,用作题转换标记

◆saḥ gṛha-patiḥ:这位家长。D:父。K:长者。N. ↔主题兼主语

saḥ:(tad) pron. m. sg. N. 这。限定 gṛha-patiḥ。

gṛha-patiḥ:(gṛha-pati) m. sg. N. 家长。

◆tasya daridra-puruṣasya ākarṣaṇa-hetoḥ:为召回这个穷人。

D:(无)。K:欲诱引其子。G. ↔"欲-"做目的状语

tasya:(tad) pron. m. sg. G. 这。限定 daridra-puruṣasya。

daridra-puruṣasya:(daridra-puruṣa) m. sg. G. 穷人。持业释(形容词关系)。

ākarṣaṇa-hetoḥ:(ākarṣaṇa-hetu) m. sg. G. 为了召回。依主释(属格关系)。

ākarṣaṇa:n. 吸引、召回。hetu:m. 因、缘。

◆upāya-kauśalyam:(upāya-kauśalya) n. sg. Ac. 方便善巧。相违释。D:

方便。K:方便。

◆prayojayet:(pra-√yuj)caus. opt. 3. sg. P. 使用。D:(无)。K:将设。

4－36－2. saḥ tatra dvau puruṣau prayojayet durvarṇāu alpa-ojaskau:他把两个没精打采、长相丑陋之人派去那里。

D:(无)。

K:密遣二人,形色憔悴无威德者。↔4－36－1. 的后续子句

◆saḥ:(tad)pers. 1. sg. N. 他。

◆tatra:adv. 这里。

◆dvau puruṣau:二个人。D:(无)。K:二人。

dvau:(dva)num. m. Ac. 二个。

puruṣau:(puruṣa)m. du. Ac. 人。

◆prayojayet:(pra-√yuj)caus. opt. 3. sg. P. 使用。D:(无)。K:遣。

◆durvarṇāu:(dur-varṇa)m. du. Ac. 丑陋、色衰。修饰 puruṣau。D:(无)。K:形色憔悴。

◆alpaujaskau:(alpaujaska)adj. m. du. Ac. 没精打采、精力匮乏。修饰 puruṣau。D:(无)。K:无威德。

4－37

D:"'汝便自去,与小众俱。子来至此而再致印,曰:"至此宅有所调饰。"父付象马,即令粗刁。

K:"'汝可诣彼,徐语穷子:"此有作处,倍与汝直。"穷子若许,将来使作。

gacchatāṃ bhavantau yo 'sau puruṣa ihāgato 'bhūt /taṃ yuvāṃ dvi-guṇayā divasa-mudrayātma-vacanenaiva bharayitveha mama niveśane karma kārāpayethām:"你们二位过去,如果那人回到这里,你们就用自己的话答应他'双倍报酬',雇用他在我家里干活。imv. ↔祈使句

4－37－1. gacchatām bhavantau yas asau puruṣas iha āgatas abhūt:您们二位

过去,如果那人回到这里。

D:汝便自去,与小众俱。子来至此。

K:汝可诣彼,徐语穷子。……穷子若许。

◆gacchatām:(√gam)imv. 2. du. P. 请(你俩)去。D:自去。K:可诣。

◆bhavantau:(√bhū)ppt. m. du. V. 您二位。D:汝。K:汝。

◆yaḥ:(yad)rel. m. sg. N. 这。D:(无)。K:若。

◆asau puruṣaḥ:那个人。D:子。K:穷子。

asau:(adas)dem. m. sg. N. 那。

puruṣaḥ:(puruṣa)m. sg. N. 人。

◆iha:adv. 这里。D:此。K:彼。

◆āgataḥ abhūt:来到。D:来至。K:许。

āgataḥ:(ā-√gam)ppp. m. sg. N. 回来。

abhūt:(√bhū)aor. 3. sg. P. 是。

4-37-2. tam yuvām dvi-guṇayā divasa-mudrayā ātma-vacanena eva bharayitvā iha mama niveśane karma kārāpayethām:你俩就用自己的话答应他'双倍报酬',雇用他在我家里干活。

D:再致印,曰:"至此宅有所调饰。"父付象马,即令粗习。

K:"此有作处,倍与汝直。"……将来使作。

◆tam:(tad)pron. m. sg. Ac. 这。

◆yuvām:(tvad)pers. 2. du. N. 你俩。

◆dvi-guṇayā divasa-mudrayā:用两倍的工钱。D:印。K:倍直。

dvi-guṇayā:(dvi-guṇā)adj. f. sg. I. 两倍。修饰 divasa-mudrayā。D:(无)。K:倍。

divasa-mudrayā:(divasa-mudrā)f. sg. I. 日薪、工钱。依主释(属格关系)。D:印。K:直。

divasaḥ:m. 白天。mudrā:f. 封印。

◆ātma-vacanena:(ātma-vacana)n. sg. I. 用自己的话。依主释(属格关

系）。

ātma：（ātman）m. 自己。vacana：n. 话。

◆eva：adv. 确实。

◆bharayitvā：（√bhṛ）caus. ger. 雇佣后。D：致。K：与。

◆iha mama niveśane：在我家这里。D：此宅。K：此。

iha：adv. 这里。

mama：（mad）pers. 1. sg. G. 我的。

niveśane：（niveśana）n. sg. L. 住宅。

◆karma：（karman）n. sg. Ac. 事情、工作。D：有所调饰。K：作处。

◆kārāpayethām：（√kṛ）caus. imv. 2. du. P. 使唤、命令。D：令粗习。K：使作。

4－38

D："假有问者，答亦如之：'当调车马，严治宝物，恣意赐与。'

K："'若言："欲何所作？"便可语之："雇汝除粪。我等二人亦共汝作。"'

sacet sa evaṃ vadet kiṃ karma kartavyam iti sa yuvābhyām evaṃ vaktavyaḥ saṃskāra-dhānaṃ śodhayitavyaṃ sahāvābhyām iti："如果他问：'该干甚么活？'你俩可以这样对他说：'和我俩一起清理粪池。'↔新主题链，假设复句

4－38－1. sacet saḥ evam vadet kim karma kartavyam iti：如果他问：'该干甚么活？'

D：假有问者。sacet 引导的从句↔假设分句

K：若言："欲何所作？"sacet 引导的从句↔假设分句

◆sacet：adv. 如果。D：假。K：若。

◆saḥ：（tad）pers. 3. sg. N. 他。

◆evam：adv. 这样。

◆vadet：（√vad）opt. 3. sg. P. 说。D：问。K：言。

◆kim karma kartavyam iti："要干什么活？" evam 的同位成分。

D：（无）。K：欲何所作。

kim：inter. n. sg. N. 甚么。D：（无）。K：何。

karma：（karman）n. sg. N. 事业、工作。D：（无）。K：所作。

kartavyam：（√kṛ）fpp. n. sg. N. 从事、做。D：（无）。K：欲－。

iti：adv. 这样（说）。

4－38－2. saḥ yuvābhyām evam vaktavyaḥ saṃskāra-dhānam śodhayitavyam saha āvābhyām iti：你俩可以这样对他说：'和我俩一起清理粪池。'

D：答亦如之。——主句。

K：便可语之："雇汝除粪。我等二人亦共汝作。"——主句。"便"为增译的关联词。

◆saḥ：（tad）pers. 3. sg. N. 他。

◆yuvābhyām：（tvad）pers. 2. du. I. 你们俩。在此具格表施事。

◆evam：adv. 这样。D：如之。K：（无）。

◆vaktavyaḥ：（√vad）fpp. m. sg. N. 应该说、可以说。D：答。K：可语。

◆saṃskāra-dhānam śodhayitavyam saha āvābhyām iti："和我们俩一起清理粪池。" evam 的同位成分。

D：当调车马，严治宝物，恣意赐与。

K：雇汝除粪，我等二人亦共汝作。

saṃskāra-dhānam：（saṃskāra-dhāna）n. sg. N. 净器、粪池。依主释（属格关系）。D：（无）。K：粪。

saṃskāra：m. 净化。dhāna：n. 器皿、座位。

śodhayitavyam：（√śudh）caus. fpp. n. sg. N. 应该清理干净。D：当调、严治。K：除。

saha：adv. 和、一起。支配具格。D：（无）。K：共。

āvābhyām：（asmad）pers. 1. du. I. 和我俩。D：（无）。K：我等二人。du. ↔双数标记＋"二"

iti：adv. 这样（说）。

4－39

D："父求穷子所可赈给，具足如斯。

K："时二使人即求穷子，既已得之，具陈上事。

atha tau puruṣau taṃ daridra-puruṣaṃ paryeṣitvā tayā kriyayā saṃpādayetām：

"于是二人找到了那个穷人，达成此行。↔新主题句，连动式

◆atha：adv. 然后、现在。D：（无）。K：时。句首小品词↔时间词，用作话题转换标记

◆tau puruṣau：这两个人。D：（无）。K：二使人。N. ↔主题兼主语

tau：（tad）pron. m. du. N. 这。

puruṣau：（puruṣa）m. du. N. 人。

◆tam daridra-puruṣam：那个穷人。D：穷子。K：穷子。

tam：（tad）pron. m. sg. Ac. 这。限定 daridra-puruṣam。

daridra-puruṣam：（daridra-puruṣa）m. sg. Ac. 穷人。持业释（形容词关系）。

◆paryeṣitvā：（pari-ā-√iṣ）ger. 寻求。D：求。K：既已得。ger. 结构↔VP1

◆tayā kriyayā：此行。D：如斯。K：上事。

tayā：（tad）pron. f. sg. I. 这。限定 kriyayā。

kriyayā：（kriyā）f. sg. I. 行为。

◆saṃpādayetām：（saṃ-√pad）caus. opt. 3. du. P. 达成、实现。D：具足。K：具陈。核心动词↔VP2

4－40

D："时子于厩调习车马，缮治珍宝，转复教化家内小大。

K："尔时穷子先取其价，寻与除粪。

atha khalu tau dvau puruṣau sa ca daridra-puruṣo vetanaṃ gṛhītvā tasya mahā-dhanasya puruṣasyāntikāt tasminn eva niveśane saṃskāra-dhānaṃ śodhayeyuḥ/ tasyaiva ca mahā-dhanasya puruṣasya gṛha-parisare kaṭapali-kuñcikāyāṃ vāsaṃ kalpayeyuḥ:"然后,这二人和那个穷人从富人那里赚取了报酬,就在富人家里清理粪池,并住在紧临富人住宅的茅屋中。↔新主题句,连动式

4－40－1. atha khalu tau dvau puruṣau saḥ ca daridra-puruṣaḥ vetanam gṛhītvā tasya mahā-dhanasya puruṣasya antikāt tasmin eva niveśane saṃskāra-dhānam śodhayeyuḥ:然后,这二人和那个穷人从富人那里赚取了报酬,就在富人家里清理粪池。

◆atha khalu:于是。

D:时。K:尔时。句首小品词↔时间词,用作话题转换标记

◆tau dvau puruṣau saḥ ca daridra-puruṣaḥ:这二个人和那个穷子。

tau dvau puruṣau:这二人。

tau:(tad) pron. m. du. N. 这。

dvau:(dva) num. m. N. 二。

puruṣau:(puruṣa) m. du. N. 人。

saḥ daridra-puruṣaḥ:那个穷人。D:子。K:穷子。N. ↔主题兼主语

saḥ:(tad) pron. m. sg. N. 这。限定 daridra-puruṣaḥ。

daridra-puruṣaḥ:(daridra-puruṣa) m. sg. N. 穷人。持业释(形容词关系)。

ca:conj. 和、然而。

◆vetanam:(vetana) n. sg. Ac. 报酬、赁金。D:(无)。K:其价。

◆gṛhītvā:(√grah) ger. 执取、拿到。

D:(无)。

K:先取。ger. 结构↔VP1。"先"为增译提示词

◆tasya mahā-dhanasya puruṣasya antikāt:从这位大富之人身边。

tasya:(tad) pron. m. sg. G. 这。限定 puruṣasya。

mahā-dhanasya:(mahā-dhana) adj. m. sg. G. 巨大财富。修饰 puruṣasya。

puruṣasya：(puruṣa) m. sg. G. 人。

antikāt：(antika) n. sg. Ab. 附近、身边。

◆tasmin eva niveśane：说在这个住宅。D：于厩。L. ↔介词短语做地点状语 K：(无)。

tasmin：(ta) pron. n. sg. L. 这。限定 niveśane。

eva：adv. 确实。

niveśane：(niveśana) n. sg. L. 住宅。

◆saṃskāra-dhānam śodhayeyuḥ：清理粪池。

D：调习车马缮治珍宝。K：寻与除粪。核心动词↔VP2。"寻"为增译提示词

saṃskāra-dhānam：(saṃskāra-dhāna) n. sg. Ac. 净器、粪池。依主释(属格关系)。

śodhayeyuḥ：(√śudh) caus. opt. 3. pl. P. 清理干净。

4-40-2. tasya eva ca mahā-dhanasya puruṣasya gṛha-parisare kaṭapali-kuñcikāyām vāsam kalpayeyuḥ：并住在紧临这位富人住宅的茅屋中。

◆tasya mahā-dhanasya puruṣasya：这位富人的。

◆eva：adv. 确实。

◆ca：conj. 和、然而。

◆gṛha-parisare：(gṛha-parisara) m. sg. L. 毗邻房子的。依主释(属格关系)。

gṛha：n. 房屋。parisara：m. 附近、毗邻。

◆kaṭapali-kuñcikāyām：(kaṭapali-kuñcikā) f. sg. L. 茅草屋中。

◆vāsam：(vāsa) m. sg. Ac. 居住、住处。

◆kalpayeyuḥ：(√klp) caus. opt. 3. pl. P. 安排、布置。

4-41

D："父于窗牖遥见其子所为超绝。

K："其父见子，愍而怪之。又以他日，于窗牖中遥见子身，羸瘦憔悴，粪土尘坌，污秽不净。

sa cāḍhyaḥ puruṣo gavākṣa-vātāyanena taṃ svakaṃ putraṃ paśyet saṃkāra-dhānaṃ śodhayamānam / dṛṣṭvā ca punar āścarya-prāpto bhavet："这个富人通过窗户观看自己的儿子清理粪池，看见之后，再次感到惊奇。↔新主题句

4-41-1. saḥ ca āḍhyaḥ puruṣaḥ gavākṣa-vātāyanena tam svakam putram paśyet saṃkāra-dhānam śodhayamānam：这个富人通过窗户观看自己的儿子清理粪池。

D：父于窗牖遥见其子所为超绝。

K：其父……于窗牖中遥见子身，羸瘦憔悴，粪土尘坌，污秽不净。

◆saḥ ca āḍhyaḥ puruṣaḥ：这个富人。D：父。K：其父。N. ↔主题兼主语

saḥ：(tad) pron. m. sg. N. 这。限定 puruṣaḥ。

ca：conj. 和、然而。

āḍhyaḥ：(āḍhya) adj. m. sg. N. 富有。修饰 puruṣaḥ。

puruṣaḥ：(puruṣa) m. sg. N. 人。

◆gavākṣa-vātāyanena：(gavākṣa-vātāyana) n. sg. I. 通过窗户。相违释。

D：于窗牖。I. ↔介词短语，做状语，表起点

K：于窗牖中。I. ↔框式介词，做状语，表起点

gavākṣa：m. 窗户。vātāyana：n. 窗户、通风口。

◆tam svakam putram：自己的儿子。D：其子。K：子、子身。

tam：(tad) pron. m. sg. Ac. 这。限定 putram。

svakam：(svaka) adj. m. sg. Ac. 自己。修饰 putram。

putram：(putra) m. sg. Ac. 儿子。

◆paśyet：(√paś) opt. 3. sg. P. 观察、看见。D：遥见。K：见、遥见。

◆saṃkāra-dhānam śodhayamānam：清理粪池。

D：所为。K：羸瘦憔悴，粪土尘坌，污秽不净。

saṃskāra-dhānam：(saṃskāra-dhāna) n. sg. Ao. 净器、粪池。依主释(属

格关系)。

śodhayamānam:(√śudh)caus. ppt. A. m. sg. Ac. 清理干净。

4-41-2. dṛṣṭvā ca punar āścarya-prāptaḥ bhavet:看见之后,再次感到惊奇。

D:(无)。

K:见子,愍而怪之。

◆dṛṣṭvā:(√dṛś)ger. 看见后。

◆ca:conj. 和、然而。

◆punar:adv. 又,再。

◆āścarya-prāptaḥ:(āścarya-prāpta)adj. m. sg. N. 感到惊奇。依主释(业格关系)。D:超绝。K:怪之。

◆bhavet:(√bhū)opt. 3. sg. P. 是。助动词。

4-42

D:"脱故所著,沐浴其身,右手洗之,以宝璎珞香华被服,光曜其体,皆令清净,而告之曰:

K:"即脱璎珞、细软上服、严饰之具,更着麁弊垢腻之衣,尘土坌身,右手执持除粪之器,状有所畏。语诸作人:'汝等勤作,勿得懈息。'

atha khalu sa gṛha-patiḥ svakān niveśanād avatīryāpanayitvā mālyābharaṇāny apanayitvā mṛdukāni vastrāṇi caukṣāṇy udārāṇi malināni vastrāṇi prāvṛtya dakṣiṇena pāṇinā piṭakaṃ parigṛhya pāṃsunā sva-gātraṃ dūṣayitvā dūrata eva saṃbhāṣamāṇo yena sa daridra-puruṣas tenopasaṃkrāmed upasaṃkrāmyaivaṃ vadet/vahantu bhavantaḥ piṭakāni mā tiṣṭhata harata pāṃsūni:"于是这位家长从自己的住宅走下来,摘去花环和装饰,脱下高贵柔软的干净衣服,穿上污秽衣服,右手拎起土筐,用灰尘弄脏自己身体,从远处打着招呼,走近穷人,走近之后,这样说道:'您们背上土筐,运送尘土,不要停歇。'↔4-41. 的后续子句,连动式

4-42-1. atha khalu saḥ gṛha-patiḥ svakāt niveśanāt avatīrya:于是这位家长

从自己的住宅走下来。

◆atha khalu：于是。

◆saḥ gṛha-patiḥ：这位家长。

saḥ：（tad）pron. m. sg. N. 这。限定 gṛha-patiḥ。

gṛha-patiḥ：（gṛha-pati）m. sg. N. 家长。

◆svakāt niveśanāt：从自己的住宅。

svakāt：（svaka）adj. n. sg. Ab. 自己的。修饰 niveśanāt。

niveśanāt：（niveśana）n. sg. Ab. 住宅。

◆avatīrya：（ava-√tṝ）ger. 下来、降落。

4－42－2. apanayitvā mālya-ābharaṇāni：摘去花环和装饰。

D：脱。

K：即脱瓔珞。ger. 结构↔连动式的 VP1。

◆apanayitvā：（apa-√nī）ger. 带走、去除。D：脱。K：即脱。

◆mālya-ābharaṇāni：（mālya-ābharaṇa）n. pl. Ac. 花环和装饰。相违释。D：（无）。K：瓔珞。

mālya：n. 花环。ābharaṇa：n. 装饰。

4－42－3. apanayitvā mṛdukāni vastrāṇi caukṣāṇi udārāṇi：脱下高贵柔软的干净衣服。

D：脱故所著。ger. 结构↔连动式的 VP1

K：（即脱）细软上服、严饰之具。

◆apanayitvā：（apa-√nī）ger. 带走、去除。D：脱。K：即脱。

◆mṛdukāni vastrāṇi caukṣāṇi udārāṇi malināni vastrāṇi：高贵柔软的洁净衣服。D：故所著。K：细软上服、严饰之具。

mṛdukāni：（mṛduka）adj. n. pl. Ac. 柔软。修饰 vastrāṇi。

vastrāṇi：（vastra）n. pl. Ac. 衣服。

caukṣāṇi：（caukṣa）adj. n. pl. Ac. 洁净。修饰 vastrāṇi。

udārāṇi：（udāra）adj. n. pl. Ac. 高贵。修饰 vastrāṇi。

4－42－4. malināni vastrāṇi prāvṛtya：穿上污垢的衣服。

D：（无）。

K：更着麁弊垢腻之衣。ger. 结构↔连动式的 VP2

◆malināni vastrāṇi：脏衣服。D：（无）。K：麁弊垢腻之衣。

malināni：（malina）adj. n. pl. Ac. 污浊、肮脏。修饰 vastrāṇi。

vastrāṇi：（vastra）n. pl. Ac. 衣服。

◆prāvṛtya：（pra-ā-√vṛt）ger. 覆盖、穿。D：（无）。K：更着。

4－42－5. dakṣiṇena pāṇinā piṭakam parigṛhya：右手持筐。

D：（无）。

K：右手执持除粪之器。ger. 结构↔连动式的 VP3

◆dakṣiṇena pāṇinā：用右手。D：（无）。K：右手。

dakṣiṇena：（dakṣiṇa）m. n. sg. I. 右。

pāṇinā：（pāṇi）m. sg. I. 手掌。

◆piṭakam：（piṭaka）m. n. sg. Ac. 篮、筐。D：（无）。K：除粪之器。

◆parigṛhya：（pari-√grah）ger. 执持、拿。D：（无）。K：执持。

4－42－6. pāṃsunā sva-gātram dūṣayitvā：用灰尘弄脏自己身体。

D：（无）。

K：尘土坌身。ger. 结构↔VP4

◆pāṃsunā：（pāṃsu）m. sg. I. 尘土、灰。D：（无）。K：尘土。

◆sva-gātram：（sva-gātra）n. sg. Ac. 自己身体。持业释（形容词关系）。

D：（无）。K：身。

sva：adj. 自己的。gātra：n. 身体。

◆dūṣayitvā：（√duṣ）caus. ger. 沾污、弄脏。D：（无）。K：坌。

4－42－7. dūratas eva saṃbhāṣamāṇaḥ yena saḥ daridra-puruṣaḥ tena upasaṃkrāmet：从远处打着招呼，走近穷人。

◆dūratas：adv. 遥远。

◆eva：adv. 确实。

◆saṃbhāṣamāṇaḥ:(saṃ-√bhāṣ)ppt. A. m. sg. N. 迎接、问候。

◆yena saḥ daridra-puruṣaḥ tena:向这个穷人。

yena...tena:prep. 面对、朝向。

saḥ daridra-puruṣaḥ:这个穷人。

saḥ:(tad)pron. m. sg. N. 这。限定 daridra-puruṣaḥ。

daridra-puruṣaḥ:(daridra-puruṣa)m. sg. N. 穷人。持业释(形容词关系)。

◆upasaṃkrāmet:(upa-saṃ-√kram)opt. 3. sg. P. 走近。

4-42-8. upasaṃkrāmya evam vadet:走近以后,这样说道:

D:而告之曰。核心动词↔连动式的 VP2

K:语诸作人。核心动词↔连动式的 VP4

◆upasaṃkrāmya:(upa-saṃ-√kram)ger. 走近以后。

◆evam:adv. 这样。

◆vadet:(√vad)opt. 3. sg. P. 说。D:告曰。K:语。

4-42-9. vahantu bhavantaḥ piṭakāni mā tiṣṭhata harata pāṃsūni:“您们背上土筐,运送尘土,不要停歇。”

D:(无)。K:汝等勤作,勿得懈息。evam 的同位成分↔直接引语

◆vahantu:(√vah)imv. 3. pl. P. 背负、搬运。D:(无)。K:勤作。

◆bhavantaḥ:(√bhū)ppt. m. pl. N. 您们。D:(无)。K:汝等。

◆piṭakāni:(piṭaka)n. pl. Ac. 除粪器。

◆mā:adv. 不要。D:(无)。K:勿得。

◆tiṣṭhata:(√sthā)imv. 2. pl. P. (你们)停留、住立。D:(无)。K:懈息。

◆harata:(√hṛ)imv. 2. pl. P. 取走、运送。

◆pāṃsūni:(pāṃsu)n. pl. Ac. 尘土。

4-43

D:(无)。

K:“以方便故,得近其子。后复告言:

anenopāyena taṃ putram ālapet saṃlapec cainaṃ vadet:“借此方便,跟儿子攀谈,对他说:↔4 -41. 的后续子句

◆anena upāyena:凭借这种方便。D:(无)。K:以方便故。I. ↔“以……故”框式结构做原因状语

anena:(ana)pron. m. sg. I. 这。限定 upāyena。

upāyena:(upāya)m. sg. I. 方便。

◆tam putram:这个儿子。D:(无)。K:其子。

tam:(tad)pron. m. sg. Ac. 这。限定 putram。

putram:(putra) m. sg. Ac. 儿子。

◆ālapet saṃlapet:交流谈话。D:(无)。K:得近。

ālapet:(ā-√lap)opt. 3. sg. P. 说。

saṃlapet:(saṃ-√lap)opt. 3. sg. P. 交谈。

◆ca:conj. 和、然而。

◆enam:(ena)pron. m. sg. Ac. 这。

◆vadet:(√vad)opt. 3. sg. P. 说、讲。D:(无)。K:告言。

——4 -44. 至 4 -45. 为 enam 的同位成分↔直接引语

4 -44

D:“‘尔从本来何所兴立?何所系属?舍吾他行,勤苦饥寒。吾以耄矣,以情相告,便时纳娶,嬉游饮食,以康祚胤,吾所造业,不可訾计,众宝具足,子知之乎!求汝积年,而恋恶友,今乃来归,宜除瑕垢。

K:“‘咄,男子!汝常此作,勿复余去,当加汝价。

ihaiva tvaṃ bhoḥ puruṣa karma kuruṣva mā bhūyo 'nyatra gamiṣyasi:“‘男子汉啊!你就在这里干活,不要再去别的地方了。’↔祈使句

◆iha:adv. 这里。D:(无)。K:此。

◆eva:adv. 确实。

◆tvam:(tvad)pers. 2. N. 你。D:(无)。K:汝。

◆bhos:interj. 嗨。

◆puruṣa:(puruṣa)m. sg. V. 人。D:(无)。K:男子。

◆karma kuruṣva:干活、做事。D:(无)。K:常作。

karma:(karman)n. sg. Ac. 事情、工作。

kuruṣva:(√kṛ)imv. 2. sg. A. 从事、做。

◆mā:adv. 不要。D:(无)。K:勿。

◆bhūyas:adv. 又、再次。D:(无)。K:复。

◆anyatra:adv. 别处、他方。D:(无)。K:余。

◆gamiṣyasi:(√gam)fut. 2. sg. P.(你)将去。D:(无)。K:去。

4-45

D:"'吾有妙宝,夜光明珠,琦珍瓌异,皆为汝施。

K:"'诸有所须瓫器米面盐醋之属,莫自疑难。

saviśeṣaṃ te 'haṃ vetanakaṃ dāsyāmi /yena-yena ca te kāryaṃ bhavet tad viśrabdhaṃ māṃ yācer yadi vā kuṇḍa-mūlyena yadi vā kuṇḍikā-mūlyena yadi vā sthālikā-mūlyena yadi vā kāṣṭha-mūlyena yadi vā lavaṇa-mūlyena yadi vā bhojanena yadi vā prāvaraṇena:"'你有任何需要:或盆、或壶、或水罐、或木柴、或咸盐、或食物、或衣服,都可以放心大胆地向我索求。↔新主题句

4-45-1. saviśeṣam te aham vetanakam dāsyāmi:我将会付你高薪。

D:吾……皆为汝施。

K:当加汝价。

◆saviśeṣam:adv. 特殊、额外。

◆te:(tvad)pers. 2. sg. D. 为你。D:为汝。D. ↔介词短语做状语,表对象 K:汝。

◆aham:(mad)pers. 1. sg. N. 我。D:吾。N. ↔主题兼主语。K:(无)。

◆vetanakam:(vetanaka)adj. n. sg. Ac. 报酬、赁金。D:(无)。K:价。

◆dāsyāmi:(√dā)fut. 1. sg. P. 赐予、给予。D:施。K:当加。

4-45-2. yena-yena ca te kāryam bhavet tad viśrabdham mām yāces yadi vā kuṇḍa-mūlyena yadi vā kuṇḍikā-mūlyena yadi vā sthālikā-mūlyena yadi vā kāṣṭha-mūlyena yadi vā lavaṇa-mūlyena yadi vā bhojanena yadi vā prāvaraṇena:不管你要瓶、盆、木柴、盐,还是饮食衣服,你就放心地向我索求吧。

D:有妙宝,夜光明珠,琦珍瓌异。

K:诸有所须瓫器米面盐醋之属,莫自疑难。

◆yena-yena...yadi vā kuṇḍa-mūlyena yadi vā kuṇḍikā-mūlyena yadi vā sthālikā-mūlyena yadi vā kāṣṭha-mūlyena yadi vā lavaṇa-mūlyena yadi vā bhojanena yadi vā prāvaraṇena:无论是以瓶、盆、木柴、盐,还是以饮食衣服。D:有妙宝,夜光明珠,琦珍瓌异。K:诸有所须瓫器米面盐醋之属。

yena-yena:(yad)rel. m. sg. I. 各种。

yadi vā...yadi vā:conj. 是……还是。

kuṇḍa-mūlyena:(kuṇḍa-mūlya)n. sg. I. 盆钱。依主释(属格关系)。

kuṇḍa:n. 盆、碗。mūlya:n. 价值、价钱。

kuṇḍikā-mūlyena:(kuṇḍikā-mūlya)n. sg. I. 水罐钱。依主释(属格关系)。

kuṇḍikā:f. 水罐。

sthālikā-mūlyena:(sthālikā-mūlya)n. sg. I. 壶钱。依主释(属格关系)。

sthālikā:f. 钵、壶。

kāṣṭha-mūlyena:(kāṣṭha-mūlya)n. sg. I. 木柴钱。依主释(属格关系)。

kāṣṭha:n. 木柴。

lavaṇa-mūlyena:(lavaṇa-mūlya)n. sg. I. 盐钱。依主释(属格关系)。

lavaṇa:n. 盐。

bhojanena:(bhojana)n. sg. I. 食物。

prāvaraṇena:(prāvaraṇa)n. sg. I. 衣服。

◆ca：conj. 和、然而。

◆te：(tvad) pers. 2. sg. D. 你。

◆kāryam：(kārya) n. sg. N. 职责、需要。

◆bhavet：(√bhū) opt. 3. sg. P. 在。

◆tad：pron. n. sg. N. 这。限定 kāryam。

◆viśrabdham：adv. 大胆地、自信地。D：(无)。K：莫自疑难。

◆mām：(mad) pers. 1. sg. Ac. 我。

◆yāces：(√yāc) opt. 2. sg. P. (你)请求、恳求。

4-46

D："'僮仆侍使，男女大小，恣意所欲，一以相付。

K："'亦有老弊、使人，须者相给，好自安意。我如汝父，勿复忧虑。'"

asti me bhoḥ puruṣa jīrṇa-śāṭī /sacet tayā te kāryaṃ syād yācer ahaṃ te 'nupradāsyāmi /yena-yena te bhoḥ puruṣa kāryam evaṃ-rūpeṇa pariṣkāreṇa taṃ-tam evāhaṃ te sarvam anupradāsyāmi /nirvṛtas tvaṃ bhoḥ puruṣa bhava yādṛśas te pitā tādṛśas te 'haṃ mantavyaḥ："'男子汉啊！我有件旧衣裙，你若需要它，就向我索求，我会给你。男子汉啊！你有任何需求，诸如此类的吃穿用品，我都会给你。男子汉啊！你就安心吧，应当把我视如你的父亲。↔新主题句

4-46-1. asti me bhos puruṣa jīrṇa-śāṭī：男子汉啊！我有件旧衣服。

D：(无)。

K：亦有老弊。

◆asti：(√as) pres. 3. sg. P. 有、是、存在。

◆me：(mad) pers. 1. sg. G. 我。在此属格表主体。

◆bhos：interj. 嗨。

◆puruṣa：(puruṣa) m. sg. V. 人。

◆jīrṇa-śāṭī：f. sg. N. 老旧的衣裙。持业释(形容词关系)。D：(无。)K：

老弊。

jīrṇa：(√jṝ)ppp. 衰老、朽故。śāṭī：f. 衣服、衬裙。

4－46－2. sacet tayā te kāryam syāt yāces aham te anupradāsyāmi：你若需要它，就向我索求，我会给你。

◆sacet：adv. 如果。

◆tayā：(tad)pron. f. sg. I. 这。

◆te：(tvad)pers. 2. sg. D. 你。属格在此做领有主词。

◆kāryam：(kārya)n. sg. N. 需要。

◆syāt：(√as)opt. 3. sg. P. 有、是、在。

◆yāces：(√yāc)opt. 2. sg. P. (你)恳求、请求。

◆aham：(mad)pers. 1. sg. N. 我。

◆te：(tvad)pers. 2. sg. D. 为你。

◆anupradāsyāmi：(anu-pra-√dā)fut. 1. sg. P. (我)将给予。

4－46－3. yena-yena te bhos puruṣa kāryam evaṃ-rūpeṇa pariṣkāreṇa taṃ-tam eva aham te sarvam anupradāsyāmi：男子汉啊！你有任何需求，诸如此类的吃穿用品，我都会给你。

D：僮仆侍使，男女大小，恣意所欲，一以相付。

K：使人，须者相给。

◆yena-yena：(yad)rel. m. sg. I. 各种。引导从句，与下文 taṃ-tam(tad)搭配使用，意为"凡以……者，皆"。D：以恣意所欲。K：(无)。

◆evaṃ-rūpeṇa pariṣkāreṇa：这样的衣食。D：僮仆侍使男女大小。K：使人须者。

evaṃ-rūpeṇa：(evaṃ-rūpa)adj. m. sg. I. 这样。

pariṣkāreṇa：(pariṣkāra)m. sg. I. 衣食所须。D：(无)。K：须者。

◆taṃ-tam：(tad)pron. m. sg. Ac. 各种。

◆eva：adv. 确实。

◆aham：(mad)pers. 1. sg. N. 我。

◆te：(tvad)pers. 2. sg. D. 你。D：相。K：相。

◆sarvam：adj. m. sg. Ac. 一切、全部、所有。D：一。K：(无)。

◆anupradāsyāmi：(anu-pra-√dā) fut. 1. sg. P.（我）将给予。D：付。K：给。

4－46－4. nirvṛtaḥ tvam bhos puruṣa bhava yādṛśaḥ te pitā tādṛśaḥ te aham mantavyaḥ：男子汉啊！你就安心吧，应当把我视如你的父亲。

D：(无)。

K：好自安意。我如汝父，勿复忧虑。

◆nirvṛtaḥ：(nir-√vṛt)ppp. m. sg. N. 得寂静、安宁。D：好自安意。K：勿复忧虑。

◆tvam：(tvad)pers. 2. N. 你。

◆bhava：(√bhū)imv. 2. sg. P.（你）变成、发生、存在。

◆yādṛśaḥ…tādṛśaḥ：像……一样地。D：(无)。K：如。

yādṛśaḥ：(yādṛśa)adj. m. sg. N. 那样的。

tādṛśaḥ：(tādṛśa)adj. m. sg. N. 这样的。

◆te pitā：你的父亲。D：(无)。K：汝父。

te：(tvad)pers. 2. sg. G. 你。

pitā：(pitṛ)m. sg. N. 父亲。

◆te：(tvad)pers. 2. sg. G. 对你而言。

◆aham：(mad)pers. 1. sg. N. 我。D：(无)。K：我。

◆mantavyaḥ：(√man)fpp. m. sg. N. 当作、认为。

4－47

D：(无)。

K："'所以者何？我年老大，而汝少壮。

tat kasya hetoḥ /ahaṃ ca vṛddhaḥ tvaṃ ca daharo："'为什么？我已年迈衰老，而你还年轻力壮。↔新主题链，对比式联合复句

4－47－1. tat kasya hetoḥ：为什么？

D：（无）。K：所以者何。——特指问句，有转换话题的功能。

◆tat：pron. n. sg. N. 这。D：（无）。K：所以者。

◆kasya hetoḥ：什么原因。D：（无）。K：何。

kasya：（kim）inter. m. sg. G. 什么。修饰 hetoḥ。

hetoḥ：（hetu）m. sg. G. 原因。

4－47－2. aham ca vṛddhaḥ tvam ca daharaḥ：我年迈衰老，而你年轻力壮。省略 be 动词。

◆aham：（mad）pers. 1. sg. N. 我。D：（无）。K：我。

◆ca：conj. 和、然而。D：（无）。K：而。

◆vṛddhaḥ：（√vṛdh）ppp. m. sg. N. 年迈、衰老。D：（无）。K：年老大。

◆tvam：（tvad）pers. 2. sg. N. 你。D：（无）。K：汝。

◆daharaḥ：（dahara）adj. m. sg. N. 年幼、壮年。D：（无）。K：少壮。

4－48

D：（无）。

K："'汝常作时，无有欺怠瞋恨怨言，

mama ca tvayā bahu-karma-kṛtam imam saṃkāra-dhānam śodhayatā na ca tvayā bhos puruṣa atra karma kurvatā śāṭhyam vā vakratā vā kauṭilyam vā mānas vā mrakṣas vā kṛta-pūrvas karoṣi vā："'你为我做了许多除粪的工作。男子汉啊！你在这里干活，不动前人动过的或欺诈、或奸猾、或歪曲、或虚伪的心思。↔新主题句

4－48－1. mama ca tvayā bahu-karma-kṛtam imam saṃkāra-dhānam śodhayatā：你为我做了许多除粪的工作。

◆mama：（mad）pers. 1. sg. G. 我。

◆ca：conj. 和、然而。

◆tvayā：（tvad）pers. 2. sg. I. 你。

◆bahu-karma-kṛtam:(bahu-karma-kṛta)m. sg. Ac. 工作繁多。持业释(形容词关系)。

bahu:adj. 众多。

karma-kṛta:adj. m. 做事、干活。

◆imam:(idam)pron. m. sg. Ac. 这。限定 bahu-karma-kṛtam。

◆saṃkāra-dhānam:(saṃkāra-dhāna)m. sg. Ac. 粪池。依主释(属格关系)。

◆śodhayatā:(√śudh)caus. ppt. m. sg. I. 清理干净。

4-48-2. na ca tvayā bhos puruṣa atra karma kurvatā śāṭhyam vā vakratā vā kauṭilyam vā mānas vā mrakṣaḥ vā kṛta-pūrvaḥ karoṣi vā:男子汉啊,你在这里干活时,不动前人动过的或欺诈、或奸猾、或歪曲、或虚伪的心思。

D:(无)。

K:汝常作时,无有欺怠瞋恨怨言。

◆na:adv. 不,非,无。D:(无)。K:无。

◆ca:conj. 和、然而。

◆tvayā…karma kurvatā:在你做工时。

D:(无)。K:汝常作时。I. ↔时间小句

tvayā:(tvad)pers. 2. sg. I. 你。

karma kurvatā:做工。

karma:(karman)n. sg. Ac. 事情、工作。做 kurvatā 的受词。

kurvatā:(√kṛ)ppt. m. sg. I. 从事、做。

◆bhos:interj. 嗨。

◆puruṣa:(puruṣa)m. sg. V. 人。

◆atra:adv. 这里。

◆śāṭhyam vā vakratā vā kauṭilyam vā mānas vā mrakṣaḥ vā kṛta-pūrvaḥ vā:前人动过的或欺诈、或奸猾、或歪曲、或虚伪的心思。D:(无)。K:欺怠瞋恨怨言。

śāṭhyam:(śāṭhya)n. sg. N. 奸猾、欺诈、背信弃义。

vā…vā:conj. 或。

vakratā:f. sg. N. 歪曲。

kauṭilyam:(kauṭilya)n. sg. N. 歪曲、欺诈。

mānas:n. sg. N. 心。

mrakṣaḥ:(mrakṣa)m. sg. N. 掩饰、虚伪。

◆kṛta-pūrvaḥ:(kṛta-pūrva)adj. m. sg. N. 前人所为。

◆karoṣi:(✓kṛ)pres. 2. sg. P.(你)做。D:(无)。K:有。

4-49

D:(无)。

K:"'都不见汝有此诸恶,如余作人。

sarvathā te bhoḥ puruṣa na samanupaśyāmy ekam api pāpa-karma yathaiṣām anyeṣām puruṣāṇām karma kurvatām ime doṣāḥ saṃvidyante:"'男子汉啊!我也不见你像其他工人一样,有这些过失,一件恶事都不做。↔新主题句

◆sarvathā:adv. 都、全然。D:(无)。K:都。

◆te:(tvad)pers. 2. sg. D. 你。在此属格表主体。D:(无)。K:汝。

◆bhos:interj. 嗨。

◆puruṣa:(puruṣa)m. sg. V. 人。

◆na:adv. 无、不、非。D:(无)。K:不。

◆api:adv. 也、即使。

◆samanupaśyāmi:(sam-anu-✓paś)pres. 1. sg. P.(我)观察。D:(无)。K:见。

◆ekam pāpa-karma:一项恶行。

ekam:(eka)num. n. sg. Ac. 一。

pāpa-karma:(pāpa-karman)n. sg. Ac. 罪恶、恶行。

◆yathā:adv. 犹如。D:(无)。K:如。

◆eṣām anyeṣām puruṣāṇām karma kurvatām：其他工人。D：（无）。K：余作人。

eṣām：（etad）pron. m. pl. G. 这些。限定 puruṣāṇām。

anyeṣām：（anya）adj. m. pl. G. 其他。修饰 puruṣāṇām。

puruṣāṇām：（puruṣa）m. pl. G. 人。

karma kurvatām：干活。修饰 puruṣāṇām。

karma：（karman）n. sg. Ac. 工作、事情。做 kurvatām 的受词。

kurvatām：（√kṛ）ppt. m. sg. I. 从事、做。

◆ime doṣāḥ：这些过失。D：（无）。K：此诸恶。

ime：（idam）dem. m. pl. N. 这些。限定 doṣāḥ。

doṣāḥ：（doṣa）m. pl. N. 过失、错误。

◆saṃvidyante：（sam-√vid）pres. 3. pl. P. 存在、有。

4-50

D："'吾爱念汝，犹如国王幸其太子。'

K："'自今已后，如所生子。'

yādṛśo me putras aurasas tādṛśas tvaṃ mamādyāgreṇa bhavasi："'从今以后，你就如同我的亲生儿子一样。'↔新主题句

◆yādṛśaḥ...tādṛśaḥ：像……一样的。D：犹如。K：如。

yādṛśaḥ：（yādṛśa）adj. m. sg. N. 那样的

tādṛśaḥ：（tādṛśa）adj. m. sg. N. 这样的。

◆me putraḥ aurasaḥ：我的亲儿子。D：（无）。K：所生子。

me：（mad）pers. 1. sg. G. 我的。

putraḥ：（putra）m. sg. N. 儿子。

aurasaḥ：（aurasa）adj. m. sg. N. 嫡生的。修饰 putraḥ。

◆tvam：（tvad）pers. 2. sg. N. 你。

◆mama：（mad）pers. 1. sg. G. 我的。

◆adya agreṇa：从今天开始、从今以后。D：（无）。K：自今已后。

adya：adv. 今天。

agreṇa：（agra）n. sg. I. 开始、起首。

◆bhavasi：（√bhū）pres. 2. sg. P.（你）是。

4－51

D：（无）。

K："实时长者、更与作字，名之为儿。

atha khalu bhagavan sa gṛha-patis tasya putra iti nāma kuryāt sa ca daridra-puruṣas tasya gṛha-pater antike pitṛ-saṃjñām utpādayet："世尊啊！于是这位家长就称他为'儿子'，而这个穷人在家长身边也产生了'他是父亲'的想法。↔新主题句

◆atha khalu：于是。D：（无）。K：实时。句首小品词↔连词，用作话题转换标记

◆bhagavan：（bhagavat）m. sg. V. 世尊啊。

◆saḥ gṛha-patiḥ：这位家长。D：（无）。K：长者。N. ↔主题兼主语

saḥ：（tad） pron. m. sg. N. 这。限定 gṛha-patiḥ。

gṛha-patiḥ：（gṛha-pati）m. sg. N. 家长。

◆tasya putraḥ iti：他的儿子。D：（无）。K：名之为儿。

tasya：（tad）pers. 3. m. sg. G. 他的。

putraḥ：（putra）m. sg. N. 儿子。

iti：adv.（出现在一句或一词之后）如此地说、如此地想。

◆nāma：（nāman）n. sg. N. 名号、名字。D：（无）。K：字。

◆kuryāt：（√kṛ）opt. 3. sg. P. 做。D：（无）。K：作。

◆saḥ daridra-puruṣaḥ：这个穷人。D：子。K：贫穷子。

saḥ：（tad）pron. m. sg. N. 这。限定 daridra-puruṣaḥ。

daridra-puruṣaḥ：（daridra-puruṣa）m. sg. N. 穷人。持业释（形容词关

系)。

◆ca:conj. 和、然而。

◆tasya gṛha-pateḥ antike:在这位家长身边。

tasya:(tad) pron. m. sg. G. 这。限定 gṛha-pateḥ。

gṛha-pateḥ:(gṛha-pati) m. sg. G. 家长。

antike:(antika) n. sg. L. 附近、身边。

◆pitṛ-saṃjñām:(pitṛ-saṃjñā) f. sg. Ac. 父亲的想法。依主释(属格关系)。

pitṛ:m. 父亲。saṃjñā:f. 想法。

◆utpādayet:(ut-√pad) caus. opt. 3. sg. P. 产生。

4-52

D:诸尊声闻共白佛言:"彼时穷子,播荡流离二三十年,至长者家乃得申叙,追惟前后,游观所更,心悉念之。

K:"尔时穷子虽欣此遇,犹故自谓客作贱人。由是之故,于二十年中常令除粪。

anena bhagavan paryāyeṇa sa gṛha-patiḥ putra-kāma-tṛṣito viṃśati-varṣāṇi taṃ putraṃ saṃkāra-dhānaṃ śodhāpayet:"世尊啊!这位渴望儿子的家长用这个方法让儿子清理粪池二十年。↔新主题句

◆anena paryāyeṇa:用这个方式。D:(无)。K:由是之故。

anena:(ana) pron. n. sg. I. 这。限定 paryāyeṇa。

paryāyeṇa:(paryāya) n. sg. I. 方法、方式。

◆bhagavan:(bhagavat) m. sg. V. 世尊啊。

◆saḥ gṛha-patiḥ:这位家长。

saḥ:(tad) pron. m. sg. N. 这。限定 gṛha-patiḥ。

gṛha-patiḥ:(gṛha-pati) m. sg. N. 家长。

◆putra-kāma-tṛṣitaḥ:(putra-kāma-tṛṣita) ppp. m. sg. N. 渴望儿子的。依

主释(具格关系)。修饰 gṛha-patiḥ。

putra:m. 儿子。kāma:m. 爱欲。tṛṣita:ppp. 渴望。

◆viṃśati-varṣāṇi:(viṃśati-varṣa) n. pl. Ac. 二十年中。持业释。D:二三十年。K:于二十年中。

viṃśati:num. 二十。varṣa:n. 年。

◆tam putram:儿子。

tam:(tad) pron. m. sg. Ac. 这。限定 putram。

putram:(putra) m. sg. Ac. 儿子。

◆saṃkāra-dhānam:(saṃkāra-dhāna) m. sg. Ac. 粪池。依主释(属格关系)。D:(无)。K:粪。

◆śodhāpayet:(√śudh) caus. opt. 3. sg. P. 清理干净。D:(无)。K:令除。

4-53

D:(无)。

K:"过是已后,心相体信,入出无难,然其所止犹在本处。

atha viṃśater varṣāṇām atyayena sa daridra-puruṣas tasya gṛha-pater niveśane viśrabdho bhaven niṣkramaṇa-praveśe tatraiva ca kaṭapali-kuñcikāyāṃ vāsaṃ kalpayet:"于是二十年过后,这个穷人变得自信大胆,放心进出这位家长的住宅,不过仍然住在茅草屋中。↔新主题句

◆atha:adv. 然后、现在。

◆viṃśateḥ varṣāṇām atyayena:二十年过后。D:(无)。K:过是已后。I. ↔时间条件小句

viṃśateḥ:(viṃśati) num. G. 二十。

varṣāṇām:(varṣa) n. pl. G. 年。

atyayena:(atyaya) m. sg. I. 过去、经过。支配 viṃśateḥ varṣāṇām。

◆saḥ daridra-puruṣaḥ:这个穷人。D:子。K:贫穷子。N. ↔主题兼主语

saḥ:(tad) pron. m. sg. N. 这。限定 daridra-puruṣaḥ。

daridra-puruṣaḥ:(daridra-puruṣa)m. sg. N. 穷人。持业释(形容词关系)。

◆tasya gṛha-pateḥ niveśane:在这个家长的住所。

tasya:(tad) pron. m. sg. G. 这。限定 gṛha-pateḥ。

gṛha-pateḥ:(gṛha-pati)m. sg. G. 家长。

niveśane:(niveśana)n. sg. L. 住宅。

◆viśrabdhaḥ bhavet:相信。D:(无)。K:心相体信。

viśrabdhaḥ:(vi-√śrambh)ppp. m. sg. N. 相信、信任。

bhavet:(√bhū)opt. 3. sg. P. 变成、发生、存在。

◆niṣkramaṇa-praveśe:(niṣkramaṇa-praveśa)m. sg. L. 出入。D:(无)。K:入出。

niṣkramaṇa:m. 走出。praveśa:m. 进入。

◆tatra:adv. 这里。D:(无)。K:本处。

◆eva:adv. 确实。D:(无)。K:犹。

◆ca:conj. 和、然而。D:(无)。K:然。

◆kaṭapali-kuñcikāyām:(kaṭapali-kuñcikā)f. sg. L. 茅草屋中。

◆vāsam:(vāsa)m. sg. Ac. 居住、住所。D:(无)。K:其所止。

◆kalpayet:(√klp)caus. opt. 3. sg. P. 安排、安置。D:(无)。K:在。

4-54

D:"时大长者寝疾于床,知寿欲终,自命其子,而告之曰:

K:"世尊,尔时长者有疾,自知将死不久。语穷子言:

atha khalu bhagavaṃs tasya gṛha-pater glānyaṃ pratyupasthitaṃ bhavet sa maraṇa-kāla-samayaṃ cātmanaḥ pratyupasthitaṃ samanupaśyet / sa taṃ daridra-puruṣam evaṃ vadet:"世尊啊!这时,这位家长罹患疾病,眼看自己死期临近,便这样对穷人说道:↔新主题链,因果复句

4-54-1. atha khalu bhagavan tasya gṛha-pateḥ glānyam pratyupasthitam bhavet sa maraṇa-kāla-samayam ca ātmanaḥ pratyupasthitam samanupaśyet:世

尊啊！这时，这位家长罹患疾病，眼看自己死期临近。

D：时大长者寝疾于床，知寿欲终。——原因分句。

K：世尊！尔时长者有疾，自知将死不久。——原因分句。

◆atha khalu：于是、这时。D：时。K：尔时。句首小品词↔时间词，用作话题转换标记

◆bhagavan：（bhagavat）m. sg. V. 世尊啊。D：（无）。K：世尊。

◆tasya gṛha-pateḥ：这位家长。在此属格表主体。D：大长者。K：长者。G. ↔主题兼主语

tasya：（tad）pron. m. sg. G. 这。限定 gṛha-pateḥ。

gṛha-pateḥ：（gṛha-pati）m. sg. G. 家长。

◆glānyam pratyupasthitam bhavet：罹患疾病。D：寝疾于床。K：有疾。

glānyam：（glānya）n. sg. Ac. 疾病。

pratyupasthitam：（prati-upa-√sthā）ppp. n. sg. Ac. 目前、来临。

bhavet：（√bhū）opt. 3. sg. P. 变成、发生、存在。

◆saḥ：（tad）pron. m. sg. N. 这。

◆ca：conj. 和、然而。

◆maraṇa-kāla-samayam ātmanaḥ pratyupasthitam：自己的死期临近。D：寿欲终。K：将死不久。

ātmanaḥ：（ātman）m. sg. G. 自我、自己。

maraṇa-kāla-samayam：（maraṇa-kāla-samaya）m. sg. Ac. 死期。依主释（属格关系）。

maraṇa：n. 死亡。

kāla-samaya：m. 时刻。相违释。

kāla：m. 时。samaya：m. 时。

pratyupasthitam：（prati-upa-√sthā）ppp. n. sg. Ac. 目前、来临。

◆samanupaśyet：（sam-anu-√paś）opt. 3. sg. P. 观察、看见。D：知。K：自知。核心动词↔VP2

4－54－2. saḥ tam daridra-puruṣam evam vadet：他这样对穷人说道：

D：自命其子而告之曰。——主句。

K：语穷子言。——主句。

◆saḥ：(tad) pron. m. sg. N. 这。

◆tam daridra-puruṣam：这个穷人。D：其子……之。K：穷子。

tam：(tad) pron. m. sg. Ac. 这。限定 daridra-puruṣam。

daridra-puruṣam：(daridra-puruṣa) m. sg. Ac. 穷人。持业释(形容词关系)。

◆evam：adv. 这样。

◆vadet：(√vad) opt. 3. sg. P. 说、讲。D：自命、告……曰。K：语……言。

——4－55. 至 4－56. 为 evam 的同位成分↔直接引语

4－55

D："'吾今困劣，宜承洪轨，居业宝藏若悉受之，周济穷乏，从意所施，

K："'我今多有金银珍宝，仓库盈溢，其中多少，所应取与，汝悉知之。我心如是，当体此意。

āgaccha tvaṃ bhoḥ puruṣa / idaṃ mama prabhūtaṃ hiraṇya-suvarṇa-dhana-dhānya-kośa-koṣṭhāgāram asty ahaṃ bāḍha-glāna icchāmy etaṃ yasya dātavyaṃ yataś ca grahītavyaṃ yac ca nidhātavyam bhavet / sarvaṃ saṃjānīyāḥ："'男子汉啊！你过来。我拥有这个储藏大量金银财宝和稻谷的宝库和仓库，我如今病重，我想要把它交给谁、取自哪里，谁可托付，所有这些你都知道。↔新主题链，并列复句

4－55－1. āgaccha tvam bhos puruṣa：男子汉啊！你过来。

◆āgaccha：(ā-√gam) imv. 2. sg. A. (你)来到、还来。

◆tvam：(tvad) pers. 2. sg. N. 你。

◆bhos：interj. 嗨。

◆puruṣa：(puruṣa) m. sg. V. 人。

4－55－2. idam mama prabhūtam hiraṇya-suvarṇa-dhana-dhānya-kośa-koṣṭha-agāram asti：我拥有这个借藏大量金银财宝和稻谷的宝库和仓库。

D：吾今困劣，宜承洪轨，居业宝藏。——分句

K：我今多有金银珍宝，仓库盈溢。——分句

◆mama：(mad) pers. 1. sg. G. 我。在此属格做领有主词。D：吾。K：我。

◆idam prabhūtam hiraṇya-suvarṇa-dhana-dhānya-kośa-koṣṭha-agāram：这大量珍宝黄金钱财稻谷之藏。

idam：dem. n. sg. Ac. 这。

prabhūtam：(pra-√bhū) ppp. m. sg. N. 众多、大量。

hiraṇya-suvarṇa-dhana-dhānya-kośa-koṣṭha-agāram：(hiraṇya-suvarṇa-dhana-dhānya-kośa-koṣṭha-agāra) n. sg. N. 藏有金银财宝稻谷的宝库和仓库。依主释(属格关系)。

◆asti：(√as) pres. 3. sg. P. 有、是。D：今——。K：今有。

4－55－3. aham bāḍha-glānaḥ：我如今病重。

◆aham：(mad) pers. 1. sg. N. 我。

◆bāḍha-glānaḥ：(bāḍha-glāna) m. sg. N. 疾病、重病。

4－55－4. icchāmi etam yasya dātavyam yataḥ ca grahītavyam yat ca nidhātavyam bhavet：我想要把它交给谁，取自哪里，谁可托付。

D：周济穷乏，从意所施。——分句

K：其中多少、所应取与。——分句

◆icchāmi：(√iṣ) pres. 1. sg. P. (我)希望、渴望。

◆etam：(etad) pron. n. sg. N. 这。

◆yasya：(yad) rel. n. sg. G. 这。

◆dātavyam：(√dā) fpp. n. sg. N. 应当给与。D：周济所施。K：所应与。

◆yatas：adv. 从此。

◆ca：conj. 和、然而。

◆grahītavyam：(√grah) fpp. n. sg. N. 应当执取。D：(无)。K：所应取。

◆yad：(yad) rel. n. sg. G. 这。

◆nidhātavyam：(ni-√dhā) fpp. n. sg. N. 应当委托。D：(无)。K：所应与。

◆bhavet：(√bhū) opt. 3. sg. P. 变成、存在。

4－55－5. sarvam saṃjānīyāḥ：你都知道。D：(无)。K：汝悉知之。——分句

◆sarvam：adv. 全都。D：(无)。K：悉……之。

◆saṃjānīyāḥ：(sam-√jñā) opt. 2. sg. P. (你)知道。D：(无)。K：汝知。

4－56

D：(无)。

K："'所以者何？今我与汝，便为不异，宜加用心，无令漏失。'

tat kasya hetoḥ /yādṛśa evāham asya dravyasya svāmī tādṛśaḥ tvam api mā ca me tvaṃ kiṃ-cid ato vipraṇāśayiṣyasi："'为什么？你同我一样，也是这财产的主人。从此以后，你一定不要让我的财产有一点损失。'↔新主题句

4－56－1. tat kasya hetoḥ：为什么？

D：(无)。K：所以者何。——特指问句，有转换话题的功能。

◆tat：pron. n. sg. N. 这。D：(无)。K：所以者。

◆kasya hetoḥ：什么原因。D：(无)。K：何。

kasya：(kim) inter. m. sg. G. 甚么。修饰 hetoḥ。

hetoḥ：(hetu) m. sg. G. 原因。

4－56－2. yādṛśaḥ eva aham asya dravyasya svāmī tādṛśaḥ tvam api mā ca me tvam kiṃ-cit ataḥ vipraṇāśayiṣyasi：你同我一样，也是这财产的主人。从此以后，你一定不要让我的财产有一点损失。

D：(无)。K：宜加用心，无令漏失。

◆yādṛśaḥ：(yādṛśa) adj. m. sg. N. 这样的。

◆eva：adv. 确实。

◆aham：(mad) pers. 1. sg. N. 我。

◆asya dravyasya svāmī：这财物的主人。

asya：(idam) dem. n. sg. G. 这。限定 dravyasya。

dravyasya：(dravya) n. sg. G. 财产、财物。

svāmī：(svāmin) m. sg. N. 主人。

◆tādṛśaḥ：(tādṛśa) adj. m. sg. N. 这样的。

◆tvam：(tvad) pers. 2. N. 你。

◆api：adv. 也。

◆mā：adv. 不要。D：(无)。K：无。

◆ca：conj. 和、然而。

◆me：(mad) pers. 1. sg. G. 我的。

◆kiṃ-cit：inter. n. sg. Ac. 任何。

◆atas：adv. 从此。

◆vipraṇāśayiṣyasi：(vi-pra-√naś) caus. fut. 2. sg. P. (你)丢失、消灭。D：(无)。K：令漏失。

4－57

D："'辄备奉教，喜不自胜，所行至诚，不失本誓。'

K："尔时穷子，即受教勅，领知众物，金银珍宝及诸库藏，而无悕取一飡之意。然其所止故在本处，下劣之心亦未能舍。

atha khalu bhagavan sa daridra-puruṣo 'nena paryāyeṇa tac ca tasya gṛha-pateḥ prabhūtaṃ hiraṇya-suvarṇa-dhana-dhānya-koṣṭhāgāraṃ saṃjānīyād ātmanā ca tato niḥspṛho ca tasmāt kiṃ-cit prārthayed antaśaḥ saktu-prastha-mūlya-mātram api tatraiva ca kaṭapali-kuñcikāyāṃ vāsaṃ kalpayet tām eva daridra-cintām anuvicintayamānaḥ："于是，世尊啊！这个穷人通过这种方式得知家长拥有这个富藏金银财宝和稻谷的库房，而自己却不愿从中求索任何东西，甚至连只有一升麨面价值的东西也不想要，仍然抱着贫穷思想，住在这间茅草屋中。↔新主题链，对比式并列复句

4－57－1. atha khalu bhagavan saḥ daridra-puruṣaḥ anena paryāyeṇa tat ca tasya gṛha-pateḥ prabhūtam hiraṇya-suvarṇa-dhana-dhānya-koṣṭha-agāram saṃjānīyāt：于是，世尊啊！这个穷人通过这种方式得知家长拥有这个富藏金银财宝和稻谷的宝库和仓库。

D：（无）。

K：尔时穷子，即受教勅，领知众物，金银珍宝及诸库藏。——分句。

◆atha khalu：于是、这时。D：（无）。K：尔时。句首小品词↔连词，用作话题转换标记

◆bhagavan：（bhagavat）m. sg. V. 世尊啊。

◆saḥ daridra-puruṣaḥ：这个穷人。D：（无）。K：穷子。

saḥ：（tad）pron. n. sg. N. 这。限定 daridra-puruṣaḥ。

daridra-puruṣaḥ：（daridra-puruṣa）m. sg. N. 穷人。持业释（形容词关系）。

◆anena paryāyeṇa：按照这个方法。D：（无）。K：即受教勅。

anena：（ana）pron. n. sg. I. 这。限定 paryāyeṇa。

paryāyeṇa：（paryāya）n. sg. I. 方式、方法。

◆tad prabhūtam hiraṇya-suvarṇa-dhana-dhānya-kośa-koṣṭha-agāram：这个富藏金银财宝和稻谷的宝库和仓库。D：（无）。K：众物金银珍宝及诸库藏。

tad：pron. n. sg. N. 这。

prabhūtam：（pra-√bhū）ppp. n. sg. N. 众多、大量。

hiraṇya-suvarṇa-dhana-dhānya-kośa-koṣṭha-agāram：（hiraṇya-suvarṇa-dhana-dhānya-kośa-koṣṭha-agāra）n. sg. N. 藏有金银财宝和稻谷的宝库和仓库。依主释（属格关系）。

◆ca：conj. 和、然而。

◆tasya gṛha-pateḥ：这位家长。在此属格表主体。D：大长者。K：长者。G. ↔主题兼主语

tasya：(tad) pron. m. sg. G. 这。限定 gṛha-patiḥ。

gṛha-pateḥ：(gṛha-pati) m. sg. G. 家长。

◆saṃjānīyāt：(sam-√jñā) opt. 3. sg. P. 知道。D：(无)。K：领知。

4－57－2. ātmanā ca tataḥ niḥspṛhaḥ bhavet na ca tasmāt kiṃ-cit prārthayet antaśaḥ saktu-prastha-mūlya-mātram api：然而自己却不渴望从中求得任何东西，甚至连一升麨面也不想要。

D：所行至诚。

K：而无悕取一飡之意。——分句

◆ātmanā：adv. 自己。

◆ca：conj. 和、然而。D：(无)。K：而。

◆tataḥ：adv. 从此、于是。

◆niḥspṛhaḥ bhavet：不希求。D：(无)。K：无悕取。

niḥspṛhaḥ：(niḥ-spṛha) adj. m. sg. N. 不渴求。

bhavet：(√bhū) opt. 3. sg. P. 当变成、当存在。

◆na：adv. 不，非，无。D：(无)。K：无。

◆tasmāt：(ta) pron. n. sg. Ab. 从此、因此。

◆kiṃ-cit：inter. n. sg. Ac. 任何。

◆prārthayet：(pra-√arth) caus. opt. 3. sg. P. 追求、渴求。D：(无)。K：悕取。

◆antaśas：adv. 甚至。

◆saktu-prastha-mūlya-mātram：(saktu-prastha-mūlya-mātra) n. sg. Ac. 一升麨面。依主释(属格关系)。

D：(无)。K：一飡。

saktu：m. 麨面。

prastha-mūlya-mātra：n. 一升。依主释(属格关系)。

prastha：m. n. 一升。

mūlya-mātra：n. 价值与分量。相违释。

mūlya：n. 价值。mātra：n. 分量。

◆api：adv. 也、即使。

4－57－3. tatra eva ca kaṭapali-kuñcikāyām vāsam kalpayet tām eva daridra-cintām anuvicintayamānaḥ：仍在这间茅草屋里居住，始终怀有贫穷观念。

D：不失本誓。

K：然其所止故在本处，下劣之心亦未能舍。——分句。

◆tatra：adv. 这里。

◆eva：adv. 确实。D：（无）。K：故。

◆ca：conj. 和、然而。D：（无）。K：然。

◆kaṭapali-kuñcikāyām：（kaṭapali-kuñcikā）f. sg. L. 茅草屋中。D：（无）。K：本处。

◆vāsam：（vāsa）m. sg. Ac. 住所。D：（无）。K：其所止。

◆kalpayet：（√kḷp）caus. opt. 3. sg. P. 安顿、安排。D：（无）。K：在。

◆tām eva daridra-cintām：这贫穷心。D：本誓。K：下劣之心。

tām：（tad）pron. f. sg. Ac. 这。

eva：adv. 确实。

daridra-cintām：（daridra-cintā）f. sg. Ac. 贫穷观念。持业释（形容词关系）。

daridra：adj. 贫穷。cintā：f. 思想。

◆anuvicintayamānaḥ：（anu-vi-√cint）caus. ppt. A. m. sg. P. 思虑。D：不失。K：未能舍。

4－58

D："父知子志，身行谨勅，先贫后富，益加欣庆，宗敬亲属，礼拜耆长，父于国王、君主、大臣、众会前曰：

K："复经少时，父知子意渐已通泰，成就大志，自鄙先心。临欲终时，而命其子并会亲族、国王、大臣、刹利、居士，皆悉已集，即自宣言：

atha khalu bhagavan sa gṛha-patis taṃ putraṃ śaktaṃ paripālakaṃ paripakvaṃ viditvāvamardita-cittam udāra-saṃjñayā ca paurvikayā daridra-cintayā ṛtīyantaṃ jehrīyamāṇaṃ jugupsamānaṃ viditvā maraṇa-kāla-samaye pratyupasthite taṃ daridra-puruṣam ānāyya mahato jñāti-saṃghasyopanāmayitvā rājño vā rāja-mātrasya vā purato naigama-jānapadānāṃ ca saṃmukham evaṃ saṃśrāvayet:"世尊啊！这时这位家长知道儿子已能自保,完全成熟,高贵的想法降伏内心,并为之前的贫穷思想而深感惭愧,充满厌恶,于是在临终前,招来这个穷人,引荐给众亲属,在国王或大臣面前,并且当着城乡众人,这样宣布:↔新主题句,连动式

4－58－1. atha khalu bhagavan saḥ gṛha-patiḥ tam putramśaktam paripālakam paripakvam viditvā:世尊啊！这时这位家长者知道儿子已能自保,完全成熟。

D:父知子志身行谨勅。ger. 结构↔连动式的 VP1

K:复经少时,父知子意渐已通泰。ger. 结构↔连动式的 VP1

◆atha khalu:于是。D:(无)。K:复经少时。句首小品词↔小句表时间,用于开启新话题

◆bhagavan:(bhagavat)m. sg. V. 世尊啊。

◆saḥ gṛha-patiḥ:这位家长。D:父。K:父。N.↔主题兼主语

saḥ:(tad) pron. m. sg. N. 这。限定 gṛha-patiḥ。

gṛha-patiḥ:(gṛha-pati)m. sg. N. 家长。

◆tam putram:这个儿子。D:子。K:子。

tam:(tad)pron. m. sg. Ac. 这。限定 putram。

putram:(putra) m. sg. Ac. 儿子。

◆śaktam:(√śak)ppp. m. sg. Ac. 坚强、强悍。修饰 putram。

◆paripālakam:(paripālaka)adj. m. sg. Ac. 守护、遵守。修饰 putram。

◆paripakvam:(pari-pakva)ppp. m. sg. Ac. 成熟、完善。修饰 putram。

◆viditvā:(√vid)ger. 发现、知道。D:知。K:知。

4－58－2．avamardita-cittam udāra-saṃjñayā ca paurvikayā daridra-cintayā ṛtīyantam jehrīyamāṇam jugupsamānam viditvā：又知道他高贵的想法降伏内心，并为之前的贫穷思想而深感惭愧，充满厌恶。

D：先贫后富，益加欣庆。ger. 结构↔连动式的 VP2

K：成就大志，自鄙先心。ger. 结构↔连动式的 VP2

◆avamardita-cittam：（avamardita-citta）n. sg. Ac. 内心调伏。持业释（形容词关系）。D：志身行谨敕。K：意渐已通泰。

avamardita：（ava-√mṛd）calls. ppp. 调伏、磨平。citta：n. 心。

◆udāra-saṃjñayā：（udāra-saṃjñā）f. sg. I. 高贵想法。持业释（形容词关系）。D：后富。K：成就大志。

udāra：adj. 高贵。saṃjñā：f. 想法。

◆ca：conj. 和、然而。

◆paurvikayā daridra-cintayā：因先前的贫穷思想。D：先贫。K：先心。

paurvikayā：（paurvikā）adj. f. sg. I. 先前。修饰 daridra-cintayā。

daridra-cintayā：（daridra-cintā）f. sg. I. 贫穷心。持业释（形容词关系）。

daridra：adj. 贫穷。cintā：f. 思想。

◆ṛtīyantam jehrīyamāṇam jugupsamānam：深生惭愧厌恶。D：（无）。K：自鄙。

ṛtīyantam：（√ṛtīya）ppt. m. sg. Ac. 深感惭愧。

jehrīyamāṇam：（√hrī）int. ppt. A. m. sg. Ac. 深感惭愧。

jugupsamānam：（√gup）ppt. A. m. sg. Ac. 厌恶。

◆viditvā：（√vid）ger. 知道后。

4－58－3．maraṇa-kāla-samaye pratyupasthite tam daridra-puruṣam ānāyya：于是在临终前，招来这个穷人。

D：（无）。

K：临欲终时，而命其子。ger. 结构↔连动式的 VP3

◆maraṇa-kāla-samaye pratyupasthite：在死时将至的情况下。

D：（无）。K：临欲终时。独立依格↔时间条件小句

maraṇa-kāla-samaye：（maraṇa-kāla-samaya）m. sg. L. 死期。依主释（属格关系）。

pratyupasthite：（prati-upa-√sthā）ppp. m. sg. L. 面前、来临。

◆tam daridra-puruṣam：这个穷人。D：（无）。K：其子。

tam：（tad）pron. m. sg. Ac. 这。限定 daridra-puruṣam。

daridra-puruṣam：（daridra-puruṣa）m. sg. Ac. 穷人。持业释（形容词关系）。

◆ānāyya：（ā-√nī）caus. ger. 带来、领回。D：（无）。K：命。

4-58-4. mahataḥ jñāti-saṃghasya upanāmayitvā：引荐给众亲属。

D：宗敬亲属礼拜耆长。ger. 结构↔连动式的 VP3

K：并会亲族。

◆mahataḥ jñāti-saṃghasya：向亲属大众。D：亲属耆长。K：亲族。

mahataḥ：（mahat）adj. m. sg. G. 大。

jñāti-saṃghasya：（jñāti-saṃgha）m. 众亲属。依主释（属格关系）。

jñāti：m. 亲族、眷属。saṃgha：m. 众、群。

◆upanāmayitvā：（upa-√nam）caus. ger. 引见、领到。D：宗敬礼拜。K：会。

4-58-5. rājñaḥ vā rāja-mātrasya vā purataḥ naigama-jānapadānām ca saṃmukham evam saṃśrāvayet：在国王或大臣面前，并且当着城乡众人，这样宣布：

D：父于国王、君主、大臣、众会前曰。核心动词句↔连动式的 VP4

K：国王、大臣、刹利、居士，皆悉已集，即自宣言。核心动词句↔连动式的 VP4

◆rājñaḥ vā rāja-mātrasya vā purataḥ：在国王或大臣的面前。

D：于国王、君主、大臣前。G. +adv. ↔介词+方位词结构，用作地点

状语

K：国王、大臣。

rājñaḥ：（rājan）m. sg. G. 国王的。

vā…vā：conj. 或。

rāja-mātrasya：（rāja-mātra）m. sg. G. 大臣的。

puratas：adv. 面前。

◆naigama-jānapadānām ca saṃmukham：在城里人和乡下人的面前。

D：于众会前。G. + adv. ↔介词+方位结构，用作地点状语

K：刹利、居士。

naigama-jānapadānām：（naigama-jānapada）m. pl. G. 城里人和乡下人的。相违释。

naigama：m. 城里人。jānapada：m. 乡下人。

saṃmukham：adv. 面前。

◆ca：conj. 和、然而。

◆evam：adv. 这样。

◆saṃśrāvayet：（sam-√śru）caus. opt. 3. sg. P. 宣布、通告。D：曰。K：自宣言。

4-59

D："'各且明听！斯是吾子，则吾所生，名字为某，舍我流迸二三十年，今乃相得。斯则吾子，吾则是父，所有财宝皆属我子。'

K："'诸君当知！此是我子，我之所生。于某城中、舍吾逃走，伶俜辛苦五十余年，其本字某。我名某甲，昔在本城怀忧推觅，忽于此间遇会得之。此实我子，我实其父。今我所有一切财物，皆是子有，先所出内，是子所知。'

śṛṇvantu bhavanto 'yaṃ mama putra auraso mayaiva janitaḥ /amukaṃ nāma nagaraṃ tasmād eṣa pañcāśad varṣo naṣṭaḥ /amuko nāmaiṣa nāmnāham apy amuko nāma / tataś cāhaṃ nagarād etam eva mārgamāṇa ihāgataḥ / eṣa mama putro 'ham asya pitā / yaḥ kaś-cin mamopabhogo 'sti taṃ sarvam asmai puruṣāya niryātayāmi yac ca me kiṃ-cid asti pratyātmakaṃ dhanaṃ tat sarvam eṣa eva jānāti: "'你们请听,这是我的亲生儿子,由我所生。这人从名叫某某的城中已经失踪五十年,他叫某某,我也叫某某。我为找寻此人也从这座城来到这里。这人是我的儿子,我是这人的父亲。我会将我所有的财富享用都传给这个人,而这个人对我的私有财产也都一清二楚。'evam 的同位成分↔直接引语。联合式并列复句

4-59-1. śṛṇvantu bhavantaḥ ayam mama putra aurasaḥ mayā eva janitaḥ:你们请听,这是我的亲生儿子,由我所生。

D:各且明听!斯是吾子,则吾所生。——分句

K:诸君当知!此是我子,我之所生。——分句

◆śṛṇvantu:(√śru)imv. 2. pl. P. 请(你们)听、闻。D:明听。K:当知。

◆bhavantaḥ:(√bhū)ppt. m. pl. V. 您们。D:各。K:诸君。

◆ayam mama putraḥ aurasaḥ:这是我的亲生儿子。

ayam:(idam)dem. m. sg. N. 这。D:斯。K:此。省略 be 动词。

mama:(mad)pers. 1. sg. G. 我的。D:吾。K:我。

putraḥ:(putra)m. sg. N. 儿子。D:子。K:子。

aurasaḥ:(aurasa)adj. m. sg. N. 嫡生。

◆mayā:(mad)pron. sg. I. 我。在此具格表施事。D:吾。K:我。

◆eva:adv. 确实。

◆janitaḥ:(√jan)ppp. m. sg. N. 出生。D:所生。K:所生。

4-59-2. amukam nāma nagaram tasmāt eṣaḥ pañcāśat varṣaḥ naṣṭaḥ:这人从名叫某某的城中已经失踪五十年。

D:舍我流迸二三十年。——分句

K:于某城中、舍吾逃走,伶俜辛苦五十余年。——分句

◆amukam nāma nagaram:某城。D:(无)。K:某城。

amukam:(amuka)pron. n. sg. N. 某。

nāma:adv. 名为。

nagaram:(nagara)n. sg. N. 城邑。

◆tasmāt:(ta)pron. n. sg. Ab. 从此。D:(无)。K:于……中。Ab. ↔框式结构,做地点状语

◆pañcāśat varṣaḥ:五十年。D:二三十年。K:五十余年。

pañcāśat:num. N. 五十。

varṣaḥ:(varṣa)m. sg. N. 年。

◆eṣaḥ:(etad)pron. m. sg. N. 这。

◆naṣṭaḥ:(√naś)ppp. m. sg. N. 消失、失散。D:流迸。K:逃走。

4－59－3. amukaḥ nāma eṣaḥ nāmnā aham api amukaḥ nāma:他叫某某,我也叫某某。

D:名字为某。——分句

K:其本字某。我名某甲。——分句

◆amukaḥ:(amuka)pron. m. sg. N. 某、某甲。D:某。K:某、某甲。

◆nāma:adv. 名为。

◆eṣaḥ:(etad)pron. m. sg. N. 这。D:(无)。K:其。

◆nāmnā:(nāman)n. sg. I. 名字。D:名字。K:本字、名。

◆aham:(mad)pers. 1. sg. N. 我。D:(无)。K:我。

◆api:adv. 也、即使。

4－59－4. tataḥ ca aham nagarāt etam eva mārgamāṇaḥ iha āgataḥ:我为找寻此人也从这座城来到这里。

D:今乃相得。——分句

K:昔在本城怀忧推觅,忽于此间遇会得之。——分句

◆tataḥ nagarāt:从这座城。D:(无)。K:在本城。

tataḥ:adv. 这。

nagarāt:(nagara)n. sg. Ab. 城郭、聚落。

◆ca:conj. 和、然而。

◆aham:(mad)pers. 1. sg. N. 我。

◆etam:(etad) pron. n. sg. Ac. 这。D:相。K:之。

◆eva:adv. 确实。D:乃。K:(无)。

◆mārgamāṇaḥ:(√mā rg)ppt. A. sg. N. 寻求。现在分词表原因。D:(无)。K:推觅。

◆iha:adv. 这里。D:(无)。K:此间。

◆āgataḥ:(ā-√gam)ppp. m. sg. N. 回来。D:(无)。K:遇会得。

4-59-5. eṣaḥ mama putraḥ aham asya pitā:这人是我的儿子,我是这人的父亲。

D:斯则吾子吾则是父。——分句

K:此实我子,我实其父。——分句

◆eṣaḥ mama putraḥ:他是我的儿子。省略 be 动词。D:斯则吾子。K:此实我子。

◆aham asya pitā:我是他的父亲。省略 be 动词。D:吾则是父。K:我实其父。

aham:(mad)pers. 1. sg. N. 我。

asya:(idam)dem. m. sg. G. 这。

pitā:(pitṛ)m. sg. N. 父亲。

4-59-6. yad kaś-cit mama upabhogaḥ asti tam sarvam asmai puruṣāya niryātayāmi:凡是我的享用之物,我都会传给此人。

D:所有财宝皆属我子。——分句

K:今我所有一切财物,皆是子有。——分句。

◆yad kaś-cit mama upabhogaḥ asti:我的任何享用之物。

D:所有财宝。K:我所有一切财物。yad 从句↔主语

yad:rel. n. sg. N. 这。引导从句,与下文 tat 搭配使用,意为"凡是……者,都"。

kaś-cit：(kim-cit) inter. m. sg. N. 任何。

mama：(mad) pers. 1. sg. G. 我的。

upabhogaḥ：(upabhoga) m. sg. N. 享用。

asti：(√as) pres. 3. sg. P. 是。

◆tam：(tad) pron. m. sg. Ac. 这。

◆sarvam：(sarva) adj. m. sg. Ac. 全都。D：皆。K：皆。

◆asmai puruṣāya：为此人。D：我子。K：子。

asmai：(idam) dem. m. sg. D. 这。限定 puruṣāya。

puruṣāya：(puruṣa) m. sg. D. 人。

◆niryātayāmi：(nir-√yat) caus. pres. 1. sg. P.（我）送给、赐予。D：属。K：是……有。

4－59－7. yad ca me kiṃ-cit asti pratyātmakam dhanam tat sarvam eṣaḥ eva jānāti：凡是我个人财产，他都一清二楚。

D：(无)。

K：先所出内，是子所知。

◆yad ca me kiṃ-cit asti pratyātmakam dhanam：我自己的任何财产。D：(无)。K：先所出内。yas 从句↔主语

yad：rel. n. sg. N. 这。引导从句，与下文 tat 搭配使用，意为"凡是……者，都"。

kiṃ-cit：inter. n. sg. N. 任何。

me：(mad) pers. 1. sg. G. 我的。

pratyātmakam：(praty-ātmika) adj. n. sg. N. 独自。修饰 dhanam。

dhanam：(dhana) n. sg. N. 财宝、财产。

◆tad：pron. n. sg. Ac. 这。

◆eṣaḥ：(etad) pron. m. sg. N. 这。D：(无)。K：子。

◆jānāti：(√jñā) pres. 3. sg. P. 知道。D：(无)。K：所知。

4-60

D:“子闻宣令大众之音,心益欣然而自念言:‘余何宿福得领室藏?’”

K:“世尊!是时穷子闻父此言,即大欢喜,得未曾有,而作是念:‘我本无心有所希求,今此宝藏自然而至。’

atha khalu bhagavan sa daridra-puruṣas tasmin samaya imam evaṃ-rūpaṃ ghoṣaṃ śrutvāścaryādbhuta-prāpto bhaved evaṃ ca vicintayet sahasaiva mayedam eva tāvad dhiraṇya-suvarṇa-dhana-dhānya-kośa-koṣṭhāgāraṃ pratilabdham iti:“世尊啊!这时,这个穷人听到这番话后,感到无比惊奇,心想:‘我竟忽然得到这么多藏有金银财宝和稻谷的宝库和仓库。’↔新主题链,连动式

4-60-1. atha khalu bhagavan saḥ daridra-puruṣaḥ tasmin samaye imam evaṃ rūpam ghoṣam śrutvā:世尊啊!这时,这个穷人听到这番话后。

D:子闻宣令大众之音。ger. 结构↔连动式的 VP1

K:世尊!是时穷子闻父此言。ger. 结构↔连动式的 VP1

◆atha khalu:于是、这时。D:(无)。K:是时。句首小品词↔时间词,用作话题转换标记

◆bhagavan:(bhagavat) m. sg. V. 世尊啊。D:(无)。K:世尊。

◆saḥ daridra-puruṣaḥ:这个穷人。D:子。K:穷子。N.↔主题兼主语

saḥ:(tad) pron. m. sg. N. 这。限定 daridra-puruṣaḥ。

daridra-puruṣaḥ:(daridra-puruṣa) m. sg. N. 穷人。持业释(形容词关系)。

◆tasmin samaye:这个时候。

tasmin:(ta) pron. m. sg. L. 这。

samaye:(samaya) m. sg. L. 时候。

◆imam evaṃ-rūpam ghoṣam:这样的声音。D:宣令大众之音。K:父此言。

imam:(idam) dem. m. sg. Ac. 这。

evaṃ-rūpam:(evaṃ-rūpa) adj. m. sg. Ac. 这样的。

ghoṣam:(ghoṣa) m. sg. Ac. 声音。

◆śrutvā:(√śru)ger. 听闻(后)。D:闻。K:闻。

4-60-2. āścarya-adbhuta-prāptaḥ bhavet:深感惊奇。

D:心益欣然。核心动词句↔连动式的 VP2

K:得未曾有。核心动词句↔连动式的 VP2

◆āścarya-adbhuta-prāptaḥ:(āścarya-adbhuta-prāpta)ppp. m. sg. N. 深感惊奇。依主释(业格关系)。D:心益欣然。K:得未曾有。

āścarya-adbhuta:n. 惊奇。相违释。

āścarya:n. 惊异。adbhuta:n. 奇特。

prāpta:(pra-√ā p)ppp. 获得、证得。

◆bhavet:(√bhū)opt. 3. sg. P. 变成、存在、发生。助动词。

4-60-3. evam ca vicintayet sahasā eva mayā idam eva tāvat dhiraṇya-suvarṇa-dhana-dhānya-kośa-koṣṭha-agāram pratilabdham iti:这样思忖道:'我忽然就获得这么多金银财宝和稻谷的宝库和仓库。'

D:而自念言:'余何宿福得领室藏。'核心动词句↔连动式的 VP3

K:而作是念:'我本无心有所希求,今此宝藏自然而至。'核心动词句↔连动式的 VP3

◆evam:adv. 这样。D:(无)。K:是。

◆ca:conj. 和、然而。D:而。K:而。

◆vicintayet:(vi-√cint)caus. opt. 3. sg. P. 思虑、想。D:自念言。K:作念。

◆sahasā eva mayā idam eva tāvat dhiraṇya-suvarṇa-dhana-dhānya-kośa-koṣṭha-agāram pratilabdham iti:'我竟忽然得到这么多藏有金银财宝和稻谷的宝库和仓库。'evam 的同位成分。

D:余何宿福得领室藏。iti 结构↔直接引语做直接宾语

K:我本无心有所希求,今此宝藏自然而至。iti 结构↔直接引语做直接宾语

sahasā:adv. 忽然。

eva：adv. 确实。

mayā：（mad）pers. 1. sg. I. 我。在此具格表施事。D：余。K：我。

tāvat：adv. 这样多。

idam hiraṇya-suvarṇa-dhana-dhānya-kośa-koṣṭha-agāram：金银财宝和稻谷的宝库和仓库。D：室藏。K：此宝藏。

idam：dem. n. sg. N. 这。

hiraṇya-suvarṇa-dhana-dhānya-kośa-koṣṭha-agāram：n. sg. N. 珍宝黄金钱财稻谷之藏。依主释（属格关系）。

pratilabdham：（prati-√labh）ppp. n. sg. N. 获得。D：得领。K：自然而至。

iti：adv. 这样（想）。

4－61

D：诸声闻等又白佛言："大富长者则譬如来，诸学士者则谓佛子。

K："世尊！大富长者则是如来，我等皆似佛子，如来常说我等为子。

evam eva bhagavan vayaṃ tathāgatasya putra-pratirūpakās tathāgataś cāsmākam evaṃ vadati putrā mama yūyam iti yathā sa gṛhapatiḥ："确实如此，世尊啊！我们好似如来的儿子，而如来就像这位家长，这样对我们说：'你们是我的儿子。'↔新主题链，联合式并列复句

4－61－1. evam eva bhagavan vayam tathāgatasya putra-pratirūpakāḥ tathāgataḥ ca asmākam：确实如此，世尊啊！我们好似如来的儿子。

D：诸声闻等又白佛言：诸学士者则谓佛子。——分句

K：世尊！我等皆似佛子。——分句

◆evam：adv. 这样。D：如是。K：如是。

◆eva：adv. 确实。

◆bhagavan：（bhagavat）m. sg. V. 世尊啊。D：佛。K：世尊。

◆vayam：（mad）pers. 1. pl. N. 我们。D：诸学士者。K：我等。

◆tathāgatasya：（tathāgata）m. sg. G. 如来。D：佛。K：佛。

◆putra-pratirūpakāḥ:(putra-pratirūpaka) adj. m. pl. N. 与儿子相似。依主释(具格关系)。D:谓子。K:似子。

putra:m. 儿子。pratirūpaka:adj. 相似。

4-61-2. tathāgataḥ ca asmākam evam vadati putrāḥ mama yūyam iti yathā saḥ gṛhapatiḥ:而如来就像这位家长,这样对我们说:'你们是我的儿子。'

D:大富长者则譬如来。——分句

K:大富长者则是如来,……如来常说我等为子。——分句

◆tathāgataḥ:(tathāgata) m. sg. N. 如来。D:如来。K:如来。

◆ca:conj. 和、然而。

◆asmākam:(mad) pers. 1. pl. G. 对于我们。D:(无)。K:我等。

◆evam:adv. 这样。

◆vadati:(√vad) pres. 3. sg. P. 说、讲。D:(无)。K:说。

◆putrāḥ mama yūyam iti:"你们是我的儿子。"省略 be 动词。evam 的同位成分。D:(无)。K:子。

putrāḥ:(putra) m. pl. N. 儿子们。

mama:(mad) pers. 1. sg. G. 我的。

yūyam:(tvad) pers. 2. pl. N. 你们。

iti:adv. 这样(说)。

◆yathā:adv. 犹如。D:譬。K:是。

◆saḥ gṛha-patiḥ:这位家长。D:大富长者。K:大富长者。

saḥ:(tad) pron. m. sg. N. 这。限定 gṛha-patiḥ。

gṛha-patiḥ:(gṛha-pati) m. sg. N. 家长。

4-62

D:"勉济吾等三界勤苦,如富长者还执其子,度脱生死。

K:"世尊!我等以三苦故,于生死中受诸热恼,迷惑无知,乐着小法。

vayaṃ ca bhagavaṃs tisṛbhir duḥkhatābhiḥ saṃpīḍitā abhūma /katamābhis tisṛbhir yad uta duḥkha-duḥkhatayā saṃskāra-duḥkhatayā vipariṇāma-duḥkhatayā ca saṃsāre ca hīnādhimuktikāḥ:“世尊啊！我们遭受三种痛苦折磨。哪三种？即苦苦、行苦、坏苦，因此在生死轮回中，信仰低下。↔新主题句

4－62－1. vayam ca bhagavan tisṛbhiḥ duḥkhatābhiḥ saṃpīḍitāḥ abhūma：世尊啊！我们遭受三种痛苦折磨。

D：勉济吾等三界勤苦。

K：世尊！我等以三苦故。

◆vayam：(mad) pers. 1. pl. N. 我们。D：吾等。K：我等。N. ↔主题兼主语

◆ca：conj. 和、然而。

◆bhagavan：(bhagavat) m. sg. V. 世尊啊。D：(无)。K：世尊。

◆tisṛbhiḥ duḥkhatābhiḥ：三种痛苦。

D：三界勤苦。

K：以三苦故。I. ↔“以……故”框式结构，做原因状语

tisṛbhiḥ：(tri) num. f. pl. I. 三。

duḥkhatābhiḥ：(duḥkhatā) f. pl. I. 痛苦。

◆saṃpīḍitāḥ：(sam-√pīḍ) ppp. m. pl. N. 逼迫、折磨。

◆abhūma：(√bhū) aor. 1. pl. P. 变成、发生、存在。

4－62－2. katamābhiḥ tisṛbhiḥ yad uta duḥkha-duḥkhatayā saṃskāra-duḥkhatayā vipariṇāma-duḥkhatayā ca saṃsāre ca hīna-adhimuktikāḥ：哪三种？即苦苦、行苦、坏苦，因此在生死轮回中，信仰低下。

D：如富长者还执其子，度脱生死。

K：于生死中受诸热恼，迷惑无知，乐着小法。

◆katamābhiḥ tisṛbhiḥ：哪三种？D：(无)。K：诸热恼。

katamābhiḥ：(katamā) inter. f. pl. I. 哪个、什么。

tisṛbhiḥ：(tri) num. f. pl. I. 三。

◆yad uta：即。

◆duḥkha-duḥkhatayā：(duḥkha-duḥkhatā) f. sg. I. 苦苦。依主释(属格关系)。

◆saṃskāra-duḥkhatayā：(saṃskāra-duḥkhatā) f. sg. I. 行苦。依主释(属格关系)。

saṃskāra：m. 行动、有为。

◆vipariṇāma-duḥkhatayā：(vipariṇāma-duḥkhatā) f. sg. I. 坏苦。依主释(属格关系)。

vipariṇāma：m. 败坏。

◆saṃsāre：(saṃsāra) m. sg. L. 生死轮转中、轮回中。

D：生死。

K：于生死中。L. ↔"于……中"框式结构，做地点状语

◆hīna-adhimuktikāḥ：(hīna-adhimuktika) adj. m. pl. N. 信仰低下。持业释(形容词关系)。D：(无)。K：迷惑无知，乐着小法。

hīna：(√hā) ppp. 不足、低下。adhimuktika：adj. 信仰。

4－63

D："于是世尊，有无央数圣众之宝，以五神通除五阴盖，常修精进在彼道教，志于灭度，谓为妙印。

K："今日世尊令我等思惟，蠲除诸法戏论之粪，我等于中勤加精进，得至涅槃一日之价。

tato vayaṃ bhagavatā bahūn dharmān pratyavarān saṃkāra-dhānasadṛśān anuvicintayitāḥ / teṣu cāsma prayuktā ghaṭamānā vyāyacchamānā nirvāṇa-mātra-ṃ ca vayaṃ bhagavan divasa-mudrām iva paryeṣāmāṇā mārgāmaḥ："于是，世尊让我们思考许多低级法教如同粪池，而我们却在这里发奋努力，只为涅槃。世尊啊！就像我们求索每日的工钱一样。↔新主题句，联合式并列复句

4－63－1. tataḥ vayam bhagavatā bahūn dharmān pratyavarān saṃkāra-dhānasadṛśān anuvicintayitāḥ：于是，世尊让我们思考许多低级法教如同粪池。

D：于是世尊。有无央数圣众之宝。以五神通除五阴盖。——分句

K：今日世尊令我等思惟，蠲除诸法戏论之粪。——分句

◆tataḥ：adv. 从此、于是。

D：于是。adv. ↔连词，用作话题转换标记

K：今日。adv. ↔时间词，用作话题转换标记

◆vayam：(mad) pers. 1. pl. N. 我们。D：(无)。K：我等。N. ↔使役宾语

◆bhagavatā：(bhagavat) m. sg. I. 世尊。在此具格表施事。D：世尊。K：世尊。I. ↔施事主语

◆bahūn dharmān pratyavarān saṃkāra-dhānasadṛśān：众多下劣法教有如粪池。

D：(无)。K：诸法戏论之粪。Ac. ↔宾语

bahūn：(bahu) adj. m. pl. Ac. 众多。修饰 dharmān。

dharmān：(dharma) m. pl. Ac. 诸法。

pratyavarān：(prati-avara) adj. m. pl. Ac. 低等、下劣。修饰 dharmān。

saṃkāra-dhānasadṛśān：(saṃkāra-dhāna-sadṛśa) adj. m. pl. Ac. 粪池一般。依主释(业格关系)。修饰 dharmān。

saṃkāra-dhāna：m. 粪池。依主释(属格关系)。

sadṛśa：adj. 相似、相等。

◆anuvicintayitāḥ：(anu-vi-√cint) caus. ppp. m. pl. N. 思考、考虑。

D：(无)。K：令……思惟。caus. ↔使役动词结构

4-63-2. teṣu ca āsma prayuktāḥ ghaṭamānāḥ vyāyacchamānāḥ nirvāṇa-mātram ca vayam bhagavan divasa-mudrām iva paryeṣamāṇāḥ mārgāmaḥ：而我们却在这里发奋努力，只为涅槃。世尊啊！就像我们求索每日的工钱一样。

D：常修精进在彼道教，志于灭度，谓为妙印。——分句

K：我等于中勤加精进，得至涅槃一日之价。——分句

◆teṣu：(tad) pron. n. pl. L. 这。D：在彼道教。K：于中。L. ↔介词短语做地点状语

◆ca：conj. 和、然而。

◆āsma prayuktāḥ ghaṭamānāḥ vyāyacchamānāḥ：我们发奋努力。

D：常修精进。K：勤加精进。——"加"用于补足音节

āsma：(√as) pres. 1. pl. P.（我们）是。

prayuktāḥ：(pra-√yuj) ppp. m. pl. N. 勤修、努力。

ghaṭamānāḥ：(√ghaṭ) ppt. A. m. pl. N. 忙于、努力。

vyāyacchamānāḥ：(vi-ā-√yam) ppt. A. m. pl. N. 努力、奋斗。

◆nirvāṇa-mātram：(nirvāṇa-mātra) n. sg. Ac. 唯有涅槃。依主释（属格关系）。

D：于灭度。Ac. ↔于 -

K：涅槃。

nirvāṇa：n. 寂灭、涅槃。mātra：n. 仅仅。

◆vayam：(mad) pers. 1. pl. N. 我们。D：（无）。K：我等。N. ↔主语

◆bhagavan：(bhagavat) m. sg. V. 世尊啊。

◆divasa-mudrām：(divasa-mudrā) f. sg. Ac. 日薪、工钱。依主释（属格关系）。D：妙印。K：一日之价。

◆iva：adv. 犹如。D：谓为。K：（无）。

◆paryeṣāmāṇāḥ：(pari-ā-√iṣ) ppt. A. m. pl. N. 寻求、追求。D：志。K：得至。

◆mārgāmaḥ：(√mārg) pres. 1. pl. P.（我们）寻求。

4-64

D："殷勤慕求，初不休懈，欲得无为，意中默然，熟自思惟，所获无量，于如来所承顺法行，遵修禅定而常信乐。

K："既得此已，心大欢喜，自以为足，而便自谓：'于佛法中勤精进故，所

得弘多。'

tena ca vayaṃ bhagavan nirvāṇena pratilabdhena tuṣṭā bhavāmo bahu ca labdham iti manyāmahe tathāgatasyāntikād eṣu dharmeṣv abhiyuktā ghaṭitvā vyāyamitvā："我们因为证得涅槃而心满意足，自以为'在这些法教中发奋努力后，就已从如来身边获得很多'。↔4－63.的后续子句，连动式

◆tena：(tad)n. sg. I. 因此。

◆ca：conj. 和、然而。

◆vayam：(mad)pers. 1. pl. N. 我们。

◆bhagavatā：(bhagavat)m. sg. I. 世尊。在此具格表施事。

◆nirvāṇena pratilabdhena：证得涅槃。

D：欲得无为。

K：既得此已。ppp. ↔"既……已"框式结构，连动式的 VP1

nirvāṇena：(nirvāṇa)n. sg. I. 寂灭、涅槃。

pratilabdhena：(prati-√labh)ppp. n. sg. I. 已得。

◆tuṣṭāḥ bhavāmaḥ：(我们)变得心满意足。

D：意中默然。K：心大欢喜自以为足。核心动词↔VP2

tuṣṭāḥ：(√tuṣ)ppp. m. pl. N. 满意。

bhavāmaḥ：(√bhū)pres. 1. pl. A.(我们)变成、发生、存在。

◆bahu ca labdham iti："所获良多。"D：所获无量。K：所得弘多。

bahu：adj. n. sg. N. 众多。D：无量。K：弘多。

labdham：(√labh)ppp. n. sg. N. 获得。D：所获。K：所得。

iti：adv. 这样(想)。

◆manyāmahe：(√man)pres. 1. pl. A.(我们)以为。D：熟自思惟。K：自谓。核心动词↔VP3

◆tathāgatasya antikāt：从如来身边。D：于如来所。Ab. ↔介词短语做地点状语 K：(无)。

tathāgatasya：(tathāgata)m. sg. G. 如来的。

antikāt:(antika)n. sg. Ab. 附近、身边。

◆eṣu dharmeṣu:这些法教。D:承顺法行。K:于佛法中。Ab. ↔介词+方位词短语做地点状语

eṣu:(idam)dem. m. pl. L. 于这些。

dharmeṣu:(dharma)m. pl. L. 法教。

◆abhiyuktāḥ ghaṭitvā vyāyamitvā:发奋努力之后。

D:遵修禅定而常信乐。K:勤精进。ppp./ger. ↔VP4

abhiyuktāḥ:(abhi-√yuj)ppp. m. pl. N. 努力、勤修。

ghaṭitvā:(√ghaṭ)ger. 努力、忙碌。

vyāyamitvā:(vy-ā-√yam)ger. 努力、奋斗。

4-65

D:"谓观我等懈废下劣,而不分别,不能志愿,此如来法珍宝之藏,于今世尊以权方便,观于本际慧宝帑藏,

K:"然世尊先知我等,心着弊欲,乐于小法,便见纵舍,不为分别:'汝等当有如来知见宝藏之分。'世尊以方便力,说如来智慧。

prajānāti ca tathāgato 'smākaṃ hīnādhimuktikatāṃ tataś ca bhagavān asmān upekṣate na saṃbhinatti nācaṣṭe yo ayaṃ tathāgatasya jñāna-kośa eṣa eva yuṣmākaṃ bhaviṣyatīti bhagavāṃś cāsmākam upāya-kauśalyenāsmiṃs tathāgata-jñāna-kośe dāyādān saṃsthāpayati:"如来知道我们信仰低下,因此先放任我们,不击碎、告知真相,而是运用方便善巧这样说:'这座如来的智慧宝藏将属于你们。'于是世尊赠予我们这座如来的智慧宝藏。↔新主题链,联合式并列复句

4-65-1. prajānāti ca tathāgataḥ asmākam hīna-adhimuktikatām:如来知道我们信仰低下。

D:谓观我等懈废下劣。——分句

K:然世尊先知我等,心着弊欲,乐于小法。——分句

◆prajānāti:(prati-√jñā) pres. 3. sg. P. 知道。D:观。K:(无)。

◆ca:conj. 和、然而。D:(无)。K:然。

◆tathāgataḥ:(tathāgata) m. sg. N. 如来。D:(无)。K:世尊。N. ↔主题兼主语

◆asmākam:(mad) pers. 1. pl. G. 我们的。D:我等。K:我等。G. ↔间接宾语

◆hīna-adhimuktikatām:(hīna-adhimukatā) adj. f. sg. Ac. 信仰低下。D:懈废下劣。K:心着弊欲,乐于小法。Ac. ↔直接宾语

4-65-2. tataḥ ca bhagavān asmān upekṣate na saṃbhinatti na ācaṣṭe:因此先放任我们,不击碎、告知(真相)。

D:而不分别,不能志愿。——分句

K:便见纵舍,不为分别。——分句

◆tataḥ:adv. 因此、于是。D:(无)。K:便。

◆ca:conj. 和、然而。D:而。K:(无)。

◆bhagavān:(bhagavat) m. sg. N. 世尊。

◆asmān:(mad) pers. 1. pl. Ac. 我们。D:(无)。K:见。pers. 1. Ac. ↔自指代词

◆upekṣate:(upa-√īkṣ) pres. 3. sg. A. 舍弃、忽略。D:(无)。K:纵舍。

◆na saṃbhinatti:不分别。D:不分别。K:不为分别。

na:adv. 不、无、非。

saṃbhinatti:(saṃ-√bhid) pres. 3. sg. P. 分裂、撕碎。

◆na ācaṣṭe:不说。D:不能志愿。K:(无)。

na:adv. 不、无、非。

ācaṣṭe:(ā-√cakṣ) pres. 3. sg. A. 说、讲。

4-65-3. yaḥ ayam tathāgatasya jñāna-kośaḥ eṣa eva yuṣmākam bhaviṣyati iti:'这座如来的智慧宝藏将属于你们。'

D:此如来法珍宝之藏。iti 结构↔直接引语

K:汝等当有如来知见宝藏之分。iti 结构↔直接引语

◆yaḥ:rel. m. sg. N. 这。引导从句,与下文 eṣah 搭配使用,意为"凡……者,都"。

◆ayam tathāgatasya jñāna-kośaḥ:这座如来的智慧宝藏。

ayam:(idam) dem. m. sg. N. 这。限定 jñāna-kośah。D:此。K:(无)。

tathāgatasya:(tathāgata) m. sg. G. 如来的。D:如来。K:如来。

jñāna-kośaḥ:(jñāna-kośa) m. sg. N. 智慧宝藏。依主释(属格关系)。D:法珍宝之藏。K:知见宝藏之分。

jñāna:n. 智慧。kośa:m. 宝库。

◆eṣaḥ:(etad) pron. m. sg. N. 这。

◆eva:adv. 确实。

◆yuṣmākam:(yuṣmad) pers. 2. pl. G. 你们。在此属格表主体。D:(无)。K:汝等。G. ↔主语

◆bhaviṣyati:(√bhū) fut. 3. sg. P. 变成、发生、成为。D:(无)。K:当有。

◆iti:adv. 这样(说)。

4-65-4. bhagavān ca asmākam upāya-kauśalyena asmin tathāgata-jñāna-kośe dāyādān saṃsthāpayati:世尊运用方便善巧赠予我们这座如来的智慧宝藏。

D:于今世尊以权方便。观于本际慧宝帑藏。——分句

K:世尊以方便力,说如来智慧。——分句

◆bhagavān:(bhagavat) m. sg. N. 世尊。D:世尊。K:世尊。N. ↔主语

◆asmākam:(mad) pers. 1. pl. G. 对我们。

◆upāya-kauśalyena:(upāya-kauśalya) n. sg. I. 以方便善巧。D:以权方便。K:以方便力。

◆asmin tathāgata-jñāna-kośe:在这座如来的智慧宝藏中。D:于本际慧宝帑藏。K:如来智慧。

asmin:(idam) dem. m. sg. L. 这。限定 tathāgata-jñāna-kośe。

tathāgata-jñāna-kośe:(tathāgata-jñāna-kośa) m. sg. L. 于如来的智慧宝

藏中。依主释(属格关系)。

◆dāyādān:(dāyāda)m. pl. Ac. 赠予、恩惠。

◆saṃsthāpayati:(saṃ-√sthā)caus. pres. 3. sg. P. 决定、安排。D:(无)。K:说。

4－66

D:"蠲除饥饷,授大妙印。唯然大圣!于今耆年,斯大迦叶从如来所朝旦印印,当至无为。

K:"我等从佛,得涅槃一日之价,以为大得;于此大乘,无有志求。

niḥspṛhāś ca vayaṃ bhagavaṃs tata evaṃ jānīma etad evāsmākaṃ bahukaraṃ yad vayaṃ tathāgatasyāntikād divasa-mudrām iva nirvāṇam pratilabhāmahe:"世尊啊!然而我们以为从如来身边获益良多,已得涅槃,好比得到一日工钱,从此不再渴求。↔新主题链

◆niḥspṛhāḥ:(niḥ-spṛha)adj. m. pl. N. 不渴望。D:(无)。K:无有志求。

◆ca:conj. 和、然而。

◆vayam:(mad)pers. 1. pl. N. 我们。D:(无)。K:我等。N. ↔主题兼主语

◆bhagavan:(bhagavat)m. sg. V. 世尊啊。D:唯然大圣。K:(无)。

◆tataḥ:adv. 从此。D:于今耆年。K:于此大乘。

◆evam:adv. 这样。

◆jānīmaḥ:(√jñā)pres. 1. pl. P.(我们)知道、认为。D:(无)。K:以为。

◆etad:pron. n. sg. Ac. 这。

◆eva:确实。

◆asmākam:(mad)pers. 1. pl. G. 我们的。

◆bahukaram:(bahukara)adj. n. sg. Ac. 大有收获。D:(无)。K:大得。

◆yad:rel. n. sg. Ac. 这。引导从句,与上文 etad 搭配使用。

◆tathāgatasya antikāt:从如来身边。D:从如来所。K:从佛。Ab. ↔介

词短语做状语，表来源

tathāgatasya：（tathāgata）m. sg. G. 如来的。

antikāt：（antika）n. sg. Ab. 附近、身边。

◆divasa-mudrām：（divasa-mudrā）f. sg. Ac. 日薪、工钱。依主释（属格关系）。D：大妙印。K：一日之价。

◆iva：adv. 犹如。

◆nirvāṇam：（nirvāṇa）n. sg. Ac. 寂灭、涅槃。D：无为。K：涅槃。

◆pratilabhāmahe：（prati-√labh）pres. 1. pl. A. 获得。D：当至。K：得。

4-67

D："又世尊为我等示现菩萨大士慧谊，余党奉行为众说法，当显如来圣明大德，咸使畅入随时之谊。

K："我等又因如来智慧，为诸菩萨开示演说，而自于此无有志愿。

te vayaṃ bhagavan bodhisattvānām mahāsattvānāṃ tathāgata-jñāna-darśanam ārabhyodārāṃ dharma-deśanāṃ kurmas tathāgata-jñānaṃ vivarāmo darśayāma upadarśayāmo vayaṃ bhagavaṃs tato niḥspṛhāḥ samānāḥ："世尊啊！我们发自如来的智慧和见解，为诸位菩萨大士宣说高贵法教，展现如来智慧。世尊啊！我们同样从中无所渴求。↔新主题链

◆te：（tad）pron. m. pl. N. 这。限定 vayam。

◆vayam：（mad）pers. 1. pl. N. 我们。D：余党。K：我等。N. ↔主题兼主语

◆bhagavan：（bhagavat）m. sg. V. 世尊啊。D：世尊。V. ↔主语 K：（无）。

◆bodhisattvānām mahāsattvānām：为诸菩萨大士。

D：菩萨大士、为众。K：为诸菩萨。G. ↔介词短语做状语，表对象

bodhisattvānām：（bodhisattva）m. pl. G. 菩萨。

mahāsattvānām：（mahāsattva）m. pl. N. 大士。音译为摩诃萨。

◆tathāgata-jñāna-darśanam ārabhya：关于如来的智慧和见解。D：慧谊。K：因如来智慧。

tathāgata-jñāna-darśanam：(tathāgata-jñāna-darśana) n. sg. Ac. 如来的智慧和见解。依主释(属格关系)。

tathāgata：m. 如来。

jñāna-darśana：n. 智慧和见解。相违释。

jñāna：n. 智慧。darśana：n. 见解。

ārabhya：(ā-√rabh) ger. 始于、关于。D：(无)。K：因。

◆udārām dharma-deśanām：高贵说法。D：说法。K：(无)。

udārām：(udārā) adj. f. sg. Ac. 高贵。

dharma-deśanām：(dharma-deśanā) f. sg. Ac. 说法、法教。依主释(属格关系)。

◆kurmaḥ：(√kṛ) pres. 1. pl. P. (我们)做、实行。D：奉行。K：(无)。

◆tathāgata-jñānam：(tathāgata-jñāna) n. sg. Ac. 如来的智慧。依主释(属格关系)。D：如来圣明大德。K：(无)。

◆vivarāmaḥ darśayāmaḥ upadarśayāmaḥ：(我们)示现。D：示现、当显。K：开示演说。

vivarāmaḥ：(vi-√vṛ) pres. 1. pl. P. (我们)揭示、彰显。

darśayāmaḥ：(√dṛś) caus. pres. 1. pl. P. (我们)展示、显示。

upadarśayāmaḥ：(upa-√dṛś) caus. pres. 1. pl. P. (我们)示现、指示。

◆tataḥ：adv. 从此、于是。D：(无)。K：于此。

◆niḥspṛhāḥ：(niḥ-spṛha) adj. m. pl. N. 不渴望。D：(无)。K：无有志愿。

◆samānāḥ：(samāna) adj. m. pl. N. 同等、同样。

4-68

D："所以者何？世雄大通善权方便，知我志操不解深法，为现声闻，畏三界法及生老死，色声香味细滑之事，趣欲自济不救一切，离大慈悲智慧善权,禅定三昧乃知人心,不覩一切众生根原。譬如穷士求衣索食,而父须待欲使安乐,子不觉察。佛以方便随时示现,我等不悟。今乃自知成佛真子,无上孙息为佛所矜,施以大慧。

K:"所以者何?佛知我等心乐小法,以方便力、随我等说;而我等不知真是佛子。今我等方知世尊,于佛智慧无所悋惜。

tat kasya hetoḥ /upāya-kauśalyena tathāgato 'smākam adhimuktiṃ prajānāti /tac ca vayaṃ na jānīmo na budhyāmahe yad idaṃ bhagavataitarhi kathitaṃ yathā vayam bhagavato bhūtāḥ putrā bhagavāṃś cāsmākaṃ smārayati tathāgata-jñāna-dāyādān:"为什么?如来通过方便善巧得知我们的信仰,而我们却不知道真是世尊的儿子,世尊今日道明真相,才让我们回想起如来的智慧馈赠。↔新主题链,对比式并列复句

4-68-1. tat kasya hetoḥ:为什么?

D:所以者何?K:所以者何?——特指问句,有转换话题的功能。

◆tat:pron. n. sg. N. 这。D:所以者。K:所以者。

◆kasya hetoḥ:什么原因。D:何。K:何。

kasya:(kim) inter. m. sg. G. 什么。修饰 hetoḥ。

hetoḥ:(hetu) m. sg. G. 原因。

4-68-2. upāya-kauśalyena tathāgataḥ asmākam adhimuktim prajānāti:如来通过方便善巧得知我们的信仰。

D:世雄大通善权方便,知我志操不解深法,佛以方便随时示现。——分句

K:所以者何?佛知我等心乐小法,以方便力、随我等说。——分句

◆upāya-kauśalyena:(upāya-kauśalya) n. sg. I. 凭借方便善巧。D:以方便。K:以方便力。

◆tathāgataḥ:(tathāgata) m. sg. N. 如来。D:佛。K:佛。N.↔主语

◆asmākam adhimuktim:我们的信仰。

asmākam:(mad) pers. 1. pl. G. 我们的。D:我。K:我等。

adhimuktim:(adhi-mukti)f. sg. Ac. 信仰。D:志操。K:心乐小法。

◆prajānāti:(prati-√jñā)pres. 3. sg. P. 知道。D:知。K:知。

4-68-3. tad ca vayam na jānīmaḥ na budhyāmahe yad idam bhagavatā etarhi kathitam yathā vayam bhagavataḥ bhūtāḥ putrāḥ bhagavān ca asmākam smārayati tathāgata-jñāna-dāyādān:而我们却不知道真是世尊的儿子,世尊今日道明真相,才让我们回想起如来的智慧馈赠。

D:我等不悟。今乃自知成佛真子,无上孙息为佛所矜,施以大慧。——分句

K:而我等不知真是佛子。今我等方知世尊,于佛智慧无所悋惜。——分句

◆tad:n. sg. Ac. 这。

◆ca:conj. 和、然而。D:(无)。K:而。

◆vayam:(mad)pers. 1. pl. N. 我们。D:我等。K:我等。N.↔主语

◆na jānīmaḥ:不知。D:(无)。K:不知。

na:adv. 不、无、非。

jānīmaḥ:(√jñā)pres. 1. pl. P. (我们)知道。

◆na budhyāmahe:不觉知。D:不悟。K:(无)。

budhyāmahe:(√budh)pres. 1. pl. A. (我们)觉知。

◆yad:rel. n. sg. N. 这。引导从句,与上文 tad 搭配使用。

◆idam:n. sg. N. 这。

◆bhagavatā:(bhagavat)m. sg. I 世尊。D:为佛。K:世尊。

◆etarhi:adv. 现今、现在。D:今。K:今。

◆kathitam:(kathita)ppp. n. sg. Ac. 所说。

◆yathā:adv. 犹如。

◆bhagavataḥ bhūtāḥ putrāḥ:世尊真正的儿子。D:成佛真子。K:真是佛子。

bhagavataḥ:(bhagavat)m. sg. G. 世尊的。

bhūtāḥ:(√bhū)ppp. m. pl. N. 真实。

putrāḥ:(putra)m. pl. N. 儿子。

◆bhagavān:(bhagavat)m. sg. N. 世尊。

◆asmākam:(mad)pers. 1. pl. G. 我们。D:自。K:(无)。

◆smārayati:(√smṛ)caus. pres. 3. sg. P. 想起、记住。D:知。K:方知。

◆tathāgata-jñāna-dāyādān:(tathāgata-jñāna-dāyāda)m. pl. Ac. 如来的智慧馈赠。依主释(属格关系)。D:大慧。K:于佛智慧。

4-69

D:"所以者何?虽为佛子下贱怯弱,

K:"所以者何?我等昔来真是佛子,而但乐小法。

tat kasya hetoḥ /yathāpi nāma vayaṃ tathāgatasya bhūtāḥ putrāḥ /api tu khalu punar hīnādhimuktāḥ:"为什么?正如我们即使真是如来的儿子,却又信仰低下。↔新主题链,对比式并列复句

4-69-1. tat kasya hetoḥ:为什么?D:所以者何?K:所以者何?——特指问句,有转换话题的功能

4-69-2. yathā api nāma vayam tathāgatasya bhūtāḥ putrāḥ:正如我们即便真是如来的儿子。

D:虽为佛子。——分句

K:我等昔来真是佛子。——分句

◆yathā api nāma:正如。

yathā:adv. 如同。

api:adv. 也。

nāma:adv. 确实。

◆vayam:(mad)pers. 1. pl. N. 我们。D:(无)。K:我等。

◆tathāgatasya bhūtāḥ putrāḥ:如来真正的儿子。D:为佛子。K:真是佛子。

tathāgatasya:(tathāgata)m. sg. G. 如来的。

bhūtāḥ:(√bhū)ppp. m. pl. N. 真实。

putrāḥ:(putra)m. pl. N. 儿子。

4－69－3. api tu khalu punar hīna-adhimuktāḥ:却又信仰低下。

D:下贱怯弱。——分句

K:而但乐小法。——分句

◆api tu:但是。D:(无)。K:而但。

api:adv. 也、即使、而。

tu:indec. 然而、又。

◆khalu:indec. 确实;然而。

◆punar:adv. 又,再。

◆hīna-adhimuktāḥ:(hīna-adhimukta)adj. m. pl. N. 信仰低下。持业释(形容词关系)。D:下贱怯弱。K:乐小法。

4－70

D:"假使如来,覩心信乐喜菩萨乘,然后乃说方等大法。

K:"若我等有乐大之心,佛则为我说大乘法。

saced bhagavān asmākaṃ paśyed adhimukti-balaṃ bodhisattva-śabdaṃ bhagavān asmākam udāharet:"如果世尊看到我们具有信力,便会为我们宣说菩萨法音。↔新主题链,假设复句

4－70－1. sacet bhagavān asmākam paśyet adhimukti-balam:如果世尊看到我们具有信力。

D:假使如来,覩心信乐喜菩萨乘。sacet 引导的从句↔假设分句

K:若我等有乐大之心。sacet 引导的从句↔假设分句

◆sacet:indec. 如果。D:假使。K:若。

◆bhagavān:(bhagavant)m. sg. N. 世尊。D:如来。K:佛。N. ↔主题兼主语

◆asmākam:(mad)pers. 1. pl. G. 我们的。D:(无)。K:我等。

◆paśyet:(√paś)opt. 3. sg. P. 看见。D:覩。K:(无)。

◆adhimukti-balam:(adhimukti-bala)n. sg. Ac. 信仰之力。依主释(属格关系)。D:心信乐。K:乐大之心。

adhimukti:f. 信仰。bala:n. 力量。

4-70-2. bodhisattva-śabdam bhagavān asmākam udāharet:会为我们宣说菩萨法音。

D:然后乃说方等大法。——主句。"然后乃"为增译关联词。

K:佛则为我说大乘法。——主句。"则"为增译关联词。

◆bodhisattva-śabdam:(bodhisattva-śabda)m. sg. Ac. 菩萨之音。依主释(属格关系)。D:方等大法。K:大乘法。

bodhisattva:m. 菩萨。śabda:m. 声音。

◆bhagavān:(bhagavant)m. sg. N. 世尊。

◆asmākam:(mad)pers. 1. pl. G. 为我们。D:(无)。K:为我。G. ↔介词短语做状语,表对象

◆udāharet:(ud-ā-√hṛ)opt. 3. sg. P. 宣畅、演说。D:说。K:说。

4-71

D:"又世尊兴为二事,为诸菩萨现甘露法,为诸下劣志愿小者,转复劝进入微妙谊。

K:"于此经中唯说一乘,而昔于菩萨前,毁呰声闻乐小法者,然佛实以大乘教化。

vayaṃ punar bhagavatā dve kārye kārāpitā bodhisattvānāṃ cāgrato hīnādhimuktikā ity uktās te codārāyāṃ buddha-bodhau samādāpitāḥ:"世尊又吩咐我们两件事:一是在众菩萨面前批评信仰低下之人,二是让这些人在高贵的佛菩提中受到教化。↔新主题句

◆vayam:(mad)pers. 1. pl. N. 我们。

◆punar:adv. 又,再。D:(无)。K:但。

◆bhagavatā:(bhagavat)m. sg. I. 世尊。在此具格表施事。D:世尊。K:佛。N. ↔主题兼主语

◆dve kārye:两件事。D:二事。K:(无)。

dve:(dva)num. n. Ac. 二。

kārye:(kārya)n. du. Ac. 该做的事、使命。

◆kārāpitāḥ:(√kr)caus. ppp. m. pl. N. 吩咐、命令。D:兴、现。K:说。

◆bodhisattvānām agratas:诸位菩萨的面前。

D:为诸菩萨。G. ↔介词短语做状语,表对象

K:于菩萨前。G. + adv.↔"于……前"框式结构,做地点状语

bodhisattvānām:(bodhisattva)m. pl. G. 菩萨。

agratas:adv. 对面、面前。

◆ca:conj. 和、然而。

◆hīna-adhimuktikāḥ:(hīna-adhimuktika)adj. m. pl. N. 信仰低下者。持业释(形容词关系)。D:为诸下劣志愿小者。K:声闻乐小法者。

◆iti:adv. 这样(说)。

◆uktāḥ:(√vac)ppp. m. pl. N. 讲说。

◆te:(tad)pron. m. pl. N. 这些。

◆ca:conj. 和、然而。D:(无)。K:然。

◆udārāyām buddha-bodhau:在高贵佛菩提。D:微妙谊。K:实以大乘。

udārāyām:(udārā)adj. f. sg. L. 高贵。修饰 buddha-bodhau。

buddha-bodhau:(buddha-bodhi)f. sg. L. 佛菩提。依主释(属格关系)。

　　buddha:m. 佛。bodhi:f. 觉悟,音译为菩提。

◆samādāpitāḥ:(sam-ā-√dā)caus. ppp. m. pl. N. 教化、劝导。D:转复劝进入。K:教化。

4－72

D:"譬如彼子与父别久,行道遥见,不识何人呼而怖惧;后稍稍示威仪

法则乃知是父。佛亦如是，吾等不解菩萨大士，虽从法生为如来子，但求灭度，不志道场坐于树下降魔官属度脱一切。我辈自谓已得解脱，以是之故，今日覩闻未为成就，不为出家不成沙门。

K："是故我等说：

asmākaṃ cedānīṃ bhagavān adhimukti-balaṃ jñātvedam udāhṛtavān anena vayaṃ bhagavan paryāyeṇaivaṃ vadāmaḥ："适才世尊知道我们具有信力后，已发出此音。世尊啊！因此我们这样说。↔新主题链，因果复句

4－72－1. asmākam ca idānīm bhagavān adhimukti-balam jñātvā idam udāhṛtavān：适才世尊知道我们具有信力后，已发出此音。

◆asmākam adhimukti-balam：我们的信力。

asmākam：(mad) pers. 1. pl. G. 我们。

adhimukti-balam：(adhimukti-bala) n. sg. Ac. 信解之力。依主释（属格关系）。

◆idānīm：adv. 此刻、刚才。D：今日。K：(无)。

◆ca：conj. 和、然而。

◆bhagavān：(bhagavat) m. sg. N. 世尊。D：佛。K：(无)。

◆jñātvā：(√jñā) ger. 知道。D：覩闻。K：(无)。

◆idam：dem. n. sg. Ac. 这。

◆udāhṛtavān：(ud-ā-√hṛ) app. m. sg. N. 演说。

4－72－2. anena vayam bhagavan paryāyeṇa evam vadāmaḥ：世尊啊！因此我们这样说。

D：以是之故，今日覩闻未为成就，不为出家不成沙门。——主句

K：是故我等，说本无心有所悕求。——主句

◆anena paryāyeṇa：因此、所以。D：以是之故。K：是故。

anena：(ana) pron. n. sg. I. 这。限定 paryāyeṇa。

paryāyeṇa：(paryāya) n. sg. I. 方法、方式。

◆vayam：(mad) pers. 1. pl. N. 我们。D：(无)。K：我等。

◆bhagavan：(bhagavat) m. sg. V. 世尊啊。

◆evam：adv. 这样。D：如是。K：如是。

◆vadāmaḥ：(√vad) pres. 1. pl. P. (我们)说、讲。D：(无)。K：说。

4－73

D："今如来尊现诸通慧，我等以获大圣珍宝，佛则为父我则为子，父子同体焉得差别。犹如长者临寿终时于大众前，宣令帝王梵志长者君子，今诸所有库藏珍宝用赐其子，子闻欢喜得未曾有。佛亦如是，先现小乘一时悦我，然今最后，普令四辈比丘、比丘尼、清信士、清信女，天上世间一切人民，显示本宜。佛权方便说三乘耳，尚无有二岂当有三？是诸声闻皆当成佛，我等悦豫不能自胜。"

K："本无心有所悕求。今法王大宝自然而至，如佛子所应得者皆已得之。"

sahasaivāsmābhir niḥspṛhair anākāṅkṣitam amārgitam aparyeṣitam acintitam aprārthitaṃ sarva-jñatā-ratnaṃ pratilabdhaṃ yathāpīdaṃ tathāgatasya putraiḥ："我们不曾渴望，从未寻求，如同如来诸子，也是忽然获得这一切智慧珍宝。"↔evam 的同位语

◆sahasā：adv. 忽然。

◆eva：adv. 确实。

◆asmābhiḥ niḥspṛhaiḥ：无欲无求的我们。在此具格表施事。D：我等。K：(无)。

asmābhiḥ：(mad) pers. 1. pl. I. 我们。

niḥspṛhaiḥ：(niḥ-spṛha) adj. m. pl. N. 无所渴求。修饰 asmābhiḥ。

◆anākāṅkṣitam amārgitam aparyeṣitam acintitam aprārthitam：无愿、无求。

anākāṅkṣitam：(an-ā-√kāṅkṣ) ppp. n. sg. N. 不渴望。

amārgitam：(a-√mārg) ppp. n. sg. N. 不寻求。

aparyeṣitam：(a-pari-ā-√iṣ) ppp. n. sg. N. 不追求。

acintitam：（a-√cint）ppp. n. sg. N. 不想。

aprārthitam：（a-pra-√arthaya）ppp. n. sg. N. 不追求。

◆sarva-jñatā-ratnam：（sarva-jñatā-ratna）n. sg. N. 一切智慧珍宝。持业释（同位关系）。D：大圣珍宝。K：法王大宝。

sarva-jñatā：f. 一切智慧。持业释（形容词关系）。

sarva：adj. 一切、所有。jñatā：f. 智慧。

ratna：n. 珍宝。

◆pratilabdham：（prati-√labh）ppp. n. sg. N. 获得。D：以获。K：自然至。

◆idam：dem. n. sg. N. 这。

◆yathā：adv. 犹如。D：犹如。K：如。

◆api：adv. 也、即使。

◆tathāgatasya putraiḥ：众如来子。在此具格表施事。D：（无）。K：佛子。

tathāgatasya：（tathāgata）m. sg. G. 如来的。

putraiḥ：（putra）m. pl. I. 儿子。

4-74

D：时大迦叶则说颂曰：

K：尔时摩诃迦叶欲重宣此义，而说偈言：

atha khalv āyuṣmān mahākāśyapas tasyāṃ velāyām imā gathā abhāṣata：这时，长老大迦叶宣说这些偈颂：↔新主题句

◆atha khalu：于是。D：时。K：尔时。句首小品词↔时间词，用作话题转换标记

◆āyuṣmān mahākāśyapaḥ：长老大迦叶。D：大迦叶。K：摩诃迦叶。

āyuṣmān：（āyuṣmat）adj. m. sg. N. 具寿、长老。加在名号前，表尊敬。D：贤者。K：慧命。

mahākāśyapaḥ：（mahā-kāśyapa）m. sg. N.（人名）音译为摩诃迦叶。

◆tasyām velāyām：这个时候。在此位格用作副词，表时间，修饰 abhāṣata。

tasyām:(tad)pron. f. sg. L. 这。限定 velāyā。

velāyām:(velā)f. sg. L. 时候。

◆imāḥ gāthāḥ:这些偈颂。做 abhāṣata 的受词。D:颂。K:偈。

imāḥ:(idam)dem. f. pl. Ac. 此。限定 gāthā。

gāthāḥ:(gāthā)f. pl. Ac. 偈颂。

◆abhāṣata:(√bhāṣ)impf. 3. sg. A. 宣说。D:说……曰。K:说……言。

verse:4-75

D:我等今日,逮闻斯音,怪之愕然,得未曾有,

由是之故,心用悲喜。又省导师,柔软音声,

K:我等今日,闻佛音教,欢喜踊跃,得未曾有。

āścarya-bhūtā sma tathādbhutāś ca audbilya-prāptā smaśruṇitva ghoṣaṃ /

sahasaiva asmābhir ayaṃ tathādya manojña-ghoṣaḥ śrutu nāyakasya //1//

4-75-1. āścarya-bhūtāḥ sma tathā adbhutāḥ ca audbilya-prāptāḥ sma śruṇitva ghoṣam:听见如此话音,感到无比惊奇喜悦。

◆āścarya-bhūtāḥ:(āścarya-bhūta)ppp. m. pl. N. 惊奇。依主释(业格关系)。D:得未曾有。K:得未曾有。

āścarya:n. 惊异。bhūta:(√bhū)ppp. 成为。

◆sma:indec. 接在动词之后,表示过去时态。

◆tathā:adv. 这样。

◆adbhutāḥ:(adbhuta)ppp. m. pl. N. 奇特、希有。D:怪之愕然。K:(无)。

◆ca:conj. 和、然而。

◆audbilya-prāptāḥ:(audbilya-prāpta)adj. m. pl. N. 心中喜悦。依主释(业格关系)。D:心用悲喜。K:欢喜踊跃。

audbilya:n. 喜悦。prāpta:(pra-√āp)ppp. 获得。

◆śruṇitva[①]:(√śru) ger. 听后。D:逮闻。K:闻。

◆ghoṣam:(ghoṣa) m. sg. Ac. 声音。D:斯音。K:音教。

4－75－2. sahasā eva asmābhiḥ ayam tathā adya manojña-ghoṣaḥ śrutu nāyakasya:我们今日忽然听到导师这美妙悦耳的声音。

◆sahasā:adv. 忽然。

◆eva:adv. 确实。

◆asmābhiḥ:(mad) pers. 1. pl. I. 我们。在此具格表施事。D:我等。K:我等。

◆ayam manojña-ghoṣaḥ:这美妙悦耳声音。D:柔软音声。K:音教。

ayam:(idam) dem. m. sg. N. 这。限定 manojña-ghoṣaḥ。

manojña-ghoṣaḥ:(manojña-ghoṣa) m. sg. N. 美妙悦耳声音。依主释(属格关系)。

manojña:adj. 可爱。ghoṣa:m. 声音。

◆adya:adv. 今天。D:今日。K:今日。

◆śrutu[②]:(√śru) ppp. m. sg. N. 闻听。D:省。K:闻。

◆nāyakasya:(nāyaka) m. sg. G. 导师。D:导师。K:佛。

4－76

D:尊妙珍宝,为大积聚,一处合集,以赐我等。

未曾思念,亦不有求,还闻弘教,心怀踊跃。

K:佛说声闻,当得作佛,无上宝聚,不求自得。

viśiṣṭa-ratnāna mahanta-rāśir muhūrta-mātreṇa ayam adya labdhaḥ /

na cintito nāpi kadāci prārthitas taṃ śrutva āścarya-gatā sma sarve //2//

4－76－1. viśiṣṭa-ratnāna mahanta-rāśiḥ muhūrta-mātreṇa ayam adya labdhaḥ:

---

① 见 BHSG § 35. 10。

② 见 BHSG § 8. 20。

今日仅在瞬间获得这无上大宝堆。

◆viśiṣṭa-ratnāna①:(viśiṣṭa-ratna)n. pl. G. 无上至宝。持业释(形容词关系)。D:尊妙珍宝。K:无上宝。

viśiṣṭa:(vi-√śiṣ)ppp. 无上、第一。ratna:n. 宝贝。

◆mahanta-rāśiḥ:(mahanta-rāśi)m. sg. N. 巨大堆积。持业释(形容词关系)。D:大积聚。K:聚。

mahanta:(mahat)adj. 大的。rāśi:m. 堆积、聚集。

◆muhūrta-mātreṇa②:adv. 仅仅瞬间。

◆ayam:(idam)dem. m. sg. N. 这。限定 mahanta-rāśiḥ。

◆adya:adv. 今天。

◆labdhaḥ:(√labh)ppp. m. sg. N. 获得。D:以赐。K:自得。

4-76-2. na cintitaḥ na api kadāci prārthitaḥ tam śrutva āścarya-gatāḥ sma sarve:从未想过,也不曾追求,闻听此事后,无不觉惊奇。

◆na cintitaḥ:不思考。D:未曾思念。K:不求。

na:adv. 不,非,无。

cintitaḥ:(a-√cint)ppp. m. sg. N. 思考。

◆na prārthitaḥ:不求。D:不有求。K:不求。

prārthitaḥ:(pra-√arthaya)ppp.m.sg.N.寻求。

◆api:adv.也、即使。D:亦。K:(无)。

◆kadāci③:adv.任何时候、有时。

◆tam:(tad)pron.m.sg.Ac.这。D:弘教。K:(无)。

◆śrutva④:(√śru)ger.听后。D:闻。K:(无)。

◆āścarya-gatāḥ:(āścarya-gata)ppp.m.pl.N.感到惊奇。依主释(业格关

---

① 见 BHSG § 8. 117。

② 见 BHSG § 8. 117。

③ 见 BHSG § 2. 90"Dropping of final consonants"。

④ 见 BHSG § 35.10。

系）。D：心怀踊跃。K：（无）。

āścarya：n.惊异。gata：（√gam）ppp.到达。

◆sma：indec.接在动词之后，表示过去时态。

◆sarve：（sarva）adj.m.pl.N.所有、一切。

4－77

D：譬如长者，而有一子，兴起如愚，亦不闇冥，

自舍其父，行诣他国，志于殊域，仁贤百千。

K：譬如童子，幼稚无识，舍父逃逝，远到他土，

yathāpi bālaḥ puruṣo bhaveta utplāvito bāla-janena santaḥ /

pituḥ sakāśātu apakrameta anyaṃ ca deśaṃ vraji so sudūraṃ //3//

4－77－1. yathā api bālaḥ puruṣaḥ bhaveta utplāvitaḥ bāla-janena santaḥ：譬如有个小孩，幼稚无知，蹦蹦跳跳。

◆yathā：adv.如同。D：譬如。K：譬如。

◆api：adv.也。

◆bālaḥ puruṣaḥ：愚人、幼儿。D：一子。K：童子。

bālaḥ：（bāla）adj.m.sg.N.愚痴、幼小。

puruṣaḥ：（puruṣa）m.sg.N.人。

◆bhaveta：（√bhū）opt.3.sg.A.变成、发生、存在。D：有。K：（无）。

◆utplāvitaḥ：（ud-√plu）caus. ppp.m.sg.N.涌出、跃出。D：兴起。K：（无）。

◆bāla-janena：（bāla-jana）m.sg.I.幼稚无知之人。持业释（形容词关系）。D：如愚。K：幼稚无识。

bāla：adj.愚痴、幼稚。jana：m.民众。

◆santas①：（√as）ppt.m.sg.N.有、是、在。

---

① 见 BHSG.18.6 & BHSD，P555。

4－77－2. pituḥ sakāśātu apakrameta anyam ca deśam vraji saḥ sudūram：从父亲身边逃跑，远走他乡。

◆pituḥ sakāśātu：父亲身边。D：其父。K：父。

pituḥ：（pitṛ）m.sg.G.父亲的。

sakāśātu①：（sakāśa）m.sg.Ab.身边、面前。

◆apakrameta：（apa-√kram）opt.3.sg.A.离开、逃走。D：舍。K：舍逃逝。

◆anyam ca deśam：他方、别处。D：他国。K：他土。

anyam：（anya）adj.m.sg.Ac.其他。修饰 deśam。

deśam：（deśa）m.sg.Ac.地方。

◆ca：conj.和、然而。

◆vraji②：（√vraj）aor.3.sg.P.出行、游走。D：行诣。K：到。

◆saḥ：（tad）pron.m.sg.N.这。

◆sudūram：adv.远远地。D：（无）。K：远。

4－78

D：于时长者，愁忧念之，然后而闻，即自迸走，

　游于十方，意常悒戚。父子隔别，二三十年。

K：周流诸国，五十余年。其父忧念，四方推求。

pitā ca taṃ śocati tasmi kāle palāyitaṃ jñātva svakaṃ hi putraṃ/

śocantu so dig-vidiśāsu añce varṣāni pañcāśad-anūnakāni //4//

4－78－1. pitā ca tam śocati tasmi kāle palāyitam jñātva svakam hi putram：此时父亲因知自己的儿子逃走而悲伤难过。

◆pitā：（pitṛ）m.sg.N.父亲。D：长者。K：其父。

◆ca：conj.和、然而。

---

① 见 BHSG § 8.50。

② 见 BHSG § 35.17。

◆tam：(tad) pron.m.sg.Ac.这。D：之。K：(无)。

◆śocati：(√śuc) pres.3.sg.P.忧愁、悲伤。D：愁忧。K：忧念。

◆tasmi kāle：这时。D：于时。K：(无)。

tasmi[①]：(tad) pron.m.sg.L.这。

kāle：(kāla) m.sg.L.时。

◆palāyitam：(palā-√ī) ppp.m.sg.Ac.逃走、逃亡。修饰 putram。D：迸走。K：周流。

◆jñātva[②]：(√jñā) ger.知道。D：闻。K：(无)。

◆svakam putram：自己的儿子。

svakam：(svaka) adj.m.sg.Ac.自己。修饰 putram。

putram：(putra) m.sg.Ac.儿子。

◆hi：adv.确实；因为。

4-78-2. śocantu saḥ dig-vidiśāsu añce varṣāṇi pañcāśad-anūnakāni：他带着忧愁，四方寻找，整整五十个年头。

◆śocantu[③]：(√śuc) ppt.m.sg.N.忧愁、悲伤。D：意常悒戚。K：(无)。

◆saḥ：(tad) pron.m.sg.N.这。

◆dig-vidiśāsu：(diś-vidiśā) f.pl.L.四面八方。相违释。D：于十方。K：四方。

diś：f.方向。vidiśā：f.中间方向。

◆añce：(√ac) pres.1.sg.A.寻求。D：游。K：推求。

◆varṣāṇi pañcāśad-anūnakāni：五十年整。D：二三十年。K：五十余年。

varṣāṇi：(varṣa) n.pl.Ac.年、岁。

pañcāśad-anūnakāni：(pañcāśat-anūnaka) adj.n.pl.Ac.五十整。

pañcāśat：num.五十。anūnaka：adj.不减。

---

① 见 BHSG § 21.46。

② 见 BHSG § 35.10。

③ 见 BHSG § 18.8。

4-79

D:与人恋讼,欲得其子,便诣异土,入于大城。

则于彼止,立于屋宅,具足严办,五乐之欲。

K:求之既疲,顿止一城,造立舍宅,五欲自娱。

tathā ca so putra gaveṣamāṇo anyaṃ mahantaṃ nagaraṃ hi gatvā /

niveśanaṃ māpiya tatra tiṣṭhet samarpito kāma-guṇehi pañcabhiḥ //5//

4-79-1. tathā ca so putra gaveṣamāṇaḥ anyam mahantam nagaram hi gatvā:
这样寻找儿子,来到另一座大城。

◆tathā:adv.这样。

◆ca:conj.和、然而。

◆so putra:这个儿子。D:其子。K:之。

so①:(tad)pron.m.sg.N.这。限定 putra。

putra②:m.sg.N.儿子。

◆gaveṣamāṇaḥ:(√gaveṣ)ppt.A.m.sg.N.寻求。现在分词表原因。D:欲得。K:求。

◆anyam mahantam nagaram:另一座大城。D:于大城。K:一城。

anyam:(anya)adj.n.sg.Ac.其他。修饰 nagaram。

mahantam:(mahat)adj.n.sg.Ac.大。修饰 nagaram。

nagaram:(nagara)n.sg.Ac.城。

◆hi:adv.确实、因为。

◆gatvā:(√gam)ger.去。D:入。K:(无)。

4-79-2. niveśanam māpiya tatra tiṣṭhet samarpitaḥ kāma-guṇehi pañcabhiḥ:
建造住宅,定居在此,五欲俱全。

① 见 BHSG § 21.46。

② 见 BHSG § 8.22。

◆niveśanam:(niveśana)n.sg.Ac.住宅。D:于屋宅。K:舍宅。

◆māpiya①:(√mā)caus.ger.丈量、建造。D:立。K:造立。

◆tatra:adv.这里。D:于彼。K:(无)。

◆tiṣṭhet:(√sthā)opt.3.sg.P.站立、停留。D:止。K:顿止。

◆samarpitaḥ:(sam-√ṛ)caus.ppp.m.sg.N.具有。D:具足严办。K:(无)。

◆kāma-guṇehi pañcabhiḥ:五欲。D:五欲自娱。K:五欲自娱。

kāma-guṇehi②:(kāma-guṇa)m.pl.I.欲乐。

kāma:m.爱欲 guṇa:m.利益、性质。

pañcabhiḥ:(pañca)num.I.五。

4-80

D:无数紫金,及诸珍宝,奇异财业,明珠碧玉,

象马车乘,甚为众多。牛畜牋彘,鸡鹜羦羊。

K:其家巨富,多诸金银、车璩马脑、

真珠琉璃;象马牛羊、辇舆车乘;

bahuṃ hiraṇyaṃ ca suvarṇa-rūpyaṃ dhānyaṃ dhanaṃ śaṅkha-śilā-pravāḍam /

hastī ca aśvāś ca padātayaś ca gāvaḥ paśūś caiva tathaiḍakāś ca //6//

4-80-1. bahuṃ hiraṇyam ca suvarṇa-rūpyam dhānyam dhanam śaṅkha-śilā-pravāḍam:富有金银财宝、稻谷、贝壳、玉石和珊瑚。

◆bahuṃ③:(bahu)adj.n.sg.N.众多。D:无数。K:多。

◆hiraṇyam:(hiraṇya)n.sg.N.金器、银器。D:诸珍宝。K:(无)。

◆ca:conj.和、然而。D:及。K:(无)。

◆suvarṇa-rūpyam:(suvarṇa-rūpya)n.sg.N.金和银。相违释。D:紫金。

---

① 见 BHSG § 35.43。

② 见 BHSG § 3.15。

③ 见 BHSG § 12.12。

K：金银。

suvarṇa：n.金。rūpya：n.银。

◆dhānyam：(dhānya) n.sg.N.稻谷。

◆dhanam：(dhana) n.sg.N.财宝、钱财。D：奇异财业。K：(无)。

◆śaṅkha-śilā-pravāḍam：(śaṅkha-śilā-pravāḍa) n.sg.N.贝壳、玉石和珊瑚。相违释。D：明珠碧玉。K：真珠琉璃、车磲马脑。

śaṅkha：m.贝殼。śilā：f.玉石。pravāḍa：m.n.珊瑚。

4－80－2. hastī ca aśvāḥ ca padātayaḥ ca gāvaḥ paśrūḥ ca eva tathā eḍakāḥ ca：还有许多象、马、脚力和牛、羊等牲口。

◆hastī：(hastin) m.sg.N.象。D：象。K：象。

◆aśvāḥ：(aśva) m.pl.N.马。D：马。K：马。

◆padātayaḥ：(padāti) m.pl.N.步兵。D：车乘。K：辇舆车乘。

◆gāvaḥ：(go) m.pl.N.牛。D：牛。K：牛。

◆paśūḥ：(paśu) m.pl.N.牛、牲口。D：畜。K：(无)。

◆eva：adv.确实。

◆tathā：adv.同样。

◆eḍakāḥ：(eḍaka) m.pl.N.公羊。D：羊。K：羊。

4－81

D：出内产息，贾作耕种，奴仆僮使，不可计数。

严办众事，亿千百类，又得王意，威若国主。

K：田业僮仆、人民众多。出入息利，乃遍他国，商估贾人、

无处不有。千万亿众，围绕恭敬，常为王者，之所爱念，

prayoga āyoga tathaiva kṣetrā dāsī ca dāsā bahu preṣya-vargaḥ /

susatkṛtaḥ prāṇi-sahasra-koṭibhī rājñaś ca so vallabhu nitya-kālam //7//

4－81－1. prayogaḥ āyoga tathā eva kṣetrā dāsī ca dāsā bahu preṣya-vargaḥ：借贷储蓄，获利丰厚，还有许多耕地、奴婢和奴仆，佣人成群。

◆prayogaḥ:(prayoga)m.sg.N.借贷、投资。D:出内。K:出入。

◆āyoga①:m.sg.N.积累、储蓄。D:产息。K:息利。

◆tathā:adv.同样。

◆eva:adv.确实。

◆kṣetrā②:(kṣetra)n.pl.N.国土。D:贾作耕种。K:田业。

◆dāsī ca dāsāḥ:奴婢和奴仆。D:奴仆僮使。K:僮仆。

dāsī③:f.pl.N.奴婢。

ca:conj.和、然而。

dāsāḥ:(dāsa)m.pl.N.奴仆。

◆bahu④:adj.m.sg.N.众多。D:不可计数。K:众多。

◆preṣya-vargaḥ:(preṣya-varga)m.sg.N.仆众。依主释(依主释)。D:(无)。K:人民。

preṣya:m.仆。varga:m.众、聚。

4－81－2. susatkṛtaḥ prāṇi-sahasra-koṭibhī rājñaḥ ca saḥ vallabhu nitya-kālam:千亿民众善待供养,常得国王宠爱器重。

◆susatkṛtaḥ:(su-sat-kṛta)adj.m.sg.N.善待、供奉。D:严办众事。K:围绕恭敬。

◆prāṇi-sahasra-koṭibhī⑤:(prāṇi-sahasra-koṭī)f.pl.I.千亿众生。依主释(属格关系)。D:亿千百类。K:千万亿众。

prāṇi:(prāṇin)m.众生。

sahasra-koṭī:f.千亿。相违释。

sahasra:n.千。koṭī:f.俱胝亿。

---

① 见 BHSG § 8.22。

② 见 BHSG § 8.100。

③ 见 BHSG § 10.186。

④ 见 BHSG § 12.13。

⑤ 见 BHSG § 3.14"ī for final i"。

◆rājñaḥ vallabhu：国王宠爱之人。D：得王意。K：为王者之所爱念。

rājñaḥ：（rājan）m.sg.G.国王的。

vallabhu①：（vallabha）adj.m.sg.N.爱重、宠爱。

◆ca：conj.和、然而。D：又。K：（无）。

◆saḥ：（tad）pron.m.sg.N.这。

◆nitya-kālam：adv.经常、永久。D：（无）。K：常。

4－82

D：一城民庶，委敬自归，诸郡种人，远皆戴仰。

若干种业，因从求索，兴造既多，不可计限。

K：群臣豪族，皆共宗重。以诸缘故，往来者众。

kṛtāñjalī tasya bhavanti nāgarā grāmeṣu ye cāpi vasanti grāmiṇaḥ /

bahu-vāṇijās tasya vrajanti antike bahūhi kāryehi kṛtādhikārāḥ //8//

4－82－1．kṛtāñjalī tasya bhavanti nāgarāḥ grāmeṣu ye ca api vasanti grāmiṇaḥ：无论城市贵胄还是乡野村夫，都向他合掌致敬。

◆kṛtāñjalī②：（kṛta-añjali）m.pl.N.合掌、叉手。D：委敬、戴仰。K：宗重。

◆tasya：（tad）pers.3.sg.G.他。

◆bhavanti：（√bhū）pres.3.pl.P.变成、发生、存在。

◆nāgarāḥ：（nāgara）m.pl.N.市民。D：民庶。K：群臣豪族。

◆grāmeṣu：（grāma）m.pl.L.村庄中。D：一城、诸郡。K：（无）。

◆ye：（yad）rel.m.pl.N.这。

◆ca：conj.和、然而。

◆api：adv.也、即使。

◆vasanti：（√vas）pres.3.pl.P.居住。

---

① 见 BHSG § 8.20。

② 见 BHSG § 10.179。

◆grāmiṇaḥ:(grāmin)m.pl.N.村民、农夫。D:种人。K:(无)。

4－82－2. bahu-vāṇijāḥ tasya vrajanti antike bahūhi kāryehi kṛta-adhikārāḥ:众多商人在他身边活动,达成交易,事务繁多。

◆bahu-vāṇijāḥ:(bahu-vāṇija)m.pl.N.众多商人。持业释(形容词关系)。D:(无)。K:往来者众。

bahu:adj.众多。vāṇija:m.商人。

◆tasya antike:他身边。

tasya:(tad)pers.3.sg.G.他。

antike:(antika)n.sg.L.附近、身边。

◆vrajanti:(√vraj)pres.3.pl.P.出行、活动。D:自归。K:(无)。

◆bahūhi kāryehi:许多该做的事。D:若干种业。K:以诸缘故。

bahūhi[①]:(bahu)adj.n.pl.I.众多、无量。

kāryehi[②]:(kārya)n.pl.I.该做的事、使命。

◆kṛta-adhikārāḥ:(kṛta-adhikāra)m.完成职责、尽职尽责。持业释(形容词关系)。D:兴造既多。K:(无)。

kṛta:adj.已做。adhikāra:m.职责。

4－83

D:势富如是,啼哭泪出。吾既朽老,志力衰变,
　心诲思想,欲得见子。夙夜追念,情不去怀。
K:豪富如是,有大力势。而年朽迈,
　益忧念子,夙夜惟念,死时将至。

etādṛśo ṛddhimato naraḥ syāj jīrṇaś ca vṛddhaś ca mahallakaś ca /
sa putra-śokaṃ anucintayantaḥ kṣayeya rātrim-diva nitya-kālam //9//

① 见BHSG § 12.65。
② 见BHSG § 8.108。

4－83－1. etādṛśaḥ ṛddhimataḥ naraḥ syāt jīrṇaḥ ca vṛddhaḥ ca mahallakaḥ ca：如此富贵之人，却已年迈，衰老体弱。

◆etādṛśaḥ ṛddhimataḥ：如此富有。D：势富如是。K：豪富如是、有大力势。

etādṛśaḥ：（etādṛśa）adj.m.sg.N.这样的。D：如是。K：如是。

ṛddhimataḥ：（ṛddhimat）adj.m.sg.N.富裕、体面。D：势富。K：豪富。

◆naraḥ：（nara）m.sg.N.人。

◆syāt：（√as）opt.3.sg.P.有、是、在。

◆jīrṇaḥ ca vṛddhaḥ ca mahallakaḥ ca：年迈衰老，体弱无力。D：朽老志力衰变。K：而年朽迈。

jīrṇaḥ：（√jṝ）ppp.m.sg.N.衰老。

ca：conj.和、然而。

vṛddhaḥ：（√vṛdh）ppp.m.sg.N.年迈。

mahallakaḥ：（mahallaka）adj.m.sg.N.虚弱、无力。

4－83－2. saḥ putra-śokam anucintayantaḥ kṣayeya rātrim-diva nitya-kālam：常常日夜悲伤，思念儿子，行将命终。

◆saḥ：（tad）pron.m.sg.N.这。

◆putra-śokam：（putra-śoka）m.sg.Ac.伤子。依主释（属格关系）。D：子。K：子。

putra：m.儿子。śoka：m.忧愁、悲伤。

◆anucintayantaḥ①：（anu-√cint）caus.ppt.m.sg.N.思念。D：心诲思想、追念。K：益忧念、惟念。

◆kṣayeya：（√kṣi）opt.3.sg.A.灭尽。D：（无）。K：死时将至。

◆rātrim-diva②：adv.日夜。D：夙夜。K：夙夜。

---

① 见 BHSG § 18.6。

② 见 BHSG § 29.28 "*eya*，*eyā*，third singular"。

◆nitya-kālam：adv.经常。

4－84

D：闻子之问，意增烦惋。舍我别来，二三十年，

吾之所有，财业广大，假当寿终，无所委付。

K：痴子舍我，五十余年，库藏诸物，当如之何？

sa tādṛśo durmati mahya putraḥ pañcāśa varṣā pi tadā palānakaḥ /

ayaṃ ca kośo vipulo mamāsti kāla-kriyā co mama pratyupasthitā //10//

4－84－1．saḥ tādṛśaḥ durmati mahya putraḥ pañcāśa varṣā pi tadā palānakaḥ：我的儿子如此愚痴，逃走至今也已五十年。

◆saḥ putraḥ：这个儿子。D：（无）。K：子。

saḥ：（tad）pron.m.sg.N.这。限定 putraḥ。

putraḥ：（putra）m.sg.N.儿子。

◆tādṛśaḥ：（tādṛśa）adj.m.sg.N.这样的。修饰 durmati。

◆durmati①：m.sg.N.愚痴、无知。D：（无）。K：痴。

◆mahya②：pers.1.sg.G.我的。D：我。K：我。

◆pañcāśa varṣā：五十年。D：二三十年。K：五十余年。

pañcāśa③：（pañcāśat）num.n.Ac.五十。

varṣā④：（varṣa）n.pl.Ac.年、岁。

◆pi⑤：adv.也、即使。

◆tadā：adv.当时。

◆palānakaḥ：（palānaka）adj.m.sg.N.逃走、逃亡。D：舍别来。K：舍。

---

① 见 BHSG § 10.15。

② 见 BHSG § 20.63。

③ 见 BHSG § 18.65。

④ 见 BHSG § 8.100。

⑤ 见 BHSG § 3.14 & BHSD，P 344。

4－84－2. ayam ca kośaḥ vipulaḥ mama asti kāla-kriyā co mama pratyupasthitā：我拥有这巨大宝库，而我的死期即将来临。

◆ayam kośaḥ vipulaḥ：这广大库藏。D：财业广大。K：库藏诸物。

ayam：（idam）dem.m.sg.N. 这。限定 kośaḥ。

kośaḥ：（kośa）m.sg.N.宝库。D：财业。K：库藏诸物。

vipulaḥ：（vipula）adj.m.sg.N.庞大。修饰 kośaḥ。D：广大。K：（无）。

◆ca：conj.和、然而。

◆mama：（mad）pers.1.sg.G.我。在此属格表主体。D：吾之所。K：（无）。

◆asti：（√as）pres.3.sg.P.有、是、在。D：有。K：有。

◆kāla-kriyā：f.sg.N.寿终、死时。D：寿终。K：（无）。

◆co[①]：conj.和、然而。D：（无）。K：及。

◆pratyupasthitā：（prati-upa-√sthā）ppp.f.sg.N.出现、来临。

4－85

D：计彼长者，其子愚浊，贫穷困厄，常求衣食，

　　游诸郡县，恒多思想，周旋汲汲，慕系啬口，

K：尔时穷子，求索衣食，从邑至邑、从国至国。

so cāpi bālo tada tasya putro daridrakaḥ kṛpaṇaku nitya-kālam/

grāmeṇa grāmam anucaṅkramantaḥ paryeṣate bhakta tathāpi coḍam //11//

4－85－1. so ca api bālaḥ tada tasya putraḥ daridrakaḥ kṛpaṇaku nitya-kālam：那时他的傻儿子常贫穷无助。

◆so bālaḥ：这个愚夫。D：愚浊。K：（无）。

so[②]：（tad）pron.m.sg.N.这。限定 bālaḥ。

bālaḥ：（bāla）m.sg.N.幼儿、愚者。

① 见 BHSD，P234。
② 见 BHSG § 21.46。

◆ca：conj.和、然而。

◆api：adv.也、即使。

◆tada[①] 这时。D：(无)。K：尔时。

◆tasya putraḥ：这个人的儿子。D：其子。K：子。

tasya：(tad) pron.m.sg.G.这。

putraḥ：(putra) m.sg.N.儿子。

◆daridrakaḥ：(daridraka) adj.m.sg.N.贫穷。D：贫穷。K：穷。

◆kṛpaṇaku[②]：(kṛpaṇaka) adj.m.sg.N.脆弱、无助。D：困厄。K：(无)。

◆nitya-kālam：adv.经常。D：常。K：(无)。

4-85-2. grāmeṇa grāmam anucaṅkramantaḥ paryeṣate bhakta tathā api coḍam：依次挨村游走，寻求衣食。

◆grāmeṇa grāmam：一村接一村地。D：诸郡县。K：从邑至邑、从国至国。

grāmeṇa：(grāma) m.sg.I.村庄。

grāmam：(grāma) m.sg.Ac.村庄。

◆anucaṅkramantaḥ[③]：(anu-√kram) ppt.m.sg.N.依次而行、往返游荡。D：游、周旋汲汲。K：(无)。

◆paryeṣate：(pari-ā-√iṣ) pres.3.sg.A.寻求。D：求。K：求索。

◆bhakta[④]：n.sg.Ac.饮食、食物。D：食。K：食。

◆tathā：adv.同样。

◆api：adv.也、即使。

◆coḍam：(coḍa) m.sg.Ac.衣。D：衣。K：衣。

---

① 见 BHSG § 3.27 "a for ā"。

② 见 BHSG § 8.20。

③ 见 BHSG § 18.6。

④ 见 BHSG § 8.31。

4－86

D:征营驰迈,栽自供活,或时有获,或无所得。

缠滞他乡,亦怀悒慽,志性褊促,荆棘劙身。

K:或有所得,或无所得,饥饿羸瘦,体生疮癣。

paryeṣamāṇo 'pi kadā-ci kiṃcil labheta kiṃ-cit puna naiva kiṃ-cit /

sa śu ṣyate para-śaraṇeṣu bālo dadrūya kaṇḍūya ca digdha-gātraḥ //12//

4－86－1. paryeṣamāṇaḥ api kadā-ci kiṃcit labheta kiṃ-cit puna na eva kiṃ-cit:有时能求得一点东西,有时又什么也得不到。

◆paryeṣamāṇaḥ:(pari-ā-√iṣ) ppt.A.m.sg.N.寻求。D:征营驰迈。K:(无)。

◆api:adv.也、即使。

◆kadā-ci[①]:adv.有时、任何时候。D:或时。K:(无)。

◆kiṃcit:inter.n.sg.N.任何、有一点儿。D:或。K:或。

◆labheta:(√labh)opt.3.sg.A.获得。D:获、所得。K:所得。

◆puna[②]:adv.又,再。

◆na:adv.不,非,无。D:无。K:无。

◆eva:adv.确实。

4－86－2. saḥ śuṣyate para-śaraṇeṣu bālaḥ dadrūya kaṇḍūya ca digdha-gātraḥ:在其他庇护所中,这个痴儿身体干枯,全身长满疱疹和疥疮。

◆saḥ bālaḥ:这个愚人。

saḥ:(tad)pron.m.sg.N.这。限定 bālaḥ。

bālaḥ:(bāla)m.sg.N.幼儿、愚者。

◆śuṣyate:(√śuṣ)pres.3.sg.A.干枯、枯竭。D:缠滞。K:(无)。

◆para-śaraṇeṣu:(para-śaraṇa)n.pl.L.其他庇护所。持业释(形容词关

① 见 BHSG § 2.90 "Dropping of final consonants"。

② 见 BHSG § 2.90 "Dropping of final consonants"。

系）。D：他乡。K：（无）。

para：adj.别的。śaraṇa：n.庇护所。

◆dadrūya[①]：m.sg.N.疱疹。

◆kaṇḍūya[②]：m.sg.N.疥疮。D：荆棘。K：疮癣。

◆ca：conj.和、然而。

◆digdha-gātrah：（digdha-gātra）m.sg.N.涂抹身体。持业释（形容词关系）。D：劚身。K：体生。

digdha：（✓dih）ppp.涂抹、沾污。gātra：n.身体。

4-87

D：展转周旋，行不休息，渐渐自致，到父所居。

盘桓入出，复求衣食，稍稍得进，至于家君。

K：渐次经历，到父住城，佣赁展转，遂至父舍。

so ca vrajet taṃ nagaraṃ yahiṃ pitā anupūrvaśo tatra gato bhaveta /

bhaktaṃ ca coḍaṃ ca gaveṣamāṇo niveśanaṃ yatra pitu svakasya //13//

4-87-1. saḥ ca vrajet tam nagaram yahim pitā anupūrvaśo tatra gataḥ bhaveta：他依次出行，走到父亲所在的这座城。

◆sah：（tad）pron.m.sg.N.这。

◆ca：conj.和、然而。

◆vrajet：（✓vraj）opt.3.sg.P.出行、游走。D：周旋。K：经历。

◆tam nagaram：这座城。D：所居。K：住城。

tam：（tad）pron.n.sg.Ac.这。限定 nagaram。

nagaram：（nagara）n.sg.Ac.城。

◆yahim[③]：（yad）rel.n.sg.L.这里。

---

① 见 BHSG § 8.22。

② 见 BHSG § 8.22。

③ 见 BHSG § 21.46。

◆pitā:(pitṛ)m.sg.N.父亲。D:父。K:父。

◆anupūrvaśo①:adv.渐次、依次。D:渐渐。K:渐次。

◆tatra:adv.这里。

◆gataḥ bhaveta:走到。D:自致到、得进至。K:到、至。

gataḥ:(√gam)ppp.m.sg.N.走到。

bhaveta:(√bhū)opt.3.sg.A.是。助动词。

4-87-2. bhaktam ca coḍam ca gaveṣamāṇaḥ niveśanam yatra pitu svakasya:并一路求索衣食,来到自己的父亲家。

◆bhaktam ca coḍam ca:衣食。D:衣食。K:(无)。

bhaktam:(bhakta)n.sg.Ac.饮食。

coḍam:(coḍa)m.sg.Ac.衣服。

ca…ca:conj. 和。

◆gaveṣamāṇaḥ:(√gaveṣ)ppt.A.m.sg.N.寻求。D:求。K:佣赁。

◆niveśanam pitu svakasya:自己父亲的住宅。D:父所居、于家君。K:父舍。

niveśanam:(niveśana)n.sg.Ac.住宅、住处。

pitu②:(pitṛ)m.sg.G.父亲的。

svakasya:(svaka)adj.m.sg.G.自己的。

◆yatra:adv.这里。

4-88

D:遥见势富,极大长者,在于门前,

坐师子床,无数侍卫,眷属围绕。

K:尔时长者,于其门内,施大宝帐,处师子座;眷属围遶,

---

① 见 BHSG § 8.18。

② 见 BHSG § 2.90“Dropping of final consonants”。

so cāpi āḍhyaḥ puruṣo mahā-dhano dvārasmi siṃhāsani saṃniṣannaḥ /

parivāritaḥ prāṇi-śatair anekair vitāna tasyā vitato 'ntarīkṣe //14//

4－88－1. saḥ ca api āḍhyaḥ puruṣaḥ mahā-dhanaḥ dvārasmi siṃha-āsani saṃniṣannaḥ：这位富豪正在家门前的师子座上就坐。

◆saḥ āḍhyaḥ puruṣaḥ mahā-dhanaḥ：这位富豪。D：势富极大长者。K：长者。

saḥ：(tad) pron.m.sg.N.这。限定 puruṣaḥ。

āḍhyaḥ：(āḍhya) adj.m.sg.N.富贵。

puruṣaḥ：(puruṣa) m.sg.N.人。

mahā-dhanaḥ：(mahā-dhana) adj.m.sg.N.巨大财富。

◆ca：conj.和、然而。

◆api：adv.也、即使。

◆dvārasmi①：(dvāra) n.sg.L.在门口。D：在于门前。K：于其门内。

◆siṃha-āsani②：(siṃha-āsana) n.sg.L.师子座上。D：师子床。K：师子座。

◆saṃniṣannaḥ：(sam-ni-√sad) ppp.m.sg.N.就坐、坐定。D：坐。K：处。

4－88－2. parivāritaḥ prāṇi-śataiḥ anekaiḥ vitāna tasyā vitataḥ antarīkṣe：数百众人围绕，在空中为他张开幔帐。

◆parivāritaḥ：(pari-√vṛ) caus. ppp. m. sg. N. 包围、围绕。D：围绕。K：围遶。

◆prāṇi-śataiḥ anekaiḥ：数百群众。D：无数侍卫眷属。K：眷属。

prāṇi-śataiḥ：(prāṇi-śata) n.pl.I.数百众生。依主释(属格关系)。

prāṇi：(prāṇin) m.众生。śata：n.百。

anekaiḥ：(aneka) adj.非一、众多。

◆vitāna③：m.sg.N.幔帐。D：(无)。K：大宝帐。

---

① 见 BHSG § 8.63。

② 见 BHSG § 8.59。

③ 见 BHSG § 8.22。

◆tasyā①:(tad)pers.3.sg.G.他。

◆vitataḥ:(vi-√tan)ppp.m.sg.N.张开、撑开。D:(无)。K:施。

◆antarīkṣe:(antar-īkṣa)n.sg.L.虚空中。

4-89

D:出入财产,及所施与。若干人众,营从立侍,或有计校,金银珍宝,或合簿书,部别分莂,纪别入出,料量多少。

K:诸人侍卫,或有计算,金银宝物,出内财产,注记券疏。

āpto janaś cāsya samantataḥ sthito dhanaṃ hiraṇyaṃ ca gaṇenti ke-cit /

ke-cit tu lekhān api lekhayanti ke-cit prayogaṃ ca prayojayanti //15//

4-89-1. āptaḥ janaḥ ca asya samantataḥ sthitaḥ dhanam hiraṇyam ca gaṇenti ke-cit:可靠之人在他周围,有人计算金银财宝。

◆āptaḥ janaḥ:可靠之人、侍卫。

āptaḥ:(√āp)ppp.m.sg.N.忠实、可靠。

janaḥ:(jana)m.sg.N.民众。D:营从。K:诸人。

◆ca:conj.和、然而。

◆asya samantataḥ:这人周围。

asya:(idam)dem.m.sg.G.这。

samantataḥ:(samantata)adj.m.sg.Ab.周围、四周。

◆sthitaḥ:(√sthā)ppp.m.sg.N.站立。D:立侍。K:侍卫。

◆dhanam:(dhana)n.sg.N.财宝。D:珍宝。K:宝物。

◆hiraṇyam:(hiraṇya)n.sg.N.金器、银器。D:金银。K:金银。

◆ca:conj.和、然而。

◆gaṇenti②:(√gaṇaya)pres.3.pl.P.计算、量知。D:计校。K:计算。

◆ke-cit:(kim-cit)inter.m.pl.N.任何。D:或。K:或。

---

① 见 BHSG § 21.46。

② 见 BHSG § 28.46-50 "Present in *eti*"。

4－89－2. ke-cit tu lekhān api lekhayanti ke-cit prayogam ca prayojayanti：有人书写文件，还有些人从事经营贸易。

◆ke-cit：(kim-cit) inter.m.pl.N.任何、有些。D：或。K：(无)。

◆tu：indec.然而。

◆lekhān：(lekha) m.pl.Ac.文件、书信。D：簿书。K：券疏。

◆api：adv.也、即使。

◆lekhayanti：(√likh) caus.pres.3.pl.P.书写、注记。D：合。K：注记。

◆ke-cit：(kim-cit) inter.m.pl.N.任何。

◆prayogam：(prayoga) m.sg.Ac.经营、贸易。D：出入财产。K：出内财产。

◆prayojayanti：(pra-√yuj) caus.pres.3.pl.P.从事、执行。D：记别、料量。

4－90

D：于时穷子，见之如此，倚住路侧，观所云为，

　自惟我身，何为至此，斯将帝王，若王太子。

K：穷子见父，豪贵尊严，谓是国王，若是王等。

so cā daridro tahi etu dṛṣṭvā vibhūṣitaṃ gṛha-patino niveśanaṃ/

karhiṃ nu adya aham atra āgato rājā ayaṃ bheṣyati rāja-mātraḥ //16//

4－90－1. so cā daridraḥ tahi etu dṛṣṭvā vibhūṣitam gṛha-patinaḥ niveśanam：这个穷人在这里看见家长这所华丽住宅后。

◆so cā daridraḥ：这个穷人。D：穷子。K：穷子。

so①：(tad) pron.m.sg.N.这。

daridraḥ：(daridra) adj.m.sg.N.贫穷。

cā②：conj.和、然而。

---

① 见 BHSG § 21.46。

② 见 BHSG § 3.6 "*ā* for final *a*"。

◆tahi①:(tad) pron.m.sg.L.这里。

◆etu②:pron.n.sg.Ac.这。限定 niveśanam。D:之。K:(无)。

◆dṛṣṭvā:(√dṛś) ger.看见以后。D:见。K:见。

◆vibhūṣitam:(vi-√bhūṣ) ppp.n.sg.Ac.装饰。修饰 niveśanam。D:(无)。K:豪贵尊严。

◆gṛha-patinaḥ:(gṛha-pati) m.sg.G.家长。D:(无)。K:父。

◆niveśanam:(niveśana) n.sg.Ac.住宅、住处。

4-90-2. karhim nu adya aham atra āgataḥ rājā ayam bheṣyati rāja-mātraḥ:我今日何时来到此地,此人必为国王或是大臣。

◆karhim:adv.什么时候。D:何为。K:(无)。

◆nu:indec.今。

◆adya:adv.今天。

◆aham:(mad) pers.1.sg.N.我。D:我身。K:(无)。

◆atra:adv.这里。D:此。K:(无)。

◆āgataḥ:(ā-√gam) ppp.m.sg.N.来到、回来。D:至。K:(无)。

◆rājā:(rājan) m.sg.N.国王、君王。D:帝王。K:国王。

◆ayam:(idam) dem.m.sg.N.这。D:斯。K:(无)。

◆bheṣyati:(√bhū) fut.3.sg.P.是。D:将-。K:是。

◆rāja-mātraḥ:(rāja-mātra) m.sg.N.大臣、王臣。D:王太子。K:王等。

4-91

D:得无为之,所牵逼迫,不如舍去,修己所务。

思虑是已,寻欲进逝,世无敬贫,喜穷士者。

K:惊怖自怪,何故至此。覆自念言:‘我若久住,或见逼迫,

---

① 见 BHSG § 9.55。

② 见 BHSG § 21.46。

强驱使作。'思惟是已，驰走而去，借问贫里，欲往佣作。

mā dāni doṣaṃ pi labheyam atra gṛhṇitva veṣṭiṃ pi ca kārayeyam /

anucintayantaḥ sa palāyate naro daridra-vīthīṃ paripṛcchamānaḥ //17//

4－91－1. mā dāni doṣam pi labheyam atra gṛhṇitva veṣṭim pi ca kārayeyam：我很仁厚，千万不要在此受难，裹挟抓去劳作。

◆mā：adv.不要。D：得无。K：（无）。

◆dāni[①]：（dānin）adj.m.sg.N.宽厚、仁慈。

◆doṣam：（doṣa）m.sg.Ac.过失。

◆pi[②]：adv.也、即使。

◆labheyam：（√labh）opt.1.sg.P.（我）获得。

◆atra：adv.这里。

◆gṛhṇitva[③]：（√grah）ger.抓住后。D：逼迫。K：见逼迫。

◆veṣṭim：（veṣṭi）f.sg.Ac.缠缚、包裹。D：所牵。K：强驱。

◆ca：conj.和、然而。

◆kārayeyam：（√kṛ）caus.opt.1.sg.P.吩咐、使唤。D：修己所务。K：使作。

4－91－2. anucintayantaḥ saḥ palāyate naraḥ daridra-vīthīm paripṛcchamānaḥ：这个人一边寻思，一边打听，逃向贫穷的集市。

◆anucintayantaḥ[④]：（anu-√cint）caus.ppt.m.sg.N.思考、考虑。D：思虑是已。K：思惟是已。

◆saḥ naraḥ：这个人。

saḥ：（tad）pron.m.sg.N.这。限定 naraḥ。

naraḥ：（nara）m.sg.N.人。

◆palāyate：（palā-√ī）pres.3.sg.A.逃走、逃亡。D：欲进逝。K：驰走而

---

① 见 BHSG § 10.15。

② 见 BHSG § 3.14 & BHSD，P 344。

③ 见 BHSG § 35.8。

④ 见 BHSG § 18.6。

去、欲往。

◆daridra-vīthīm:(daridra-vīthī)f.sg.Ac.贫穷集市。D:(无)。K:贫里。

◆paripṛcchamānaḥ:(pari-√prach)ppt.A.m.sg.N.询问、打听。D:(无)。K:借问。

4-92

D:是时长者,处师子座,遥见其子,心密踊跃,

寻遣侍者,追而止之,呼彼穷子,使还相见。

K:长者是时,在师子座,遥见其子,

默而识之。即勅使者,追捉将来。

so cā dhanī taṃ svaku putra dṛṣṭvā siṃhāsana-sthaś ca bhavet prahṛṣṭaḥ /

sa dūtakān preṣayi tasya antike ānetha etaṃ puruṣaṃ daridraṃ//18//

4-92-1. so cā dhanī tam svaku putra dṛṣṭvā siṃha-āsana-sthaḥ ca bhavet prahṛṣṭaḥ:这个富人在师子座上看见自己的儿子,欣喜万分。

◆so cā dhanī:这个富人。D:长者。K:长者。

so①:(tad)pron.m.sg.N.这。限定 dhanī。

dhanī:(dhanin)m.sg.N.富豪。

cā②:conj.和、然而。

◆tam svaku putra:自己这个儿子。D:其子。K:其子。

tam:(tad)pron.m.sg.Ac.这。限定 putra。

svaku③:(svaka)adj.m.sg.Ac.自己的。

putra④:m.sg.Ac.儿子。

◆dṛṣṭvā:(√dṛś)ger.看见后。D:遥见。K:遥见。

---

① 见 BHSG § 21.46。

② 见 BHSG § 3.6 "*ā* for final *a*"。

③ 见 BHSG § 8.30。

④ 见 BHSG § 8.31。

◆siṃha-āsana-sthaḥ:(siṃha-āsana-stha) adj.m.sg.N.处于师子座的。依主释(位格关系)。D:处师子座。K:在师子座。

siṃha-āsana:n.师子座。stha:adj.处于。

◆ca:conj.和、然而。

◆bhavet:(√bhū) opt.3.sg.P.是。助动词。

◆prahṛṣṭaḥ:(pra-√hṛ) ppp.m.sg.N.欣喜、高兴。D:心密踊跃。K:(无)。

4-92-2. saḥ dūtakān preṣayi tasya antike ānetha etam puruṣam daridram:他于是派遣身边使差,'你们把那个穷人带回来。'

◆saḥ:(tad) pron.m.sg.N.这。

◆dūtakān:(dūtaka) m.pl.Ac.使者。D:侍者。K:使者。

◆preṣayi[①]:(pra-√iṣ) caus.aor.3.sg.P.派遣。D:遣。K:勅。

◆tasya antike:他的身边。

tasya:(tad) pers.3.sg.G.他的。

antike:(antika) n.sg.L.附近、身边。

◆ānetha[②]:(ā-√nī) pres.2.pl.P.(你们)带来、领回。D:止、使还。K:捉将来。

◆etam puruṣam daridram:这个穷人。D:之。K:之。

etam:(etad) pron.m.sg.Ac.这。限定 puruṣam。

puruṣam:(puruṣa) m.sg.Ac.人。

daridram:(daridra) adj.m.sg.Ac.贫穷。修饰 puruṣam。

4-93

D:侍者受教,追及宣告,录召令还。即怖僻地,

心窃自惟,得无被害,曷为见执,何所求索。

K:穷子惊唤,迷闷躄地:'是人执我,

---

① 见 BHSG § 32.17。

② 见 BHSG § 38.18。

必当见杀，何用衣食，使我至此？'

samanantaraṃ tehi gṛhītu so naro gṛhīta-mātro 'tha sa mūrccha gacchet /

dhruvaṃ khu mahyaṃ vadhakā upasthitāḥ kiṃ mahya coḍena tha bhojanena vā //19//

4-93-1. samanantaram tehi gṛhītu saḥ naraḥ gṛhīta-mātraḥ tha saḥ mūrccha gacchet：他们立即捉到此人，仅仅被抓，他就昏厥过去。

◆samanantaram：adv.突然、即刻。D：即。K：（无）。

◆tehi[①]：（tad）pron.m.pl.I.这。D：侍者。K：是人。

◆gṛhītu[②]：（√grah）ppp.m.sg.N.执持、抓住。D：见执。K：执。

◆saḥ naraḥ：这个人。D：（无）。K：穷子。

saḥ：（tad）pron.m.sg.N.这。限定 naraḥ。

naraḥ：（nara）m.sg.N.人。

◆gṛhīta-mātraḥ：（gṛhīta-mātra）m.sg.N.仅仅执持。

gṛhīta：（√grah）ppp.执持。mātra：n.仅仅。

◆atha：adv.现在、然后。

◆saḥ：（tad）pron.m.sg.N.这。

◆mūrccha[③]：m.sg.N.迷闷、昏厥。D：怖僻地。K：迷闷躄地。

◆gacchet：（√gam）opt.3.sg.P.去。

4-93-2. dhruvam khu mahyam vadhakāḥ upasthitāḥ kim mahya coḍena tha bhojanena vā：'这些人一定会杀我，因为衣食，我何以至此？'

◆dhruvam：adv.必定。D：得无。K：必当。

◆khu[④]：indec.确实；然而。

◆mahyam：（mad）pers.1.sg.G.我。

---

① 见 BHSG § 3.15。

② 见 BHSG § 8.30。

③ 见 BHSG § 8.31。

④ 见 BHSD，P205。

◆vadhakāḥ:(vadhaka)m.pl.N.杀害。D:被害。K:见杀。

◆upasthitāḥ:(upa-√sthā)ppp.m.pl.N.面临、现受。D:(无)。K:至此。

◆kim:inter.n.sg.N.什么。D:曷为。K:何。

◆mahya[1]:(mad)pers.1.sg.G.我。D:(无)。K:我。

◆coḍena bhojanena vā:因为衣食。D:(无)。K:用衣食。

coḍena:(coḍa)m.sg.I.衣物。

bhojanena:(bhojana)n.sg.I.饮食。

vā:conj.或。

4-94

D:大富长者,见之起强,怜伤斯子,为下劣极,

亦不睹信,彼是我父,又复怀疑,不审财宝。

K:长者知子,愚痴狭劣,不信我言,不信是父。

dṛṣṭvā ca so paṇḍitu taṃ mahā-dhanī hīnādhimukto ayu bāla durmatiḥ /
na śraddadhī mahyam imāṃ vibhūtāṃ pitā mamāyaṃ ti na cāpi śraddadhīt //20//

4-94-1. dṛṣṭvā ca so paṇḍitu tam mahā-dhanī hīna-adhimuktaḥ ayu bāla durmatiḥ:这位富贵智者看见此人信仰低下,愚蠢无知。

◆dṛṣṭvā:(√dṛś)ger.看见以后。D:见。K:知。

◆ca:conj.和、然而。

◆so paṇḍitu mahā-dhanī:这位富贵智者。D:大富长者。K:长者。

so[2]:(tad)pron.m.sg.N.这。限定 paṇḍitu。

paṇḍitu[3]:(paṇḍita)m.sg.N.智者。

mahā-dhanī:(mahā-dhanin)adj.m.sg.N.大财富。修饰 paṇḍitu。

---

① 见 BHSG § 20.63。
② 见 BHSG § 21.46。
③ 见 BHSG § 8.30。

◆tam:(tad)pers.3.sg.Ac.他。D:之。K:(无)。

◆hīna-adhimuktaḥ:(hīna-adhimukta)adj.m.sg.N.信仰低下。持业释(形容词关系)。D:下劣极。K:狭劣。

◆ayu①:(idam)dem.m.sg.N.这。D:斯子。K:子。

◆bāla②:adj.m.sg.N.幼小、愚蠢。

◆durmatiḥ:(durmati)m.sg.N.愚痴、无知。D:(无)。K:愚痴。

4-94-2. na śraddadhī mahyam imām vibhūtām pitā mama ayam ti na ca api śraddadhīt:不相信我势力无上,也不相信'这是我的父亲'。

◆na:adv.不、无、非。D:不。K:不。

◆śraddadhī③:(śrad-√dhā)aor.3.sg.P.信赖、相信。D:审。K:信。

◆mahyam④:(mad)pers.1.sg.G.我。D:(无)。K:我。

◆imām vibhūtām:这至高势力。D:财宝。K:(无)。

imām:(idam)dem.f.sg.Ac.这。

vibhūtām:(vibhūtā)f.sg.Ac.势力、无上荣光。

◆pitā mama:我的父亲。D:我父。K:父。

pitā:(pitṛ)m.sg.N.父亲。

mama:(mad)pers.1.sg.G.我的。

◆ayam:(idam) dem.m.sg.N.这。D:彼。K:(无)。

◆ti⑤:adv.这样(想)。

◆na ca api śraddadhīt:也不信。D:亦不睹信。K:不信。

api:adv.也、即使。

śraddadhīt:(śrad-√dhā)aor.3.sg.P.相信。

---

① 见 BHSG § 21.85。

② 见 BHSG § 8.22。

③ 见 BHSG § 32.18 "Special forms of the endings *ī* and *i*"。

④ 见 BHSG § 20.63。

⑤ 见 BHSD, P253。

4－95

D:其人慰喻,具解语之,有紫磨金,积聚于此,

当以供仁,为饮食具,典摄众计,役业侍使。

K:即以方便,更遣余人,眇目矬陋,

无威德者:'汝可语之,云当相雇,

puruṣāṃś ca so tatra prayojayeta vaṅkāś ca ye kāṇaka kuṇṭhakāś ca /

kucailakā kṛṣṇaka hīna-sattvāḥ paryeṣathā taṃ naru karma-kārakam //21//

4－95－1. puruṣān ca so tatra prayojayeta vaṅkāḥ ca ye kāṇaka kuṇṭhakāḥ ca:于是他派遣几个身体弯曲、独眼跛足之人。

◆puruṣān:(puruṣa)m.pl.Ac.人。D:(无)。K:余人。

◆ca:conj.和、然而。D:(无)。K:更。

◆so①:(tad)pron.m.sg.N.这。D:其人。K:(无)。

◆tatra:adv.这里。

◆prayojayeta:(pra-√yuj)caus.opt.3.sg.A.派遣。D:典摄。K:遣。

◆vaṅkāḥ:(vaṅka)m.pl.N.弯曲。

◆ye:(yad)rel.m.pl.N.这。

◆kāṇaka②:(kāṇaka)adj.m.pl.N.独眼。D:(无)。K:眇目。

◆kuṇṭhakāḥ:(kuṇṭhaka)adj.m.pl.N.跛足。D:(无)。K:矬陋。

4－95－2. kucailakā kṛṣṇaka hīna-sattvāḥ paryeṣathā tam naru karma-kārakam:衣衫褴褛、皮肤浊黑的下等人,说:'你们去把那个人找来做工。'

◆kucailakā:(kucailaka)adj.m.pl.N.褴褛。

◆kṛṣṇaka③:(kṛṣṇaka)adj.m.pl.N.浊黑。

◆hīna-sattvāḥ:(hīna-sattva)m.pl.N.下等人。持业释(形容词关系)。D:其人。K:无威德者。

---

① 见 BHSG § 21.46。

② 见 BHSG § 8.79。

③ 见 BHSG § 8.79。

hīna：（√hā）ppp.不足、低下。sattva：m.众生。

◆paryeṣathā[1]：（pari-ā-√iṣ）imv.2.pl.P.（你们）寻求。D：具解语。K：汝可语。

◆tam naru：这个人。D：之。K：之。

tam：（tad）pron.m.sg.Ac.这。

naru[2]：（nara）m.sg.Ac.人。

◆karma-kārakam：（karma-kāraka）adj.m.sg.Ac.做事、干活。持业释（形容词关系）。D：役业侍使。K：相雇。

karma：（karman）n.事业、工作。kāraka：adj.能做。

4－96

D：吾有众宝，蕴积腐败，委在粪壤，不见饰用。

　子便多取，以为质本，蓄财殷广，无散用者。

K：除诸粪秽，倍与汝价。'

saṃkāra-dhānaṃ imu mahya pūtikam uccāra-prasrāva-vināśitaṃ ca /

ta ṃśodhanārthāya karohi karma dvi-guṇaṃ ca te vetanakaṃ pradāsye//22//

4－96－1．saṃkāra-dhānam imu mahya pūtikam uccāra-prasrāva-vināśitam ca：我的这个粪池，屎尿腐蚀，污浊不堪。

◆saṃkāra-dhānam imu：这粪池。D：粪壤。K：诸粪秽。

saṃkāra-dhānam：（saṃkāra-dhāna）adj.n.sg.N.净器、粪池。依主释（属格关系）。

imu[3]：（idam）dem.n.sg.N.这。限定 saṃkāra-dhānam。

◆mahya[4]：（mad）pers.1.sg.G.我的。

① 见 BHSG § 30.12 "Second plural *tha*（*thā*）"。

② 见 BHSG § 8.30。

③ 见 BHSG § 21.85。

④ 见 BHSG § 20.63。

◆pūtikam:(pūtika)adj.n.sg.N.玷污、污浊。修饰 saṃkāra-dhānam。D:蕴积腐败。K:(无)。

◆uccāra-prasrāva-vināśitam:(uccāra-prasrāva-vināśita)ppp.n.sg.N.屎尿所侵。依主释(具格关系)。修饰 saṃkāra-dhānam。

uccāra-prasrāva:m.屎尿。相违释。

uccāra:m.粪屎。prasrāva:m.尿。

vināśita:(vi-√naś)ppp.侵蚀。

◆ca:conj.和、然而。

4－96－2. tam śodhana-arthāya karohi karma dvi-guṇam ca te vetanakam pradāsye:你把它清理干净,我会付你两倍薪水。

◆tam karma:这个工作。

tam:(tad)pron.n.sg.Ac.这。限定 karma。

karma:(karman)n.sg.Ac.事业、工作。

◆śodhana-arthāya:(śodhana-artha)m.sg.D.为了干净。依主释(属格关系)。D:(无)。K:除。

śodhana:m.清净、洁净。artha:m.目的。

◆karohi:(√kṛ)imv.2.sg.P.(你)做。D:子便多取。K:(无)。

◆dvi-guṇam:(dvi-guṇa)adj.n.sg.Ac.二倍。持业释。D:(无)。K:倍。

dvi:num.二。guṇa:m.利益、性质。

◆te:(tvad)pers.2.sg.D.你。D:(无)。K:汝。

◆vetanakam:(vetanaka)n.sg.Ac.报酬、佣金。D:(无)。K:价。

◆pradāsye:(pra-√dā)fut.1.sg.A.(我)给予。D:(无)。K:与。

4－97

D:其人闻告,如是教勅,则寻往诣,奉宣施行,

受长者教,不敢违命,即入家中,止顿正领。

K:穷子闻之,欢喜随来,为除粪秽,净诸房舍。

etādṛśaṃ ghoṣa śruṇitva so naro āgatya saṃśodhayi taṃ pradeśam /

tatraiva so āvasathaṃ ca kuryān niveśanasyopari kuñcikesmin //23//

4－97－1. etādṛśam ghoṣa śruṇitva saḥ naraḥ āgatya saṃśodhayi tam pradeśam：听见这番话，这人便来到此地清洁打扫。

◆etādṛśam ghoṣa：这样的声音。D：如是教勅。K：之。

etādṛśam：（etādṛśa）adj.m.sg.Ac.这样的。

ghoṣa①：（ghoṣa）m.sg.Ac.声音。

◆śruṇitva②：（√śru）ger.听后。D：闻。K：闻。

◆saḥ naraḥ：这个人。D：其人。K：穷子。

saḥ：（tad）pron.m.sg.N.这。限定 naraḥ。

naraḥ：（nara）m.sg.N.人。

◆āgatya：（ā-√gam）ger.来到、回来。D：往诣。K：随来。

◆saṃśodhayi：（saṃ-√śudh）caus. aor. 3. sg. P. 清洁、修缮。D：（无）。K：净。

◆tam pradeśam：这个地方。D：（无）。K：诸房舍。

tam：（tad）pron.m.sg.Ac.这。限定 pradeśam。

pradeśam：（pradeśa）m.sg.Ac.场所、地区。

4－97－2. tatra eva saḥ āvasatham ca kuryāt niveśanasya upari kuñcikesmin：并在这里居住下来，掌管住宅上的钥匙。

◆tatra：adv.这里。

◆eva：adv.确实。D：即。K：（无）。

◆saḥ：（tad） pron.m.sg.N.这。

◆āvasatham：（āvasatha）m.sg.Ac.住处、居住。D：止顿。K：（无）。

◆ca：conj.和、然而。

---

① 见 BHSG § 8.31。

② 见 BHSG § 35.10。

◆kuryāt:(√kṛ)opt.3.sg.P.做。D:奉宣施行。K:(无)。

◆niveśanasya:(niveśana)n.sg.G.住宅。

◆upari:adv.上。

◆kuñcikesmin①:(kuñcikā)f.sg.L.钥匙。

4-98

D:尔时长者,遥从天窓,详观察之,知何所为。

虽是吾子,下劣底极,唯晓计算,调御车耳。

K:长者于牖,常见其子,念子愚劣,乐为鄙事。

so cā dhanī taṃ puruṣaṃ nirīkṣed gavākṣa olokanake 'pi nityam /

hīnādhimukto ayu mahya putraḥ saṃkāra-dhānaṃ śucikam karoti //24//

4-98-1. so cā dhanī tam puruṣam nirīkṣet gavākṣe olokanake api nityam:这位富豪常在窗中眺望,瞥见此人。

◆so cā dhanī:这位富豪。D:长者。K:长者。

so②:(tad)pron.m.sg.N.这。限定 dhanī。

dhanī:(dhanin)m.sg.N.豪富。

cā③:conj.和、然而。

◆tam puruṣam:这个人。D:之。K:其子。

tam:(tad)pron.m.sg.Ac.这。限定 purusam。

puruṣam:(puruṣa)m.sg.Ac.人。

◆nirīkṣet:(nir-√īkṣ)opt.3.sg.P.观察、眺望。D:观察。K:见。

◆gavākṣe:(gavākṣa)m.sg.L.窗户。D:从天窓。K:于牖。

◆olokanake:(avalokanaka)adj.m.sg.L.瞥见。

◆api:adv.也、即使。

① 见 BHSG § 8.63。

② 见 BHSG § 21.46。

③ 见 BHSG § 3.6 "*ā* for final *a*"。

◆nityam：adv.经常。D：(无)。K：常。

4－98－2. hīna-adhimuktaḥ ayu mahya putraḥ saṃkāra-dhānam śucikam karoti：我这儿子信仰低下，才会清理粪池。

◆hīna-adhimuktaḥ：(hīna-adhimukta) adj.m.sg.N.信仰低下。持业释(形容词关系)。D：下劣底极。K：愚劣。

◆ayu①：(idam) dem.m.sg.N.这。D：是。K：(无)。

◆mahya②：(mad) pers.1.sg.G.我。D：吾。K：(无)。

◆putraḥ：(putra) m.sg.N.儿子。D：子。K：子。

◆saṃkāra-dhānam śucikam：清洁粪池。D：(无)。K：鄙事。

saṃkāra-dhānam：(saṃkāra-dhāna) adj.m.sg.Ac.粪池。依主释(属格关系)。

śucikam：(śuci) adj.m.sg.Ac.清洁、洁净。

◆karoti：(√kṛ) pres.3.sg.P.做。D：(无)。K：乐为。

4－99

D：即从楼观，来下到地，便还去衣，垢污之服，

则便往诣，到其子所。勅之促起，修所当为，

K：于是长者，着弊垢衣，执除粪器，

往到子所，方便附近，语令勤作：

sa otaritvā piṭakaṃ gṛhītvā malināni vastrāṇi ca prāvaritvā /

upasaṃ krametq tasya narasya antike avabhartsayanto na karotha karma //25//

4－99－1. saḥ otaritvā piṭakaṃ gṛhītvā malināni vastrāṇi ca prāvaritvā：他于是下来，手执土筐，穿上脏衣。

---

① 见 BHSG § 21.85。

② 见 BHSG § 20.63。

◆saḥ：(tad) pron.m.sg.N.此(人)。D：(无)。K：长者。

◆otaritvā：(ava-√tṝ) ger.下来。D：来下到地。K：(无)。

◆piṭakam：(piṭaka) m.n.sg.Ac.土筐。D：(无)。K：除粪器。

◆gṛhītvā：(√grah) ger.执持、拿。D：(无)。K：执。

◆malināni vastrāṇi：污垢的衣服。D：垢污之服。K：弊垢衣。

malināni：(malina) adj.n.pl.Ac.污垢、破弊。修饰 vastrāṇi。

vastrāṇi：(vastra) n.pl.Ac.衣服。

◆ca：conj.和、然而。

◆prāvaritvā：(pra-ā√vṛ) caus.ger.穿着。D：(无)。K：着。

4-99-2. upasaṃkramet tasya narasya antike avabhartsayanto na karotha karma：走近此人，在他身边呵斥道：'好好干活！不许(偷懒)。'

◆upasaṃkramet：(upa-sam-√kram) opt.3.sg.P.走近。D：往诣到。K：往到。

◆tasya narasya antike：这人身边。D：其子所。K：子所。

tasya narasya：这个人的。

　　tasya：(tad) pron.m.sg.G.这。限定 narasya。

　　narasya：(nara) m.sg.G.人。

antike：(antika) n.sg.L.附近、身边。

◆avabhartsayanto[①]：(ava-√bharts) caus.ppt.m.sg.N.威胁、呵斥。D：勅。K：语令。

◆na：adv.不、无、非。

◆karotha：(√kṛ) pres.2.pl.P.(你们)做。D：修。K：勤作。

◆karma：(karman) n.sg.Ac.事业、工作。D：所当为。K：(无)。

---

① 见 BHSG § 18.6。

4－100

D：则当与卿，剧难得者，以德施人，案摩手脚，

醎醲滋美，以食相给，及床卧具，骑乘所乏。

K：'既益汝价，并涂足油，饮食充足，荐席厚暖。'

dvi-guṇaṃ ca te vetanakaṃ dadāmi dvi-guṇaṃ ca bhūyas tatha pāda-mrakṣa ṇam /

saloṇa-bhaktaṃ ca dadāmi tubhya śākaṃ ca śāṭīṃ ca punar dadāmi //26//

4－100－1. dvi-guṇam ca te vetanakam dadāmi dvi-guṇam ca bhūyaḥ tatha pāda-mrakṣaṇam：我给你两倍薪水，更有双倍脚油。

◆dvi-guṇam：（dvi-guṇa）adj.n.sg.Ac.二倍。持业释。

dvi：num.二。guṇa：m.利益、性质。

◆ca：conj.和、然而。

◆te：（tvad）pers.2.sg.D.你。D：卿。K：汝。

◆vetanakam：（vetanaka）n.sg.Ac.报酬、佣金。D：剧难得者。K：价。

◆dadāmi：（√dā）pres.1.sg.P.（我）给予。D：当与。K：（无）。

◆ca：conj.和、然而。D：（无）。K：并。

◆bhūyas：adv.更多、再。D：（无）。K：益。

◆tatha[①]：adv.同样。

◆pāda-mrakṣaṇam：（pāda-mrakṣaṇa）n.sg.Ac.涂脚油。D：案摩手脚。K：涂足油。

4－100－2. saloṇa-bhaktam ca dadāmi tubhya śākam ca śāṭīm ca punar dadāmi：我给你带咸味的食物、蔬菜再给你衣裙。

◆saloṇa-bhaktam：（sa-loṇa-bhakta）n.sg.Ac.咸食。持业释（副词关系）。D：醎醲滋美食。K：饮食。

sa：pref.带有。loṇa：n.咸味的。bhakta：n.食物。

---

① 见 BHSG § 3.27"a for ā"。

◆dadāmi：(√dā)pres.1.sg.P.(我)给予。D：给。K：(无)。

◆tubhya[①]：(tvad)pers.2.sg.D.你。D：相。K：(无)。

◆śākam：(śāka)n.sg.Ac.蔬菜。

◆śāṭīm：(śāṭī)f.sg.Ac.衣裙。

◆punar：adv.又,再。

4－101

D：于时复为,娉索妻妇,敖黠长者,以此渐教,

子汝当应,分部之业,吾爱子故,心无所疑。

K：如是苦言：'汝当勤作。'又以软语：'若如我子。'

evaṃ ca taṃ bhartsiya tasmi kāle saṃśleṣayet taṃ punar eva paṇḍitaḥ /

suṣṭhuṃ khalu karma karoṣi atra putro 'si vyaktaṃ mama nātra saṃśayaḥ //27//

4－101－1．evam ca tam bhartsiya tasmi kāle saṃśleṣayet tam punar eva paṇḍitaḥ：这样呵斥之后,这个时候智者又拥抱此人。

◆evam：adv.这样。D：以此。K：如是。

◆ca：conj.和、然而。

◆tam：(tad)pron.m.sg.Ac.这。

◆bhartsiya[②]：(√bharts)ger.呵斥之后。D：渐教。K：苦言。

◆tasmi kāle：这时。D：于时。K：(无)。

tasmi[③]：(tad)pron.m.sg.L.这。

kāle：(kāla)m.sg.L.时候。

◆saṃśleṣayet：(saṃ-√śliṣ)caus.opt.3.sg.P.拥抱。D：(无)。K：软语。

◆punar：adv.又、再。D：复。K：(无)。

---

① 见 BHSG § 20.63。

② 见 BHSG § 35.37"Gerunds in *iya*(*iyā*,*ia*)"。

③ 见 BHSG § 21.46。

◆eva：adv.确实。

◆paṇḍitaḥ：（paṇḍita）m.sg.N.智者、贤士。D：敖黠长者。K：（无）。

4－101－2．susṭhum khalu karma karoṣi atra putraḥ asi vyaktam mama na atra saṃśayaḥ：'你好好在这干活，你确实是我的儿子，毋庸置疑。'

◆susṭhum：adv.正确地。D：（无）。K：勤。

◆khalu：indec.确实；然而。

◆karma：（karman）n.sg.Ac.工作。D：业。K：（无）。

◆karoṣi：（√kṛ）pres.2.sg.P.（你）做。D：汝当应分部。K：汝当作。

◆atra：adv.这里。

◆putraḥ：（putra）m.sg.Ac.儿子。D：爱子。K：子。

◆asi：（√as）pres.2.sg.P.（你）有、是、在。D：（无）。K：若如。

◆vyaktam：adv.无疑地、明确地。

◆mama：（mad）pers.1.sg.G.我的。D：吾。K：我。

◆na：adv.不、无、非。D：无。K：（无）。

◆saṃśayaḥ：（saṃ-śaya）m.sg.N.疑惑、犹豫。D：心所疑。K：（无）。

4－102

D：渐渐稍令，入在家中，贾作治生，所入难计，

所空缺处，皆使盈溢，步步所行，鞭杖加人，

K：长者有智，渐令入出，经二十年，执作家事。

sa stoka-stokaṃ ca gṛhaṃ praveśayet karmaṃ ca kārāpayi taṃ manuṣyaṃ/

viṃśāc ca varṣāṇi supūritāni krameṇa viśrambhayi taṃ naraṃ saḥ //28//

4－102－1．saḥ stoka-stokam ca gṛham praveśayet karmaṃ ca kārāpayi tam manuṣyam：他渐渐吩咐这个人进入房屋干活。

◆saḥ：（tad）pron.m.sg.N.这。D：（无）。K：长者。

◆stoka-stokam：adv.稍微、逐渐。D：渐渐、稍。K：渐。

◆ca：conj.和、然而。

◆gṛham:(gṛha)n.sg.Ac.住房。D:在家中。K:(无)。

◆praveśayet:(pra-√viś)caus.opt.3.sg.P.进入。D:令入。K:令入出。

◆karmaṃ[1]:(karman)n.sg.Ac.事业、工作。D:治生。K:家事。

◆kārāpayi[2]:(√kṛ)caus.ger.役使、命令。D:贾作。K:执作。

◆tam manuṣyam:这个人。

tam:(tad)pron.m.sg.Ac.这。限定 manuṣyam。

manuṣyam:(manuṣya)m.sg.Ac.人。

4-102-2. viṃśāt ca varṣāṇi supūritāni krameṇa viśrambhayi tam naram saḥ:花了二十年,逐步让这个人相信。

◆viṃśāt varṣāṇi supūritāni:满二十年。D:(无)。K:经二十年。

viṃśāt:num. Ac.二十。

varṣāṇi:(varṣa)n.pl.Ac.年。

supūritāni:(supūrita)adj.n.pl.Ac.满。

◆krameṇa:adv.逐步地。D:步步所行。K:(无)。

◆viśrambhayi[3]:(vi-√śrambh)caus.ger.取信。

◆tam naram:这个人。

tam:(tad)pron.m.sg.Ac.这。

naram:(nara)m.sg.Ac.人。

◆saḥ:(tad) pron.m.sg.N.这。

4-103

D:珍琦异宝,明珠流离,都皆收检,内于帑藏,

　一切所有,能悉计校,普悉思惟,财产利谊。

K:示其金银、真珠颇梨;诸物出入,皆使令知。

---

① 见 BHSG § 17.8。

② 见 BHSG § 35.50 "Gerunds in *i*,*ī*"。

③ 见 BHSG § 35.50 "Gerunds in *i*,*ī*"。

hiraṇyu so mauktiku sphāṭikaṃ ca pratiśāmayet tatra niveśanasmin /

sarvaṃ ca saṃgaṇanāṃ karoti arthaṃ ca sarvaṃ anucintayeta //29//

4－103－1. hiraṇyu saḥ mauktiku sphāṭikam ca pratiśāmayet tatra niveśanasmin：他将这住宅里的金银、珍珠、水晶展示出来。

◆hiraṇyu①：(hiraṇya) n.sg.Ac.金器、银器。D：珍琦异宝。K：金银。

◆saḥ：(tad) pers.3.sg.N.这。

◆mauktiku②：(mauktika) n.sg.Ac.珍珠。D：明珠。K：真珠。

◆sphāṭikam：(sphāṭika) n.sg.Ac.水晶。D：流离。K：颇梨。

◆ca：conj.和。

◆pratiśāmayet：(prati-√śam) caus.opt.3.sg.P.展示。D：收检。K：示。

◆tatra：adv.这里。

◆niveśanasmin③：(niveśana) n.sg.L.住宅。

4－103－2. sarvam ca saṃgaṇanām karoti artham ca sarvam anucintayeta：所有能够计算和想到的财物。

◆sarvam：(sarva) adj.m.sg.Ac.一切、所有。D：都皆、悉。K：诸物。

◆saṃgaṇanām：(saṃgaṇanā) f.sg.Ac.计算。D：能计校。K：出入。

◆karoti：(√kṛ) pres.3.sg.P.做。

◆artham：(artha) m.sg.Ac.利益。D：财产利谊。K：(无)。

◆sarvam：(sarva) adj.m.sg.Ac.一切、所有。D：一切所有、普悉。K：皆。

◆anucintayeta：(anu-√cint) caus.opt.3.sg.A.思考、考虑。D：思惟。K：使令知。

4－104

D：为愚騃子，别作小库，与父不同，在于外处。

① 见 BHSG § 8.30。

② 见 BHSG § 8.30。

③ 见 BHSG § 8.63。

于时穷士,心自念言:'人无有此,如我库者。'

K:犹处门外,止宿草庵,自念贫事:'我无此物。'

bahirdha so tasya niveśanasya kuṭikāya eko vasamānu bālaḥ /

daridra-cintām anucintayeta na me 'sti etādṛśa bhogu ke-cit //30//

4-104-1. bahirdha so tasya niveśanasya kuṭikāya ekaḥ vasamānu bālaḥ:这个痴儿仍然一个人住在家外的茅草屋中。

◆so[①]:(tad)pron.m.sg.N.这。

◆bahirdha tasya niveśanasya:住宅外面。D:在于外处。K:门外。

bahirdha[②]:(bahirdhā)adv.外。

tasya:(tad) pron.n.sg.G.这。限定 niveśanasya。

niveśanasya:(niveśana)n.sg.G.住宅、住处。

◆kuṭikāya[③]:(kuṭikā)f.sg.L.茅草房中。D:小库。K:草庵。

◆ekaḥ bālaḥ:一个愚人。D:愚骇子。K:(无)。

ekaḥ:(eka)num.m.N.一个。

bālaḥ:(bāla)m.sg.N.幼稚、愚蠢。

◆vasamānu[④]:(✓vas)ppt.A.m.sg.N.居住。D:(无)。K:处、止宿。

4-104-2. daridra-cintām anucintayeta na me asti etādṛśa bhogu ke-cit:怀抱贫穷思想:'这样的享受根本不属于我。'

◆daridra-cintām:(daridra-cintā)f.sg.Ac.贫穷思想。持业释(形容词关系)。D:穷士。K:贫事。

◆anucintayeta:(anu-✓cint)caus.opt.3.sg.A.思念。D:心自念言。K:自念。

◆na:adv.不、无、非。D:无。K:无。

---

① 见 BHSG § 21.46。
② 见 BHSG § 3.27。
③ 见 BHSG § 9.58。
④ 见 BHSG § 8.20。

◆me:(mad)pers.1.sg.G.我。D:人。K:我。

◆asti:(√as)pres.3.sg.P.有、是、在。D:有。K:(无)。

◆etādṛśa bhogu ke-cit:这样一些享受。D:此。K:此物。

etādṛśa①:(etādṛśa)adj.m.sg.N.如是。

bhogu②:(bhoga)m.sg.N.享受。

ke-cit③:inter.m.sg.N.任何、有些。

4-105

D:时父即知,志性所念,其人自谓:'得无极势'。

即便召之,而亲视之。欲得许付,所有财贿,

而告之曰:'今我一切,无数财宝,生活资货。'

K:父知子心,渐已广大,欲与财物。

jñātvā ca so tasya ima eva-rūpam udāra-saṃjñābhigato mi putrah /

sa ānayitvā suhṛ-jñāti-saṃghaṃ niryātayiṣyāmy ahu sarvam artham //31//

4-105-1. jñātvā ca so tasya ima eva-rūpam udāra-saṃjñā-abhigataḥ mi putraḥ:'我的儿子已有高贵想法'他知道这种情况后,

◆jñātvā:(√jñā)ger.知道。D:即知。K:知。

◆ca:conj.和、然而。

◆so④:(tad)pron.m.sg.N.这。D:父。K:父。

◆tasya:(tad)pron.m.sg.G.这。

◆ima⑤:(idam)dem.n.sg.Ac.这。

◆eva-rūpam:(eva-rūpa)adj.n.sg.Ac.这样。

---

① 见BHSG § 8.22。
② 见BHSG § 8.20。
③ 见BHSG § 21.46。
④ 见BHSG § 21.46。
⑤ 见BHSG § 21.85。

◆udāra-saṃjñā-abhigataḥ:(udāra-saṃjñā-abhigata)ppp.m.sg.N.具有高贵想法。依主释(业格关系)。D:志性所念。K:心渐已广大。

udāra-saṃjñā:f.高贵想。持业释(形容词关系)。

udāra:adj.高贵。saṃjñā:f.想法。

abhigata:(abhi-√gam)ppp.证得、具有。

◆mi①:(mad)pers.1.sg.G.我的。

◆putraḥ:(putra)m.sg.N.儿子。D:(无)。K:子。

4-105-2. saḥ ānayitvā suhṛ-jñāti-saṃgham niryātayiṣyāmi ahu sarvam artham:召来众位亲朋好友:'我将给予他所有财产。'

◆saḥ:(tad)pron.m.sg.N.这。D:其人。K:(无)。

◆ānayitvā:(ā-√nī)ger.带来、领回。D:召。K:(无)。

◆suhṛ-jñāti-saṃgham:(suhṛ-jñāti-saṃgha)m.sg.Ac.众亲朋好友。依主释(属格关系)。D:亲。K:(无)。

suhṛ-jñāti:m.亲友、眷属。相违释。

suhṛ:(suhṛd)m.朋友。jñāti:m.亲属。

saṃgha:m.众、聚。

◆niryātayiṣyāmi:(nir-√yat)caus.fut.1.sg.P.(我)赠送、赐予。D:欲得许付。K:欲与。

◆ahu②:(mad)pers.1.sg.N.我。D:我。K:(无)。

◆sarvam artham:全部财产。D:所有财贿。K:财物。

sarvam:(sarva)adj.m.sg.Ac.一切、所有。修饰 artham。

artham:(artha)m.sg.Ac.财产、利益。

4-106

D:聚会大众,在国王前,长者梵志,君子等类,

---

① 见 BHSG § 20.63。

② 见 BHSG § 20.63。

使人告令,远近大小:'今是我子,舍我迸走,

K:即聚亲族、国王大臣、刹利居士。

于此大众,说是我子,舍我他行,

rājāna so naigama-nāgarāṃś ca samānayitvā bahu-vāṇijāṃś ca /

uvāca evaṃ pariṣāya madhye putro mamāyaṃ cira vipranaṣṭakaḥ //32//

4-106-1. rājāna saḥ naigama-nāgarān ca samānayitvā bahu-vāṇijān ca:他又召集诸位国王、城中市民和众多商人。

◆rājāna[①]:(rājan)m.pl.Ac.国王。D:在国王前。K:国王。

◆saḥ:(tad)pron.m.sg.N.这。

◆naigama-nāgarān:(naigama-nāgara)m.pl.Ac.城市居民。依主释(属格关系)。

naigama:m.城邑。nāgara:m.市民。

◆ca:conj.和、然而。

◆samānayitvā:(sam-ā-√nī)ger.召集。D:聚会。K:聚。

◆bahu-vāṇijān:(bahu-vāṇija)m.pl.Ac. 众多商人。持业释(形容词关系)。

bahu:adj.众多。vāṇija:m.商人。

4-106-2. uvāca evam pariṣāya madhye putraḥ mama ayam cira vipranaṣṭakaḥ:在大众当中这样说:'这是我失散已久的儿子。'

◆uvāca:(√vac)pf.3.sg.P.说。D:告令。K:说。

◆evam:adv.这样。

◆pariṣāya madhye:在大众中间。D:大众。K:于此大众。

pariṣāya[②]:(pariṣad)f.sg.D.众会、眷属。

madhye:(madhya)m.n.sg.L.中间。

◆putraḥ:(putra)m.sg.N.儿子。D:子。K:子。

◆mama:(mad)pers.1.sg.G.我的。D:我。K:我。

① 见 BHSG § 17.63。

② 见 BHSG § 8.22。

◆ayam:(idam)dem.m.sg.N.这。D:是。K:是。

◆cira①:adj.m.sg.N.长久、长期。修饰 putraḥ。

◆vipranaṣṭakaḥ:(vipranaṣṭaka)adj.m.sg.N.离散、消失。修饰 putraḥ。D:舍迸走。K:舍他行。

4-107

D:'在于他国,梁昌求食,穷厄困极,今乃来归,

与之别离,二三十年。今至此国,乃得相见,

在于某城。而亡失之,于此求索,自然来至。

K:经五十岁。自见子来,已二十年。昔于某城,

而失是子,周行求索,遂来至此。

pañcāśa varṣāṇi supūrṇakāni anye ca ato viṃśatiye mi dṛṣṭaḥ /

amukātu nagarātu mamaiṣa naṣṭo ahaṃ ca mārganta ihaivam āgataḥ //33//

4-107-1. pañcāśa varṣāṇi supūrṇakāni anye ca atas viṃśatiye mi dṛṣṭaḥ:逗留他乡五十年整,自从与我相见,又满二十年。

◆pañcāśa varṣāṇi supūrṇakāni:五十年整。D:二三十年。K:经五十岁。

pañcāśa②:num.Ac.五十。

varṣāṇi:(varṣa)n.pl.Ac.年。

supūrṇakāni:(supūrṇaka)adj.n.pl.Ac.满。修饰 varṣāṇi。

◆anye:(anya)adj.m.sg.L.其他。D:在于他国。K:(无)。

◆ca:conj.和、然而。

◆atas:adv.从此。D:此国。K:(无)。

◆viṃśatiye③:(viṃśati)num.pl.G.二十。D:(无)。K:二十年。

---

① 见 BHSG § 15.4。

② 见 BHSG § 2.90 "Dropping of final consonants"。

③ 见 BHSG § 10.98。

◆mi①:(mad)pers.1.sg.G.我的。

◆dṛṣṭaḥ:(√dṛś)ppp.m.sg.N.见到。D:得相见。K:见。

4－107－2. amukātu nagarātu mama eṣa naṣṭaḥ aham ca mārgantaḥ iha evam āgataḥ:这个人从某城与我失散,我一直寻找,这样来到这里。

◆amukātu nagarātu:从某城。D:在于某城。K:于某城。

amukātu②:(amuka)pron.n.sg.Ab.某甲。

nagarātu③:(nagara)n.sg.Ab.城。

◆mama:(mad)pers.1.sg.G.我的。

◆eṣa:(etad)pron.m.sg.N.这。D:之。K:是子。

◆naṣṭaḥ:(√naś)ppp.m.sg.N.断绝、消失。D:亡失。K:失。

◆aham:(mad)pers.1.sg.N.我。

◆mārgantas④:(√mṛg)ppt.m.sg.N.寻觅。D:求索。K:周行求索。

◆iha:adv.这里。D:于此。K:此。

◆evam:adv.这样。

◆āgataḥ:(ā-√gam)ppp.m.sg.N.来到、回来。D:自然来至。K:来至。

4－108

D:'我之财物,无所乏少,今悉现在,于斯完具,

一切皆以,持用相与,卿当执御,父之基业。'

K:凡我所有,舍宅人民,悉以付之,恣其所用。

sarvasya dravyasya ayaṃ prabhur me etasya niryātayi sarva aśeṣataḥ /

karotu kāryaṃ ca pitur dhanena sarvaṃ kuṭumbaṃ ca dadāmi etat //34//

4－108－1. sarvasya dravyasya ayam prabhuḥ me etasya niryātayi sarva aśeṣataḥ:

① 见 BHSG § 20.63。

② 见 BHSG § 8.50。

③ 见 BHSG § 8.50。

④ 见 BHSG § 18.6。

我会把我支配的所有财产毫无保留地送与此人。

◆sarvasya dravyasya：所有财货的。D：财物。K：所有舍宅人民。

sarvasya：(sarva) adj.n.sg.G.一切、所有。

dravyasya：(dravya) n.sg.G.财物。

◆ayam prabhuḥ：这位主人。

ayam：(idam) dem.m.sg.N.这。

prabhuḥ：(prabhu) m.sg.N.支配者。

◆me：(mad) pers.1.sg.G.我的。D：我之。K：我。

◆etasya：(etat) pron.n.sg.G.这。

◆niryātayi①：(nir-√yat) caus.ger.送给。D：(无)。K：付。

◆sarva②：adv.全都。

◆aśeṣatas：adv.无余。D：悉。K：悉。

4－108－2. karotu kāryam ca pituḥ dhanena sarvam kuṭumbam ca dadāmi etat：我把一切家用全给这人，请他掌管父亲的财富。

◆karotu：(√kṛ) imv.3.sg.P.做。D：当执御。K：(无)。

◆kāryam：(kārya) n.sg.Ac.该做的事、使命。D：(无)。K：所用。

◆ca：conj.和、然而。

◆pituḥ dhanena：用父亲的钱财。D：父之基业。K：(无)。

pituḥ：(pitṛ) m.sg.G.父亲的。

dhanena：(dhana) n.sg.I.财富、钱财。

◆sarvam kutumbam etat：全部家用。D：一切皆。K：(无)。

sarvam：(sarva) adj.n.sg.Ac.一切、全部、所有。

kuṭumbam：(kuṭumba) n.sg.Ac.家用、家庭。

etat：pron.n.sg.Ac.这。

◆dadāmi：(√dā) pres.1.sg.P.(我)给与。D：相与。K：(无)。

① 见 BHSG § 35.50 "Gerunds in i, $\bar{\imath}$"。

② 见 BHSG § 2.90 "Dropping of final consonants"。

4 - 109

D:其人寻欢,得未曾有。我本贫穷,所在不诣,

父时知余,为下劣极,得诸帑藏,今日乃安。

K:子念昔贫,志意下劣,今于父所,大获珍宝,

并及舍宅、一切财物。甚大欢喜,得未曾有。

āścarya-prāptaś ca bhaven naro 'sau daridra-bhāvam purimaṃ smaritvā /

hīnādhimuktiṃ ca pituś ca tān guṇāṃl labdhvā kuṭumbaṃ sukhito 'smi adya //35//

4 - 109 - 1. āścarya-prāptaḥ ca bhavet naraḥ asau daridra-bhāvam purimam smaritvā:那个人想到过去的贫穷处境和低下信仰,深感惊奇。

◆āścarya-prāptaḥ:(āścarya-prāpta) adj. m. sg. N. 感到惊奇。依主释(业格关系)。D:得未曾有。K:得未曾有。

◆ca:conj. 和、然而。

◆bhavet:(√bhū) opt. 3. sg. P. 是。助动词。

◆naraḥasau:那个人。D:其人。K:子。

naraḥ:(nara) m. sg. N. 人。

asau:(adas) dem. m. sg. N. 那个。限定 naraḥ。

◆daridra-bhāvam purimam:往昔贫穷状。

daridra-bhāvam:(daridra-bhāva) m. sg. Ac. 贫穷状态。持业释(形容词关系)。D:贫穷。K:贫。

daridra:adj. 贫穷、贫乏。bhāva:m. 状态、性质。

purimam:(purima) adj. m. sg. Ac. 过去、早前。D:本。K:昔。

◆smaritvā:(√smṛ) ger. 回忆、想起。D:(无)。K:念。

4 - 109 - 2. hīna-adhimuktim ca pituḥ ca tān guṇān labdhvā kuṭumbam sukhitaḥ asmi adya:我今天获得父亲的这些财产和家用,十分幸福快乐。

◆hīna-adhimuktim:(hīna-adhimukti) f. sg. Ac. 信仰低下。持业释(形容

词关系)。D:为下劣极。K:志意下劣。

◆pituḥ:(pitṛ)m. sg. G. 父亲的。D:(无)。K:于父所。

◆ca:conj. 和、然而。D:(无)。K:并及。

◆tān guṇān:这些利益。D:诸帑藏。K:珍宝。

tān:(tad)pron. m. pl. Ac. 这些。限定 guṇān。

guṇān:(guṇa)m. pl. Ac. 利益。

◆labdhvā:(√labh)ger. 获得。D:得。K:大获。

◆kuṭumbam:(kuṭumba)n. sg. Ac. 家庭、家用。D:(无)。K:舍宅一切财物。

◆sukhitaḥ:(√sukhaya)ppp. m. sg. N. 快乐、幸福。D:欢、安。K:甚大欢喜。

◆asmi:(√as)pres. 1. sg. P.(我)是。助动词。

◆adya:adv. 今天。D:今日。K:今。

4-110

D:大雄导师,教化我等,睹见下劣,乐喜小乘,

度脱我辈,使得安隐,便复授决:'当成佛道。'

K:佛亦如是,知我乐小,未曾说言:'汝等作佛。'

而说我等,得诸无漏,成就小乘,声闻弟子。

tathaiva cāsmāka vināyakena hīnādhimuktitva vijāniyāna /

naśrāvitaṃ buddha bhaviṣyatheti yūyaṃ kilaśrāvaka mahya putrāḥ//36//

4-110-1. tathā eva ca asmāka vināyakena hīna-adhimuktitva vijāniyāna:导师如来就是这样,知道我们信仰低下以后。

◆tathā:adv. 这样。D:(无)。K:如是。

◆eva:adv. 确实。

◆ca:conj. 和、然而。D:(无)。K:亦。

◆asmāka①:(mad) pers. 1. pl. G. 我们的。D:我等。K:我。

◆vināyakena:(vi-nāyaka) m. sg. I. 导师、佛。D:大雄导师。K:佛。

◆hīna-adhimuktitva②:(hīna-adhimukti-tva) n. sg. Ac. 信仰低下。持业释(形容词关系)。D:下劣、乐喜小乘。K:乐小。

◆vijāniyāna③:(vi-√jñā) ger. 了解、知道。D:睹见。K:知。

4-110-2. na śrāvitam buddha bhaviṣyatha iti yūyam kilaśrāvaka mahya putrāḥ: 不说:'你们将来成佛'而说'你们确实是我儿子,将会成为声闻'。

◆na:adv. 不、无、非。D:(无)。K:未。

◆śrāvitam:(√śru) caus. ppp. m. sg. Ac. 告知。D:(无)。K:曾说言。

◆buddha④:m. pl. N. 佛、觉悟。D:佛道。K:佛。

◆bhaviṣyatha:(√bhū) fut. 2. pl. P. (你们)发生、存在、变成。D:当成。K:作。

◆iti:adv. 这样(说)。

◆yūyam:(tvad) pers. 2. pl. N. 你们。D:(无)。K:汝等。

◆kila:indec. 确实。

◆śrāvaka⑤:(śrāvaka) m. pl. N. 声闻、弟子。D:(无)。K:声闻弟子。

◆mahya putrāḥ:我的儿子。

mahya⑥:(mad) pers. 1. sg. G. 我的。

putrāḥ:(putra) m. pl. N. 儿子。

4-111

D:于今安住,多所遣行。无数菩萨,

---

① 见 BHSG § 20.63。

② 见 BHSG § 8.31。

③ 见 BHSG § 35.45"Gerunds in *iyāna*"。

④ 见 BHSG § 8.79。

⑤ 见 BHSG § 8.79。

⑥ 见 BHSG § 20.63。

慧力无量，分别示现，无上大道。

K：佛勅我等，说最上道，修习此者，当得成佛。

asmāṃś ca adhyeṣati loka-nātho ye prasthitā uttamam agra-bodhim /

teṣāṃ vade kāśyapa mārga anuttaraṃ yaṃ mārga bhavitva bhaveyu buddhāḥ //37//

4-111-1. asmān ca adhyeṣati loka-nāthaḥ ye prasthitāḥ uttamam agra-bodhim：世界导师劝导我们，对那些追求无上至高菩提之人说。

◆asmān：(mad) pers. 1. pl. Ac. 我们。D：(无)。K：我等。

◆ca：conj. 和、然而。

◆adhyeṣati：(adhi-ā-√iṣ) pres. 3. sg. P. 劝说、教导。D：(无)。K：勅。

◆loka-nāthaḥ：(loka-nātha) m. sg. N. 世界导师。D：(无)。K：佛。

◆ye：(yad) rel. m. pl. N. 这。引导从句，与下文 teṣām 搭配使用。

◆prasthitāḥ：(pra-√sthā) ppp. m. pl. N. 追求。

◆uttamam agra-bodhim：无上至高菩提。

uttamam：(uttama) superl. m. sg. Ac. 无上。

agra-bodhim：(agra-bodhi) f. sg. Ac. 至高菩提。持业释(形容词关系)。

4-111-2. teṣām vade kāśyapa mārga anuttaram yam mārga bhavitva bhaveyu buddhāḥ：'迦叶啊！这条道路至高无上，修习此道，就能成佛。'

◆teṣām：(tad) pers. 3. pl. G. 他们。

◆vade：(√vad) pres. 1. sg. P. (我)说、讲。D：分别示现。K：说。

◆kāśyapa：m. sg. V. 迦叶啊。

◆mārga anuttaram：无上道。D：无上大道。K：最上道。

mārga①：(mārga) m. sg. Ac. 道路。

anuttaram：(anuttara) adj. m. sg. Ac. 无上。

◆yam mārga：此路。D：(无)。K：此者。

① 见 BHSG § 8.31。

yam:(yad) rel. m. sg. Ac. 这。

◆bhavitva[①]:(✓bhū) caus. ger. 修习。D:(无)。K:修习。

◆bhaveyu[②]:(✓bhū) opt. 3. pl. P. 变成、发生、存在。D:得成。K:当得成。

◆buddhāḥ:(buddha) m. pl. N. 佛、觉悟。D:佛道。K:佛。

4－112

D:攀缘称赞,亿姟譬喻,余等得闻。

最胜诸子,则便奉行,尊上大道。

K:我承佛教,为大菩萨,以诸因缘、

种种譬喻、若干言辞,说无上道。

vayaṃ ca teṣāṃ sugatena preṣitā bahu-bodhisattvāna mahā-balānām /

anuttaraṃ mārga pradarśayāma dṛṣṭānta-hetū-nayutāna koṭibhiḥ//38//

4－112－1. vayam ca teṣām sugatena preṣitāḥ bahu-bodhisattvāna mahā-balānām:善逝派遣我们,为众多大力菩萨。

◆vayam:(mad) pers. 1. pl. N. 我们。D:余等。K:我。

◆ca:conj. 和、然而。

◆sugatena:(sugata) m. sg. I. 善逝、佛。D:安住。K:承佛。

◆preṣitāḥ:(pra-✓iṣ) ppp. m. pl. N. 派遣、差使。D:多所遣行。K:教。

◆teṣām bahu-bodhisattvāna mahā-balānām:为众多大力菩萨。D:无数菩萨慧力无量。K:为大菩萨。

teṣām:(tad) pron. m. pl. G. 这。

bahu-bodhisattvāna[③]:(bahu-bodhisattva) m. pl. G. 众多菩萨。持业释(形容词关系)。

---

① 见 BHSG § 35.10。

② 见 BHSG § 26.19“Third plural *u* for *us*”。

③ 见 BHSG § 8.117。

bahu：adj. 众多。bodhisattva：m. 菩萨。

mahā-balānām：(mahā-bala) adj. m. pl. G. 大力。持业释(形容词关系)。D：慧力无量。K：大。

mahā：(mahat) adj. 大。bala：n. 力量。

4－112－2. anuttaram mārga pradarśayāma dṛṣṭānta-hetū-nayutāna koṭibhiḥ：用数亿那由他譬喻因缘宣示无上道。

◆anuttaram mārga：无上道路。D：尊上大道。K：无上道。

anuttaram：(anuttara) adj. m. sg. Ac. 无上。

mārga[1]：(mārga) m. sg. Ac. 道路。

◆pradarśayāma：(pra-√dṛś) caus. imv. 1. pl. P. (我们)展示。D：攀缘称赞。K：说。

◆dṛṣṭānta-hetū-nayutāna koṭibhiḥ：用数千亿那由他譬喻因缘。D：亿姟譬喻。K：以诸因缘种种譬喻若干言辞。

dṛṣṭānta-hetū-nayutāna[2]：(dṛṣṭānta-hetū-nayuta) m. pl. G. 千亿譬喻因缘。依主释(属格关系)。受 koṭibhis 支配。

dṛṣṭānta-hetū：譬喻因缘。相违释。

dṛṣṭānta：m. 譬喻。hetū[3]：m. 原因。

nayuta：n. m. 千亿、那由他。

koṭibhiḥ：(koṭi) f. pl. I. 俱胝、亿。

4－113

D：所当起立，视众眼目，当于世间，得成佛道。

K：诸佛子等、从我闻法，日夜思惟，精勤修习。

是时诸佛，即授其记：'汝于来世，当得作佛。'

---

① 见 BHSG § 8.31。

② 见 BHSG § 8.117。

③ 见 BHSG § 12.6。

śrutvā ca asmāku jinasya putrā bodhāya bhāventi sumārgam agryam /

te vyākriyante ca kṣaṇasmi tasmin bhaviṣyatha buddha imasmi loke //39//

4－113－1. śrutvā ca asmāku jinasya putrāḥ bodhāya bhāventi sumārgam agryam：听完我们说法后，胜者诸子便为求觉悟，修习至尊善道。

◆śrutvā：(√śru) ger. 听后。D：(无)。K：闻。

◆ca：conj. 和、然而。

◆asmāku①：(mad) pers. 1. pl. G. 我们。D：(无)。K：从我。

◆jinasya putrāḥ：胜者诸子。D：(无)。K：诸佛子等。

jinasya：(jina) m. sg. G. 胜者、佛。

putrāḥ：(putra) m. pl. N. 儿子。

◆bodhāya：(bodha) m. sg. D. 为了觉悟。

◆bhāventi②：(√bhū) caus. pres. 3. pl. P. 修习。

◆sumārgam agryam：第一善道。D：最胜慧谊。K：法。

sumārgam：(su-mārga) m. sg. Ac. 善道。

agryam：(agrya) adj. m. sg. Ac. 最胜、第一。

4－113－2. te vyākriyante ca kṣaṇasmi tasmin bhaviṣyatha buddha imasmi loke：他们顷刻之间得到授记：'你们将会在这个世界上成佛。'

◆te：(tad) pron. m. pl. N. 这。D：(无)。K：其。

◆vyākriyante：(vy-ā-√kṛ) pres. 3. pl. pass. 受记。D：(无)。K：授记。

◆kṣaṇasmi tasmin：顷刻间。

kṣaṇasmi③：(kṣaṇa) m. sg. L. 须臾、刹那。

tasmin：(tad) pron. m. sg. L. 这。限定 kṣaṇasmi。

◆bhaviṣyatha：(√bhū) fut. 2. pl. P. (你们)发生、存在、成为。D：(无)。K：汝当得作。

① 见 BHSG § 20.63。

② 见 BHSG § 28.46－50 "Present in *eti*"。

③ 见 BHSG § 8.63。

◆buddha[①]: m. pl. N. 觉者、佛。D:(无)。K:佛。

◆imasmi loke:在这个世界。D:(无)。K:于来世。

imasmi[②]:(idam) dem. m. sg. L. 这。

loke:(loka) m. sg. L. 世界。

4-114

D:而为圣尊,造业如斯。将养拥护,于此佛法,

讲说分别,最胜慧谊。则为感动,一切众生。

K:一切诸佛,秘藏之法,但为菩萨,演其实事,

而不为我,说斯真要。如彼穷子、得近其父,

etādṛśaṃ karma karoma tāyinaḥ saṃrakṣamāṇā ima dharma-kośaṃ/

prakāśayantaś ca jinātma-jānāṃ vaiśvāsikas tasya yathā naraḥ saḥ//40//

4-114-1. etādṛśam karma karoma tāyinaḥ saṃrakṣamāṇāḥ ima dharma-kośam:我们应当做这样的事情,为救世者守护正法宝库。

◆etādṛśam:(etādṛśa) adj. n. sg. Ac. 这样的。D:如斯。K:(无)。

◆karma:(karman) n. sg. Ac. 事情、工作。D:业。K:(无)。

◆karoma:(√kṛ) imv. 1. pl. P. (我们)做。D:造。K:(无)。

◆tāyinaḥ:(tāyin) m. sg. G. 救世者。D:为圣尊。K:一切诸佛。

◆saṃrakṣamāṇāḥ:(saṃ-√rakṣ) ppt. A. m. pl. N. 守护、维护。D:将养拥护。K:(无)。

◆ima dharma-kośam:这个法教宝库。D:此佛法。K:秘藏之法、斯真要。

ima[③]:(idam) dem. m. sg. Ac. 这。限定 dharma-kośam。

dharma-kośam:(dharma-kośa) m. sg. Ac. 法教宝库。依主释(属格关系)。

dharma:m. 法。kośa:m. 宝库。

---

① 见 BHSG § 8.79。

② 见 BHSG § 21.85。

③ 见 BHSG § 21.85。

4－114－2. prakāśayantaḥ ca jina-ātma-jānām vaiśvāsikaḥ tasya yathā naraḥ saḥ: 并为众佛子宣讲，如同这人受到那位富人的信任。

◆prakāśayantaḥ:(pra- √kāś) caus. ppt. m. pl. N. 宣示、解说。D:讲说分别。K:演说。

◆ca:conj. 和、然而。

◆jina-ātma-jānām:(jina-ātma-ja) m. pl. G. 佛子。依主释(属格关系)。D:一切众生。K:为菩萨。

jina:m. 佛、胜者。ātma-ja:m. 儿子。

◆vaiśvāsikaḥ:(vaiśvāsika) adj. m. sg. N. 可信赖、信任。D:(无)。K:得近。

◆tasya:(tad) pron. m. sg. G. 这。D:(无)。K:其父。

◆yathā:adv. 如同。D:(无)。K:如。

◆naraḥ saḥ:这个人。D:(无)。K:彼穷子。

naraḥ:(nara) m. sg. N. 人。

saḥ:(tad) pron. m. sg. N. 这。限定 naraḥ。

4－115

D:我等志愿，贫心思念。假使得闻，于斯佛诲，
不肯发起，如来之慧。覩见最胜，宣畅道谊。

K:虽知诸物，心不希取。我等虽说，
佛法宝藏，自无志愿，亦复如是。

daridra-cintāś ca vicintayāma viśrāṇayanto imu buddha-ghoṣam /
na caiva prārthe 'mu jinasya jñānaṃ jinasyaṃ jñānaṃ ca prakāśayāmaḥ //41//

4－115－1. daridra-cintāḥ ca vicintayāma viśrāṇayantaḥ imu buddha-ghoṣam: 我们抒发佛音，却怀贫穷思想。

◆daridra-cintāḥ:(daridra-cintā) f. pl. N. 贫穷心。持业释(形容词关系)。

D：贫心。K：心。

daridra：adj. 贫穷。cintā：f. 心思。

◆ca：conj. 和、然而。

◆vicintayāma：（vi-√cint）caus. imv. 1. pl. P.（我们）思考。D：我等志愿思念。K：希取。

◆viśrāṇayantaḥ：（vi-√śraṇ）caus. ppt. m. pl. N. 告发、泄露。D：得闻。K：虽知。

◆imu buddha-ghoṣam：这佛音。D：道谊、于斯佛诲。K：诸物。

imu[1]：（idam）dem. m. sg. Ac. 这。限定 buddha-ghoṣam。

buddha-ghoṣam：（buddha-ghoṣa）m. sg. Ac. 佛音。依主释（属格关系）。

buddha：m. 佛。ghoṣa：m. 声音。

4－115－2. na ca eva prārthe amu jinasya jñānam jinasya jñānam ca prakāśayāmaḥ：我们宣讲佛慧，却不追求佛慧。

◆na：adv. 不，非，无。D：不。K：不、自无。

◆eva：adv. 确实。

◆prārthe：（pra-√arth）caus. pres. 1. sg. P.（我）追求、寻求。D：肯发起。K：志愿。

◆amu jinasya jñānam jinasya jñānam：那胜者智慧。D：如来之慧。K：佛法宝藏。

amu[2]：（adas）dem. n. sg. Ac. 那。限定 jñānam。

jinasya：（jina）m. sg. G. 胜者、佛。

jñānam：（jñāna）n. sg. Ac. 智慧。

◆prakāśayāmaḥ：（pra-√kāś）caus. pres. 1. pl. P.（我们）宣讲。D：宣畅。K：我等虽说。

① 见 BHSG § 21.85。
② 见 BHSG § 21.86。

4－116

D：意中自想，尽得灭度，不愿志求，如此比慧。

又闻大圣，诸佛国土，未曾有意，发欢喜者。

K：我等内灭，自谓为足，唯了此事，更无余事。

我等若闻，净佛国土，教化众生，都无欣乐。

pratyātmikīṃ nirvṛti kalpayāma etāvatā jñānaṃ idaṃ na bhūyaḥ/

nāsmāka harṣo pi kadā-ci bhoti kṣetreṣu buddhāna śruṇitva vyūhān //42//

4－116－1. pratyātmikīm nirvṛti kalpayāma etāvatā jñānam idam na bhūyaḥ：我们自以为涅槃，就这样不再思索智慧。

◆pratyātmikīm：（praty-ātmikī）adj. f. sg. Ac. 独自。D：意中自。K：内自。

◆nirvṛti[①]：（nirvṛti）f. sg. Ac. 灭度、涅槃。D：尽得灭度。K：灭。

◆kalpayāma：（√kḷp）caus. imv. 1. pl. P.（我们）以为、考虑。D：想。K：我等谓。

◆etāvatā：（etāvat）adj. m. sg. I. 像这样。D：如此比。K：（无）。

◆jñānam idam：这智慧。D：慧。K：（无）。

jñānam：（jñāna）n. sg. Ac. 智慧。

idam：dem. n. sg. Ac. 这。

◆na：adv. 不，非，无。D：不。K：无。

◆bhūyas：adv. 更加、再。D：（无）。K：更。

4－116－2. na asmāka harṣaḥ pi kadā-ci bhoti kṣetreṣu buddhāna śruṇitva vyūhān：即使闻听佛土上诸多庄严，也从不欣喜。

◆na：adv. 不，非，无。D：未曾。K：无。

◆asmāka[②]：（mad）pers. 1. pl. G. 我们的。D：（无）。K：我等。

◆harṣaḥ：（harṣa）m. sg. N. 高兴。D：意发欢喜者。K：欣乐。

---

① 见 BHSG § 10.59。

② 见 BHSG § 20.63。

◆pi[①]:adv. 也、即使。

◆kadā-ci[②]:adv. 有时、任何时候。

◆bhoti[③]:(√bhū) pres. 3. sg. P. 变成、发生、存在。D:有。K:(无)。

◆kṣetreṣu buddhāna:在诸佛的国土上。D:大圣诸佛国土。K:佛国土。

kṣetreṣu:(kṣetra) n. pl. L. 国土上。

buddhāna[④]:(buddha) m. pl. G. 佛。

◆śruṇitva[⑤]:(√śru) ger. 听后。D:闻。K:闻。

◆vyūhān:(vyūha) m. pl. Ac. 庄严。D:(无)。K:净。

4-117

D:寂然在法,一切无漏,弃捐所兴,

灭度之事。由此思想,不成佛道。

K:所以者何?一切诸法,皆悉空寂,无生无灭,

无大无小,无漏无为。如是思惟,不生喜乐。

śāntāḥkilā sarva imi dharma anāsravā nirodha-utpāda-vivarjitāś ca /

na cātra kaś-cid bhavatīha dharmo evaṃ tu cintetva na bhotiśraddhā //43//

4-117-1. śāntāḥ kilāḥ sarva imi dharma anāsravāḥ nirodha-utpāda-vivarjitāḥ ca:一切法教都是寂静真实、没有烦恼、无生无灭的。

◆śāntāḥ:(√śam) ppp. m. pl. N. 寂静、平静。D:寂然。K:空寂。

◆kilāḥ:(kila) m. pl. N. 真实。D:在。K:(无)。

◆sarve imi dharma:所有这些法。D:一切法。K:一切诸法皆悉。

sarve:(sarva) adj. m. pl. N. 全部、一切、所有。

---

① 见 BHSG § 3. 14 & BHSD, P344。

② 见 BHSG § 2. 90 "Dropping of final consonants"。

③ 见 BHSG § 1. 29 & BHSD, P412。

④ 见 BHSG § 8. 117。

⑤ 见 BHSG § 35. 10。

imi[①]:(idam)dem. m. pl. N. 这些。

dharma[②]:m. pl. N. 法教、正法。

◆anāsravāḥ:(an-āsrava)m. pl. N. 无烦恼、无漏。D:无漏。K:无漏无为。

◆nirodha-utpāda-vivarjitāḥ:(nirodha-utpāda-vivarjita)ppp. m. pl. N. 断绝生死。依主释(业格关系)。D:(无)。K:无生无灭无大无小。

nirodha-utpāda:m. 生灭。相违释。

nirodha:m. 灭尽、寂灭。utpāda:m. 产生、出现。

vivarjita:(vi-√vṛj)caus. ppp. 离舍、断绝。

◆ca:conj. 和、然而。

4-117-2. na ca atra kaś-cit bhavati iha dharmaḥ evam tu cintetva na bhoti śraddhā:然而这里根本没有法,这样思忖之后,便不相信。

◆na:adv. 不,非,无。D:不。K:不。

◆atra:adv. 这里。

◆kaś-cit:(kim-cit)inter. m. sg. N. 任何、某。

◆bhavati:(√bhū)pres. 3. sg. P. 变成、发生、存在。D:成。K:(无)。

◆iha:adv. 这里。

◆dharmaḥ:(dharma)m. sg. N. 法。D:佛道。K:(无)。

◆evam:adv. 这样。D:由此。K:如是。

◆tu:indec. 然而、又。

◆cintetva[③]:(√cint)caus. ger. 思考。D:思想。K:思惟。

◆bhoti[④]:(√bhū)pres. 3. sg. P. 变成、发生、存在。

◆śraddhā:f. sg. N. 信任、信解。

---

① 见 BHSG § 21.85。

② 见 BHSG § 8.79。

③ 见 BHSG § 28.46-50"Present in *eti*"& BHSG § 35.10。

④ 见 BHSG § 1.29 & BHSD,P412。

4－118

D:常当修行,昼夜除慢。诸佛道谊,最无有上,

未曾劝助,志存于彼。今乃究竟,具足最胜。

K:我等长夜,于佛智慧,无贪无着,

无复志愿;而自于法,谓是究竟。

sunihḥspṛhā smā vaya dīrgha-rātraṃ bauddhasya jñānasya anuttarasya /

praṇidhānam asmāka na jātu tatra iyaṃ parā niṣṭha jinena uktā //44//

4－118－1. sunihḥspṛhā smā vaya dīrgha-rātram bauddhasya jñānasya anuttarasya:我们长期对于佛的无上智慧,毫无渴望。

◆sunihḥspṛhā①:(su-niḥ-spṛha) adj. m. pl. N. 毫无渴望、毫不向往。D:(无)。K:不生喜乐。

◆smā②:indec. 接在动词之后,表示过去时态。

◆vaya③:(mad) pers. 1. pl. N. 我们。D:(无)。K:我等。

◆dīrgha-rātram:adv. 长夜、长期。D:昼夜。K:长夜。

◆bauddhasya jñānasya anuttarasya:无上佛智。D:诸佛道谊最无有上。K:于佛智慧。

bauddhasya:(bauddha) n. sg. G. 佛。D:诸佛。K:(无)。

jñānasya:(jñāna) n. sg. G. 智慧。D:道谊。K:(无)。

anuttarasya:(anuttara) adj. n. sg. G. 无上。D:最无有上。K:(无)。

4－118－2. praṇidhānam asmāka na jātu tatra iyam parā niṣṭha jinena uktā:我们不起誓愿,以为此乃佛说的最后究竟。

◆praṇidhānam:(praṇidhāna) n. sg. N. 誓愿。D:志。K:志愿。

---

① 见 BHSG § 8.78。

② 见 BHSG § 3.6"*ā* for final *a*"。

③ 见 BHSG § 20.63。

◆asmāka①:(mad) pers. 1. pl. G. 我们的。

◆na jātu:不生。D:未曾劝助。K:无贪无着无复。

na:adv. 不,非,无。

jātu②:(√jan) ppp. m. pl. N. 生起。

◆tatra:adv. 这里。D:于彼。K:(无)。

◆iyam parā niṣṭha:这最后究竟。D:究竟具足。K:是究竟。

iyam:(idam) dem. f. sg. N. 这。

parā:adj. f. sg. N. 后。

niṣṭha③:adj. f. sg. N. 究竟、所在。

◆jinena:(jina) m. sg. I. 胜者、佛。在此具格表施事。D:最胜。K:(无)。

◆uktā:(√vac) ppp. f. sg. N. 讲说。D:(无)。K:谓。

4-119

D:得无为限,当舍阴盖,长夜精进,修理空谊,解脱三界,

勤苦之恼。佛兴教戒,则以具严,如是计之,无所乏少。

K:我等长夜,修习空法,得脱三界,苦恼之患,

住最后身、有余涅槃。佛所教化,得道不虚,

nirvāṇa-paryanti samucchraye 'smin paribhāvitāśūnyata dīrgha-rātraṃ/

parimukta traidhātuka-duḥkha-pīḍitā kṛtam ca asmābhi jinasya śāsanam //45//

4-119-1. nirvāṇa-paryanti samucchraye asmin paribhāvitāśūnyata dīrgha-rātram:我们长期修习空法,在这一身达到涅槃。

◆nirvāṇa-paryanti:(nirvāṇa-paryanti) adj. f. sg. N. 究竟涅槃。依主释(业

① 见 BHSG § 20.63。

② 见 BHSG § 8.84。

③ 见 BHSG § 9.8。

格关系)。D:得无为限。K:有余涅槃。

nirvāṇa:n. 寂灭、涅槃。paryanti:f. 边际、尽头。

◆samucchraye asmin:在这一身。D:(无)。K:住最后身。

samucchraye:(samucchraya)m. sg. L. 出生、身体。

asmin:(idam)dem. m. sg. L. 这。

◆paribhāvitā:(pari-√bhū)caus. ppp. f. sg. N. 修习。D:修理。K:修习。

◆śūnyata①(śūnyatā)f. sg. N. 空性。D:空谊。K:空法。

◆dīrgha-rātram:adv. 长夜、长期。D:长夜。K:长夜。

4-119-2. parimukta traidhātuka-duḥkha-pīḍitā kṛtam ca asmābhi jinasya śāsanam:我们奉行胜者教法,解脱三界痛苦逼迫。

◆parimukta②:(pari-√muc)ppp. m. pl. N. 解脱。D:解脱。K:得脱。

◆traidhātuka-duḥkha-pīḍitā③:(traidhātuka-duḥkha-pīḍita)ppp. m. pl. N. 受三界痛苦逼迫。依主释(具格关系)。D:三界勤苦之恼。K:三界苦恼之患。

traidhātuka-duḥkha:三界苦患。依主释(属格关系)。

traidhātuka:adj. n. 三界。duḥkha:n. 痛苦。

pīḍita:(√pīḍ)ppp. 逼迫。

◆kṛtam:(√kṛ)ppp. n. sg. N. 做。

◆ca:conj. 和、然而。

◆asmābhi④:(mad)pers. 1. pl. I. 我们。D:(无)。K:我等。

◆jinasya śāsanam:胜者教法。D:佛兴教戒。K:佛所教化。

jinasya:(jina)m. sg. G. 胜者、佛。

śāsanam:(śāsana)n. sg. N. 教法。

---

① 见 BHSG § 9.8。

② 见 BHSG § 8.79。

③ 见 BHSG § 8.78。

④ 见 BHSG § 20.63。

4－120

D:最胜所演,经身之慧,假使有人,愿等佛道,

为是等故,加赐法事,由缘致斯,余徒钦乐。

K:则为已得,报佛之恩。我等虽为,诸佛子等,

说菩萨法,以求佛道;而于是法,永无愿乐。

yaṃhi prakāśema jinātma-jānāṃ ye prasthitā bhonti ihāgra-bodhau /

teṣāṃ ca yat-kiṃ-ci vadāma dharmaṃ spṛha tatra asmāka na jātu bhoti //46//

4－120－1. yaṃhi prakāśema jina-ātma-jānām ye prasthitāḥbhonti iha agra-bodhau:我们因此对众佛子说:凡在这里追求无上菩提之人。

◆yaṃhi①:(yad) rel. m. pl. I. 因此。

◆prakāśema:(pra-√kāś) caus. opt. 1. pl. P.(我们)宣讲、演说。D:演。K:(无)。

◆jina-ātma-jānām:(jina-ātma-ja) m. pl. G. 为诸佛子。依主释(属格关系)。D:(无)。K:为诸佛子等。pl. ↔复数标记"诸……等"

jina:m. 佛、胜者。ātma-ja:m. 儿子。

◆ye:(yad) rel. m. pl. N. 这。引导从句,与下文 teṣām 搭配使用。D:假使有人。K:虽。

◆prasthitāḥ bhonti:追求。D:愿等。K:求。

prasthitāḥ:(pra-√sthā) ppp. m. pl. N. 追求。

bhonti②:(√bhū) pres. 3. pl. P. 变成、发生、存在。助动词。

◆iha:adv. 这里。

◆agra-bodhau:(agra-bodhi) f. sg. L. 至上菩提。持业释(形容词关系)。

① 见 BHSG § 21.46。

② 见 BHSG § 1.29 & BHSD,P412。

D：佛道。K：佛道。

4－120－2. teṣām ca yat-kiṃ-ci vadāma dharmam spṛha tatra asmāka na jātu bhoti：'我们都会为他们说法，而我们不会在这里有所渴求。'

◆teṣām：(tad) pron. m. pl. G. 这些。D：为是等。K：(无)。

◆ca：conj. 和、然而。

◆vadāma：(√vad) imv. 1. pl. P. (我们)说、讲。D：加赐。K：我等说。

◆dharmam：(dharma) m. sg. Ac. 法。D：法事。K：菩萨法。

◆yat-kiṃ-ci：pron. n. sg. N. 任何。限定 spṛha。

◆spṛha①：(spṛha) n. sg. N. 渴望、向往。D：(无)。K：愿乐。

◆tatra：adv. 这里。D：(无)。K：于是法。

◆asmāka②：(mad) pers. 1. pl. G. 我们。

◆na jātu bhoti：不生。D：(无)。K：永无。

na：adv. 不，非，无。

jātu③：(√jan) ppp. m. sg. N. 生起。

bhoti④：(√bhū) pres. 3. sg. P. 变成、发生、存在。助动词。

4－121

D：有大导师，周旋世间，普悉观察，如此辈相。

诸恐惧者，令得利谊，求索劝助，令我信乐。

K：导师见舍，观我心故，初不劝进，说有实利。

taṃ cāsma lokācariyaḥ svayaḥ-bhūr upeksate kālam aveksamāṇaḥ/

na bhāṣate bhūta-padārtha-saṃdhiṃ adhimuktim asmāku gaveṣamāṇaḥ //47//

---

① 见 BHSG § 8.31。

② 见 BHSG § 20.63。

③ 见 BHSG § 8.20。

④ 见 BHSG § 1.29 & BHSD, P412。

4－121－1. tam ca asma loka-ā cariyaḥ svayaṃ-bhūḥ upekṣate kālam avekṣamāṇaḥ：自在导师观察我们，暂不考虑这个时机。

◆tam ca kālam：这时。D：（无）。K：初。

tam：（tad）pron. m. sg. Ac. 这。限定 kālam。

ca：conj. 和、然而。

kālam：（kāla）m. sg. Ac. 时。

◆asma①：（mad）pers. 1. pl. G. 我们的。D：如此辈相。K：我。

◆asma loka-ācariyaḥsvayaṃ-bhūḥ：自在导师。D：大导师。K：导师。

loka-ācariyaḥ：（loka-ācariya）m. sg. N. 导师。

svayaṃ-bhūḥ：（svayaṃ-√bhū）m. sg. N.（佛陀名）自在者。

◆upekṣate：（upa-√īkṣ）pres. 3. sg. A. 不关注、舍弃。D：（无）。K：舍。

◆avekṣamāṇaḥ：（ava-√īkṣ）ppt. A. m. sg. N. 观察。现在分词表原因。D：观察。K：观故。

4－121－2. na bhāṣate bhūta-pada-artha-saṃdhim adhimuktim asmāku gaveṣamāṇaḥ：也不宣说真实句义，以求得我们的信任。

◆na：adv. 不，非，无。D：（无）。K：不。

◆bhāṣate：（√bhāṣ）pres. 3. sg. A. 宣说。D：劝助。K：劝进说。

◆bhūta-pada-artha-saṃdhim：（bhūta-pada-artha-saṃdhi）m. sg. Ac. 真实句义主旨。持业释（形容词关系）。D：（无）。K：有实利。

bhūta：（√bhū）ppp. 真实。

pada-artha-saṃdhi：m. 文句、意义、主旨。相违释。

pada：m. 文句。artha：m. 意义。saṃdhi：m. 约定、枢纽。

◆adhimuktim：（adhimukti）f. sg. Ac. 信任。D：信乐。K：（无）。

◆asmāku②：（mad）pers. 1. pl. G. 为我们。D：我。K：（无）。

---

① 见 BHSG § 20. 63。

② 见 BHSG § 20. 63。

◆gaveṣamānah：(√gaveṣ) ppt. A. m. sg. N. 寻求。现在分词表原因。D：求索。K：(无)。

4－122

D：善权方便，犹若如父，譬如长者，遭时大富。

其子而复，穷劣下极，则以财宝，而施与之。

K：如富长者，知子志劣，以方便力，

柔伏其心，然后乃付，一切财物。

upāya-kauśalya yathaiva tasya mahā-dhanasya puruṣasya kāle /

hīnādhimuktam satatam dameti damiyāna cāsmai pradadāti vittam //48//

4－122－1. upāya-kauśalya yathā eva tasya mahā-dhanasya puruṣasya kāle：就像这位大富之人那时有方便善巧。

◆upāya-kauśalya①：n. sg. N. 方便善巧。D：善权方便。K：以方便力。

◆yathā：adv. 犹如。D：譬如。K：如。

◆eva：adv. 确实。

◆tasya mahā-dhanasya puruṣasya：这位富豪的。D：长者大富。K：富长者。

tasya：(tad) pron. m. sg. G. 这。限定 puruṣasya。

mahā-dhanasya：(mahā-dhana) adj. m. sg. G. 大财主、富豪。修饰 puruṣasya。

puruṣasya：(puruṣa) m. sg. G. 人。

◆kāle：(kāla) m. sg. L. 时。D：遭时。K：(无)。

4－122－2. hīna-adhimuktam satatam dameti damiyāna ca asmai pradadāti vittam：调伏长久低下的信仰，然后给予此人财富。

◆hīna-adhimuktam：(hīna-adhimukta) adj. m. sg. Ac. 信仰低下。持业释(形容词关系)。D：穷劣下极。K：志劣。

---

① 见 BHSG § 8.31。

◆satatam：(satata) adj. m. sg. Ac. 恒久、长期。

◆dameti[①]：(√dam) caus. pres. 3. sg. P. 驯服、调伏。D：(无)。K：柔伏。

◆damiyāna[②]：(√dam) ger. 调伏以后。

◆ca：conj. 和、然而。D：而。K：乃。

◆asmai：(idam) dem. m. sg. D. 这。D：之。K：(无)。

◆pradadāti：(pra-√dā) pres. 3. sg. P. 给与。D：施与。K：付。

vittam：(vitta) n. sg. Ac. 财富、财产。D：以财宝。K：一切财物。

4－123

D：大圣导师，所兴希有，分别宣畅，善权方便。

诸子之党，志乐下劣，修行调定，而以法施。

K：佛亦如是，现希有事，知乐小者，

以方便力，调伏其心，乃教大智。

suduṣkaraṃ kurvati loka-nātho upāya-kauśalya prakāśayantaḥ/

hīnādhimuktān damayantu putrān dametva ca jñānam idaṃ dadāti //49//

4－123－1. suduṣkaram kurvati loka-nāthaḥupāya-kauśalya prakāśayantaḥ：世界导师做希有事，宣说方便善巧。

◆suduṣkaram：(suduṣkara) adj. m. sg. Ac. 难为、希有事。D：希有。K：希有事。

◆kurvati[③]：(√kṛ) pres. 3. sg. P. 做。D：所兴。K：现。

◆loka-nāthaḥ：(loka-nātha) m. sg. N. 世界导师。D：大圣导师。K：佛。

◆upāya-kauśalya[④]：n. sg. Ac. 方便善巧。相违释。D：善权方便。K：以方便力。

① 见 BHSG § 38.25。

② 见 BHSG § 34.45 "Gerunds in *iyāna*"。

③ 见 BHSG § 28.6。

④ 见 BHSG § 8.31。

◆prakāśayantas①:(pra-√kāś) caus. ppt. m. sg. N. 宣讲。D:分别宣畅。K:(无)。

4-123-2. hīna-adhimuktān damayantu putrān dametva ca jñānam idam dadāti:调伏诸子低下信仰,然后给予智慧。

◆hīna-adhimuktān putrān:信仰低下的儿子们。D:诸子之党志乐下劣。K:乐小者。

hīna-adhimuktān:(hīna-adhimukta) adj. m. pl. Ac. 信仰低下。持业释(形容词关系)。修饰 putrān。

putrān:(putra) m. pl. Ac. 儿子。

◆damayantu②:(√dam) caus. imv. 3. sg. P. 驯服、调伏。D:修行调定。K:调伏。

◆dametva③:(√dam) ger. 调伏后。

◆ca:conj. 和、然而。D:而。K:乃。

◆jñānam idam:这智慧。D:以法。K:大智。

jñānam:(jñāna) n. sg. Ac. 智慧。

idam:dem. n. sg. Ac. 这。限定 jñānam。

◆dadāti:(√dā) pres. 3. sg. P. 给与。D:施。K:教。

4-124

D:我等今日,致得百千,未曾有法,如贫得财。

于佛教化,获道得宝,第一清净,无复诸漏。

K:我等今日,得未曾有,非先所望,而今自得,如彼穷子,

得无量宝。世尊我今,得道得果,于无漏法,得清净眼。

āścarya-prāptā sahasā sma adya yathā daridro labhiyāna vittam /

---

① 见 BHSG § 18.6。

② 见 BHSG § 30.13。

③ 见 BHSG § 28.46-50 "Present in eti" & BHSG § 35.10。

phalaṃ ca prāptaṃ iha buddha-śāsane prathamaṃ viśiṣṭaṃ ca anāsravaṃ ca //50//

4-124-1. āścarya-prāptāḥ sahasā sma adya yathā daridraḥ labhiyāna vittam：我们今日深感惊奇，如同穷人突然得到财富一样。

◆āścarya-prāptāḥ：（āścarya-prāpta）adj. m. pl. N. 感到惊奇。依主释（业格关系）。D：致得百千未曾有法。K：得未曾有。

āścarya：n. 惊异。prāpta：（pra-√āp）ppp. 获得。

◆sahasā：adv. 突然。

◆sma①：indec. 接在动词之后，表示过去时态。

◆adya：adv. 今天。D：今日。K：今日。

◆yathā：adv. 犹如。D：如。K：如。

◆daridraḥ：（daridra）adj. m. sg. N. 贫穷。D：贫。K：彼穷子。

◆labhiyāna②：（√labh）ger. 获得后。D：得。K：得。

◆vittam：（vitta）n. sg. Ac. 财宝、财产。D：财。K：无量宝。

4-124-2. phalam ca prāptam iha buddha-śāsane prathamam viśiṣṭam ca anāsravam ca：在佛教法中突然获得第一、殊胜、无漏之果。

◆phalam：（phala）n. sg. N. 果实。D：道宝。K：道果。

◆ca：conj. 又、而且；然而。

◆prāptam：（pra-√āp）ppp. n. sg. N. 获得。D：获得。K：得。

◆iha：adv. 这里。D：（无）。K：今。

◆buddha-śāsane：（buddha-śāsana）n. sg. L. 于佛教法。依主释（属格关系）。D：于佛教化。K：于法。

buddha：m. 佛陀。śāsana：n. 教法。

◆prathamam：（prathama）adj. n. sg. N. 最初、第一。D：第一。K：（无）。

---

① 见 BHSG § 28.64。

② 见 BHSG § 35.45 "Gerunds in *iyāna*"。

◆viśiṣṭam:(viśiṣṭa)ppp. n. sg. N. 特殊、殊胜。D:清净。K:清净眼。

◆ca…ca:conj. 和。

◆anāsravam:(an-āsrava) n. sg. N. 无烦恼、无漏。D:无复诸漏。K:无漏。

4－125

D:长夜所习,戒禁定意,执谊将护,世雄唱导。

今日有获,佛之大道,眷属围绕,修行无阙。

K:我等长夜,持佛净戒,始于今日,得其果报,

yac chīlam asmābhi ca dīrgha-rātraṃ saṃrakṣitaṃ loka-viduṣya śāsane /

asmābhi labdhaṃ phalam adya tasya śīlasya pūrvaṃ caritasya nātha //51//

4－125－1. yad śīlam asmābhi ca dīrgha-rātram saṃraksitam loka-viduṣya śāsane:由于我们长期在世间智者的教法中守护戒律。

◆yad:adv. 由于。

◆śīlam:(śīla)m. sg. Ac. 戒律。D:戒禁定意。K:净戒。

◆asmābhi①:(mad)pers. 1. pl. I. 我们。在此具格表施事。D:(无)。K:我等。

◆ca:conj. 又、而且;然而。

◆dīrgha-rātram:adv. 长夜、长期。D:长夜。K:长夜。

◆saṃrakṣitam:(saṃ-√rakṣ)ppp. m. sg. Ac. 守护、维护。D:将护。K:持。

◆loka-viduṣya śāsane:在世间智者的教法中。D:世雄唱导。K:佛。

loka-viduṣya:(loka-vidu)m. sg. G. 世间智者的。依主释(属格关系)。

loka:m. 世界。vidu:m. 智者、圣人。

śāsane:(śāsana)m. sg. L. 教法中。

4－125－2. asmābhi labdham phalam adya tasya śīlasya pūrvam caritasya nātha:

① 见 BHSG § 20.63。

护主啊！我们今日才会获得这过去戒行之果。

◆labdham：(√labh) ppp. n. sg. N. 获得。D：有获。K：得。

◆phalam：(phala) n. sg. N. 果实。D：(无)。K：果报。

◆adya：adv. 今天。D：今日。K：于今日。

◆tasya śīlasya caritasya：所行戒律的。D：(无)。K：其。

tasya：(tad) pron. m. sg. G. 这。

śīlasya：(śīla) m. sg. G. 戒律。

caritasya：(√car) ppp. m. sg. G. 实行。

◆pūrvam：(pūrva) adj. n. sg. N. 从前、过去。

◆nātha：m. sg. V. 护主。

4－126

D：其有长夜，清净梵行，依倚法王，深远之慧，

　而为具足，此尊德果，日成微妙，无有诸漏。

K：法王法中，久修梵行，今得无漏，无上大果。

yad brahma-caryaṃ paramaṃ viśuddhaṃ niṣevitaṃ śāsani nāyakasya /

tasyo viśiṣṭaṃ phalam adya labdhaṃ śāntaṃ udāraṃ ca anāsravaṃ ca //52//

4－126－1. yad brahma-caryam paramam viśuddham nisevitam śāsani nāyakasya：凡在导师的教法中修习第一清净梵行之人。

◆yad：rel. n. sg. N. 这。引导从句，与下文 tasyo 搭配。

◆brahma-caryam：(brahma-carya) n. sg. N. 梵行。依主释(属格关系)。D：梵行。K：梵行。

brahman：m. 梵天。carya：n. 行为。

◆paramam：(parama) adj. n. sg. N. 第一。

◆viśuddham：(viśuddha) ppp. n. sg. N. 清净。D：清净。K：(无)。

◆niṣevitam：(ni-√sev) ppp. n. sg. N. 修习、尊崇、侍候。D：依倚。K：修。

◆śāsani nāyakasya:在导师的教法中。D:法王深远之慧。K:法王法中。

śāsani①:(śāsana)m. sg. L. 教法中。

nāyakasya:(nāyaka)m. sg. G. 导师的。

4-126-2. tasyo viśiṣṭam phalam adya labdham śāntam udāram ca anāsravam ca:他今日便能获得第一寂静、高贵、无恼之果。

◆tasyo②:(tad)pron. m. sg. G. 这。

◆viśiṣṭam:(viśiṣṭa)ppp. n. sg. N. 特殊、殊胜。D:微妙。K:无上大。

◆phalam:(phala)n. sg. N. 果实。D:果。K:果。

◆adya:adv. 今天。D:今者。K:今。

◆labdham:(√labh)ppp. n. sg. N. 获得。D:为具足。K:得。

◆śāntam:(√śam)ppp. n. sg. N. 寂静。

◆udāram:(udāra)adj. n. sg. N. 高贵。D:尊德。K:(无)。

◆ca … ca:conj. 和。

◆anāsravam:(an-āsrava)n. sg. N. 无漏、无痛苦。D:无有诸漏。K:无漏。

4-127

D:我等今日,乃为声闻,还得听省,上尊佛道,

当复见扬,圣觉音声,以故获听,超度恐惧。

K:我等今者,真是声闻,以佛道声,令一切闻。

adyo vayaṃ śrāvaka-bhūta nātha saṃśrāvayiṣyāmatha cāgra-bodhiṃ/

bodhīya śabdaṃ ca prakāśayāmas teno vayaṃ śrāvaka bhīṣma-kalpāḥ //53//

4-127-1. adyo vayam śrāvaka-bhūta nātha saṃśrāvayiṣyāmatha ca agra-

① 见 BHSG § 8.59。

② 见 BHSG § 3.79 “o for final a”。

bodhim:护主啊！我们作为声闻，今将宣讲至高菩提。

◆adyo[①]:adv. 今天。D:今日。K:今者。

◆vayam:(mad) pers. 1. pl. N. 我们。D:我等。K:我等。

◆śrāvaka-bhūta[②]:ppp. m. pl. N. 成为声闻。持业释(形容词关系)。D:为声闻。K:真是声闻。

śrāvaka:m. 弟子、声闻。bhūta:(✓bhū) ppp. 成为。

◆nātha:m. sg. V. 护主啊。

◆saṃśrāvayiṣyāmatha:(sam-✓śru) caus. fut. 1. pl. P. (我们)告诉。D:还得听省。K:令闻。

◆ca:conj. 和、然而。

◆agra-bodhim:(agra-bodhi) f. sg. Ac. 至上菩提。持业释(形容词关系)。D:上尊佛道。K:(无)。

4－127－2. bodhīya śabdam ca prakāśayāmaḥteno vayam śrāvaka bhīṣma-kalpāḥ:我们解说佛音，以此度过恐怖可怕的声闻劫。

◆bodhīya śabdam:觉音。D:圣觉音声。K:以佛道声。

bodhīya:(bodhī) f. sg. G. 菩提、觉。

śabdam:(śabda) m. sg. Ac. 声音。

◆prakāśayāmaḥ:(pra-✓kāś) caus. pres. 1. pl. P. (我们)宣讲、说明。D:见扬。K:(无)。

◆teno[③]:(tad) pron. m. sg. I. 这。D:以故。K:(无)。

◆śrāvaka bhīṣma-kalpāḥ:声闻怖劫。

śrāvaka[④]:m. pl. N. 声闻、弟子。

bhīṣma-kalpāḥ:(bhīṣma-kalpa) m. pl. N. 恐怖劫。持业释(形容词关

---

① 见 BHSG § 3.79"o for final a"。

② 见 BHSG § 8.79。

③ 见 BHSG § 3.79 "o for final a"。

④ 见 BHSG § 8.79。

系）。D：恐惧。K：（无）。

bhīṣma：adj. 恐怖。kalpa：m. 劫。

4－128

D：今日乃为，致无所著，以无着谊，为诸天说，

世人魔王，及与梵天，为亲一切，众生之类。

K：我等今者，真阿罗汉，于诸世间，

天人魔梵，普于其中，应受供养。

arhanta-bhūtā vayam adya nātha arhāmahe pūja sadevakātaḥ/

lokāt samārātu sabrahmakātaḥsarveṣa sattvāna ca antikātaḥ//54//

4－128－1. arhanta-bhūtāḥvayam adya nātha arhāmahe pūja sadevakātaḥ：护主啊！我们今日作为阿罗汉，应该受到天神的尊重。

◆arhanta-bhūtāḥ：（arhanta-bhūta）ppp. m. pl. N. 成为阿罗汉。持业释（形容词关系）。D：（无）。K：真阿罗汉。

arhanta：m. 阿罗汉。bhūta：（√bhū）ppp. 成为。

◆vayam：（mad）pers. 1. pl. N. 我们。D：（无）。K：我等。

◆adya：adv. 今天。D：今日。K：今者。

◆nātha：m. sg. V. 护主啊。

◆arhāmahe：（√arh）pres. 1. pl. A. 应该、值得。D：（无）。K：应受。

◆pūja①：n. sg. Ac. 供奉、尊重。D：（无）。K：供养。

◆sadevakātas②：（sadevaka）adj. m. sg. Ab. 连同天神。D：为诸天。K：天。

4－128－2. lokāt samārātu sabrahmakātaḥsarveṣa sattvāna ca antikātaḥ：连同从世人、魔罗、梵天以及所有众生身边得到供奉。

◆lokāt：（loka）m. sg. Ab. 世人。D：世人。K：于诸世间人。

---

① 见 BHSG § 8.31。

② 见 BHSG § 8.50。

◆samārātu[①]:(sa-māra)m. sg. Ab. 连同魔罗。D:魔王。K:魔。

◆sabrahmakātas[②]:(sa-brahma-ka)adj. m. sg. Ab. 连同梵天。D:梵天。K:梵。

◆sarveṣa sattvāna antikātaḥ:从所有众生的身边。D:为亲一切众生之类。K:普于其中。

sarveṣa[③]:(sarva)adj. m. pl. G. 一切、所有、全部。

sattvāna[④]:(sattva)m. pl. G. 众生。

antikātah[⑤]:(antika)n. sg. Ab. 附近、身边。

◆ca:conj. 和、然而。D:及与。K:(无)。

4－129

D:何所名色,造立寂然,蠲除众生,无亿数劫,

于是所造,甚难得值,计于世间,希有及者。

K:世尊大恩,以希有事,怜愍教化,

利益我等,无量亿劫,谁能报者。

ko nāma śaktaḥpratikartu tubhyam udyukta-rūpo bahu-kalpa-koṭyaḥ/

suduṣkarāṇa īdṛśakā karoṣi suduṣkarāna yāna iha martya-loke //55//

4－129－1. kaḥ nāma śaktaḥ pratikartu tubhyam udyukta-rūpaḥ bahu-kalpa-koṭyaḥ:众多亿劫中,谁能努力报答你的恩典呢?

◆kaḥ:(ka)inter. m. sg. N. 谁。D:何所。K:谁。

◆nāma:adv. 确实。

◆śaktaḥ:(√śak)ppp. m. sg. N. 能够、堪能。支配不定式。D:(无)。K:能。

---

① 见 BHSG § 8.50。

② 见 BHSG § 8.50。

③ 见 BHSG § 21.46。

④ 见 BHSG § 8.117。

⑤ 见 BHSG § 8.50。

◆pratikartu[①]:(prati-√kṛ) inf. 报恩、回报。D:(无)。K:报。

◆tubhyam:(tvad) pers. 2. sg. D. 你。

◆udyukta-rūpaḥ:(udyukta-rūpa) adj. m. sg. N. 努力相。持业释(形容词关系)。D:名色。K:(无)。

udyukta:(ud-√yuj) ppp. 努力、勤奋。rūpa:n. 色相。

◆bahu-kalpa-koṭyaḥ:(bahu-kalpa-koṭī) f. pl. Ac. 数亿劫。依主释(属格关系)。D:无亿数劫。K:无量亿劫。

4-129-2. suduṣkarāṇa īdṛśakā karoṣi suduṣkarāna yāne iha martya-loke:你在人世这辆车乘中做这般希有之事。

◆suduṣkarāna[②]:(suduṣkara) adj. m. pl. Ac. 难为、希有事。D:甚难得值。K:以希有事。

◆īdṛśakā[③]:(īdṛśaka) adj. m. pl. Ac. 像这样。

◆karoṣi:(√kṛ) pres. 2. sg. P. (你)做。

◆suduṣkarāna:(suduṣkara) adj. m. pl. Ac. 难为、希有事。D:希有及者。K:(无)。

◆yāne iha martya-loke:这人世之车中。D:于世间。K:(无)。

yāne:(yāna) n. sg. L. 车乘。

iha:adv. 这里。

martya-loke:(martya-loka) m. sg. L. 人世。依主释(属格关系)。

martya:m. 人。loka:m. 世界。

4-130

D:今日无着,烧罪度岸,修行为业,踊跃欢喜。

吾等归圣,以顶受之,所愿具足,如江河沙。

---

① 见 BHSG § 36.3。

② 见 BHSG § 8.99。

③ 见 BHSG § 8.92。

K:手足供给,头顶礼敬,一切供养,皆不能报。

若以顶戴,两肩荷负,于恒沙劫,尽心恭敬;

hastehi pādehi śireṇa cāpi pratipriyaṃ duṣkarakaṃ hi kartum /

śireṇa aṃsena ca yo dhareta paripūrṇa-kalpān yatha gaṅga-vālikāḥ //56//

4－130－1. hastehi pādehi śireṇa ca api pratipriyam duṣkarakam hi kartum:即使用手、用足、用头供奉也难以回报。

◆hastehi[①]:(hasta)m. pl. I. 手。D:(无)。K:手。

◆pādehi[②]:(pāda)m. pl. I. 足。D:(无)。K:足。

◆śireṇa:(śira)m. sg. I. 头。D:以顶。K:头顶。

◆ca:conj. 和、然而。

◆api:adv. 也、即使。

◆pratipriyam:(prati-priya)n. sg. Ac. 回报。D:为。K:报。

◆duṣkarakam:(duṣkaraka)adj. n. sg. Ac. 难为。D:业。K:不能。

◆hi:adv. 确实。

◆kartum:(√kṛ)inf. 做。D:修行。K:礼敬一切供养。

4－130－2. śireṇa aṃsena ca yaḥdhareta paripūrṇa-kalpān yatha gaṅga-vālikāḥ:若有人用头和肩受持数劫,如恒河之沙。

◆śireṇa:(śira)m. sg. I. 头。D:(无)。K:以顶戴。

◆aṃsena:(aṃsa)m. sg. I. 肩。D:(无)。K:两肩。

◆yaḥ:(yad) rel. m. sg. N. 这。D:(无)。K:若。

◆dhareta:(√dhṛ)opt. 3. sg. A. 执持、受持。D:受。K:荷负。

◆paripūrṇa-kalpān:(paripūrṇa-kalpa)m. pl. Ac. 足够数劫。持业释(形容词关系)。D:所愿具足。K:于劫。

◆yatha[③]:adv. 犹如。D:如。K:(无)。

① 见 BHSG § 8.108。
② 见 BHSG § 8.108。
③ 见 BHSG § 3.27 “a for ā”。

◆gaṅga-vālikāḥ:(gaṅga-vālikā)f. pl. Ac. 恒河沙。依主释(属格关系)。D:江河沙。K:恒沙。

4-131

D:饮食衣服,若干巨亿,诸床卧具,离垢无秽,

用栴檀香,以为屋室,柔软坐具,以敷其上。

K:又以美馔、无量宝衣,及诸卧具、种种汤药①,

牛头栴檀,及诸珍宝,以起塔庙,宝衣布地。

khādyaṃ daded bhojana-vastra-pānaṃ śayanāsanaṃ co vimalottara-cchadam /

vihāra kārāpayi candanā-mayān saṃstīrya co dūṣya-yugehi dadyāt //57//

4-131-1. khādyam dadet bhojana-vastra-pānam śayana-āsanam co vimala-uttara-cchadam:献上佳肴、衣食飲料、床座和净衣。

◆khādyam:(khādya)n. sg. Ac. 肴馔。D:(无)。K:以美馔。

◆dadet:(√dā)opt. 3. sg. P. 给予。D:敷。K:(无)。

◆bhojana-vastra-pānam:(bhojana-vastra-pāna)n. sg. Ac. 饮食和衣服。相违释。D:饮食衣服。K:(无)。

bhojana:n. 食物。vastra:n. 衣服。pāna:n. 饮料。

◆śayana-āsanam:(śayana-āsana)n. sg. Ac. 床和座。相违释。D:诸床卧具。K:诸卧具。

śayana:n. 床。āsana:n. 座椅。

◆co②:conj. 和、然而。D:(无)。K:及。

◆vimala-uttara-cchadam:(vimala-uttara-cchada)m. sg. Ac. 无垢上衣。持业释(形容词关系)。D:离垢无秽。K:(无)。

---

① 对应的梵文见下一偈。

② 见 BHSD, P234。

vimala：adj. 无垢、洁净。

uttara-cchada：m. 上衣。持业释(形容词关系)。

uttara：adj. 上。cchada：m. 覆盖、衣。

4－131－2. vihāra kārāpayi candanā-mayān saṃstīrya co dūṣya-yugehi dadyāt：建造僧房，栴檀所成，还遍布缯幡。

◆vihāra①：m. pl. Ac. 僧房、静室。D：屋室。K：塔庙。

◆kārāpayi②：(√kṛ) caus. aor. 3. sg. P. 建造。D：(无)。K：起。

◆candanā-mayān：(candanā-maya) adj. m. pl. Ac. 栴檀所成。D：用栴檀香。K：牛头栴檀。

◆saṃstīrya③：(saṃ-√stṛ) fpp. m. pl. Ac. 遍布、铺设。D：(无)。K：布地。

◆dūṣya-yugehi④：(dūṣya-yuga) n. pl. I. 数旬宝衣。依主释(业格关系)。D：(无)。K：无量宝衣。

dūṣya：n. 宝衣、缯幡。yuga：n. 一旬。

◆dadyāt：(√dā) opt. 3. sg. P. 给予。

4－132

D：若疾病者，无所药疗，今日供养，安住广度，
　所施劫数，如江河沙，所造立者，无能夺还。

K：如斯等事，以用供养，于恒沙劫，亦不能报。

gilāna-bhaiṣajya bahu-prakāraṃ pūjārtha dadyāt sugatasya nityam /

dadeya kalpān yatha gaṅga-vālikā naivaṃ kadā-cit pratikartu śakyam //58//

4－132－1. gilāna-bhaiṣajya bahu-prakāraṃ pūjā-artha dadyāt sugatasya nityam：

① 见 BHSG § 8.31。
② 见 BHSG § 32.17。
③ 见 BHSG § 8.31。
④ 见 BHSG § 8.108。

为了供奉善逝,经常献上多种治病良药。

◆gilāna-bhaiṣajya①:n. sg. Ac. ［俗］医药、汤药。依主释(与格关系)。D:药疗。K:(无)。

gilāna:m. 疾病。bhaiṣajya:n. 药。

◆bahu-prakāram:(bahu-prakāra) adj. n. sg. Ac. 多种。修饰 gilāna-bhaiṣajya。

◆pūjā-artha②:adj. n. sg. Ac. 为了供养。依主释(属格关系)。D:供养。K:以用供养。

pūjā:f. 供养、尊重。artha:m. 目的。

◆dadyāt:(√dā) opt. 3. sg. P. 给予。D:广度。K:(无)。

◆sugatasya:(sugata) m. sg. G. 善逝。D:安住。K:(无)。

◆nityam:adv. 经常。

4-132-2. dadeya kalpān yatha gaṅga-vālikā na evam kadā-cit pratikartu śakyam:我这样奉献如恒河沙数劫,也不能回报。

◆dadeya:(√dā) opt. 1. sg. A. (我)给予。D:所施。K:(无)。

◆kalpān:(kalpa) m. pl. Ac. 数劫。D:劫数。K:于劫。

◆yatha③:adv. 犹如。D:如。K:(无)。

◆gaṅga-vālikāḥ:(gaṅga-vālikā) m. pl. Ac. 恒河沙。依主释(属格关系)。D:江河沙。K:恒沙。

◆na:adv. 不、非、无。D:无。K:不。

◆evam:adv. 这样。D:所造立者。K:如斯等事。

◆kadā-cit:adv. 某时、任何时候。D:(无)。K:亦。

◆pratikartu④:(prati-√kṛ) inf. 报恩、回报。D:夺还。K:报。

---

① 见 BHSG § 8.31。

② 见 BHSG § 8.22。

③ 见 BHSG § 3.27 "a for ā"。

④ 见 BHSG § 36.3。

◆śakyam：(√śak) fpp. n. sg. N. 能够。D：能。K：能。

4－133

D：高远之法，无量无限，其大神足，建立法力。

佛为大王，无漏最胜，堪任坚强，常修牢固，

K：诸佛希有，无量无边，不可思议，大神通力，

无漏无为，诸法之王。能为下劣，忍于斯事，

mahātma-dharmā atulānubhāvā maha-rddhikāḥ kṣānti-bale pratiṣṭhitāḥ/

buddhā mahā-rāja anāsravā jinā sahanti bālāna ima īdṛṣāni //59//

4－133－1. maha-ātma-dharmāḥ atula-anubhāvāḥ maha-rddhikāḥ kṣānti-bale pratiṣṭhitāḥ：至高佛法，威力无比，神通广大，安住忍辱力中。

◆maha-ātma-dharmāḥ：(maha-ātma-dharma) m. pl. N. 至高法。依主释（属格关系）。D：高远之法。K：（无）。

maha-ātma：(maha-ātman) adj. 至高、第一。dharma：m. 法。

◆atula-anubhāvāḥ：(atula-anubhāva) m. pl. N. 威力无与伦比。持业释（形容词关系）。D：无量无限。K：无量无边。

atula：adj. 无与伦比、无等。anubhāva：m. 威力、势力。

◆maharddhikāḥ：(maharddhika) adj. m. pl. N. 极具神通、极其兴旺。D：其大神足。K：大神通力。

◆kṣānti-bale：(kṣānti-bala) adj. m. sg. L. 忍辱力。依主释（属格关系）。D：法力。K：（无）。

kṣānti：f. 忍辱。bala：n. 力量。

◆pratiṣṭhitāḥ：(prati-√sthā) ppp. m. pl. N. 住、安立。D：建立。K：（无）。

4－133－2. buddhāḥ mahā-rāja anāsravāḥ jināḥ sahanti bālāna ima īdṛśāni：佛为大王，无漏胜者，能够忍受诸如此类的愚蠢。

◆buddhāḥ：(buddha) m. pl. N. 佛。D：佛。K：诸佛。

◆mahā-rāja①:(mahā-rāja) m. pl. N. 大王。D:大王。K:诸法之王。

◆anāsravāḥ:(an-āsrava) m. pl. N. 无漏、无烦恼。D:无漏。K:无漏无为。

◆jināḥ:(jina) m. pl. N. 胜者。D:最胜。K:(无)。

◆sahanti:(√sah) pres. 3. pl. P. 忍受。D:堪任。K:忍。

◆bālāna②:(bāla) adj. n. pl. Ac. 幼儿、愚夫。D:坚强。K:为下劣。

◆ima īdṛśāni:诸如此类。D:(无)。K:于斯事。

ima③:(idam) dem. n. pl. Ac. 这。

īdṛśāni:(īdṛśa) adj. n. pl. Ac. 这样的。

4-134

D:安慰劝进,恒以时节,未曾修设,望想福行。

于一切世,诸法中尊,皆为大神,最胜如来。

K:取相凡夫,随宜为说。诸佛于法,得最自在,

anuvartamānas tatha nitya-kālaṃ nimitta-cāriṇa bravīti dharmam /

dharmeśvaro īśvaru sarva-loke maheśvaro loka-vināyakendraḥ//60//

4-134-1. anuvartamānaḥ tatha nitya-kālam nimitta-cāriṇa bravīti dharmam:常随顺凡夫俗子,宣说正法。

◆anuvartamānaḥ:(anu-√vṛt) ppt. A. m. sg. N. 依从、跟随。D:(无)。K:随宜。

◆tatha④:adv. 如此、同样。

◆nitya-kālam:adv. 经常。D:恒以时节。K:(无)。

---

① 见 BHSG § 8.79。

② 见 BHSG § 8.99。

③ 见 BHSG § 21.85。

④ 见 BHSG § 3.27"a for ā"。

◆nimitta-cārīṇa①:(nimitta-cārin) adj. m. pl. Ac. 相行人、取相凡夫。D:望想福行。K:取相凡夫……为。

◆bravīti:(√brū) pres. 3. sg. P. 宣说。D:安慰劝进。K:说。

◆dharmam:(dharma) m. sg. Ac. 法。

4－134－2. dharma-iśvaraḥ īśvaru sarva-loke mahā-iśvaraḥ loka-vināyaka-indraḥ:在所有世界上导师天王都是自在者、法自在、大自在。

◆dharma-iśvaraḥ:(dharma-iśvara) m. sg. N. 法自在。依主释(属格关系)。D:诸法中尊。K:(无)。

◆īśvaru②:(īśvara) m. sg. N. 自在。

◆sarva-loke:(sarva-loka) m. sg. L. 所有世界上。持业释(形容词关系)。D:于一切世。K:于法。

◆mahā-iśvaraḥ:(mahā-iśvara) m. sg. N. 大自在天。持业释(形容词关系)。D:大神。K:最自在。

◆loka-vināyaka-indraḥ:(loka-vināyaka-indra) 导师之王。持业释(同格关系)。D:最胜如来。K:诸佛。

loka-vināyaka:m. 导师。indra:m. 天王、因陀罗。

4－135

D:然大灯明,示无央众,知诸黎庶,筋力所在,

若干种种,所喜乐愿,因缘百千,而顺开化。

K:知诸众生,种种欲乐,及其志力。

随所堪任,以无量喻,而为说法。

pratipatti darśeti bahu-prakāraṃ sattvāna sthānāni prajānamānaḥ/

nānādhimuktiṃ ca viditva teṣāṃ hetū-sahasrehi bravīti dharmam //61//

---

① 见 BHSG § 10.159。

② 见 BHSG § 8.20。

4－135－1. pratipatti darśeti bahu-prakāram sattvāna sthānāni prajānamānaḥ：因为了解众生的处境，所以展现多种行为。

◆pratipatti①：m. sg. Ac. 行为、步骤。

◆darśeti②：（√dṛś）caus. pres. 3. sg. P. 展示、显现。

◆bahu-prakāram：（bahu-prakāra）adj. m. sg. Ac. 多种。D：（无）。K：种种。

◆sattvāna③：（sattva）m. pl. G. 众生。D：诸黎庶。K：诸众生。

◆sthānāni：（sthāna）n. pl. Ac. 处所、位置。D：筋力所在。K：欲乐。

◆prajānamānaḥ：（pra-√jan）ppt. A. m. sg. N. 知晓。现在分词表原因。D：知。K：知。

4－135－2. nānā-adhimuktim ca viditva teṣām hetū-sahasrehi bravīti dharmam：知道他们的种种信仰，使用数千因缘说法。

◆nānā-adhimuktim：（nānā-adhimukti）f. sg. Ac. 各种信仰。持业释（形容词关系）。D：若干种种所喜乐愿。K：志力。

nānā：adj. 种种。adhimukti：f. 信仰。

◆ca：conj. 和、然而。D：（无）。K：及。

◆viditva④：（√vid）ger. 知道后。

◆teṣām：（tad）pers. 3. pl. G. 他们。D：（无）。K：为-。

◆hetū⑤-sahasrehi⑥：（hetū-sahasra）n. pl. I. 用数千因缘。依主释（属格关系）。D：因缘百千。K：以无量喻。

◆bravīti：（√brū）pres. 3. sg. P. 演说。D：顺开化。K：说。

◆dharmam：（dharma）m. sg. Ac. 法。D：（无）。K：法。

---

① 见 BHSG § 10.48。
② 见 BHSG § 38.25。
③ 见 BHSG § 8.117。
④ 见 BHSG § 35.10。
⑤ 见 BHSG § 3.20。
⑥ 见 BHSG § 8.108。

4 - 136

D:如来皆睹,众人性行,他人心念。一切群萌,

以若干法,而致堕落。以法示现,此尊佛道。

K:随诸众生,宿世善根,又知成熟、未成熟者,

种种筹量,分别知已,于一乘道、随宜说三。

tathāgataś carya prajānamānaḥ sarveṣa sattvāna tha pudgalānām /

bahu-prakāraṃ hi bravīti dharmaṃ nidarśayanto imam agra-bodhim //62//

4 - 136 - 1. tathāgataḥ carya prajānamānaḥ sarveṣa sattvāna tha pudgalānām:如来知晓一切众生的行为,于是为众人。

◆tathāgataḥ:(tathāgata)m. sg. N. 如来。D:如来。K:(无)。

◆carya①:n. sg. Ac. 行为。D:性行。K:(无)。

◆prajānamānaḥ:(pra-√jan)ppt. A. m. sg. N. 知道。现在分词表原因。D:睹。K:知。

◆sarveṣa sattvāna:一切众生的。

sarveṣa②:(sarva)adj. m. pl. G. 一切、所有、全部。D:一切。K:(无)。

sattvāna③:(sattva)m. pl. G. 众生。D:群萌。K:诸众生。

◆tha:adv. 然后、现在。

◆pudgalānām:(pudgala)m. pl. G. 为众人。D:众人。K:(无)。

4 - 136 - 2. bahu-prakāram hi bravīti dharmam nidarśayantaḥimam agra-bodhim:演说多种法教,显现至高菩提。

◆bahu-prakāram:(bahu-prakāra)adj. m. sg. Ac. 多种。修饰 dharmam。D:若干。K:种种。

◆hi:adv. 确实;因为。

---

① 见 BHSG § 8.31。
② 见 BHSG § 21.46。
③ 见 BHSG § 8.117。

◆bravīti：(√brū) pres. 3. sg. P. 演说。D：示现。K：说。

◆dharmam：(dharma) m. sg. Ac. 法。D：以法。K：法。

◆nidarśayantas[①]：(ni-√dṛś) caus. ppt. m. sg. N. 显现。D：示现。K：（无）。

◆imam agra-bodhim：这至高菩提。D：此尊佛道。K：一乘道。

imam[②]：(idam) dem. f. sg. Ac. 这。限定 agra-bodhim。

agra-bodhim：(agra-bodhi) f. sg. Ac. 无上道、妙菩提。持业释（形容词关系）。

① 见 BHSG § 18.6。
② 见 BHSG § 21.85。

《佛所行赞》梵汉对勘

（第一品）

邱　冰

凡　例

一、版本说明

梵文文本依照 Jonhston 的校订本转写为罗马字母而成。

二、标记与说明

1.《佛所行赞》全文都为偈颂，每个偈颂之后标注出序号，例如："1.8"表示第一品的第八个颂。

2. 每句偈颂下依次对每个词进行解释，先标注出该词的原形，然后标注出每个词的语法信息。

1）以格为收尾的词，依序列其性、格、数，英文解释以及在《佛所行赞》中相应的汉译。例如：

kalpeṣu（kalpa）：m7p，aeons，汉译：劫

kalpeṣu 为在原文中已经发生语法变化的形式，kalpa 表示其原形，m7p 分别表示阳性、依格、复数，aeons 为该词的英文解释，汉译"劫"则为该词在《佛所行赞》中相应的汉译。

2）复合词以" - "断开，除了标注出以上语法信息外，还注出该复合词的结构类型，然后用小一号的字标注出复合词中每个词的信息。例如：

svagātraprabhayā（sva-gātra-prabhā）：ctp6 f 3s，splendor of his own body，

汉译:自身光

sva: ppp, own

gātra: n, body

prabhā: f, light

3)动词变化依序列出其时态、人称、数和语态,然后是该动词的英文解释,以及相应的汉译。例如:

jajñe(√jan): prf 3sa, was born 汉译:生

√jan 为 jajñe 的词根,后面依次表示完成时第三人称单数主动语态,born 为该动词英文解释,“生”为该词在《佛所行赞》中相应的汉译。

3. 逐句给出每个偈颂完整的英文翻译,以及相应的汉译。汉译本采用大正藏的版本。

略语表

I: Schotsman, Irma 1995 *Aśvaghoṣa's Buddhacarita: The life of the Buddha*, Varanasi: Central Institute of Higher Tibetan Studies.

J: Johnston . E. H 1936 *The Buddhacarita, or acts of the Buddha*, Calcutta: Baptist Mission Press.

汉译:引自《大正藏》,并标注出页码和栏位。

	语法范畴	语法术语	略语形式
名词变化	性(Gender)	阳性(masculine)	m.
		中性(neuter)	n.
		阴性(feminine)	f.
	格(Case)	体格(nominative)	1
		业格(accusative)	2
		具格(instrumental)	3
		为格(dative)	4
		从格(ablative)	5
		属格(genitive)	6

续表

	语法范畴	语法术语	略语形式
名词变化	格(Case)	依格(locative)	7
		呼格(vocative)	8
	数(Number)	单数(singular)	s.
		双数(dual)	d.
		复数(plural)	p.
	复合词(Compound)	相违释(dvandva)	cd.
		依主释(tatpuruṣa)	ctp.
		持业释(karmadhāraya)	ck.
		多财释(bahuvrīhi)	cbv.
动词变位	人称(Person)	第一人称(first person)	1.
		第二人称(second person)	2.
		第三人称(third person)	3.
	数(Number)	单数(singular)	s.
		双数(dual)	d.
		复数(plural)	p.
	语态(Voice)	主动语态(active)	a.
		中间语态(middle)	m.
		被动语态(passive)	p.
	时态(Tense)	现在时(Present)	pre.
		未完成时(Imperfect)	imp.
		完成时(Perfect)	pf.
		不定过去时(Aorist)	aor.
		将来时(Future)	fut.

续表

	语法范畴	语法术语	略语形式
动词变位	情态(Mode)	直称式(Indicative)	ind.
		命令式(Imperative)	imv.
		祈愿式(Optative)	opt.
	分词(Participle)	过去被动分词(Past Passive Participle)	ppp.
		过去主动分词(Past Active Participle)	pap.
		完成主动分词(Perfect Active Participle)	pfap.
		完成中间分词(Perfect Middle Participle)	pfmp.
		现在时主动语态分词(Present Active)	prap.
		现在时中间语态分词(Present Middle)	prmp.
		必要分词(Greundive)	grdv.
		不定式(Infinitive)	inf.
		独立式(Gerund/Absolutive)	abs.

第一 生品

（注：第一品梵文第1—7、第25—40缺）

tasmin vane śrīmati rājapatnī prasūtikālaṃ samavekṣamāṇā / śayyāṃ vitānopahitāṃ prapede nārīsahasrair abhinandyamānā // 1.8 //

tasmin(tad): n7s, in that 汉译:尔时

vane(vana): n7s, grove

śrīmati(śrīmat): adj n7s, beautiful, charming

rājapatnī(rāja-patnī): ctp6 f1s, the king's wife 汉译:摩耶后

rājan: m, king

patnī: f, wife

prasūtikālaṃ(prasūti-kāla): ctp6 m2s, the time of delivery 汉译:产时

prasūti: f, generation

kāla: m, time

samavekṣamāṇā(sam-ava-√ikṣ): prmp, f1s, perceiving 汉译:自知

śayyāṃ(śayyā): f2s, bed, a couch 汉译:安胜床

vitānopahitāṃ(vitāna-upahitā): ctp3 f2s, overspread with an awning

vitāna: m, awning

upahita(upa-hita): ppp, placed, put on

prapede(pra-√pad): prf3sa, approached 汉译:偃寝

nārīsahasrair(nārī-sahasra): f3p, by thousands of women 汉译:百千婇女

nārī: f, women 汉译:婇女

sahasra: n, thousand 汉译:百千

abhinandyamānā(abhi-√nand): prpp, f1s, being welcomed 汉译:侍

I: in that suspicious grove the king's wife, perceiving the time of delivery, approached a couch, overspread with an awning, being welcomed by thousands of women.

J: in that glorious grove the queen perceived that the time of her delivery was at hand and, amidst the welcome of thousands of waiting women, proceeded to a couch overspread with an awning.

汉译:尔时摩耶后,自知产时至,偃寝安胜床,百千婇女侍。(1, a21-22)

tataḥ prasannaś ca babhūva puṣyas tasyāś ca devyā vratasaṃskṛtāyāḥ/

pārśvāt suto lokahitāya jajñe nirvedanaṃ caiva nirāmayaṃ ca // 1.9 //

tataḥ: ind, then 汉译:时

prasannaḥ(prasanna): (pra-√sad) ppp, 1s, clear

ca: ind, and

babhūva(√bhū): prf 3s, became

puṣyas: (the constellation) noun, 1s, Puṣya

tasyāś(sā): f6s, of that

ca: conj ind, also

devyā(devī): f6s, queen

vratasaṃskṛtāyāḥ(vrata-saṃskṛtā): ctp3, f6s, hallowed by vows 汉译:(斋戒)修净德

vrata：n，will，command；vows 汉译：净德

saṃskṛta：ppp，put together，construct；refined，adorned 汉译：修

pārśvāt（pārśva）：n4s，from the side 汉译：右胁

suto（suta）：m1s，a son 汉译：菩萨

lokahitāya（loka-hita）：ctp4 4s，for the welfare of the world 汉译：大悲救世间

jajñe（√jan）：prf 3sa，was born 汉译：生

nirvedanaṃ（nir-vedana）：m2s，without pain 汉译：不令母苦恼

ca：ind，and

eva：ind，really

nirāmayaṃ（nir-āmaya）：m2s，without illness

ca：ind，and

I：then（the constellation）Puṣya became clear；and really without pain and also without illness，from the side of that queen，hallowed by vows，a son was born for the welfare of the world.

J：then as soon as Puṣya became propitious from the side of the queen，who was hallowed by the vows，a son was born for the weal of the world，without her suffering either pain or illness.

汉译：时四月八日，清和气调适，斋戒修净德，菩萨右胁生，大悲救世间，不令母苦恼。（1，a23-25）

ūror yathaurvasya pṛthoś ca hastān māndhātur indrapratimasya mūrdhnaḥ/

kakṣīvataś caiva bhujāṃsadeśāt tathāvidhaṃ tasya babhūva janma // 1.10 //

ūror（ūru）：m5s，from the thigh 汉译：股生

yathā: ind, as (was the miraculous birth)

aurvasya(aurva): m6s, of Aurva 汉译:优留王

pṛthoḥ(pṛthu): n6s, of Prithu 汉译:畀偷王

ca: ind, and

hastān(hasta): m5s, from the arm 汉译:手生

māndhātur(māndhātṛi): 6s, of Māndhātṛi 汉译:曼陀王

indrapratimasya(indra-pratima): ctp6 6s, the peer of Indra

indra: m, indra

pratima: adj, peer

mūrdhnaḥ(mūrdhan): noun, m5s, from the head 汉译:顶生

kakṣīvataḥ(kakṣīvat): m6s, of Kakṣīvat 汉译:伽叉王

ca: ind, and

eva: ind, indeed

bhujāṃsadeśāt(bhujāṃsa-deśa): ctp6 m5s, from the armpit 汉译:腋生

bhujāṃsa: m, armpit

deśa: m, point, region

tathāvidhaṃ(tathā-vidha): of such a kind 汉译:亦如是

tasya(sah): m6s, his 汉译:菩萨

babhūva(√bhū): prf 3sa, was

janma(janma): n1s, birth

I: as (was the miraculous birth) of Aurva from the thight; and of Pṛithu from the arm; of Māndhātṛi, the peer of Indra, from the head; and indeed of Kakṣīvat from the armpit: of such a kind was his birth.

J: as was the birth of Aurva from the thigh, of Pṛthu from the hand, of Māndhātṛ, the peer of Indra, from the head, of Kakṣīvat from the armpit, on such wise was his birth.

汉译：优留王股生，畀偷王手生，曼陀王顶生，伽叉王腋生，菩萨亦如是，诞从右胁生。（1，a26-28）

kramena garbhād abhinihsrtah san babhau cyutah khād iva yonyajātah/ kalpeṣv anekeṣu ca bhāvitātmāyahsamprajānan suṣuve na mūdhah //1.11//

kramena(krama)：m3s，in due time；gradually 汉译：渐渐

garbhād(garbha)：m5s，from the womb 汉译：从胎，"从"翻译从格。

abhinihsrtah(abhinihsrta)：(abhi-nih-√sr)ppp m1s，issued 汉译：出

san(as)：prap m1s，having

babhau(√bhā)：prf 3sa，he shone 汉译：光明普照耀

cyutah(cyuta)：(√cyu)ppp m1s，dropped 汉译：堕

khād(kha)：n4s，from the sky (and)汉译：从虚空。"从"翻译从格。

iva：ind，as if 汉译：如

yonyajātah(yony-ajāta)：ctp5 m1s，not born from the vulva 汉译：不由于生门

yony：f，the womb 汉译：生门

a-jāta：(√jan)ppp，not born

kalpeṣu(kalpa)：m7p，aeons 汉译：劫

anekeṣu(an－eka)：m7p，through many 汉译：无量

ca：ind，and

bhāvitātmā(bhāvita－ātman)：cbv，m1s，was purified 汉译：修德

bhāvita：(√bhū)ppp，created

ātman：m，the soul

yah(ya)：m1s，he，who

samprajānan(sam－prajāna)：prap 1s，perfectly (all－) knowing 汉译：自知

suṣuve(√sū): 3sa prf, was born

na: not 汉译:不

mūḍhaḥ(mūḍha): (√muh) ppp m1s, ignorant (but)汉译:死

I: in due time having issued from the womb, he shone as if dropped from the sky (and) not born from the vulva; and he, who was purified through many aeons, was born not ignorant (but) perfectly (all –) knowing.

J: when in due course he had issued from the womb, he appeared as if he had descend from the sky, for he did not come into the world through the portal of life, and, since he had purified his being through many aeons, he was born not ignorant but fully conscious.

汉译:渐渐从胎出,光明普照耀,如从虚空堕,不由于生门,修德无量劫,自知生不死。(1, a28 – b2)

dīptyā ca dhairyeṇa ca yo rarāja bālo ravir bhūmim ivāvatīrṇaḥ/ tathātidīpto ´pi nirīkṣyamāṇo jahāra cakṣūṃṣi yathā śaśāṅkaḥ // 1. 12 //

dīptyā(dīpta):(√dīp) ppp m3s, with his luster

ca: ind, and

dhairyeṇa(dhairya): n3s, with his steadfastness 汉译:安谛不倾动

ca: ind, and

yo(ya): m1s, he, who

rarāja(√rāj): prf 3as, shone 汉译:明显

bālo(bāla): adj m1s, the young

ravir(ravi): m1s, sun 汉译:日

bhūmim(bhūmi): f2s, to earth, (and)

iva: ind, like 汉译:犹如

avatīrṇaḥ(ava – tīrṇa)：(ava – ✓tṝ) ppp m1s, come down; descended 汉译:初升

tathā：ind, in that way

atidīpto(ati – dīpta)：ppp m1s, very brilliant, (but) 汉译:极明耀

ati：very 汉译:极

dīpta：(✓dīp) ppp, brilliant 汉译:明耀

api：though

nirīkṣyamāṇo(nirīkṣyamāṇa)：(nir – ✓īkṣ) prpp m1s, when being looked at 汉译:观察

jahāra(✓hṛ)：verb prf 3as, he held

cakṣūṃṣi(cakṣus)：n2p, (all) eyes 汉译:眼根

yathā：like 汉译:如

śaśāṅkaḥ(śaśāṅka)：m1s, the moon 汉译:空中月

I：and he, who with his luster and with his steadfastness, shone like the young sun come down to earth, (and) though in that way very brilliant, (but) when being looked at, he held (all) eyes like the moon.

J：With his luster and steadfastness he appeared like the young sun come down to earth, and despite this his dazzling brilliance, when gazed at, he held all eyes like the moon.

汉译:安谛不倾动,明显妙端严,晃然后胎现,犹如日初升,观察极明耀,而不害眼根,纵视而不耀,如观空中月。(1, b3 – 6)

sa hi svagātraprabhayojjvalantyā dīpaprabhāṃ bhāskaravan mumoṣa /

mahārhajāmbūnadacāruvarṇo vidyotayām āsa diśaś ca sarvāḥ // 1.13 //

sa：m1s，he hi：ind，for

svagātraprabhayā(sva-gātra-prabhā)：ctp6 f 3s，splendor of his own body，汉译:自身光

sva：ppp，own

gātra：n，body

prabhā：f，light

ujjvalantyā(uj-jvala)：(uj-√jval) prap f 3s，with the shining 汉译:照耀

dīpaprabhāṃ(dīpa-prabhā)：ctp6 f2s，the radiance of the lamps 汉译:灯明

bhāskaravan(bhāskara-vat)：m1s，like the sun 汉译:如日

bhāskara：m，sun 汉译:日

vat:an affix；added to words to imply likeness or resemblance，and generally translated by "as" "like"汉译:如

mumoṣa(√muṣ)：prf 3as，eclipsed 汉译:夺

mahārhajāmbūnadacāruvarṇo(mahārha-jāmbūnada-cāru-varṇa)：bv m1s，he，with the beautiful colour of precious gold 汉译:菩萨真金身

mahārha：mfn，precious

jāmbūnada：n，gold 汉译:真金

cāru：beautifully

varṇa：n2s，outward appearance 汉译:身

vidyotayāmāsa：(vi-√dyut)prmp m1s，illumined 汉译:照

diśaś(diś)：f2p，directions (of space)

ca：ind，and

sarvāḥ(sarva)：f2p，all 汉译:普

I：for he，with the shining splendor of his own body，eclipsed like the sun the radiance of the lamps；and he，with the beautiful colour of precious gold，illumined all directions (of space).

J：For with the glowing radiance of his limbs he eclipsed, like the sun, the radiance of the lamps, and, beauteous with the hue of precious gold, he illumined all the quarters of space.

汉译：自身光照耀，如日夺灯明，菩萨真金身，普照亦如是。(1, b7－8)

anākulāny ubjasamudgatāni niṣpeṣavadvyāyatavikramāṇi /

tathaiva dhīrāṇi padāni sapta saptarṣitārāsadṛśo jagāma // 1.14 //

anākulāni(an-ākula)：ppp n2p, not confused, calm, unperplexed, regular 汉译：心不乱

ubjasamudgatāni(ubjasamudgata)：ppp n2p, straight and well-raised 汉译：正直

ubja：(√ubj)ppp, tunred or bent down wards, lying with the face downwards, looking downwards, make straight

sam-udgata(gam)：ppp, risen up, come forth, appeared

niṣpeṣavat(nispeṣanvant)：n2p set down firmly

vyāyatavikramāṇi(vyāyata-vikrama)：ppp n2p, steps that were long (and)

vyāyata：(√yam)ppp, long, wide

vikrama：m, step

tathaiva：like this

dhīrāṇi(dhīra)：(√dhṛ)ppp n2p, steadfast 汉译：安庠

padāni(pada)：n2p, steps 汉译：步

sapta：n2p, seven 汉译：七

saptarṣitārāsadṛśo(saptarṣi-tārā-sadṛśa)：ck m1s, resembling the constellation of the seven seers 汉译：炳彻犹七星

saptarṣi：m, the seven seers 汉译：七星

tārā：star

sadṛśa：resembling, like 汉译：犹

jagāma(✓gam): prf 3as, he walked 汉译:行

I: resembling the constellation of the seven seer, he walked seven steps, steadfast like this; regular, straight and well-raised, steps that were long (and) set down firmly.

J: He who was like the constellation of the Seven Seers walked seven steps with such firmness that the feet were lifted up unwavering and straight and that the strides were long and set down firmly.

汉译:正真心不乱,安庠行七步,足下安平趾,炳彻犹七星。(1, b9 - 10)

bodhāya jāto 'smi jagaddhitārtham antyā bhavotpattir iyaṃ mameti/

caturdiśaṃ siṃhagatir vilokya vāṇīṃ ca bhavyārthakarīm uvāca // 1.15 //

bodhāya(buddhi): f4s, for enlightenment 汉译:为佛。"为"是翻译为格。

jātaḥ: (✓jan) ppp m1s, born 汉译:生

asmi(✓as): pre 1as, I am 汉译:我

jagaddhitārtham(jagat-hita-artha): for the welfare of the world 汉译:度于一切

jagat: m, people

hita: m, the welfare

artha: m,n purpose

antyā(antya): adj, f1s, last

bhavotpattiḥ(bhava-utppati): ctp7 f1s, birth in worldly existence 汉译:唯此一生

bhava: m, birth

utpatti: f, birth

iyaṃ(iyam): m1s, this is

mama(aham): m6s, my

iti:ind,thus

caturdiśaṃ(catur-diś):f2p, towards the four directions 汉译:于四方,"于"翻译梵文的业格。

catur: num, four 汉译:四

diś: f, direction 汉译:方

siṃhagatir(siṃha-gati): cbv m1s, he, with the gait of a lion 汉译:兽王师子步

siṃha: m, lion 汉译:兽王狮子

gati: f, gait 汉译:步

vilokya(vi-√lok): fpp m1s, looking 汉译:观察

vāṇīṃ(vāṇī): f2s, speech 汉译:如是

ca: ind, and

bhavyārthakarīm(bhavya-artha-karī): ctp6, f2s, a good meaningful 汉译:真实义(堪能)

bhavya: being, what ought to be, suitable, fit, beautiful 汉译:堪能

artha-karī: f, meaning

uvāca(√vac): prf 3as, spoke 汉译:说

I: and he, with the gait of a lion, looking towards the four directions, spoke thus a good meaningful speech: "I am born for enlightenment, for the welfare of the world; this is my last birth in worldly existence."

J: And looking to the four quarters with the bearing of lion, he uttered a speech proclaiming the truth: "I am born for Enlightment for the good of the world; this is my last birth in the world of phenomena."

汉译:兽王师子步,观察于四方,通达真实义,堪能如是说:"此生为佛生,则为后边生。我唯此一生,当度于一切。"(1, b11－14)

khāt prasrute candramarīciśubhre dve vāridhāre śiśiroṣṇavīrye / śarīrasaṃsparśasukhāntarāya nipetatur mūrdhani tasya saumye // 1. 16 //

khāt(kha): n5s, from the sky 汉译:虚空中

prasrute(pra-sruta): (pra-√sru) ppp f7p, poured, flowed forth 汉译:流下

candramarīciśubhre(candra-marīci-śubhra): ck f7p, clear like rays of the moon 汉译:净水

candra: m, the moon

marīci: m, ray

śubhra: adj, clear

dve(dvi): num f1d, two 汉译:双

vāridhāre(vāri-dhāra): ctp2 n4d, steams of water

śiśiroṣṇavīrye(śiśira-uṣṇa-vīrya): n4, one having the quality of cold and one of heat 汉译:一温一清凉

śiśira: m,n, cool, cold 汉译:一清凉

uṣṇa: n, warmth, hot 汉译:一温

vīrya: n, power, energy, quality

śarīrasaṃsparśasukhāntarāya(śarīra-saṃsparśa-sukha-antara): ctp3 touching his body for the comfort of his mind 汉译:令身乐

śarīra: n, the body 汉译:身

saṃsparśa: m, touch

sukha: pleasant 汉译:乐

antara: n, interior, soul, heart

nipetatuḥ（ni-√pat）：prf 3ap，fell 汉译：灌

mūrdhani（mūrdhan）：m7s，head 汉译：顶

tasya（sah）：m6s，on his

saumye（saumya）：adj m7s，gracious

I：two streams of water，clear like rays of the moon，one having the quality of cold and one of heat，poured from the sky，fell on his gracious head，touching his body for the comfort of his mind.

J：Two streams of water，clear as the rays of the moon and having the virtue，one of heat，one of cold，poured forth from the sky and fell on his gracious head to give his body refreshment by their contact.

汉译：应时虚空中，净水双流下，一温一清凉，灌顶令身乐。（1，b15－16）

śrīmadvitāne kanakojjvalāṅge vaiḍūryapāde śayane śayānam /

yadgauravāt kāñcanapadmahastā yakṣādhipāḥ saṃparivārya tasthuḥ // 1.17 //

śrīmadvitāne（śrīmat-vitāna）：cbv m7s，that had a beautiful awning

śrīmat：mfn，beautiful

vitāna：m，awning

kanakojjvalāṅge（kanaka-ujjvalāṅga）：cbv m7s，a splendid golden frame（and）

kanaka：n，gold

ujjvala：ppp，luminious，splendid

aṅga：m，body，frame

vaiḍūryapāde（vaiḍūrya-pāda）：ctp3 m7s，feet with cat's eye gems

vaiḍūrya：n，cat's eye gem 汉译：琉璃

pāda: m, the foot

śayane(śayana): n7s, on a bed 汉译:于琉璃床,“于”是翻译梵文的第七格。

śayānam(√śī): prmp m2s, was lying 汉译:卧

yadgauravāt(yad-gaurava): ctp2 5s, out of reverence for him, who

yad: pron, him

gaurava: n, relating or belonging to, receptivity

kāñcanapadmahastāḥ(kāñcana-padma-hasta): cbv m1p, with golden lotuses in their hand 汉译:金华手

kāñcana: n, gold

padma: m, a lotus

hasta: m, the hand

yakṣādhipāḥ(yakṣa-adhipa): ck m1p, the Yakṣa lords 汉译:天王

yakṣa: m, Yakṣa

adhipa: m, a ruler

saṃparivārya(saṃ-pari-√vṛ): abs, having surrounded (him)

tasthuḥ(√sthā): prf 3ap, stood

I: the Yakṣa lords, with golden lotuses in their hands, having surrounded (him), stayed out of reverence for him, who was lying on a bed that had a beautiful awning, a splendid golden frame (and) feet with cat's eyes gems.

J: He lay on a couch with a gorgeous canopy, feet of beryl and framework glistening with gold, and round him the Yakṣa lords stood reverently on guard with golden lotuses in their hands.

汉译:安处宝宫殿,卧于琉璃床,天王金华手,奉持床四足。(1, b17 - 18)

adṛśyabhāvāśca divaukasaḥ khe yasya prabhāvāt praṇataiḥśirobhiḥ / ādhārayan pāṇḍaram ātapatraṃ bodhāya jepuḥ paramāśiṣaśca // 1.18 //

adṛśyabhāvā(adṛśya-bhāv)：ck n1p，of invisible form

adṛśya：ppp，invisible

bhāva：m，being

divaukasaḥ(diva-okas)：ck n1p，skydwellers 汉译：诸天，"诸"是翻译梵文的复数。

diva：n，heaven

okas：n，house，dwelling

khe(kha)：n7s，in the sky 汉译：于空中。"于……中"是翻译梵文的第七格。

yasya(yah)：m6s，his

prabhāvāt(prabhāva)：m5s，because of luster，might，power

praṇataiḥ(praṇata)：(pra-√nam)ppp 3p，bowed down

śirobhiḥ(śira)：m3p，with their heads

ādhārayan(ā-√dhṛ)：imf 3pa，held up 汉译：执持

pāṇḍaram(pāṇḍara)：adj n2s，a white

ātapatraṃ(ātapatra)：n2s，umbrella 汉译：宝盖

bodhāya(buddhi)：f4s，for his enlightenment 汉译：成佛道

jepuḥ(√jap)：prf 3ap，invoked，uttered 汉译：劝发

paramāśiṣaḥ(parama-āśis)：ck f2p，the highest blessings 汉译：承威神赞叹

parama：mfn，highest

āśis：f，blessing

ca：ind，and

I: and skydwellers of invisible form, with their heads bowed down because of his luster, held up a white umbrella in the sky, and invoked the highest blessings for his enlightenment.

J: The dwellers in heaven, themselves remaining invisible, held up in the sky a white umbrella and, bowing their heads in obeisance before his majesty, muttered the highest blessings that he might obtain Enlightenment.

汉译:诸天于空中,执持宝盖侍,承威神赞叹,劝发成佛道。(1, b19-20)

mahoragā dharmaviśeṣatarṣād buddheṣv atīteṣu kṛtādhikārāḥ /
yam avyajan bhaktiviśiṣṭanetrā mandārapuṣpaiḥ samavākiraṃś ca //
1.19 //

mahoragāḥ(mahā-urag): ck m1p, great snakes 汉译:诸龙王。"诸"是翻译梵文的复数。

dharmaviśeṣatarṣāt(dharma-viśeṣa-tarṣa): ctp4 m5s, from thirst for the excellent dharma 汉译:渴仰殊胜法

dharma: m, law 汉译:法

viśeṣa: m, specialty 汉译:殊胜

tarṣa: m, thirst, wish, desire for 汉译:渴仰

buddheṣu(buddha): m7p, Buddhas 汉译:佛

atīteṣu(atīta): (ati-√i)ppp m7p, for the previous, the past 汉译:过去

kṛtādhikārāḥ(kṛta-adhikāra): ctp3, m1p, duties (also) performed (by them)汉译:曾奉

kṛta: (√kṛ)ppp, done, made

adhikāra: m, authority

yam(ya): m2s, him

avyajan(√vyaj): imf 3pa, fanned 汉译:得值

bhaktiviśiṣṭanetrāḥ(bhakti-viśiṣṭa-netra): ctp3 f1p, with eyes marked with devotion 汉译:专心

bhakti: f, distribution, division, devotion

viśiṣṭa: (vi-√śiṣ) ppp, distinct, excellent, shinning

netra: f, eyes

mandārapuṣpaiḥ(mandāra-puṣpa): ck n3p, with Mandāra flowers 汉译:曼陀罗花

mandāra: m, the coral tree

puṣpa: n, the flower

samavākiran(sam-ava-√kṛ): imf, 3pa, bestrewed (him) 汉译:散

ca: ind, and

I: great snakes with eyes marked with devotion, fanned him from thirst for the excellent dharma, and bestrewed (him) with Mandāra flowers, duties (also) performed (by them) for the previous Buddhas.

J: The mighty snakes in their thirst for the most excellent Law fanned him and, with eyes shining with devotion, bestrewed him with mandāra flowers, offices they had performed for the Buddhas of the past.

汉译:诸龙王欢喜,渴仰殊胜法,曾奉过去佛,今得值菩萨,散曼陀罗花,专心乐供养。(1, b21 - 23)

tathāgatotpādaguṇena tuṣṭāḥ śuddhādhivāsāś ca viśuddhasattvāḥ /

devā nanandur vigate 'pi rāge magnasya duḥkhe jagato hitāya // 1.20 //

tathāgatotpādaguṇena(tathāgata-utpāda-guṇa): ctp6 m3s, with the excellence of the birth of the Tathāgata, (and) 汉译:如来出兴世

tathāgata: ppp, Tathāgata 汉译:如来

utpāda: m, birth 汉译:出

guṇa: m, excellence, virtue

tuṣṭāḥ(tuṣṭa): (✓tuṣ) ppp m1p, were pleased 汉译:欢喜

śuddhādhivāsāḥ(śuddha-adhivāsa): ck m1p, Śuddhādhivāsa 汉译:净居天

śuddha: ppp, clear

adhivāsa: m, inhabitant

ca: ind, and

viśuddhasattvāḥ(viśuddha-sattva): ck m1p, the pure-minded

viśuddha(vi-śuddha): ppp, completely purified, clear

sattva: n, bing, existence

devāḥ(deva): m1p, dieties

nananduḥ(✓nand): prf 3pa, they rejoiced 汉译:欣悦

vigate: (vi-✓gam) ppp m7s, were gone, gone away 汉译:已除

api: ind, though

rāge(rāga): m7s, their passions 汉译:爱欲欢

magnasya(magna): (✓majj) ppp m6s, sunk 汉译:没

duḥkhe(duḥkha): n7s, in suffering 汉译:苦海

jagataḥ(jagat): m6s, of the universe 汉译:终生

hitāya(hita): n4s, for the interest 汉译:故

I: and the pure-minded Śuddhāhivāsa deities were pleased with the excellence of the birth of the Tathāgata, (and) though their passions were gone, they rejoiced in the interest of the universe sunk in suffering.

J: And gladdened by the virtue of his birth in this fashion, the Śuddhādhivāsa deities rejoiced in their pure natures, though passion was extinct in them, for the sake of the world drowned in suffering.

汉译:如来出兴世,净居天欢喜,已除爱欲欢,为法而欣悦,众生没苦

海,令得解脱故。(1, b24－26)

yasya prasūtau girirājakīlā vātāhatā naur iva bhūś cacāla /

sacandanā cotpalapadmagarbhā papāta vṛṣṭir gaganād anabhrāt // 1.21 //

yasya(ya): m6s, at his

prasūtau(prasūta): f7s, birth

girirājakīlā(giri-rāja-kīla): cbv3 m1p, (though) nailed down by (mount Meru,) the king of mountains 汉译:须弥宝山王,坚持此大地

giri: m, the mountain 汉译:宝山

rājan: m, the king 汉译:王

kīla: m, a sharp piece of wood, bolt 汉译:坚持

vātāhatā(vāta-āhata): ctp3 m1p, struck by the wind 汉译:风鼓

vāta: m, the wind 汉译:风

āhata: (ā-√han)ppp, struck, beaten 汉译:鼓

nauḥ(nau): f1s, a ship 汉译:舟

iva: ind, like 汉译:如

bhūḥ(bhū): f1s, the earth 汉译:大地

cacāla(√cal): prf 3sa, shook 汉译:大震动

sacandanā(sa-candana): n1s, perfumed with sandal 汉译:栴檀细末香

ca: ind, and

utpalapadmagarbhā(utpala-padma-garbha): ctp3 f1s, containing blue and pink lotuses 汉译:众宝莲花藏

utpala: n, the blossom of the blue lotus 汉译:莲华

padma: m. n, a lotus

garbha: m, the inside 汉译:藏

papāta(√pat): prf 3sa, fell 汉译:(缤纷而)乱堕

vṛṣṭiḥ(vṛṣṭi): f1s, a rain

gaganāt(gagana): n5s, sky

anabhrāt(anabhra): n5s, from the cloudless 汉译:随空

I: his birth the earth, (though) nailed down by (mount Meru,) the king of mountains, shook like a ship struck by the wind; a rain, perfumed with sandal and containing blue and pink lotuses, fell from the cloudless sky.

J: At his birth the earth, nailed down as it was with the king of mountains, trembled like a ship struck by the wind; and from the cloudless sky there fell a shower perfumed with sandalwood and bringing blue and pink lotuses.

汉译:须弥宝山王,坚持此大地,菩萨出兴世,功德风所飘,普皆大震动,如风鼓浪舟,栴檀细末香,众宝莲花藏,风吹随空流,缤纷而乱坠。(1,b27－c2)

vātā vavuḥ sparśasukhā manojñā divyāni vāsāṃsy avapātayantaḥ /

sūryaḥ sa evābhyadhikaṃ cakāśe jajvāla saumyārcir anīrito 'gniḥ // 1.22 //

vātāḥ(vāta): m1p, winds

vavuḥ(√vā): prf 3pa, blew

sparśasukhāḥ(sparśa-sukha): ctp4, m1p, gentle to the touch 汉译:触身生妙乐

sparśa: m, touch

sukha: ppp, gentle

manojñāḥ(manojña): m1p, pleasing

divyāni(divya): heavenly 汉译:天

vāsāṃsi(vāsas): n7s, vestments 汉译:衣

avapātayantaḥ: (ava-√pat) prap m1, scattering down 汉译:堕

sūryaḥ(sūrya): m1s, sun 汉译:日

saḥ(sa): m1s, he

eva: ind, very

abhyadhikaṃ(abhyadhika): n2s, more excellently (and)

cakāśe(√kāś): prf 3sa, shone 汉译:光耀

jajvāla(√jval): prf 3sa, burned 汉译:(自)炎炽

saumyārciḥ(saumya-arci): ck m1s, with gracious flames 汉译:倍增明

saumya: adj, happy, pleasant

arci: m, ray

anīritaḥ(an-īrita): m1s, though unstirred 汉译:无薪

agniḥ(agni): m1s, fire 汉译:(世界)诸火光

I: pleasing winds blew, gentle to the touch, scattering down heavenly vestments the very sun shone more excellently (and) fire, though unstirred, burned with gracious flames.

J: Delightful breezes blew, soft to the touch and wafting down heavenly raiment; the very sun shone more brightly and the fire, unstirred, blazed with gracious flames.

汉译:天衣从空下,触身生妙乐,日月如常度,光耀倍增明,世界诸火光,无薪自炎炽。(1, c3-5)

prāguttare cāvasathapradeśe kūpaḥ svayaṃ prādur abhūt sitāmbuḥ / antaḥpurāṇy āgatavismayāni yasmin kriyās tīrthae iva pracakruḥ // 1.23 //

prāguttare(prāg-uttara): m7s, in the north-eastern

ca: ind, and

avasathapradeśe(avasatha-pradeśa): ctp6 m7s, part of the palace 汉译:

中宫

avasatha：n，the house，dwelling

pradeśa：m，direction

kūpaḥ（kūpa）：m1s，a well 汉译：清凉井

svayaṃ：ind，by itself 汉译：自然

prāduḥ abhūt（prādur-√bhū）：imf 3as，appeared 汉译：生

sitāmbuḥ（sita-ambu）：ck m1s，with clear water 汉译：净水

sita：ppp，white，pure

ambu：n，water

antaḥpurāṇi（antaḥ-pura）：n1p，people of the palace 汉译：婇女众，"众"是翻译梵文的复数。

antar：ind，within

pura：n，the house

āgatavismayāni（āgata-vismaya）：n1p，the surprised 汉译：怪叹

yasmin（ya）：m7s，at which

kriyāḥ（kriya）：m2p，religious rites 汉译：饮浴

tīrthe（tīrtha）：n7s，at a place of pilgrimage

iva：ind，as

pracakruḥ（pra-√kṛ）：prf 3ap，performed

I：and in the north-eastern part of the palace a well with clear water appeared by itself，at which the surprised people of the palace performed religious rites as at a place of pilgrimage.

J：In the north-eastern corner of the royal quarters a well of clear water appeared of itself，at which the household in amazement carried out their rites as at a holy bathingplace.

汉译：净水清凉井，前后自然生，中宫婇女众，怪叹未曾有，竞赴而饮

浴，皆起安乐想。（1，c6－8）

dharmārthibhir bhūtagaṇaiś ca divyais taddarśanārthaṃ vanam āpupūre /

kautūhalenaiva ca pādapebhyaḥ puṣpāṇy akāle 'pi // 1.24 //

dharmārthibhiḥ（dharma-artha）：ctp4 3p，desirous of dharma 汉译：乐法

dharma：m，law

artha：m. n，aim，purpose

bhūtagaṇaiḥ（bhūtagaṇa）：m3p，multitude 汉译：无量部多天

divyaiḥ（divya）：m3p，divine beings

ca：ind，and

tad：m3s，him

darśanārthaṃ（darśana-artha）：n2s，with the aim of seeing

darśana：（✓dṛṣ）ppp，seeing

artha：m. n，aim

vanam（vana）：n2s，the forest 汉译：林树间

āpupūre（ā-✓pūr）：prf 3ap，filled 汉译：遍满

kautūhalena（kautūhala）：m3s，by their impatience，curiosity

eva：ind，just

ca：ind，and

pādapebhyaḥ（pādapa）：m4p，from the trees

puṣpāṇi（puṣpa）：n2p，flowers 汉译：众妙花，"众"是翻译梵文的复数。

avapātaya（ava-✓pat）：abs，they were causing to fall 汉译：敷荣

akāle（a-kāla）：m7s，it was out of season 汉译：非时

api：ind，though

I：and with the aim of seeing him，the forest filled with multitudes of divine beings desirous of dharma; and just by their impatience, though it was out of season, they were causing the flowers to fall from the trees.

J: And troops of heavenly beings, petitioners for the Law, thronged the grove to wait on him, and in their wonderment they cast flowers from the trees, though out of reason.

汉译:无量部多天,乐法悉云集,于蓝毗尼园,遍满林树间。奇特众妙花,非时而敷荣。(1, c9 -11)

yad rājaśāstraṃ bhṛgur aṅgirā vā na cakratur vaṃśakarāv ṛṣī tau / tayoḥ sutau saumya sasarjatus tat kālena śukraś ca bṛhaspatiś ca // 1.41 //

yat: pron m1s, which

rājaśāstraṃ(rāja-śāstra): ctp6 n2s, the science of royal laws 汉译:帝王论

rājan: m, the king 汉译:帝王

śāstra: n, rule 汉译:论

bhṛguḥ(bhṛgu): m1s, Bhṛigu 汉译:毘求

aṅgirāḥ(aṅgiras): m1s, Aṅgiras 汉译:央耆罗

vā: ind, and

na cakratuḥ(✓kṛ): prf 3pa, did not make 汉译:不从先族来

vaṃśakarāu(vaṃśa-kara): ctp6 m1d, founders of families,

vaṃśa: m, the bamboo cane

kara: ppp, doer, maker

ṛṣī(ṛṣi): m1d, seers 汉译:仙人族

tau: m1d, those two 汉译:此二

tayoḥ(sah): m6d, their

sutau(suta): m1d, two sons 汉译:殊异子

saumya: m8s, oh good sir

sasarjatuḥ(√sṛj): prf 3pm, created 汉译:(能)造

tat: that (science)

kālena(kāla): m3s, in due time

śukraḥ(śukra): m1s, Śukra 汉译:修迦罗

ca: ind, but 汉译:及与

bṛhaspatiḥ(bṛhaspati): m1s, Bṛihaspati 汉译:毗利诃钵低

ca: ind, and

I: the science of royal laws which those two seers Bhṛigu and Aṅgiras, founders of families, did not make, but oh good sir, that (science) their two sons Śukra and Bṛihaspati in due time created.

J: The science of royal policy, which neither of those seers, Bhṛigu and Aṅgiras, the founders of families, made, was created, Sire, in the course of time by their sons, Śukra and Bṛihaspati.

汉译:毘求央耆罗,此二仙人族,经历久远世,各生殊异子,毘利诃钵低,及与翛迦罗,能造帝王论,不从先族来。(2, b4 -7)

sārasvataś cāpi jagāda naṣṭaṃ vedaṃ punar yaṃ dadṛśur na pūrve /

vyāsas tathainaṃ bahudhā cakāra na yaṃ vasiṣṭhaḥ kṛtavān aśaktiḥ // 1.42 //

sārasvataḥ(sārasvata): m1s, Sārasvata 汉译:萨罗萨仙人

ca: ind, and

api: ind, also

jagāda(√gad): prf 3as, told 汉译:明

naṣṭaṃ(naṣṭa): (√naś) ppp m2s, the lost 汉译:久断绝

vedaṃ: m2s, Veda 汉译:经论

punar: ind, again 汉译:续复

yaṃ(yaḥ): m2s, which

na dadṛśuḥ(√dṛś): prf 3pm, had not (yet) seen

pūrve(pūrva): ppp 3s, the men of old

vyāsaḥ(vyāsa): m1s, Vyāsa 汉译:婆罗婆

tathā: likewise

enaṃ(ena): m2s, this (Veda)

bahudhā(bahudhā): adv, in many parts

cakāra(√kṛ): prf 3sa, arranged

na kṛtavān(√kṛ): had not done 汉译:不必

yaṃ(yaḥ): which

vasiṣṭhaḥ(vasiṣṭha): m1s, Vasiṣṭha

aśaktiḥ(aśakti): f1s, not having the (proper) ability

I: and also Sārasvat told the lost Veda again, which the men of old had not (yet) seen; likewise Vyāsa arranged this (Veda) in many parts, which Vasiṣṭha, not having the (proper) ability, had not done.

J: The son of Sarasvaī promulgated again the lost Veda, which the men of old had not seen, and Vyāsa arranged it in many sections, which Vasiṣṭha for lack of capacity had not done.

汉译:萨罗萨仙人,经论久断绝,而生婆罗婆,续复明经论。现在知见生,不必由先胄,毗耶娑仙人,多造诸经论。(2, b8-11)

按:"生婆罗婆"宋元明作"娑",根据梵文,当为"娑"。

vālmīkir ādau ca sasarja padyaṃ jagrantha yan na cyavano maharṣiḥ/

cikitsitaṃ yac ca cakāra nātriḥ paścāt tad ātreya ṛṣir jagāda//1.43//

vālmīkiḥ(vālmīki): m1s, Vālamīki 汉译:彘跋弥

ādau(ādi): m7s, in the beginning 汉译:末后

ca：ind，and

sasarja（√sarj）：prf 3sa，created 汉译：多造

padyaṃ（padya）：m2s，the verse 汉译：诸经论

na：ind，not

jagrantha（√grath）：prf 3sa，had not composed 汉译：广集

yat：which

cyavanaḥ（cyavana）：m1s，Cyavana 汉译：昆耶娑

maharṣiḥ（maha-rṣi）：ck m1s，the great seer

cikitsitaṃ（cikitsita）：n2s，the science of healing 汉译：医方论

yat：which

ca：ind，and

na cakār：did not prepare 汉译：不解

atriḥ（atri）：m1s，Atri 汉译：阿低利仙人

paścāt：ind，later on 汉译：后生

tat：that（science）

ātreyaḥ（ātreya）：m1s，Ātreya 汉译：阿低离

ṛṣiḥ（ṛṣi）：m1s，the seer

jagāda（√gad）：prf 3sa，told

I：and Vālmīki in the beginning created the verse which the great seer Cyavana had not composed and the science of healing which Atri did not prepare，that（science）the seer Ātreya told later on.

J：And Vālmīki was the first to create the verse，which the great seer，Cyavana，did not put together，and the science of healing which Atri did not discover was later proclaimed by the seer Ātreya.

汉译：末后胤跋弥，广集偈章句。阿低利仙人，不解医方论，后生阿低离，善能治百病。（2，b12－14）

yac ca dvijatvaṃ kuśiko na lebhe tad gādhinaḥ sūnur avāpa rājan / velāṃ samudre sagaraś ca dadhre nekṣvākavo yāṃ prathamaṃ babandhuḥ // 1.44 //

yat: which

ca: ind, and

dvijatvaṃ(dvijatva): n2s, the Brāhminhood 汉译:二生

kuśikaḥ(kuśika): m1s, Kuśika 汉译:驹尸仙

na lebhe(√labh): prf 3sa, did not get 汉译:不闲

tat: that (Brāhminhood)

gādhinaḥ(gādhin): m6s, of Gādhin 汉译:伽提那王

sūnuḥ(sūnu): m1s, the son

avāpa(ava-√āp): prf 3sa, obtained

rājan(rājan): m8s, oh king

velāṃ(velā): f 2s, a boundery 汉译:常限

samudre(samudra): m7s, in the ocean 汉译:海潮

sagaraḥ(sagara): m1s, Sagara 汉译:娑伽罗王

ca: ind, and

dadhre(√dhṛ): prf 3sa, placed 汉译:不能制

ikṣvākavaḥ(ikṣvākava): m1p, the descendants of Ikṣvāku 汉译:甘蔗王始族

yāṃ: which

prathamaṃ: adv, before

na babandhuḥ(√bandh): prf 3pa, did not fix

I: and the Brāhminhood which Kuśika did not get, that (Brāhaminhood) the son of Gādhin obtained, oh king; and Sagara placed a boundary in ocean, which the descendants of Ikṣvāku did not fix before.

J: And the Brahmanhood which Kuśika did not win was obtained by the son of Gādhin, O king. And Sagara set a limit for the ocean which the previous descendants of Ikṣvāku had not fixed.

汉译:二生驹尸仙,不闲外道论,后伽提那王,悉解外道法。甘蔗王始族,不能制海潮,至娑伽罗王,生育千王子,能制大海潮,使不越常限。(2,b15－19)

ācāryakaṃ yogavidhau dvijānām aprāptam anyair janako jagāma /
khyātāni karmāṇi ca yāni śaureḥ śūrādayas teṣv abalā babhūvuḥ // 1.45 //

ācāryakaṃ(ācāryaka): n2s, the position of spiritual teacher

yogavidhau(yoga-vidhi): ctp6 m7s, in the method of yoga 汉译:禅道

yoga: m, yoga

vidhi: m, rule

dvijānām(dvi-jana): m6p, of the twice-born

aprāptam(a-prāpta): (a-pra-√āp) ppp n2s, which was not held

anyaiḥ(anya): m3p, by others

janakaḥ(janaka): m1s, Janaka 汉译:阇那驹仙人

jagāma(√gam): prf 3sa, obtained 汉译:得

khyātāni(khyāta): (√khyā) ppp n1p, famous

karmāṇi(karman): n1p, deeds

ca: ind, and

yāni(yaḥ): n1p, those

śaureḥ(śauri): m6s, of Śauri

śūrādayaḥ(śūra-adaya): cd m1p, Śūra and his kin

śūra: m, hero

adaya: ppp, merciless, unkind

teṣu: m7p, of them

abalāḥ(abala): m1f, incapable

babhūvuḥ(√bhū): prf 3pa, were

I: Janaka obtained the position of spiritual teacher of the twice-born in the method of yoga, which was not held by others; and those famous deeds of Śauri: Śūra and his kin were incapable of them.

J: Janaka reached the position, attained by none other, of instructing the twice-born in the methods of Yoga; and Śūra and his kin were incapable of the famous deeds of Śauri.

汉译:阇那驹仙人,无师得禅道。(2, b20)

tasmāt pramāṇaṃ na vayo na vaṃśaḥ kaścit kvacic chraiṣṭ-hyam upaiti loke /

rājñām ṛśīṇāṃ ca hi tāni tāni kṛtāni putrair akṛtāni pūrvaiḥ//1.46//

tasmāt(saḥ): m5s, therefore

pramāṇaṃ(pramāṇa): n1s, a measure

na: ind, neither

vayaḥ(vaya): m1s, age

na: ind, nor

vaṃśaḥ(vaṃśa): m1s, family

kaścit: anyone 汉译:凡

kvacid: anywhere

śraiṣṭhyam(śraiṣṭhya): n2s, pre-eminence 汉译:名称

upaiti(upa-√i): pre 3sa, (may) reach 汉译:得

loke(loka): m7s, in the world

rājñām(rājan)：m6p，of kings 汉译：帝王

ṛṣīṇāṃ(ṛṣi)：m6p，seers 汉译：诸神仙。"诸"翻译梵文的复数。

ca：ind，and

hi：indeed

tāni tāni：those various (works)

kṛtāni(kṛta)：(✓kṛ)ppp 1p，were performed

putraiḥ(putra)：m3p，by their sons

akṛtāni(akṛta)：(a-✓kṛ)ppp n1p，not accomplished 汉译：不必承

pūrvaiḥ(pūrva)：m3p，by their forefathers 汉译：本族

I：therefore neither age nor family is a measure，anyone (may) reach pre-eminence anywhere in the world；indeed those various (works) of kings and seers，not accomplished by their forefathers，were performed by their sons."

J：Therefore neither age nor family decides. Anyone may attain pre-eminence anywhere in the world；for in the case of the kings and seers the sons accomplished the various deeds their ancestors failed to do."

汉译：凡得名称者，皆生于自力，或先胜后劣，或先劣后胜，帝王诸神仙，不必承本族，是故诸世间，不应顾先后。(2，b21－24)

evaṃ nṛpaḥ pratyayitair dvijais tair āśvāsitaś cāpy abhinanditaś ca /
śaṅkām aniṣṭāṃ vijahau manastaḥ praharṣam evādhikam āruroha //
1.47 //

evaṃ：ind，thus 汉译：如是

nṛpaḥ(nṛpa)：m1s，the king 汉译：大王

pratyayitaiḥ(praty-ayita)：ppp，m3p，trustworthy

dvijaiḥ(dvi-ja)：divgu，m3p，twice-born (Brāhmins)

taiḥ：m3p，by those

āśvāsitaḥ(ā-śvāsita)：(ā-√śva)ppp m1s，consoled

ca：ind，and

api：ind，also

abhinanditaḥ(abhi-nandita)：(abhi-√nand)ppp m1s，hailed，delighted.

ca：ind，and

śaṅkām(śaṅkā)：f 2s，suspicion 汉译:于疑惑。"于"是翻译业格。

aniṣṭāṃ(a-niṣṭā)：f 2s，undesirable

vijahau(vi-√hā)：prf 3sa，removed 汉译:永离

manastaḥ(manas)：n5s，from his mind，(and) 汉译:以心欢喜故。"以……故"是翻译梵文的从格。

praharṣam(praharṣa)：m2s，joy 汉译:欢喜心

eva：still

adhikam(adhika)：ppp m2s，greater

āruroha(ā-√ruh)：prf 3sa，he attained 汉译:应生

I：and thus the king，consoled and also hailed by those trustworthy twice-born (Brāhmins)，removed undesirable suspicion from his mind，(and) he attained still greater joy.

J：Thus was the king cheered and congratulated by the trustworthy twice-born，and，discharging his mind of unwelcome suspcions，he rose to a still higher degree of joy.

汉译:大王今如是,应生欢喜心,以心欢喜故,永离于疑惑。(2，b25－26)

prītaś ca tebhyo dvijasattamebhyaḥ satkārapūrvaṃ pradadau dhanāni/

bhūyād ayaṃ bhūmipatir yathokto yāyāj jarām etya vanāni ceti //

1.48 //

prītaḥ(prīta)：(√prī)ppp m1s，pleased 汉译：欢喜

ca：ind，and

tebhyaḥ(taḥ)：m4p，to those

dvijasattamebhyaḥ(dvija-sattama)：ctp6 m4p，best of the twice-born

dvija：m，the twice-born

sattama：the best

satkārapūrvaṃ(sat-kāra-pūrva)：most reverently

satkāra：m，reverence

pūrva：before

pradadau(pra-√dā)：prf 3sa，he gave away 汉译：增

dhanāni(dhana)：n2p，rich gifts 汉译：供养

bhūyāt(√bhū)：pop 3sa，may he become

ayaṃ：m1s，This (son)

bhūmipatirḥ(bhūmi-pati)：ctp6 m1s，a ruler of the earth 汉译：转轮位

bhūmi：f，the earth

pati：m，a master

yathā：as

uktaḥ(ukta)：(√vac)ppp m1s，prophesied，

yāyāt(√yā)：pop 3sa，may he go to 汉译：令游。"令"是翻译祈愿语气。

jarām(jarā)：f 2s，old age 汉译：朽迈

etya(√i)：abs，having come to 汉译：游

vanāni(vana)：n1p，the forests 汉译：山林

ca：ind，and

iti：wishing thus

I：and pleased he gave away rich gifts to those best of the twice-born most reverently, wishing thus: "This (son), may he become a ruler of the earth as prophesied, and having come to old age, may he go to the forests."

J: And in his gratification he gave with full courtesy rich gifts to the best of the twice-born, wishing that his son might become lord of the earth as prophesied and that he should not retire to the forest before reaching old age.

汉译:王闻仙人说,欢喜增供养,我今生胜子,当绍转轮位,我年已朽迈,出家修梵行,无令圣王子,舍世游山林。(2, b27－c1)

atho nimittaiś ca tapobalāc ca taj janma janmāntakarasya buddhvā /
śākyeśvarasyālayam ājagāma saddharmatarṣād asito maharṣiḥ //
1.49 //

atho: then 汉译:时

nimittaiḥ(nimitta): n3p, by the signs 汉译:相法

ca: ind, and

tapobalāt(tapo-bala): ctp6 n5s, through the power of his austerities 汉译:苦行

tapas: n, religious austerity

bala: n, power

ca: ind, and

taj janma(janma): n, the birth of him

janmāntakarasya(janma-anta-kara): ctp2 m6s, who will make an end to birth—

janma: n, the birth

anta: m, end

kara: m, the doer

buddhvā(√buddhi): abs, having learnt of

śākyeśvarasya(śākya-īśvara): ck m6s, of the Śākay lord

śākya：m，śākya

īśvara：ppp，the lord

ālayam（ālaya）：m2s，to the palace 汉译：王宫门

ājagāma（ā-√gam）：prf 3sa，came 汉译：来诣

saddharmatarṣāt（sad-dharma-tarṣa）：ctp4 m5s，out of thirst for the true dharma.

sad：ppp，real

dharma：m，law

tarṣa：m，wish

asitaḥ（asita）：m1s，Asita—汉译：阿私陀

maharṣiḥ（maha-rṣi）：ck m1s，the greater seer 汉译：仙人

I：and then the great seer Asita — by the signs and through the power of his austerities having learnt of the birth of him，who will make an end to birth — came to the palace of the Śākay lord out of thirst for the true dharma.

J：Then by reason of the signs and through the power of his austerities the great seer Asita learned of the birth of him who was to put an end to birth，and came to the palace of the Śākay king，thirsting for the holy Law.

汉译：时近处园中，有苦行仙人，名曰阿私陀，善解于相法，来诣王宫门。（2，c2－4）

taṃ brahmavidbrahma jvalantaṃ brāhmyā śriyā caiva tapaḥśriyā ca /

rājño gurur gauravasatkriyābhyāṃ praveśayām āsa narendrasadma // 1.50 //

taṃ（taḥ）：m2s，him（Asita）

brahmavidaṃ（brahma-vida）：ctp2 knower of the Supreme 汉译：梵天

brahma：m，the supreme

vida：(√vid)ppp，knower

jvalantaṃ(jvalanta)：(√jval) prap m1s，shining

brāhmyā(brāhma)：f 3s，with Brāhma's energy

śriyā(śrī)：f 2s，with splendour

ca：ind，and

eva：indeed

tapaḥśriyā(tapas-śrī)：ctp6 f 3s，with the grace of his austerities 汉译：苦行

tapas：n，religious austerity

śrī：f，power

ca：ind，and

rājñaḥ(rājan)：m6s，of the king

guruḥ(guru)：m1s，the preceptor

gauravasatkriyābhyāṃ(gaurava-satkriya)：cd f 3p，with respect and hospitality 汉译：恭敬

gaurava：n，respect

satkrya：f，hospitality

praveśayāmāsa：(pra-√viś) prmp m1s，made (him，Asita) enter 汉译：请入

narendrasadma (narendra-sadman)：ctp6 n2s，the king's palace 汉译：宫内

narendra：m，the king

sadman：n，dwelling

I：Him (Asita)，knower of the Supreme，shining with Brahmā's energy and with splendour，and indeed with the grace of his austerities；the preceptor of the king, knower of the Supreme, with respect and hospitality made (him, Asita) enter the king's palace.

J: He was the chief among the knowers of the Absolute and shone with the majesty of priestly power and with the majesty of asceticism. Accordingly the king's spiritual director brought him into the regal palace with reverence and honour.

汉译:王谓梵天应,苦行乐正法,此二相俱现,梵行相具足。时王大欢喜,即请入宫内,恭敬设供养。(2, c4 -7)

sa pārthivāntaḥpurasaṃnikarṣaṃ kumārajanmāgataharṣa//

viveśa dhīro vanasaṃjñayeva tapaḥprakarṣāc ca jarāśrayāc ca // 1. 51 //

sa: that (Asita)

pārthivāntaḥpurasaṃnikarṣaṃ(pārthiva-antaḥpura-saṃnikarṣa): ctp6 m2s, the precincts of the royal women's apartments 汉译:内宫

pārthiva: m, the king

antaḥpura: n, female apartments

saṃnikarṣa: m, nearness, proximity

kumārajanmāgataharṣavegaḥ(kumāra-janma-āgata-harṣa-vega): ctp3 m1s, with a rush of joy, caused (only) by the birth of the prince 汉译:乐见太子

kumāra: m, child

janma: n, the birth

āgata: ppp, come

harṣa: m, joy

vega: m, rush

viveśa(√viś): prf 3sa, entered 汉译:将入

dhīraḥ(dhīra): ppp m1s, for he was (otherwise) calm-minded

vanasaṃjñayā(vana-saṃjñā) : ctp7 f3s, with his consciousness (being) in the forest 汉译:(在)空闲林

vana: n, forest

saṃjñā: f, consciousness

iva: ind, as if 汉译:如

tapaḥprakarṣat(tapaḥ-prakarṣa) : ctp6 m5s, from the intensity of his austerities

tapas: m, religious austerity

prakarṣa: m, excellence, intensity

ca: ind, and

jarāśrayāt(jarā-śraya) : ctp6 m5s, from the shelter of old age

jarā: f, old age

śraya: m, protection

ca: ind, also

I: that (Asita) entered the precincts of the royal women's apartments, with a rush of joy, caused (only) by the birth of the prince, for he was (otherwise) calm-minded, from the shelter of old age and also from the intensity of his austerities, as if with his consciousness (being) in the forest.

J: He entered the precincts of the royal women's dwelling and the rush of joy that he felt the intensity of his austerities and the support afforded by old age he remained otherwise unmoved, deeming himself to be, as it were, in a forest.

tato nṛpas taṃ munim āsanasthaṃ pādyārghyapūrvaṃ pratipūjya samyak /

nimantrayām āsa yathopacāraṃ purā vasiṣṭhaṃ sa ivāntidevaḥ // 1.52 //

tataḥ：ind，then

nṛpaḥ(nṛpa)：m1s，the king

taṃ：m2s，that

munim(muni)：m2s，sage

āsanasthaṃ(āsana-stha)：ctp7 m2s，when seated 汉译:安处正法座

āsana：n，seat 汉译:正法座

stha：ppp，stayed 汉译:安处

pādyārghyapūrvaṃ(pādya-ārghya-pūrva)：with the ceremony of water for the feet and a honey drink

pādya：n，water using for washing the feet

ārghya：n，the honey

pūrva：ind，past

pratipūjya(prati-√pūj)：abs，having honoured 汉译:加敬尊奉事

samyak：ind，properly

nimantrayāmāsa：(ni-√mantraya) prap m1s，addressed (him) 汉译:奉事

yathopacāraṃ(yathā-upacāra)：m2s，as courtesy requires 汉译:尊

yathā：ind，as

upacāra：m，approach，service

purā(purā)：ind，of old

vasiṣṭhaṃ(vasiṣṭha)：m2s，Visiṣṭha 汉译:波尸咤

saḥ：m1s，he

iva：ind，like 汉译:如

antidevaḥ(antideva)：m1s，Antideva (addressed) 汉译:安低牒王

I：the king，having honoured that sage properly，when seated，with the ceremony of water for the feet and a honey drink，he then addressed (him) as courtesy requires, like Antideva (addressed) Vasiṣṭha of old.

J: Then the king rightly honoured the sage, when seated, with water for the feet and proper offerings, and then addressed him with due courtesy, as Antideva of old did Vasiṣṭha:-

汉译:安处正法座,加敬尊奉事,如安低牒王,奉事波尸咤。(2, c10 - 11)

dhanyo 'smy anugrāhyam idaṃ kulaṃ me yan māṃ didṛkśur bhagavān upetaḥ /

ājñāpyatāṃ kiṃ karavāṇi saumya śiṣyo 'smi viśrambhitum arhasīti // 1.53 //

dhanyaḥ(dhanya): m1s, Frotunate 汉译:大利

asmi(✓as): pre 1as, am I (and) 汉译:我

anugrāhyam(anu-grāhya): n1s, favoured is

anu: ind, along, over

grāhya: ppp, to be seized

idaṃ(idam): n1s, this

kulaṃ(kula): n1s, house

me(aham): m6s, of mine

yad: that

māṃ(aham): m2s, me

didṛkṣuḥ(✓dṛś): desiderative, desirous of seeing 汉译:劳屈

bhagavān(bhagavat): m1s, Your Holiness 汉译:大仙人

upetaḥ: (upa-✓i)ppp m1s, approached 汉译:摄受

ājñāpyatāṃ(ā-✓jñā): ipv, 3sm, please let it be ordered 汉译:唯愿垂教敕。"唯愿"翻译命令语气。

kiṃ: what 汉译:诸有

karavāṇi(√kṛ): ipv 1sa, I must do 汉译:所应为

saumya(saumya): m8s, oh good sir

śiṣyaḥ(śiṣya): m1s, your disciple

asmi(√as): pre 1as, I am

viśrambhitum(vi-√śrambh): inf, have confidence (in me)

arhasi(√arh): pre 2sa, you should show

iti: thus

I:"Fortunate am I (and) favored is this house of mine that Your Holiness, desirous of seeing me, approached; please let it be ordered what I must do, oh good sir; I am your disciple, thus you should have confidence (in me)."

J:"Fortunate am I and honoured this house that Your Holiness should deign to visit me. Be pleased to command what I should do, O benign one: I am your disciple and you should show confidence in me."

汉译:时王白仙人,我今得大利,劳屈大仙人,辱来摄受我,诸有所应为,唯愿时教勅。(2, c12-14)

按:中华本作"垂教敕"。根据梵文,当为"垂教敕"。

evaṃ nṛpeṇ opamantritaḥ san sarveṇa bhāvena munir yathāvat /

sa vismayotphulla viśāladṛṣṭir gambhīradhīrāṇi vacāṃsy uvāca // 1.54 //

evaṃ: ind, thus

nṛpeṇa(nṛpa): m3s, by the king

upamantritaḥ(upa-mantrita): (upa-√mantraya) ppp m1s, invited 汉译:劝请

mantrita: ppp, advised, counseled

san(✓as): prap, being

sarveṇa(sarva): m3s, with all

bhāvena(bhāva): m3s, cordiality

muniḥ(muni): m1s, the sage 汉译:仙人

yathāvat: as is fit 汉译:如是

saḥ: m1s, he

vismayotphullaviśāladṛṣṭiḥ(vismaya-utphulla-viśāla-dṛṣṭi): ctp3 f1s, with large eyes opened wide with wonder 汉译:大欢喜

vismaya: m, wonder

utphulla: ppp, wide open

viśāla: adj, great

dṛṣṭi: f, seeing, eye

gambhīradhīrāṇi(gambhīra-dhīra): ck n2p, profound solemn

gambhīra: ppp, deepness of a man's voice

dhīra: ppp, firm

vacāṃsi(vacas): n2p, words

uvāca(vac): prf 3sa, spoke

I: the sage, thus as is fit, with all cordiality being invited by the king, he, with large eyes opened wide with wonder, spoke profound solemn words:

J: When the sage was invited in this befitting fashion by the king with all cordiality, his large eyes opened wide in admiration and he spoke these profound and solemn words:-

汉译:如是劝请已,仙人大欢喜。(2, c15)

mahātmani tvayy upapannam etat priyātithau tyāgini dharmakāme /

sattvānvayajñānavayoanurūpā snigdhā yad evaṃ mayi te matiḥ syāt

// 1.55 //

mahātmani(maha-ātman): ck m7s, great soul 汉译:常胜王

tvayi(tvam): m7s, to you

upapannam(upa-panna): (upa-√pad) ppp m1s, conforms

etat: m1s, This (conduct)

priyātithau(priyātithi): m7s, who are hospitable

tyāgini(tyāgin): adj m7s, generous (and)

dharmakāme(dharma-kāma): ctp6 m7s, dharma-loving

dharma: m, law

kāma: m, desire

sattvānvayajñānavayoanurūpā (sattva-anvaya-jñāna-vayas-anurūpa): ctp4 f1s, according to your virtue, dynasty, knowledge and age 汉译:众德

sattva: n, being, existence

anvaya: m, race

jñāna: n, knowledge

vayas: n, vigious age, youth

anurūpa: ppp, following the form, corresponding

snigdhā(snigdha): (√snih) ppp f1s, kind

yad: therefore

evaṃ: ind, in such a manner

mayi(aham): m7s, to me

te: m6s, your

matiḥ(mati): f1s, mind

syāt(√as): pop 3sa, should be

I: This (conduct) conforms to you, great soul, who are hospitable, generous (and) dharma-loving; therefore your mind, according to your virtue, dynasty, knowledge and age, should be kind to me in such a manner.

J: It indeed accords with your great soul, your hospitality, your generosity, your piety, that you should thus show to me a kindly disposition, so worthy of your mature, family, wisdom and age.

汉译:善哉常胜王,众德悉皆备。(2, c16)

etac ca tad yena nṛparṣayas te dharmeṇa sūkṣmeṇa dhanāny avāpya//

nityaṃ tyajanto vidhivad babhūvus tapobhir āḍhyā vibhavair daridrāḥ // 1.56 //

etat: m1s, this is

ca: ind, and

tat: m2s, that (course)

yena(yaḥ): m3s, by which

nṛparṣayaḥ(nṛpa-rṣi): ck f1p, royal seers

te(taḥ): f1p, those

dharmeṇa(dharma): m3s, dharma, (but) 汉译:法

sūkṣmeṇa(sūkṣma): adj m3s, by the subtle 汉译:崇正

dhanāni(dhana): n2p, wealth

avāpya(ava-√āp): abs, having acquired

nityaṃ: adv, constantly

tyajantaḥ(√tyaj): prap giving (it) away 汉译:惠施

vidhivat: ind, according to rule

babhūvuḥ(√bhū): prf 3ap, became

tapobhiḥ(tapas): m3p, with austerities (but)

āḍhyāḥ(āḍhya): f1p, rich

vibhavaiḥ(vibhava): m3p, in goods

daridrāḥ(darida): f1p, poor

I: and this is that (course) by which those royal seers, having acquired wealth by the subtle dharma, (but) constantly giving (it) away according to rule, became rich with austerities (but) poor in goods.

J: And this is the course by which those royal seers, acquiring wealth by the subtile Law, ever continued giving it away according to rule, thus being rich in auserities and poor in worldly goods.

汉译:爱乐来求者,惠施崇正法,仁智殊胜族,谦恭善随顺,宿殖众妙因,胜果现于今。(2, c17-19)

prayojanaṃ yat tu mamopayāne tan me śṛṇu prītim upehi ca tvam /

divyā mayāditya pathe śrutā vāg bodhāya jātas tanayas taveti//1.57//

prayojanaṃ(prayojana): n1s, the reason 汉译:因缘

yat: m1s, what is

tu: but

mama(aham): m6s, for my

upayāne(upayāna): n4s, coming 汉译:来

tat: about that

me(aham): m6s, to me

śṛṇu(√śru): ipv 2sa, you listen 汉译:汝当听。"汝"翻译第二人称,"当"翻译命令语气。

prītim(prīti): f2s, pleased

upehi(upa-√i): ipv 2sa, become

ca: ind, and

tvam(tvam): m1s, you

divyā(divya): adj f1s, a divine 汉译:天

mayā(aham): m3s, by me

ādityapathe(āditya-patha): on the path of the sun 汉译:日道

āditya: f, the sun

patha: m, way

śrutā(śruta): (√śru)ppp f1s, was heard 汉译:闻

vāk(vāc): f1s, speech

bodhāya(buddhi): f4s, for enlightment 汉译:(当成)正觉道

jātaḥ(jāta): (√jan)ppp m1s, is born

tanayaḥ(tanaya): m1s, son

tava(tavam): m6s, your

iti: thus saying that 汉译:言

I: but what is the reason for my coming, listen to me about that, and you become pleased; on the path of the sun a divine speech was heard by me, thus saying that your son is born for enlightenment.

J: But hear the reason for my visit and be rejoiced. In the path of the sun I heard a divine voice saying, "To thee is born a son for Enlightenment."

汉译:汝当听我说,今者来因缘,我从日道来,闻空中天说,言王生太子,当成正觉道。(2, c20-22)

按:宋元明作"今者之因缘",根据梵文当为"来"。

śrutvā vacas tac ca manaś ca yuktvā jñātvā nimittaiś ca tato 'smy upetaḥ /

didṛkṣayā śākyakuladhvajasya śakradhvajasyeva samucchritasya // 1.58 //

śrutvā(√śru): abs, having heard

vacaḥ(vac): f 2p, speech

tat：f 2s，that

ca：ind，and

manaḥ(manas)：n2s，my mind（to it）

ca：ind，and 汉译：并

yuktvā(√yuj)：abs，after applying

jñātvā(√jñā)：having understood（it）汉译：见

nimittaiḥ(nimitta)：n3p，by the signs 汉译：先瑞相

ca：ind，and

tataḥ：ind，then 汉译：故

upetaḥ(upa-√i) asmi(√as)：prap 1sa，I came 汉译：来到

didṛkṣayā(didṛkṣā)：f 3s，with the wish to see 汉译：欲观。"欲"翻译愿望动词。

śākyakuladhvajasya (śākya-kula-dhvaja)：ctp6 m6s，the banner of the Śākya's dynasty

śākya：m，śākya 汉译：释迦王

kula：n，family

dhvaja：m，banner

śakradhvajasya(śakra-dhvaja)：ctp6 m6s，the banner of Indra 汉译：正法幢

śakra：m，indra

dhvaja：m，banner 汉译：正法幢

iva：ind，like

samucchritasya(sam-ucchrita)：(sam-uc-√śri) ppp m6s，well raised up 汉译：建立

I：and having heard that speech and after applying my mind（to it）and having understood（it）by the signs，then I came with the wish to see the banner of the Śākya's dynasty, well raised up like the banner of Indra."

J: As soon as I heard the voice, I put my mind into trance and understood the matter through the signs. Then I came here to see the lofty banner of the Śākay race uplifted like the banner of Indra."

汉译:并见先瑞相,今故来到此,欲观释迦王,建立正法幢。(2, c23 - 24)

ity etad evaṃ vacanaṃ niśamya praharṣasaṃbhrāntagatir narendraḥ/
ādāya dhātry-aṅkagataṃ kumāraṃ saṃdarśayāmāsa tapodhanāya // 1.59 //

iti: ind, thus

etat: n2s, this

evaṃ: ind, in this manner

vacanaṃ(vacana): n2s, speech 汉译:说

niśamya(ni-√śam): abs, having heard 汉译:闻

praharṣasaṃbhrāntagatiḥ(praharṣa-saṃbhrānta-gati): ctp3 f1s, his bearing agitated by great joy 汉译:决定离疑网

praharṣa: m, extreme joy

saṃbhrānta: (sam-√bhram) ppp, confused, agitated

gati: f, gate

narendraḥ(narendra): m1s, the king 汉译:王

ādāya(ā-√dā): abs, taking 汉译:持

dhātryaṅkagataṃ(dhātrī-aṅka-gata): ctp7 m2s, who was in the lap of the nurse

dhātrī: f, nurse

aṅka: m, lap

gata: ppp, being

kumāraṃ(kumāra): m2s, the prince 汉译:太子

saṃdarśayāmāsa(saṃ-√dṛś): prmp m1s, showed (him) 汉译:以示

tapodhanāya(tapodhana): m4s, to the ascetic 汉译:于仙人。“于”翻译从格。

I: thus in this manner having heard this speech, the king his bearing agitated by great joy, taking the prince who was in the lap of the nurse, showed (him) to the ascetic.

J: When the king heard him speak thus, his bearing was disordered with delight, and he took the prince, as he lay on his nurse's lap, and showed him to the ascetic.

汉译:王闻仙人说,决定离疑网,命持太子出,以示于仙人。(2, c25-26)

cakrāṅkapādaṃ sa tato maharṣir jālāvanaddhāṅgulipāṇipādam /

sorṇabhruvaṃ vāraṇavastikośaṃ savismayaṃ rājasutaṃ dadarśa //

1.60 //

cakrāṅkapādaṃ(cakra-aṅka-pāda): ctp3 m2s, with his feet marked by wheels 汉译:足下千辐轮

cakra: n, the wheel

aṅka: n, feet

pāda: m, the foot

saḥ: m1s, that

tataḥ: ind, then

maharṣiḥ(maharṣi): ck m1s, great seer 汉译:仙人

jālāvanaddhāṅgulipāṇipādam(jāla-avanaddha-aṅguli-pāṇi-pāda): ctp3 m2s, with the fingers of his hands and (toes of) his feet joined by a web 汉译:手足网缦指

jāla：n，net 汉译：网

avanaddha：（ava-√nam）ppp，joined 汉译：缦

aṅguli：f，finger 汉译：指

pāṇi：m，hand 汉译：手

pāda：m，the foot 汉译：足

sorṇabhruvaṃ（sorṇa-bhruva）：ctp3 m2s，with a circle of hair between the eyebrows，（and）汉译：眉间白毛跱

sorṇa（su-urṇa）：a circle hair 汉译：白毛

bhruva：eyebrow

vāraṇavastikośaṃ（vāraṇa-vasti-kośa）：ck m2s，with testicles having a covering like elephants. 汉译：马藏隐秘相

vāraṇa：m，elephant

vasti：f，abiding

kośa：m，a testicle

savismayaṃ（savismaya）：n2s，with surprise

rājasutaṃ（rāja-suta）：ctp6 m2s，the king's son 汉译：太子

dadarśa（√dṛś）：prf 3as，saw 汉译：观

I：then that great seer saw with surprise the king's son，with his feet marked by wheels，with the fingers of his hands and（toes of）his feet joined by a web，with a circle of hair between the eyebrows，（and）with testicles having a covering like elephants.

J：Then the great seer wonderingly beheld the prince，the soles of his feet marked with a wheel，the fingers and toes joined by a web，the circle of hair growing between his eyebrows and the testicles withdrawn like an elephant's.

汉译：仙人观太子，足下千辐轮，手足网缦指，眉间白毫跱，马藏隐秘相，容色炎光明。（2，c27－29）

dhātry-aṅkasaṃviṣṭam avekṣya cainaṃ devy-aṅkasaṃviṣṭam ivāgnisūnum /

babhūva pakṣmāntavicañcitāśrur niśvasya caiva tridivonmukho 'bhūt // 1.61 //

dhātryaṅkasaṃviṣṭam(dhātrī-aṅka-saṃviṣṭa): ctp7 m2s, lying down in the lap of the nurse

dhātrī: f, nurse

aṅka: m, lap

saṃviṣṭa: (sam-√viṣ)ppp, resting

avekṣya(ava-√īkś): abs, having looked at 汉译:见

ca: ind, and

enaṃ: m2s, this one

devyaṅkasaṃviṣṭam(devī-aṅka-saṃviṣṭa): ctp7 m2s, lying down in the lap of Devī

devī: f, Devī

aṅka: m, lap

saṃviṣṭa: (sam-√viś)ppp, resting

iva: ind, like

agnisūnum(agni-sūnu): ctp6 m2s, the son of Agni

agni: n, fire

sūnu: m, son

babhūva(√bhū): prf 3as, he stayed

pakṣmāntavicañcitāśruḥ(pakṣma-anta-vicañcita-aśru): ctp4 n1with tears dangling from the ends of his eyelashes 汉译:流泪

pakṣma: m, eyelash

anta: m, end

vicañcita：(vi-√cañc)ppp，dangling

aśru：m，tear

niśvasya(ni-√śvas)：abs，sighing 汉译:叹息

ca：ind，and

eva：ind，so

tridivonmukhaḥ(tridiva-unmukha)：ctp4 m1s，lifting his face to heaven.

tridiva：n，heaven

unmukha：n，raising the face

abhūt(√bhū)：aor，he was

I：and having looked at this one，lying down in the lap of the nurse，like the son of Agni lying down in the lap of Devī，he stayed with tears dangling from the ends of his eyelashes，and so sighing he was lifting his face to heaven.

J：And when he saw him resting on the nurse's lap，like the son of Agni on Devī's lap，the tears flicked on his eyelashes and，sighing，he looked up to heaven.

汉译:见生未曾想,流泪长叹息。(3，a1)

dṛṣṭvāsitaṃ tv aśrupariplutākṣaṃ snehāt tanūjasya nṛpaś cakampe /

sagadgadaṃ bāṣpakaṣāyakaṇṭhaḥ papraccha sa prāñjalir ānatāṅgaḥ // 1.62 //

dṛṣṭvā(√dṛś)：abs，seeing 汉译:见

asitam(asita)：m2s，Asita 汉译:仙人

tu：ind，but

aśrupariplutākṣam(aśru-paripluta-akṣa)：cbv n2s，with eyes swimming in tears 汉译:泣

aśru：n，tear

paripluta：(pari-√plu)ppp，flooded.

akṣa：n，eye

snehāt(sneha)：m4s，from love 汉译:念

tanujasya(tanuja)：m6s，for his son 汉译:子

nṛpaḥ(nṛpa)：m1s，the king 汉译:王

cakampe(√kamp)：prf 3sa，trembled 汉译:战栗

sagadgadam(sagadgada)：ind，with faltering voice (and)

bāṣpakaṣāyakaṇṭhaḥ(bāṣpa-kaṣāya-kaṇṭha)：ctp3 m1s，with his throat (choked) with emotion and tears 汉译:气结盈心胸

bāṣpa：m，tear

kaṣāya：m，passion，emotion

kaṇṭha：m，throat

papraccha(√prach)：prf 3sa，asked 汉译:白

sa：m1s，he

prāñjaliḥ(prāñjali)：m1s，with hands folded (and)

ānatāñgaḥ(ānata-añga)：ck m1s，with his body bowed down 汉译:稽首仙人足

ānata：ppp，bent down

añga：m，body

I：But seeing Asita with eyes full of tears，the king now trembled from his love for his son；throat choked with emotion，with faltering voice，with folded hands and body bowed down，he asked：

J：But when the king saw Asita's eyes swimming with tears，he trembled from affection for his son，and sobbing with his throat choked with weeping，he clasped his hands and bowed his body，asking him：-

汉译:王见仙人泣，念子心战栗，气结盈心胸，惊悸不自安，不觉从坐起，稽首仙人足，而白仙人言:(3，a2－5)

alpāntaraṃ yasya vapuḥ surebhyo bahvadbhutaṃ yas-ya ca janma dīptam /

yasyottamaṃ bhāvinam āttha cārthaṃ taṃ prekṣya kasmāt tava dhīra bāṣpaḥ // 1.63 //

alpāntaram(alpa-antara): m2s, differs little 汉译:殆不异

alpa: ind, little

antara: adj, different from 汉译:异

yasya(yaḥ): m6s, whose

vapuḥ(vapu): m1s, beauty 汉译:容貌

surebhyaḥ(sura): m5p, from the gods 汉译:天人

bahvadbhutam(bahu-adbhuta): ck m2s, is a great miracle 汉译:奇特

bahu: adj, much

adbhuta: ppp, extraordinary

yasya(yaḥ): m6s, whose

ca: ind, and

janma(janman): n2s, birth 汉译:生

dīptam(dīpta): (√dīp) ppp m2s, illustrious 汉译:极端严

yasya(yaḥ): m6s, whose

uttamam(uttama): m2s, is the highest 汉译:人中上

bhāvinam(bhāvin): n1s, future

āttha(√vac): prf 2sa, you said 汉译:汝言

ca: ind, and

artham(artha): n1s, goal

tam: m2s, him

prekṣya(pra-√īkṣ): abs, after seeing

kasmāt(kaḥ): m4s, due to what? 汉译:何故

tava(tvam): proy m6s, your

dhīra(dhīra): m8s, oh steadfast on

bāṣpaḥ(bāṣpa): m1s, tears (arises) 汉译:生忧悲

I: Him seeing, whose future goal's highest you said, whose beauty differs little from the gods, and a miracle great, his illustrious birth: oh steadfast one, your tears arise due to what?

J: Why are you, who are so steadfast, tearful on seeing him who differs little in form from the gods, whose brilliant birth has been attended by many miracles and whose future lot you say is to be the highest?

汉译:此子生奇特,容貌极端严,天人殆不异,汝言人中上,何故生忧悲?(3, a5-7)

按:宋元明作"当言",根据梵文当为"汝言"。

api sthirāyur bhagavan kumāraḥ kaccin na śokāya mama prasūtaḥ / labdhā kathaṃcit salilāñjalir me na khalv imaṃ pātum upaiti kālaḥ // 1.64 //

api: ind, also

sthirāyuḥ(sthira-āyu): long-lived? 汉译:短寿子

sthira: adj, firm, long

āyu: m, living

bhagavan(bhagavat): m8s, oh Holy One

kumāraḥ(kumāra): m1s, (will) the prince (be)

kaccid(kas-cid): I hope that

na: he is not

śokāya(śoka): m4s, sorrow 汉译:忧悲

mama(aham): m6s, for my 汉译:我

prasūtaḥ(prasūta):(pra-√sū)ppp m1s, born 汉译:生

labdhāḥ(labdha):(√labh)ppp f1s, is obtained

kathaṃcid: with great difficulty

salilāñjaliḥ(salila-añjali): ctp6 m1s, handful of water 汉译:甘露

salila: n, water

añjali: m, the open hands placed side by side and slightly hollowed

me(aham): m6s, my

na: not (so that)

khalu: ind, indeed

imam: m2s, this?

pātum(√pā): inf, to drink

upaiti(upa-√ī):pre 3as, comes

kālaḥ(kāla): m1s, Death

I: Oh holy one, will then the prince be long-lived, I hope that he is not born for my sorrow? My handful of water with difficulty obtained, but not so that Death comes to drink this?

J: Will the prince be long-lived, Holy one? Surely he is not born for my sorrow? Shall the two handfuls of water have been obtained by me with such difficulty, only for Death to come and drink them up?①

① The meaning of the second line is that the king wishes to know if his son will survive him to offer he handfuls of water to the dead. Labdhā, periphrastic future used in a passive sense, the earliest recorded instance; see SS., § 340, Rem. 2, and ZDMG, 64, 316, and Renou, *Grammaire sanscrite*, 493. It occurs sporadically, usually from *labh*, in later literature, twice possibly in Kālidāsa (Meghadūta, 24, see Mallinātha thereon and Trivandrum S. S., LXIV, 20, and at Mālavikāgnimitra, i. 7, according to Kāṭayavema's reading), Kirātārjunīya, ii. 17, and iii. 22, śiśupālavadha, ii. 116, Bhaṭṭikāvya, xxii. 4, 20, several times in the Bṛhatkathāślokasaṃgraha (xx. 109 and note thereon), etc.

汉译:将非短寿子,生我忧悲乎?久渴得甘露,而反复失耶?(3, a8 - 9)

按:中华本作“将非泣寿夭”,根据梵文当为“短寿子”。

apy akṣayaṃ me yaśaso nidhānaṃ kaccid dhruvo me kulahastasārah /

api prayāsyāmi sukhaṃ paratra supto 'pi putre 'nimiṣaikacakṣuḥ //

1.65 //

apy:ind,?

akṣayam(akṣaya): adj n1s, imperishable

me(aham): m6s, of my

yaśasaḥ(yaśas): n6s, fame

nidhānam(nidhāna): n1s, is the treasure 汉译:财宝

kaccid:?

dhruvaḥ(dhruva): ppp m1s, permanent

me: m6s, my

kulahastasāraḥ(kula-hasta-sāra): ctp7 m1s, is the power in the hands of dynasty 汉译:丧家亡国

kula: m, race

hasta: m, hand

sāra: m, energy

api: ind

pryāsyāmi(pra-√i): fut 1sa, shall I depart 汉译:生

sukham(sukha): m2s, happily 汉译:安乐

paratra: ind, to the next world 汉译:他世

suptaḥ(supta): (√svap) ppp m1s, lying (on my deathebed)

api: ind, and

putre(putra): m7s, on my son?

animiṣ aikacakṣuḥ(animiṣa-eka-cakṣu): ck m1s, (shall I have) one eye focused 汉译:一眠而一觉

animiṣa: m, not winking

eka: num, one

cakṣu: m, the eye

I: My treasure of fame is imperishable? The power of dynasty permanent is? Shall I depart happily to the next world? And dying will one eye upon my son rest?

J: Is the treasure of my fame inexhaustible? Is the dominion to last for ever in the hands of my family? Shall I win bliss in the next world, even in the sleep of death having one eye open in the shape of my son?

汉译:将非失财宝,丧家亡国乎?若有胜子存,国嗣有所寄,我死时心悦,安乐生他世,犹如人两目,一眠而一觉。(3, a8-13)

kaccin na me jātam aphullam eva kula pravālam pariśoṣabhāgi /

kṣipraṃ vibho brūhi na me 'sti śāntiḥ snehaṃ sute vetsi hi bāndhavānām // 1.66 //

kaccid: ?

jātam(jāta): (√jan)n1s, ppp, born

eva: ind, just

aphullam(a-phulla): (a-√phal)n1s, ppp, without blooming, unblown. 汉译:虽敷而不实

me(aham): m6s, my

kulapravālam(kula-pravāla): ctp6 n1s, the new shoot of my lineage

kula: n, race, family

pravāla: m. n, new branch

pariśoṣabhāgi(pariśoṣa-bhāgin)：m1s，(shall he) not dry up completely

pariśoṣa：m，completely dryness

bhāgin：m，parter，owner

kṣipram(kṣipra)：adv，quickly

vibho(vibhu)：m8s，oh lord

brūhi(√brū)：ipv 2sa，please tell (me) 汉译：宜时为记说

na：no

me(aham)：m6s，in me

asti(√as)：pre 3as，there is

śāntiḥ(śānti)：f1s，peace 汉译：苏息

sneham(sneha)：m2s，the love

sute(suta)：m4s，for their son

vetsi(√vid)：pre 2as，you know

hi：ind，for

bāndhavānām(bāndhava)：m6p，of parents

I：The new shoot of my lineage，that is born，shall he not dry up without blooming，oh lord? You must tell me quickly，please，I hava no peace，for the love of parents for their son you know.

J：Is this young shoot of my family，just sprung up，fated to wither without flowering? Tell me quickly，Lord，I am all uneasy；for you know the love of fathers for their sons.

汉译：莫如秋霜花，虽敷而无实，人于亲族中，爱深无过子，宜时为记说，令我得苏息。(3，a14－15)

ity āgatāvegam aniṣṭabuddhyā buddhvā narendraṃ sa munir babhāṣe/

mā bhūn matis te nṛpa kācid anyā niḥsaṃśayaṃ tad yad avocam as-

mi // 1.67 //

ity: ind, thus 汉译:言

āgatāvegam(āgata-āvega): m2s, was excited 汉译:心怀

āgata: (√gam)ppp, come

āvega: m, hurry or haster produced by excitement; agitation.

aniṣṭabuddhyā(aniṣṭa-buddhi): ck f3s, by undesirable ideas 汉译:大忧惧

aniṣṭa: ppp, undesirable

buddhi: f, ideas

buddhvā(√budh): abs, having become aware that 汉译:知

narendram(narendra): m2s, the king 汉译:父王

saḥ: that

muniḥ(muni): m1s, sage 汉译:仙人

babhāṣe(√bhāṣ): prf 3sa, declared 汉译:告

mā bhūt(√bhū): pop 3sa, there should not be 汉译:勿

matiḥ(mati): f1s, thought

te(tvam): m6s, of you

nṛpa(nṛpa): m8s, oh king! 汉译:大王

kācid: any

anyā(anya): f1s, other

niḥsaṃśayam(niḥ-saṃśaya): adj, 2s, without doubt 汉译:慎勿自生疑

tat: about that

yat:what 汉译:前已

avocam(√vad): imf 1as, I said 汉译:语

asmi(√as): pre 1as, I am

I: That sage, aware that the king was excited by undesirable ideas, he declared: "What I said I am without doubt about that, not any other though should you have, oh king!"

J: The seer understood how the king was troubled by the thought of misfortune and said: "Let not your mind, O king, be disturbed; what I have said is not open to doubt."

汉译:仙人知父王,心怀大忧惧,即告言:"大王!王今勿恐怖,前已语大王,慎勿自生疑。"(3, a17－19)

nāsyānyathātvaṃ prati vikriyā me svāṃ vañcanāṃ tu prati viklavo 'smi /

kālo hi me yātum ayaṃ ca jāto jātikṣayasyāsulabhasya boddhā // 1.68 //

na: ind, is not

asya(ayam): m6s, his

anyathātvam(anya-thātva): n1s, being different 汉译:今相犹如前

prati: ind, about

vikriyā(vikriyā): f1s, perturbation

me(aham): m6s, my

svām(sva): f2s, my own

vañcanām(vañcanā): f2s, deception

tu: ind, but

prati: ind, on account of

viklavaḥ(viklava): distressed 汉译:悲慨泣叹

asmi(√as): pre 1sa, I am

kālaḥ(kāla): m1s, time

hi: ind, because it is

me(aham): m6s, my

yātum(√yā): inf, to pass away 汉译:临终

ayam(ayam): m1s, this one

ca: ind, and

jātaḥ(jāta): (jan)ppp m1s, who is (just) born 汉译:生

jātikṣayasya(jāti-kṣaya): cbv m6s, (the means) of ending birth 汉译:为尽生故生。"为……故"是翻译属格。

jāti: f, birth 汉译:生

kṣaya: m, destruction 汉译:尽

asulabhasya(a-sulabha): ppp m6s, difficult to attain 汉译:难得遇

boddhā(√budh): fut(epic sanskrit) 3sa, shall know

I: About his being different I'm not perturbed, but I'm sad because of my own deception; because it is my time to pass away, and he, who's just born, shall know the means to end birth.

J: My agitation is not over aught untoward for him, but I am distressed for my own disappointment. For my time to depart has come, just when he is born who shall understand the means, so hard to find, of destroying birth.

汉译:今相犹如前,不应怀异想,自惟我年暮,悲慨泣叹耳,今我临终时,此子应世生,为尽生故生,斯人难得遇。(3, a20-23)

按:"此子应世生"宋元明、中华本作"此子应世王",根据梵文当为"生",对应的梵文是 jātaḥ(jāta): (jan)ppp m1s, who is (just) born

vihāya rājyaṃ viṣayeṣv anāsthas tīvraiḥ prayatnair adhigamya tattvam /

jagaty ayaṃ mohatamo nihantuṃ jvaliṣyati jñānamayo hi sūryaḥ // 1.69 //

vihāya(vi-√hā): abs, having given up 汉译:(当)舍

rājyam(rājya): n2s, the kingdom (and) 汉译:圣王位

viṣayeṣu(viṣaya): m7p, in pleasures 汉译:五欲境

anāsthaḥ(an-āstha): ppp m1s, not involved 汉译:不着

tīvraiḥ(tīvra): adj, m3p, through extreme

prayatnaiḥ(prayatna): m3p, efforts 汉译:精勤(修苦行)

adhigamya(adhi-√gam): abs, finding 汉译:得

tattvam(tattva): n2s, the highest truth 汉译:真实

jagati(jagat): n7s, it the world 汉译:于世。"于"翻译位格。

ayam(ayam): n1s, this one

mohatamaḥ(moha-tamas): ctp6 n2s, the darkness of delusion 汉译:痴冥障

moha: m, delusion

tamas: n, darkness

nihantum(ni-√han): inf, to dispel 汉译:灭除

jvaliṣyati(√jval): fut 3as, he will shine 汉译:炽燃

jñānamayaḥ(jñāna-maya): ctp2 m1s, full of knowledge 汉译:智慧

jñāna: n, knowing, knowledge

maya: adj, consisting or made of

hi: ind, indeed

sūryaḥ(sūrya): m1s, like the sun 汉译:日光明

I: Giving up kingdom, not involved in pleasures, he'll find the highest truth through efforts extreme; indeed full of knowledge he'll shine like the sun, dispelling the darkness here of delusion.

J: For he will give up the kingdom in his indifference to worldly pleasures, and, through bitter struggles grasping the final truth, he will shine forth as a sun of knowledge in the world to dispel the darkness of delusion.

汉译:当舍圣王位,不着五欲境,精勤修苦行,开觉得真实,常为诸群

生,灭除痴冥障，于世永炽燃,智慧日光明。(3，a24－26)

duḥkhārṇavād vyādhivikīrṇaphenāj jarātaraṅgān maraṇogravegāt / uttārayiṣyaty ayam uhyamānam ārtaṃ jagaj jñānamahā-plavena // 1.70 //

duḥkhārṇavād(duḥkha-arṇava)：ck n5s，from the ocean of suffering 汉译：苦海

duḥkha：n，pain，sorrow 汉译：苦

arṇava：n，wave，flood 汉译：海

vyādhivikīrṇaphenāt(vyādhi-vikīrṇa-phena)：ck m5s，whose foam is diffused with disease 汉译：众病为聚沫

vyādhi：m，disease 汉译：众病

vikīrṇa：(vi-√kṝ)ppp，filled with

phena：m，foam 汉译：聚沫

jarātarañgāt(jarā-tarañga)：ck m5s，whose waves are old age，(and) 汉译：衰老为巨浪

jarā：f，old age 汉译：衰老

tarañga：m，wave 汉译：巨浪

maraṇogravegāt(maraṇa-ugra-vega)：ck m5s，whose powerful speed is death 汉译：死为海洪涛

maraṇa：n，death 汉译：死

ugra：adj，high

vega：m，flood 汉译：洪涛

uttārayiṣyati(ut-√tṝ)：fut 3sa，will rescue 汉译：度

ayam(ayam)：m2s，this one

uhyamānam：(√vah)prmp n2s，that is being carried along 汉译：流难

ārtam(ārta)：(ā-√ṛ)ppp，n2s，the oppressed

jagat(jagat): n2s, world

jñānamahāplavena(jñāna-mahāplava): ctp6 m3s, with the great boat of sacred knowledge 汉译:乘轻智慧舟

jñāna: n, knowledge 汉译:智慧

mahāplava: ck, great boat 汉译:舟

I: From the ocean of suffering, whose speed is death, whose foam is disease and whose waves are old age, he'll rescue with the boat of sacred knowledge the world that's oppressed, being carried along.

J: With the mighty boat of knowledge he will bring the world, which is being carried away in affliction, up from the ocean of suffering, which is overspread with the foam of disease and which has old age for its waves and death for its fearsome flood.

汉译:众生没苦海,众病为聚沫,衰老为巨浪,死为海洪涛,乘轻智慧舟,渡此众流难。(3, a27 - b1)

prajñāmbuvegāṃ sthiraśīlavaprāṃ samādhiśītāṃ vratacakravākām /

asyottamāṃ dharmanadīṃ pravṛttāṃ tṛṣṇārditaḥ pāsyati jīvalokaḥ //

1.71 //

prajñāmbuvegām(prajña-ambu-vega): ck f2s, which has wisdom for the current of its water 汉译:智慧浙流水

prajña: f, knowledge 汉译:智慧

ambu: n, water 汉译:浙流水

vega: m, flood

sthiraśīlavaprām(sthira-śīla-vapra): ck f2s, firm moral conduct for its banks 汉译:净戒为傍岸

sthira: ppp, firm

śīla: n, custom, conduct 汉译:净戒

vapra: n, river bank 汉译:傍岸

samādhiśītām(samādhi-śītā): ck f2s, meditation for its coolness, (and) 汉译:三昧清凉池

samādhi: m, concentration of thoughts 汉译:三昧

śīta: (✓śvā) ppp, cold 汉译:清凉池

vratacakravākām(vrata-cakravāka): ck f2s, vows for its Brahmini ducks 汉译:正受众奇鸟

vrata: n, will, law, vow 汉译:正受

cakravāka: n, the Cakra bird 汉译:众奇鸟

asya(ayam): porn m6s, his

uttamām(uttama): f2s, most excellent 汉译:甚深广

dharmanadīm(dharma-nadī): ck f2s, flowing stream of dharma 汉译:正法之大河

dharma: m, dharma 汉译:正法

nadī: f, river 汉译:大河

pravṛttām(pravṛtta): (pra-✓vṛt) ppp f2s, continuing

tṛṣṇārditaḥ(tṛṣṇa-ardita): ctp3 m1s, afflicted with thirst (of strong desire) 汉译:渴爱

tṛṣṇā: f, thirst

ardita: (✓ṛd) ppp, afflicted

pāsyati(✓pā): fut 3sa, will drink 汉译:饮

jīvalokaḥ(jīvaloka): ctp6 m1s, the world of living beings 汉译:诸群生

jīva: ppp, living

loka: m, world

I: The world of the living, afflicted with thirst, will drink his most excellent stream of dharma, with wisdom for current, good conduct for banks, vows for ducks and meditation for coolness.

J: the world of the living, oppressed with the thirst of desires, will drink the flowing stream of his most excellent Law, which is cooled by concentration of thought and has mystic wisdom for the current of its water, firm discipline for its bands and vows for its Brahminy ducks.

汉译:智慧沂流水,净戒为傍岸,三昧清凉池,正受众奇鸟,如此甚深广,正法之大河,渴爱诸群生,饮之以苏息。(3, b2 -5)

duḥkhārditebhyo viṣayāvṛtebhyaḥ saṃsārakāntārapathasthitebhyaḥ /

ākhyāsyati hy eṣa vimokṣamārgaṃ mārgapranaṣṭebhya ivādhvagebhyaḥ // 1.72 //

duḥkhārditebhyaḥ (duḥkha-ardita): ctp3 m4p, to those, afflicted with suffering (and) 汉译:众苦所驱迫

duḥkha: n, suffering 汉译:众苦

ardita: (√ṛd) ppp, afflicted 汉译:驱迫

viṣayāvṛtebhayaḥ (viṣaya-āvṛta): ctp7 m4p, involved in the objects of sense 汉译:染着五欲境

viṣaya: n, region 汉译:五欲境

āvṛta: (ā-√vṛt) ppp, involved 汉译:染着

saṃsārakāntārapathasthitebhyaḥ (saṃsāra-kāntāra-patha-sthita): ctp7 m4-p, being on the jungle path of the cycle of existence 汉译:迷生死旷野

saṃsāra: m, course, circuit of mundane existence 汉译:生死

kāntāra: m, forest 汉译:旷野

patha: m, path

sthita: (√stha) ppp, being 汉译:迷

khyāsyati (√khyā): fut 3sa, will declare

hi: ind, because

eṣaḥ(eṣaḥ): m1s, this one

vimokṣamārgam(vimokṣa-mārga): ctp6 m2s, the way to final liberation 汉译:解脱道

vimokṣa: m, release 汉译:解脱

mārga: m, way 汉译:道

mārgapranaṣṭebhyaḥ(mārga-pranaṣṭa): ctp7 m4p, lost on the road

mārga: m, way

pranaṣṭa: (pra-√naś) ppp, lost 汉译:迷

iva: ind, as

adhvagebhyaḥ(adhvaga): m4p, to travelers

I: Those suffering and involved in sense objects, on the jungle path of existence, to them he will declare the way to liberation, just as to some travelers lost on the road.

J: For to those who, finding themselves on the desert-tracks of the cycle of existence, are harassed by suffering and obstructed by the objects of sense, he will proclaim the way of salvation, as to travelers who have lost their road.

汉译:染着五欲境,众苦所驱迫,迷生死旷野,莫知所归趣,菩萨出世间,为通解脱道。(3, b6-8)

按:宋元明作"深着",根据梵文当为"染着"。

vidahyamānāya janāya loke rāgāgnināyaṃ viṣayendhanena /

prahlādam ādhāsyati dharmavṛṣṭyā vṛṣṭyā mahāmegha ivātapānte // 1.73 //

vidahyamānāya: (vi-√dah) prmp m4s, being burnt up 汉译:炽燃

janāya(jana): m4s, to people

loke(loka): m7s, in the world 汉译:世间

rāgāgninā(rāga-agni): ctp6 m3s, with the fire of passions 汉译:贪欲火

rāga: m, passion 汉译:贪欲

agni: m, fire 汉译:火

ayam(ayam): m1s, this one

viṣayendhanena(viṣaya-indhana): cbv n3s, that has the sense objects as fuel, (to them) 汉译:境界薪

viṣaya: m, sense object 汉译:境界

indhana: n, lighting, fuel 汉译:薪

prahlādam(prahlāda): m2s, great joy

ādhāsyati(ā-√dhā): fut 3sa, will give 汉译:兴发

dharmavṛṣṭyā(dharma-vṛṣṭi): ck f3s, with the rain of dharma 汉译:法雨

dharma: m, dharma 汉译:法

vṛṣṭi: f, rain 汉译:雨

vṛṣṭyā(vṛṣṭi): f3s, with its rain

mahāmeghaḥ(mahā-megha): ck m1s, a great cloud 汉译:大悲云

iva: ind, just like

ātapānte(ātapa-anta): ctp6 m7s, at the end of the hot season

ātapa: n, heat

anta: m, end

I: To people — with the fire of passion burning, that has as its fuel the objects of sense — with rain of his dharma he will give great joy, just like a great cloud at the end of summer.

J: Like a mighty cloud with its rain at the close of the summer heat, he will give relief with the rain of the Law to men burnt up in the world with the fire of the passions, whose fuel is the objects of sense.

汉译:世间贪欲火,境界薪炽然,兴发大悲云,法雨雨令灭。(3, b9-10)

tṛṣṇārgalaṃ mohatamaḥkapāṭaṃ dvāraṃ prajānām apayānahetoḥ / vipāṭayiṣyaty ayam uttamena saddharmatāḍena durāsadena // 1.74 //

tṛṣṇārgalam(tṛṣṇā-argala): cbv m2s, (the door) whose wooden bolt is strong desire (and) 汉译: 贪欲为关钥

tṛṣṇā: f, thirst, desire 汉译: 贪欲

argala: m, wooden bolt 汉译: 关钥 mohatamaḥkapāṭam(moha-tamaḥ-kapāṭa): cbv m2s, whose panel are delusion and ignorance 汉译:痴闇门重扇

moha: m, delusion 汉译: 痴

tamas: n, darkness 汉译: 暗

kapāṭa: m, the leaf or a panel of the door 汉译: 门重扇

dvāram(dvāra): n2s, the door 汉译: 门

prajānām(praja): (pra-✓jan) ppp m6p, of mankind

apayānahetoḥ(apayāna-hetu): ctp4 m6s, of the means for the escape 汉译: 出要解脱

apa-yāna: n, retreat

hetu: m, means

vipāṭayiṣyati(vi-✓paṭ): fut 3sa, will open, throw open

ayam(ayam): m1s, this one

uttamena(uttama): m3s, excellent

saddharmatāḍena(saddharma-tāḍa): ctp6 m3s, blow of good dharma 汉译: 金刚智慧镊

saddharma: ck, good dharma

tāḍa: m, blow

durāsadena(durāsada): m3s, with an unequalled

I: This one, with an excellent blow of dharma, will open the door for escape of mankind; the door then whose wooden bolt is strong desire, whose panels are ignorance and delusion.

J: With the most excellent irresistible key of the good Law he will throw open for the escape of living beings the door whose bolt is the thirst of desire and whose leaves are delusion and the darkness of ignorance.

汉译:痴闇门重扇,贪欲为关钥,闭塞诸群生,出要解脱门,金刚智慧镊,拔恩爱逆钻。(3,611-13)

svair mohapāśaiḥ pariveṣṭitasya duḥkhābhibhūtasya nirāśrayasya /
lokasya saṃbudhya ca dharmarājaḥ kariṣyate bandhanamokṣam eṣaḥ // 1.75 //

svair(sva): m3p, in its own 汉译:自

mohapāśaiḥ(moha-pāśa): ctp6 m3p, snares of delusion 汉译:愚痴网

moha: m, darkness 汉译:愚痴

pāśa: m, snare 汉译:网

pariveṣṭitasya(pariveṣṭita): (pari-√veṣṭ) ppp m6s, that is wrapped up 汉译:缠

duḥkhābhibhūtasya(duḥkha-abhibhūta): ctp3 m6s, overcome by suffering, (and) 汉译:穷困

duḥkha: n, suffering

abhibhūta: ppp, surpassed

nirāśrayasya(nir-āśraya): m6s, without refuge 汉译:无所依

nis: ind, out of, away from

āśraya(ā-śraya): m, that to which anything is annexed or with which anything is closely connected or on which anything depends or rests.

lokasya(loka): m6s, of the world 汉译:世间

ca: ind, and

dharmarājaḥ(dharma-rāja): ck m1s, dharma king 汉译: 法王

saṃbudhya(saṃ-√budh): abs, having become enlightened, sambuddhi (f)

kariṣyate(√kṛt): fut 3sa, will accomplish 汉译: 能解

bandhanamokṣam(bandhana-mokṣa): ctp5 m2s, the release from prison 汉译:终生缚

bandhana: (√bandh)ppp, catching

mokṣa: m, liberation

eṣaḥ(eṣaḥ): m1s, this

I: This dharma king, having become enlightened, he will accomplish the release from prison of the world wrapped up in snares of delusion, without refuge, by suffering overcome.

J: And, as king of the Law, he will reach Enlightenment and release from prison the world which is entangled in its own snares of delusion and which is overwhelmed by suffering and destitute of refuge.

汉译:愚痴网自缠,穷苦无所依,法王出世间,能解众生缚。(3, b13－15)

tan mā kṛthāḥ śokam imaṃ prati tvam asmin saśocyo 'sti manuṣyaloke /

mohena vā kāmasukhair madād vā yo naiṣṭhikaṃ śroṣyati nāsya dharmam // 1.76 //

tan: ind, therefore

mā kṛthāḥ śokam: should not grieve 汉译:莫……生忧悲患

kṛthāḥ(√kṛ): aor, done. 汉译: 生

śoka: m, sorrow 汉译: 忧悲患

imam: m2s, this one 汉译: 此子

prati: ind, about 汉译: 以

tvam(tvam): m1s, you

asmin(asya): m7s, in this

saḥ: m1s, that (man)

śocyaḥ(śocya): m1s, to be lamented 汉译:当忧

asti(√as): pre 3sa, is

manuṣyaloke(manuṣya-loka): ctp6 m7s, human world 汉译:众生

manuṣya: m, human

loka: m, world

mohena(moha): m3s, with delusion

vā: ind, or

kāmasukhaiḥ(kāma-sukha): ctp4 m6p, with the pleasure of the passions 汉译:着欲

kāma: m, passions

sukha: m, happy

madāt(mada): m4s, from intoxication

vā: ind, either

yaḥ: m1s, who

naiṣṭhikam(naiṣṭhika): adj m2s, perfect 汉译:正

naśroṣyati(√śru): fut 3as, shall not hear 汉译:违

asya: m6s, his

dharmam(dharma): m2s, dharma 汉译:法

I：Therefore do not grieve for him，but for that man who，either due to his intoxication with pleasures of passions or with delusion，in this world shall not hear his perfect dharma.

J：Therefore be not grieved for him；in this living world that man is to be deplored who through delusion by reason of the sensual pleasures or through intoxication of mind refuses to hear his，the final，Law.

汉译：王莫以此子，自生忧悲患，当忧彼众生，着欲违正法。（3，b16－17）

bhraṣṭasya tasmāc ca guṇād ato me dhyānāni labdhvāpy akṛtārthataiva /

dharmasya tasyā śravaṇād ahaṃ hi manye vipattiṃ tridive 'pi vāsam // 1.77 //

bhraṣṭasya（bhraṣṭa）：（√bhraṃś）ppp m6s，who is deprived 汉译：远离

tasmāt：m4s，of that（particular）

ca：ind，and

guṇāt（guṇa）：m4s，merit 汉译：圣功德

ataḥ：therefore，

me（aham）：m6s，of me

dhyānāni（dhyān）：n2p，（all states of）meditation 汉译：诸禅定。"诸"翻译复数。

labdhvā（√labh）：abs，having attained 汉译：得

api：ind，though 汉译：虽

akṛtārtha（akṛta-ārtha）：m1s，the dissatisfaction 汉译：不获其利

akṛta：mfn，undone

ārtha：（ā-√ṛ）ppp，afflicted，pained，suffering

eva：ind，indeed（there remains）汉译：而

dharmasya(dharma): m6s, dharma 汉译:正法

tasya: m6s, his

aśravaṇāt(aśravaṇ): (a-√śru)ppp 4s, due to not hearing 汉译:不闻

aham(aham): m1s, I

hi: ind, because

manye(√man): pre 1sm, think

vipattim(vipatti): f2s, a misfortune

tridive(tridiva): n7s, in heaven, the third or most sacred heaven 汉译:三难天

api: ind, even

vāsam(vāsa): m2s, dwelling 汉译:生

I: Though having attained states of meditation, deprived of that merit, I'm dissatisfied; because due to not hearing now his dharma, I even think dwelling in heaven bad luck."

J: Therefore, though I have obtained the trances, I have not won through to the goal, in that I have fallen short of this merit. For, since I shall not hear his Law, I hold even rebirth in the triple heaven to be a disaster."

汉译:我今老死坏,远离圣功德,虽得诸禅定,而不获其利,于此菩萨所,竟不闻正法,身坏命终后,必生三难天。(3, b18-21)

iti śrutārthaḥ sasuhṛt sadāras tyaktvā viṣādaṃ mumude narendraḥ / evaṃvidho 'yaṃ tanayo mameti mene sa hi svām api sāravattām Csāramattām // 1.78 //

iti: ind, thus

śrutārthaḥ(śruta-artha): ctp4 m1s, hearing the reason 汉译:闻彼仙人说

śruta: (√śru)ppp, hearing 汉译:闻

artha：m，thing

sasuhṛtsadāraḥ(sasuhṛd-sadāra)：cd m1s，with his wife and friends 汉译：及诸眷属

sasuhṛd：mfn，having friends or kinsfolk 汉译：诸眷属

sa：saha，ind，together with，along with 汉译：及

sadāra：mfn，accompanied by wife

tyaktvā(√tyaj)：abs，having given up 汉译：悉已除

viṣādam(viṣāda)：m2s，despair 汉译：恐怖

mumude(√mud)：prf 3as，rejoiced，汉译：得大安

narendraḥ(nara-indra)：m1s，the king 汉译：王

evaṃvidhaḥ(evaṃ-vidha)：ck m1s，is of such (special) kind！汉译：此奇特子

evaṃ：such 汉译：此

vidha：m，kind

tanayaḥ(tanaya)：m1s，son

ayam：m1s，This

mama(aham)：m6s，of mine

iti：ind，thinking thus

mene(√man)：prf 3sa，considered (it)

saḥ：m1s，he

hi：ind，because

svām(sva)：m2s，his own

api：ind，also

sāravattām(sāravat-tā)：m2s，good fortune

sāravat：mfn，hard，substantial

I：The reason thus heard，the king gave up despair，and he with his wife and his friends then rejoiced, considering it as his own good fortune, thus thinking: " My son is of such special kind. "

J: Hearing this explanation, the king with his queen and friends was quit of his dejection and rejoiced; for he deemed it to be his own good fortune that his son should be such.

汉译:王及诸眷属,闻彼仙人说,知其自忧叹,恐怖悉以除,生此奇特子,我心得大安。(3, b22 - 24)

ārṣeṇa mārgeṇa tu yāsyatīti cintāvidheyaṃhṛdayaṃ cakāra/

na khalv asau na priyadharmapakṣaḥ saṃtānanāśāt tu bhayaṃ dadarśa // 1.79 //

ārṣeṇa(ṛṣi): m3s, of the ṛiṣis 汉译:仙人

mārgeṇa(mārga): m3s, by the way 汉译:道

tu: ind, but

yāsyati(√yā): fut 3sa, he shall proceed 汉译:修习

iti: ind, thus (this thought)

cintāvidheyam(cintā-vidheya): ctp n2s, subject to anxiety 汉译:不悦

cintā: f, thought, anxiety

vidheya: mfn, to be enjoined

hṛdayam(hṛdaya): n2s, his heart

cakāra(√kṛ): prf 3sa, made 汉译:令

na: it was not (so that)

khalu: ind, certainly

asau(asau): m1s, that (king)

na: was not

priyadharmapakṣaḥ(priya-dharma-pakṣa): ctp6 m1s, a follower of the dear dharma priya：mfn, be loved, dear

dharma：m, dharma

pakṣa：m, wing

saṃtānanāśāt(saṃtāna-nāśa)：ctp6 m4s, from loss of continued succession 汉译：不绍国位

saṃtāna：m, continued sucession

nāśa：m, loss

tu：ind, but

bhayam(bhaya)：m2s, the danger

dadarśa(√dṛś)：prf 3sa, he saw

I："But he shall go by the way of the ṛiṣis"：thus this thought made the king's heart anxious, because a follower of dharma he was, but saw the danger of discontinued succession.

J：But his heart busied itself anxiously with the thought that his son would follow the path of the sages. It was most certainly not that he was opposed to the side of the Law, but that he saw the danger arising from failure of issue.

汉译：出家舍世荣，修习仙人道，遂不绍国位，复令我不悦。(3, b25－26)

atha munir asito nivedya tattvaṃ sutaniyataṃ sutaviklavāya rājñe /
sabahumatam udīkṣyamāṇarūpaḥ pavanapathena yathāgataṃ jagāma // 1.80 //

atha：ind, then 汉译：尔时

muniḥ(muni)：m1s, the sage 汉译：彼仙人

asitaiḥ(asita)：m1s, Asita

nivedya(ni-√vid)：abs, having announced 汉译：说

tattvam(tattva): n2s, truth 汉译:真实

sutaniyatam(suta-niyata): about his son

suta: m, son

niyata: mfn, tied to, put together

sutaviklavāya(suta-viklava): ctp2 f4s, who was alarmed about his son 汉译:如王所虑

suta: m, son

viklava: mfn, confused

rājñe(rājan): m4s, to the king 汉译:向王。"向"是翻译为格。

sabahumatam(sa-bahu-mata): n1s, with respect

sa: saha, ind, together with, along with

bahu: mfn, much

mata: (√man) ppp, mfn, honoured

udīkṣyamāṇarūpaḥ(udīkṣya-māṇa-rūpa): ck n1s, with his figure being looked up at 汉译:腾虚

udīkṣyamāṇa: (ud√īkṣ) prmp, being looked up, beheld

rūpa: n, feature

pavanapathena(pavana-patha): ctp6 m3s, by the path of the wind

pavana: m, breeze, air

patha: m, path

yathāgatam(yathā-gata): m2s, as he came

jagāma(√gam): prf 3as, went away 汉译:远逝

I: Asita, having announced the definite truth about his dear son to the king, who was so alarmed, the sage went as he came, by an aerial path, with his figure being looked up at with great respect.

J: Then when the seer, Asita, had made known the truth about his son to the king who was troubled about him, he departed, as he had come, by the path of the wind, while they looked up at him with all reverence.

汉译:尔时彼仙人,向王真实说,必如王所虑,当成正觉道,于王眷属中,安慰众心已,自以己神力,腾虚而远逝。(3, b27－c1)

kṛta mitir anujāsutaṃ ca dṛṣṭvā munivacanaśravaṇe ca tanmatau ca / bahuvidham anukampayā sa sādhuḥ priyasutavad viniyojayāṃ cakāra // 1.81 //

kṛtamitiḥ(kṛta-miti): ck f1s, who had accomplished accurate knowledge

kṛta: (kṛ)ppp, done

miti: f, accurate knowledge

anujāsutam(anujā-suta): m2s, his younger sisiter's son

anujā: f, younger brother

suta: m, son

ca: ind, and

dṛṣṭvā(✓dṛś): abs, seeing

munivacanaśravaṇe(muni-vacana-śravaṇa): ctp2 n4s, to listen to the words of the sage (the future Buddha)

muni: m, the sage

vacana: n, word

śravaṇa: n, the act of hearing

ca: ind, and

tan: his

matau(mati): f7s, to his judgment

ca: ind, also

bahuvidham(bahu-vidha): ck m2s, in many ways

bahu: and, many

vidha：m，kind

anukampayā(anu-kampā)：f3s，with compassion

saḥ：m1s，that

sādhuḥ(sādhu)：m1s，holy man（Asita）

priyasutavat(priya-sutavat)：like a dear son

priya：adj，dear

suta：m，son

vat：ind，like

viniyojayāṃ(vi-ni-√yuj)：opt，1sa

cakāra(√kṛ)：prf 3sa，instructed（him）

I：When that holy man his younger sister's son saw，then he，who had accurate knowledge，with compassion，in many ways him instructed，like a dear son："Listen to the words of the sage and to his judgment."

J：Then the saint，who had attained right knowledge，saw his younger sister's son and straitly charged him in his compassion，as if he were his own dear son，to listen to the words of the Sage and to follow his teaching.

narapatir api putrajanmatuṣṭo viṣaya gatāni vimucya ban-dhanāni / kulasadṛśam acīkarad yathāvat priya tanayas tanayasya jātakarma // 1.82 //

narapatiḥ(nara-pati)：m1s，the king

api：ind，also

putrajanmatuṣṭaḥ(putra-janma-tuṣṭa)：ctp3 m1s，who rejoiced at the birth of his son，(and) 汉译：于子心敬重

putra：m，son

janma：n，birth

tuṣṭa：（√tuṣ）ppp，pleased

viṣayagatāni（viṣaya-gata）：ctp2 n2p，with the sense objects

viṣaya：m，object

gata：（√gam）ppp，bing in

vimucya（vi-√muc）：abs，having given up 汉译：解脱

bandhanāni（bandhana）：n2p，his bonds 汉译：牢狱

kulasadṛśam（kula-sadṛśa）：ctp3 n2s，as befitted his dynasty 汉译：随宜

kula：n，race，family

sadṛśa：n，suitable，fit

acīkarat（√kṛ）：aor 3sa，performed

yathāvat：duly

priyatanayaḥ（priya-tanaya）：m1s，he，devoted to his son 汉译：珍护

priya：adj，dear

tanaya：m，son

tanayasya（tanaya）：m6s，of his son

jātakarma（jāta-karman）：ck n2s，the birth ceremony

jāta：（√jan）ppp，birth

karman：n，performance

I：The king，who rejoiced upon the birth of his son，also having given up his bonds with sense objects，he，devoted to his son，so duly performed the ritual of birth，his dynasty befitting.

J：The king too，delighted at the birth of a son，threw open all the prisons in his realm and in his affection for his son caused the birth ceremony to be properly performed for him in the manner that befitted his family.

汉译：尔时白净王，见子奇特相，又闻阿私陀，决定真实说，于子心敬重，珍护兼常念。大赦于天下，牢狱悉解脱，世人生子法，随宜取舍事，依诸

经方论,一切悉皆为。(3, c2－4)

daśasu pariṇateṣv ahaḥsu caiva prayatamanāḥ parayā mudā parītaḥ / akuruta japahomamaṅgalādyāḥ paramabhavāya sutasya devatejyāḥ // 1.83 //

daśasu(daśa): num m7p, when ten 汉译:十

pariṇateṣu(pari-ṇata): (pari-√nam)ppp m7p, were completed, 汉译:满

ahaḥsu(ahar): n7p, days 汉译:日

ca: ind, and

eva: ind, exactly

akuruta(√kṛ): imf 3sm, performed 汉译:施

japahomamañgalādhāḥ(japa-homa-mañgala-adha): cd f2s, with prayers, oblations, auspicious works and so on 汉译:沙门婆罗门

japa: m, muttering prayers

homa: m, the act of making an oblations to Devas

mañgala: n, auspicious

adha: ind, so much the more

prayatamanāḥ(prayata-manas): ck n1p, he, with pious mind 汉译:心已泰

prayata: mfn, intent on devotion.

manas: n, mind

parayā(para): mfn f3s, with greatest

mudā(mudā): f3s, joy, 汉译:安稳

parītaḥ(parīta): (pari-√i)ppp m1s, filled

paramabhavāya(parama-bhava): ck m4s, for the supreme well-being

parama: mfn, supreme

bhava: m, being

sutasya(suta): m6s, of his son

devatejyāḥ（devatā-ijyā）：ctp4 f2s，sacrifices to the gods 汉译：普祠诸天神

devatā：f，god 汉译：诸天神

ijyā：f，sacrifice 汉译：普祠

I：Exactly when the first ten days were completed，the king with his pious mind，filled with greatest joy was，and for the supreme well-being of his son，then performed sacrifices，oblations，prayers，good works.

J：And，when the ten days were fulfilled，in the piety of his mind and the excess of his joy，he offered for the supreme welfare of his son sacrifices to the gods together with incantations，oblation and other auspicious rites.

汉译：生子满十日，安隐心已泰，普祠诸天神，广施于有道，沙门婆罗门，咒愿祈吉福。（3，c8－10）

api ca śatasahasrapūrṇasaṃkhyāḥ sthirabalavattanayāḥ sahemaśṛṅgīḥ/

anupagatajarāḥ payasvinīr gāḥ svayam adadāt sutavṛddhaye dvijebhyaḥ // 1.84 //

api：ind，also

ca：ind，and

śatasahasrapūrṇasaṃkhyāḥ（śatasahasra-pūrṇa-saṃkhya）：m2p，a full hundred thousand in number

śatasahasra：n，a hundred thousand

pūrṇa：mfn，filled，full

saṃkhya：n，number

sthirabalavattanayāḥ（sthira-balavat-tanaya）：ck m2p，with strong powerful calves

sthira：mfn，firm

balavat：mfn，powerful

tanaya：n，offspring

sahemaśṛṅgīḥ(sa-hema-śṛṅgin)：ctp3 m2p，their horns (covered) with gold

sa：ind，with

hema：m，gold

śṛṅgin：m，horn

anupagatajarāḥ(anupagata-jarā)：ck m2p，who were not yet approaching old age

an-upagata：ppp，not approached

jarā：f，old age

payasvinīḥ(payasvin)：mfn m2p，abounding in milk

gāḥ(go)：m2p，cows 汉译：牛

svayam(sva)：by himself

adadāt(√dā)：imf 3sa，he gave 汉译：施

sutavṛddhaye(suta-vṛddhi)：ctp6 for the prosperity of his son

suta：m，son

vṛddhi：f，prosperity

dvijebhyaḥ(divja)：m4p，to the twice-born (Brāhmins)

I：For his son's prosperity he gave by himself to the twice-born Brāhmins a hundred thousand cows too；they were not yet old and so abounding in milk, with powerful strong calves, and their horns covered with gold.

J：Moreover for the prosperity of his son he bestowed of himself cows full of milk, in the prime of their age, with gilded horns and healthy sturdy calves, to the full number of a hundred thousand, on the twice-born.

汉译：倸施诸群臣，及国中贫乏，村城婇女众，牛马象财钱，各随彼所

须，一切皆给与。（3，c11－13）

按：宋元明作"亲族"，根据梵文当为"亲施"。

bahuvidhaviṣayās tato yatātmā svahṛdayatoṣakarīḥ kriyā vidhāya /

guṇavati niyate śive muhūrte matim akaron muditaḥ purapraveśe //

1.85 //

bahuvidhaviṣayāḥ(bahu-vidha-viṣaya)：ck m2p，of various kinds

bahu：adj，many

vidha：m，kind

viṣaya：m，region

tataḥ：ind，then

yatātmā(yata-ātman)：m1s，he，self-controlled，

svahṛdayatoṣakarīḥ(sva-hṛdaya-toṣa-karin)：ctp4 m2p，that caused satisfaction to his own mind，(and)

sva：adj，own

hṛdaya：n，heart，mind

toṣa：m，satisfaction

karin：mfn，doing

kriyāḥ(kriya)：m2p，activities

vidhāya(vi-√dhā)：abs，arranged

guṇavati(guṇavat)：adj m7s，when an excellent

niyate(niyata)：(ni-√yam)ppp m7s，was fixed 汉译：择选

śive(śiva)：m7s，auspicious 汉译：良

muhūrte(muhūrta)：m7s，moment 汉译：时

matim(mati)：f2s，his mind

akarot(√kṛ)：ipf 3sa，made up

muditaḥ(mudita)：(√mud)ppp m1s，he，glad

purapraveśe(pura-praveśa): ctp2 m7s, to enter the town 汉译:还本宫

pura: m, town 汉译:本宫

praveśa: m, entering 汉译:还

I: He arranged many kinds of activities there, that caused satisfaction to his own self-controlled mind; then an excellent auspicious moment was fixed, so that he, glad, made up his mind to enter the town.

J: Thereon, self-controlled, he prescribed the performance of ceremonies directed to many ends which delighted his heart, and when a fortunate, auspicious day had been determined, he gladly decided to enter the city.

汉译:卜择选良时,迁子还本宫。(3, c14)

dviradaradamayīm atho mahārhāṃ sitasitapuṣpabhṛtāṃ maṇipradīpām /

abhajata śivikāṃ śivāya devī tanayavatī praṇipatya devatābhyaḥ // 1.86 //

dviradaradamayīm(dvirada-rada-maya): c f2s, that was made of ivory 汉译:二饭白净牙

dvirada: m, elephant 汉译:二饭

rada: m, tooth 汉译:白净牙

maya: mfn, made of

atho: ind, now

mahārhām(mahārha): f2s, mfn very costly

sitasitapuṣpabhṛtām(sitasita-puṣpa-bhṛta): ctp3 f2s, full of various kinds of white flowers, (and) 汉译:杂色诸绞络

sitasita: mfn, various kinds of white 汉译:杂色

puṣpa: m, flower

bhṛta:(✓bhṛ)ppp, full

maṇipradīpām(maṇi-pradīpa):ctp3 f2s, shining with jewels 汉译:七宝庄严

maṇi: m, jewel

pradīpa: m, light

abhajata(✓bhaj):imf 3sm, resorted

śivikām(śivikā):f2s, to a palanquin 汉译:舆

śivāya(śiva):mfn m4s, for good fortune

devī(devī):f1s, the queen 汉译:夫人

tanayavatī(tanayavat):f1s, with her son 汉译:抱太子

praṇipatya(pra-ṇi-✓pat):abs, having bowed down 汉译:礼

devatābhyaḥ(devatā):f4p, to the images of the deities 汉译:天神

I: Having bowed down to the gods, now for good fortune the queen with her son to a palanquin resorted, that was of ivory made and very costly, full of many white flowers and with jewels shining.

J: Then a queen, taking the babe, did obeisance to the gods and entered for good fortune a costly ivory litter, bedecked with white sitapuṣpa flowers and lit by precious stones.

汉译:二饭白净牙,七宝庄严舆,杂色珠绞络,明焰极光泽,夫人抱太子,周匝礼天神。(3, c15－17)

puram atha purataḥ praveśya patnīṃ sthavirajanānugatām apatyanāthām /

nṛpatir api jagāma paurasaṃghair divam amarair maghavān ivārcyamānaḥ // 1.87 //

puram(pura):n2s, the town

atha：ind，then 汉译：然后

puratas：ind，in front（of him）汉译：导从

praveśya（pra-√viś）：abs，having made enter 汉译：升

patnīm（patnī）：f2s，wife

sthavirajanānugatām（sthavira-jana-anugatā）：ctp3 f2s，followed by the elder people 汉译：婇女众随侍

sthavira：mfn，old

jana：m，person

anugatā：（anu-√gam）ppp，followed by 汉译：随侍

apatyanāthām（apatya-nātha）：f2s，with her child（and）

apatya：n，child

nātha：m，owner. mfn，possessed

nṛpatiḥ（nṛpati）：m1s，the king 汉译：王

api：ind，also

jagāma（√gam）：prf 3sa，went

paurasaṃghaiḥ（paura-saṃgha）：ck m3p，by crowds of citizens 汉译：与诸臣民。"与"翻译工具格。

paura：m，citizen

saṃgha：m，crowd

divam（diva）：n2s，（when he went）to heaven

amaraiḥ（amara）：m3p，by the gods 汉译：诸天众。"诸"翻译复数。

maghavān（maghavan）：m1s，Indra（was honoured）汉译：天帝释

iva：ind，like 汉译：犹如

arcyamānaḥ：（√ṛc）prmp m1s，being honoured

I：The king made the queen，her child and elder people enter the town in front of him，then he went also；by crows of citizens he was being honoured， like in heaven when Indra was saluted by gods.

J: The king then made the queen, attended by aged women and accompanied by her child, enter the city in front of him, and himself also advanced, saluted by hosts of citizens, like Indra, when on entering heaven he was saluted by the immortals.

汉译:然后升宝舆,婇女众随侍,王与诸臣民,一切俱导从,犹如天帝释,诸天众围绕。(3, c18 -20)

bhavanam atha vigāhya śākyarājo bhava iva ṣaṇmukhajanmanā pratītaḥ /

idam idam iti harṣapūrṇavaktro bahuvidhapuṣṭiyaśaskaraṃ vyadhatta // 1.88 //

bhavanam(bhavana): n2s, the palace

atha: ind, now

vigāhya(vi-√gāh): abs, having entered

śākyarājaḥ(śākya-rāja): ck m1s, the śākya king 汉译:王

bhava: n1s, śiva 汉译:摩酰首罗

iva: ind, like 汉译:如

ṣaṇmukhajanmanā(ṣaṇmukha-janman): n3s, with the birth of his six-headed (son) 汉译:忽生六面子

ṣaṇmukha: m, six-headed 汉译:六面

janman: n, birth 汉译:生

pratītaḥ(pratīta): (prati-√i) ppp n1s, pleased

idam idam: n2s, various things 汉译:种种

iti: ind, thus

harṣpūrṇavaktraḥ(harṣ-pūrṇa-vaktra): ctp3 n1s, he, with his face full of joy harṣa: n, joy

pūrṇa: mfn, filled

vaktra: n, mouth, face

bahuvidhapuṣṭiyaśaskaram (bahu-vidha-puṣṭi-yaśas-kara): ctp6 n2s, that would bring many kinds of fame and prosperity 汉译:种种众具

bahu: mfn, many 汉译:众

vidha: m, kind

puṣṭi: f, wealth

yaśas: n, fame

kara: n, maker

vyadhatta(vy-√dhā): imf 3sm, arranged 汉译:设

I: He, the śākya king, now entered pleased the palace, like śiva pleased with the birth of his son six-headed; and thus he, with his face full of joy, arranged then many things that would bring prosperity and much fame.

J: The śākya king thereon proceeded into his palace in good heart, like Bhava on the birth of his six-faced son, and, with countenance beaming with joy, directed every arrangement to be made which would lead to many kinds of prosperity and renown.

汉译:如摩醯首罗,忽生六面子,设种种众具,供给及请福,今王生太子,设众具亦然。(3, c21-23)

iti narapatiputrajanmavṛddhyā sajanapadaṃ kapilāhvayaṃ puraṃ tat /

dhanadapuram ivāpsaraso 'vakīrṇaṃ muditam abhūn nala kūbara prasūtau // 1.89 //

iti: ind, thus

narapatiputrajanmavṛddhyā(narapati-putra-janma-vṛddhi): ctp6 f3s, with the prosperity at the birth of the king's son

narapati: m, king

putra: m, son

janma: m, birth

vṛddhi: f, prosperity

sajanapadam(sa-janapada): m2s, with its community 汉译:一切诸人民

sa: ind, with

janapada: m, community

kapilāhvayam(kapila-āhvaya): n1s, named Kapila 汉译:迦毗罗卫国

kapila: m, Kapila

āhvaya: m, name

puram(pura): n1s, town

tat: n1s, that

dhanadapuram(dhanada-pura): ck n1s, the town of (Kubera) the Wealth-giver 汉译:毘沙门天王

dhanada: mfn, wealth-giver

pura: n, town

iva: ind, like

apsaraso(apsaras): m2p, Aparasas 汉译:诸天众

avakīrṇam(ava-kīrṇa): (ava-√kṝ) ppp n1s, filled with Apsarases (was rejoicing)

muditam(mudita): (√mud) ppp n1s, delighted 汉译:大欢喜

abhūt(√bhū): aor 3sa, became

nalakūbaraprasūtau (nalakūbara-prasūti): ctp6 f7s, at the birth of Nalakūbara 汉译:生那罗鸠婆

nalakūbara: m, nalakūbara, the son of Kubara

prasūti: f, birth

I: That town named after Kapila and the people, with prosperity at his birth, became delighted, like the Wealth-giver's town, filled with Apsarases, was at the birth of Nalakūbara rejoicing.

J: Thus the town named after Kapila rejoiced with its surrounding territory at the prosperous birth of the prince, just as the town of the Wealth-giver, which was thronged with Apsarases, rejoiced at the birth of Nalakūbara.

汉译:毗沙门天王,生那罗鸠婆,一切诸天众,皆悉大欢喜,王今生太子,迦毗罗卫国,一切诸人民,欢喜亦如是。(3, c24 - 27)

[[iti (CśrīC) buddhacarite mahākāvye bhagavatprasūtir nāma prathamaḥ sargaḥ— 1 —]]

Thus ends the first canto in the great poem on the life of the Buddha, named 'the birth of the Holy One'.

I: Here ends the first canto in the great poem on the life of the Buddha, named 'the birth of the Holy One'.

后　记

《汉译佛典语法研究论集》是北京大学汉语语言学研究中心 2005 年重大研究项目“语言接触与汉译佛典语法比较研究——以梵汉对勘为基础”（项目编号 05JJD740177）的研究成果。课题组在 2005—2008 的三年间，以梵汉对勘为基础，以语言接触为视角，对汉译佛典的语法进行了研究；还在 2009 年主办了一次汉译佛典语言研究的国际学术研讨会，会议论文已经选编，即将出版。

这个《论集》共收课题组成员的论文 15 篇，附录有《法华经》梵汉对勘（第四品）和《佛所行赞》梵汉对勘（第一品）。论文涉及如下诸方面的内容：

(1) 汉译佛典语法研究的总结和综述。

(2) 汉译佛典语言研究与汉语史研究的关系。

(3) 汉译佛典中一些重要语法成分（如关联词语、句末的“故”）的考察。

(4) 汉译佛典中一些重要语法格式（如“V + O + 已”、“NP_1 + NP_2 + 是也/是”）的考察。

(5) 汉译佛典中对梵文的一些语法范畴（如格范畴、呼格）的表达。

(6) 汉译佛典中对梵文的篇章结构（如话题转移、篇章标示）的表达。

(7) 汉译佛典中一些新的概念范畴表达方式（如“除舍”）的形成。

(8) 汉语中某些语法成分（如表体貌的“来”）和语法手段（如省略与代

用)的形成与汉译佛典的关系。

(9)汉译佛典与语言接触。

这些论文中有的是作为项目的中期成果在刊物上发表过的,有的论文和两篇附录是第一次刊出。

我们很感谢美国加州大学圣塔·芭芭拉校区东亚语言文化系的遇笑容教授、北京大学外语学院南亚系的陈明教授、中国人民大学中文系的朱冠明教授参加我们的课题组,他们的深入研究增加了我们课题组的力量,丰富了我们的研究成果。

感谢商务印书馆为我们出版这本《论集》,感谢责编陈丹丹为《论集》付出了辛勤劳动。

蒋绍愚　胡敕瑞

2012 年 5 月